KB203317

자치통감 4

열국지와 초한지, 삼국지의 시대

資治通鑑

자치통감

4

사마광 저
신동준 역주

인간사랑

제5부 후한시대

** 권42-한기漢紀 34: 공손술을 토벌하다

한광무제 건무제 6년(AD 30)

1) 봄 정월 16일, 광무제 유수는 고조부인 장사정왕長沙定王 유발劉發의 아들로 증조부인 용릉절후春陵節侯 유매劉買의 식읍이었던 용릉향春陵鄉을 장릉현章陵縣호북성 조양현으로 바꿨다. 이어 대대로 요역徭役을 면제하는 견복蠲復[1]을 행해 한고제 유방의 고향인 풍현豐縣강소성 풍현 및 패현沛縣강소성 패현처럼 했다.

2) 대사마 오한 등이 구현朐縣강소성 동해현 남쪽을 공략한 뒤 해서왕 동헌董憲과 동평왕 방맹龐萌의 목을 베고, 장강과 회수 및 산동山東 일대를 모두 평정했다. 제장들이 경사로 돌아오자 노고를 치하하기 위해 치주置酒를 한 뒤 상사賞賜했다.

광무제가 오랫동안 전쟁터에서 생활하며 고생을 겪은 까닭에 더 이상 싸우길 바라지 않았다. 당시 외효는 아들을 낙양으로 보내 광무제의 시중을 들게 했고, 공손술은 멀리 변방 귀퉁이인 변수邊垂에 머물러 있었다. 광무제가 제장들에게 말했다.

---

1   원문은 복요역復徭役이다. 여기서 복復은 부세와 노역 등의 부담을 말끔히 없애 원래의 모습을 회복하는 견복蠲復의 의미이다. 요역을 면제하는 것을 두고 '복요역' 또는 '견복요역'으로 표현하는 이유다.

"또한 의당 외효와 공손술 두 사람만은 관심의 대상에서 제외하는 치지도외置之度外[2]를 해야 할 것이다."

이어 낙양에서 제장들을 쉬게 한 뒤 군사를 나눠 하내河內에 주둔시켰다. 이어 농서隴西의 외효 및 서촉西蜀의 공손술에게 서신을 여러 차례 교대하며 전하는 이른바 등서騰書의 방식으로 전달하여 화복禍福을 자세히 일러주는 고시告示를 했다.

공손술이 여러 차례 광무제의 낙양 조정인 이른바 중국中國에 서신을 보내 스스로 부명符命을 갖고 있다고 진술하면서 백성들을 미혹시키려 했다. 광무제가 공손술에게 서신을 보냈다.

"도참서圖讖書에 나오는 '공손병이립公孫病已立'[3]은 아명이 병이病已였던 한선제漢宣帝 유순劉詢을 가리키는 말이오. 또 한나라를 대신할 사람의 성은 당도當塗이며 이름은 고高라는 취지의 '대한자성당도代漢者姓當塗요. 기명고其名高'[4] 참언에 따르면 의당 '당도고'가 돼야 하는데 공손술의 이름을 지닌 그대가 어찌 '당도고'가 될 수 있는 것이오! 이내 그대의 손바닥에 있는 '공손제公孫帝'처럼 생긴 글자를 상서로운 징표로 삼고 있으나 왕망이 활용한 부명의 수법으로 어찌 효과를 볼 수 있겠소! 그대는 나의 난신적자賊臣亂子가 아니오. 창졸倉卒 간에 이 시대의 사람들인 시

2 　치지도외置之度外는 고려 내지 관심의 대상에서 제외한다는 뜻이다. 여기서 도度는 마음을 써 생각하는 고려考慮를 의미한다.『후한서』「외효전隗囂傳」에 나오는 '치차양자어도외置此兩子於度外' 구절이 전거이다.
3 　한소제 원봉 3년인 기원전 78년 봄 정월에 상림上林의 버드나무가 말라서 넘어졌다가 스스로 일어나 살아난 적이 있다. 이때 벌레가 잎을 갉아먹어 공손公孫의 병病이 이미 끝나 벌떡 일어서게 됐다는 뜻의 '공손병이립公孫病已立'이라는 글이 만들어졌다.
4 　삼국시대 당시 원술袁述은 항간에 나도는 '대한자당도고代漢者當塗高' 참언이 자신을 가리키는 것이라고 주장하며 황제의 자리에 오른 바 있다. 당시 그는 자신의 이름인 '술術'과 자字인 '공로公路'의 글자 요소 가운데 '출朮'자와 '로路'자를 합치면 길을 뜻하는 '도途'자가 된다고 멋대로 생각한 것이다.

인時人들이 모두 군왕이 되고자 한 것처럼 행동했을 뿐이오. 그대는 일월日月이 이미 지나간 연로한 상황이고, 처자는 약소弱小하오. 의당 일찍 계책을 정해야 할 것이오. 천하의 신기神器는 힘으로 다툴 수 있는 게 아니오. 의당 3번 생각하는 삼사三思를 한 뒤 행동하기 바라오!"

그러고는 공손술을 두고 '공손황제公孫皇帝'라고 칭하며 서명했다. 공손술이 회답을 보내지 않았다.

공손술의 기도위騎都尉로 있는 평릉平陵섬서성 함양시 동북쪽 출신 형한荊邯이 공손술에게 말했다.

"한고제는 군사들이 행진하는 가운데 흥기했으나 군대가 깨지고 자신은 곤욕을 치른 게 여러 차례나 됐습니다. 그러나 군사가 패한 뒤 보충되면 다시 합쳐졌고, 상처는 아물면 다시 싸웠습니다. 왜 그랬겠습니까? 앞으로 나아간 뒤 사력을 다해 싸워 성공하는 것이 물러나 패망하는 것보다 훨씬 낫기 때문입니다. 외효는 시세時勢인 운회運會를 만나 옹주雍州감숙동 동부 일대를 보유하게 됐고, 병사가 강한데다 선비들까지 귀부하자 위엄이 효산의 동쪽인 산동山東까지 이르게 됐습니다. 이후 경시제의 정사가 어지럽게 되어 다시금 천하를 잃자 중서衆庶는 목을 내밀며 태평한 세월이 오길 고대하게 됐습니다. 사방이 일거에 와해하는 상황에서 외효는 이런 위기를 밀어내고 승세勝勢에 올라타 천명天命을 다투려 하지 않고, 오히려 뒤로 물러나 서백西伯으로 있던 주문왕처럼 때가 오길 기다렸습니다. 스승으로 삼아 존중하는 존사장구尊師章句와 초야의 선비를 빈객처럼 예우하는 빈우처사賓友處士, 무기를 뉘어 놓고 싸움을 중지하는 언무식과偃武息戈, 겸손한 말로 한나라를 섬기는 비사사한卑辭事漢 등이 그러했습니다. 감탄사가 절로 나와 주문왕이 다시 태어난 듯했습니다! 또 한나라 황제 유수로 하여금 외효가 장악하고 있는 관중關中과 농서隴西에 대한 우려 없이, 전적으로 산동山東 정벌에 매진할 수 있게 했습니다. 낙양의 조정이 천하를 4분四分했을 때 4분의 3을 갖게 된 배경입니다. 또 마원馬援과 내흡來歙 등을 비밀리에 사자로 파견해 두 마음을 품는 이른바 휴이攜貳를 한 왕준王遵과 정흥鄭興 및 두림杜林 등을 징소하고, 서주西州의 호걸들로 하여금 모두 산동에 마음을 두게 했습니다. 천하를 5분五分했을 때 5분의 4를 갖게 된 배경입니다. 만일 유수가 거병하여 천수天水감^{숙성 감곡현 동쪽}를 치면 반드시 천수는 저궤沮潰에 이르게 되고, 천수가 평정되면 천하를 9분九分할 경우 9분의 8을 차지하게 될 것입니다. 폐하는 양주梁州^{사천성과 섬서성 남부} 땅을 보유한 채 안으로는 만승萬乘의 천자를 받들고, 밖으로는 3군三軍에 군수물자를 보내야 합니다. 백성들이 근심과 곤궁으로 위의 명령을 감당하지 못해, 장차 왕망이 스스로 붕괴한 것과 같은 변란이 빚어질 터입니다. 신의 우계愚計로는 의당 태평을 바라는 천하 사람의 기대가 아직 끊어지지 않은 기회를 적극 편승해야 합니다. 호걸들을 초유招誘하고, 국내의 정병精兵을 동원하고, 전융田戎에게 명해 강릉江陵^{호북성 강릉현}을 점거하게 함으로써 장강이 하나로 모이는 강남江南 땅으로 임하는 것이 그것입니다. 이어 무산巫山의 견고함에 의지해 보루를 쌓고 견고히 지키는 축루견수築壘堅守를 하며 오吳와 초楚 땅에 격문을 보내면 장사長沙 이남의 땅은 반드시 바람처럼 흐름을 좇아 귀순하는 수풍이미隨風而靡의 상황이 빚어질 것입니다. 이때 연잠延岑으로 하여금 한중漢中에서 출병해 장안을 둘러싼 삼보三輔를 평정하게 하면 천수天水와 농서隴西가 손을 모아 스스로 항복할 것입니다. 이같이 하면 해내海內가 크게 흔들리는 진요震搖가 빚어져 큰 이득을 기대할 수 있습니다."

공손술이 군신들에게 묻자 박사博士 오주吳柱가 대답했다.

"주무왕이 은나라를 정벌하고자 할 때 800명의 제후가 기약도 하지 않은 채 맹진孟津 나루터로 몰려와 은나라 주紂는 정벌될 수 있다며 입을 모아 같은 말인 동사同辭를 피력했습니다. 그러나 주무왕은 '그대들은 아직 천명을 모른다'며 환사還師한 뒤 천명을 기다렸습니다. 신은 아직까지 좌우의 도움도 없이 1,000리 밖까지 군사를 내보내는 출사出師를 행하려는 자가 있다는 얘기를 들은 적이 없습니다."

기도위 형한도 말했다.

"지금 동쪽 낙양의 황제인 동제東帝 유수는 당초 1척의 땅을 다스리는 권력인 척토지병尺土之柄도 없는 자였습니다. 그러나 이후 오합지중烏合之衆을 몰아 말을 타고 가 적을 함락시키는 과마함적跨馬陷敵을 하여 향하는 곳마다 번번이 평정했습니다. 지금 그가 조속히 승시乘時하여 공로를 나누지 않은 채 주무왕에 관한 얘기를 좌담坐談하는 것은 외효가 그랬던 것처럼 서백西伯 주문왕을 흉내 내려는 취지입니다."

공손술이 형한의 얘기에 동조했다. 곧 북군北軍 가운데 둔전하는 병사와 산동山東 출신 객병客兵을 모두 동원한 뒤 연잠延岑과 전융田戎으로 하여금 군사를 나눠 두 길로 진군해 한중漢中에서 제장들과 합세하려고 했다. 그러나 서촉西蜀의 백성과 공손술의 동생인 공손광公孫光은 의당 나라를 텅 비우면서 1,000리나 멀리 출정해 일거에 성패成敗를 결해서는 안 된다고 생각했다. 이 문제를 고집스럽게 다투자 공손술이 실행을 멈췄다. 이때 연잠延岑과 전융田戎은 자주 군사를 빌려 공을 세우는 청병입공請兵立功을 꾀했다. 공손술이 끝내 의심해 들어주지 않았다. 오직 공손씨 일족만 군정대사軍政大事를 다룰 수 있었다.

당초 공손술은 동전銅錢을 폐지한 뒤 철전鐵錢을 주조하려 했다. 화폐貨幣가 돌지 않아 백성들이 고통스러워했다. 그가 펼친 정사는 가혹하고 세세해 작은 일까지 살핀 까닭에 마치 청수清水 감숙성 천수현 현령으로 있을 때처럼 일을 했다. 특히 군현郡縣의 관명官名을 바꾸는 것을 좋아했다. 젊었을 때 부친 공손인公孫仁이 하남군河南郡 하남성 낙양시 부근의 도위都尉로 일한 까닭에 친형제나 자제 가운데 1명을 낭관으로 천거할 수 있도록 허용한 임자령任子令에 의해 낭관郎官이 된 그는 한가漢家의 고사故事를 익힌 바 있다. 출입할 때 법가法駕를 타고, 천자가 사용하는 깃발인 난기鸞旗와 의장대인 모기旄騎를 앞세운 게 그렇다. 또 그의 두 아들을 세워 왕으로 삼은 뒤 건위군犍爲郡 사천성 의빈현과 광한군廣漢郡 사천성 재동현에 있는 각 현을 식읍으로 내주었다. 혹자가 간했다.

"성패를 알 수 없는데다 융사戎士들이 오랫동안 출병해 들판에서 이슬을 맞는 폭로暴露를 하고 있는 상황에서 아들을 왕으로 삼아 총애하는 것은 결국 대지大志가 없음을 내보이는 것입니다!"

공손술이 좋지 않았다. 대신들이 모두 원망한 이유다.

3) 풍이馮異가 장안에서 돌아와 입조해 알현하자 광무제가 공경들에게 말했다.

"이 사람은 내가 기병할 때 주부主簿로 있었소. 나를 위해 가시덤불인 형극荊棘을 헤치고 관중을 평정했소."

알현이 끝나자 진보珍寶와 전백錢帛을 하사하며 조서를 내렸다.

"6년 전 한단에서 도망쳐 나올 때 그대가 나를 위해 창졸 간에 제공한 무루정蕪蔞亭의 두죽豆鬻과 호타하滹沱河의 맥반麥飯의 후의厚意는 오래도록 갚아도 다 갚지 못할 것이오."

풍이가 계수稽首하며 사의謝意를 표했다.

"신이 듣건대 춘추시대 중엽 제나라의 관중管仲은 제환공齊桓公에게 당부하기를, '원컨대 주군은 신과 인연을 맺게 된 사구射鉤와 함거檻車 사건을 잊지 마십시오'라고 했습니다.[5] 제나라가 관중에 의지해 패업을 이

5   『사기』「관안열전」에 따르면 기원전 7세기 무렵 제나라에 내란이 일어났을 당시 노나라로 망명한 공자 규糾의 책사 관중은 도중에 매복하고 있다가 거莒나라에서 급히 제나라로 돌아오는 공자 규의 동생인 공자 소백小白을 향해 화살을 날렸다. 화살이 공교롭게 허리띠에 맞는 바람에 소백은 무사히 귀국해 사상 처음으로 패업을 이룬 제환공齊桓

룬 배경입니다. 신 역시 지금 황상인 국가國家에게 하북河北에서 겪은 고난을 잊지 말기를 당부하려 합니다. 소신은 건거향巾車鄉하남성 보풍현 일대에서 황상의 병사들에게 붙잡혔을 때 노모가 있는 인근 부성父城으로 속히 돌아가야 한다고 호소하자 황상이 베풀어준 은혜를 감히 잊을 수가 없습니다."

그러고는 10여 일정도 머물다가 처자와 함께 서쪽으로 돌아갔다.

4) 신도강申屠剛과 두림杜林이 외효가 있는 곳에서 오자 광무제가 이들을 모두 시어사侍御史에 제수했다. 정흥鄭興은 태중대부太中大夫로 삼았다.

5) 3월, 공손술이 전융田戎으로 하여금 강관江關사천성 봉절현 동쪽을 빠져나간 뒤 그들의 옛 무리를 불러 모아 형주荊州를 빼앗고자 했으나 성공하지 못했다. 광무제가 외효에게 조서를 내려 천수天水에서 남하해 서촉西蜀을 치게 했다. 외효가 상언上言했다.

"백수白水섬서성 백수현 경계는 험하고 막혀 있는 험조險阻, 잔각棧閣[6]은 크게 낡아 끊어져 있는 패절敗絶의 모습을 보이고 있습니다. 공손술은 성정이 엄혹嚴酷해 상하가 서로 걱정하고 있습니다. 그 죄악이 완전히 드러날 때를 기다렸다가 치도록 하십시오. 이는 이내 사방에서 향응響應하는 세력을 크게 불러들일 것입니다."

광무제는 외효가 끝내 써먹을 수 있는 사람이 아니라는 사실을 알고

公으로 즉위할 수 있었다. 이것이 사구射鉤 사건이다. 이후 제한공은 참모인 포숙아의 건의를 과감히 받아들여 노나라로부터 함거艦車에 실려 온 관중을 과감히 재상으로 발탁했다. 이것이 함거艦車 사건이다.

6   잔각棧閣은 곧 잔도棧道를 가리킨다. 이현李賢은 『후한서』「외효전」주에서 "잔각棧閣은 산로山路가 험한 곳에 매달려 있는 다리를 말한다. 잔목棧木으로 복도複道인 각도閣道를 만든다."고 풀이했다.

이내 토벌을 모의했다.

6) 여름 4월 8일, 광무제가 장안으로 행차해 원릉園陵을 배알했다. 경엄耿弇과 갑연蓋延 등 7명의 장군을 파견해 농서隴西의 길을 따라 출병해 서쪽을 치도록 했다. 먼저 중랑장中郎將 내흡來歙을 시켜 새서璽書를 받들고 가서 외효에게 내려주며 유시하게 했다. 외효가 다시 의심이 가는 여러 이유를 대며 시간을 미루자 일이 오랫동안 유예尤豫[7]되며 결론이 나지 않았다. 내흡이 발분發憤한 나머지 외효를 질책質責했다.

"황제인 국가國家는 그대가 선악인 장부臧否에 밝고, 흥폐廢興를 잘 안다고 생각하고 있소. 친서인 수서手書를 보내 속뜻을 전한 이유요. 족하足下는 충성忠誠을 미루려고 이미 자가 백춘伯春인 자신의 아들 외순을 인질로 보냈음에도 도리어 망령되게 미혹시키는 말인 영혹지언佞惑之言을 사용하고 있소. 이는 족멸族滅의 계책이 될 것이오!"

이어 앞으로 나아가 외효를 칼로 찌르려고 했다. 외효가 일어나 안으로 들어가자 부서部署에서 병사들을 정비해 내흡을 죽이려고 했다. 내흡이 조용히 부절符節을 들고 수레에 올라 현장을 떠났다. 외효가 자字가 유경孺卿인 우한牛邯을 파견해 병사들을 통솔해 자가 군숙君叔인 내흡을 포위하게 했다. 외효의 장수 왕준王遵이 간했다.

"군숙君叔은 비록 단 1대의 수레로 먼 길을 온 사자이나 폐하의 외사촌 형입니다. 그를 죽일지라도 한나라에는 아무런 손해가 되지 않습니다. 오히려 그 일로 인해 이쪽은 멸족을 당할 것입니다. 옛날 춘추시대 중엽 제나라로 가던 초나라 사자 신무외申無畏가 도중에 있는 송나라에서 붙

---

7   유예尤豫는 유예猶豫와 같은 뜻이다. 호삼성은 풀이하기를, "이현李賢은 결정하지 못한 뜻이라고 했다. 모황毛晃은 유尤자가 옛날에는 우尤와 같은 글자로 사용됐고, '음淫'으로 읽는 것은 잘못이다."라고 했다. 여러 사람이 행진한다는 뜻으로 사용될 때는 '음'으로 읽는다.

잡혀 죽자 화가 난 초장왕楚莊王이 송나라 도성을 9달 동안 포위하는 바람에 성 안에서 사람의 뼈로 불을 때고 자식을 바꿔 잡아먹는 석해역자析骸易子의 참상이 빚어졌습니다. 소국小國조차 오히려 함부로 모욕할 수 없는데 하물며 상대는 만승萬乘의 군주이고, 자字가 백춘伯春인 장자 외순隗恂의 목숨이 달린 경우이겠습니까?"

내흡은 사람이 신의信義가 있는데다 언행에 어긋남이 없었다. 왕래하며 유세한 내용 모두 정밀히 조사해 사실로 드러나는 안복按覆의 대상이 됐다. 서주西州감숙성 동부의 사대부 모두 그를 신임하며 존중한 까닭에 많은 사람들이 내흡을 위해 좋게 애기했다. 그가 죽음을 면하고 동쪽 낙양으로 돌아갈 수 있었던 배경이다.

5월 21일, 거가가 장안에서 낙양으로 돌아왔다.

외효가 마침내 발병發兵해 반기를 들었다. 왕원王元에게 명해 농지隴坻감숙성 동부를 점거하고 나무를 베어 길을 막도록 했다. 낙양에서 온 제장들이 외효의 군사와 싸워 대패하자 각자 병사를 이끌고 농지隴坻로 달아났다. 외효가 급히 이들을 추격했다. 마무馬武가 정예 기병인 정기精騎를 선발한 후 뒤를 막으면서 수천 명을 죽인 덕분에 여러 부대가 무사히 돌아올 수 있었다.

7) 6월 24일, 조서를 내렸다.

"무릇 관청을 벌려 놓고 관원을 두는 장관치리張官置吏는 백성을 위하는 것이다. 지금 백성들이 조난遭難을 당해 호구戶口가 모소耗少해지고 있다. 그런데도 각 현의 관청인 현부縣府의 관직 설치가 번다해지고 있다. 의당 사례司隸와 주목州牧에게 명해 각각 이원吏員의 생감省減을 실행하고, 현縣과 봉국封國을 막론하고 현령 이상의 지방장관인 장리長吏를 두기에 부족한 곳은 관직을 합병하도록 하라."

이에 400여 개의 현을 합병하고, 관원의 업무를 줄이고, 관원을 감손

減損해 기존의 10분의 1만 남겨두었다.

8) 9월 30일, 일식이 있었다. 도성 주변을 경비하는 집금오執金吾 주부朱浮가 상소했다.

"옛날 요순의 태평성대에도 오히려 관원에 대해 3년마다 업적을 평가하는 고핵考覈을 실시했습니다. 대한大漢이 흥기한 이후 역시 공효功效가 쌓이고, 관원 모두 재임이 길어지면서 해당 관직을 장자와 장손에 이르게 하는 세습이 이뤄졌습니다. 당시 관직을 가졌던 자들이 어찌 모두 잘 다스릴 수 있었고, 논의하던 자들이 어찌 시끄럽게 떠드는 훤화喧嘩를 하지 않았을 리 있겠습니까? 대개 하늘과 땅처럼 큰 공적인 천지지공天地之功은 창졸 간에 세울 수 없고, 이루기 어려운 사업인 간난지업艱難之業은 오랜 세월이 지나야 이뤄지게 마련입니다. 그러나 최근 군의 태수와 봉국의 재상인 수재守宰들이 자주 바뀌는 상황이 나타나면서 구관舊官을 보내고 신관新官을 맞이하느라 길에서 피곤하고 수고로운 피로疲勞의 일이 빚어집니다. 그 배경을 살펴보면 이들은 재임이 일천日淺해 업무를 명확히 보기가 부족한 상황에서 엄정하고 절실한 엄절嚴切의 책임을 져야 합니다. 스스로를 제대로 보전할 수 없는 상황에서 탄핵을 당하는 거핵擧劾의 위기에 몰려 풍자諷刺와 기롱譏弄의 대상이 될까 두려워합니다. 서로가 경쟁적으로 스스로를 수식하면서, 사위詐僞로 헛된 성예聲譽를 얻고자 하는 것도 칭송을 기대하는 이유입니다. 이는 일월日月이 정상적인 순환의 길을 잃어 일식이 빚어지는 원인이 됩니다. 무릇 생물은 갑자기 자라는 폭장暴長을 하면 반드시 일찍 죽는 요절夭折에 이르고, 공로는 갑자기 이뤄지는 졸성卒成을 하면 반드시 매우 빨리 무너지는 극괴亟壞에 이르게 됩니다. 오랫동안 쌓아온 업적인 장구지업長久之業을 꺾어 급히 이루는 공로인 속성지공速成之功을 조성할 경우 이는 폐하의 복이 되지 못합니다. 원컨대 폐하는 스스로 1년 이상 노닐면서 다음 세대에 비로소 치세가 올 것으로 내다보면 천하 사람들에게 크게 다행일 것입니다!"

광무제가 이를 받아들였다. 이후 목수牧守를 바꾸는 일이 크게 줄어들었다.

9) 12월 27일, 대사공 송홍宋弘이 면직됐다.

10) 12월 28일, 조서를 내렸다.

"근래 군사활동인 사려師旅가 해제되지 않아 쓸 물건이 부족해 전조田租를 징수할 때는 수확의 10분의 1을 거두는 십일지세十一之稅를 시행했다. 지금은 양식 저존儲存이 점차 늘었으니 군국郡國으로 하여금 전조를 징수할 때는 30분의 1을 거둬 옛날 제도처럼 하라."

11) 한나라의 제장들이 농지隴坻에서 패한 이후 광무제가 조서를 내려 경엄은 칠현漆縣섬서성 빈현, 풍이는 순읍栒邑섬서성 순읍현, 채준祭遵은 견현汧縣섬서성 농현 남쪽, 오한吳漢 등은 환군하여 장안에 주둔하도록 했다. 풍이가 군사를 이끌고 순읍에 아직 이르지 않았을 때 외효가 승세勝勢에 올라타는 승승乘勝을 하여 왕원王元과 행순行巡에게 군사 2만여 명을 이끌고 농지에서 내려가게 했다. 이어 군사를 나눠 행순을 파견하면서 순읍을 취하게 했다. 풍이가 곧바로 치병馳兵하여 먼저 점거하려 했다. 제장들이 말했다.

"적군이 강성한데다 승승乘勝하고 있어 쟁봉爭鋒하기 어렵습니다. 의당 행군을 중시한 뒤 적당한 곳에 진을 쳤다가 서서히 방략方略을 강구해야 할 것입니다."

풍이가 반대했다.

"적군은 경계 지역에 임해 습관적으로 작은 이익에 도취하는 뉴설소리恇怃小利의 모습을 보이며 마침내 깊이 들어오려 하고 있소. 만일 저들이 순읍을 차지하면 삼보三輔가 동요하게 되오. 무릇『손자병법』은 공격하기에는 부족할지라도 수비하는 데는 여유가 있다고 언급한 바 있소.[8] 지금 먼저 가서 성을 점거하는 것은 휴식을 취한 뒤 정비된 군사로 피로에 지친 적을 상대하는 이일대로以逸待勞를 행하기 위한 것으로 쟁봉을 하려는 게 아니오."

그러고는 잠행潛往하여 성문을 닫고, 기고旗鼓를 모두 뉘어 놓았다. 행순行巡은 이를 알지 못한 채 급히 내달려 도착하는 치부馳赴를 했다. 풍이가 적이 전혀 눈치 채지 못하는 시간과 장소를 택하는 출기불의出其不意로 문득 북을 치며 깃발을 드는 격고건기擊鼓建旗의 모습으로 출격했다. 행순의 군사가 놀라 어지럽게 분주奔走했다. 풍이의 군사가 추격을 해 대파했다. 채준祭遵 역시 견현汧縣에서 왕원을 깨뜨렸다. 북지北地감숙성 경양현 서북쪽의 여러 호강한 세력의 우두머리인 호장豪長 경정耿定 등이 모두 외효를 배반하고 항복했다. 광무제가 풍이에게 조서를 내려 의거義渠감숙성 경양현로 진군해 군진을 펼친 뒤 유문백을 사칭하는 노방盧芳의 장수 가람賈覽과 흉노의 오건일축왕奧鞬日逐王을 격파하게 했다. 북지와 상군上郡섬서성 부시현, 안정安定감숙성 고원현이 모두 항복한 이유다.

12) 두융竇融이 다시 두우竇友를 보내 이같이 상서했다.

"신은 다행히도 한문제의 정처인 두황후竇皇后의 말속末屬이 되어 대대로 2천석의 벼슬을 한 집안의 후손으로서 황상의 은덕으로 장수를 역

---

8   원문은 '공자부족攻者不足, 수자유여守者有餘'이다. 『손자병법』「군형軍形」에서 방어를 하는 것은 아직 내가 적을 이길 여건이 마련되지 않았기 때문이고, 공격을 하는 것은 이길 여건이 충족되고도 남기 때문이라는 취지로 언급한 '수즉부족守則不足, 공즉유여攻則有餘' 구절을 인용한 것이다. 삼국시대의 조조는 현존 『손자병법』의 원형인 『손자약해孫子略解』에서 주석하기를, "여기서 '수즉부족'은 기회가 올 때까지 아군의 실정이 드러나지 않도록 주의해야 하고, '공즉유여'는 적을 이길 수 있을 정도의 실력을 갖췄을 때 마침 적이 아군을 공격해 오면 그 자리에서 승리를 결정지을 수 있다는 뜻이다."라고 했다. 은작산 출토 『손자병법』 죽간본에는 「군형」의 구절과 정반대로 양측의 병력이 같을 경우 방어를 택하면 여유가 있고, 공격에 나서면 부족하다는 취지의 '수즉유여守則有餘, 공즉유여攻則不足'으로 되어 있다. 조조가 『손자약해』에서 언급한 주석과 취지를 같이한다.

임하며 나라의 한 귀퉁이를 지켰습니다. 휘하인 유균劉鈞을 보내 구두로 신의 속마음을 전하는 구진간담口陳肝膽을 하도록 조치한 것도 이 때문입니다. 스스로 저의 속에 있는 것을 모두 드러낸 까닭에 조금도 남긴 게 없습니다. 그런데도 황상은 새서璽書를 내려 공손술 및 외효와 함께 천하를 삼분하여 정족지권鼎足之權을 취할 생각을 품고, 남월의 독립을 꾀한 임효任囂와 조타趙佗의 모략을 언급했습니다. 신이 내심 통상痛傷하게 생각한 이유입니다. 신 두융은 비록 무식하나 이해가 갈리고 순역順逆이 나뉘는 갈림길에서 어찌 진정한 구주舊主를 배신해 간위奸僞한 자를 섬기고, 충정소절忠貞小節을 폐한 채 기울고 뒤집힌 사안인 경복지사傾覆之事를 행하고, 이미 완성된 터전인 이성지기已成之基를 버린 채 바랄 수 없는 이익인 무기지리無冀之利를 구하겠습니까? 이들 3가지는 비록 광부狂夫에게 물을지라도 오히려 거취去就를 쉽게 알 수 있는 사안인데 신이 홀로 어찌 다른 마음을 품겠습니까? 삼가 동생 두우를 궁궐로 보내 신의 지성至誠을 구두로 전하게 한 이유입니다."

두우가 고평高平삼숙성 고원현에 이르렀을 때 마침 외효가 반란을 일으켜 길이 막혔다. 사마司馬 석봉席封을 보내 샛길인 간도間道를 이용해 서신을 전달하게 했다. 광무제가 다시 석봉을 파견해 두융가 두우에게 친서를 내렸다. 이는 위로하여 다독이는 뜻을 두텁게 하려는 조치였다. 두융과 이내 외효에게 서신을 보냈다.

"장군은 친히 액운이 닥치고 국가가 불행한 때를 만나 절개를 지키며 의리 상 뒤로 돌아가지 않는 수절불회守節不回의 자세로 본조本朝인 한나라를 이어서 섬겼습니다. 저 두융 등이 그 고의高義에 흔쾌히 복종하는 흔복欣服을 하고, 장군을 좇아 전역戰役에 종사하고자 한 것은 실로 이 때문이었습니다! 그런데 장군은 화내며 초조해하는 분연忿悁의 사이에서 절개를 바꾸고 도모하는 바를 고치는 개절역도改節易圖를 행하고,

이미 성공한 것을 버리고 도달하기 어려운 것을 만드는 일을 하고 있습니다. 이는 100년 간 쌓아온 것을 일조에 훼손시키는 것이니, 어찌 애석하지 않을 리 있겠습니까? 대략 장군 곁에서 일을 행하는 집사자執事者들이 공을 탐하며 잘못된 계책을 건의하는 바람에 이 지경에 이른 듯합니다. 오늘날 서주西州 일대의 형세는 매우 급박하고, 민병民兵은 이산離散한 상황입니다. 남을 보필하기는 쉬우나, 스스로 세력을 세우기는 어렵습니다. 계책을 세웠다가 도중에 길을 잃은 채 돌아갈 수 없는 실로불반失路不反과 갈 길을 수소문해도 오히려 미로에 빠지는 문도유미聞道猶迷의 상황에 처하면 남쪽의 공손술이나 북쪽의 노방에게 몸을 맡기는 수밖에 없습니다. 무릇 헛된 교정交情을 믿으며 강적을 쉽게 생각하고, 먼 곳에 있는 자가 구원해줄 것으로 믿고 근적近敵을 경시하면 자신의 장점을 찾아볼 수 없게 됩니다. 군사를 일으킨 이래 성곽은 모두 폐허가 됐고, 생민生民은 구학溝壑에서 뒹굴고 있습니다. 다행히 천운이 조금 돌아온 상황에서 장군이 다시 재난을 가중시키고 있습니다. 이는 고질적인 병통인 적아積痾를 끝까지 치료되지 않게 악화시키고, 어린애와 고아들을 다시 유리流離하도록 만들고, 사람들로 하여금 하고가 시큰거리는 산비酸鼻를 느끼게 하는 것입니다. 일반인인 용인庸人도 차마 못하는데 하물며 인자仁者의 경우이겠습니까? 저 두융은 충성을 행하기는 쉽지만 적합한 시기時機를 택하는 득의得宜는 실로 어렵다는 얘기를 들은 바 있습니다. 남을 배려하는 게 지나치면 시덕施德이 오히려 원한을 사는 취원取怨이 됩니다. 저 또한 이런 말로 인해 죄를 얻게 된다는 것을 잘 알고 있습니다!"

외효가 받아들이지 않았다.

두융이 이른바 하서5군河西五郡[9]의 태수와 함께 병마兵馬를 단속하는

---

9   하서5군河西五郡은 한무제 때 설치한 주천酒泉과 장액張掖, 돈황敦煌, 무위武威

지려砥厲를 행한 뒤 상소를 올려 군사를 움직일 시기를 알려달라고 청했다. 광무제가 이를 크게 칭송했다. 두융이 즉시 하서5군의 태수와 함께 군사를 이끌고 금성金城으로 들어가 외효의 무리인 선령先零의 강족羌族인 봉하封何 등을 공격해 대파했다. 이어 황하 유역을 아우르고 위무威武를 떨치면서 거가車駕가 오기를 기다렸다. 이때 한나라의 대병大兵이 아직 진병하지 않은 까닭에 두융이 이내 군사를 이끌고 돌아왔다.

광무제는 두융의 신뢰와 실력이 밝게 드러나자 더욱 칭송하며 두융 부친의 분묘墳墓를 잘 수리한 뒤 소와 양과 돼지를 각각 1마리씩 희생으로 바치는 태뢰太牢로 제사를 지내게 했다. 자주 가볍게 행장을 차린 사자인 경사輕使로 하여금 급히 내달려 사방에서 올라온 진귀한 음식인 진수珍羞를 전하도록 했다. 무위군 태수인 양통梁統은 오히려 여러 사람의 의혹疑惑을 살까 두려워한 나머지 사람을 시켜 외효가 보낸 사자인 장현張玄을 척살했다. 이어 마침내 외효와 관계를 끊고, 외효가 내려준 장군의 인수印綬를 모두 풀었다.

13) 이에 앞서 마원馬援은 외효가 낙양의 한나라 정부에 대해 이심貳心을 지녔다는 소식을 듣고는 자주 서신을 보내 책망하며 비유할 만한 사례를 거론했다. 외효가 이를 보고 더욱 화를 냈다. 마침내 발병發兵하여 반기를 들자 마원이 상서했다.

"신은 본래 외효와 매우 가깝게 지낸 친구 사이입니다. 당초 그는 신을 동쪽 낙양으로 보내면서 말하기를, '본래 한나라를 위하고자 하는 마음이니 바라건대 족하足下가 가서 관찰한 결과가 좋다고 하면 나 또한 바로 전심專心으로 한나라를 옹호하도록 하겠다'고 했습니다. 신이 돌아가서 참된 마음으로 보고를 하면서 실로 그를 좋게 인도하려고 노력했습니다.

등 하서4군河西四郡 위에 한소제 때 증설한 금성金城을 통칭한 말이다.

결하고 감히 의롭지 않은 것으로 속이려 하지 않았습니다. 그럼에도 외효는 스스로 간사한 마음을 품고 강도가 주인을 증오하는 것처럼 원망하고 독살스런 심정인 원독지정怨毒之情을 마침내 신에게 쏟아 부었습니다. 신이 말을 하지 않으면 황상에게 품고할 길이 없습니다. 원컨대 사자를 좇아 행재소行在所로 나아가 외효를 멸할 수 있는 술책을 모두 진술하고자 합니다."

광무제가 이내 마원을 부르자 마원은 생각했던 모획謀畫을 모두 말했다. 광무제는 마원에게 명해 돌기突騎 5,000명을 이끌고 가서 외효의 장수 고준高峻과 임우任禹의 무리에게 다가가 유세하고, 강족의 수령에게까지 내려가 화복禍福의 이치를 진술하게 했다. 외효의 곁가지 무리인 지당支黨을 붕괴시키려 한 것이다. 마원이 다시 서신을 써 자가 춘경春卿인 외효의 장수 양광楊廣에게 보냈다. 외효에게 이같이 효시曉示하며 권계勸戒하도록 주문한 것이다.

"나 마원이 가만히 보건대 사해四海는 이미 정해졌소. 천하의 모든 인민인 조민兆民이 같은 생각을 하고 있으나, 자字가 계맹季孟인 그대가 변경의 문을 걸어 잠근 채 배반背畔해 천하 인민의 드러난 목표인 표적表的이 됐소. 늘 해내에 있는 자들이 절치切齒하며 서로 계맹을 찢어 죽이는 도열屠裂을 행할까 두려운 나머지 끊임없이 서신을 통해 연민하며 우려하는 계책인 측은지계惻隱之計를 전한 것이오. 이내 계맹이 나 마원에게 죄를 돌리고, 또 자가 유옹游翁인 왕원王元의 아첨하고 사악한 첨사지설諂邪之說을 받아들이고, 이어 스스로 함곡관 서쪽은 자신이 발을 올리는 거족擧足을 하면 가히 평정할 수 있다고 떠벌였다는 얘기를 듣게 됐소. 오늘의 국세局勢에 비춰볼 때 필경 어찌되겠소! 나 마원은 최근 하내河內하남성 무척현에 이르러 자가 백춘伯春인 외효의 아들 외순隗恂의 안부를 묻는 과존過存을 하다가 그의 노복 길吉이 서주西州에서 바야흐로 돌아오는 것을 보게 됐소. 이때 백춘의 어린 동생 외중서隗仲舒가 길吉을 멀리서 보고 백춘의 안부를 물으려고 하자 끝내 말할 수가 없어 효석曉夕으로 호읍號泣하며 흙먼지 속에서 나뒹구는 완전진중宛轉塵中[10]을 했다는 얘기를 들었소. 또 가족들이 슬퍼하며 우려하는 모습이 이루 말할 수 없을 정도였다는 얘기도 들었소. 무릇 원구怨仇가 있을 경우 책망할 수는 있으나 훼멸적인 방법으로 보복할 수는 없는 법이오. 나 마원은 이 소식을 듣고 나도 모르게 눈물을 흘렸소. 나는 평소 계맹이 효성스럽고 우애 있는 사람이어서 효행으로 명성이 높은 공자의 제자 증자曾子나 민자건閔子騫도 이를 넘어설 수 없을 것으로 보았소. 무릇 그 부모에게 효성스런 자가 어찌 그 아들에게 자애롭지 않을 수 있겠소! 계맹의 아들이 3개의 나무로 만든 형틀에 매달리는 포삼목抱三木을 하고 있는 상황에서, 마구 날뛰며 멋대로 행동하는 도량망작跳梁妄作의 모습으로 유방의 부친을 삶아 죽인 국물을 나눠주겠다는 항우의 협박에 기꺼이 나눠먹겠다고 응수한 한고제 유방을 어찌 능히 흉내 낼만한 일이겠소! 계맹은 평생 스스로 말하기를, '많은 병사를 보유하고 있는 이유는 부모지국父母之國을 보전하고, 그 분묘墳墓를 완전하게 하려는 취지이다'라고 했소. 또 말하기를, '실로 사대부를 후대하려는 것일 뿐이다'라고 했소. 그러나 지금 온전하게 하고자한 것은 곧 파망破亡, 완전하게 하고자 한 것은 곧 훼상毁傷, 두텁게 하고자 한 것은 곧 도리어 박절한 반박反薄의 대상이 돼 버렸소. 계맹은 일찍이 자가 자양子陽인 공손술을 멸시해 그가 내린 작위를 받지 않았소. 지금 다시 하찮은 육륙陸陸의 자들과 함께 그를 찾아가 귀부하고자 하니,

---

10   완전진중宛轉塵中을 두고 호삼성은 주석하기를, "호읍號泣 뒤에 십이행본十二行本은 '완전진중宛轉塵中' 네 글자를 덧붙여 놓았다. 을십일행본乙十一行本, 공본孔本, 장교張校, 퇴재교退齋校 모두 같다."고 하면서 따로 그 뜻을 풀이하지는 않았다. 대략 문맥상 흙먼지 속에서 나뒹굴었다는 의미로 짐작된다.

장차 얼굴을 세우기가 어렵게 됐소! 만일 그가 다시 장자를 인질로 보내라고 요구하면 어디서 아들을 얻어 인질로 보낼 수 있겠소! 전에 자양은 유독 왕상王相의 자리로 그대 춘경을 대우하고자 했으나 그대는 이를 거절했소. 지금 늙은 나이로 귀부해 다시 머리를 숙이고, 소아小兒들과 함께 마구간인 조력槽櫪에서 함께 밥을 먹고, 원망스런 집안의 조정에서 어깨를 나란히 하며 몸을 기울여 벼슬을 하는 병견측신幷肩側身을 하겠다는 것이오! 지금 국가國家인 황상이 춘경을 기다리는 뜻이 깊소. 그대는 의당 자가 유경孺卿인 우한牛邯에게 청해 여러 나이 많은 원로인 기로耆老의 대인大人들과 함께 계맹을 설득하도록 권해야 할 것이오. 만일 계맹이 좋지 않으면 확실히 고개를 돌리고 떠날 수 있을 것이오. 방금 전에 나는 천하를 그린 여지도輿地圖를 펼쳐 놓고 천하의 군국郡國인 106곳을 보았소. 계맹이 보유하고 있는 구구區區한 농서와 천수를 가지고 어찌 제하諸夏의 104곳을 감당할 수 있겠소! 춘경은 계맹을 섬기고 있는 까닭에 밖으로는 군신지의君臣之義, 안으로는 붕우지도朋友之道를 갖고 있소. 군신의 의리로 말하면 실로 의당 간쟁諫爭을 해야 하고. 붕우의 도리로 말하면 의당 절차탁마切磋琢磨의 권고를 해야 하오. 그대는 어찌하여 그가 성공할 수 없다는 것을 알고도, 단지 연약하게 위축돼 혀를 깨물고 말을 못하는 위뇌사설萎腇咋舌의 모습으로 손을 공손히 모은 의수義手의 모습으로 그를 좇아 멸족의 길로 나아가려는 것이오!

오늘 태도를 바꿔 계모를 완성하면 여전히 훌륭할 것이나 시기時機를 지나면 맛이 적어지는 소미少味가 될 것이오! 또 자가 군숙君叔인 내흡來翕은 천하에서 믿을 만한 선비인 신사信士이고, 조정에서도 그를 중시하고 있소. 그의 뜻은 여전히 늘 오직 계맹이 점거하고 있는 서주西州만을 위해 말하는 데 있소. 나 마원도 조정과 협의하면서 이 문제에 관해 더욱 신의를 세우고 있으니 반드시 약속을 저버리지 않을 것이오. 변경에 오랫동안 머물 수 없으니 원컨대 속히 회보해 주길 바라오."

양광이 끝내 대답하지 못했다. 제장들은 매번 의심스런 사안을 논의할 때면 마원을 불러 고견을 청했다. 모두 그를 존경하며 중시한 까닭이다.

14) 외효가 상소上疏하며 사과했다.

"이민吏民들이 문득 대병大兵이 이르렀다는 소식을 듣고 경공驚恐한 나머지 자구自救에 나서는 바람에 신 외효는 이를 금지시킬 수 없었습니다. 군사들은 큰 승리를 얻었으나 감히 신자臣子의 절도를 폐하지는 않았고, 친히 뒤를 쫓아가 환군還軍하게 했습니다. 옛날 우순虞舜이 부친을 섬길 때 큰 지팡이인 대장大杖을 들어 때리려 들면 달아나고, 작은 지팡이인 소장小杖을 들어 때리려 하면 맞았습니다.[11] 신은 비록 불민不敏하나 어찌 감히 '군신지의'를 잊을 수 있겠습니까? 지금 신에 관한 일은 본조本朝에 달려 있습니다. 사사賜死하면 죽을 것이고, 가형加刑하면 형을 받을 것입니다. 만일 다시금 마음을 씻고 개과천선하는 세심洗心의 기회를 얻으면 죽어서 백골이 될지라도 썩지 않은 채 은혜를 잊지 않는 사골불후死骨不朽의 충성을 바칠 것입니다.[12]"

---

11   원문은 '대장즉주大杖則走, 소장즉수小杖則受'이다. 큰 지팡이를 맞을 경우 자식이 중상을 입어 부친이 크게 후회를 하는 까닭에 달아나야 하고, 작은 지팡이의 경우는 경상을 입어 부친의 화를 누그러뜨릴 수 있기에 그대로 맞아야 한다는 취지이다. 한영韓嬰의 『한시외전韓詩外傳』 권8에는 '소추칙대太小箠則待笞, 대장즉도大杖則逃', 『설원說苑』「건본建本」에는 '소추즉대小箠則待, 대추즉주大箠則走'로 나온다. 『후한서』「외효전」에 나오는 '대장즉주大杖則走, 소장즉수小杖則受' 구절과 같은 뜻이다.

12   세심洗心은 크게 2가지 뜻이 있다. 첫째, 악념惡念 내지 잡념雜念을 제거한다는 의미이다. 『주역』「계사전繫辭傳 상」의 '성인이차세심聖人以此洗心' 구절이 대표적이다. 둘째, 잘못을 뉘우치고 스스로 새로워진다는 뜻이다. 『후한서』「외효전」에 나오는 '경득세심更得洗心, 사골불후死骨不朽' 구절이 대표적이다. 사골불후死骨不朽는 『춘추좌전』「노성공 3년」조와 제갈량의 「전출사표」에 나오는 사차불후死且不朽 표현과 같은 의미이다. 『춘추좌전』「노양공 24년」조는 사이불후死而不朽로 표현해 놓았다.

유사有司가 외효의 언사가 오만하다고 평하면서 그의 아들 외순을 주살할 것을 청했다. 광무제가 차마 죽일 수 없어 다시 내흡에게 견현汧縣으로 가서 외효에게 이런 내용의 서신을 내리는 사서賜書를 하도록 했다.

"옛날 한고제 때 대장군 시무柴武가 한신에게 보낸 서신에서 말하기를, '폐하는 관인寬仁해 제후들이 반란을 일으켜 달아날지라도 돌아오기만 하면 곧바로 위호位號를 회복시켜 주며 주살하지 않았다'고 했소. 지금 만약 손을 공손히 모으는 속수束手의 자세로 외순의 동생 외중서隗仲舒로 하여금 내조하여 입시하게 하면 작록을 온전히 보전할 수 있고, 호대浩大한 복도 얻을 수 있을 것이오. 나는 나이가 바로 40세가 됐고, 전쟁터에서 10년을 보낸 까닭에 큰소리치며 헛된 부어허사浮語虛辭를 싫어하오. 원치 않으면 회보하지 마시오."

외효는 광무제도 자신의 사기 수법을 눈치 챈 것을 알고 마침내 사자를 공손술에게 보내 칭신稱臣했다.

15) 흉노와 노방盧芳이 쉬지 않고 변경을 노략했다. 광무제가 귀덕후歸德侯 유삽劉颯을 시켜 흉노에 사자로 가서 이전의 우호를 수호修好하게 했다. 제20대 호도이시도고약제呼都而屍道皋若鞮 선우인 난제여輿提輿가 거오驕倨한 태도를 보였다. 비록 사자를 보내 회답을 하기는 했으나 예전처럼 노략하며 횡포를 부린 게 그렇다.

** 起上章攝提格, 盡旃蒙協洽, 凡六年.

世祖光武皇帝建武六年

春, 正月, 丙辰, 以春陵鄕爲章陵縣, 世世復徭役, 比豊·沛.

吳漢等拔朐, 斬董憲·龐萌, 江·淮·山東悉平. 諸將還京師, 置酒賞賜.

帝積苦兵, 間以隗囂遣子內侍, 公孫述遠據邊垂, 乃謂諸將曰, "且

當置此兩子於度外耳."因休諸將於雒陽, 分軍士於河內, 數騰書隴·
蜀, 告示禍福.

公孫述屢移書中國, 自陳符命, 冀以惑眾. 帝與述書曰, "圖讖言公
孫, 即宣帝也. 代漢者姓當塗, 其名高. 君豈高之身邪! 乃復以掌文
為瑞, 王莽何足效乎! 君非吾賊臣亂子, 倉卒時人皆欲為君事耳. 君
日月已逝, 妻子弱小, 當早為定計. 天下神器, 不可力爭, 宜留三思!"
署曰, "公孫皇帝." 述不答.

其騎都尉平陵荊邯說述曰, "漢高祖起於行陳之中, 兵破身困者
數矣. 然軍敗復合, 瘡愈復戰. 何則? 前死而成功, 愈於卻就於滅亡
也! 隗囂遭遇運會, 割有雍州, 兵強士附, 威加山東. 遇更始政亂,
復失天下, 眾庶引領, 四方瓦解, 囂不及此時推危乘勝以爭天命, 而
退欲為西伯之事, 尊師章句, 賓友處士, 偃武息戈, 卑辭事漢, 喟然
自以文王復出也! 令漢帝釋關·隴之憂, 專精東伐, 四分天下而有其
三. 發間使, 召攜貳, 使西州豪桀咸居心於山東, 則五分而有其四.
若舉兵天水, 必至沮潰, 天水既定, 則九分而有其八. 陛下以梁州之
地, 內奉萬乘, 外給三軍, 百姓愁困, 不堪上命, 將有王氏自潰之變
矣! 臣之愚計, 以為宜及天下之望未絕, 豪桀尚可招誘, 急以此時發
國內精兵, 令田戎據江陵, 臨江南之會, 倚巫山之固, 築壘堅守, 傳
檄吳·楚, 長沙以南必隨風而靡. 令延岑出漢中, 定三輔, 天水·隴西
拱手自服. 如此, 海內震搖, 冀有大利." 述以問群臣, 博士吳柱曰,
"武王伐殷, 八百諸侯不期同辭, 然猶還師以待天命. 未聞無左右之
助, 而欲出師千里之外者也." 邯曰, "今東帝無尺土之柄, 驅烏合之
眾, 跨馬陷敵, 所向輒平, 不亟乘時與之分功, 而坐談武王之說, 是
復效隗囂欲為西伯也." 述然邯言, 欲悉發北軍屯士及山東客兵, 使
延岑·田戎分出兩道, 與漢中諸將合兵并勢. 蜀人及其弟光以為不宜

空國千里之外, 決成敗於一舉, 固爭之, 述乃止. 延岑·田戎亦數請兵立功, 述終疑不聽, 唯公孫氏得任事. 述廢銅錢, 置鐵錢, 貨幣不行, 百姓苦之. 為政苛細, 察於小事, 如為清水令時而已. 好改易郡縣官名. 少嘗為郎, 習漢家故事, 出入法駕, 鸞旗旄騎. 又立其兩子為王, 食犍為·廣漢各數縣. 或諫曰, "成敗未可知, 戎士暴露而先王愛子, 示無大志也!" 述不從, 由此大臣皆怨.

馮異自長安入朝, 帝謂公卿曰, "是我起兵時主簿也, 為吾披荊棘, 定關中." 既罷, 賜珍寶·錢帛, 詔曰, "倉卒蕪蔞亭豆粥, 滹沱河麥飯, 厚意久不報." 異稽首謝曰, "臣聞管仲謂桓公曰, '願君無忘射鉤, 臣無忘檻車' 齊國賴之. 臣今亦願國家無忘河北之難, 小臣不敢忘巾車之恩." 留十餘日, 令與妻子還西.

申屠剛·杜林自隗囂所來, 帝皆拜侍御史. 以鄭興為太中大夫.

三月, 公孫述使田戎出江關, 招其故眾, 欲以取荊州, 不克. 帝乃詔隗囂, 欲從天水伐蜀. 囂上言曰, "白水險阻, 棧閣敗絕. 述性嚴酷, 上下相患, 須其罪惡孰著而攻之, 此大呼響應之勢也." 帝知其終不為用, 乃謀討之.

夏, 四月, 丙子, 上行幸長安, 謁園陵. 遣耿弇·蓋延等七將軍從隴道伐蜀, 先使中郎將來歙奉璽書賜囂諭旨. 囂復多設疑故, 事久尤豫不決. 歙遂發憤質責囂曰, "國家以君知臧否, 曉廢興, 故以手書暢意. 足下推忠誠, 既遣伯春委質, 而反欲用佞惑之言, 為族滅之計邪!" 因欲前刺囂. 囂起入, 部勒兵將殺歙, 歙徐杖節就車而去, 囂使牛邯將兵圍守之. 囂將王遵諫曰, "君叔雖單車遠使, 而陛下之外兄也, 殺之無損於漢, 而隨以族滅. 昔宋執楚使, 遂有析骸易子之禍. 小國猶不可辱, 況於萬乘之主, 重以伯春之命哉!" 歙為人有信義, 言行不違, 及往來遊說, 皆可按覆. 西州士大夫皆信重之, 多為其言,故得免而東歸.

五月, 己未, 車駕至自長安.

隗囂遂發兵反, 使王元據隴坻, 伐木塞道. 諸將因與囂戰, 大敗, 各引兵下隴. 囂追之急, 馬武選精騎為後拒, 殺數千人, 諸軍乃得還.

六月辛卯, 詔曰, "夫張官置吏, 所以為民也. 今百姓遭難, 戶口耗少, 而縣官吏職, 所置尚繁. 其令司隷·州牧各實所部, 省減吏員, 縣國不足置長吏者幷之." 於是幷省四百餘縣, 吏職減損, 十置其一.

九月, 丙寅晦, 日有食之. 執金吾朱浮上疏曰, "昔堯·舜之盛, 猶如三考. 大漢之興, 亦累功效, 吏皆積久, 至長子孫. 當時吏職, 何能悉治, 論議之徒, 豈不喧嘩! 蓋以為天地之功不可倉卒, 艱難之業當累日也. 而間者守宰數見換易, 迎新相代, 疲勞道路. 尋其視事日淺, 未足昭見其職, 既加嚴切, 人不自保, 迫於舉劾, 懼於刺譏, 故爭飾詐偽以希虛譽, 斯所以致日月失行之應也. 夫物暴長者必夭折, 功卒成者必亟壞. 如摧長久之業而造速成之功, 非陛下之福也. 願陛下游意於經年之外, 望治於一世之後, 天下幸甚!" 帝采其言, 自是牧守易代頗簡.

十二月, 壬辰, 大司空宋弘免.

癸巳, 詔曰, "頃者師旅未解, 用度不足, 故行十一之稅. 今糧儲差積, 其令郡國收見田租三十稅一, 如舊制."

諸將之下隴也, 帝詔耿弇軍漆, 馮異軍枸邑, 祭遵軍汧, 吳漢等還屯長安. 馮異引軍未至枸邑, 隗囂乘勝使王元·行巡將二萬餘人下隴, 分遣巡取枸邑. 異即馳兵欲先據之, 諸將曰, "虜兵盛而乘勝, 不可與爭鋒, 宜止軍便地, 徐思方略." 異曰, "虜兵臨境, 忸忕小利, 遂欲深入. 若得枸邑, 三輔動搖. 夫攻者不足, 守者有餘. 今先據城, 以逸待勞, 非所以爭也." 潛往, 閉城, 偃旗鼓. 行巡不知, 馳赴之. 異乘其不意, 卒擊鼓·建旗而出. 巡軍驚亂奔走, 追擊, 大破之. 祭遵亦破王元於汧. 於是北地諸豪長耿定等悉畔隗囂降. 詔異進軍義渠, 擊破盧芳將賈覽·匈奴奧鞬日逐王, 北地·上郡·安定皆降.

竇融復遣其弟友上書曰, "臣幸得托先后末屬, 累世二千石, 臣復假歷將帥, 守持一隅, 故遣劉鈞口陳肝膽, 自以底裡上露, 長無纖介. 而璽書盛稱蜀·漢二主三分鼎足之權, 任囂·尉佗之謀, 竊自痛傷. 臣融雖無識, 猶知利害之際·順逆之分. 豈可背真舊之主, 事奸僞之人. 廢忠貞小節, 為傾覆之事. 棄已成之基, 求無冀之利. 此三者, 雖問狂夫, 猶知去就, 而臣獨何以用心! 謹遣弟友詣闕, 口陳至誠." 友至高平, 會隗囂反, 道不通, 乃遣司馬席封間道通書. 帝復遣封, 賜融·友書, 所以尉藉之甚厚. 融乃與隗囂書曰, "將軍親遇厄會之際, 國家不利之時, 守節不回, 承事本朝. 融等所以欣服高義, 願從役於將軍者, 良為此也! 而忿悁之間, 改節易圖, 委成功, 造難就, 百年累之, 一朝毀之, 豈不惜乎! 殆執事者貪功建謀, 以至於此. 當今西州地勢局迫, 民兵離散, 易以輔人, 難以自建. 計若失路不反, 聞道猶迷, 不南合子陽, 則北入文伯耳. 夫負虛交而易強禦, 恃遠救而輕近敵, 未見其利也. 自兵起以來, 城郭皆為丘墟, 生民轉於溝壑. 幸賴天運少還, 而將軍復重其難, 是使積痾不得遂瘳, 幼孤將復流離, 言之可為酸鼻. 庸人且猶不忍, 況仁者乎! 融聞為忠甚易, 得宜實難. 憂人太過, 以德取怨, 知且以言獲罪也!" 囂不納. 融乃與五郡太守共砥厲兵馬, 上疏請師期. 帝深嘉美之. 融即與諸郡守將兵入金城, 擊囂黨先零羌封何等, 大破之. 因幷河, 揚威武, 伺候車駕. 時大兵未進, 融乃引還. 帝以融信效著明, 益嘉之, 修理融父墳墓, 祠以太牢, 數馳輕使, 致遺四方珍羞. 梁統猶恐眾心疑惑, 乃使人刺殺張玄, 遂與隗囂絕, 皆解所假將軍印綬.

先是, 馬援聞隗囂欲貳於漢, 數以書責譬之, 囂得書增怒. 及囂發兵反, 援乃上書曰, "臣與隗囂本實交友, 初遣臣東, 謂臣曰, '本欲為漢, 願足下往觀之, 於汝意可, 即專心矣' 及臣還反, 報以赤心, 實欲導之於善, 非敢謗以非義. 而囂自挾奸心, 盜憎主人, 怨毒之情, 遂歸於臣. 臣欲不言, 則無以上聞, 願聽詣行在所, 極陳滅囂之術." 帝乃召之. 援具言謀畫. 帝因使援將突騎五千, 往來遊說囂將高峻·任禹之屬, 下及羌豪, 為陳禍福, 以離囂支黨. 援又為書與囂將楊廣, 使曉勸於囂曰, "援竊見四海已定, 兆民同情, 而季孟閉拒背畔, 為天下表的. 常懼海內切齒, 思相屠裂, 故遺書戀戀, 以致惻隱之計. 乃聞季孟歸罪於援, 而納王游翁諂邪之說, 因自謂函谷以西, 舉足可定. 以今而觀, 竟何如邪! 援間至河內, 過存伯春, 見其奴吉從西方還, 說伯春小弟仲舒望見吉, 欲問伯春無它否, 竟不能言, 曉夕號泣, 宛轉塵中. 又說其家悲愁之狀, 不可言也. 夫怨讎可刺不可毀, 援聞之, 不自知泣下也. 援素知季孟孝愛, 曾·閔不過. 夫孝於其親, 豈不慈於其子! 可有子抱三木而跳梁妄作, 自同分羹之事乎! 季孟平生自言所以擁兵眾者, 欲以保全父母之國而完墳墓也, 又言苟厚士大夫而已. 而今所欲全者將破亡之, 所欲完者將毀傷之, 所欲厚者將反薄之. 季孟嘗折愧子陽而不受其爵, 今更共陸陸欲往附之, 將難為顏乎! 若復責以重質, 當安從得子主給是哉! 往時子陽獨欲以王相待而春卿拒之, 今者歸老, 更欲低頭與小兒曹共槽櫪而食, 并肩側身於怨家之朝乎! 今國家待春卿意深, 宜使牛孺卿與諸耆老大人共說季孟, 若計畫不從, 真可引領去矣. 前披輿地圖, 見天下郡國百有六所, 奈何欲以區區二邦以當諸夏百有四乎! 春卿事季孟, 外有君臣之義, 內有朋友之道. 言君臣邪, 固當諫爭. 語朋友邪, 應有切磋. 豈有知其無成, 而但萎腇咋舌, 義手從族乎! 及今成計, 殊尚善也, 過是,欲少味矣! 且來君叔天下信士, 朝廷重之, 其意依依, 常獨為西州言.
援商朝廷, 尤欲立信於此, 必不負約. 援不得久留, 願急賜報." 廣竟
不答. 諸將每有疑議, 更請呼援, 咸敬重焉.

隗囂上疏謝曰, "吏民聞大兵卒至, 驚恐自救, 臣囂不能禁止. 兵有
大利, 不敢廢臣子之節, 親自追還. 昔虞舜事父, 大杖則走, 小杖則
受, 臣雖不敏, 敢忘斯義! 今臣之事, 在於本朝, 賜死則死, 加刑則
刑. 如更得洗心, 死骨不朽." 有司以囂言慢, 請誅其子. 帝不忍, 復使
來歙至汧, 賜囂書曰, "昔柴將軍云, '陛下寬仁, 諸侯雖有亡叛而後
歸, 輒復位號, 不誅也' 今若束手, 復遣恂弟歸闕庭者, 則爵祿獲全,
有浩大之福矣! 吾年垂四十, 在兵中十歲, 厭浮語虛辭. 即不欲, 勿
報." 囂知帝審其詐, 遂遣使稱臣於公孫述.

匈奴與盧芳為寇不息, 帝令歸德侯颯使匈奴以修舊好. 單于驕倨,
雖遣使報命, 而寇暴如故.

한광무제 건무 7년(AD 31)

1) 봄 3월, 군국郡國에 있는 장갑 부대인 경거輕車와 기병 부대인 기사
騎士, 강궁 부대인 재관材官을 철폐한 뒤 다시 민오民伍로 회복시켰다.

2) 공손술이 외효를 삭녕왕朔寧王에 임명했다. 군사를 파견해 서로 왕
래하면서 외원外援 세력으로 삼았다.

3) 3월 30일, 일식이 있었다. 조서를 내려 백료百僚들은 각기 밀봉한 상
주문인 봉사封事를 올리되, 그 글에 '성성聖'의 표현을 쓰지 못하게 했다. 태
중대부太中大夫 정흥鄭興이 상소上疏했다.

"무릇 나라에 선정善政을 베푸는 일이 없으면 해와 달이 징벌하게 됩
니다. 관건은 민심에 따르는 인인지심因人之心과 사람을 잘 택해 적당한
자리에 두는 택인처위擇人處位에 달려 있습니다. 지금 공경대부公卿大夫

들은 어양漁陽북경시 밀운현 태수 곽급郭伋을 천거해 대사공을 시키는 게 좋다고 했으나 때에 맞춰 확정하지 않았습니다. 도로道路에 유언비어가 나돌고 있습니다. 모두 이르기를, '조정이 공신功臣을 임용하고자 한다'고 합니다. 공신을 관원으로 임명하면 사람도 자리를 마뜩해하지 않고, 자리 또한 당사자에게 적당치 않게 됩니다. 원컨대 폐하는 자신의 생각을 굽히고 중론을 좇는 굴기종중屈己從衆의 자세로 군신들이 겸양과 선행의 공을 이루게 하십시오. 최근 몇 해 동안 일식이 그믐에 많았습니다. 정해진 때보다 앞서 합친 것으로 모두 달의 운행이 빨랐기 때문입니다. 해는 군주, 달은 신하를 상징합니다. 군주가 매우 급한 항급亢急의 모습을 보이면 신하는 촉박促迫하게 됩니다. 달의 운행이 빨라진 이유입니다. 지금 폐하가 고상하고 명달한 고명高明의 행보를 보이자 군신들은 황망하고 촉박한 황촉惶促의 모습을 보이고 있습니다. 의당 부드럽고 화합적인 정사인 유극지정柔克之政의 자세로 『서경』「주서周書, 홍범洪範」의 치국대법治國大法을 유념해 주십시오."

광무제가 몸소 부지런히 정사를 살폈으나 매우 엄급嚴急했던 탓에 다치게 하는 부분이 매우 많았다. 정흥이 상주하여 이를 언급한 이유다.

4) 여름 4월 19일, 천하에 대사령을 내렸다.

5) 5월 6일, 전장군前將軍 이통李通을 대사공大司空으로 삼았다.

6) 대사농大司農 강풍江馮이 상언上言했다.

"의당 사례교위司隸校尉로 하여금 삼공三公을 독찰督察하게 해야 합니다."

왕망 시절의 압난장군厭難將軍 진흠陳欽의 아들 사공연司空掾 진원陳元이 상소했다.

"신은 신하를 스승으로 대하면 황제, 빈객으로 대하면 패자霸者가 된다는 취지의 '사신자제師臣者帝, 빈신자패賓臣者霸' 이야기를 들은 바 있습니다. 주무왕周武王이 강태공姜太公을 스승으로 삼고, 제환공齊桓公이 재상인 관중管仲을 중보仲父로 높여 부르고, 가까이로는 고제高帝가 상국相國인 소하蕭何에게 칼을 차고 신발을 신은 채 전殿에 오르는 예를 베풀고, 태종太宗인 한문제가 재보宰輔인 신도가申屠嘉에게 군신 간의 의리를 바로세우기 위해 권력을 빌려준 게 그 증거입니다. 패망한 신新나라를 세운 왕망은 한나라가 도중에 쇠망한 모습을 보이자 나라의 권력인 국병國柄을 멋대로 농락하다가 천하를 훔쳤습니다. 하물며 스스로 말하기를, '군신들을 믿지 못해 삼공과 보좌하는 재상인 공보公輔의 임무를 빼앗고, 재상의 위엄을 덜어냈습니다. 숨겨진 것을 드러내는 것은 명철明哲, 다른 사람의 과실을 들춰내는 것은 정직正直이다'라고 했습니다. 이내 아래에서 섬기는 배복陪僕이 윗사람인 군장君長을 고발하고, 자제子弟가 부형父兄을 고변告變하는 지경에 이르게 됐습니다. 당시 법망이 조밀한 탓에 대신들이 수족手足을 함부로 놀릴 수 없었는데도 왕망은 동충董忠의 모반을 금하지 못했고, 자신의 몸은 세상에서 주륙을 당했습니다. 바야흐로 지금 사방이 아직도 소란해 천하가 통일되지 않았습니다. 백성들 모두 자세히 보고 듣기 위해 이목耳目을 크게 확장하고 있습니다. 폐하는 의당 주문왕과 주무왕이 성전聖典을 익히고, 조종祖宗의 유덕遺德을 잇고, 밑의 병사인 하사下士에게 마음을 쓰고, 몸을 낮춰 현자를 대우하는 굴절대현屈節待賢을 행해야 합니다. 실로 유사有司에게 공보公輔의 명칭을 지닌 대신들을 독찰하게 해서는 안 됩니다."

광무제가 이를 좇았다.

7) 주천酒泉감숙성 주천현 태수 축증竺曾이 동생의 원수를 갚기 위해 사람을 죽인 뒤 스스로 사직하고 주천군을 떠났다. 양주涼州 자사 두융竇融이 승제承製하여 두증을 무봉장군武鋒將軍으로 삼은 뒤 다시 신융辛肜을 주천 태수로 임명했다.

8) 가을, 외효가 보기步騎 3만 명을 이끌고 안정군安定郡감숙성 고원현을 침공해 음반陰槃섬서성 장무현 서쪽에 이르렀다. 풍이馮異가 제장들을 인솔해 이를 막았다. 외표가 또 별장別將에게 명해 농롱隴 땅으로 내려가 견현汧縣섬서성 농현 남쪽에서 채준祭遵을 공격하게 했다. 이들은 아무런 소득도 없이 환군했다.

광무제가 장차 친히 군사를 이끌고 가 외효를 정벌할 생각으로 먼저 두융과 군사출동의 시기를 기약했다. 그러나 마침 비가 내려 길이 끊어진 데다 외효의 병사가 이미 퇴각한 까닭에 이내 중지했다. 광무제가 내흡來歙에게 명해 서신을 갖고 가 외효의 부하인 왕준王遵을 초항招降하게 했다. 왕준이 항복하자 태중대부太中大夫에 제수하고, 향의후向義侯에 봉했다.

9) 겨울, 노방盧芳이 어떤 일로 인해 휘하의 오원五原내몽골 포두시 서북쪽 태수 이흥李興 형제를 주살했다. 휘하에 있던 삭방朔方내몽골 이맹伊盟 서북쪽 태수 전삽田颯과 운중雲中내몽골 탁극탁현 동북쪽 태수 교호喬扈가 각각 해당 군군을 들어 항복했다. 광무제가 전처럼 원래의 직책을 수행하게 했다.

10) 광무제는 도참圖讖을 좋아했다. 정흥鄭興과 더불어 교사郊祀에 관한 일을 상의하며 물었다.

"나는 도참을 이용해 결단하고자 하오. 어찌 생각하오?"

정흥이 대답했다.

"신은 도참을 연구하지 않았습니다."

광무제가 화를 냈다.

"경이 도참을 연구하지 않는 것은 도참의 예언이 틀렸다고 생각하기 때문이오?"

정흥이 황공惶恐해했다.

"신은 책에서 아직 배운 적이 없습니다. 비난한 바는 없습니다."

광무제가 이내 화를 풀었다.

11) 남양南陽하남성 남양시 태수 두시杜詩의 정치政治가 청평淸平했다. 이로운 일을 일으키고 해를 제거하는 흥리제해興利除害를 실천하자 백성들이 이를 편히 생각했다. 또한 둑을 쌓아 못을 만드는 수치피지修治陂池와 전답을 널리 확장하는 광척토전廣拓土田 덕분에 군내郡內에서 집집마다 풍족해졌다. 당시 사람들은 그를 한원제 때 남양 태수를 지낸 소신신召信臣에 비유했다. 남양 일대에서 소신신을 부친, 두시를 모친에 비유한 이런 칭송이 나돌았다.

　　　앞에는 소부召父 있고　　　前有召父 전유소부

　　　뒤에는 두모杜母 있지　　　後有杜母 후유두모

* 世祖光武皇帝建武七年

春, 三月, 罷郡國輕車·騎士·材官, 今還復民伍.

公孫述立隗囂為朔寧王, 遣兵往來, 為之援勢.

癸亥晦, 日有食之. 詔百僚各上封事, 其上書者不得言聖, 太中大夫鄭興上疏曰, "夫國無善政, 則讁見日月. 要在因人之心, 擇人處位. 今公卿大夫多舉漁陽太守郭伋可大司空者, 而不以時定. 道路流言, 咸曰'朝廷欲用功臣', 功臣用則人位謬矣. 願陛下屈己從眾, 以濟群臣讓善之功. 頃年日食每多在晦, 先時而合, 皆月行疾也. 日君象而月臣象. 君亢急而臣下促迫, 故月行疾. 今陛下高明而群臣惶促, 宜留思柔克之政, 垂意『洪範』之法." 帝躬勤政事, 頗傷嚴急, 故興奏及之.

夏, 四月, 壬午, 大赦.

五月, 戊戌, 以前將軍李通為大司空.

大司農江馮上言曰, "宜令司隸校尉督察三公." 司空掾陳元上疏曰, "臣聞師臣者帝, 賓臣者霸. 故武王以太公爲師, 齊桓以夷吾爲仲父, 近則高帝優相國之禮, 太宗假宰輔之權. 及亡新王莽, 遭漢中衰, 專操國柄以偸天下, 況己自喩, 不信群臣, 奪公輔之任, 損宰相之威, 以刺擧爲明, 徼訐爲直, 至乃陪僕告其君長, 子弟變其父兄, 罔密法峻, 大臣無所措手足. 然不能禁董忠之謀, 身爲世戮. 方今四方尚擾, 天下未一, 百姓觀聽, 咸張耳目. 陛下宜修文·武之聖典, 襲祖宗之遺德, 勞心下士, 屈節待賢, 誠不宜使有司察公輔之名." 帝從之.

酒泉太守竺曾以弟報怨殺人, 自免去郡. 竇融承製拜曾武鋒將軍, 更以辛彤爲酒泉太守.

秋, 隗囂將步騎三萬侵安定, 至陰槃, 馮異率諸將拒之. 囂又令別將下隴攻祭遵於汧. 并無利而還. 帝將自徵隗囂, 先戒竇融師期, 會遇雨, 道斷, 且囂兵已退, 乃止. 帝令來歙以書招王遵, 遵來降, 拜太中大夫, 封向義侯.

冬, 盧芳以事誅其五原太守李興兄弟. 其朔方太守田颯·雲中太守喬扈各擧郡降, 旁令領職如故.

帝好圖讖, 與鄭興議郊祀事, 曰, "吾欲以讖斷之, 何如?" 對曰, "臣不爲讖." 帝怒曰, "卿不爲讖, 非之邪?" 興惶恐曰, "臣於書有所未學, 而無所非也." 帝意乃解.

南陽太守杜詩政治淸平, 興利除害, 百姓便之. 又修治陂池, 廣拓土田, 郡內比室殷足, 時人方於召信臣. 南陽爲之語曰, "前有召父, 後有杜母."

한광무제 건무 8년(AD 32)

1) 봄, 내흡來歙이 2,000여 명을 이끌고 산을 깎아 길을 내는 벌산개도

伐山開道로 번수番須섬서성 농현 서북쪽와 인근의 회중回中에서 지름길로 약양略陽감숙성 태안현을 습격해 외효의 수장守將 금량金梁의 목을 베었다. 약양에서 80리가량 떨어진 기현冀縣감숙성 감곡현에 주둔하고 있던 외효가 대경大驚했다.

"어찌 그처럼 귀신같은가!"

광무제가 약양을 공략했다는 소식을 듣고 심히 기뻐하며 말했다.

"약양은 외효가 의지하는 요새이다. 그의 심복心腹이 이미 무너졌으니 그 지체支體를 제압하는 것은 쉬운 일이다!"

대사마 오한吳漢 등은 내흡이 약양을 점거했다는 소식을 듣고는 다퉈 그곳으로 달려갔다. 광무제는 외효가 믿는 곳을 잃고, 중요한 성인 요성要城을 빼앗긴 까닭에 형세 상 반드시 정예병을 모두 이끌고 내공來攻할 것으로 짐작했다. 오랫동안 성을 포위했다가 공략하지 못하면 사졸士卒들이 피로에 지쳐 피폐해지는 돈폐頓敝에 빠질 것이고, 그때 적의 이런 위기 상황을 틈타 진공할 수 있을 것으로 판단했다. 이내 좌우에 명해 모두 오한을 좇아갔다가 돌아오게 했다.

외효는 과연 왕원王元에게 농지隴坻감숙성 동부에서 저항하게 하고, 행순行巡에게 파수番須의 입구를 지키게 하고, 왕맹王孟에게 계두도雞頭道감숙성 평량현를 막게 하고, 우한牛邯에게 와정瓦亭감숙성 평량현 서남쪽에 주둔하게 했다. 그러고는 친히 대군 수만 명을 이끌고 약양을 포위했다. 공손술이 장수 이육李育과 전감田弇을 파견해 외효를 돕게 했다.

이들은 산을 깎고 제방을 쌓는 참산축제斬山築堤를 통해 물을 저장했다가 일거에 성 안으로 흘려보냈다. 내흡이 장사將士들과 함께 죽음을 각오하고 굳게 지키는 고사견수固死堅守를 했다. 화살이 모두 떨어지자 집을 헐고 나무를 자르는 발옥단목發屋斷木을 통해 무기를 만들었다 외효는 정예병을 모두 동원해 성을 공격했으나 몇 달이 지나도록 함락시키지 못했다.

여름 윤4월, 광무제가 친히 외효를 정벌하려 했다. 광록훈光祿勳 여남汝南하남성 여남현 출신 곽헌郭憲이 간했다.

"동쪽이 처음으로 안정된 상황에서 거가車駕의 원정遠征은 아직 가하지 않습니다."

이내 수레에 다가간 뒤 패도佩刀를 꺼내 수레를 끄는 끈인 거인車靷을 잘라버렸다. 광무제가 이를 좇지 않은 채 서쪽으로 나아가 칠현漆縣섬서성 빈현에 이르렀다. 제장들은 대부분 황제가 이끄는 군사는 매우 장중莊重한 까닭에 의당 험하고 막힌 험조險阻의 장소로 깊이 들어가서는 안 된다고 판단했다. 계책을 미루며 결정하지 못하는 유예미결猶豫未決의 모습을 보인 이유다.

광무제가 마원을 불러 대책을 물었다. 마원은 외효의 장수들이 토붕土崩의 형세에 처한 만큼 진격하면 반드시 깨뜨릴 수 있는 상황이라고 대답했다. 또 앞에 쌀알을 산곡山谷처럼 쌓은 뒤 그림을 그려 형세를 가리키며 군사들이 찾아갈 길을 열어 보여주고, 왕래往來를 분석하는 방법으로 광무제를 소연昭然히 깨우쳐 주었다. 광무제가 찬탄했다.

"적들이 이미 완전히 내 눈 안에 있다!"

다음날 아침인 명단明旦에 마침내 진군해 고평高平감숙성 고원현의 제일 성第一城에 이르렀다. 두융竇融이 5개 군郡의 태수를 비롯해 강족羌族과 소월지小月氏 등의 보기步騎 수만 명과 치중 5,000여 량兩을 이끌고 광무제의 대군과 만났다. 이때는 군사정비인 군려軍旅가 처음 시작되는 초창草創의 상태여서 제장들 대부분이 조회 때의 예용禮容이 그다지 엄숙하지 않았다. 두융이 먼저 종사從事를 시켜 황상을 알현할 때의 예의를 묻게 했다. 광무제가 이 소식을 듣고는 크게 칭찬했다. 이내 백료百僚에게 이를 선고宣告한 뒤 주연을 베풀어 성대한 모임을 갖는 치주고회置酒高會로 두융 등을 특별히 예우하게 했다.

마침내 함께 진군해 여러 길로 나눠 농隴 땅으로 들어갔다. 왕준王遵으로 하여금 서신을 써서 우한牛邯을 초항招降하게 했다. 이내 함락시킨 뒤 우한을 태중대부太中大夫로 삼았다. 외효의 휘하 대장 13명을 비롯해 속현屬縣 16곳과 무리 10여만 명이 모두 항복했다. 외효가 처자를 이끌고 서성西城감숙성 천수현 서남쪽으로 달아나 양광楊廣을 좇았다. 공손술의 휘하 장수 전감田弇과 이육李育이 군사를 물려 상규上邽감숙성 천수현 동남쪽를 지키자 악양의 포위가 절로 풀렸다. 광무제가 내흡을 위로하며 상을 내리고, 일반 좌석과 떨어진 곳에 홀로 앉게 했다. 제장들의 위에 서게 된 사실을 드러낸 것이다. 이어 내흡의 처에게 비단 1,000필을 하사했다.

광무제는 친히 상규上邽로 행차한 뒤 조서를 내려 외효에게 고했다.

"만약 손을 묶어 자진해 항복하는 속수자지束手自詣를 하면 너의 아들과 상견할 수 있을 것이다. 그 밖의 별다른 일이 없을 것임을 내가 보장한다. 만일 끝내 고제高帝 때 반기를 들어 패망한 경포黥布를 닮고자 하면 이 또한 그대에게 맡기고자 한다."

외효가 끝내 항복하지 않았다. 그의 아들 외순隗恂을 주살한 이유다. 오한과 잠팽에게는 서성西城, 경감耿弇과 갑연蓋延에게는 상규上邽를 포위하게 했다. 이때 4개 현縣을 봉지로 내리면서 두융을 안풍후安豐侯, 그의 동생 두우竇友를 현친후顯親侯에 봉했다. 이어 하서5군河西五郡의 태수를 모두 열후[13]로 삼은 뒤 각자 진수鎭戍하는 곳으로 돌아가게 했다. 두융은 오랫동안 한쪽 방면을 전담한 까닭에 두렵고 스스로 불안한 나머지

---

13   열후에 봉해진 하서5군河西五郡의 태수의 제후 명칭은 다음과 같다. 무위武威의 양통梁統은 성의후成義侯, 장액張掖의 사포史苞는 포의후褒義侯, 주천酒泉의 축증竺曾은 조의후助義侯, 돈황敦煌의 신융辛肜은 부의후扶義侯, 금성金城의 고균庫鈞은 보의후輔義侯에 봉해졌다.

자주 상서上書해 대신할 사람을 보내달라고 청했다. 광무제가 조서로 회답하는 조보詔報를 했다.

"나와 장군은 좌우의 손과 같을 뿐이오. 자주 겸퇴謙退하고자 고집하니 어찌하여 사람의 뜻을 이토록 몰라주는 것이오! 부지런히 병사와 백성을 위무하면서 멋대로 부곡部曲을 떠나는 일이 없도록 하시오!"

영천潁川하남성 우현 출신 도적이 군기群起해 여러 속현屬縣을 침입해 함락시켰다. 하동河東산서성 하현 지역을 수비하는 병사들도 반기를 들었다. 경사京師 일대가 불안해진 이유다. 광무제는 보고를 받고는 자字가 자횡子橫인 광록훈光祿勳 곽헌郭憲을 언급하며 후회했다.

"나는 원정을 만류한 곽자횡의 간언에 따르지 않은 것을 후회한다."

가을 8월, 광무제가 상규에서 신야晨夜로 말을 몰아 동쪽 낙양을 향해 내달렸다. 잠팽 등에게 서신을 보내 이같이 말했다.

"만일 서성西城과 상규上邽 등 2개의 성이 함락되면 장군들은 바로 병사를 이끌고 남쪽으로 가 서촉의 공손술을 공략할 수 있을 것이오. 사람은 고생을 겪으면서도 만족할 줄 모르는 법이오. 내가 농隴 땅을 평정한 이후 다시 촉蜀 땅을 갖고자 하는 평롱망촉平隴望蜀의 모습을 보이는 게 그렇소. 나는 매번 군사를 동원해 출정을 시킬 때마다 머리카락과 수염인 두수頭鬚가 더욱 희어지고 있소!"

9월 1일, 거가車駕가 환궁했다. 광무제가 집금오執金吾 구순寇恂에게 말했다.

"영천潁川은 경사京師에 매우 가깝기에 의당 때맞춰 평정해야만 하오. 생각건대 오직 경卿만이 능히 평정할 수 있을 뿐이오. 구경九卿의 신분으로 나라를 위해 다시 출정해 주기 바라오!"

구순이 대답했다.

"영천에 사는 도적들은 폐하가 농촉隴蜀으로 원정을 갔다는 소문을 듣고는 미치고 교활한 광효狂狡의 무리가 그 사이를 틈타 서로 작란을 일으킨 것에 지나지 않습니다. 만일 폐하의 승여乘輿가 남쪽으로 간다는 소문을 들으면 도적들은 반드시 황공해하며 두려워하는 황포惶怖에 빠진 나머지 죽음을 청하며 항복하는 귀사歸死[14]를 할 것입니다. 신은 원컨대 정예병을 이끌고 선봉에 나서는 전구前驅를 하고자 합니다."

광무제가 이를 좇았다.

9월 6일, 거가가 남정南征에 나서자 영천의 도적들이 모두 항복했다. 광무제가 전에 영천군 태수를 지낸 구순을 끝내 그곳의 태수에 제수하려고 하지 않자 백성들이 길을 막고 호소했다.

"원컨대 폐하는 다시 구군寇君을 1년만 빌려주도록 하십시오."

이내 구순으로 하여금 장사長社하남성 장갈현에 머물면서 이민吏民을 진무鎮撫하며 나머지 무리의 투항을 수납受納하도록 했다. 동군東郡하남성 복양현과 제음濟陰산동성 정도현에서 도적이 또 일어났다. 광무제가 이통李通 및 왕상王常을 파견해 이들을 치게 했다. 동광후東光侯 경순耿純은 일찍이 동군 태수로 있었을 때 위위衛나라 일대에서 위신威信이 현저했다. 곧 태중대부로 임명한 뒤 대병大兵과 동군에서 만나도록 한 이유다. 동군에서 경순이 경계 안으로 들어왔다는 소문이 나자 도적 9,000여 명이 모두 경순에게 나아가 항복했다. 파견된 대병이 싸우지도 않은 채 환군한 이유다. 광무제가 새서璽書를 내려 경순을 다시 동군 태수로 삼았다.

9월 24일, 거가가 영천에서 경사인 낙양으로 돌아왔다.

2) 안구후安丘侯 장보張步가 처자를 이끌고 임회臨淮안휘성 우이현로 달

---

14   귀사歸死는 사형을 받아들인다는 뜻으로 청사請死와 같다. 『춘추좌전』「노양공 3년」조에 '청귀사어사구請歸死於司寇' 표현이 나온다. 두예杜預는 이를 두고 주석하기를, "형벌을 다루는 사구司寇를 찾아가 주륙誅戮을 청하는 것을 말한다."고 했다.

아났다. 이내 동생인 장홍張弘 및 장람張藍과 함께 이전의 휘하 무리를 부른 뒤 승선乘船하여 바다 안의 섬으로 나아가고자 했다. 낭야琅邪 태수 진준陳俊이 추격해 토벌하는 추토追討를 통해 이들의 목을 베었다.

3) 겨울 10월 22일, 광무제가 회현懷縣하남성 무척현에 행차했다.

11월 12일, 낙양으로 돌아왔다.

4) 외효는 몸을 의지하고 있던 서성西城의 양광楊廣이 죽자 몹시 궁곤窮困해졌다. 휘하 대장 왕첩王捷이 따로 서성의 서쪽에 있는 융구戎丘에 있다가 성 위로 올라가 한나라 군사들을 향해 이같이 외쳤다.

"외왕隗王을 위해 이 성을 지키고 있는 자는 모두 반드시 죽을지언정 두 마음을 품지 않을 것이다. 원컨대 제군諸軍은 속히 물러나도록 하라. 나는 자살하여 이를 증명하고자 한다."

그러고는 마침내 자문自刎하여 죽었다.

당초 광무제는 오한에게 칙령을 내려 이같이 말한 바 있다.

"여러 군에서 온 갑졸甲卒은 단지 앉아서 양식만 소비할 뿐이니, 만일 달아나거나 망명하는 도망逃亡을 치는 자가 있으면 중심衆心을 상하게 되오. 의당 모두 해산시켜야 하오."

오한 등은 병력을 합쳐 외효를 공격하는 방안을 탐낸 나머지 마침내 여러 군에서 올라온 갑졸들을 해산시키지 않았다. 날로 양식이 줄어들면서 이사吏士들이 피로해져 도망치는 자가 많아졌다. 잠팽이 곡수谷水를 막아 서성西城에 물을 흘려보냈다. 물에 잠기지 않은 부분이 1장丈 남짓 했다. 마침 왕원王元과 행순行巡, 주종周宗이 촉의 구원병 5,000여 명을 이끌고 고지대를 타고 올라가 문득 고조鼓噪하며 큰 소리로 외쳤다.

"100만 대군이 방금 도착했다!"

한나라 군사가 대경大驚해 군진을 다 갖추지도 못한 상황에서 왕원 등이 목숨을 걸고 싸워 마침내 여러 겹의 포위를 뚫고 간신히 서성으로 들어갈 수 있었다. 성 안에서 외효를 호위해 기현冀縣감숙성 감곡현으로 돌아간 이유다. 오한은 군량이 떨어지자 치중을 다 소각한 뒤 군사를 이끌고 농산隴山으로 내려갔다. 갑연蓋延과 경엄耿弇 역시 서로 그 뒤를 좇아 퇴각했다.

외효가 병사를 내보내 퇴각하는 한나라의 여러 군영 후미를 공격했다. 그러나 잠팽이 뒤에서 이들의 추격을 막은 덕분에 제장들은 군사를 온전히 한 채 동쪽으로 돌아올 수 있었다. 단지 채준祭遵만은 견현汧縣에 주둔한 채 퇴각하지 않았다. 오한 등이 장안에 주둔하자 잠팽은 진향津鄕호북성 강릉현으로 돌아갔다. 안정安定과 북지北地, 천수天水, 농서隴西 등이 다시 외효의 손에 넘어간 배경이다.

교위校尉인 태원太原 출신 온서溫序가 외효의 장수 구우苟宇에게 포획됐다. 구우가 여러 사례를 예로 들어 항복을 받아내고자 했다. 온서가 대로해 구우 등을 질책했다.

"반란자들이 어찌 감히 한나라 장수를 박협迫脅하는 것인가!"

이어 부절符節을 이용해 여러 사람을 시살厮殺[15]했다. 구우의 무리들이 다퉈 그를 죽이려고 하자 구우가 중지시키며 말했다.

"이 사람은 의사義士이다. 절개를 지켜 죽는 사절死節을 하려고 하니 그에게 칼을 내려주는 것이 가할 것이다."

온소가 칼을 받은 뒤 입에 수염을 무는 함수銜鬚를 한 뒤 좌우를 둘러보며 말했다.

"도적에게 죽임을 당할지라도 내 수염으로 땅을 더럽히는 일은 하지

---

15   시살厮殺은 서로 마구 찔러 죽이는 격살擊殺을 의미하는 말로, 구어적口語的인 표현이다. 풍몽룡馮夢龍의 역사소설『동주열국지东周列国志』제7회에 나오는 '양대시살兩队厮杀' 표현이 대표적이다.

않을 것이다!"

마침내 칼에 엎어져 죽었다. 종사從事 왕충王忠이 그의 영구를 갖고 낙양으로 돌아갔다. 광무제가 조서를 내려 시신을 묻을 총지塚地를 내리고, 그의 세 아들을 낭관에 제수했다.

5) 12월, 고구려왕高句麗王인 대무신왕大武神王 고무휼高無恤이 사자를 보내 조공했다. 광무제가 왕망 때 고구려후高句麗侯로 폄하된 '고구려왕'의 왕호王號를 회복시켜 주었다.

6) 이 해에 대수大水가 있었다.

* 世祖光武皇帝建武八年

春, 來歙將二千餘人伐山開道, 從番須·回中徑襲略陽, 斬隗囂守將金梁. 囂大驚曰, "何其神也!" 帝聞得略陽, 甚喜, 曰, "略陽, 囂所依阻. 心腹已壞, 則制其支體易矣!" 吳漢等諸將聞歙據略陽, 爭馳赴之. 上以爲囂失所恃, 亡其要城, 勢必悉以精銳來攻. 曠日久圍而城不拔, 士卒頓敝, 乃可乘危而進, 皆追漢等還. 隗囂果使王元拒隴坻, 行巡守番須口, 王孟塞雞頭道, 牛邯軍瓦亭. 囂自悉其大衆數萬人圍略陽, 公孫述遣將李育·田弇助之, 斬山築堤, 激水灌城. 來歙與將士固死堅守, 矢盡, 發屋斷木以爲兵. 囂盡銳攻之, 累月不能下.

夏, 閏四月, 帝自將徵隗囂, 光祿勳汝南郭憲諫曰, "東方初定, 車駕未可遠征." 乃當車拔佩刀以斷車鞅. 帝不從, 西至漆. 諸將多以王師之重, 不宜遠入險阻, 計尤豫未決. 帝召馬援問之. 援因說隗囂將帥有土崩之勢, 兵進有必破之狀. 又於帝前聚米爲山谷, 指畫形勢, 開示衆軍所從道徑, 往來分析, 昭然可曉. 帝曰, "虜在吾目中矣!" 明旦, 遂進軍, 至高平第一. 竇融率五郡太守及羌虜小月氏等步騎數萬, 輜重五千餘兩, 與大軍會. 是時軍旅草創, 諸將朝會禮容多不肅, 融先遣從事問會見儀適. 帝聞而善之, 以宣告百僚, 乃置酒高會, 待融等以殊禮. 遂共進軍, 數道上隴. 使王遵以書招牛邯, 下之, 拜邯太中大夫. 於是囂大將十三人·屬縣十六·衆十餘萬皆降. 囂將妻子奔西城, 從楊廣, 而田弇·李育保上邽. 略陽圍解. 帝勞賜來歙, 班坐絶席, 在諸將之右, 賜歙妻縑千匹. 進幸上邽, 詔告隗囂曰, "若束手自詣, 父子相見, 保無佗也. 若遂欲為黥布者, 亦自任也." 囂終不降, 於是誅其子恂. 使吳漢·岑彭圍西城, 耿弇·蓋延圍上邽. 以四縣封竇融為安豐侯, 弟友為顯親侯, 及五郡太守皆封列侯, 遣西還所鎮. 融以久專方面, 懼不自安, 數上書求代. 詔報曰, "吾與將軍如左右手耳, 數執謙退, 何不曉人意! 勉循士民, 無擅離部曲!" 潁川盜賊群起, 寇沒屬縣, 河東守兵亦叛, 京師騷動. 帝聞之曰, "吾悔不用郭子橫之言"

秋, 八月, 帝自上邽晨夜東馳, 賜岑彭等書曰, "兩城若下, 便可將兵南擊蜀虜. 人苦不知足, 既平隴, 復望蜀. 每一發兵, 頭鬚為白!"

九月, 乙卯, 車駕還宮. 帝謂執金吾寇恂曰, "潁川迫近京師, 當以時定. 惟念獨卿能平之耳, 從九卿復出以憂國可也!" 對曰, "潁川聞陛下有事隴·蜀, 故狂狡乘間相詿誤耳. 如聞乘輿南向, 賊必惶怖歸死, 臣願執銳前驅." 帝從之. 庚申, 車駕南征, 潁川盜賊悉降. 寇恂竟不拜郡, 百姓遮道曰, "願從陛下復借寇君一年." 乃留恂長社, 鎮撫吏民, 受納餘降. 東郡·濟陰盜賊亦起, 帝遣李通·王常擊之. 以東光侯耿純嘗為東郡太守, 威信著於衛地, 遣使拜太中大夫, 使與大兵會東郡. 東郡聞純入界, 盜賊九千餘人皆詣純降, 大兵不戰而還. 璽書復以純為東郡太守. 戊寅, 車駕還自潁川.

安丘侯張步將妻子逃奔臨淮, 與弟弘·藍欲招其故衆, 乘船入海. 琅邪太守陳俊追討, 斬之.

冬, 十月, 丙午, 上行幸懷. 十一月, 乙丑, 還雒陽.

楊廣死, 隗囂窮困, 其大將王捷別在戎丘, 登城呼漢軍曰, "為隗王城守者, 皆必死, 無二心. 願諸軍亟罷, 請自殺以明之." 遂自刎死.

初, 帝敕吳漢曰, "諸郡甲卒但坐費糧食, 若有逃亡, 則沮敗衆心, 宜悉罷之." 漢等貪幷力攻囂, 遂不能遣, 糧食日少, 吏士疲役, 逃亡者多. 岑彭壅谷水灌西城, 城未沒丈餘. 會王元·行巡·周宗將蜀救兵五千餘人乘高卒至, 鼓噪大呼曰, "百萬之衆方至!" 漢軍大驚, 未及成陳, 元等決圍殊死戰, 遂得入城, 迎囂歸冀. 吳漢軍食盡, 乃燒輜重, 引兵下隴, 蓋延·耿弇亦相隨而退. 囂出兵尾擊諸營, 岑彭為後拒, 諸將乃得全軍東歸. 唯祭遵屯汧不退. 吳漢等復屯長安, 岑彭還津鄉. 於是安定·北地·天水·隴西復反為囂. 校尉太原溫序為囂將苟宇所獲, 宇曉譬數四, 欲降之. 序大怒, 叱宇等曰, "虜何敢迫脅漢將!" 因以節𢵧殺數人. 宇衆爭欲殺之, 宇止之曰, "此義士, 死節, 可賜以劍." 序受劍, 銜鬚於口, 顧左右曰, "既為賊所殺, 無令鬚污土!" 遂伏劍而死. 從事王忠持其喪歸雒陽, 詔賜以塚地, 拜三子為郎.

十二月, 高句麗王遣使朝貢, 帝復其王號.

是歲, 大水.

한광무제 건무 9년(AD 33)

1) 봄 정월, 영향성후潁陽成侯 채준祭遵이 군중軍中에서 훙거薨去했다. 광무제가 풍이에게 조서를 내려 그의 군영을 함께 거느리게 했다. 채준은 사람이 청렴하고 검소한 염약廉約과 매사에 조심하는 소심小心의 모습을 보이면서 스스로를 억제하고 공적인 일에 매진하는 극기봉공克己奉公의 자세를 견지했다. 상사賞賜는 모두 사졸士卒에게 나눠주었다. 군기를 엄정하게 단속하는 약속엄정約束嚴整의 자세 덕분에 그의 군사가 주둔하는

곳의 이민吏民 모두 군대가 있는지조차 알지 못했다. 병사를 뽑는 취사取士 모두 유가儒家의 계책인 유술儒術을 이용했고, 술자리를 마주해 음악을 듣는 대주설악對酒設樂을 할 경우에도 반드시 시를 노래로 읊은 아가雅歌를 듣거나 『예기禮記』「투호投壺」에 나오는 투호지례投壺之禮를 좇아 항아리에 화살을 던져 넣는 놀이인 투호投壺를 했다. 임종 때 유언을 내려 박장薄葬을 하도록 훈계했고, 가사家事에 관해 물었으나 종내 아무런 말도 하지 않았다.

광무제가 몹시 근심하며 애도하는 민도愍悼를 했다. 채준의 영구가 하남河南에 이르자 광무제가 소복素服 차림으로 친히 조상弔喪을 하고 그곳을 바라보고 곡을 하는 등 애통哀慟해 했다. 돌아오는 길에 성문까지 행차해 운구 수레가 지나는 것을 보고는 체읍涕泣을 주체하지 못했다. 상례喪禮를 마치자 친히 태뢰太牢로 제사를 지냈다. 대장추大長秋와 알자謁者 및 하남윤河南尹에게 조서를 내려 상례를 맡아 처리하는 호상護喪을 하도록 하고, 대사농大司農에게 경비를 지급하게 했다. 하관下棺할 때 거가車駕 다시 그곳에 임했고, 하관이 끝나자 다시 그의 무덤에 가서 그의 부인과 집안사람을 위로했다. 이후 조회朝會를 열 때마다 매번 이같이 탄식했다.

"어디에서 정로장군 채준처럼 우국봉공憂國奉公하는 사람을 얻을 수 있겠는가!"

위위衛尉 요기銚期가 대답했다.

"폐하는 지극히 인자한 나머지 채준을 애념哀念하는 것을 그치지 않으니 군신들이 각기 부끄럽고 두려운 참구慚懼의 마음을 품게 됐습니다."

광무제가 이내 그쳤다.

2) 외효는 병이 든데다 굶주린 나머지 미숫가루와 말린 밥 등의 건량乾糧인 구비糗糒를 먹다가 화를 내고 분해하는 에분恚憤을 참지 못해 이

내 졸卒했다. 왕원王元과 주종周宗이 외효의 어린 아들 외순隗純을 세워 왕으로 삼고, 군사를 모아 기현冀縣감숙성 감곡현을 점거했다. 공손술이 장수 조광趙匡과 전감田弇을 보내 외순을 돕게 했다. 광무제가 풍이를 출정시켜 그를 공격하게 했다.

3) 공손술이 익강앙翼江王 전융田戎과 대사도 임만任滿, 남군南郡호북성 강릉현 태수 정범程汎을 파견해 수만 명의 군사를 이끌고 강관江關사천성 봉절현으로 내려가게 했다. 이들이 잠팽의 휘하 장령 풍준馮駿 등의 군사를 격파한 뒤 마침내 무현巫縣과 이도夷道호북성 의도현, 이릉夷陵호북성 의창시을 손에 넣었다. 이어 형문산荊門山호북성 의창시 북쪽과 인근의 호아산虎牙山을 점거한 뒤 장강을 가로질러 부교浮橋와 관루關樓를 만들고, 관목灌木 기둥인 찬주欑柱를 세워 배가 다니지 못하게 해 수도水道를 차단하고, 산을 타고 넘어 군영을 연접하는 결영과산結營跨山으로 육로陸路를 막았다. 모두 한나라 병사의 진공에 대항하려 한 것이다.

4) 여름 6월 6일, 광무제가 구씨緱氏하남성 언사현 남쪽에 행차했다가 환원관轘轅關하남성 언사현 동남쪽에 올랐다.

5) 오한吳漢이 왕상王常 등 4명의 장군이 이끄는 군사 5만여 명을 이끌고 노방盧芳의 장수 가람賈覽과 민감閔堪을 고류高柳산서성 양고현에서 쳤다. 흉노가 이들을 구원하자 한나라 군사가 불리해졌다. 흉노가 도리어 강성해져 노략하고 횡포를 부리는 초폭鈔暴이 날로 늘어난 이유다. 광무제가 조서를 내려 주호朱祜는 상산常山하북성 원씨현, 왕상王常은 탁군涿郡하북성 탁현, 파간장군破奸將軍 후진侯進은 어양漁陽북경시 밀운현에 주둔하게 했다. 또 토로장군討虜將軍 왕패王霸를 상곡上谷하북성 회래현 태수로 삼아 흉노에 대비했다.

6) 광무제가 내흡에게 명해 장안에 주둔하는 모든 군대를 감호監護하도록 하고, 태중대부 마원馬援을 부장副將으로 삼았다. 내흡이 상서했다.

"공손술은 농서隴西와 천수天水를 울타리인 번폐藩蔽로 삼아 가까스로 숨을 쉬며 연명해 왔습니다. 이제 농서와 천수 두 군郡이 평탕平蕩된 까닭에 공손술의 지계智計가 궁지에 몰려 있습니다. 의당 병마를 더 많이 선발하고, 군량인 자량資糧을 저축儲積해야 합니다. 지금 외효의 근거지였던 서주西州감숙성 동부가 막 격파된 까닭에 병사들이 피곤하고 굶주려 있습니다. 재곡財穀으로 병사를 부르면 가히 쉽게 모을 수 있습니다. 신이 알기에 국가가 제공해야 하는 게 하나가 아니어서 용도用度가 여러모로 부족하겠으나 이는 부득이한 것이기도 합니다!"

광무제가 동의했다. 이에 조서를 내려 견현汧縣섬서성 농현 남쪽에 곡식 6만 곡斛을 비축하도록 했다.

가을 8월, 내흡이 풍이馮異 등 5명의 장수를 이끌고 천수에서 외순隗純을 토벌했다.

7) 표기장군驃騎將軍 두무杜茂가 가람賈覽과 번치繁時산서성 혼원현에서 싸웠다. 두무의 군사가 여러 번 패했다.

8) 여러 강족이 왕망 말년에 요새의 안쪽으로 들어와 살면서 금성金城감숙성 난주시의 속현屬縣을 대부분 소유했다. 외효가 이를 토벌할 수 없어 위로하며 받아들인 뒤 그 무리를 징발해 한나라에 맞섰다. 사도부司徒府의 연리掾吏인 반표班彪가 상언上言했다.

"지금 양주涼州의 각지에는 모두 투항한 강족이 있습니다. 이들 강호羌胡는 머리를 묶지 않은 채 옷깃을 왼쪽으로 여미는 피발좌임被髮左衽의 모습으로 한인漢人과 잡거雜居하고 있습니다. 습속이 크게 다르고 말도 통하지 않는데다 소리小吏와 교활한 힐인黠人들이 자주 침탈해 왔습니다. 이들은 궁곤한 처지에서 분을 삭이지 못하며 생계를 이어갈 수 없는 궁에무료窮恚無聊의 막바지 상황에 처해 마침내 반기를 드는 것입니다. 무릇 만이蠻夷의 침란寇亂은 모두 여기서 비롯된 것입니다. 구제舊制에 따르면 익주益州에 만이기도위蠻夷騎都尉, 유주幽州에 영호환교위領烏桓校尉, 양주涼州에 호강교위護羌校尉를 둔 뒤 모두 지절持節의 자격으로 만이를 다스리며 보호하는 영호領護를 하도록 했습니다. 맺힌 원망인 원결怨結을 다스리고, 세시歲時마다 순행巡行하며 그들의 질고疾苦를 물어보게 한 게 그렇습니다. 또 자주 통역관인 사역使譯을 파견해 그들과 관계를 소통하고 그들의 동정을 살피는 통도동정通導動靜을 통해 새외塞外의 강이羌夷를 하급 관원의 이목耳目으로 삼았습니다. 주군州郡이 이들을 통해 경비警備를 수행할 수 있었던 이유입니다. 지금 의당 옛 제도를 회복해 위엄과 방어의 뜻을 밝히도록 하십시오."

광무제가 이를 좇았다. 우한牛邯을 호강교위護羌校尉로 삼았다.

9) 도적이 음귀인陰貴人의 모친 등씨鄧氏와 그녀의 동생 음흔陰訢을 죽였다. 광무제가 이를 가슴 아프게 생각해 음귀인의 동생인 음취陰就를 선은후宣恩侯로 삼았다. 다시 음취의 형인 시중侍中 음흥陰興을 부른 뒤 제후에 봉하기 위해 인수를 그 앞에 놓았다. 음흥이 고사固辭했다.

"신은 아직 적의 성벽에 먼저 오르거나 전진을 함몰시키는 선등함진先登陷陳의 공을 세우지 못했습니다. 한 집안에서 여러 사람이 나란히 작토爵土를 받으면 천하 사람들로 하여금 불만과 원한인 결망觖望을 품게 하는 것입니다. 실로 신이 원하는 바가 아닙니다."

광무제가 이를 가상히 생각해 그의 뜻을 빼앗지 않았다. 음귀인이 그 연유를 묻자 음흥이 이같이 대답했다.

"무릇 외척이 끝내 고통을 받는 것은 겸퇴謙退를 모르기 때문입니다. 딸을 후왕侯王의 배필로 삼고, 공주를 며느리로 삼기 위해 곁눈질인 면예眄睨를 하는 것은 어리석은 저의 우심愚心으로 볼 때 실로 불안하기만 합니다. 부귀富貴는 끝이 있는 것으로 사람은 의당 지족知足해야 합니다. 부하浮華하고 사치한 과사誇奢는 보고 듣는 관청觀聽의 당사자인 세인世人

에게 기롱譏弄의 대상이 될 뿐입니다."

음귀인이 그 말에 감동한 나머지, 깊이 스스로 낮추며 양보하는 심자 강읍深自降挹의 자세로 끝내 종친宗親을 위해 자리를 구하는 일을 행하지 않았다.

10) 광무제가 구순寇恂을 불러 다시 돌아오게 하고, 어양漁陽 태수 곽급郭伋을 영천潁川 태수로 삼았다. 곽급이 산적山賊 조굉趙宏과 소오召吳 등 수백 명을 초항招降한 뒤 모두 고향으로 보내 농사를 짓게 했다. 이어 황제에게 보고도 하지 않은 채 임의로 조치한 것을 스스로 탄핵하는 자핵전명自劾專命을 했다. 황제가 이를 탓하지 않았다.

이후 조굉과 소오 등의 무리가 곽급의 위신威信에 관한 이야기를 멀리 강남 또는 유주幽州와 기주冀州에서 듣고는 약속도 하지 않은 채 찾아와 항복했다. 그 흐름이 마치 거마 등의 왕래가 앞뒤로 그치지 않는 낙역부절駱驛不絶과 같았다.

11) 사차왕莎車王신강성 사차현 강강康康이 죽고, 동생 현현賢賢이 즉위했다. 현현은 서역의 패자霸者가 될 생각으로 구미왕拘彌王신강성 우전현과 인근의 서야왕西夜王을 공살攻殺한 뒤 강강의 두 아들로 하여금 그곳에서 각각 왕 노릇을 하게 했다.

＊世祖光武皇帝建武九年

春, 正月, 潁陽成侯祭遵薨於軍. 詔馮異幷將其營. 遵爲人, 廉約小心, 克己奉公, 賞賜盡與士卒. 約束嚴整, 所在吏民不知有軍. 取士皆用儒術, 對酒設樂, 必雅歌投壺. 臨終, 遺戒薄葬. 問以家事, 終無所言. 帝愍悼之尤甚, 遵喪至河南, 車駕素服臨之, 望哭哀慟. 還, 幸城門, 閱過喪車, 涕泣不能已. 喪禮成, 復親祠以太牢. 詔大長秋·謁者·河南尹護喪事, 大司農給費. 至葬, 車駕復臨之. 旣葬, 又臨其墳, 存見夫人·室家. 其後朝會, 帝每歎曰, "安得憂國奉公如祭征虜者乎!" 衛尉銚期曰, "陛下至仁, 哀念祭遵不已, 群臣各懷慚懼." 帝乃止.

隗囂病且餓, 餐糗糒, 恚憤而卒. 王元·周宗立囂少子純為王, 總兵據冀. 公孫述遣將趙匡·田弇助純. 帝使馮異擊之.

公孫述遣其翼江王田戎·大司徒任滿·南郡太守程汎將數萬人下江關, 擊破馮駿等軍, 遂拔巫及夷道·夷陵, 因據荊門·虎牙, 橫江水起浮橋·關樓, 立欑柱以絕水道, 結營跨山以塞陸路, 拒漢兵.

夏, 六月, 丙戌, 帝幸緱氏, 登轘轅.

吳漢率王常等四將軍兵五萬餘人擊盧芳將賈覽·閔堪於高柳. 匈奴救之, 漢軍不利. 於是匈奴轉盛, 鈔暴日增. 詔朱祜屯常山, 王常屯涿郡, 破奸將軍侯進屯漁陽, 以討虜將軍王霸為上谷太守, 以備匈奴.

帝使來歙悉監護諸將屯長安, 太中大夫馬援為之副. 歙上書曰, "公孫述以隴西·天水為藩蔽, 故得延命假息. 今二郡平蕩, 則述智計窮矣. 宜益選兵馬, 儲積資糧. 今西州新破, 兵人疲饉, 若招以財穀, 則其眾可集. 臣知國家所給非一, 用度不足, 然有不得已也!" 帝然之. 於是詔於汧積穀六萬斛. 秋, 八月, 來歙率馮異等五將軍討隗純於天水.

驃騎將軍杜茂與賈覽戰於繁畤, 茂軍敗績.

諸羌自王莽末入居塞內, 金城屬縣多為所有. 隗囂不能討, 因就慰納, 發其眾與漢相拒. 司徒掾班彪上言曰, "今涼州部皆有降羌, 羌胡被髮左衽, 而與漢人雜處, 習俗既異, 言語不通, 數為小吏黠人所見侵奪, 窮恚無聊, 故致反叛. 夫蠻夷寇亂, 皆為此也. 舊制, 益州部置蠻夷騎都尉, 幽州部置領烏桓校尉, 涼州部置護羌校尉, 皆持節領護, 治其怨結, 歲時巡行, 問所疾苦. 又數遣使譯, 通導動靜, 使塞外羌夷為吏耳目, 州郡因此可得警備. 今宜復如舊, 以明威防." 帝從之. 以牛邯為護羌校尉.

盜殺陰貴人母鄧氏及弟訢. 帝其傷之, 封貴人弟就為宣恩侯, 復召就兄侍中興, 欲封之, 置印綬於前. 興固讓曰, "臣未有先登陷陳之功, 而一家數人, 并蒙爵土, 令天下觖望, 誠所不願!" 帝嘉之, 不奪其志. 貴人問其故, 興曰, "夫外戚家苦不知謙退, 嫁女欲配侯王, 取婦眄睨公主, 愚心實不安也. 富貴有極, 人當知足, 誇奢益為觀聽所譏." 貴人感其言, 深自降挹, 卒不為宗親求位.

帝召寇恂還, 以漁陽太守郭伋為潁川太守. 伋招降山賊趙宏·召吳等數百人, 皆遣歸附農. 因自劾專命, 帝不以咎之. 後宏·吳等黨與聞伋威信, 遠自江南, 或從幽·冀, 不期俱降, 駱驛不絶.

莎車王康卒, 弟賢立, 攻殺拘彌·西夜王, 而使康兩子王之.

한광무제 건무 10년(AD 34)

1) 봄 정월, 오한이 다시 포로장군捕虜將軍 왕패王霸 등 4명의 장군과 6만 명의 군사를 이끌고 고류高柳산서성 양고현를 나가서 흉노의 지원을 받던 노방의 휘하장수 가람賈覽을 쳤다. 흉노의 기병 수천 명이 그를 구하러 왔으나 평성平城산서성 대동시 아래서 계속 싸우는 연전連戰으로 격파해 달아나게 했다.

2) 하양절후夏陽節侯 풍이馮異 등이 외효의 아들 외순隗純의 휘하 장수 조광趙匡 및 전감田弇과 교전한 지 근 1년이 될 즈음 모두 참수했으나 외순은 아직 항복시키지 못했다. 제장들이 환군한 뒤 휴병休兵하고 싶어 했으나 풍이가 견결히 동의하지 않았다. 부득이 함께 기현冀縣감숙성 감곡현의 낙문落門을 공격했으나 함락시키지 못했다.

여름, 풍이가 진중에서 훙거薨去했다.

3) 가을 8월 25일, 광무제가 장안으로 행차했다.

4) 당초 외효의 장수인 안정安定감숙성 고원현 출신 고준高峻이 옹병擁兵하여 고평高平의 첫 번째 성을 점거하고 있었다. 건위대장군建威大將軍 경엄 등이 이를 포위했으나 1년이 지나도 함락시키지 못했다. 광무제가 손수 나서 정벌하려고 하자 구순寇恂이 간했다.

"장안은 낙양과 고평의 중간쯤에 있습니다. 응접應接할 경우 가깝고 편합니다. 안정安定과 농서隴西감숙성 임도현는 반드시 떨리고 두려운 진구震懼의 마음을 품었을 것입니다. 장안은 종용從容한 곳으로, 가히 사방을 제압할 수 있습니다. 지금 사마士馬가 피권疲倦합니다. 바야흐로 험조險阻한 곳을 밟으며 깊이 들어가는 것은 만승萬乘인 황제에게 안전한 계책이 아닙니다. 전년에 영천穎川에서 일어난 반란사건을 지극한 경계로 삼을 만합니다."

광무제가 좇지 않았다.

8월 27일, 광무제가 견현汧縣섬서성 농현 서쪽으로 행차했다. 고준이 오히려 항복하지 않자 광무제가 구순을 파견해 항복시키고자 했다. 구순이 새서璽書를 받들고 고평의 첫 번째 성으로 갔다. 고준이 군사軍師 황보문皇甫文을 보내 만나게 했다. 언사와 예절인 사례辭禮가 전혀 굴함이 없었다. 구순이 노해 황보문을 죽이려고 하자 제장들이 간했다.

"고준에게 정병精兵이 1만 명이나 있습니다. 대부분 강노強弩를 갖고 있고, 서쪽으로 농隴 땅으로 가는 농도隴道를 차단하고 있어 몇 년을 계속해도 함락시키지 못하고 있습니다. 이제 그를 항복시키려고 하면서 그 사자를 죽이는 것은 불가하지 않겠습니까?"

구순이 응답치 않은 채 마침내 그의 목을 벤 뒤 그 부사副使를 돌려보내면서 고준에게 이같이 전하게 했다.

"군사軍師가 무례해 이미 죽여 버렸다! 항복하려면 속히 항복하고, 원치 않으면 성을 고수固守하라!"

고준이 황공惶恐한 나머지 그날로 성문을 열고 항복했다. 제장들이 모두 축하하며 물었다.

"감히 묻건대, 고준의 사자를 죽이고도 그로 하여금 성문을 열고 항복하게 만들었으니 이는 어떤 도리입니까?"

구순이 대답했다.

"황보문은 고준의 심복으로 계책을 내는 지낭智囊이오. 지금 그가 와서 하는 태도를 보니 언사가 오만해 항복할 마음이 전혀 없었소. 그를 온전하게 살려두면 그의 계책이 고준에게 받아들여지고, 그를 죽이면 고준은 간담肝膽을 잃게 되오. 그래서 항복한 것일 뿐이오."

제장들이 찬탄했다.

"이는 저희들이 미칠 수 있는 바가 아닙니다!"

5) 겨울 10월, 내흡來歙과 제장들이 기현冀縣의 낙문落門을 공파攻破했다. 주종周宗과 행순行巡, 구우苟宇, 조회趙恢 등이 외순隗純을 이끌고 항복했다. 왕원王元은 공손술이 있는 촉蜀으로 달아났다. 여러 외씨隗氏들로 하여금 동쪽의 경사京師인 낙양으로 옮겨가 살게 했다. 이후 외순과 그의 빈객들이 달아나며 흉노匈奴 땅으로 들어가고자 했으나 무위武威감숙성 무위현에 이르러 잡혀 죽었다.

6) 선령先零의 강족羌族은 여러 종족種族과 함께 금성金城감숙성 난주시과 농서隴西를 침공했다. 내흡이 갑연蓋延 등을 이끌고 진격해 대파했다. 참수하거나 포로로 잡은 자가 수천 명에 달했다. 창고를 열어 궁핍하고 주린 자를 구제했다. 농우隴右 즉 농서隴西가 마침내 안정됐고, 낙양에서 양주涼州로 나아가는 길도 원활히 통하는 유통流通의 상태가 됐다.

7) 10월 17일, 거가車駕가 환궁還宮했다.

* 世祖光武皇帝建武十年

春, 正月, 吳漢復率捕虜將軍王霸等四將軍六萬人出高柳擊賈覽,
匈奴數千騎救之. 連戰於平城下, 破走之.

夏陽節侯馮異等與趙匡·田弇戰且一年, 皆斬之. 隗純未下, 諸將欲
且還休兵, 異固持不動, 共攻落門, 未拔. 夏, 異薨於軍.

秋, 八月, 己亥, 上幸長安.

初, 隗囂將安定高峻擁兵據高平第一, 建威大將軍耿弇等圍之, 一
歲不拔. 帝自將征之, 寇恂諫曰, "長安道里居中, 應接近便, 安定·隴
西必懷震懼. 此從容一處, 可以制四方也. 今士馬疲倦, 方履險阻,
非萬乘之固也. 前年潁川, 可為至戒." 帝不從, 戊戌, 進幸汧. 峻猶
不下, 帝遣寇恂往降之. 恂奉璽書至第一, 峻遣軍師皇甫文出謁, 辭
禮不屈. 恂怒, 將誅之. 諸將諫曰, "高峻精兵萬人, 率多強弩, 西遮
隴道, 連年不下, 今欲降之而反戮其使, 無乃不可乎?" 恂不應, 遂斬
之, 遣其副歸告峻曰, "軍師無禮, 已戮之矣! 欲降, 急降. 不欲, 固
守!" 峻惶恐, 即日開城門降. 諸將皆賀, 因曰, "敢問殺其使而降其
城, 何也?" 恂曰, "皇甫文, 峻之腹心, 其所取計者也. 今來, 辭意不
屈, 必無降心. 全之則文得其計, 殺之則峻亡其膽, 是以降耳." 諸將
皆曰, "非所及也!" 冬, 十月, 來歙與諸將攻破落門, 周宗·行巡·苟宇·
趙恢等將隗純降, 王元奔蜀. 徙諸隗於京師以東. 後隗純與賓客亡入
胡, 至武威, 捕得, 誅之.

先零羌與諸種寇金城·隴西, 來歙率蓋延等進擊, 大破之, 斬首虜
數千人. 於是開倉稟以賑饑乏, 隴右遂安, 而涼州流通焉.

庚寅, 車駕還宮.

한광무제 건무 11년(AD 35)

1) 봄 3월 9일, 광무제가 남양南陽으로 행차했다가 돌아오는 길에 조상의 사당이 있는 장릉현章陵縣에 들러 참배했다. 3월 20일에 거가가 환궁했다.

2) 잠팽岑彭이 진향津鄉호복성 강릉현 동쪽에 주둔하며 자주 전융田戎 등을 공격했으나 이기지 못했다. 광무제가 오한吳漢을 파견해 주로장군誅虜將軍 유륭劉隆 등 3명의 장수를 이끌면서 형주荊州의 군사 6만여 명과 전마戰馬 5,000필을 징발한 뒤 잠팽과 형문산荊門山호복성 형문현 남쪽에서 회합하게 했다. 잠팽이 전선戰船 수천 척[16]을 준비했다. 오한은 여러 군郡에서 온 도졸棹卒 즉 수군이 양곡을 소비하는 것이 많을 것으로 생각해 이를 혁파하려 했다. 그러나 잠팽은 공손술의 촉병蜀兵이 매우 많은 까닭에 혁파는 불가하다고 판단했다. 이내 상서해 상황을 보고했다. 광무제가 잠팽에게 회보했다.

"대사마 오한은 보기步騎의 사용에 익숙하나 수전水戰을 잘 알지 못하오. 형문의 군사는 전적으로 정남장군征南將軍인 그대의 뜻을 중시할 따름이오."

윤閏 3월, 잠팽이 군중軍中에서 부교浮橋를 공격할 자를 모집하면서 가장 먼저 부교에 오르는 자에게 상상上賞을 내릴 것을 약속했다. 편장군偏將軍 노기魯奇가 응모해 앞장섰다. 이때 동풍이 미친 듯이 급하게 불었다. 노기의 배가 위로 거슬러 올라가다 부교와 곧바로 충돌했다. 배의 접근을 막기 위한 물속의 말뚝인 찬주欑柱가 일종의 갈고리인 반파구反杷

---

16 원문은 '수천소數千艘'이다. 소艘는 배를 세는 단위로 척隻과 같다. 일부 판본에는 '수천소'가 '수십소數十艘'로 되어 있다. 앞뒤 문맥에 비춰 '수천소'로 보는 게 합리적이다.

鉤[17] 역할을 한 까닭에 노기의 배가 움직이지 못했다. 노기 등이 오직 갇혀 있는 형세에 올라타 죽기로 싸우며 불화살을 날려 태우는 수밖에 없었다. 마침 바람이 미친 듯이 불자 불길이 매우 커져 부교의 누각이 불에 타 무너지는 붕소崩燒를 하게 됐다.

잠팽이 모든 군사를 이끌고 바람을 따라 병진幷進했다. 전진하는 곳의 앞에는 아무 것도 없었다. 촉병蜀兵이 크게 어지러워져 익사자가 수천 명에 이르렀다. 이내 임만任滿의 목을 베고, 정범程汎을 생포했다. 전융田戎이 달아나 강주江州사천성 파현를 지켰다. 잠팽이 상주하여 유륭劉隆을 남군南郡호북성 강릉현 태수로 삼아 줄 것을 청한 뒤 자신은 보위장군輔威將軍 장궁臧宮과 효기장군驍騎將軍 유흠劉歆을 이끌고 멀리 강관江關사천성 봉절현 동쪽으로 장구長驅하여 들어갔다. 이어 군중軍中에 노략虜掠을 하지 못하게 명하자 지나는 곳마다 백성들이 모두 우주牛酒를 들고 나와 영로迎勞했으나 잠팽은 사양하며 받지 않았다. 백성들이 크게 기뻐하며 다퉈 문을 열고 항복했다.

광무제가 조서를 내려 잠팽을 임시직인 수익주목守益州牧에 임명한 뒤 공략한 군군郡마다 곧바로 태수의 역할을 임시로 수행하는 행태수사行太守事의 역할을 맡게 했다. 잠팽이 해당 군의 경계에서 벗어나면 태수의 명칭을 뒤따르는 장군에게 넘겨주었다. 관속 가운데서 사람을 선발해 익주의 장리長吏로 삼았다. 잠팽이 강주江州에 이른 뒤 성이 매우 견고하고 비축한 식량이 매우 많아 일거에 함락시키기가 매우 어려운 것을 보고는 풍준馮駿을 남겨 두어 지키게 한 뒤 자신은 군사를 이끌고 이로운 형세를

---

17   반파구反杷鉤를 두고 호삼성은 주석하기를, "반파구反杷鉤는 갈고리처럼 생긴 무기로, 적선敵船을 잡을 때 사용한다. 적선이 뒤로 물러나거나 앞으로 나오지 못하도록 하는 역할을 한다."고 했다.

타고 점강墊江사천성 합천현을 향해 곧바로 나아갔다. 평곡平曲합천현 용동타龍洞沱을 공파攻破한 뒤 그곳의 쌀 수십만 석을 거둬들였다. 오한은 이릉夷陵호북성 의창시에 머물다가 잠팽의 승전보를 접하고는 숨겨 놓은 전선에 오른 뒤 병사들을 이끌고 뒤를 이어 앞으로 나아갔다.

3) 여름, 선령先零의 강족이 임도臨洮감숙성 민현를 노략했다. 내흡이 마원을 천거해 농서 태수로 삼게 했다. 마원이 선령의 강족을 대파했다.

4) 공손술이 도주해온 왕원王元을 장군으로 삼은 뒤 영군領軍 환안環安과 함께 하지河池감숙성 휘현에서 한나라 군사의 진공에 대항하게 했다.

6월, 내흡來歙이 갑연蓋延 등과 함께 왕원과 환안을 향해 진공進攻해 대파했다. 마침내 하변下辨감숙성 성현에서 승리한 뒤 승승乘勝하여 전전했다. 촉인蜀人이 크게 두려워하자 공손술이 자객을 보내 내흡을 척살하게 했다. 자객의 칼을 맞은 내흡이 절명하기 직전 좌우에 명해 말을 달려 자字가 거경巨卿인 갑연을 부르게 했다. 갑연이 내흡을 보고는 엎드려 슬퍼하며 앙시仰視하지 못하자 내흡이 질책했다.

"호아장군虎牙將軍이 어찌 감히 그런 모습을 보이는 것이오! 지금 사자使者인 내가 자객의 칼을 맞아 보국報國할 수 없게 되어 거경巨卿을 부른 것이오. 군사에 관한 일을 부탁하고자 하는데 도리어 아녀자처럼 눈물을 흘리는 것이오! 어찌하여 내게 칼이 있는데도 군사를 지휘해 공의 목을 치는 늑병참공勒兵斬公을 할 수 없는 것이오?"

갑연이 눈물을 거두고 억지로 일어나 내흡의 부탁을 받았다. 내흡이 친히 표문을 써서 말했다.

"신은 사람들이 잠들어 고요한 심야의 인정人定 때 어떤 자에게 상해를 입어 급소인 요해처要害處에 칼을 맞게 됐습니다. 신은 감히 이를 애석하게 생각지는 않으나 실로 신의 직책을 다하지 못한 것을 한스럽게 여기며 조정의 수치라고 생각합니다. 무릇 나라를 다스리는 이국理國에는 현자를 얻는 득현得賢을 근본으로 삼습니다. 태중대부太中大夫 단양段襄은 매우 정직한 골경骨鯁의 인물이니 가히 일을 맡길만 합니다. 원컨대 폐하가 재찰裁察하기 바랍니다. 또한 신의 형제들은 불초해 죄를 지을까 두렵습니다. 폐하가 애련哀憐히 여겨 자주 가르치고 감독하는 교독教督을 내려주시길 바랍니다."

쓰기를 마친 뒤 붓을 내던지고 자신의 몸에 꽂혀 있던 자객의 칼을 뽑는 투필추인投筆抽刃으로 인해 절명絶命했다. 광무제가 보고를 받고 크게 놀랐다. 일면 글을 살피면서 일면 눈물을 흩뿌리는 성서남체省書攬涕[18]를 했다. 이어 양무장군揚武將軍 마성馬成에게 중랑장中郞將의 직책을 맡아 내흡을 대신하도록 했다. 내흡의 영구가 낙양으로 돌아오자 광무제가 승여乘輿에 올라 호소縞素의 차림으로 임조臨弔한 뒤 영구의 묘지 안장에 참여하는 송장送葬을 했다.

5) 조왕趙王 유량劉良이 광무제를 따라 내흡의 영구를 보내고 돌아오는 길에 낙양의 12개 성문 가운데 북쪽 방향의 하성문夏城門으로 들어가다가 중랑장 장한張邯과 길을 두고 다퉜다. 이때 장한에게 수레를 돌리도록 소리치면서 성문을 지키는 문후門候를 힐책詰責해 수십 보步나 앞서 가게 했다. 사례교위司隷校尉 포영鮑永이 탄핵을 상주했다.

"조왕 유량은 번신藩臣의 예를 갖추지 못했으니 대불경大不敬에 해당합니다."

유량이 존귀한 인척으로 귀중貴重한데도 포영이 그를 탄핵하자 조정이 숙연肅然해졌다. 포영은 부풍扶風 출신 포회鮑恢를 휘하의 12명의 종

---

18 성서남체省書攬涕의 '람攬'은 원래 열매를 따는 것을 뜻한다. '남체'는 얼굴에 붙어 있는 눈물을 따서 흩뿌린다는 의미를 지니고 있다. 『초사楚辭』「구장九章, 사미인思美人」에 '남체攬涕' 표현이 나온다. 명나라 때의 왕부지王夫之는 휘루揮淚로 풀이했다.

사자 가운데 하나인 도관종사都官從事로 벽소辟召했다. 포회 역시 꺾이지 않고 강직한 항직抗直의 성품이라 횡포하고 세력 있는 강어強禦의 인물을 피하지 않았다. 광무제가 늘 이같이 말했다.

"귀척貴戚은 잠시 손을 모으고 망동을 하지 않는 염수斂手의 모습으로 포영鮑永과 포회鮑恢 등 두 포씨鮑氏를 피해야 할 것이다."

경시제 유현의 휘하에 있던 포영이 각 현을 순행하다가 한문제 유항의 능묘인 패릉霸陵에 이르렀다. 길을 가다가 경시제의 묘를 지나다가 수레에서 내려 절을 하고, 곡哭을 할 때 극진히 애도를 표한 뒤 떠났다. 서쪽 부풍扶風에 이르자 전에 왕망이 포영의 부친 포선鮑宣을 죽였을 때 상당上黨 도위 노평路平이 포영을 죽이려 들자 상당 태수 구간苟諫이 포영을 보호해준 일을 생각해 소를 잡아 구간의 무덤에 제사를 지냈다. 광무제가 이 소식을 듣고는 내심 불평하면서 공경들에게 물었다.

"명을 받아 사자로 가는 봉사奉使를 하는 도중에 이처럼 행동했으니 어찌 처리해야 하오?"

태중대부太中大夫 장잠張湛이 대답했다.

"인仁은 행동의 요체이고, 충忠은 의리의 근본입니다. 인자仁者는 옛 친구를 버리지 않고, 충자忠者는 군왕을 잊지 않습니다. 그는 고행高行을 실천한 것입니다."

광무제가 이내 속마음을 풀었다.

6) 광무제가 친히 공손술을 정벌하려 했다.

가을 7월, 장안에 도착했다.

7) 공손술이 휘하 장수 연잠延岑과 여유呂鮪, 왕원王元, 공손회公孫恢 등에 명해 병사를 모두 모은 뒤 광한廣漢사천성 수녕현과 자중資中사천성 자양현에서 한나라 군사를 막게 했다. 또 장수 후단侯丹을 파견해 군사 2만여 명을 이끌고 황석黃石사천성 부릉현에서 한나라 군사를 저지하게 했다.

잠팽은 휘하의 보위장군 장궁臧宮에게 항복한 사졸 5만 명을 이끌고 부수涪水에서 평곡平曲사천성 합천현 동쪽으로 올라가 연잠을 막게 했다. 본인은 병사를 나눠 강에서 전선을 타고 내려와 강주江州로 돌아온 뒤 다시 도강都江을 거슬러 올라가 후단侯丹을 습격해 대파했다. 이어 신야晨夜로 평소의 2배 속도 행군인 배도겸행倍道兼行으로 2,000여 리를 가서 지름길로 무양武陽사천성 팽산시을 함락시켰다. 정기精騎에게 명해 재빨리 내달아 광도廣都사천성 성도시를 치게 했다. 성도成都까지 수십 리 정도 떨어진 곳이었다. 형세가 마치 풍우風雨와 같아 이르는 곳마다 적병이 모두 사방으로 달아나며 흩어지는 분산奔散을 했다.

당초 공손술은 한나라 병사가 평곡平曲에 있다는 얘기를 듣고 많은 병사를 보내 그를 맞이했다. 잠팽이 무양侯丹에 이르러 연잠군의 후방을 포위하게 되자 촉蜀 땅이 진해震駭했다. 공손술도 크게 놀라 지팡이로 땅을 치며 말했다.

"이는 무슨 귀신이란 말인가!"

연잠은 원수沅水사천성 사홍현 동남쪽에 많은 군사를 모아놓고 있었다. 장궁臧宮의 무리는 숫자는 많고 먹을 것은 적은 중다식소衆多食少의 상황이었다. 운송하는 군수물자가 제때 도착하지 않자 투항한 자들은 모두 배반 또는 도주할 생각으로 자신들의 군현으로 돌아갔다. 이어 다시 모여 스스로를 보호하면서 성패를 관망했다.

장궁은 군사를 이끌고 돌아가려 했으나 병사들이 반기를 들까 우려했다. 마침 광무제가 보낸 알자謁者가 군사를 이끌고 잠팽 쪽으로 가고 있었다. 말이 700필 정도 있었다. 장궁은 황제가 내린 명인 제制를 고쳐 모두 자신에게 덧붙인 뒤 밤낮으로 진병進兵했다. 기치를 많이 내걸고, 산에 올라 고조鼓噪하고, 우좌右左에 각각 보병과 기병을 배치하고, 전선을 호위하며 전진했다. 함성 소리가 산곡山谷을 뒤흔들었다.

연잠은 불의不意에 한군漢軍이 문득 이르자 산 위로 올라가 이를 바라보고는 크게 진공震恐했다. 장궁은 이어 마구 공격을 퍼부으면서 이들을 대파했다. 참수를 당하거나 익사한 자가 1만여 명에 달했다. 시체로 인해 물이 탁해졌다. 연잠이 성도로 달아나자 무리들이 모두 항복했다. 병마와 진보珍寶를 모두 획득했다. 이어 승승乘勝하여 북쪽으로 추격하자 항복하는 자가 10만 명을 헤아렸다. 군사들이 양향陽鄕사천성 면죽현 동쪽에 이르자 왕원이 무리들을 모두 들어 항복했다.

광무제가 공손술에게 투항을 권하는 서신을 보내 화복禍福을 진술하고, 눈에 뚜렷이 보이는 단청지신丹靑之信을 보여주었다. 공손술이 서신을 살펴보는 성서省書를 하고는 탄식하며 친한 사람들에게 보여주었다. 태상太常 상소常少와 광록훈光祿勳 장륭張隆이 모두 공손술에게 항복을 권했다. 공손술이 말했다.

"폐흥廢興은 천명이다. 어찌 항복하는 천자가 있을 수 있는가!"

좌우에서 다시는 감히 말하지 못했다. 상소와 장륭이 근심하다가 죽는 우사憂死를 했다.

8) 광무제가 장안에서 돌아왔다.

9) 겨울 10월, 공손술이 자객을 시켜 달아난 노복으로 가장해 잠팽에게 거짓 항복한 뒤 밤중에 척살하게 했다. 당시 태중대부太中大夫 감군監軍 정흥鄭興은 잠팽의 군영을 지휘하면서 오한이 오기를 기다렸다가 넘겨주었다. 잠팽은 군사를 정제整齊하는 것이 추호도 법을 어기는 게 없었다. 공손술 휘하의 공곡왕邛谷王 임귀任貴는 잠팽의 위신威信에 관한 얘기를 듣고 수천 리 밖에서 사자를 보내 영접하며 항복하는 영항迎降을 했다. 마침 잠팽이 해를 당하자 광무제는 임귀가 바친 물건을 모두 잠팽의 처자에게 주었다. 촉인蜀人들이 잠팽을 위해 사당을 세우고 제사를 지냈다.

10) 한나라 장수 마성馬成 등이 하지河池를 격파하고 마침내 무도武都를 평정했다. 선령先零에 여러 강족 수만 명이 모여 살며 노략하는 둔취구초屯聚寇鈔를 하다가 호미浩亹청해성 낙도현의 요새에서 저항했다. 마성과 마원이 깊숙이 들어가 토격討擊했다. 대파한 뒤 항복한 강족을 옮겨 천수天水와 농서隴西, 부풍扶風에 살게 했다.

이때 조신朝臣들이 금성金城의 파강현破羌縣청해성 황원현 서쪽은 길도 멀고 침략을 받는 일도 많은 까닭에 의논 후 버리려고 했다. 마원이 상언했다.

"파강현의 서쪽 성은 대부분 튼튼한 까닭에 방어는 쉽고 공격은 어려워 의지할 만하오. 전토田土 또한 비옥하고, 관개유통灌漑流通도 편하오. 설령 강족에게 여러 민족이 잡거하는 황중湟中을 점거하게 할지라도 후환이 그치지 않을 것이오. 결하고 버릴 수 없소."

광무제가 이를 좇았다.

백성으로 돌아온 자가 3,000여 명이나 됐다. 마원이 그곳에 장리長吏를 두고, 성곽을 수리하고, 적정을 살피는 성루인 오후塢候를 세워 울타리로 삼고, 도랑인 구혁溝洫을 열어 경목耕牧을 권장했다. 군중郡中에서 즐겨 일에 종사하도록 배려한 것이다. 또 새외의 저족氐族과 강족羌族을 초무招撫했다. 모두 찾아와 항복하며 귀부했다. 마원이 이들을 다시 후왕侯王과 군장君長에 임명해줄 것을 상주하자 광무제가 이를 모두 좇았다. 이내 마성의 군사로 하여금 철군하게 했다.

11) 12월, 오한吳漢이 이릉夷陵에서 3만 명의 군사를 이끌고 장강을 거슬러 올라가 공손술을 토벌했다.

12) 곽급郭伋이 병주목并州牧으로 있다가 경사인 낙양을 지나게 되자 광무제가 정사의 득실得失을 물었다. 곽급이 대답했다.

"다양한 직책을 떠맡을 사람을 선발해 보충하고, 의당 천하의 현준賢

俊을 뽑고, 황상의 고향인 남양南陽 출신만 채용해서는 안 됩니다."

당시 높은 자리에 있는 자들 대부분이 광무제의 옛 고향 친구였던 까닭에 곽급이 이같이 언급한 것이다.

* 世祖光武皇帝建武十一年
春, 三月, 己酉, 帝幸南陽, 還幸章陵. 庚午, 車駕還宮.

岑彭屯津鄉, 數攻田戎等, 不克. 帝遣吳漢率誅虜將軍劉隆等三將, 發荊州兵凡六萬餘人·騎五千匹, 與彭會荊門. 彭裝戰船數千艘, 吳漢以諸郡棹卒多費糧穀, 欲罷之. 彭以爲蜀兵盛, 不可遣, 上書言狀. 帝報彭曰, "大司馬習用步騎, 不曉水戰, 荊門之事, 一由征南公爲重而已." 閏月, 岑彭令軍中募攻浮橋, 先登者上賞. 於是偏將軍魯奇應募而前, 時東風狂急, 魯奇船逆流而上, 直衝浮橋, 而攢柱有反杷鉤, 奇船不得去. 奇等乘勢殊死戰, 因飛炬焚之, 風怒火盛, 橋樓崩燒. 岑彭悉軍順風幷進, 所向無前, 蜀兵大亂, 溺死者數千人, 斬任滿, 生獲程汎, 而田戎走保江州. 彭上劉隆爲南郡太守. 自率輔威將軍臧宮·驍騎將軍劉歆長驅入江關. 令軍中無得虜掠, 所過, 百姓皆奉牛酒迎勞, 彭復讓不受. 百姓大喜, 爭開門降. 詔彭守益州牧, 所下郡輒行太守事, 彭若出界, 卽以太守號付後將軍. 選官屬守州中長史. 彭到江州, 以其城固糧多, 難卒拔, 留馮駿守之. 自引兵乘利直指墊江, 攻破平曲, 收其米數十萬石. 吳漢留夷陵, 裝露橈繼進.

夏, 先零羌寇臨洮. 來歙薦馬援爲隴西太守, 擊先零羌, 大破之.

公孫述以王元爲將軍, 使與領軍環安拒河池. 六月, 來歙與蓋延等進攻元·安, 大破之, 遂克下辨, 乘勝遂進. 蜀人大懼, 使刺客刺歙, 未殊, 馳召蓋延. 延見歙, 因伏悲哀, 不能仰視. 歙叱延曰, "虎牙何敢然! 今使者中刺客, 無以報國, 故呼巨卿, 欲相屬以軍事, 而反效兒女子涕泣乎! 刀雖在身, 不能勒兵斬公邪?” 延收淚強起, 受所誠.
歆自書表曰, “臣夜人定後, 為何人所賊傷, 中臣要害. 臣不敢自惜,
誠恨奉職不稱, 以為朝廷羞. 夫理國以得賢為本, 太中大夫段襄, 骨
鯁可任, 願陛下裁察. 又臣兄弟不肖, 終恐被罪, 陛下哀憐, 數賜教
督.” 投筆抽刀而絕. 帝聞, 大驚, 省書攬涕. 以揚武將軍馬成守中郎
將代之. 歆喪還洛陽, 乘輿縞素臨弔·送葬.

趙王良從帝送歆喪還, 入夏城門, 與中郎將張邯爭道, 叱邯旋車,
又詰責門候, 使前走數十步. 司隸校尉鮑永劾奏曰, “良無藩臣禮, 大
不敬.” 良尊戚貴重, 而永劾之, 朝廷肅然. 永辟扶風鮑恢為都官從
事, 恢亦抗直, 不避強禦. 帝常曰, “貴戚且斂手以避二鮑.” 永行縣
到霸陵, 路經更始墓, 下拜, 哭盡哀而去, 西至扶風, 椎牛上苟諫塚.
帝聞之, 意不平, 問公卿曰, “奉使如此, 何如?” 太中大夫張湛對曰,
“仁者, 行之宗. 忠者, 義之主也. 仁不遺舊, 忠不忘君, 行之高者也.”
帝意乃釋.

帝自將征公孫述. 秋, 七月, 次長安.

公孫述使其將延岑·呂鮪·王元·公孫恢悉兵拒廣漢及資中, 又遣將
侯丹率二萬餘人拒黃石. 岑彭使臧宮將降卒五萬, 從涪水上平曲, 拒
延岑, 自分兵浮江下還江州, 溯都江而上, 襲擊侯丹, 大破之. 因晨
夜倍道兼行二千餘里, 逕拔武陽. 使精騎馳擊廣都, 去成都數十里,
勢若風雨, 所至皆奔散. 初, 述聞漢兵在平曲, 故遣大兵逆之. 及彭
至武陽, 繞出延岑軍後, 蜀地震駭. 述大驚, 以杖擊地曰, “是何神
也!” 延岑盛兵於沅水. 臧宮眾多食少, 轉輸不至, 降者皆欲散畔郡
邑, 復更保聚, 觀望成敗. 宮欲引還, 恐為所反. 會帝遣謁者將兵詣
岑彭, 有馬七百匹, 宮矯制取以自益, 晨夜進兵, 多張旗幟, 登山鼓
噪, 右步左騎, 挾船而引, 呼聲動山谷. 岑不意漢軍卒至, 登山望之,

大震恐. 宮因縱擊, 大破之, 斬首·溺死者萬餘人, 水為之濁. 延岑奔
成都, 其眾悉降, 盡獲其兵馬珍寶. 自是乘勝追北, 降者以十萬數.
軍至平陽鄉, 王元舉眾降. 帝與公孫述書, 陳言禍福, 示以丹青之信.
述省書歎息, 以示所親. 太常常少·光祿勳張隆皆勸述降. 述曰, "廢
興, 命也, 豈有降天子哉!" 左右莫敢復言. 少·隆皆以憂死.

帝還自長安.

冬, 十月, 公孫述使刺客詐為亡奴, 降岑彭, 夜, 刺殺彭. 太中大夫
監軍鄭興領其營, 以俟吳漢至而授之. 彭持軍整齊, 秋毫無犯. 邛谷
王任貴聞彭威信, 數千里遣使迎降. 會彭已被害, 帝盡以任貴所獻賜
彭妻子. 蜀人為立廟祠之.

馬成等破河池, 遂平武都. 先零諸種羌數萬人, 屯聚寇鈔, 拒浩亹
隘. 成與馬援深入討擊, 大破之, 徙降羌置天水·隴西·扶風.

是時, 朝臣以金城破羌之西, 塗遠多寇, 議欲棄之. 馬援上言曰,
"破羌以西, 城多完牢, 易可依固. 其田土肥壤, 灌溉流通. 如令羌在
湟中, 則為害不休, 不可棄也." 帝從之. 民歸者三千餘口, 援為置長
吏, 繕城郭, 起塢候, 開溝洫, 勸以耕牧, 郡中樂業. 又招撫塞外氐·
羌, 皆來降附, 援奏復其侯王君長, 帝悉從之. 乃罷馬成軍.

十二月, 吳漢自夷陵將三萬人溯江而上, 伐公孫述.

郭伋為并州牧, 過京師, 帝問以得失, 伋曰, "選補眾職, 當簡天下
賢俊, 不宜專用南陽人." 是時在位多鄉曲故舊, 故伋言及之.

** 권43─한기漢紀 35: 공신들을 배제시키다

한광무제 건무 12년(AD 36)

1) 봄 정월, 오한이 공손술의 장수 위당魏堂과 공손영公孫永을 어부진魚涪津사천성 협강현 북쪽에서 격파하고 마침내 무양武陽사천성 팽산현을 포위했다. 공손술이 사위 사흥史興을 파견해 이를 구원하게 했다. 오한의 군사가 이들을 영격迎擊해 격파했다. 이어 건위犍為사천성 의빈현 경계까지 들어갔다. 군내의 각 현들은 모두 성문을 닫고 굳게 지켰다.

광무제가 오한에게 조서를 내려 곧바로 성도成都 동남쪽의 광도현廣都縣을 공취攻取해 심복心腹의 거점으로 삼게 했다. 오한이 이내 진군해 광도현을 함락시켰다. 이어 경무장한 기병인 경기輕騎를 파견해 성도成都 안의 다리인 시교市橋를 불태웠다.

공손술의 장수들이 공구恐懼한 나머지 일야日夜로 이반離叛했다. 공손술이 비록 그들의 가족을 주멸誅滅했으나 오히려 금할 도리가 없었다. 광무제가 반드시 이들을 항복시킬 생각으로 다시 공손술에게 조서를 내려 타일렀다.

"내흡來歙과 잠팽岑彭이 자객에 의해 척살된 일로 인해 스스로 의심치 마시오. 지금 때맞춰 스스로 나오면 종족宗族은 완전할 것이오. 이런 조서詔書와 수기手記는 자주 얻을 수 있는 게 아니오."

공손술은 끝내 항의降意가 없었다.

2) 가을 7월, 풍준馮駿이 강주江州사천성 파현를 함락시키고, 전융田戎을 포획했다.

3) 광무제가 오한에게 경계시켰다.

"성도에 있는 10여만 명의 무리를 가볍게 볼 수는 없소. 다만 광도현을 굳게 지키면서 저들이 진공해 오기를 기다리도록 하시오. 저들과 쟁봉爭鋒해서는 안 되오. 만일 저들이 감히 공격해 오지 않으면 공은 군영을 옮겨 저들의 진공을 압박하면서 저들이 피로해지기를 기다리도록 하시오. 그러면 이내 공격할 수 있을 것이오."

오한이 듣지 않은 채 이긴 기세에 올라타는 승리乘利의 자세로 마침내 스스로 보기步騎 2만 명을 이끌고 성도를 압박했다. 성에서 10여 리가량 떨어진 장강의 북안에 군영을 설치한 뒤 부교를 만들었다. 부장副將인 무위장군武威將軍 유상劉尚을 시켜 군사 1만여 명을 이끌고 강남江南에 주둔하게 했다. 두 군영 사이의 거리는 20여 리였다. 광무제가 이 보고를 받고는 대경실색하며 조서에서 오한을 나무랐다.

"근래 공에게 조서를 보내 천조만단千條萬端으로 신신당부했음에도, 무슨 의도로 일을 하면서 이처럼 그르친 모습을 보이는 것인가! 이미 적을 가볍게 보고 깊이 들어가는 경적심입輕敵深入을 한데다 또 유상과는 별도의 군영인 별영別營을 세웠소. 유사시 완급緩急[19]이 있게 되면 다시는 서로 미치지 못할 것이오. 만일 적들이 출병해 공을 견제하고, 많은 무리로 유상을 쳐 유상이 무너지면 공은 바로 실패하고 말 것이오. 다행히 다른 일이 없으면 급히 군사를 이끌고 광도현으로 돌아오도록 하시오."

조서가 도착하기도 전인 9월에 공손술이 과연 대사도 사풍謝豊과 집

---

19   완급緩急은 위급한 일을 가리킨다. 완緩은 통상 느슨하다는 뜻으로 사용되나 여기서는 아무런 뜻이 없는 허사虛辭로 사용된 것이다.

금오 원길袁吉에게 명해 군사 10만 명가량을 이끌고 가 20여 개 영채를 나눠 세운 뒤 일시에 오한을 공격하게 했다. 이때 별장別將에게 1만여 명의 군사를 이끌고 유상을 위협해 오한과 서로 구원할 수 없게 했다. 오한이 이들과 하루 종일 대전大戰을 벌였으나 패하게 되자 달아나 영루 안으로 들어왔다. 사풍이 이를 틈타 포위했다. 오한이 제장들을 불러 격려했다.

"나는 제군諸君들과 더불어 험조險阻한 곳을 넘어 전전轉戰하는 모습으로 1,000리를 달려와 마침내 적진의 깊숙한 곳인 성 아래까지 이르게 됐소. 지금 유상의 진영까지 두 곳 모두 적의 포위로 접응接應이 불가능하게 돼 그 화禍를 측량하기 어렵게 됐소. 은밀히 행군하는 잠사潛師를 통해 남쪽에 있는 유상에게 군사를 보내 함께 적을 방어하려 하오. 만일 장병들이 동심일력同心一力으로 싸울 수만 있으면 대공大功도 세울 수 있을 것이오. 그리하지 않으면 반드시 대패하고 말 터이니, 성패가 갈리는 결정적 계기인 성패지기成敗之機는 이번 한 번의 거사에 달려 있소."

제장들이 모두 말했다.

"분부를 좇겠습니다."

이에 병사와 전마에게 밥과 꼴을 배불리 먹이는 향사말마饗士秣馬를 한 뒤 군영을 닫아걸고 3일 동안 밖으로 나가지 않았다. 이어 문득 수많은 번기幡旗를 내걸고, 불을 때 연기가 끊이지 않게 하고, 밤중에 병사들을 함매銜枚한 뒤 몰래 이끌고 가 유상의 군사와 합쳤다. 사풍 등은 이를 알지 못한 채 다음날에 가서야 이내 군사를 나눠 강의 북쪽을 막고, 자신의 일부 군사를 이끌고 강의 남쪽을 쳤다. 아침부터 늦은 오후인 포시晡時까지 영전迎戰했다. 마침내 적을 대파하고, 사풍과 원길의 목을 베었다.

오한이 병사를 이끌고 광도현으로 돌아오면서 유상으로 하여금 그곳에 머물며 공손술의 공격을 막게 했다. 이어 이 상황을 장계狀啓로 올리면서 스스로 깊이 견책譴責했다. 광무제가 이같이 회보했다.

"공이 광도로 돌아온 것은 심히 타당한 조치요. 공손술은 필시 감히 유상을 생략한 채 공을 치지는 못할 것이오. 만일 적들이 유상을 먼저 치면 공은 광도에서 50리 떨어진 곳으로 보기步騎를 모두 이끌고 가도록 하시오. 그때쯤이면 적들은 이미 위곤危困한 상황에 처해 있을 터이니 반드시 대파할 수 있을 것이오!"

이후 오한은 광도廣都와 성도成都 사이에서 공손술과 접전했다. 8번 싸워 모두 이기는 8전8극八戰八克을 했다. 마침내 성도의 내성과 외성 사이에 주둔하게 됐다. 이때 장궁臧宮은 면죽綿竹사천성 덕양현을 함락시킨 뒤 부성涪城사천성 면양현을 격파하고, 공손술의 동생인 공손회公孫恢의 목을 베었다. 다시 번현繁縣사천성 신번현과 비현郫縣사천성 비현을 함락시킨 뒤 오한과 성도에서 만났다

4) 이통李通이 권세權勢를 피하기 위해 사직을 청하는 걸해골乞骸骨을 했다. 2년 동안 부단히 청하자 광무제가 마침내 대사공의 인수를 올리도록 허락한 뒤 특진特進의 신분으로 조회에 참석하는 봉조청奉朝請을 행하도록 했다. 후에 유사가 황자皇子 책봉을 주청하자 광무제는 이통이 가장 먼저 자신의 창업을 예측하는 대모大謀를 세운 사실에 느끼는 바가 있어 즉일即日 이통의 어린 아들 이웅李雄을 소릉후召陵侯에 책봉했다.

5) 공손술이 곤급困急한 나머지 연잠延岑에게 물었다.

"지금 의당 어찌해야 하오!"

연잠이 대답했다.

"남아男兒는 의당 사지에서 살 길을 찾는 사중구생死中求生을 해야 하니, 어찌 앉아서 궁지에 몰릴 수 있겠습니까? 재물은 쉽게 모을 수 있을 뿐이니 의당 아낄 게 아닙니다."

공손술이 이내 금백金帛을 흩어 감사대敢死隊 5,000여 명을 모집해 연

잠에게 배속시켰다. 연잠이 시교市橋에 위장으로 깃발을 세운 뒤 북을 울리며 도전했다. 이어 은밀히 기병奇兵을 오한이 이끄는 한나라 군사 후방으로 보내 습격을 가했다. 오한은 물에 빠졌다가 말꼬리를 잡고서야 간신히 빠져나올 수 있었다.

한나라 군사는 7일분의 식량만 남아 있는 까닭에 은밀히 배를 구해 달아나고자 했다. 촉군蜀郡 태수인 남양 출신 장감張堪은 이 소식을 듣고는 말을 달려 오한을 만났다. 공손술이 반드시 패할 터이니 의당 퇴사退師의 계책을 써서는 안 된다고 설득했다. 오한이 이를 좇았다. 적에게 짐짓 약한 모습을 보이며 싸움을 거는 시약도전示弱挑敵을 했다.

겨울 11월, 장궁이 성도 북쪽의 동쪽 구석에 있는 함양문咸陽門에 군진을 펼쳤다.

11월 18일, 공손술이 스스로 수만 명의 군사를 이끌고 오한을 치면서 연잠에게 장궁을 막게 했다. 대전大戰 속에서 연잠이 3번 거듭 이기는 3합3승三合三勝을 했다. 아침부터 일중日中까지 싸운 까닭에 군사들이 밥을 먹지 못해 모두 피로했다. 오한이 이 틈을 타 호군護軍 고오高午와 당한唐邯에게 명해 예졸銳卒 수만 명을 이끌고 나가 적을 공격하게 했다. 공손술이 급습을 받고 대란大亂에 빠졌다. 고오가 적진 속으로 달려 들어가 공손술을 찔렀다. 가슴이 관통돼 말에서 떨어지는 동흉타마洞胸墮馬가 빚어지자 좌우에서 급히 그를 둘러메고 성 안으로 들어갔다. 공손술이 병사를 연잠에게 소속시킨 뒤 그날 밤 숨을 거뒀다. 다음날 아침 연잠이 성을 들어 항복했다.

11월 21일, 오한이 공손술 처자의 목을 베고, 공손씨公孫氏를 진멸盡滅했다. 이어 연잠의 일족도 모두 죽인 뒤 병사들을 풀어 대략大掠하게 하면서 공손술의 궁실을 불태웠다. 광무제가 이 소식을 듣고는 화를 내며 오한을 나무랐다. 또 유상을 책양責讓하며 이같이 말했다.

"성이 항복하고 3일이 되자 이민吏民이 종복從服했고, 고아孩兒와 노모老母가 1만 명을 헤아리는데 하루아침에 병사를 풀어 멋대로 불을 놓게 했다. 이 소식을 듣고 하고끝이 시큰거리는 산비酸鼻를 하게 됐다. 그대 유상은 종실의 자손으로 또 일찍이 이직吏職을 수행한 바 있다. 차마 어찌 이런 짓을 저지를 수 있는 것인가! 옛날 진서파秦西巴가 하늘을 우러러보고 땅을 굽어보며 새끼사슴을 놓아준 방예放麑의 일화와 악양樂羊이 자식을 삶은 국물을 훌쩍거리고 먹는 철갱啜羹[20]의 일화에 비춰볼 때 진서파와 악양 가운데 누가 어진 사람인가? 실로 적장의 목을 베고 백성을 조문하는 참장조민斬將弔民의 의로움을 잃은 짓이다!"

당초 공손술은 광한廣漢사천성 수녕현 출신 이업李業을 불러들여 박사로 삼고자 했다. 이업이 병을 핑계로 고사하자 공손술은 그를 오게 만들지 못한 것을 수치로 생각했다. 곧 대홍려大鴻臚 윤융尹融에게 명해 이런 내용의 조명을 받들고 가 이업을 겁박하게 했다.

---

20   방예放麑와 철갱啜羹 모두 『한비자』「설림說林 상」에 나오는 일화이다. 이에 따르면 악양樂羊이 위나라 장수가 되어 중산을 칠 때 그의 아들이 중산국中山國에 있었다. 중산국의 군주가 그 아들을 삶은 국을 악양에게 보내자 악양이 막사 안에서 앉아 국 한 그릇을 다 마셨다. 위문후가 대부 도사찬堵師贊에게 이를 말하자 도사찬이 대답하기를, "자신의 자식까지 먹었으니 장차 누구인들 먹지 못하겠습니까?"라고 했다. 악양이 개선하자 위문후가 그 공을 포상하면서도 그의 마음을 의심했다. 이것이 '철갱啜羹'의 일화이다. 노나라의 권신 맹손孟孫이 사냥을 나갔다가 사슴 새끼를 붙잡았다. 가신 진서파秦西巴를 시켜 이를 가지고 돌아가게 했다. 어미 사슴이 따라오며 울자 진서파가 참지 못하고 새끼를 어미에게 주었다. 맹손이 돌아와서 사슴을 찾자 진서파가 대답하기를, "제가 차마 견딜 수 없어 그 어미에게 돌려주었습니다."라고 했다. 맹손이 크게 노해 그를 쫓았다. 3달 후 다시 불러 자식의 사부로 삼았다. 맹손의 어자가 그 까닭을 묻자 맹손이 대답하기를, "새끼 사슴의 고통조차 차마 견디지 못하는데 장차 내 아들의 고통을 어찌 박정하게 대하겠는가!"라고 했다. 이것이 '방예放麑'의 일화이다. 이를 두고 한비자는 지적하기를, "교묘하게 속이는 교사巧詐는 우직하고 참된 졸성拙誠만 못하다고 말한다. 악양은 공이 있었지만 의심을 받았고, 진서파는 잘못을 저질렀지만 더욱 신임을 받은 게 그렇다."고 했다.

"만일 징소徵召에 응하면 공후公侯의 자리를 내리고, 응하지 않으면 독주毒酒를 내릴 것이다."

윤융이 그 취지를 비유를 들어 이같이 전했다.

"바야흐로 지금 천하는 나뉘어져 있는데 누가 옳고 그른지 어찌 알아 작은 몸인 구구지신區區之身으로 헤아릴 수 없이 깊은 연못인 불측지연不測之淵을 탐사할 수 있겠소! 조정에서는 그대의 명덕名德을 탐모貪慕해 관위官位를 오랫동안 비워둔 게 벌써 7년이나 됐소. 또 사시四時마다 진귀한 음식과 일용품인 진어珍御를 보내 그대를 잊지 못하는 뜻을 전했소. 의당 위로는 자신을 알아주는 지기知己를 받들면서 아래로는 자손을 위해 일하는 식으로 신명身名을 모두 온전히 하는 게 좋지 않겠소!"

이업이 탄식했다.

"공자는 『논어』에서 말하기를, '위태로운 나라에는 발을 들여놓지 않고, 어지러운 나라에서는 살지 않는다'[21]고 했소. 바로 이런 이유 때문이었소. 또한 말하기를, '군자는 위험을 보고 목숨을 바쳐야 한다'[22]고 했소. 어찌하여 높은 자리와 많은 음식으로 유혹하려 드는 것이오!"

윤융이 말했다.

"의당 집안 식구들을 불러 계책을 생각해 보시오."

---

21   『논어』「태백」에 나오는 '위방불입危邦不入, 난방불거亂邦不居' 구절을 인용한 것이다. 남송 때의 주희는 '위방'과 '난방'을 구분해 풀이했다. '위방'은 치도治道가 무너져 위험한 나라, '난방'은 위태로운 지경까지는 이르지 않았으나 형정刑政과 기강紀綱이 문란해 장차 치도가 무너지려고 하는 나라로 보았다.

22   『논어』「헌문」에 나오는 '견리사의見利思義, 견위수명見危授命' 구절에서 인용한 것이다. 이에 따르면 인격이 완성된 인물인 성인成人을 묻는 자로의 질문에 공자는 대답하기를, "지금의 성인이야 어찌 반드시 그럴 필요가 있겠는가? 이익을 보고 의를 생각하고, 위태로움을 보고 목숨을 바치고, 오랫동안 곤궁해도 젊었을 때 한 오래된 약속인 평생지언平生之言을 잊지 않는다면 이 또한 성인이 될 수 있을 것이다."라고 했다.

이업이 말했다.

"장부가 마음으로 결단한 지 오래됐는데 어찌 처자와 상의한단 말이오!"

마침내 음독하고 죽었다. 공손술은 현자를 죽였다는 소리를 듣는 게 수치스러워 사자를 보내 조문하고 제사를 지내주면서 비단 100필을 부의賻儀로 보냈다. 이업의 아들 이휘李翬가 달아나 사양하며 받지 않았다.

공손술이 또 파군巴郡 사천성 중경시 출신으로 한평제 때 수의사자繡衣使者가 되어 천하를 돌아다니며 풍속을 살피다가 왕망이 거섭居攝하자 귀향해 은둔하던 초현譙玄을 초빙했다. 초현이 오지 않자 역시 사자를 파견해 독약을 갖고 협박했다. 태수가 초현의 집에 가서 초빙에 응할 것을 권했으나 초현이 거절했다.

"지의志意를 보전하며 고행高行을 온전히 하는 보지전고保志全高를 할 수만 있다면 죽은들 어찌 한이 되겠소!"

그러고는 마침내 독약을 받았다. 초현의 아들 초영譙瑛이 태수를 향해 피눈물을 흘리며 머리를 조아렸다. 가산 1,000만 전을 기울여 부친의 사죄死罪를 대속代贖하는 일을 태수가 대신해 달라고 애원했다. 공손술이 이를 허락했다.

공손술은 또 왕망의 보위 찬탈 때 벼슬을 버리고 귀향해 은둔한 촉군蜀郡 출신 왕호王皓와 왕가王嘉를 징소했다. 혹여 왕호 등이 오지 않을까 두려워한 나머지 먼저 그들의 처자를 체포했다. 사자가 왕가에게 말했다.

"속히 행장行裝을 준비해야 처자가 안전할 수 있습니다."

왕가가 대답했다.

"견마犬馬도 오히려 주인을 알아보는데 하물며 사람의 경우이겠는가!"

왕호가 먼저 자문自刎하자 그 수급을 사자에게 주었다. 공손술이 화가 나 마침내 왕호의 가속을 모두 주살했다. 왕가가 이 소식을 듣고 탄식했다.

"그를 따를 것이다!"

이내 사자를 마주하면서 칼 위에 엎어져 죽었다. 건위犍爲사천성 의빈시 출신 비이費眙는 공손술 밑에서 벼슬하지 않기 위해 몸에 옻칠을 하여 문둥병을 자처했다. 짐짓 미친 짓을 가장해 피하고자 한 것이다. 같은 건위 출신인 임영任永과 풍신馮信 모두 눈을 뜬 장님인 이른바 청맹靑盲을 가장해 징소의 명령을 사양했다.

광무제는 촉 땅을 모두 평적한 뒤 조서를 내려 1년 전에 죽은 상소常少를 태상太常, 장륭張隆을 광록훈光祿勳에 추증했다. 초현譙玄은 이미 죽은 까닭에 양과 돼지를 희생으로 삼는 중뢰中牢로 제사를 치르게 했다. 이어 그가 살던 곳을 관장하는 관청에 명해 그의 가산을 돌려주도록 하고, 이업李業이 살던 거리를 표양表揚했다.

미친 짓 등을 가장해 공손술의 징소를 피한 비이費眙와 임영任永 및 풍신馮信 등을 불렀으나 이미 임영과 풍신은 병졸病卒한 상태여서 오직 비이에게만 벼슬을 내렸다. 그는 합포合浦 태수의 자리까지 올랐다. 광무제는 공손술의 장수로 있던 정오程烏와 이육李育에게 재간才幹이 있는 것을 보고 모두 탁용擢用했다. 촉 땅인 서토西土 사람들이 모두 기뻐하며, 귀심歸心하지 않은 자가 없었던 이유다.

당초 왕망은 광한廣漢 출신 문제文齊를 익주益州 태수에 임명한 바 있다. 문제가 농사를 권장하며 병사들을 훈련시키는 훈농치병訓農治兵에 성공하자 이웃한 이민족인 군이群夷가 모두 투항했다. 익주 일대가 심히 평화로웠던 이유다.

이후 공손술이 촉 땅을 다스리게 되자 문제는 험조險阻한 곳을 배경으로 고수固守하며 공손술에 저항했다. 공손술이 그의 처자식을 잡아들인 뒤 그를 봉후封侯하는 방안을 허락했으나 문제는 항복하지 않았다. 그는 광무제가 즉위했다는 소식을 듣고는 사자를 샛길인 간도間道를 통해 낙양으로 보내며 스스로 보고했다. 촉 땅이 평정되자 그를 징소해 진원장군鎮遠將軍으로 삼고, 성의후成義侯에 봉했다.

6) 12월 1일, 양무장군揚武將軍 마성馬成을 임시직의 행대사공사行大司空事를 맡게 했다.

7) 이 해에 삼랑參狼감숙성 남부 강족羌族과 여러 종족들이 무도武都감숙성 성현를 침입하자 농서隴西 태수 마원馬援이 이를 격파했다. 항복한 자들이 1만여 명이었고, 농우隴右 지역이 청정淸靜해졌다. 마원이 힘써 은덕과 신의를 베풀며 아랫사람을 너그럽게 대했다. 하급 관원에게 구체적인 직책을 맡기고, 다만 대체大體만을 총괄했다. 빈객과 고인故人이 날마다 그 집에 가득했던 이유다. 여러 부서에서 때로 밖의 일인 외사外事를 말하면 마원이 번번이 힐난했다.

"이런 일은 수령을 돕는 승丞과 연사掾史 등이 해야 할 일이다. 내가 어찌 골머리를 앓을 만한 일이겠는가! 자못 노인을 연민하거나, 유오遊遊를 하도록 하거나, 대성大姓이 소민小民을 침범하거나, 간교한 힐리黠吏가 영을 좇지 않거나 하는 것 등이 바로 태수가 해야 할 일이다."

이웃 현에 일찍이 원수를 갚고자 하는 자가 있었다. 이민吏民이 놀란 나머지 강족이 반란을 일으켰다고 말했다. 백성들이 모두 달아나 성 안으로 들어오자 적도狄道감숙성 임도현 현장縣長이 군부郡府 문 앞으로 와 성문을 닫고 발병發兵해 줄 것을 청했다. 마침 마원이 빈객과 함께 술을 마시고 있다가 이 얘기를 듣고는 크게 웃었다.

"저들이 어찌 감히 나를 범한단 말인가! 적도 현장에게 관사인 시사寺舍로 돌아가 있도록 말하라. 실로 두렵고 급한 포급怖急의 사안이 생기면 침상 아래에 가만히 엎드려 있으면 될 일이다."

이후 점차 안정되자 농서군 안의 사람들이 마원에게 감복했다.

8) 광무제가 조서를 내렸다.

"변방의 관원인 변리邊吏는 싸우기에 역부족力不足이면 지키도록 하라. 적들이 움직이는 정황을 좇아 추격할 때는 전진하지 않는 자를 참하는 두류법逗留法에 얽매이지 말도록 하라."

9) 산상절후山桑節侯 왕상王常, 모평열후牟平烈侯 경황耿況, 동광성후東光成侯 경순耿純 모두 훙거薨去했다. 경황이 질병疾病의 상황이어서 광무제가 승여乘輿를 타고 자주 친히 행차했다. 이어 경엄의 동생 경광耿廣과 경거耿舉를 모두 중랑장으로 삼았다. 경엄의 형제 6명이 모두 청자青紫[23]를 허리에 드리운 채 부친을 간병하는 성시의약省侍醫藥을 했다. 당세當世 사람들이 이를 영광스런 일로 여겼다.

10) 노방盧芳이 흉노 및 오환과 연합해 자주 변경을 침구侵寇했다. 광무제가 표기대장군驃騎大將軍 두무杜茂 등을 파견해 군사를 이끌고 북변北邊을 진수鎭守하게 했다. 또 태항산太行山하북성 울현의 8대 험요지 가운데 하나인 비호도飛狐道를 치소로 삼아 정장亭障을 쌓고, 봉수烽燧를 수리하게 했다. 무릇 흉노 및 오환과 맞서 크고 작은 전투를 수십백數十百번 했으나 끝내 이길 수 없었다.

11) 광무제가 두융竇融과 하서5군河西五郡 태수太守에게 입조入朝를 명했다. 두융 등이 조서를 받들고 가자 관속과 빈객들이 함께 따라갔다. 수레가 1,000여 량兩, 말과 소 및 양이 들판을 덮었다. 이들은 낙양에 도착한 뒤 성문에 이르러 인수를 바쳤다. 광무제가 조서로 사자를 시켜 제후의 인수를 돌려주고 인견引見한 뒤 상을 내리며 은총을 베풀었다. 경사

---

23   청자青紫는 푸른색과 자주색 인수印綬를 가리킨다. 승상과 태위는 금인자수金印紫綬, 어사대부는 은인청수銀印青綬를 허리에 드리웠다. 가장 영귀榮貴한 관위官位를 '청자'로 표현한 이유다.

인 낙양이 경동傾動했다. 얼마 후 두융을 기주목冀州牧에 제수했다. 또 양통梁統을 태중대부, 고장현姑臧縣감숙성 무위현 현장縣長 공분孔奮을 무도 군武都郡의 군승郡丞으로 삼았다.

고장현은 하서河西에서 가장 부유富饒한 곳이었다. 천하가 아직 평정 되지 않고, 병사들은 대부분 검소한 생활을 닦지 않은 탓에 고장현에 오 면 몇 달 만에 곧바로 많은 재물을 축적할 수 있었다. 공분이 4년 동안 현 장으로 재직하면서 힘써 청결淸潔한 정책을 시행하자 중인들이 비웃으며 기름이 넘치는 지고脂膏 속에서 스스로 윤택하게 살 줄 모른다고 생각 했다.

이후 두융을 따라 낙양으로 와 입조入朝할 때 모든 태수와 현령들의 재화 운반 수레가 길게 이어져 천택川澤을 가득 채웠다. 오직 공분만 아 무런 자산이 없어 단지 1대의 수레인 단거單車로 길을 나섰다. 광무제가 이를 가상히 여겨 상을 내린 것이다. 또 수양현睢陽縣 현령 임연任延을 무 위武威감숙성 무위현 태수로 삼은 뒤 친히 접견하며 경계해 말했다.

"상관을 잘 섬기고, 명예를 잃지 않도록 하라."

임연이 대답했다.

"신은 전에 '충신忠臣은 불화不和하고, 화신和臣은 불충不忠한다'는 이 야기를 들은 바 있습니다. 바르게 행동하며 공정하게 법을 지키는 이정봉 공履正奉公이 신자臣子의 절조입니다. 상하가 뇌동雷同하면 폐하의 복이 될 수 없습니다. 폐하는 신에게 상관을 잘 섬기는 선사상관善事上官을 당 부했으나 신은 감히 그 조명을 받들 수 없습니다."

광무제가 탄식했다.

"경卿의 말이 옳소!"

＊＊ 起柔兆涒灘, 盡柔兆敦牂, 凡十一年.

建武十二年

春, 正月, 吳漢破公孫述將魏堂·公孫永於魚涪津, 遂圍武陽. 述遣子婿史興救之, 漢迎擊, 破之, 因入犍爲界. 諸縣皆城守. 詔漢直取廣都, 據其心腹. 漢乃進軍攻廣都, 拔之, 遣輕騎燒成都市橋. 公孫述將帥恐懼, 日夜離叛, 述雖誅滅其家, 猶不能禁. 帝必欲降之, 又下詔喻述曰, "勿以來歙·岑彭受害自疑, 今以時自詣, 則宗族完全. 詔書手記, 不可數得." 述終無降意.

秋, 七月, 馮駿拔江州, 獲田戎.

帝戒吳漢曰, "成都十餘萬衆, 不可輕也. 但堅據廣都, 待其來攻, 忽與爭鋒. 若不敢來, 公轉營迫之, 須其力疲, 乃可擊也." 漢乘利, 遂自將步騎二萬進逼成都. 去城十餘里, 阻江北營, 作浮橋, 使副將武威將軍劉尚將萬餘人屯於江南, 爲營相去二十餘里. 帝聞之大驚, 讓漢曰, "比敕公千條萬端, 何意臨事勃亂! 既輕敵深入, 又與尚別營, 事有緩急, 不復相及. 賊若出兵綴公, 以大衆攻尚, 尚破, 公即敗矣. 幸無它者, 急引兵還廣都." 詔書未到, 九月, 述果使其大司徒謝豐·執金吾袁吉將衆十許萬, 分爲二十餘營, 出攻漢, 使別將將萬餘人劫劉尚, 令不得相救. 漢與大戰一日, 兵敗, 走入壁, 豐因圍之. 漢乃召諸將厲之曰, "吾與諸君逾越險阻, 轉戰千里, 遂深入敵地, 至其城下, 而今與劉尚二處受圍, 勢既不接, 其禍難量. 欲潛師就尚於江南, 幷兵御之. 若能同心一力, 人自爲戰, 大功可立. 如其不然, 敗必無餘. 成敗之機, 在此一舉." 諸將皆曰, "諾." 於是饗士秣馬, 閉營三日不出, 乃多樹幡旗, 使煙火不絶, 夜, 銜枚引兵與劉尚合軍. 豐等不覺, 明日, 乃分兵拒水北, 自將攻江南. 漢悉兵迎戰, 自旦至晡, 遂大破之, 斬豐·吉. 於是引還廣都, 留劉尚拒述, 具以狀上, 而深自譴責. 帝報曰, "公還廣都, 甚得其宜, 述必不敢略尚而擊公也.

若先攻尚, 公從廣都五十里悉步騎赴之, 適當值其危困, 破之必矣!"
正是漢與述戰於廣都·成都之間, 八戰八克, 遂軍於其郭中. 臧宮拔
綿竹, 破涪城, 斬公孫恢. 復攻撥繁·郫, 與呈漢會於成都.

李通欲避權勢, 乞骸骨. 積二歲, 帝乃聽上大司空印綬, 以特進奉
朝請. 後有司奏封皇子, 帝感通首創大謀, 即日, 封通少子雄為召陵
侯.

公孫述困急, 謂延岑曰, "事當奈何!" 岑曰, "男兒當死中求生, 可坐
窮乎! 財物易聚耳, 不宜有愛." 述乃悉散金帛, 募敢死士五千餘人以
配岑. 岑於市橋偽建旗幟, 鳴鼓挑戰, 而潛遣奇兵出吳漢軍後襲擊
破漢, 漢墮水, 緣馬尾得出. 漢軍餘七日糧, 陰具船, 欲遁去. 蜀郡太
守南陽張堪聞之, 馳往見漢, 說述必敗, 不宜退師之策. 漢從之, 乃
示弱以挑敵. 冬, 十一月, 臧宮軍咸陽門. 戊寅, 述自將數萬人攻漢,
使延岑拒宮. 大戰, 岑三合三勝, 自旦及日中, 軍士不得食, 幷疲. 漢
因使護軍高午·唐邯將銳卒數萬擊之, 述兵大亂. 高午奔陳刺述, 洞
胸墮馬, 左右輿入城. 述以兵屬延岑, 其夜, 死. 明旦, 延岑以城降.
辛巳, 吳漢夷述妻子, 盡滅公孫氏, 幷族延岑, 遂放兵大掠, 焚述宮
室. 帝聞之怒, 以譴漢. 又讓劉尚曰, "城降三日, 吏民從服, 孩兒·老
母, 口以萬數, 一旦放兵縱火, 聞之可為酸鼻. 尚宗室子孫, 嘗更吏
職, 何忍行此! 仰視天, 俯視地, 觀放麑·啜羹, 二者孰仁? 良失斬將
弔民之義也!"

初, 述徵廣漢李業為博士, 業固稱疾不起. 述羞不能致, 使大鴻臚
尹融奉詔命以劫業曰, "若起則受公侯之位, 不起, 賜以毒酒." 融譬
旨曰, "方今天下分崩, 孰知是非, 而以區區之身試於不測之淵乎! 朝
廷貪慕名德, 曠官缺位, 於今七年, 四時珍御, 不以忘君. 宜上奉知
己, 下為子孫, 身名俱全, 不亦優乎!" 業乃歎曰, "古人危邦不入, 亂

邦不居, 為此故也. 君子見危授命, 何乃誘以高位重餌哉!" 融曰, "宜呼室家計之." 業曰, "丈夫斷之於心久矣, 何妻子之為!" 遂飲毒而死. 述恥有殺賢之名, 遣使弔祠, 賻贈百匹, 業子翬逃, 辭不受. 述又騁巴郡譙玄, 玄不詣. 亦遣使者以毒藥劫之, 太守自詣玄廬, 勸之行, 玄曰, "保志全高, 死亦奚恨!" 遂受毒藥. 玄子瑛泣血叩頭於太守, 願奉家錢千萬以贖父死, 太守為請, 述許之. 述又徵蜀郡王皓·王嘉, 恐其不至, 先繫其妻子, 使者謂嘉曰, "速裝, 妻子可全." 對曰, "犬馬猶識主, 況於人乎!" 王皓先自刎, 以首付使者. 述怒, 遂誅皓家屬. 王嘉聞而歎曰, "後之哉!" 乃對使者伏劍而死. 犍為費貽不肯仕述, 漆身為癩, 陽狂以避之. 同郡任永·馮信皆托青盲以辭徵命. 帝既平蜀, 詔贈常少為太常, 張隆為光祿勳. 譙玄已卒, 祠以中牢, 敕所在還其家錢, 而表李業之閭. 徵費貽·任永·馮信, 會永·信病卒, 獨貽仕至合浦太守. 上以述將程烏·李育有才幹, 皆擢用之. 於是西土咸悅, 莫不歸心焉.

初, 王莽以廣漢文齊為益州太守, 齊訓農治兵, 降集群夷, 甚得其和. 公孫述時, 齊固守拒險, 述拘其妻子, 許以封侯, 齊不降. 聞上即位, 間道遣使自聞. 蜀平, 徵為鎮遠將軍, 封成義侯.

十二月, 辛卯, 揚武將軍馬成行大司空事.

是歲, 參狼羌與諸種寇武都, 隴西太守馬援擊破之, 降者萬餘人, 於是隴右清靜. 援務開恩信, 寬以待下, 任吏以職, 但總大體, 而賓客故人日滿其門. 諸曹時白外事, 援輒曰, "此丞·掾之任, 何足相煩! 頗哀老子, 使得遨遊. 若大姓侵小民, 黠吏不從令, 此乃太守事耳." 傍縣嘗有報讎者, 吏民驚言羌反, 百姓奔入城, 狄道長詣門, 請閉城發兵. 援時與賓客飲, 大笑曰, "虜何敢復犯我! 曉狄道長, 歸守寺舍. 良怖急者, 可床下伏." 後稍定, 郡中服之.

詔曰, "邊吏力不足戰則守, 追虜料敵, 不拘以逗留法."

山桑節侯王常·牟平烈侯耿況·東光成侯耿純皆薨. 況疾病, 乘輿數自臨幸, 復以弟弟廣·舉幷為中郎將. 弟兄弟六人皆垂青紫, 省侍醫藥, 當世以為榮.

盧芳與匈奴·烏桓連兵, 數寇邊. 帝遣驃騎大將軍杜茂等將兵鎮守北邊, 治飛狐道, 築亭障, 修烽燧, 凡與匈奴·烏桓大小數十百戰, 終不能克.

上詔竇融與五郡太守入朝. 融等奉詔而行, 官屬賓客相隨, 駕乘千餘兩, 馬牛羊被野. 既至, 詣城門, 上印綬. 詔遣使者還侯印綬, 引見, 賞賜恩寵, 傾動京師. 尋拜融冀州牧. 又以梁統為太中大夫, 姑臧長孔奮為武都郡丞. 姑臧在河西最為富饒, 天下未定, 士多不修檢操, 居縣者不盈數月, 輒致豐積. 奮在職四年力行清潔, 為眾人所笑, 以為身處脂膏不能自潤. 及從融入朝, 諸守·令財貨連轂, 彌竟川澤. 唯奮無資, 單車就路, 帝以是賞之. 帝以睢陽令任延為武威太守, 帝親見, 戒之曰, "善事上官, 無失名譽." 延對曰, "臣聞忠臣不和, 和臣不忠. 履正奉公, 臣子之節. 上下雷同, 非陛下之福. 善事上官, 臣不敢奉詔." 帝歎息曰, "卿言是也!"

한광무제 건무 13년(AD 37)

1) 봄 정월 초하루, 대사도 후패侯霸가 훙거薨去했다.

2) 1월 29일, 조서를 내렸다.

"군국郡國에서 이미異味를 헌납하려는데 황실의 주방 책임자인 태관太官에게 명해 다시는 접수하지 못하게 하라! 원방遠方에서 보내는 맛있는 음식인 구실口實은 종묘의 제사를 위한 것이니 구제舊制와 같이 하라."

당시 다른 나라에서 명마를 바친 바 있는데 하루에 1,000리를 갔다.

또 보검을 바치기도 했는데 가치가 100금에 달했다. 조서를 내려 보검은 기사騎士에게 하사하고, 말은 의장용 북을 실은 수레인 고거鼓車를 끌게 했다.

광무제는 평소 음악 듣는 것을 좋아하지 않았고, 주옥珠玉 등의 미옥 美玉을 손에 넣고 즐기는 일을 행하지 않았다. 일찍이 사냥을 나갔다가 거 가車駕 밤에 돌아온 적이 있었다. 낙양성 상동문上東門의 문후門候 즉 문지기인 여남汝南하남성 여남현 출신 질운郅惲이 관문에서 막으며 문을 열 지 않았다. 광무제가 종자를 시켜 문틈 사이로 얼굴을 보이게 하자 질운 이 말했다.

"불빛이 밝기는 하나 거리가 너무 멀어 누구인지 잘 안 보이는 화명요 원火明遼遠의 상태입니다."

그러고는 끝내 조서를 받지 않았다. 광무제가 이내 돌아서 동중문東中 門을 통해 입궁했다.

다음날, 질운이 상서하여 간했다.

"옛날 주문왕은 감히 사냥을 즐기지 않고, 오직 만민과 더불어 정사를 바르게 펼치려고 노력했습니다. 폐하는 멀리 산림 속에서 사냥을 밤늦게 까지 계속하니 사직과 종묘를 장차 어찌하려는 것입니까?"

상서가 상주되자 광무제가 질운에게 베 100필을 내리고, 동중문의 문 후를 좌천시켜 참봉현參封縣산동성 낭야군 현위縣尉로 삼았다.

3) 2월, 포로장군捕虜將軍 마무馬武를 파견해 타호하滹沱河에 주둔하 며 흉노를 대비하게 했다.

4) 노방盧芳이 운중雲中을 공격했으나 오래도록 함락시키지 못했다. 휘하 장수 수욱隨昱이 구원九原내몽골 포두시에 남아 지키고 있다가 노방을 위협해 내항來降하게 만들고자 했다. 노방이 이를 알고 10여 명의 기병과 함께 흉노로 망입亡入했다. 나머지 무리는 모두 수욱에게 귀부했다. 수욱

이 마침내 낙양의 궁궐로 가 항복했다. 광무제가 조서를 내려 수욱을 오원五原내몽골 포두시 서북쪽 태수로 삼고, 전호후鐫胡侯에 봉했다.

5) 건의대장군建義大將軍 주호朱祜가 상주했다.

"옛날에는 인신人臣이 봉작을 받더라도 왕작王爵을 주지는 않았습니다."

2월 27일, 조서를 내려 장사왕長沙王 유흥劉興, 진정왕眞定王 유득劉得, 하간왕河間王 유소劉邵, 중산왕中山王 유무劉茂를 모두 강작降爵해 후후侯로 삼았다.

2월 28일, 조왕趙王 유량劉良을 조공趙公, 태원왕太原王 유장劉章을 제공齊公, 노앙왕魯王 유흥劉興을 노공魯公으로 삼았다. 이때 종실과 후사가 끊긴 나라의 후작에 책봉된 자가 총 137명에 달했다. 부평후富平侯 장순張純은 장안세張安世의 4세손으로, 왕망의 시기를 거치면서도 돈독히 삼가 근신하며 약속을 지키는 돈근수약敦謹守約의 모습을 지킨 덕분에 이전의 작위를 보전할 수 있었다. 장순은 건무 초기에 먼저 궁궐로 와 알현한 까닭에 이전처럼 후작侯爵으로 남았다. 유사가 상주했다.

"열후 가운데 종실이 아니면 봉국을 회복시켜 줘서는 안 됩니다."

광무제가 회답했다.

"장순은 10여년 간 숙위宿衛를 했다. 그의 봉국은 폐하지 말라!"

다시 그를 무시후武始侯에 봉하고, 부평현富平縣의 절반을 식읍으로 내줬다.

6) 2월 29일, 소가공紹嘉公 공안孔安을 송공宋公, 승휴공承休公 희상姬常을 위공衛公으로 삼았다.

7) 3월 12일, 패군沛郡 태수 한흠韓歆을 대사도大司徒에 임명했다.

8) 3월 17일, 대사공의 업무를 수행했던 마성馬成을 다시 양무장군揚武將軍으로 삼았다.

9) 오한吳漢이 촉 땅에서 군사를 정비하는 진려振旅를 하여 환군하다가 완현宛縣_{하남성 남양시}에 이르렀다. 조서를 내려 오한이 자신의 고향집을 지나는 길에 조상의 분묘를 예방할 수 있도록 곡식 2만 곡斛을 내렸다.

여름 4월, 오한이 경사에 이르렀다. 대향大饗으로 장사將士를 위로했다. 공신에게 식읍을 늘려주고, 봉작을 바꿔 주었다. 총 365명에 달했다. 이들 가운데 외척과 은택을 입어 봉해진 자가 45명이었다.

등우鄧禹를 고밀후高密侯에 봉하고 4개 현縣을 식읍으로 주었다. 이통李通은 고시후固始侯에 봉했다. 또 가복賈復은 교동후膠東侯에 봉하고 6개 현을 식읍으로 내렸다. 나머지 사람들에게도 각각 차등 있게 상을 내렸다. 이미 죽은 사람은 그 자손에게 봉작을 덧붙여 주고, 간혹 황제의 지서支庶에게도 봉작을 바꿔주기도 했다.

광무제는 전쟁이 오래 지속된 까닭에 무사武事를 꺼렸다. 또 천하 사람들이 피곤에 지쳐 소모하는 피모疲耗가 많은 까닭에 어깨를 쉬는 식견息肩을 즐기려 한다는 것을 알았다. 농롱隴과 촉蜀 땅을 평정한 후에는 경급警急한 사안이 아니면 다시는 군려軍旅를 말하지 않은 이유다.

황태자가 일찍이 공전攻戰에 관해 묻자 광무제가 이같이 대답했다.

"『논어』「위령공」에 따르면 공자는 위衛나라에 있을 때 위령공衛靈公이 군진을 펼치는 방법을 묻자 아무런 대답도 하지 않고 이내 그곳을 떠났다. 이는 네가 언급할 바가 아니다."

등우鄧禹와 가복賈復은 광무제가 무기인 간과干戈를 뉘어두며 전쟁을 그친 채 문덕文德을 닦고자 하고, 공신들이 많은 군사를 이끌며 경사에 머무는 것을 원치 않는 것을 알았다. 이내 갑병甲兵을 버리고 유학儒學을 돈독히 연마했다.

광무제 역시 공신들이 작위와 봉지를 온전히 유지하는 방안을 강구했다. 혹여 이직吏職을 맡다가 과실을 범해 작토爵土를 잃는 일이 있을까 우려한 것이다. 좌장군左將軍과 우장군右將軍의 직책을 없앤 이유다. 경엄耿弇 등도 역시 대장군과 장군의 인수를 바친 뒤 모두 열후의 자격으로 집으로 돌아가는 취제就第를 했다. 이들에게 특진特進의 자리를 내주고, 국가대사에 관한 조회에 참여할 수 있도록 봉조청奉朝請에 임명했다.

등우는 평소 집안을 단속하는 내행內行이 돈독했다. 슬하의 13명에 달하는 자식에게 1가지 기예를 익히게 하고, 내실인 규문閨門을 닦고 정비하는 수정修整을 하고, 자손을 교양教養했다. 모두 후세가 본받을 만했다. 필요한 물자는 식읍에서 나온 것을 사용했고, 영리행위인 산리産利를 추구하지 않았다.

가복은 사람이 강의剛毅하고 방직方直해 대절大節을 지켰다. 이미 사제私第로 돌아가게 되자 문을 닫고 위중威重함을 수양하는 합문양위閤門養威를 했다. 주호 등이 가복을 재상으로 천거했으나 광무제는 삼공에게 관원 선발 등에 대한 책임을 지운 까닭에 공신들은 모두 채용하는 일을 하지 않았다.

당시 열후 가운데 오직 고밀후高密侯 등우와 고시후固始侯 이통, 교동후膠東侯 가복 등 3인은 공경들과 더불어 국가대사에 참여해 논의하는 참의參議를 했다. 광무제가 은혜를 베풀며 능력을 인정하는 은우恩遇가 매우 깊었다. 광무제는 비록 공신들을 제어했으나 매번 법을 굽혀 용납하는 회용回容을 하며 작은 실수를 양해했다. 멀리서 보낸 진귀하고 맛있는 음식인 진감珍甘은 반드시 먼저 제후들에게 두루 내린 까닭에 태관太官에는 남는 게 없었다. 모두 복록을 보전하고, 주살이나 견책인 주견誅譴을 받는 일이 없었던 이유다.

10) 익주益州에서 공손술의 장님악사인 고사瞽師와 교사郊廟의 악기樂器, 수레 위를 새의 깃털 등으로 장식한 보거葆車, 사람을 태우고 가는 수레인 여련輿輦 등을 역참을 통해 보내는 전송傳送을 했다. 덕분에 어가

御駕가 움직일 때 필요한 악기와 여연 등의 물건인 법물法物이 비로소 갖춰지게 됐다. 당시 병혁兵革은 이미 끝났고, 천하에는 특별한 일이 적은 까닭에 문서의 왕래와 요역의 징발 등을 간소하게 하려고 노력했다. 덕분에 업무의 10 중 1만 남겨 두기에 이르렀다.

11) 4월 25일, 기주목冀州牧 두융竇融을 대사공으로 삼았다. 두융은 스스로 자신은 구신舊臣이 아니라고 생각했다. 하루아침에 입조해 공신의 윗자리에 앉게 되자 매번 조회에 나가 진현進見할 때마다 용모容貌와 말솜씨의 사기辭氣에서 비공卑恭이 매우 간곡했다. 광무제는 이로 인해 그를 더욱 친하게 대우했다. 두융은 소심小心한 자세로 오래도록 스스로 편치 못한 까닭에 자주 작위를 사양하는 상소문을 올렸다.

"신 두융에게 아들이 있습니다. 조석으로 경서와 육예를 교도教導하면서 천문을 배우거나 도참서를 읽거나 하지 못하게 했습니다. 오직 공숙恭肅한 자세로 일을 수행하고, 소심하며 근신하는 순순恂恂의 자세로 상도常道를 지키도록 했습니다. 재능才能 보유를 원치 않은 이유입니다. 하물며 이들에게 어떻게 몇 개의 성읍城邑이 이어질 정도의 큰 땅을 전해주어 옛 제후와 왕국처럼 향유하게 할 수 있겠습니까?"

이어 다시 틈을 보아 알현을 청했으나 광무제가 허락지 않았다. 이후 조회가 파한 뒤 그가 좌석의 뒤쪽에서 준순逡巡 즉 배회하는 모습을 보이자 광무제는 그가 사직을 청하려는 것을 알고 좌우를 시켜 속히 출궁하게 했다. 다른 날 회견會見하게 되자 두융을 맞으면서 조서를 내려 말했다.

"전에 나는 공이 사직을 청한 뒤 귀향하려는 것을 알고는 공에게 날씨도 서열暑熱하니 잠시 시원한 곳에서 편히 쉬도록 명한 것이오. 지금 상견相見하게 됐으니 의당 다른 일을 애기해야 할 듯하오. 다시 그 말을 해서는 안 되오."

두융이 감히 다시는 사직하려는 진정陳請을 할 수 없었다.

12) 5월, 흉노가 하동河東을 침공했다.

春, 正月, 庚申, 大司徒侯霸薨.

戊子, 詔曰, "郡國獻異味, 其令太官勿復受! 遠方口實所以薦宗廟,
自如舊制." 時異國有獻名馬者, 日行千里, 又進寶劍, 價直百金. 詔
以劍賜騎士, 馬駕鼓車. 上雅不喜聽音樂, 手不持珠玉, 嘗出獵, 車
駕夜還, 上東門候汝南郅惲拒關不開. 上令從者見面於門間, 惲曰,
"火明遼遠." 遂不受詔. 上乃回, 從東中門入. 明日, 惲上書諫曰, "昔
文王不敢槃於游田, 以萬民惟正之供. 而陛下遠獵山林, 夜以繼晝,
其如社稷宗廟何!" 書奏, 賜惲布百匹, 貶東中門候為參封尉.

二月, 遣捕虜將軍馬武屯虖沱河以備匈奴.

盧芳攻雲中, 久不下. 其將隨昱留守九原, 欲脅芳來降. 芳知之, 與
十餘騎亡入匈奴, 其眾盡歸隨昱, 昱乃詣闕降. 詔拜昱五原太守, 封
鐫胡侯.

朱祜奏曰, "古者人臣受封, 不加王爵." 丙辰, 詔長沙王興·真定王
得·河間王邵·中山王茂皆降爵為侯. 丁巳, 以趙王良為趙公, 太原王
章為齊公, 魯王興為魯公. 是時, 宗室及絕國封侯者凡一百三十七人.
富平侯張純, 安世之四世孫也, 歷王莽世, 以敦謹守約保全前封. 建
武初, 先來詣闕, 為侯如故. 於是有司奏曰, "列侯非宗室不宜復國."
上曰, "張純宿衛十有餘年, 其勿廢!" 更封武始侯, 食富平之半.

庚午, 以紹嘉公孔安為宋公, 承休公姬常為衛公.

三月, 辛未, 以沛郡太守韓歆為大司徒.

丙子, 行大司空馬成復為揚武將軍.

吳漢自蜀振旅而還, 至宛, 詔過家上塚, 賜穀二萬斛. 夏, 四月, 至京師. 於是大饗將士, 功臣增邑更封凡三百六十五人, 其外戚·恩澤封者四十五人. 定封鄧禹為高密侯, 食四縣. 李通為固始侯, 賈復為膠東侯, 食六縣. 餘各有差. 已歿者益封其子孫, 或更封支庶. 帝在兵間久, 厭武事, 且知天下疲耗, 思樂息肩, 自隴·蜀平後, 非警急, 未嘗復言軍旅. 皇太子嘗問攻戰之事, 帝曰, "昔衛靈公問陳, 孔子不對. 此非爾所及." 鄧禹·賈復知帝偃干戈, 修文德, 不欲功臣擁眾京師, 乃去甲兵, 敦儒學. 帝亦思念, 欲完功臣爵土, 不令以吏職為過, 遂罷左·右將軍官. 耿弇等亦上大將軍·將軍印綬, 皆以列侯就第, 加位特進, 奉朝請. 鄧禹內行淳備, 有子十三人, 各使守一藝, 修整閨門, 教養子孫, 皆可以為後世法, 資用國邑, 不修產利. 賈復為人剛毅方直, 多大節, 既還私第, 闔門養威重. 朱祜等薦復宜為宰相, 帝方以吏事責三公, 故功臣并不用. 是時, 列侯唯高密·固始·膠東三侯與公卿參議國家大事, 恩遇甚厚. 帝雖制御功臣, 而每能回容, 有其小失. 遠方貢珍甘, 必先遍賜諸侯, 而太官無餘, 故皆保其福祿, 無誅譴者.

益州傳送公孫述瞽師·郊廟樂器·葆車·輿輦, 於是法物始備. 時兵革既息, 天下少事, 文書調役, 務從簡寡, 至乃十存一焉.

甲寅, 以冀州牧竇融為大司空. 融自以非舊臣, 一旦入朝, 在功臣之右, 每召會進見, 容貌辭氣, 卑恭已甚, 帝以此愈親厚之. 融小心, 久不自安, 數辭爵位, 上疏曰, "臣融有子, 朝夕教導以經藝, 不令觀天文, 見讖記, 誠欲令恭肅畏事, 恂恂守道, 不願其有才能, 何況乃當傳以連城廣土, 享故諸侯王國哉!" 因復請間求見, 帝不許. 後朝罷, 逡巡席後, 帝知欲有讓, 遂使左右傳出. 它日會見, 迎詔融曰, "日者知公欲讓職還土, 故命公署熱且自便. 今相見, 宜論它事, 勿得復言." 融不敢重陳請.

五月, 匈奴寇河東.

한광무제 건무 14년(AD 38)

1) 여름, 공곡왕邛穀王 임귀任貴가 사자를 보내 지난 3년 동안의 업적을 보고했다. 바로 월수越巂사천성 서창시 태수에 제수했다.

2) 가을, 회계會稽절강성 소흥시에 큰 역질疫疾이 나돌았다.

3) 사차莎車신강성 사차현 국왕 현賢과 선선鄯善신강성 약강현 국왕 안安이 모두 사자를 보내 공물을 바치는 봉헌奉獻을 했다. 서역은 모두 흉노의 지나친 수렴인 중렴重斂을 고생스러워한 까닭에 모두 한나라에 소속돼 다시 도호都護가 설치되길 바랐다. 광무제는 중국이 새로이 안정된 까닭에 허락하지 않았다.

4) 태중대부 양통梁統이 상소했다.

"신이 가만히 보건대 원제元帝 초원初元 5년에 사형에서 감형해 준 것이 34건, 애제哀帝 건평建平 원년에 사형에서 감형해 준 것이 81건이었습니다. 그 가운데 42건은 직접 자신의 손으로 사람을 죽인 사건으로, 사형에서 1등급을 감해 주었습니다. 이후 이런 일이 정착돼 상시적인 기준인 상준常准이 됨으로써 사람들이 범법을 가벼이 여기고 관원들이 쉽게 살인을 저지르게 됐습니다. 신이 듣건대, 군주를 세우는 기본 도리인 입군지도立君之道는 인의仁義를 위주로 한다고 했습니다. 인자仁者는 사람을 사랑하는 애인愛人, 의자義者는 이치를 바르게 하는 정리正理에 기본 취지가 있습니다. '애인'은 잔학한 일을 제거하는 제잔除殘에 힘쓰고, '정리'는 어지러운 것을 없애는 거란去亂을 마음으로 삼는 것입니다. 형벌을 내릴 때는 적정함이 있어야 하는 까닭에 가볍게 처리하는 것을 기본 이치로 삼을 수 없습니다. 한고제는 천명을 받으면서 법령과 제도를 확정할 때 실로 마땅한 것을 택했습니다. 한문제漢文帝는 오직 육형肉刑과 연루를 뒷받침하는 상좌지법相坐之法을 없애거나 줄였을 뿐이고 나머지는 모두 옛 조문인 구장舊章을 따랐습니다. 한애제漢哀帝와 한평제漢平帝가 보위를 잇는 계체繼體를 했으나 즉위한 시기가 일천日淺해 보고받고 결단하는 청단聽斷이 오히려 적었습니다. 그때 승상인 왕가王嘉는 멋대로 견강부회하는 천착穿鑿으로 인해 선제先帝의 구약舊約과 성률成律을 어그러뜨리거나 없앴습니다. 몇 년 사이 100여 조문을 감제減除했으나 혹여 이치에 맞지 않고 민심을 만족시키지 못한 사례가 있었습니다. 삼가 여기에 나라의 정체政體에 해가 되는 내용을 덧붙여 상주합니다. 원컨대 폐하는 유사有司에 선조宣詔해 그 가운데 좋은 것을 선택해 후대에 바꿀 수 없는 법전인 불역지전不易之典을 정하도록 하십시오."

사안을 공경들에게 내려보냈다. 광록훈 두림杜林이 상주했다.

"대한大漢이 처음 일어날 때 가혹한 정사를 깨끗이 없애는 견제가정蠲除苛政을 행해 해내海內가 환흔歡欣했습니다. 그 뒤에 이르러 점차 법조문이 번잡해졌습니다. 과일과 복숭아 및 채소인 과도채여果桃菜茹를 보내는 것도 뇌물죄로 단속한 게 그렇습니다. 소사小事는 행의行義에 무방한데도 대륙大戮의 죄로 처벌한 것입니다. 이로 인해 오히려 법령으로 금지하거나 그치게 하는 길이 사라지고, 상하가 서로 숨겨주는 상하상둔上下相遁의 폐단이 널리 깊어지게 됐습니다. 신은 어리석으나 의당 구제舊制처럼 법령을 시행하고, 함부로 뒤집거나 바꾸는 번이翻移를 행해서는 안 된다고 봅니다."

양통이 다시 상언했다.

"신이 상주한 바는 형법을 엄격하게 시행하려는 것이 아닙니다. 『서경』에 이르기를, '법을 관장하는 사士는 백성을 적절한 형벌로 제재했다'[24]고 했습니다. 적절하다는 뜻의 충衷은 가볍거나 무겁지 않은 불경부중不輕不

重을 가리키는 말입니다. 한고제 이후 한선제漢宣帝에 이르기까지 해내가 잘 다스려졌다고 말합니다. 그러나 한경제漢景帝의 초원初元부터 한애제 漢哀帝의 건평建平 연간에 이르러 도적들이 점차 많아지고 형벌이 적절치 않은 불충不衷의 상황이 되면서, 우인愚人들이 쉽게 죄를 범하게 됐습니 다. 이로써 보건대 형벌이 가벼우면 도리어 대환大患이 생기고, 간궤奸軌 를 꾀하는 자에게 은폐를 베풀면 양선良善을 해치게 됩니다!"

이 사안은 후에 논의하기로 미뤄져 회보되지 않았다.

* 世祖光武皇帝建武十四年

夏, 邛穀王任貴遣使上三年計, 即授越巂太守.

秋, 會稽大疫.

莎車王賢·鄯善王安皆遣使奉獻. 西域苦匈奴重斂, 皆願屬漢, 復 置都護. 上以中國新定, 不許.

太中大夫梁統上疏曰, "臣竊見元帝初元五年, 輕殊死刑三十四事, 哀帝建平元年, 輕殊死刑八十一事. 其四十二事手殺人者, 減死一等. 自是以後, 著為常准, 故人輕犯法, 吏易殺人. 臣聞立君之道, 仁義 為主, 仁者愛人, 義者正理. 愛人以除殘為務, 正理以去亂為心. 刑 罰在衷, 無取於輕. 高帝受命, 約令定律, 誠得其宜, 文帝唯除省肉 刑·相坐之法, 自餘皆率由舊章. 至哀·平繼體, 即位日淺, 聽斷尚寡. 丞相王嘉輕為穿鑿, 虧除先帝舊約成律, 數年之間百有餘事, 或不 便於理, 或不厭民心, 謹表其尤害於體者, 傅奏於左. 願陛下宣詔有

---

24   원문은 '원제백성우형지충爰制百姓于刑之衷'이다. 『서경』 「여형呂刑」에 나오는 '사 제백성우형지중士制百姓于刑之中' 구절에서 인용한 것이다. 원문의 충衷은 「여형」에 나 오는 중정中正의 중中과 마찬가지로 적절하다는 의미로 사용된 것이다.

司, 詳擇其善, 定不易之典." 事下公卿. 光祿勳杜林奏曰, "大漢初
興, 蠲除苛政, 海內歡欣. 及至其後, 漸以滋章. 果桃菜茹之饋, 集
以成臧, 小事無妨於義, 以爲大戮. 至於法不能禁, 令不能止, 上下
相遁, 爲敝彌深. 臣愚以爲宜如舊制, 不合翻移." 統復上言曰, "臣之
所奏, 非曰嚴刑.『經』曰, '爰制百姓, 於刑之衷' 衷之爲言, 不輕不重
之謂也. 自高祖至於孝宣, 海內稱治, 至初元·建平而盜賊浸多, 皆刑
罰不衷, 愚人易犯之所致也. 由此觀之, 則刑輕之作, 反生大患, 惠
加奸軌, 而害及良善也!" 事寢, 不報.

한광무제 건무 15년(AD 39)

1) 봄 정월 23일, 대사도 한흠韓歆이 면직됐다. 한음은 직언을 좋아해
은휘隱諱하는 게 없었다. 광무제는 왕왕 이를 용납할 수 없었다. 한흠이
광무제 앞에서 이 해에 장차 기흉饑凶이 들 것임을 주장하면서 하늘을
가리키고 땅에 그리는 지천획지指天畫地의 방식으로 증명하려 했다. 그
말이 매우 강절剛切했다. 결국 그는 이 일로 인해 면직돼 전리田里로 돌아
가게 됐다. 당시 광무제는 오히려 화가 풀리지 않아 다시 사자를 파견해
책임을 묻는 조서를 내렸다. 한흠과 그의 아들 한영韓嬰 모두 자살하고
말았다.

한흠은 평소 높은 명성인 중명重名이 있었다. 그의 죽음은 죄로 인한
게 아니어서 많은 사람이 불복했다. 광무제가 전곡錢穀을 뒤늦게 내리는
추사追賜를 하면서 예를 갖춰 장사지내게 했다.

신 사마광은 평한다.

"옛 은나라 고종高宗은 재상인 부열傅說에게 말하기를, '만일 약을 먹
고도 어질어질한 명현瞑眩이 없으면 그 질병은 낫지 않는 것이다'라고 했
다. 무릇 절직切直한 말은 인신人臣에게 이익이 되는 게 아니지만 나라에

는 복이 된다. 인군人君이 숙야夙夜로 간언을 구하며, 오직 이런 얘기를 듣지 못할까 두려워해야 하는 이유이다. 애석한 일이다! 광무제의 치세의 한흠이 직간直諫을 하다 죽게 된 일이. 어찌 인명仁明하다는 명성에 누가 되는 일이 아니겠는가!"

2) 1월 29일, 패성孛星이 묘성昴星 부근에 나타났다.

3) 여남汝南 태수 구양흡歐陽歙을 대사도로 삼았다.

4) 흉노의 구초寇鈔가 날로 성했으나 주군州郡이 금할 수 없었다.

2월, 오한을 파견해 마성馬成과 마무馬武 등을 이끌고 북쪽으로 가 흉노를 치게 했다. 안문雁門과 대군代郡 및 상곡上谷의 이민吏民 6만여 명을 옮겨 거용관居庸關북경시 창평현 북쪽과 상산관常山關하북성 당현 서북쪽 이동以東에 살게 했다. 흉노의 침탈을 피하도록 한 것이다. 흉노의 좌부左部가 마침내 다시 새내塞內로 들어와 거주하자 조정이 이를 걱정해 변병邊兵을 늘렸다. 자사刺史가 있는 부部마다 수천 명씩 있게 됐다.

5) 여름 4월 11일, 광무제의 아들 유보劉輔를 우익공右翊公, 유영劉英을 초공楚公, 유양劉陽을 동해공東海公, 유강劉康을 제남공濟南公, 유창劉蒼을 동평공東平公, 유연劉延을 회양공淮陽公, 유형劉荊을 산양공山陽公, 유형劉衡을 임회공臨淮公, 유언劉焉을 좌익공左翊公, 유경劉京을 낭야공琅邪公으로 삼았다.

4월 17일, 광무제가 작고한 친형 유연劉縯을 제무공齊武公으로 추시追諡한 뒤 형 유중劉仲을 노애공魯哀公에 봉했다. 광무제는 유연의 공업功業이 성취되지 못했다고 생각해 그의 두 아들인 유장劉章과 유흥劉興을 무육撫育했다. 은애恩愛가 심히 돈독했다. 어린 나이의 조카들을 귀하게 기르면서 관원의 업무를 익히게 할 요량으로 유장을 시험적으로 평음平陰하남성 맹진현 현령, 유흥에게는 구지緱氏하남성 언사현 현령 직책을 대리하게 했다. 이후 유장은 양군梁郡하남성 상구시, 유흥은 홍농弘農하남성 영보현 태수 자리로 승진해 옮겼다.

6) 광무제는 천하의 개간 농지가 대부분 사실대로 등록되지 않고, 호구와 나이가 서로 증감增減한 점에 주목해 이내 각 주군州郡에 조서를 내려 이름을 사실대로 조사하는 검핵檢核을 하도록 했다. 자사와 태수가 대부분 사교詐巧를 통해 억지로 농지를 측량한다는 구실을 내세워 백성들을 전중田中에 모아놓은 뒤 여옥盧屋과 이락里落을 조사했다. 백성들이 길을 막고 울부짖는 차도체호遮道啼呼를 했다. 간혹 힘 있는 호우豪右를 우대하며 가난하고 약한 이약羸弱을 침탈하기도 했다.

당시 여러 군郡에서 각기 사자를 파견해 주사奏事했다. 광무제는 진류陳留하남성 진류현에서 올라온 공문서인 이독吏牘 위에 서신이 있는 것을 보게 됐다. 겉에 이같이 쓰여 있었다.

"영천穎川과 홍농弘農에서는 질문이 가하나, 하남河南과 남양南陽에서는 질문이 불가하다."

광무제가 관원에게 그 서신이 오게 된 연유 등을 물었다. 관원이 자복하지 않고 범죄 사실을 속여서 말하는 저언抵言을 했다.

"낙양의 장수가長奉街에서 습득했습니다."

광무제가 화를 냈다. 당시 동해공東海公 유양劉陽은 나이가 12세였다. 그가 장막인 유악帷幄 뒤에서 말했다.

"그 관원은 진류 태수의 명을 받아 다른 군의 간전墾田 정황과 서로 비교하려고 했을 뿐입니다."

광무제가 말했다.

"설령 그럴지라도 무슨 까닭에 하남과 남양에서는 물어서는 안 된다고 한 것인가?"

유양이 대답했다.

"하남은 경사京師의 소재지인 까닭에 근신近臣이 많고, 남양은 황제의 고향인 까닭에 근친近親이 많습니다. 이들 지역의 전택田宅 규모는 규정을 넘은 것들이어서 기준으로 삼을 수 없다는 취지에서 그리한 것입니다."

광무제가 친위군의 장수인 호본장虎賁將에게 명해 진류군의 사자를 힐문詰問하게 하자, 사자가 이내 진실에 대해 머리를 끄덕이며 수긍하는 수복首服을 했다. 동해공 유양이 말한 것과 같았다. 광무제는 이로 인해 유양을 더욱 특별히 아끼는 기애奇愛를 했다. 광무제가 이내 알자謁者를 파견해 2천석 이상의 장리長吏들 가운데 아부하고 법을 구부려 적용하는 아왕불평阿枉不平의 당사자를 고실考實하게 했다.

겨울 11월 1일, 대사도 구양흡歐陽歙이 전에 여남 태수로 있을 때 전택에 대한 조사를 부실하게 시행하고, 1,000여만 전의 뇌물을 받은 죄에 연루되어 하옥됐다. 구양흡은 대대로 『상서尚書』를 가르친 덕분에 8대에 걸친 박사博士를 배출한 집안의 출신이다. 제생諸生들 가운데 궁궐로 나와 구양흡에게 관용을 베풀 것을 청한 자가 1,000여 명이나 됐다. 심지어 스스로 머리를 깎는 곤척髡剔을 행한 자도 있었다. 평원平原산동성 평원현 출신 예진禮震은 17세의 나이로 구양흡을 대신해 죽고자 했으나 광무제가 끝내 용서하지 않았다. 결국 구양흡이 옥중에서 사망했다.

7) 12월 27일, 관내후關內侯 대섭戴涉을 대사도로 삼았다.

8) 노방盧芳이 흉노에서 다시 고류高柳산서성 양고현로 들어와 살았다.

9) 이 해에 표기대장군 두무杜茂가 군리軍吏를 시켜 사람을 죽인 사건에 연루되어 면직됐다. 양무장군揚武將軍 마성馬成으로 하여금 두무를 대신하고, 장애물과 요수인 장새障塞를 잘 수선해 10리마다 1곳의 척후소를 두어 흉노에 대비하게 했다. 기도위騎都尉 장감張堪에게 두무의 군영을 지휘해 흉노를 고류에서 격파하게 했다. 장감에게 벼슬을 내려 어양漁陽북경시 밀운현 태수로 삼았다. 장감이 8년 동안 태수로 일하는 동안 흉노

가 감히 변새를 침공하지 못했다. 장감은 백성에게 경작해 곡식을 거두는 경가耕稼를 권해 백성들을 은부殷富하게 만들었다. 백성들 모두 이같이 노래했다.

> 뽕에 곁가지 없고 보리 2개 이삭 팼지
> 桑無附枝, 麥穗兩歧 삼무부지 맥수양기
> 장군張君 태수 하자 즐거움 너무 크지
> 張君為政, 樂不可支 장군위점 낙불가지

10) 안평후安平侯 갑연蓋延이 홍거薨去했다.

11) 교지交趾의 미랭현麊泠縣[베트남 하노이 서북쪽]의 낙장雒將[25]의 딸 징측徵側이 매우 웅용雄勇했다. 교지 태수 소정蘇定이 법으로 옭아매자 징측이 화내며 원망하는 분원忿怨을 했다.

* 世祖光武皇帝建武十五年

春, 正月, 辛丑, 大司徒韓歆免. 歆好直言, 無隱諱, 帝每不能容. 歆於上前證歲將饑凶, 指天畫地, 言甚剛切, 故坐免歸田里. 帝猶不釋, 復遣使宣詔責之. 歆及子嬰皆自殺. 歆素有重名, 死非其罪, 眾多不厭. 帝乃追賜錢穀, 以成禮葬之.

---

25 『수경주水經注』 「엽유수葉楡水」 대목에 인용된 『교주외역기交州外域記』에 따르면 진시황의 천하통일 이전 교지交趾에 아직 군현을 설치하지 않았을 당시에 경지인 낙전雒田을 경작하는 낙민雒民을 다스리는 낙왕雒王과 낙후雒侯가 있었고, 이들은 각 현縣에 장수인 낙장雒將을 두었다. '낙장'은 동인청수銅印青綬의 인수를 받았다. 이후 촉蜀땅의 왕자가 군사 3만 명을 이끌고 와 낙왕과 낙후를 토벌한 뒤 모든 낙장을 굴복시켰다. 그는 스스로 안양왕安陽王으로 칭하다가 남월왕南越王 조타趙佗의 군사에 의해 제거됐다고 한다.

臣光曰, "昔高宗命說曰, '若藥弗瞑眩, 厥疾弗瘳.' 夫切直之言, 非
人臣之利, 乃國家之福也. 是以人君夙夜求之, 唯懼弗得聞. 惜乎,
以光武之世而韓歆用直諫死, 豈不為仁明之累哉!"

丁未, 有星孛於昴.

以汝南太守歐陽歙為大司徒.

匈奴寇鈔日盛, 州郡不能禁. 二月, 遣吳漢率馬成·馬武等北擊匈
奴, 徙雁門·代郡·上谷吏民六萬餘口置居庸·常山關以東, 以避胡寇.
匈奴左部遂復轉居塞內, 朝廷患之, 增緣邊兵, 郡數千人.

夏, 四月, 丁巳, 封皇子輔為右翊公, 英為楚公, 陽為東海公, 康為
濟南公, 蒼為東平公, 延為淮陽公, 荊為山陽公, 衡為臨淮公, 焉為
左翊公, 京為琅邪公. 癸丑, 追謚兄縯為齊武公, 兄仲為魯哀公. 帝
感縯功業不就, 撫育二子章·興, 恩愛甚篤. 以其少貴, 欲令親吏事,
使章試守平陰令, 興緱氏令. 其後章遷梁郡太守, 興遷弘農太守.

帝以天下墾田多不以實自佔, 又戶口·年紀互有增減, 乃詔下州郡
檢核. 於是刺史·太守多為詐巧, 苟以度田為名, 聚民田中, 并度廬屋·
里落, 民遮道啼呼. 或優饒豪右, 侵刻羸弱. 時諸郡各遣使奏事, 帝
見陳留吏牘上有書, 視之云, "潁川·弘農可問, 河南·南陽不可問." 帝
詰吏由趣, 吏不肯服, 抵言"於長壽街上得之", 帝怒. 時東海公陽年
十二, 在幄後言曰, "吏受郡敕, 當欲以墾田相方耳." 帝曰, "即如此,
何故言河南·南陽不可問?" 對曰, "河南帝城, 多近臣. 南陽帝鄉, 多
近親. 田宅逾制, 不可為準." 帝令虎賁將詰問吏, 吏乃實首服, 如東
海公對. 上由是益奇愛陽. 遣謁者考實二千石長吏阿枉不平者.

冬, 十一月, 甲戌, 大司徒歙坐前為汝南太守, 度田不實, 贓罪千餘
萬, 下獄. 歙世授『尚書』, 八世為博士, 諸生守闕為歙求哀者千餘人,
至有自髡剔者. 平原禮震年十七, 求代歙死. 帝竟不赦, 歙死獄中.

十二月, 庚午, 以關內侯戴涉為大司徒. 盧芳自匈奴復入居高柳.
是歲, 驃騎大將軍杜茂坐使軍吏殺人, 免. 使揚武將軍馬成代茂, 繕
治障塞, 十里一候, 以備匈奴. 使騎都尉張堪領杜茂營, 擊破匈奴於
高柳. 拜堪漁陽太守. 堪視事八年, 匈奴不敢犯塞, 勸民耕稼, 以致
殷富. 百姓歌曰, "桑無附枝, 麥穗兩歧. 張君為政, 樂不可支!"

安平侯蓋延薨.

交趾麊泠縣雒將女子徵側, 甚雄勇, 交趾太守蘇定以法繩之, 徵側
忿怨.

한광무제 건무 16년(AD 40)

1) 봄 2월, 징측徵側이 여동생인 징이徵貳와 함께 반기를 들었다. 구진
九真베트남 의안현과 일남日南베트남 순화현, 합포合浦광서성 합포현에 사는 만리蠻
俚 즉 남만南蠻의 이민족이 모두 이에 호응했다. 대략 65개 성읍에 달했
다. 스스로 나라를 세워 왕이 됐고, 미랭麊泠을 도읍지로 삼았다. 교지 자
사와 여러 태수들은 간신히 자수自守할 뿐이었다.

2) 3월 30일, 일식이 있었다.

3) 가을 9월, 하남윤河南尹 장급張伋과 여러 군수郡守 10여 명이 모두
부실한 농지 조사 혐의로 하옥돼 옥사했다. 이후 광무제가 종용從容히 호
본중랑장虎賁中郎將[26] 마원을 불러 말했다.

"나는 전에 수상守相을 대거 살해한 것을 한스럽게 생각하오!"

마원이 대답했다.

---

26   호본중랑장虎賁中郎將은 광록훈 소속으로 친위군인 호본虎賁의 숙위宿衛를 관
장하는 관원이다. 녹봉은 2천석이고, 통상 호본 1,500명을 통솔했으나 많을 때는 수천 명
을 지휘하기도 했다.

"그들은 죄를 지어 죽은 것이니, 어찌 많다고 할 수 있겠습니까? 다만 죽은 자는 이미 갔으니 다시 살아나는 부생復生은 불가합니다!"

광무제가 대소大笑했다.

4) 군국郡國의 군도群盜가 곳곳에서 병기幷起했다. 군현郡縣에서 추토追討하기 위해 현지에 이르면 곧바로 해산解散하고, 떠나면 다시 모여 결속하는 둔결屯結을 했다. 청주靑州와 서주徐州, 유주幽州, 기주冀州 등 4개 주가 특히 심했다.

겨울 10월, 사자를 각 군국郡國에 내려보내 군도가 스스로 서로를 적발해 공격하는 규적糾摘을 할 경우 이를 들어주겠다고 선포했다. 5인이 1인의 목을 베면 그 죄를 면죄해 주는 식이었다. 관원들이 한 곳에 머물며 도적을 피하는 두루회피逗留迴避의 자세로 도적을 고의로 풀어주는데도, 과거의 잘못은 전혀 묻지 않은 채 오직 도적을 체포하거나 토벌한 결과만 받아들였다.

주목州牧과 수령守令, 현령 및 현장 가운데 관할 지역 내에 도적이 있었는데도 수포捕者하지 않고, 두렵고 겁이 나는 외나畏懦의 모습으로 성을 버리고 다른 사람에게 맡긴 연성위수捐城委守를 한 자조차 모두 책임을 묻지 않았다. 다만 도적을 많이 잡았는지 여부로 고과考課의 우열을 가리는 전최殿最를 행했고, 오직 도적을 숨겨주는 폐닉자蔽匿者만 벌했다. 덕분에 다시 서로 쫓아가 잡는 추포追捕를 하자 도적들이 모두 해산했다. 이어 우두머리 괴수魁帥를 다른 군으로 옮긴 뒤 전지田地를 내려주자 안심하며 생업에 종사하게 했다. 이때부터 우마牛馬를 방목해도 저녁에 거둘 필요가 없게 됐고, 백성들 역시 집의 대문을 반드시 잠글 필요가 없게 됐다.

5) 고류高柳에 머물고 있는 노방盧芳과 휘하 장수 민감閔堪이 사자를 보내 청항請降했다. 광무제가 노방을 대왕代王, 민감을 대국代國의 재상

으로 삼은 뒤 비단 2만 필을 하사하며 차제에 흉노와 화목하게 지내게 했다. 노방이 상소해 사은謝恩한 뒤 스스로 궁궐 뜰을 생각하며 바라본다고 진술했다. 광무제가 조서를 내려 노방에게 명년 정월에 조현할 것을 회보했다.

당초 흉노는 한나라가 노방에게 현상금을 내걸고 찾고 있다는 소식을 듣고는 재백財帛을 탐한 나머지 노방을 파견해 항복하게 했다. 그러나 노방이 스스로 귀부했다는 식으로 공을 세우며 흉노가 파견한 사실을 말하지 않자 제20대 호도이시도고약제呼都而尸道皋若鞮 선우인 난제여欒提輿는 그 계책을 말하는 게 부끄러웠다. 끝내 그에게 상을 내리는 일이 이뤄지지 않은 이유다. 그가 이를 매우 한스럽게 생각하는 바람에 흉노의 입구入寇가 더욱 심해졌다.

6) 마원이 상주해 의당 옛날처럼 오수전五銖錢을 주조해 유통시켜야 한다고 주장하자 광무제가 이를 좇았다. 천하인 모두 그 편리함을 느끼게 됐다.

7) 노방이 입조하기 위해 북쪽에서 남쪽으로 향해 창평昌平·북경시 창평현에 이르렀다. 광무제가 중지를 명하는 조서를 내려 다음해에 조현하도록 했다.

* 世祖光武皇帝建武十六年

春, 二月, 徵側與其妹徵貳反, 九真·日南·合浦蠻俚皆應之, 凡略六十五城, 自立為王, 都麊泠. 交趾刺史及諸太守僅得自守.

三月, 辛丑晦, 日有食之. 秋, 九月, 河南尹張伋及諸郡守十餘人皆坐度田不實, 下獄死. 後上從容謂虎賁中郎將馬援曰, "吾甚恨前殺守·相多也!" 對曰, "死得其罪, 何多之有! 但死者既往, 不可復生也!" 上大笑.

郡國群盜處處并起, 郡縣追討, 到則解散, 去復屯結, 青·徐·幽·冀四州尤甚. 冬, 十月, 遣使者下郡國, 聽群盜自相糾摘, 五人共斬一人者, 除其罪. 吏雖逗留迴避故縱者, 皆勿問, 聽以禽討為效. 其牧守令長坐界內有盜賊而不收捕者, 又以畏懦捐城委守者, 皆不以為負, 但取獲賊多少為殿最, 唯蔽匿者乃罪之. 於是更相追捕, 賊并解散, 徙其魁帥於它郡, 賦田受稟, 使安生業. 自是牛馬放牧不收, 邑門不閉.

盧芳與閔堪使使請降, 帝立芳為代王, 堪為代相, 賜繒二萬匹, 因使和集匈奴. 芳上疏謝, 自陳思望闕庭. 詔報芳朝明年正月. 初, 匈奴聞漢購求芳, 貪得財帛, 故遣芳還降. 既而芳以自歸為功, 不稱匈奴所遣, 單于復恥言其計, 故賞遂不行. 由是大恨, 入寇尤深.

馬援奏宜如舊鑄五銖錢, 上從之. 天下賴其便.

盧芳入朝, 南及昌平, 有詔止, 令更朝明歲.

한광무제 건무 17년(AD 41)

1) 봄 정월, 광무제의 숙부인 조효공趙孝公 유량劉良이 훙거薨去했다.

당초 회현懷縣하남성 무척현에 사는 대성大姓 이자춘李子春의 두 손자가 사람을 죽였을 때 회현 현령 조희趙憙가 그들의 간사함을 끝까지 다스렸다. 두 손자가 자살하고, 이자춘도 잡아 가뒀다. 경사의 귀척들 가운데 그를 위해 부탁하는 자들이 수십 명에 달했으나 조희는 끝까지 들어주지 않았다. 유량이 와병하자 광무제가 친히 가서 위문하며 하고 싶은 말을 물었다. 유량이 대답했다.

"평소 이자춘과 잘 지냈습니다. 지금 그가 죄를 범하자 회현 현령 조희가 그를 죽이려고 합니다. 원컨대 그의 목숨을 살려주십시오."

광무제가 말했다.

"관원이 법률을 받들어 수행하는데 이를 구부리게 할 수는 없소. 그 외에 하고 싶은 것을 말하도록 하시오."

유량이 다시 아무 말도 하지 않았다. 유량이 훙하자 광무제가 이내 그를 추사追思해 이자춘을 사면하여 출옥시키는 세출貰出을 하고, 조희를 평원平原산동성 평원현 태수로 승진시켰다.

2) 2월 29일, 일식이 있었다.

3) 여름 4월 2일, 광무제가 장릉章陵호북성 조양현에 행차했다.

5월 21일, 환궁還宮했다.

4) 6월 29일, 광무제의 아들 임회회공臨淮懷公 유형劉衡이 훙거했다.

5) 요적妖賊 이광李廣이 환성睆城안휘성 잠산현을 공격해 함몰시켰다. 호본중랑장虎賁中郞將 마원馬援과 표기장군驃騎將軍 단지段志를 파견해 토벌하게 했다.

가을 9월, 환성을 격파하고 이광을 참수했다.

6) 곽후郭后 곽성통郭聖通이 총애를 잃자 자주 원한을 품는 원대怨懟를 했다. 광무제가 화를 냈다.

겨울 10월 19일, 황후 곽씨를 폐한 뒤 귀인貴人 음려화陰麗華를 황후로 삼고, 조서를 내렸다.

"정상적이지 못한 사안인 이상지사異常之事는 나라의 큰 복인 휴복休福이 될 수 없다. 술을 올리며 경하慶賀하는 상수칭경上壽稱慶을 하지 말도록 하라."

5년 전에 광무제가 사냥을 나갔다가 늦게 오자 성문을 열어주지 않았던 질운邳惲이 건의했다.

"신이 듣건대, 부부간의 화목에 관해서는 설령 부친일지라도 자식의 일에 끼어들 수 없는데 하물며 신하들이 어찌 군주에게 규간規諫할 수 있겠습니까? 이는 신하로서 감히 말씀드릴 수 없는 것입니다. 비록 그렇기는 하나 원컨대 폐하는 가부可否의 계책을 고려해 천하 사람들이 사직에 관해 논의하는 일만은 없도록 하십시오."

광무제가 말했다.

"질운은 자신의 마음에 비춰 남의 마음을 잘 헤아린다. 덕분에 나는 좌우 한쪽으로 기운 마음자세로 천하의 반응을 경시해서는 안 된다는 사실을 알게 됐다!"

광무제는 곽후 소생의 아들인 우익공右翊公 유보劉輔를 중산왕中山王으로 삼고, 상산군常山郡을 중산국에 덧붙여 주었다. 이어 곽후를 중산국 태후로 삼았다. 나머지 9명의 황자皇子를 모두 국공國公에서 국왕으로 올려주었다.

7) 10월 22일, 광무제가 장릉章陵에 행차해 능원과 사당인 원묘園廟를 수리하고, 구택舊宅에 제사를 지내고, 전지에 있는 여막인 전려田廬를 둘러보고, 주연을 베풀어 음악을 연주하는 치주작악置酒作樂을 한 뒤 상을 내렸다. 이때 종실의 백모와 숙모 등 여러 모친 항렬 여인인 제모諸母가 술을 마시고 즐거워하며 광무제의 자字인 문숙文叔을 거론하며 서로 말했다.

"문숙은 어렸을 때부터 삼가며 믿음직한 근신謹信의 모습을 보였고, 여러 사람과 더불어 은근히 오가며 사귀는 관곡款曲[27]을 하지도 않았다. 오직 솔직하고 부드러운 직유直柔의 모습만 보이더니, 오늘 마침내 이런 위치에 오르게 됐다!"

광무제가 이 얘기를 듣고는 크게 웃었다.

---

27   관곡款曲은 크게 3가지 뜻이 있다. 첫째, 은근히 성실한 마음을 다하는 충정衷情이다. 둘째, 마음속의 깊은 심정인 내정內情이다. 셋째, 은근히 오가며 사귀는 교제交際를 말한다. 여기서는 세 번째 의미로 사용되었다.

"나는 치천하治天下를 행할 때 역시 부드러운 치도治道인 유도柔道로 임할 것입니다."

12월, 장릉에서 돌아왔다.

8) 이 해에 사차왕莎車王 현현이 다시 사자를 보내 봉헌奉獻하면서 도호都護 설치를 청했다. 광무제가 사차왕에게 서역도호西域都護의 인수와 거기車旗, 황금黃金, 금수錦繡를 하사했다. 돈황敦煌감숙성 돈황현 태수 배준裴遵이 상언했다.

"이적夷狄에게 큰 권한인 대권大權을 내려줘서는 안 됩니다. 그것은 여러 나라를 실망失望하게 만드는 것입니다."

이에 조서를 내려 도호의 인수를 환수하게 한 뒤 다시 사차왕에게 '한 대장군漢大將軍'의 인수를 내렸다. 사자가 바꾸려 하지 않자, 배준이 압박해 빼앗는 박탈迫奪을 했다. 사차왕이 원한을 품기 시작한 이유다. 그가 오히려 대도호大都護를 사칭하며 서역의 각국에 문서를 보내자 여러 나라가 모두 그에게 복속됐다.

9) 흉노匈奴와 선비鮮卑 및 적산赤山요동 서북쪽 땅에 사는 오환烏桓이 자주 군사를 연합해 변새를 침공해 이민吏民을 살략殺略했다. 조서를 내려 양분襄賁산동성 임기현 현령 채융祭肜[28]을 요동遼東 태수로 삼았다. 채융은 용력勇力이 있었다. 오환이 변새를 침공할 때마다 사졸의 선봉이 되어 누차 그들을 격파해 도주시켰다. 채융은 채준祭遵의 종제從弟이다.

10) 징측徵側 등의 구란寇亂이 해를 거듭해 이어지자 장사長沙와 합포合浦 및 교지交趾 등에 조서를 내려 거선車船을 구비하고, 도교道橋를 수

---

28   채융祭肜을 두고 호삼성은 채동祭肜으로 쓰는 게 옳다고 했다. 『자치통감』은 융肜과 동肜이 혼용되고 있다. 지난 2014년 중화서국中華書局에서 펴낸 『후한서後漢書』에는 채동祭肜으로 나와 있다. '동肜'을 '융肜'의 오자誤字로 보는 게 학계의 중론이다.

리하고, 장애가 되는 산과 계곡인 장계障谿를 개통하고, 양곡糧穀을 비축하게 했다. 이어 마원을 복파장군伏波將軍, 부락후扶樂侯 유륭劉隆을 부장副將으로 삼아 교지交趾를 치게 했다.

* 世祖光武皇帝建武十七年

春, 正月, 趙孝公良薨. 初, 懷縣大姓李子春二孫殺人, 懷令趙憙窮治其奸, 二孫自殺, 收繫子春. 京師貴戚為請者數十, 憙終不聽. 及良病, 上臨視之, 問所欲言, 良曰, "素與李子春厚, 今犯罪, 懷令趙憙欲殺之, 願乞其命." 帝曰, "吏奉法律, 不可枉也. 更道它所欲." 良無復言. 既薨, 上追思良, 乃貰出子春. 遷憙為平原太守. 二月, 乙未晦, 日有食之.

夏, 四月, 乙卯, 上行幸章陵. 五月, 乙卯, 還宮. 六月, 癸巳, 臨淮懷公衡薨.

妖賊李廣攻沒皖城, 遣虎賁中郎將馬援·驃騎將軍段志討之. 秋, 九月, 破皖城, 斬李廣.

郭后寵衰, 數懷怨懟, 上怒之. 冬, 十月, 辛巳, 廢皇后郭氏, 立貴人陰氏為皇后. 詔曰, "異常之事, 非國休福, 不得上壽稱慶." 郅惲言於帝曰, "臣聞夫婦之好, 父不能得之於子, 況臣能得之於君乎! 是臣所不敢言. 雖然, 願陛下念其可否之計, 無令天下有議社稷而已." 帝曰, "惲善恕己量主, 知我必不有所左右而輕天下也!" 帝進郭后子右翊公輔為中山王, 以常山郡益中山國, 郭后為中山太后, 其餘九國公皆為王.

甲申, 帝幸章陵, 修園廟, 祠舊宅, 觀田廬, 置酒作樂, 賞賜. 時宗室諸母因酣悅相與語曰, "文叔少時謹信, 與人不款曲, 唯直柔耳, 今乃能如此!" 帝聞之, 大笑曰, "吾治天下, 亦欲以柔道行之." 十二月,還自章陵.

是歲, 莎車王賢復遣使奉獻, 請都護. 帝賜賢西域都護印綬及車旗·黃金·錦繡. 敦煌太守裴遵上言曰, "夷狄不可假以大權. 又令諸國失望." 詔書收還都護印綬, 更賜賢以漢大將軍印綬. 其使不肯易, 遵迫奪之. 賢由是始恨, 而猶詐稱大都護, 移書諸國, 諸國悉服屬焉.

匈奴·鮮卑·赤山烏桓數連兵入塞, 殺略吏民. 詔拜襄賁令祭肜為遼東太守. 肜有勇力, 虜每犯塞, 常為士卒鋒, 數破走之. 肜, 遵之從弟也.

徵側等寇亂連年, 詔長沙·合浦·交趾具車船, 修道橋, 通障谿, 儲糧穀, 拜馬援為伏波將軍, 以扶樂侯劉隆為副, 南擊交趾.

한광무제 건무 18년(AD 42)

1) 2월, 촉군蜀郡 수장守將 사흠史歆이 반기를 들어 태수 장목張穆을 공격했다. 장목이 성을 넘어 도주했다. 탕거宕渠사천성 거현 출신 양위楊偉 등이 군사를 일으켜 사흠에 호응했다. 광무제가 오한 등을 파견해 1만여 명의 군사를 이끌고 가 토벌하게 했다.

2) 2월 24일, 광무제가 장안으로 행차했다.

3월, 포판蒲板산서성 영제현까지 가서 토지신인 후토后土에 제사를 지냈다.

3) 마원이 바다를 따라 전진하다가 산을 좇아 길을 깎는 수산간도隨山刊道를 1,000여 리가량 했다. 낭박浪泊베트남 하노이시 서북쪽에 도착해 징측 등과 싸워 대파했다. 뒤를 추격해 금계禁谿베트남 하노이시 경계에 이르자 도적들이 마침내 산주散走했다.

4) 여름 4월 15일, 거가車駕가 환궁했다.

5) 4월 19일, 황상이 하내河內로 행차했다. 29일에 환궁했다.

6) 5월, 한재旱災가 있었다.

7) 조현하기 위해 창평昌平까지 왔던 노방盧芳이 본거지로 돌아갔다. 내심 스스로 의심하고 두려워하다가 마침내 다시 반란을 일으켜 민감閔堪과 서로 몇 달 동안 공격했다. 흉노가 기병 수백 명을 파견해 노방을 맞이한 뒤 요새를 빠져 나갔다. 노방이 흉노 지역에서 10여 년간 머물다가 병사했다.

8) 오한이 광한廣漢사천성 수녕시과 파巴성도시, 촉蜀중경시 등 3곳의 군사를 동원해 성도成都를 100여 일 동안 포위했다.

가을 7월, 성도를 함락시키고 사흠史歆 등을 참수했다. 오한이 마침내 작은 뗏목에 올라타는 승부乘桴를 하여 강을 따라 파군巴郡으로 내려갔다. 양위楊偉 등이 황공惶恐한 나머지 해산했다. 오한이 그들의 거수渠帥들을 주살했다. 이어 그들의 무리인 당여黨與 수백 가구를 남군南郡호북성 강릉현과 장사長沙로 이주시키고 환군했다.

9) 겨울 10월 24일, 광무제가 의성宜城호북성 의성현에 행차했다. 돌아오는 길에 장릉章陵을 참배했다. 12월, 환궁했다.

10) 이 해에 주목州牧 제도를 없애고, 다시 자사刺史를 두었다.

11) 오관중랑장五官中郎將 장순張純이 태복太僕 주부朱浮와 함께 상서해 진술하는 주의奏議를 했다.

"예제에 따르면 다른 사람의 양자로 들어갔을 경우 대종大宗을 섬겨야 하고, 자신을 낳아준 사친私親은 예우를 깎도록 했습니다. 의당 지금 장릉에 있는 황상의 친생 조부모 4분의 사당을 철폐하고, 선제先帝 4묘四廟로 이를 대치해야 할 것입니다."

대사도 대섭戴涉 등도 상주했다.

"원제元帝와 성제成帝, 애제哀帝, 평제平帝 등 4분의 사당을 세우도록 하십시오."

광무제는 스스로 사당에 위패를 배열하는 차례인 소목昭穆의 차례에 비춰볼 때 한원제漢元帝 유석劉奭의 족질族姪에 해당하는 까닭에 그의 뒤를 이어야 한다고 생각했다.

* 世祖光武皇帝建武十八年

二月, 蜀郡守將史歆反, 攻太守張穆, 穆逾城走. 宕渠楊偉等起兵以應歆. 帝遣吳漢等將萬餘人討之.

甲寅, 上行幸長安. 三月, 幸蒲板, 祠后土.

馬援緣海而進, 隨山刊道千餘里, 至浪泊上, 與徵側等戰, 大破之, 追至禁谿, 賊遂散走.

夏, 四月, 甲戌, 車駕還宮.

戊申, 上行幸河內. 戊子, 還宮.

五月, 旱.

盧芳自昌平還, 內自疑懼, 遂復反, 與閔堪相攻連月, 匈奴遣數百騎迎芳出塞. 芳留匈奴中十餘年, 病死.

吳漢發廣漢·巴·蜀三郡兵, 圍成都百餘日, 秋, 七月, 拔之, 斬史歆等. 漢乃乘枋沿江下巴郡, 楊偉等惶恐解散. 漢誅其渠帥, 徙其黨與數百家於南郡·長沙而還.

冬, 十月, 庚辰, 上幸宜城. 還, 祠章陵. 十二月, 還宮.

是歲, 罷州牧, 置刺史.

五官中郎將張純與太僕朱浮奏議曰, "禮, 為人子, 事大宗, 降其私親. 當除今親廟四, 以先帝四廟代之." 大司徒涉等奏"立元·成·哀·平四廟." 上自以昭穆次第, 當為元帝後.

한광무제 건무 19년(AD 43)

1) 봄 정월 15일, 한선제漢宣帝를 중종中宗으로 추존했다. 처음으로 한소제漢昭帝와 한원제漢元帝를 태묘에 제사지내고, 한성제漢成帝와 한애제漢哀帝 및 한평제漢平帝의 사당은 장안에 두고, 광무제의 조부인 용릉절후春陵節侯 유매劉買 이하의 사당은 장릉章陵에 두기로 했다. 장안과 장릉 모두 태수와 현령 및 현장으로 하여금 제사를 받들게 했다

2) 마원이 교지에서 반기를 든 징측徵側과 징이徵貳 자매의 목을 베었다.

3) 요적妖賊 선신單臣과 전진傅鎭 등이 서로 모인 뒤 원무성原武城 하남성 공현 남쪽으로 들어와 서로 장군을 자칭했다. 광무제가 태중대부太中大夫 장궁臧宮에게 조서를 내려 군사를 이끌고 가 이들을 포위하게 했다. 누차 공격을 가했으나 함락시키지 못하고, 사졸이 대거 사상死傷했다. 광무제가 공경 및 제후왕諸侯王에게 방략方略을 묻자 모두 입을 모아 대답했다.

"의당 중금重金을 포상으로 내걸어야 합니다."

동해왕東海王 유양劉陽이 홀로 말했다.

"요사스런 무당인 요무妖巫가 겁략劫掠을 하고 있어 그 형세가 오래갈 수 없습니다. 그 가운데 반드시 후회하며 달아나려는 자가 있을 것입니다. 다만 밖에서 포위한 채 급하게 구는 까닭에 달아나지 못하고 있을 뿐입니다. 의당 조금 느슨하게 하여 달아나게 하고, 달아나기만 하면 1명의 정장亭長으로도 족히 잡을 수 있습니다."

광무제가 동의했다. 곧 장궁에게 명해 포위망 철수로 도적들을 느슨하게 대하도록 만들었다. 도적이 이내 분산했다.

여름 4월, 원무성原武城을 함락시킨 뒤 선신單臣과 전진傅鎭 등의 목을 베었다.

4) 마원이 징측의 여당餘黨인 도양都陽 등을 추격했다. 거풍居風 베트남

청화현에 이르러 항복을 받았다. 덕분에 교남橋南오령산맥 이남 일대가 모두 평정됐다. 마원은 월인越人에게 구제舊制를 분명히 밝히며 단속했다. 이후 남월의 옛 부족인 낙월駱越 사람들은 마원이 정한 규정을 대대로 봉행했다.

5) 윤閏 4월 25일, 조공趙公 유허劉栩와 제공齊公 유장劉章, 노공魯公 유흥劉興을 모두 왕으로 삼았다.

6) 곽후郭后가 폐위된 후 곽후 소생의 태자 유강劉彊이 내심 불안해했다. 질운郅惲이 태자에게 유세했다.

"의심 받는 자리에 오래 머물면 위로는 효도에 어긋나고, 아래로는 위태롭게 됩니다. 태자의 자리를 사양하고 모친을 봉양奉養하느니만 못합니다."

태자 유강이 이를 좇았다. 이내 누차 좌우左右와 제왕諸王을 통해 자신의 간성懇誠을 진술하며 번국藩國에 살고자 하는 뜻을 밝혔다. 광무제가 차마 그리하지 못하고 몇 년 동안 대답을 늦추며 미루는 지회遲回를 거듭했다.

6월 26일, 마침내 조서를 내렸다.

"『춘추』의 대의大義에 따르면 서자를 후사로 세울 때는 신분의 귀천 여부를 따져야 한다고 했다.[29] 동해왕東海王 유양劉陽은 음후陰后의 아들이니 의당 대통大統을 이어야 할 것이다. 곽후 소생의 황태자 유강劉彊이 겸퇴謙退를 고집하며 번국藩國에 머물고자 했으나 부자지정父子之情으로 인해 이를 오래도록 어겨왔다. 이제 유강을 동해왕으로 삼고, 동해왕 유양

---

29   원문은 '입자이귀立子以貴'이다. 『춘추공양전』「노은공 원년」조의 '입적이장이현立適以長不以賢, 입자이귀불이장子以貴不以長' 구절을 인용한 것이다. 적자嫡子를 세울 경우는 나이의 많고 적음을 따지고, 현명한지 여부를 따지지 않는다. 서자庶子를 세우는 경우는 신분의 존비를 따지고, 나이의 많고 적음을 따지지 않는다는 의미이다.

을 황태자로 삼는다. 유양의 이름을 유장劉莊으로 고치도록 하라."

남북조시대 남조 동진東晉의 사가 원굉袁宏이 『후한기後漢紀』에서 이같이 논했다.

"무릇 태자를 세우는 것은 종실의 적통인 종통宗統을 중시하며 민심을 하나로 모으기 위한 것이다. 만일 천하에 대악大惡을 저지른 일이 없다면 바꿀 수 없다. 세조世祖 광무제는 한나라 제업帝業을 중흥한 까닭에 의당 정도正道를 존중해 후대의 모범이 돼야 했다. 지금 태자 유강의 덕행을 보면 대외적으로 아직 휴손虧損이 드러난 게 없고, 대내적으로 또한 많은 은총을 받았다. 이런 적자嫡子가 자리를 옮기는 천위遷位를 당한 것은 가히 실책이라고 이를 만하다. 다만 동해왕으로 간 유강은 겸공謙恭의 마음으로 더욱 명량明亮한 모습을 보였고, 대통을 이어 한명제漢明帝로 즉위한 유장 또한 더욱 우애를 돈독히 했다. 비록 장유長幼가 뒤바뀌어 두 사람의 흥폐興廢는 달라졌으나, 부자형제父子兄弟 간의 원래 효우孝友에는 전혀 변한 게 없었다. 무릇 하은주 3대三代의 치도治道일지라도 어찌 이보다 더할 수 있었겠는가!"

7) 광무제가 태자 유장劉莊의 외숙인 음식陰識에게 집금오執金吾의 직책을 대리하게 하고, 음흥陰興을 위위衛尉로 삼았다. 모두 태자의 보도輔導를 위한 조치였다. 음식은 성정이 충후忠厚했다. 조정에서는 비록 극언極言으로 바르게 논의했으나 빈객과 말할 때는 일찍이 국사를 언급한 적이 없었다. 광무제는 경중敬重하는 자세로 음식을 모범으로 삼은 뒤 늘 귀척들에게 본받을 것을 요구하며, 좌우 근신近臣들의 분발을 격려激厲했다.

음흥은 비록 현자를 예우하며 베풀기를 좋아했으나 문하에 유협遊俠을 두지 않았다. 동군同郡 출신 장종張宗 및 상곡上谷 출신 선우부鮮于裒와 사이가 좋지 않은데도 그들이 유용한 것을 알고는 오히려 그들의 장점을 칭송하며 광무제에게 천거했다. 친구인 장사張汜와 두금杜禽은 음홍과 매우 잘 지냈지만 겉만 화려하고 실속이 적었다. 모두 재물을 가지고 사적으로 도와주었으나 끝내 황제에게 말하지 않았다. 이런 일로 인해 세간에서 그들의 충성을 칭송했다.

광무제가 패국沛國 출신 환영桓榮을 의랑으로 삼아 태자 유장을 가르치게 했다. 거가車駕가 태학太學에 행차해 여러 박사들을 모아 놓고 그 앞에서 논란을 벌이게 했다. 환영이 경의經義를 명확히 밝혔다. 매번 예로써 양보해 상대를 감복하게 했고, 뛰어난 언변인 사장辭長으로 남을 이기려 하지 않았다. 유자儒者들이 그를 따라갈 수 없는 이유였다. 광무제가 그에게 특별히 상사賞賜를 더해주었다. 또 조서를 제생諸生들에게 내려 아가雅歌와 악기인 석경石磬 소리를 좋아한 나머지 종일토록 연주시킨 뒤 비로소 그치게 했다.

광무제는 좌중랑장左中郎將인 여남汝南 출신 종흥鐘興으로 하여금 태자와 종실의 제후들에게 『춘추』를 가르치게 했다. 종흥에게는 관내후關內侯 작위를 내렸다. 종흥이 공을 세우지 못했다는 이유로 사양하자 광무제가 말했다.

"그대가 태자와 여러 왕후王侯들을 가르치니 대공大功이 아니겠소?"

종흥이 말했다.

"신의 스승은 소부少府 정공丁恭입니다."

이에 정공을 다시 관내후에 봉했다. 그러나 종흥은 끝내 고사固辭하며 작위를 받지 않았다.

8) 진류陳留[하남성 진류현] 출신 동선董宣을 낙양雒陽의 현령으로 삼았다. 광무제의 누나인 호양공주湖陽公主 유황劉黃의 집에 있는 창두蒼頭 즉 노복이 대낮에 사람을 죽이고 호양공주의 집으로 숨어들자 관원들이 체포하지 못했다. 호양공주가 출행出行할 때 노복이 함께 수레에 오르는 참

승여乘을 했다. 낙양령洛陽令 동선董宣이 하문夏門낙양성 서북쪽 문의 정자에서 기다렸다가 수레를 세우고 말의 고삐를 잡는 주거고마駐車叩馬를 한 뒤 칼로 그림을 그리며 큰 소리로 공주의 잘못을 지적했다. 이어 노복을 꾸짖어 수레에서 내리게 하여 곧바로 격살格殺했다.

호양공주가 궁궐로 돌아가 오라비인 황제에게 이를 호소하자 광무제가 대로한 나머지 곧바로 동선을 불러 채찍으로 쳐 죽이는 추살箠殺을 하려고 했다. 동선이 고두叩頭하며 말했다.

"원컨대 단 한마디인 일언一言을 얘기한 뒤 죽게 해주십시오."

광무제가 물었다.

"무슨 말을 하려는 것인가?"

동선이 대답했다.

"폐하는 성덕聖德으로 중흥을 이뤘는데 노복을 멋대로 놓아 두어 살인하게 하면 장차 무엇으로 치천하治天下를 하려는 것입니까? 청컨대 신은 채찍을 기다리지 않고 자살하려 합니다!"

그러고는 곧바로 머리를 기둥에 부딪치자 유혈流血이 얼굴을 덮었다. 광무제가 급히 소황문小黃門을 시켜 그를 붙잡게 했다. 이어 동선으로 하여금 호양공주 앞에서 먹이를 숙여 사과하게 했으나 동선이 좇지 않았다. 강제로 숙이게 했으나 동선은 두 손으로 땅을 짚은 채 종내 구부리려고 하지 않았다. 호양공주가 말했다.

"문숙文叔은 백의白衣로 있을 때 도망한 자를 감춰주고 죽을죄를 진 자를 숨겨주는 장망익사藏亡匿死를 했어도 관원들이 감히 문 앞에 오지 못했소. 지금 천자가 됐는데도 그 위엄이 일개 현령에게조차 시행되지 못하는 것이오?"

광무제가 웃으며 말했다.

"천자는 백의白衣를 입은 자와 같지 않습니다."

이어 이같이 명했다.

"저 목이 뻣뻣한 수령인 강항령強項令을 속히 밖으로 내보내라."

그리고는 30만 전을 상으로 내렸다. 동선이 이를 여러 관원에게 나눠주었다. 이로부터 관원이 호강豪强한 자를 능히 두드려 패는 박격搏擊을 행할 수 있었다. 경사에서 진률震慄하지 않는 자가 없었다.

9) 9월 21일, 광무제가 남양南陽으로 행차했다. 이어 작고한 부친 유흠劉欽이 현령으로 있던 여남汝南의 남돈현南頓하남성 항성현 전사傳舍까지 나아가 치주회置酒會를 갖고 이민吏民에게 상을 내리고, 남돈현의 전조田租에 대한 세금을 1년 동안 면제시켜 주었다. 부로父老들이 앞으로 나와 고두叩頭하며 말했다.

"황고皇考 유흠이 이곳에 현령으로 있은 지 오래 됐습니다. 폐하는 관청인 시사寺舍의 상황을 잘 알고 있어 매번 올 때마다 번번이 후은厚恩을 더해주었습니다. 원컨대 세금을 10년 동안 면제시켜 주셨으면 합니다."

광무제가 말했다.

"천자는 천하의 중기重器에 해당하오. 늘 일을 모두 감당하지 못할까 두려워하며 하루하루를 보내고 있소. 어찌 감히 멀리 10년 뒤까지 기약할 수 있겠소!"

이민吏民이 다시 말했다,

"폐하는 실로 인석吝惜하면서도 겉으로는 이처럼 겸공謙恭의 모습을 보이는 것입니까?"

광무제가 대소하며 다시 1년을 더 면제시켜 주었다. 이어 회양淮陽하남성 회양현과 양梁하남성 상구시 및 패沛안휘성 수계현까지 행차했다.

10) 서남이西南夷의 동잠棟蠶이 반기를 들어 장리長吏를 살해했다. 조서를 내려 무위장군武威將軍 유상劉尚에게 이들을 토벌하게 했다. 유상이 토벌을 떠나는 길에 월수越巂사천성 서창시를 지나게 됐다. 공곡왕邛穀王

임귀任貴는 유상이 남변南邊을 평정할 경우 반드시 위법威法이 시행돼 이전처럼 방종할 수 없을까 두려워했다. 곧 군사를 모으고 군영을 만드는 취병기영聚兵起營을 한 뒤 독주毒酒를 많이 만들었다. 유상의 군사를 위로하면서 술에 중독되게 만든 뒤 유상을 습격하려 한 것이다. 유상이 이들의 모의를 알아챈 뒤 곧바로 분병分兵하여 먼저 월수군의 치소가 있는 공도邛都를 점거했다. 마침내 임귀를 포획한 뒤 주살했다.

* 世祖光武皇帝建武十九年

春, 正月, 庚子, 追尊宣帝曰中宗. 始祠昭帝·元帝於太廟, 成帝·哀帝·平帝於長安, 春陵節侯以下於章陵. 其長安·章陵, 皆太守·令·長侍祠.

馬援斬徵側·徵貳.

妖賊單臣·傅鎮等相聚入原武城, 自稱將軍. 詔太中大夫臧宮將兵圍之, 數攻不下, 士卒死傷. 帝召公卿·諸侯王問方略, 皆曰, "宜重其購賞." 東海王陽獨曰, "妖巫相劫, 勢無久立, 其中必有悔欲亡者, 但外圍急, 不得走耳. 宜小挺緩, 令得逃亡, 逃亡, 則一亭長足以禽矣." 帝然之, 即敕宮徹圍緩賊, 賊眾分散. 夏四月, 拔原武, 斬臣·鎮等.

馬援進擊徵側餘黨都陽等, 至居風, 降之. 嶠南悉平. 援與越人申明舊制以約束之, 自後駱越奉行馬將軍故事.

閏月, 戊申, 進趙·齊·魯三公爵皆為王.

郭后既廢, 太子彊意不自安. 郅惲說太子曰, "久處疑位, 上違孝道, 下近危殆, 不如辭位以奉養母氏." 太子從之, 數因左右及諸王陳其懇誠, 願備藩國. 上不忍, 遲回者數歲. 六月, 戊申, 詔曰, "『春秋』之義, 立子以貴. 東海王陽, 皇后之子, 宜承大統. 皇太子彊, 崇執謙退, 願備藩國, 父子之情, 重久違之. 其以彊為東海王, 立陽為皇太子, 改名莊."

袁宏論曰, "夫建太子, 所以重宗統, 一民心也, 非有大惡於天下, 不可移也. 世祖中興漢業, 宜遵正道以為後法. 今太子之德未虧於外, 內寵既多, 嫡子遷位, 可謂失矣. 然東海歸藩, 謙恭之心彌亮. 明帝承統, 友於之情愈篤. 雖長幼易位, 興廢不同, 父子兄弟, 至性無間. 夫以三代之道處之, 亦何以過乎!"

帝以太子舅陰識守執金吾, 陰興為衛尉, 皆輔導太子. 識性忠厚, 入雖極言正議, 及與賓客語, 未嘗及國事. 帝敬重之, 常指識以敕戒貴戚, 激厲左右焉. 興雖禮賢好施, 而門無遊俠, 與同郡張宗·上谷鮮于裒不相好, 知其有用, 猶稱所長而達之. 友人張汜·杜禽, 與興厚善, 以為華而少實, 但私之以財, 終不為言. 是以世稱其忠. 上以沛國桓榮為議郎, 使授太子經. 車駕幸太學, 會諸博士論難於前, 榮辨明經義, 每以禮讓相厭, 不以辭長勝人, 儒者莫之及, 特加賞賜. 又詔諸生雅歌擊磬, 盡日乃罷. 帝使左中郎將汝南鐘興授皇太子及宗室諸侯『春秋』, 賜興爵關內侯. 興辭以無功, 帝曰, "生教訓太子及諸王侯, 非大功邪?" 興曰, "臣師少府丁恭." 於是復封恭, 而興遂固辭不受.

陳留董宣為雒陽令. 湖陽公主蒼頭白日殺人, 因匿主家, 吏不能得. 及主出行, 以奴驂乘. 宣於夏門亭候之, 駐車叩馬, 以刀畫地, 大言數主之失. 叱奴下車, 因格殺之. 主即還宮訴帝, 帝大怒, 召宣, 欲箠殺之. 宣叩頭曰, "願乞一言而死." 帝曰, "欲何言?" 宣曰, "陛下聖德中興, 而縱奴殺人, 將何以治天下乎? 臣不須箠, 請得自殺!" 即以頭擊楹, 流血被面. 帝令小黃門持之, 使宣叩頭謝主, 宣不從. 強使頓之, 宣兩手據地, 終不肯俯. 主曰, "文叔為白衣時, 藏亡匿死, 吏不敢至門. 今為天子, 威不能行一令乎?" 帝笑曰, "天子不與白衣同."

因敕曰, "強項令出." 賜錢三十萬, 宣悉以班諸吏. 由是能搏擊豪強, 京師莫不震慄.

九月, 壬申, 上行幸南陽. 進幸汝南南頓縣舍, 置酒會, 賜吏民, 復南頓田租一歲. 父老前叩頭言曰, "皇考居此日久, 陛下識知寺舍, 每來輒加厚恩, 願賜覆十年." 帝曰, "天下重器, 常恐不任, 日復一日, 安敢遠期十歲乎!" 吏民又言曰, "陛下實惜之, 何言謙也!" 帝大笑, 復增一歲. 進幸淮陽·梁·沛.

西南夷棟蠶反, 殺長吏. 詔武威將軍劉尚討之. 路由越嶲, 邛穀王任貴恐尚既定南邊, 威法必行, 己不得自放縱, 即聚兵起營, 多釀毒酒, 欲先勞軍, 因襲擊尚. 尚知其謀, 即分兵先據邛都, 遂掩任貴, 誅之.

한광무제 건무 20년(AD 44)

1) 봄 2월 10일, 거가가 환궁했다.

2) 여름 4월 3일, 대사도 대섭戴涉이 고의로 태창령太倉令 해섭奚涉을 모해謀害한 혐의로 체포되어 하옥됐다가 옥사했다. 광무제는 삼공의 직책이 서로 연결되어 있다고 보고 대사공 두융竇融도 면직시켰다.

3) 광평충후廣平忠侯 오한吳漢이 병으로 위독했다. 광무제가 거가를 타고 친림親臨해 말하고자 한 바를 물었다. 오한이 대답했다.

"신은 어리석어 아는 바 없습니다. 단지 원컨대 폐하가 신중히 처리하여 죄를 사면하는 일이 없기를 바랄 뿐입니다."

5월 4일, 오한이 훙거했다. 조서를 내려 대장군 곽광霍光의 고사故事를 좇아 장례를 치르게 했다. 오한은 성정이 강강剛强하고 힘이 넘쳤다. 광무제를 좇아 정벌에 나설 때마다 광무제가 편안해하기 전에는 늘 곁에 서서 지키는 족립足立을 했다. 제장들이 전쟁에서 불리한 것을 보고 혹여 황구

惶懼하거나 상도常度를 잃을 때마다 의기意氣가 자약自若했다. 바야흐로 무기인 기계器械를 정돈하며 다듬는 정려整厲를 하고, 관원과 병사인 이사吏士를 격려하며 고양시키는 격양激揚을 한 게 그렇다. 광무제가 때로 사람을 파견해 대사마 오한이 무엇을 하고 있는지 살펴보게 했다. 그러면 돌아와서 바야흐로 싸우고 공격하는 무기인 공전지구戰攻之具를 수리하고 있다고 보고했다. 보고를 받은 광무제가 찬탄했다.

"오공吳公은 거의 사람의 마음을 분발하게 만든다. 위엄 있는 모습이 한 나라를 필적할 만하다!"

매번 출정할 때마다 아침에 조서를 받으면 저녁에 길을 떠났고, 잠시도 행장을 꾸리는 일로 시간을 지체하지 않았다. 조정에 돌아와 있을 때도 명찰明察하고 삼가며 질박한 근근근질斤斤謹質의 자세를 체모體貌에서 드러냈다.

오한이 일찍이 출정할 때 그의 처가 후방에서 농지를 사들이는 일을 했다. 오한이 돌아와 그녀를 나무랐다.

"군사軍師는 밖에 있고, 이사吏士는 먹을 게 부족한데 어찌하여 전택을 사들인단 말인가!"

마침내 이것을 모두 나눠 형제와 외가에게 주었다. 자신의 임직任職을 다하고, 공명을 끝까지 누릴 수 있었던 이유다.

4) 흉노가 상당上黨산서성 장자현과 천수天水감숙성 감곡현를 침입한 여세를 몰아 마침내 부풍扶風장안시 서쪽에까지 이르렀다.

5) 광무제가 두통으로 눈이 어질어질한 풍현風眩을 앓았다. 병이 심해지면서 음흥陰興으로 하여금 영시중領侍中의 역할을 맡고, 운대雲臺의 광실廣室에서 군왕의 유명인 고명顧命을 받게 했다. 마침 질병이 조금 낫게 되자 음흥을 소견召見한 뒤 오한을 대신해 대사마로 삼고자 했다. 음흥이 머리를 조아리며 눈물을 흘리는 고두유체叩頭流涕를 하며 고양固讓했다.

"신은 감히 몸을 아낄 생각은 없으나 실로 성덕聖德을 휴손虧損시킬까 두렵습니다. 편의를 좇아 무모하게 떠맡는 구모苟冒를 하는 것은 불가합니다!"

지성至誠의 마음이 속으로부터 우러나와 좌우를 감동感動시켰다. 광무제가 마침내 그의 요구를 들어주었다.

태자태부太子太傅 장잠張湛은 곽후郭后가 폐위된 후 병을 핑계로 조회에 나오지 않았다. 광무제가 그를 억지로 일으켜 사도司徒로 삼고자 했다. 장잠이 실로 병이 심하다며 고사固辭해 다시 조정의 일을 맡길 수 없게 되자 마침내 파면했다.

6월 14일, 광한廣漢 태수인 하내河內 출신 채무蔡茂를 대사도, 태복太僕 주부朱浮를 대사공으로 삼았다.

6월 16일, 좌중랑장左中郞將 유륭劉隆을 표기장군驃騎將軍으로 삼아 행대사마사行大司馬事의 직책을 수행하게 했다.

6) 6월 19일, 곽후 소생의 중산왕中山王 유보劉輔를 옮겨 패왕沛王으로 삼고, 곽후의 오라비인 곽황郭況을 대홍려大鴻臚로 삼았다. 광무제가 자주 곽황의 집에 행차해 상으로 금백金帛을 내렸다. 풍성豊盛을 비할 데가 없어 경사에서는 그의 집을 금으로 만든 소굴이라는 뜻의 '금혈金穴'이라 불렀다.

7) 가을 9월, 마원이 교지交趾로부터 돌아오자 평릉平陵섬서성 함양시 동북쪽 출신 맹기孟冀가 그를 영로迎勞했다. 마원이 말했다.

"바야흐로 지금 흉노匈奴와 오환烏桓이 아직 북변北邊을 소란스럽게 하고 있으니 이들의 격퇴를 자청하고자 하오. 남아로 태어나 의당 변야邊野에서 죽은 뒤 시체를 말가죽으로 싸서 장사지내야 할 뿐이오. 어찌 침상에 누워 아녀자兒女子의 손에 죽을 수 있겠소!"

맹기가 말했다.

"그렇소! 열사烈士는 의당 이같이 해야 할 것이오!"

8) 겨울 10월 20일, 광무제가 노魯산동성 곡부와 동해東海산동성 담성현, 초楚강소성 동산현, 패국沛國안휘성 수계현에 행차했다.

9) 12월, 흉노가 천수天水와 부풍扶風, 상당上黨을 침략했다.

10) 12월 28일, 거가車駕가 환궁했다.

11) 마원이 흉노 격퇴를 자청하자 광무제가 이를 허락했다. 출정하여 양국襄國하북성 형태시에 주둔하게 하고, 백관에게 조서를 내려 길에서 지내는 제사인 조도祖道를 올리게 했다. 마원이 황문랑黃門郎 양송梁松과 두고竇固에게 말했다.

"무릇 사람은 부귀하게 됐다가 의당 다시 천하게 될 수 있소. 만일 경들이 다시금 천하게 되고 싶지 않으면 높은 자리에 있을 때 스스로 극기克己하며 절조를 견지하고, 내 말을 잘 생각해 보도록 하시오!"

양송은 양통梁統, 두고는 두우竇友의 아들이다.

12) 유상劉尚이 진병進兵해 서남이西南夷의 반란세력인 동잠棟蠶 등과 연전連戰해 모두 격파했다.

* 世祖光武皇帝建武二十年

春, 二月, 戊子, 車駕還宮.

夏, 四月, 庚辰, 大司徒戴涉坐入故太倉令奚涉罪, 下獄死. 帝以三公連職, 策免大司空竇融.

廣平忠侯吳漢病篤, 車駕親臨, 問所欲言, 對曰, "臣愚, 無所知識, 惟願陛下慎無赦而已." 五月, 辛亥, 漢薨. 詔送葬如大將軍霍光故事. 漢性强力, 每從征伐, 帝未安, 常側足而立. 諸將見戰陳不利, 或多惶懼, 失其常度, 漢意氣自若, 方整厲器械, 激揚吏士. 帝時遣人觀大司馬何爲, 還言方修戰攻之具, 乃歎曰, "吳公差强人意, 隱若一敵國矣!"每當出師, 朝受詔, 夕則引道, 初無辦嚴之日. 及在朝廷, 斤斤謹質, 形於體貌. 漢嘗出征, 妻子在後買田業, 漢還, 讓之曰, "軍師在外, 吏士不足, 何多買田宅乎!"遂盡以分與昆弟·外家. 故能任職以功名終.

匈奴寇上黨·天水, 遂至扶風.

帝苦風眩, 疾甚, 以陰興領侍中, 受顧命於雲臺廣室. 會疾瘳, 召見興, 欲以代吳漢為大司馬, 興叩頭流涕固讓, 曰, "臣不敢惜身, 誠虧損聖德, 不可苟冒!"至誠發中, 感動左右, 帝遂聽之.

太子太傅張湛, 自郭后之廢, 稱疾不朝, 帝強起之, 欲以為司徒, 湛固辭疾篤, 不能復任朝事, 遂罷之. 六月, 庚寅, 以廣漢太守河內蔡茂為大司徒, 太僕朱浮為大司空.

壬辰, 以左中郎將劉隆為驃騎將軍, 行大司馬事.

乙未, 徙中山王輔為沛王. 以郭況為大鴻臚, 帝數幸其第, 賞賜金帛, 豐盛莫比, 京師號況家為"金穴".

秋, 九月, 馬援自交趾還, 平陵孟冀迎勞之. 援曰, "方今匈奴·烏桓尚擾北邊, 欲自請擊之, 男兒要當死於邊野, 以馬革裹屍還葬耳, 何能臥床上, 在兒女子手中邪!"冀曰, "諒! 為烈士當如是矣!"

冬, 十月, 甲午, 上行幸魯·東海·楚·沛國.

十二月, 匈奴寇天水·扶風·上黨.

壬寅, 車駕還宮.

馬援自請擊匈奴, 帝許之, 使出屯襄國, 詔百官祖道. 援謂黃門郎梁松·竇固曰, "凡人富貴, 當使可復賤也. 如卿等欲不可復賤, 居高堅自持. 勉思鄙言!"松, 統之子. 固, 友之子也.

劉尚進兵與棟蠶等連戰, 皆破之.

한광무제 건무 21년(AD 45)

1) 봄 정월, 유상이 반란세력인 동잠을 불위不韋운남성 보산현까지 추격해 동잠의 두목을 참수했다. 덕분에 서남 지역의 이민족이 모두 평정됐다.

2) 오환과 흉노 및 선비의 군사가 연합해 침구侵寇했다. 대군代郡산서성 양고현의 동쪽이 특히 오환의 해를 입었다. 이들이 거주하며 머무는 지역은 변새에서 가까운 까닭에 아침에 거주지를 떠나면 저녁에 한나라의 성곽에 이르렀다. 대代와 상곡上谷, 어양漁陽, 우북평右北平, 요서遼西 등 5개 군의 백성이 집집마다 해를 입었고, 군현이 손괴損壞됐다. 백성들이 유망流亡하자 변수邊陲가 소조蕭條해졌고, 다시는 인적人跡이 없게 됐다.

가을 8월, 광무제가 마원과 알자謁者를 파견해 나눠 보새保塞를 축조하게 해 조금씩 군현을 흥립興立했다. 간혹 태수와 현령 및 현장을 미리 임명해 놓고 인민을 초환招還하게 했다. 오환은 상곡上谷의 새외塞外에 있는 백산白山에 거주하던 사람들로, 매우 강한強悍하고 부유했다. 마원이 기병 3,000명을 이끌고 가 공격했으나 아무런 공도 세우지 못하고 환군했다.

3) 선비족 기병 1만여 명이 요동遼東을 침구했다. 요동 태수 채융祭肜이 병사 수천 명을 이끌고 가 이들을 영격迎擊했다. 스스로 갑옷을 입고 진지 속으로 뛰어드는 피갑함진被甲陷陳을 하자 선비 기병들이 마구 달아나는 대분大奔을 했다. 물에 빠져 죽은 자가 과반過半에 달했다. 마침내 끝까지 추격해 변새 밖으로 몰아냈다. 적들이 급한 나머지 모두 무기를 버리고 나신裸身으로 산주散走했다. 이후 선비족은 진포震怖하며 채융을 두려워했다. 다시는 감히 변새를 넘보지 못한 이유다.

4) 겨울, 흉노가 상곡上谷과 중산中山을 침구했다.

5) 사차왕莎車王 현賢이 점차 교횡驕橫한 모습을 보이며 서역을 겸병兼

併하려 했다. 자주 서역의 여러 나라를 공격하고 부세賦稅를 무겁게 요구했다. 서역의 여러 나라가 근심하며 두려워했다. 차사전왕국車師前王國신강성 투르판 서북쪽을 비롯해 선선鄯善과 언기焉耆 등 18개 나라가 모두 자식을 낙양에 인질로 보내 입시入侍하게 하고, 진보珍寶를 바쳤다. 광무제가 접견하자 이들 모두 눈물을 흘리며 고개를 숙이는 체류계수涕泣稽首의 모습으로 속히 도호都護를 파견해 줄 것을 원했다. 광무제가 중국中國이 이제 막 평정된데다 북변北邊은 아직까지 정복하지 못한 까닭에 시자侍子들을 모두 돌려보내고, 후한 상을 내렸다. 서역의 여러 나라들은 도호가 오지 않는데다 입시를 위해 보낸 자식들마저 돌아왔다는 소식을 듣고는 크게 우공憂恐한 나머지 이내 돈황敦煌 태수 배준裴遵에게 공문을 보냈다.

"원컨대 시자侍子를 돈황에 머물게 하여 사차莎車에 내보이도록 하십시오. 시자가 머무는 사이 도호都護가 곧바로 변새 밖으로 출정하는 심출尋出을 할 것이라고 말해주면 잠시라도 사차의 침공이 그칠 것으로 봅니다."

배준이 상황을 보고하자 광무제가 이를 허락했다.

＊世祖光武皇帝建武二十一年

春, 正月, 追至不韋, 斬棟蠶帥, 西南諸夷悉平.

烏桓與匈奴·鮮卑連兵為寇, 代郡以東尤被烏桓之害. 其居止近塞, 朝發穹廬, 暮至城郭, 五郡民庶, 家受其辜, 至於郡縣損壞, 百姓流亡, 邊陲蕭條, 無復人跡. 秋, 八月, 帝遣馬援與謁者分築保塞, 稍興立郡縣, 或空置太守·令·長, 招還人民. 烏桓居上谷塞外白山者最為強富, 援將三千騎擊之, 無功而還. 鮮卑萬餘騎寇遼東, 太守祭肜率數千人迎擊之, 自被甲陷陳. 虜大奔, 投水死者過半, 遂窮追出塞.

虜急, 皆棄兵裸身散走. 是後鮮卑震怖, 畏肜, 不敢復窺塞.

冬, 匈奴寇上谷·中山.

莎車王賢浸以驕橫, 欲兼併西域, 數攻諸國, 重求賦稅, 諸國愁懼. 車師前王·鄯善·焉耆等十八國俱遣子入侍, 獻其珍寶. 及得見, 皆流涕稽首, 願得都護. 帝以中國初定, 北邊未服, 皆還其侍子, 厚賞賜之. 諸國聞都護不出, 而侍子皆還, 大憂恐, 乃與敦煌太守檄曰, "願留侍子以示莎車, 言侍子見留, 都護尋出, 冀且息其兵." 裴遵以狀聞, 帝許之.

한광무제 건무 22년(AD 46)

1) 봄 윤閏 정월 19일, 광무제가 장안에 행차했다. 2월 기사己巳, 낙양으로 돌아왔다.

2) 여름 5월 30일, 일식이 있었다.

3) 가을 9월 5일, 지진이 났다.

4) 겨울 10월 19일, 대사공 주부朱浮가 면직됐다. 다음날인 20일, 광록훈 두림杜林을 대사공으로 삼았다.

당초 진류陳留 출신 유곤劉昆이 강릉江陵호북성 강릉현 현령으로 있었다. 강릉현에 화재가 일어나자 유곤이 불을 향해 고두叩頭하자 불이 곧바로 꺼졌다. 이후 그가 홍농弘農 태수가 되자 호랑이가 모두 새끼를 업고 황하를 건넜다. 광무제가 이 소식을 듣고는 기이하게 생각해 유곤을 징소한 뒤 두림을 대신해 광록훈으로 삼으며 유곤에게 물었다.

"전에 강릉현에 있을 때는 바람의 방향을 바꿔 불을 끄더니, 홍농 태수로 있을 때는 호랑이가 북쪽으로 도하渡河 했다고 하오. 어떤 덕정德政을 베풀었기에 이런 일이 있게 된 것이오?"

유곤이 대답했다.

"우연偶然일 뿐입니다."

좌우가 모두 웃었다. 광무제가 탄복했다.

"이는 바로 장자長者의 말이다!"

사관을 돌아보며 이를 사책史策에 기록하게 했다

5) 이 해에 청주靑州에 황충의 재해가 있었다.

6) 흉노의 제20대 호도이시도고약제呼都而屍道皋若鞮 선우인 난제여欒提輿가 죽고, 아들인 좌현왕左賢王 난제오달제후欒提烏達鞮侯가 뒤를 이어 제21대 선우가 됐다. 그러나 그가 곧바로 죽자 그의 동생인 좌현왕 난제포노欒提蒲奴가 다시 제22대 선우로 즉위했다. 흉노 땅에는 계속해서 가뭄과 황충의 재해인 한충旱蝗이 덮쳤다. 황폐한 적지赤地가 수천 리에 달했다. 인축人畜이 기역饑疫으로 죽거나 소모된 게 태반太半에 달했다. 선우는 한나라가 그들의 피폐한 틈을 이용할까 두려워 이내 사자를 파견해 어양漁陽까지 와 화친을 구했다. 광무제가 중랑장 이무李茂를 보내 이를 허락하는 명을 받들어 일을 처리한 뒤 보고하는 보명報命을 하도록 했다.

7) 오환烏桓은 흉노가 약해진 틈을 타 이들을 격파했다. 흉노가 수천 리나 북쪽으로 옮겨가자 막남幕南고비사막 남쪽이 텅 비게 됐다. 광무제가 변군邊郡의 정후亭候와 이졸吏卒에게 조서를 내려 폐백幣帛을 이용해 오환을 초항招降하게 했다.

8) 서역의 여러 나라에서 온 시자侍子들이 오랫동안 돈황敦煌에 머물게 되자 모두 근심하며 망귀亡歸하려 했다. 사차왕莎車王 현현賢은 한나라의 도호가 오지 않는 것을 알고 선선鄯善을 격파하고, 구자왕龜茲王신강성고차현을 공격해 죽였다. 선선왕鄯善王 안安이 낙양에 상서했다.

"원컨대 다시 자식을 인질로 보내 입시入侍하게 하려고 하니 다시 도호를 보내주시기 바랍니다. 도호가 오지 않으면 실로 흉노에게 겁박을 당하게 됩니다."

광무제가 회보했다.

"지금은 사자와 대병大兵을 모두 파견할 여력이 없소. 만일 서역의 제국諸國이 원하는 바대로 힘을 쓸 수 없으면 동서남북 어느 쪽으로 가든 스스로 결정토록 하시오."

이에 선선鄯善과 차사車師 모두 다시 흉노에 귀부했다.

반고班固가 이를 논했다.

"효무제孝武帝 때 흉노 제압을 꾀하면서 그들이 서역의 여러 나라를 겸병한 뒤 남쪽의 강족羌族과 결당結黨할까 걱정했다. 이내 황하 이서의 하곡河曲에 무위와 장액, 주천, 돈황 등 이른바 하서4군河西四郡을 설치하고, 옥문관玉門關을 여는 방식으로 서역과 통교하고, 흉노의 오른쪽 어깨가 되는 부분을 끊어 남쪽의 강족과 월지月氏와 격절隔絶시키고자 한 이유다. 선우가 외원外援을 받을 곳을 잃게 되자 이내 멀리 달아나 숨었다. 덕분에 막남幕南에 흉노 선우의 왕정王庭이 없게 됐다. 한문제漢文帝와 한경제漢景帝의 조용한 현묵玄默의 문경지치文景之治가 보여주듯이 백성들은 한고제를 비롯해 한혜제와 고후高后, 한문제, 한경제 등 5세五世의 장기간에 걸친 휴식을 통해 여유 있는 재력財力을 지닐 수 있었고, 사마士馬 또한 강성強盛할 수 있었다. 능히 하고뿔소와 하고끼리인 서상犀象[30]과 큰 거북의 껍데기인 대모玳瑁를 볼 수 있게 되고, 주애珠崖해남도 경산현 등 7개 군郡을 건설하게 된 게 그렇다. 반찬으로 먹는 식물인 구장蒟醬과 대나무 지팡이인 죽장竹杖을 손에 넣기 위해 장가牂柯귀주성 평월현와 월수越巂사천

---

30   원문은 '서포犀布'이다. '서포'는 하고뿔소와 하고끼리인 서상犀象의 오자이다. 『한서』 「서역전찬西域傳贊」이 '서상'을 '서포'로 잘못 기록하는 바람에 '서포' 표현이 나오게 됐다. 『한기漢紀』 「효무기孝武紀」 등은 서상犀象으로 표현해 놓았다. 번역문은 '서상'으로 바꿔 번역해 놓았다.

성 서창시를 개척한 것도 그렇다. 천마天馬와 포도蒲陶가 있다는 소식을 듣고 대원大宛 및 안식安息 등과 통교한 것도 같은 맥락이다. 이로써 다른 지역의 기이한 물건이 사방에서 몰려들었다. 이에 원유苑囿를 열고, 궁실宮室을 넓히고, 유장帷帳을 성대하게 달고, 미복美服을 입은 채 노닐고, 주지육림酒池肉林을 만들어 사이四夷의 빈객을 불러 대접하고, 마술인 어룡魚龍과 씨름인 각저角抵 등의 놀이를 벌이며 그들을 관람시켰다. 회뢰賄賂와 상사賞賜 및 증송贈送 등을 하면서 1만 리까지 서로 왕래해 보낸 까닭에 이에 필요한 호위군사인 사려師旅의 비용은 이루 헤아릴 수 없을 정도로 많았다. 이후 용도用度가 부족하게 되자 마침내 술을 전매하는 각주고榷酒酤, 소금과 철을 관리하는 관염철筦鹽鐵, 백금을 주조하는 주백금鑄白金, 사슴가죽의 화폐인 녹비鹿皮를 제조하는 조피폐造皮幣 등이 이뤄졌다. 수레를 타거나 배에 오르는 것에도 세금을 매기고, 집에서 키우는 육축六畜에도 징세하는 일이 빚어졌다. 민력民力이 모자라고, 재용財用이 고갈되면서 흉년이 들고, 구도寇盜가 병기幷起하면서 도로道路가 통하지 않게 됐다. 이내 조정에서 직접 파견한 직지사자直指使者가 수놓은 옷을 입은 채 장부杖斧를 들고 군국에서 목을 베는 단참斷斬을 시행한 연후에 비로소 도적을 멸할 수 있었다. 이로써 한무제의 말년에는 드디어 윤대輪臺신강성 윤대현의 둔전을 포기하고, 애통해하는 내용의 조서를 내리게 됐다. 어찌 인성仁聖의 황제가 후회할 일이 아니겠는가! 하물며 서역과 통교할 때는 가장 가까운 용퇴龍堆감숙성 돈황 서쪽와 가장 먼 곳인 총령蔥嶺파미르 고원에 이르기까지 신열身熱과 두통頭痛 및 어지럼증인 현도懸度 등의 액난阨難이 겹쳤다. 회남자淮南子와 두흠杜欽 및 양웅揚雄의 논평을 보면 이들 모두 천지天地가 경계를 만들어 지역을 구별하고, 안팎을 떼어 놓은 것으로 생각했다. 서역 제국諸國은 각각 나름의 군장君長도 있고 병사도 많이 보유했으나 사방으로 나뉘어져 무력이 약했던 까닭에 통일할 길이 없었다. 비록 흉노에 소속되어 있었으나 서로 친부親附한 것은 아니었다. 흉노가 마축馬畜과 모직물인 전계旃罽 등을 얻을 수는 있었으나 이들을 통솔하여 더불어 진퇴를 할 수 없었던 이유다. 서역은 중원과 격절隔絶해 있는데다 거리 또한 멀어 얻을지라도 이익이 없고, 버릴지라도 크게 손해될 게 없었다. 성덕盛德이 우리에게 있으면 저들에게서 취할 게 없었다. 건무建武 이래 서역이 한나라의 위덕威德에 모두 즐거이 내속內屬을 바라고 자주 사자를 보내며 인질을 남겨두는 견사치질遺使置質의 방식으로 도호都護 파견을 청했다. 성상聖上은 고금을 멀리 내다보는 원람고금遠覽古今의 입장에서 때에 따라 합당한 조치를 취하는 인시지의因時之宜를 행하기 위해 도호 파견을 사양하며 허락하지 않았다. 비록 옛날 하나라의 대우大禹가 서융西戎을 잘 대접하고, 주공周公이 남쪽에서 공물貢物로 바친 백치白雉를 사양하고, 태종太宗 한문제가 천리마를 물리친 바 있으나 지금 황상이 취한 조치에는 이런 모든 취지를 동시에 포함한 것이다!"

* 世祖光武皇帝建武二十二年

春, 閏正月, 丙戌, 日, 上幸長安. 二月, 己巳, 還雒陽.

夏, 五月, 乙未晦, 日有食之.

秋, 九月, 戊辰, 地震.

冬, 十月, 壬子, 大司空朱浮免.

癸丑, 以光祿勳杜林爲大司空.

初, 陳留劉昆爲江陵令, 縣有火災, 昆向火叩頭, 火尋滅. 後爲弘農太守, 虎皆負子渡河. 帝聞而異之, 徵昆代林爲光祿勳. 帝問昆曰, "前在江陵, 反風滅火, 後守弘農, 虎北渡河, 行何德政而致是事?" 對曰, "偶然耳." 左右皆笑, 帝歎曰, "此乃長者之言也!" 顧命書諸策.

是歲, 靑州蝗.

匈奴單于輿死, 子左賢王烏達鞮侯立. 復死, 弟左賢王蒲奴立. 匈奴中連年旱蝗, 赤地數千里, 人畜饑疫, 死耗太半. 單于畏漢乘其敝, 乃遣使詣漁陽求和親. 帝遣中郎將李茂報命.

烏桓乘匈奴之弱, 擊破之, 匈奴北徙數千里, 幕南地空. 詔罷諸邊郡亭候·吏卒, 以幣帛招降烏桓.

西域諸國侍子久留敦煌, 皆愁思亡歸. 莎車王賢知都護不至, 擊破鄯善, 攻殺龜茲王. 鄯善王安上書曰, "願復遣子入侍, 更請都護. 都護不出, 誠迫於匈奴." 帝報曰, "今使者大兵未能得出, 如諸國力不從心, 東西南北自在也." 於是鄯善·車師復附匈奴.

班固論曰, "孝武之世, 圖制匈奴, 患其兼從西國, 結黨南羌, 乃表河曲, 列四郡, 開玉門, 通西域, 以斷匈奴右臂, 隔絕南羌·月氏. 單于失援, 由是遠遁, 而幕南無王庭. 遭值文·景玄默, 養民五世, 財力有餘, 士馬強盛. 故能睹犀布·玳瑁, 則建珠崖七郡. 感蒟醬·竹杖, 則開牂柯·越巂. 聞天馬·蒲陶, 則通大宛·安息. 自是殊方異物, 四面而至. 於是開苑囿, 廣宮室, 盛帷帳, 美服玩. 設酒池肉林, 以饗四夷之客, 作魚龍角抵之戲, 以觀視之. 及賂遺贈送, 萬里相奉, 師旅之費, 不可勝計. 至於用度不足, 乃榷酒酤, 筦鹽鐵, 鑄白金, 造皮幣, 算至車船, 租及六畜. 民力屈, 財用竭, 因之以凶年, 寇盜并起, 道路不通, 直指之使始出, 衣繡杖斧, 斷斬於郡國, 然後勝之. 是以末年遂棄輪臺之地, 而下哀痛之詔, 豈非仁聖之所悔哉! 且通西哉, 近有龍堆, 遠則蔥嶺, 身熱·頭痛·懸度之阨, 淮南·杜欽·揚雄之論, 皆以為此天地所以界別區域, 絕外內也. 西域諸國, 各有君長, 兵眾分弱, 無所統一, 雖屬匈奴, 不相親附. 匈奴能得其馬畜·旃罽而不能統率, 與之進退. 與漢隔絕, 道里又遠, 得之不為益, 棄之不為損, 盛德在我, 無取於彼. 故自建武以來, 西域思漢威德, 咸樂內屬, 數遣使置

質於漢, 願請都護. 聖上遠覽古今, 因時之宜, 辭而未許. 雖大禹之
序西戎, 周公之讓白雉, 太宗之卻走馬, 義兼之矣!"

** 권44-한기漢紀 36: 도참설을 과신하다

한광무제 건무 23년(AD 47)

1) 봄 정월, 남군南郡호북성 강릉현의 만족蠻族이 반기를 들었다 무위장군武威將軍 유상劉尙을 보내 토파討破하게 했다.

2) 여름 5월 7일, 대사도 채무蔡茂가 훙거薨去했다.

3) 가을 8월 병술丙戌, 대사공 두림杜林이 훙거했다.

4) 9월 13일, 진류陳留 출신 태수 옥황玉況을 대사도로 삼았다.

5) 겨울 10월 9일, 태복太僕 장순張純을 대사공으로 삼았다.

6) 무릉武陵호남성 상덕시에 사는 만족蠻族의 우두머리를 뜻하는 정부精夫 상단정相單程 등이 반기를 들었다. 유상劉尙을 파견해 군사 1만여 명을 동원한 뒤 원수沅水를 거슬러 올라가 무계武谿호남성 원릉현 서쪽로 들어가 공격하게 했다. 유상이 경적輕敵하여 심입深入했다가 만족이 험한 지세를 이용해 요격하자 전군이 모두 몰살했다.

7) 당초 흉노의 제20대 선우인 난제여欒提輿의 동생이자 우곡려왕右谷蠡王인 난제지아사欒提知牙師가 차례로 좌현왕이 됐다. 좌현왕은 다음에 의당 선우가 되는 자리였다. 난제여는 보위를 아들에게 물려주기 위해 마침내 난제지아사를 살해했다. 흉노의 제19대 선우인 오루약제烏累若鞮[31]에게 아들이 있었다. 이름이 난제비欒提比였다. 우욱건일축왕右奧鞬日逐王이 되어 남쪽의 8부部를 거느렸다. 그는 난제지아사가 죽은 것을 보

고는 원언怨言을 내뱉었다. [31]

"형제간에 선우의 자리가 계승되는 원칙으로 말하면 우곡려왕이 의당 다음에 선우의 자리에 올라야 한다. 아들이 계승하는 원칙으로 말하면 내가 이전 선우의 장자이니 의당 선우가 되어야 한다."

마침내 속으로 시기하며 두려워하는 시구猜懼의 마음을 품고 매년 정월에 이뤄지는 흉노 왕정의 모임인 정회庭會에 드물게 참석했다. 선우 난제여가 이를 의심한 나머지 이내 좌우의 두 골도후骨都侯를 파견해 난제비가 거느린 부병部兵을 감독하고 관리하게 했다.

이후 난제여의 아들인 난제포노欒提蒲奴가 즉위하자 난제비의 원망은 더욱 깊어졌다. 그는 비밀리에 한인漢人 곽형郭衡을 파견해 흉노의 지도地圖를 받들어 서하西河 태수에게 가도록 했다. 속으로 내부內附하고자 한 것이다. 두 골도후가 자못 그 속셈을 알아차렸다. 마침 5월의 제천祭天 대회인 용사龍祠 때 선우에게 권고해 난제비를 주살하게 했다.

난제비의 동생인 점장왕漸將王이 선우의 장막에 있다가 이 소식을 듣고는 급히 말을 달려 난제비에게 이를 알렸다. 난제비가 마침내 8부八部의 병사 4만–5만 명을 소집한 뒤 좌우의 두 골도후가 돌아오길 기다렸다가 살해하려 했다. 두 골도후는 일단 도착했다가 이내 그 음모를 알아채고 급히 망거亡去했다. 선우가 1만 명의 기병을 보내 이를 치게 했다. 그러나 난제비의 무리가 많은 것을 보고 감히 전진하지 못하고 이내 환군했다.

8) 이 해에 격후鬲侯 주호朱祜가 훙거했다. 주호는 위인이 질직質直하고 유학을 숭상했다. 장군이 된 후 대부분 적의 항복을 받았다. 승리해

---

31   제19대 선우인 오루약제烏累若鞮가 원문에는 제18대 선우인 오주류烏珠留로 나온다. 문맥상 제19대 선우인 '오루약제'로 보는 게 옳다. 착오가 있었던 듯하다.

성읍을 안정시키는 것을 근본으로 삼고, 사람의 수급으로 공을 세우려 하지 않은 덕분이다. 그는 또 사졸에게 백성을 노략하는 것을 금제禁制했다. 그러나 군인軍人은 방종을 즐긴 까닭에 대부분 주호를 원망했다.

** 起強圉協洽, 盡上章涒灘, 凡十四年.

世祖光武皇帝建武二十三年

春, 正月, 南郡蠻叛. 遣武威將軍劉尚討破之.

夏, 五月, 丁卯, 大司徒蔡茂薨.

秋, 八月, 丙戌, 大司空杜林薨.

九月, 辛未, 以陳留太守玉況為大司徒.

冬, 十月, 丙申, 以太僕張純為大司空.

武陵蠻精夫相單程等反, 遣劉尚發兵萬餘人溯沅水入武谿擊之. 尚輕敵深入, 蠻乘險邀之, 尚一軍悉沒.

初, 匈奴單于輿弟右谷蠡王知牙師, 以次當為左賢王, 左賢王次即當為單于. 單于欲傳其子, 遂殺知牙師. 烏珠留單于有子曰比, 為右薁鞬日逐王, 領南邊八部. 比見知牙師死, 出怨言曰, "以兄弟言之, 右谷蠡王次當立. 以子言之, 我前單于長子, 我當立." 遂內懷猜懼, 庭會稀闊. 單于疑之, 乃遣兩骨都侯監領比所部兵. 及單于蒲奴立, 比益恨望, 密遣漢人郭衡奉匈奴地圖, 詣西河太守求內附. 兩骨都侯頗覺其意, 會五月龍祠, 勸單于誅比. 比弟漸將王在單于帳下, 聞之, 馳以報比. 比遂聚八部兵四五萬人, 待兩骨都侯還, 欲殺之. 骨都侯且到, 知其謀, 亡去. 單于遣萬騎擊之, 見比眾盛, 不敢進而還.

是歲, 鬲侯朱祜薨. 祜為人質直, 尚儒學. 為將多受降, 以克定城邑為本, 不存首級之功. 又禁制士卒不得虜掠百姓. 軍人樂放縱, 多以此怨之.

한광무제 건무 24년(AD 48)

1) 봄 정월 19일, 천하에 사면령을 내렸다.

2) 흉노 8부八部의 대인大人들이 공의共議해 일축왕日逐王 난제비欒提比를 제14대 선우와 똑같은 명칭을 지닌 제23대 호한야呼韓邪 선우로 삼았다. 난제비는 오원五原내몽골 포두시 서북쪽의 요새로 사람을 파견해 영원한 울타리인 번폐藩蔽의 자세로 북로北虜에 대한 방어 즉 한어扞御의 역할을 수행하려 한다고 말했다. 이 사안을 공경들에게 내려보내 의논하게 하자 논의하는 자들이 모두 이같이 생각했다.

"천하가 평정된 초기인 까닭에 중국은 텅 비어 있고, 이적夷狄의 속셈인 정위情僞를 알기 어렵습니다. 허락은 불가합니다."

오관중랑장五官中郎將 경국耿國만이 홀로 생각했다.

"의당 효선제孝宣帝의 고사故事를 좇아 저들의 제안을 받아들인 후 동쪽으로 선비를 막고, 북쪽으로 흉노에 대항하고, 4이四夷를 이끌고 권고하며 변군邊郡을 완전히 회복시켜야 합니다."

광무제가 이를 좇았다.

3) 가을 7월, 무릉武陵호남성 상덕시에 사는 만족蠻族이 무릉의 치소治所가 있는 임원臨沅을 침구했다. 알자謁者 이숭李嵩과 중산中山 출신 태수 마성馬成을 보내 토벌하게 했으나 이기지 못했다. 마원이 출정을 청하자 광무제는 그가 연로한 것을 근심해 허락하지 않았다. 마원이 말했다.

"신은 여전히 갑옷을 입고 말을 타는 피갑상마被甲上馬를 할 수 있습니다."

광무제가 시험해 보일 것을 명했다. 마원이 안장에 올라 사방을 두루 살피는 거안고면據鞍顧眄의 자세로 여전히 감당할 수 있는 모습을 보이자 광무제가 웃으며 말했다.

"눈빛이 빛나며 정신이 맑은 확삭矍鑠의 모습이구나, 이 노인네는!"

마침내 마원을 파견해 중랑장 마무馬武와 경서耿舒 등과 함께 4만여 명의 군사를 이끌고 가 무릉군 내에 있는 오계五溪[32]를 정벌하게 했다. 마원이 친구 두음杜愔에게 말했다.

"나는 나라로부터 후은厚恩을 입었고, 나이는 죽을 때인 일색日索에 박두迫頭하고 있소. 늘 국사國事로 죽게 되지 못할까 걱정한 이유요. 지금 원하는 바를 얻었으니 기쁜 마음으로 눈을 감는 감신명목甘心瞑目을 하게 됐소. 다만 장자長者 가문 출신의 자제들이 나의 좌우 또는 종사從事로 있는 까닭에 혹여 조화를 이루지 못할까 두렵소. 마음이 쓰이는 개개介介[33]의 사항은 단지 이게 싫을 것일 뿐이오!"

4) 겨울 10월, 흉노의 제23대 호한야 선우인 일축왕 난제비가 남선우南單于로 자립한 뒤 낙양으로 사자를 보내 울타리 역할을 하며 신하를 칭하는 봉번칭신奉藩稱臣을 자처했다. 광무제가 이를 낭릉후朗陵侯 장궁臧宮에게 묻자 장궁이 대답했다.

"흉노가 지금 기역饑疫으로 인해 분쟁分爭을 하고 있습니다. 신은 원컨대 5,000명의 기병을 얻어 공을 세우고자 합니다."

광무제가 웃었다.

"그대는 늘 이기는 병가兵家인 이른바 상승지가常勝之家이니, 그대와 함께 적에 관해 생각하기는 어려울 듯하오. 내가 이를 좀 더 생각해 보도록 해보겠소."

---

32   오계五溪는 『수경주水經注』에 따르면 만족이 사는 무릉군 내의 웅계熊溪, 낭계郎溪, 유계酉溪, 무계潕溪, 진계辰溪를 가리킨다. 지금의 호남성 회화시懷化市 주변 지역으로, 총 31개 소수민족이 살고 있다.

33   개개介介는 2가지 뜻이 있다. 첫째, 느낀 바를 잊지 못하는 모습으로 경경耿耿과 같다. 둘째, 나뉘어 떨어져 있는 분격分隔 내지 조격阻隔을 가리킨다. 여기서는 첫 번째 의미로 사용된 것이다.

* 世祖光武皇帝建武二十四年

春, 正月, 乙亥, 赦天下.

匈奴八部大人共議立日逐王比爲呼韓邪單于, 款五原塞, 願永爲藩蔽, 扞御北虜. 事下公卿, 議者皆以爲曰, "天下初定, 中國空虛, 夷狄情僞難知, 不可許." 五官中郎將耿國獨以爲曰, "宜如孝宣故事, 受之. 令東扞鮮卑, 北拒匈奴, 率厲四夷, 完復邊郡." 帝從之.

秋, 七月, 武陵蠻寇臨沅. 遣謁者李嵩·中山太守馬成討之, 不克. 馬援請行, 帝愍其老, 未許, 援曰, "臣尙能被甲上馬." 帝令試之. 援據鞍顧眄, 以示可用, 帝笑曰, "矍鑠哉是翁!" 遂遣授率中郎將馬武·耿舒等將四萬餘人, 征五溪. 援謂友人杜愔曰, "吾受厚恩, 年迫日索, 常恐不得死國事. 今獲所願, 甘心瞑目, 但畏長者家兒或在左右, 或與從事, 殊難得調, 介介獨惡是耳!"

冬, 十月, 匈奴日逐王比自立爲南單于, 遣使詣闕奉藩稱臣. 上以問朗陵侯臧宮. 宮曰, "匈奴饑疫分爭, 臣願得五千騎以立功." 帝笑曰, "常勝之家, 難與慮敵, 吾方自思之."

한광무제 건무 25년(AD 49)

1) 봄 정월, 요동遼東요녕성 요양시의 변경 밖인 요외徼外에서 맥인貊人이 변경을 침범하는 구변寇邊을 했다. 요동 태수 채융祭肜이 이들을 불러서 항복하게 만드는 초항招降을 했다. 채융은 재리財利로 선비鮮卑의 대도호大都護 편하偏何를 어루만지며 받아들인 뒤 다른 종족을 초치招致하게 했다. 덕분에 다른 종족이 꼬리를 물며 요새에 이르는 낙역관새駱驛款塞[34]의 모습을 보였다. 채융이 편하 등에게 말했다.

---

34   낙역관새駱驛款塞의 낙역駱驛은 끊이지 않고 계속 이어지는 것을 의미한다. 낙역

"입공立功의 뜻을 보이려면 의당 돌아가서 흉노를 치고 그 두목을 참수해 수급首級을 보내야만 비로소 믿을 수 있을 것이다."

편하 등이 즉시 흉노를 치고 참수한 것이 2,000여 급에 달했다. 이들이 수급을 들고 요동군을 찾았다. 이후 매년 서로 공격하며 번번이 수급을 보내 상을 받았다. 이후 흉노가 쇠약해지자 변경에서 침구侵寇로 인한 경계警戒가 사라지고, 선비鮮卑와 오환烏桓이 나란히 들어와 조공을 하게 됐다. 채융은 사람이 소박하고 중후하며 강한 질후중의質厚重毅의 인물이었다. 이적을 은신恩信으로 다독이자 모두 그를 두려워하면서도 좋아했다. 사력死力을 다해 채융을 도운 이유다.

2) 제23대 선우인 남선우南單于 난제비欒提比가 동생인 좌현왕 난제막欒提莫을 파견해 병사 1만여 명을 이끌고 가 제22대 선우인 북선우北單于 난제포노欒提蒲奴의 동생인 욱건좌현왕薁鞬左賢王을 생포하게 했다. 북선우 난제포노가 진포震怖한 나머지 1,000여 리 뒤로 물러났다. 이후 북부의 욱건골도후薁鞬骨都侯와 우골도후右骨都侯가 무리 3만여 명을 이끌고 남선우 난제비에게 귀부했다.

3월, 남선우가 다시 낙양으로 사자를 파견해 공물을 바치는 공헌貢獻을 했다. 이어 사자가 군사를 감독 보호하는 문제와 인질인 시자侍子를 낙양으로 파견하는 문제 등 구약舊約의 수호修好를 청했다.

3) 3월 29일, 일식이 있었다.

4) 마원의 군사가 임향臨鄉호남성 무릉현에 이르러 만병蠻兵을 격파하고, 2,000명을 참수하거나 포획하는 참획斬獲의 성과를 거뒀다.

당초 마원은 일찍이 병이 든 적이 있었다. 호본중랑장虎賁中郎將 양송

絡繹과 같은 뜻이다. 관새款塞는 변경 요새의 관문을 '똑똑' 두드리며 노크하는 것을 말한다. 요새 밖에 사는 외족들이 찾아와 통호하는 것을 가리킨다.

梁松이 안부 차 와서는 침상 아래서 홀로 절을 했다. 마원이 답하지 않았다. 자가 백손伯孫인 양송이 떠난 후 자식들이 물었다.

"양백손梁伯孫은 무음공주舞陰公主와 결혼한 황제의 사위입니다. 조정 내의 귀중貴重한 인물이라 공경과 그 이하 사람 가운데 꺼리지 않는 사람이 없습니다. 대인大人은 어찌하여 홀로 예의를 차리지 않는 것입니까?"

마원이 말했다.

"나는 원래 양송 부친의 친구이다. 그가 비록 귀중한 신분이기는 하나 어찌 그 질서를 잃을 수가 있겠는가!"

마원의 조카 마엄馬嚴과 마돈馬敦은 모두 풍자해 비난하는 기의譏議를 좋아했고, 경솔한 유협인 경협輕俠과 왕래했다. 마원이 전에 교지에 있을 때 교환한 서신을 돌려보내며 이같이 타일렀다.

"나는 너희들이 다른 사람의 과실過失을 듣는 것을 마치 부모의 이름을 듣는 것처럼 하여 귀로는 들을 수 있지만 입으로는 말할 수 없기를 바란다. 다른 사람의 장단長短을 논의하기 좋아하고, 멋대로 정법政法을 시비하는 것에 나는 크게 싫어하는 대오大惡를 표한다. 차라리 죽을지언정 자손들 가운데 이런 행동을 하는 자가 있다는 말을 듣지 않기를 원한다. 용백고龍伯高는 돈후敦厚하고 주신周慎하여 입으로는 시비를 논하는 일이 없는 구무택언口無擇言, 겸손하며 절약하는 겸약절검謙約節儉, 청렴공정하며 위엄 있는 염공유위廉公有威를 행한다. 내가 애지중지愛之重之하고 너희들이 닮기를 바라는 이유다. 두계량杜季良은 의협심이 있고 의를 좋아하는 호협호의豪俠好義, 남의 걱정을 걱정하는 우인지우憂人之憂, 남의 즐거움을 즐거워하는 낙인지락樂人之樂을 행했다. 부친상을 당하자 손님들이 몰려왔고 여러 군郡에서 모두 다 왔다. 내가 애지중지하면서도 너희들이 닮는 것을 바라지 않는 이유다. 용백고를 본받으려다 그리하지 못하면 오히려 삼가고 근신하는 선비인 근칙지사謹敕之士가 될 수 있다.

고니를 조각하려 이루지 못하면 여전히 오리라도 닮게 조각한다는 뜻의 이른바 '각혹불성刻鵠不成[35], 상류목자尚類鶩者'가 된다. 그러나 두계량을 본받으려다 그리하지 못하면 천하의 경박자輕薄子로 빠지게 된다. 호랑이를 그리려다 이루지 못하면 오히려 개를 그리게 된다는 뜻의 '화호불성畫虎不成, 반류구자反類狗者'가 되기 때문이다."

용백고는 산도山都호북성 양양현 서북쪽 현장 용술龍述, 두계량은 월기교위越騎校尉의 사마司馬인 두보杜保를 가리킨다. 모두 경조京兆 출신이다. 이때 마침 두보에게 원한을 가진 사람이 상서해 이같이 소송했다.

"두보가 부박浮薄한 행동을 하고, 군중을 현혹하는 난군혹중亂群惑眾을 하자 복파장군伏波將軍 마원이 1만 리 떨어진 곳에서 교지에 있을 때 교환한 서신을 돌려보내며 조카들을 경계시켰습니다. 그럼에도 양송梁松과 두고竇固는 두보와 교결交結하고 있으니 장차 그의 경박하고 거짓된 행위를 부채질하여 천하를 어지럽게 만들 것입니다."

상서가 올라오자 광무제가 양송과 두고를 불러 나무라며 소송을 제기한 서신인 송소訟書와 마원이 조카들을 경계한 서신을 내보였다. 양송과 두보가 고두叩頭하며 피를 흘릴 정도가 돼서야 겨우 면죄됐다. 광무제가 조서를 내려 월기교위 사마인 두보를 면직시키고, 산도 현장 용술을 발탁해 영릉零陵호남성 영릉현 태수로 삼았다. 양송이 이 일로 인해 마원에게 원한을 품었다.

---

35   혹鵠은 고니를 가리킨다. 많은 사람이 포부가 원대하고 큰 인물을 상징하는 홍혹鴻鵠 즉 큰 기러기와 고니를 '홍곡'으로 읽고 있으나 이는 잘못이다. '곡'은 정곡正鵠을 찌른다는 뜻으로 사용되는데서 알 수 있듯이 과녁 즉 표적標的을 가리킬 때만 그같이 읽는다. 고니를 지칭할 때는 반드시 '혹'으로 읽어야만 한다. 현대 중국어에서도 이를 명백히 구분하고 있다. 파자靶子 즉 과녁을 뜻할 때는 '구gǔ', 천아天鵝 즉 고니를 가리킬 때는 '후hú'로 읽는 게 그렇다.

마원이 무릉武陵 일대의 만족蠻族을 토벌 차 내려가 군사들이 하준下雋호남성 원릉현 동북쪽에 도착했을 때 보니 들어갈 수 있는 길이 두 갈래였다. 오른쪽 산인 호두산壺頭山에서 진입하면 길은 가깝지만 물길이 험했다. 또 충현充縣에서 진입하면 길은 평탄하나 운송로가 멀었다. 경서耿舒는 충현에서 들어가는 길을 좇고자 했으나 마원은 날짜와 군량을 허비하는 기일비량棄日費糧을 꺼려 오두산에서 진입하느니만 못하다고 여겼다. 그리하면 그들의 목을 조여 충현에 있는 적을 절로 격파할 수 있다고 판단한 것이다. 이런 문제를 적어 올리자 광무제가 마원의 계책을 좇았다.

마원이 진군하여 호두산에 영채를 세우자 무릉의 만족이 높은 곳에 올라가 장애물을 이용해 방어에 나섰다. 물살이 빨라 배를 타고 올라갈 수 없었다. 마침 더위가 심해 많은 사졸이 역질에 걸려 죽었다. 마원도 병에 걸리자 이내 강안穿岸에 굴을 뚫어 더위를 피했다. 만족이 매번 험한 지역으로 올라와 고조鼓噪하면 마원은 번번이 발을 질질 끌면서 이를 바라봤다. 좌우들 가운데 그의 장한 뜻을 보고 눈물을 흘리지 않는 자가 없었다. 경서耿舒가 그의 형인 호치후好畤侯 경엄耿弇에서 서신을 보냈다.

"전에 저 경서는 상서해 의당 먼저 충현充縣을 쳐야 한다고 했습니다. 비록 양식을 운반하는 게 어렵다고는 하나 병사와 말을 이용하면 되고, 군사 또한 수만 명이 되니 다퉈 앞서 나가 분투하기를 바란 것입니다. 지금 호두산에서는 끝내 진군할 수 없어 많은 병사들이 행진 도중 역질로 인해 죽는 행사行死를 당할까 걱정하며 우울해하는 불울怫鬱의 모습을 보이고 있습니다. 실로 통석痛惜할 만한 일입니다! 전에 임향臨鄕호남성 무릉현에 도착했을 때 만적들이 스스로 올 리 없었던 까닭에 만일 밤에 공격을 가했다면 바로 진멸殄滅할 수 있었습니다. 복파장군이 무릉의 만족을 마치 서역의 호족胡族 상인들처럼 생각해 한 곳에 이르러 머무는 바람에 실리失利하고 말았습니다. 지금 과연 질역疾疫이 나도는 바람에 모두 저 경서가 말한 바처럼 되고 말았습다."

경엄이 이 서신을 받아 상주했다. 광무제가 이내 사위인 양송을 시켜 전거傳車를 타고 달려가 마원을 책문責問한 뒤 대신 군사를 감독하게 했다. 마침 마원이 병사하자 양송은 이를 이용해 여러 사항을 얽어 마원을 무함했다. 광무제가 대로해 마원의 신식후新息侯 인수를 거둬들였다.

당초 마원이 교지에 있을 때 율무인 이의薏苡 열매를 먹은 바 있다. 몸을 가볍게 하고, 한기를 막을 수 있었다. 군사가 돌아올 때 이를 한 수레나 싣고 왔다. 마원이 군중에서 병사하자 어떤 자가 상서하여 마원이 전에 싣고 온 것은 모두 명주明珠와 무늬 있는 하고뿔소 뿔인 문서文犀 뿐이라고 무함했다. 광무제가 더욱 노했다. 마원의 처자식인 처노처노妻孥는 황구惶懼한 나머지 감히 마원의 영구를 조상의 묘역인 구영舊塋으로 들이지 못한 채 낙양성 서쪽에 풀로 덮어 가매장하는 고장稿葬을 했다. 빈객과 고우故人 모두 감히 조문과 장례에 참석하지 못했다. 마원의 조카인 마엄馬嚴과 마원의 처자는 풀로 만든 끈인 초삭草索으로 서로를 연결한 뒤 궁궐로 나아가 청죄請罪했다. 광무제가 이내 사위인 양송이 보낸 상서를 보여주었다. 마원의 일족은 비로소 이 사건에 연루된 배경을 알게 됐다. 곧바로 상서해 억울함을 호소하는 소원訴冤을 앞뒤로 모두 6번 했다. 문사文思가 매우 애절哀切했다.

전에 운양雲陽섬서성 순화현 현령으로 있던 부풍扶風 출신 주발朱勃이 궁궐로 나아가 상서했다.

"신이 가만히 보건대, 옛날 복파장군 마원은 서주西州감숙성 동부에서 발탁된 이후 황상의 성의聖義를 흠모欽慕한 나머지 관문의 험난險難을 누비면서 만사萬死의 고비를 넘기고, 농롱隴과 기翼 일대를 경영經營했습니다. 그 지모는 솟구치는 샘과 같은 모여용천謀如湧泉, 세력은 원통을 굴려 모든 장애물을 뛰어넘는 세여전규勢如轉規[36]의 모습을 보였습니다. 군사를 움직이면 공을 세웠고, 진격하면 번번이 승리했습니다. 선령先零을 토벌해 솎아내는 주서誅鋤를 할 때 비시飛矢가 종아리를 꿰뚫었고, 교지로 출정했을 때는 처자와 생이별을 했습니다. 도중에 다시 남쪽을 토벌 차 내려가 임향臨鄕을 함락시켰습니다. 군사적으로 업적을 이뤘지만 끝을 보지 못한 채 죽고 말았습니다. 이사吏士가 비록 역질에 걸리기는 했으나 마원만이 홀로 살아남는 독존獨存을 한 게 아닙니다. 무릇 전쟁은 오랫동안 버텨 공을 세우는 이구입공以久立功이 있는가 하면, 속전속결을 꾀하다가 패배를 자초하는 이속치패以速致敗의 경우도 있습니다. 깊이 쳐들어가는 심입深入이 반드시 승리를 가져다주는 것도 아니고, 진격하지 않는 부진不進이 반드시 잘못된 것도 아닙니다. 인정人情에 비춰 볼 때 어찌 절지絶地에 오래도록 주둔하며 생환生還하지 않는 것을 좋아할 리 있겠습니까? 오로지 마원은 조정을 22년 동안 섬겼고, 북쪽으로 변새와 사막인 새막塞漠으로 출정하며 남쪽으로 강해江海를 건너고, 해로운 장기瘴氣를 무릅쓰고 군사 작전을 하다 땅에 쓰러져 죽는 강사僵死를 하고 말았습니다. 그럼에도 명예와 작위가 멸절하는 명멸작절名滅爵絶을 당하고, 봉국의 땅이 전해지지 않게 됐습니다. 천하 사람들은 그가 지은 잘못을 알지 못하고, 많은 사람은 그가 실패한 사실을 듣지 못했습니다. 그런데도 가속家屬은 두문杜門을 하고, 장례도 선영의 묘역에서 치르지 못하고, 원극怨隙이 나란히 일어나고, 종친宗親들이 포률怖慄하고 있습니다. 사자死者는 스스로 사실을 열거할 수 없고, 생자生者는 그를 위해 소송을 하지도

---

36   세여전규勢如轉規는 아무런 저항이 없을 때 사용한다. 이현李賢은『후한서』「마원전」에 대한 주에서 전규轉規를 두고 풀이하기를, "규規는 둥글 원員의 뜻이다.『손자병법』「병세兵勢」는 천 길 높은 산 위에서 둥근 돌을 굴리는 것과 같은 것이 병세兵勢라는 취지에서 '여전원석어천인지산자如轉圓石於千仞之山者, 세야勢也'라고 언급한 바 있다."고 했다.

못하고 있습니다. 신이 내심 가슴 아프게 생각하는 이유입니다! 무릇 명주明主는 상을 내릴 때 매우 진한 농후醲厚의 모습을 보이고, 형을 가할 때 간결한 법인 약법約法을 시행합니다. 한고제가 일찍이 진평陳平에게 금金 4만 근을 주어 항우의 초나라 군사를 이간하게 하면서 그 돈의 출입을 묻지 않았습니다. 어찌 다시 전곡錢穀과 같은 문제로 그를 의심할 수 있단 말입니까? 원컨대 이 사안을 공경에게 내려보내 공죄功罪를 평가하게 함으로써 의당 끊을 것은 끊고 이을 것은 잇는 의절의속宜絕宜續을 행해 해내의 바람을 채워 주십시오."

광무제가 조금 마음을 풀었다.

당초 주발朱勃은 나이 12세 때 『시경』과 『서경』을 암송했고, 늘 마원의 형 마황馬況을 좇아 문후問候를 올렸다. 문사文辭와 언행이 부드럽고 우아한 한아嫻雅의 모습을 보였다. 마원은 공부 도중 그와 비교하면서 자신이 부족한 것을 알게 됐다. 마황이 이를 알고는 동생인 마원을 위해 술을 따라주는 작주酌酒의 자리를 마련한 뒤 이같이 위로했다.

"주발은 그릇이 작은 소기小器로서 속성速成한 까닭에 지혜가 일찍 소진하고 말았다. 끝내 너를 좇아 공부할 터이니 두려워하지 말도록 해라."

주발은 나이 20세가 못 되어 우부풍右扶風에서 그에게 청해 위성현渭城縣섬서성 함양시 동북쪽 현재縣宰의 자리를 1년간 임시로 떠맡는 시수試守를 하도록 했다. 마원이 장군이 되어 봉후封侯될 때까지 그는 여전히 임시직책을 떠나 현령의 자리에 머물러 있었다. 마원이 후에 비록 귀하게 됐지만 늘 구은舊恩으로 그를 대하면서 스스로를 낮추는 비모卑侮를 했다. 주발은 그럴수록 더욱 친근하게 마원을 대했다. 마원이 참소讒訴를 받을 때 주발만이 유일하게 마원을 시종여일하게 대한 이유다.

알자謁者인 남양南陽 출신 종균宗均이 마원의 군대를 감독하게 됐다. 마원은 이미 병사했고, 병사들 역시 역사疫死를 당한 자가 태반이나 됐다. 만족 역시 기곤饑困에 처하게 됐다. 종균이 이내 제장들과 상의했다.

"지금 길은 멀리 떨어져 있고 병사들은 병이 나 있다. 싸우고자 해도 그럴 수 없게 됐으니 임기응변의 권의權宜로 황명의 범위 내에서 조치를 취하는 승제承製를 행해 저들을 항복시키려 하는데 어찌 생각하시오?"

제장들이 모두 땅에 엎드려 감히 대답하지 못했다. 종균이 말했다.

"무릇 충신은 밖에 나와 나라를 편안하게 할 수만 없다면 임의로 '승제'를 행하는 전제專制를 할지라도 가할 것이오."

이내 황제의 명을 고쳐 복파장군 마원의 사마司馬로 있던 여충呂种을 임시 원릉沅陵의 현장으로 삼았다. 이어 여충에게 명해 조서를 받들어 만족의 진영으로 들어간 뒤 은혜와 믿음의 시혜를 고하면서 그 기회에 군사를 정비해 이끌고 가도록 조치했다. 만이蠻夷가 진포震怖했다.

겨울 10월, 만이가 함께 우두머리인 대수大帥의 목을 베고 항복했다. 이에 종균이 적진으로 들어가 그 무리를 분산시켜 본래 있던 군군郡으로 돌려보냈다. 이어 현령 등의 장리長吏를 둔 뒤 환군했다. 많은 만족인 군만群蠻이 마침내 평정된 이유다. 종균은 낙양에 도착하기도 전에 먼저 황제의 명을 멋대로 고친 교제矯制에 관해 스스로 탄핵하는 자핵自劾의 죄를 고했다. 광무제가 그의 공을 가상히 여겨 환영하며 금백金帛을 하사했다. 이어 자신의 집을 지날 때 조상의 무덤에 성묘하는 상총上塚을 하도록 했다.

5) 이 해에 요서遼西에 사는 오환烏桓의 대인大人 학단郝旦 등이 무리를 이끌고 내속內屬하려 했다. 광무제가 조서를 내려 오환의 거수渠帥를 후侯, 왕王, 군장君長 등에 책봉한 자가 총 81명에 달했다. 요새의 안쪽에 거주하게 하고, 변방의 여러 군군郡에 퍼져 살면서 동족을 불러들이게 한 뒤 그들에게 의식衣食을 공급하고, 마침내 한나라를 위해 정탐하는 척후인 정후偵候가 되어 흉노와 선비를 치는 데 도움을 주게 했다. 이때 사도

연사도연司徒掾 반표班彪가 상언上言했다.

"오환은 천성이 가볍고 교활한 경힐輕黠의 모습을 보이고, 노략하고 도적질하는 구적寇賊을 좋아하고, 오랫동안 방종하게 하여 전체적으로 관리하는 총령자總領者가 없으면 반드시 다시 그곳에 사는 자를 약탈할 것입니다. 단지 투항한 자를 관리하는 하급 관원인 연리掾吏에게 위임해 놓기만 하면 아마도 통제하지 못할까 두렵습니다. 신은 어리석으나 의당 오환교위烏桓校尉를 다시 두어야 실로 그들을 불러 모으는 데 유익하고, 나라의 변경에 대한 우려도 줄일 수 있을 것으로 생각합니다."

광무제가 이를 좇았다. 이에 비로소 다시 상곡군上谷하북성 회래현 영성현寧城縣하북성 선화현에 교위를 두고 군영軍營과 관부官府를 개설함으로써 선비족에 대한 상사賞賜와 질자質子 업무를 관장하게 했다. 또 세시歲時를 좇아 물건을 교환하는 변경 무역인 이른바 호시互市를 열게 했다.

* 世祖光武皇帝建武二十五年

春, 正月, 遼東徼外貊人寇邊, 太守祭肜招降之. 肜又以財利撫納鮮卑大都護偏何, 使招致異種, 駱驛款塞. 肜曰, "審欲立功, 當歸擊匈奴, 斬送頭首, 乃信耳." 偏何等即擊匈奴, 斬首二千餘級, 持頭詣郡. 其後歲歲相攻, 輒送首級, 受賞賜. 自是匈奴衰弱, 邊無寇警, 鮮卑·烏桓幷入朝貢. 肜為人質厚重毅, 撫夷狄以恩信, 故皆畏而愛之, 得其死力.

南單于遣其弟左賢王莫將兵萬餘人擊北單于弟薁鞬左賢王, 生獲之. 北單于震怖, 卻地千餘里. 北部薁鞬骨都侯與右骨都侯率眾三萬餘人歸南單于. 三月, 南單于復遣使詣闕貢獻, 求使者監護, 遣侍子, 修舊約.

戊申晦, 日有食之. 馬援軍至臨鄉, 擊破蠻兵, 斬獲二千餘人.

初, 援嘗有疾, 虎賁中郎將梁松來候之, 獨拜床下, 援不答. 鬆去後, 諸子問曰, "梁伯孫, 帝婿, 貴重朝庭, 公卿已下莫不憚之, 大人奈何獨不為禮?" 援曰, "我乃松父友也, 雖貴, 何得失其序乎!" 援兄子嚴·敦幷喜譏議, 通輕俠, 援前在交趾, 還書誡之曰, "吾欲汝曹聞人過失, 如聞父母之名, 耳可得聞, 口不可得言也. 好論議人長短, 妄是非政法, 此吾所大惡也, 寧死, 不願聞子孫有此行也. 龍伯高敦厚周慎, 口無擇言, 謙約節儉, 廉公有威, 吾愛之重之, 願汝曹效之. 杜季良豪俠好義, 憂人之憂, 樂人之樂, 父喪致客, 數郡畢至, 吾愛之重之, 不願汝曹效也. 效伯高不得, 猶為謹敕之士, 所謂'刻鵠不成尚類鶩'者也. 效季良不得, 陷為天下輕薄子, 所謂'畫虎不成反類狗'者也." 伯高者, 山都長龍述也, 季良者, 越騎司馬杜保也, 皆京兆人. 會保仇人上書, 訟"保為行浮薄, 亂群惑眾, 伏波將軍萬望還書以誡兄子, 而梁松·竇固與之交結, 將扇其輕偽, 敗亂諸夏."

書奏, 帝召責松·固, 以訟書及援誡書示之, 松·固叩頭流血, 而得不罪. 詔免保官, 擢拜龍述為零陵太守. 松由是恨援.

及援討武陵蠻, 軍次下雋, 有兩道可入. 從壺頭則路近而水險, 從充則塗夷而運遠. 耿舒欲從充道, 援以為棄日費糧, 不如進壺頭, 扼其喉咽, 充賊自破. 以事上之, 帝從援策. 進營壺頭, 賊乘高守隘, 水疾, 船不得上. 會暑甚, 士卒多疫死, 援亦中病, 乃穿岸為室以避炎氣. 賊每升險鼓噪, 援輒曳足以觀之, 左右哀其壯意, 莫不為之流涕. 耿舒與兄好時侯弇書曰, "前舒上書當先擊充, 糧雖難運而兵馬得用, 軍人數萬, 爭欲先奮. 今壺頭竟不得進, 大眾怫鬱行死, 誠可痛惜! 前到臨鄉, 賊無故自致, 若夜擊之, 即可殄滅. 伏波類西域賈胡, 到一處輒止, 以是失利. 今果疾疫, 皆如舒言." 弇得書奏之, 帝乃使梁松乘驛責問援, 因代監軍. 會援卒, 松因是構陷援. 帝大怒,追收援新息侯印綬. 初, 援在交趾, 常餌薏苡實, 能輕身, 勝障氣, 軍還, 載之一車. 及卒後, 有上書譖之者, 以為前所載還皆明珠文犀. 帝益怒. 援妻孥惶懼, 不敢以喪還舊塋, 稿葬城西, 賓客故人, 莫敢弔會. 嚴與援妻子草索相連, 詣闕請罪. 帝乃出松書以示之, 方知所坐, 上書訴冤, 前後六上, 辭甚哀切.

前雲陽令扶風朱勃詣闕上書曰, "竊見故伏波將軍馬援, 拔自西州, 欽慕聖義, 聞關險難, 觸冒萬死, 經營隴·冀, 謀如湧泉, 勢如轉規, 兵動有功, 師進輒克. 誅鋤先零, 飛矢貫脛, 出征交趾, 與妻子生訣. 間復南討, 立陷臨鄉, 師已有業, 未竟而死. 吏士雖疫, 援不獨存. 夫戰或以久而立功, 或以速而致敗, 深入未必為得, 不進未必為非, 人情豈樂久屯絕地不生歸哉! 惟援得事朝廷二十二年, 北出塞漠, 南度江海, 觸冒害氣, 僵死軍事, 名滅爵絕, 國土不傳, 海內不知其過, 眾遮未聞其毀, 家屬杜門, 葬不歸墓, 怨隙并興, 宗親怖慄, 死者不能自列, 生者莫為之訟, 臣竊傷之! 夫明主醲於用賞, 約於用刑, 高祖嘗與陳平金四萬斤以間楚軍, 不問出入所為, 豈復疑以錢穀間哉! 願下公卿, 平援功罪, 宜絕宜續, 以厭海內之望." 帝意稍解.

初, 勃年十二, 能誦『詩』『書』, 常候援兄況, 辭言嫻雅, 援裁知書, 見之自失. 況知其意, 乃自酌酒慰援曰, "朱勃小器速成, 智盡此耳, 卒當從汝稟學, 勿畏也." 勃未二十, 右扶風請試守渭城宰. 及援為將軍封侯, 而勃位不過縣令. 援後雖貴, 常待以舊恩而卑侮之, 勃愈身自親. 及援遇讒, 唯勃能終焉.

謁者南陽宗均監援軍, 援既卒, 軍士疫死者太半, 蠻亦饑困. 均乃與諸將議曰, "今道遠士病, 不可以戰, 欲權承製降之, 何如?" 諸將皆伏地莫敢應. 均曰, "夫忠臣出竟, 有可以安國家, 專之可也." 乃矯制調伏波司馬呂种守沅陵長, 命种奉詔書入虜營, 告以恩信, 因勒兵

隨其後. 蠻夷震怖, 冬十月, 共斬其大帥而降. 於是均入賊營, 散其
眾, 遣歸本郡, 為置長史而還, 群蠻遂平. 均未至, 先自劾矯制之罪.
上嘉其功, 迎, 賜以金帛, 令過家上塚.

是歲, 遼西烏桓大人郝旦等率眾內屬, 詔封烏桓渠帥為侯·王·君長
者八十一人, 使居塞內, 佈於緣邊諸郡, 令招來種人, 給其衣食, 遂
為漢偵候, 助擊匈奴·鮮卑. 時司徒掾班彪上言曰, "烏桓天性輕黠,
好為寇賊, 若久放縱而無總領者, 必復掠居人, 但委主降掾吏, 恐非
所能制. 臣愚以為宜復置烏桓校尉, 誠有益於附集, 省國家之邊慮."
帝從之, 於是始復置校尉於上谷寧城, 開營府, 幷領鮮卑賞賜·質子,
歲時互市焉.

한광무제 건무 26년(AD 50)

1) 정월, 조서를 내려 백관의 봉록을 올렸다. 1,000석 이상의 관직을
가진 자의 봉록은 서경西京 즉 장안을 도성으로 삼던 전한前漢 당시의 구
제舊制보다 줄이게 했다. 그러나 600석 이하의 관직은 옛날 녹질祿秩보다
증가시켰다.

2) 처음으로 생전에 만드는 능묘인 수릉壽陵을 만들었다. 광무제가 말
했다.

"옛날 제왕의 장례는 모두 도자기로 만든 도인陶人과 와기瓦器, 목거木
車, 풀로 만든 모마茅馬 등이었다. 부장품을 모두 부패하게 만들어 후세
사람들로 하여금 그 장소를 알지 못하게 한 것이다. 태종인 한문제漢文帝
는 사람의 출생과 사망인 종시終始의 취지를 알았고, 한경제漢景帝는 효
도를 준수한 분으로 선황의 유명을 그대로 이행했다. 덕분에 적미의 난이
일어 천하가 반복反覆하는 일이 빚어졌는데도 한문제의 능묘인 패릉霸陵
만 유독 도굴을 당하지 않는 복을 누리게 됐다. 이 어찌 아름다운 일이

아니겠는가! 지금 만들고 있는 수릉의 부지는 2-3경頃에 불과하다. 산의 언덕이나 제방 및 연못 등이 없고, 단지 물이 잘 흘러 고이지 않게 했을 뿐이다. 왕조가 바뀌어 재차 일어나는 질흥迭興이 빚어진 이후에는 나의 수릉이 언덕인 구롱丘隴과 동체同體가 될 것이다."

3) 광무제가 조서를 내려 중랑장 단침段郴과 부교위副校尉 왕욱王郁으로 하여금 남선우南單于 난제비欒提比에게 사자로 가서 그의 왕정王庭을 세우게 했다. 오원五原의 서쪽 요새에서 80리 떨어진 곳이었다. 사자가 남선우에게 복배伏拜하며 조서를 받는 수조受詔를 하게 했다. 선우가 잠시 고개를 돌려 쳐다보고는 마침내 엎드려 절하고 칭신稱臣했다. 절을 마치자 통역을 시켜 사자를 이같이 말하게 했다.

"선우가 신립新立한 상황에서 실로 좌우에게 부끄럽게 만들었소. 원컨대 사자는 여러 무리들 앞에서는 굽히는 모습을 보이지 않게 해주십시오."

조서를 내려 남선우가 운중雲中으로 들어가 살겠다는 청을 허락했다. 이로써 사흉노중랑장使匈奴中郎將을 설치한 뒤 병사를 이끌며 남선우를 위호衛護하는 일이 시작됐다.

4) 여름, 남선우 난제비가 포로로 잡은 북로北虜의 좌현왕左賢王 욱건薁鞬이 휘하 무리와 남부에 거주하는 5인 골도후骨都侯[37] 등 모두 3만여 명을 이끌고 배반한 뒤 본거지로 돌아갔다. 북쪽의 왕정王庭인 북정北庭으로부터 300리가량 떨어진 곳에서 자립해 선우가 됐다. 1달여 시간이 지나자 날마다 서로 공격한 탓에 5명의 골도후가 모두 죽고, 좌현왕 욱건

---

37   5인 골도후骨都侯 즉 부대장은 곧 한지골도후韓氏骨都侯, 당우골도후當于骨都侯, 호연골도후呼衍骨都侯, 낭지골도후郎氏骨都侯, 속자골도후粟藉骨都侯를 가리킨다. 흉노어는 '씨'를 '지'로 읽는다.

이 자살하고 말았다. 여러 골도후의 자식들이 각자 옹병擁兵하며 스스로를 지켰다.

5) 가을, 남선우가 아들을 낙양에 인질로 보내 입시入侍하게 했다. 조서를 내려 남선우에게 간대冠帶와 새수璽綬, 거마車馬, 금백金帛, 갑병甲兵, 집기什器 등을 하사했다. 또 하동河東의 쌀과 말린 군량인 미비米糒 25,000곡斛과 우양牛羊 36,000두頭를 공급했다. 중랑장에게 명해 감형을 받은 자 50명을 이끌고 남선우가 있는 곳으로 따라가 소송하는 일에 참여하고, 동정을 살피게 했다.

남선우 난제비가 연말이 되면 번번이 사자를 보내 상주문을 받들고 입시하는 자식과 함께 입조했다. 한나라는 알자를 시켜 전에 입시했던 자들을 호송해 선우의 왕정으로 돌려보냈다. 선우와 부인인 연지閼氏, 좌우현왕左右賢王 이하의 사람들에게는 일반 비단과 무늬 있는 비단으로 총 1만 필匹을 내렸다. 매해 늘 그같이 했다.

이에 운중雲中내몽골 탁극탁현과 오원五原내몽골 포두시 서북쪽, 삭방朔方내몽골 이맹 서북쪽, 북지北地감숙성 중녕현, 정양定襄산서성 우옥현 남쪽, 안문雁門산서성 대현, 상곡上谷하북성 회래현, 대代산서성 양고현 등 8개 군에 사는 백성들을 본래 살던 땅으로 돌아가게 했다. 또 알자를 파견해 감형 받은 죄수를 나눠 거느리고 가서 성곽을 수리하고, 중원의 변민邊民을 본래의 현으로 호송하게 했다. 이들 모두에게 장비와 돈을 지급하고, 양식을 운반해 주었다. 당시 성곽들은 언덕 형태의 폐허인 구허丘墟가 돼 있어 소지掃地한 뒤 다시 지었다. 광무제가 비로소 11년 전에 이곳으로 사민徙民을 실시한 것을 후회했다.

6) 겨울, 흉노의 5인 골도후骨都侯의 자식들이 다시 무리 3,000명을 이끌고 남부로 귀부하려 했다. 제22대 선우인 북선우 난제포노欒提蒲奴가 기병을 시켜 추격하게 하여 무리를 모두 붙잡았다. 제23대 선우인 남선우

난제비欒提比가 군사를 파견해 이들을 막고 나섰다. 이들은 북선우의 기
병을 맞아 싸웠으나 이내 불리하게 됐다. 광무제가 다시 남선우에게 조서
를 내려 서하西河의 미직美稷내몽골 준가르기으로 옮겨 살게 했다. 이어 단침
段郴과 왕욱王郁으로 하여금 서하西河에 머물며 이들을 옹호擁護하게 했
다. 또 서하西河의 장사長史에게 명해 매년 기병 2,000명과 감형 받은 죄
수 500명을 이끌고 가 중랑장을 도와 남선우를 위호衛護하게 했다. 겨울
에 주둔했다가 여름에 해제하는 식이었다. 이후 계속 그같이 했다.

남선우 난제비는 이미 서하 일대에 거주하게 되자 역시 여러 부왕部王
을 둔 뒤 한나라를 도와 북지와 삭방, 오원, 운중, 정양, 안문, 대군을 방어
했다. 모두 자신의 부중部衆을 이끌고 와 군현의 정탐과 순라巡邏를 도우
면서 이목耳目의 역할을 수행했다. 북선우가 황공惶恐한 나머지 포로로
잡은 한민漢民을 돌려보내며 선의善意를 표시했다. 노략에 나선 병사인
초병鈔兵들은 매번 남부로 내려와 정찰 기지인 정후亭候를 지날 때마다
이같이 사과했다.

"오직 달아난 육건일축왕鬻鞬日逐王 난제비를 공격한 것일 뿐 감히 한
나라 백성을 침범하려 한 것은 아닙니다."

* 世祖光武皇帝建武二十六年
正月, 詔增百官奉, 其千石已上, 減於西京舊制, 六百石已下, 增於
舊秩.

初作壽陵. 帝曰, "古者帝王之葬, 皆陶人·瓦器·木車·茅馬, 使後世
之人不知其處. 太宗識終始之義, 景帝能述遵孝道, 遭天下反覆, 而
霸陵獨完受其福, 豈不美哉! 今所制地不過二三頃, 無爲山陵陂池,
裁令流水而已. 使迭興之後, 與丘隴同體."

詔遣中郎將段郴·副校尉王郁使南匈奴, 立其庭, 去五原西部塞

八十里. 使者令單于伏拜受詔, 單于顧望有頃, 乃伏稱臣. 拜訖, 令
譯曉使者曰, "單于新立, 誠慚於左右, 願使者眾中無相屈折也." 詔
聽南單于入居雲中, 始置使匈奴中郎將, 將兵衛護之.

夏, 南單于所獲北虜薁鞬左賢王, 將其眾及南部五骨都侯合三萬
餘人畔歸, 去北庭三百餘里, 自立為單于. 月餘, 日更相攻擊, 五骨都
侯皆死, 左賢王自殺, 諸骨都侯子各擁兵自守. 秋, 南單于遣子入侍.
詔賜單于冠帶·璽綬·車馬·金帛·甲兵·什器. 又轉河東米糒二萬五千
斛, 牛羊三萬六千頭以贍給之. 令中郎將將弛刑五十人, 隨單于所處,
參辭訟, 察動靜. 單于歲盡輒遣奉奏, 送侍子入朝, 漢遣謁者送前侍
子還單于庭, 賜單于及閼氏·左·右賢王以下繒彩合萬匹, 歲以為常.
於是雲中·五原·朔方·北地·定襄·雁門·上谷·代八郡民歸於本土. 遣謁
者分將弛刑, 補治城郭, 發遣邊民在中國者布還諸縣, 皆賜以裝錢,
轉給糧食. 時城郭丘墟, 掃地更為, 上乃悔前徙之.

冬, 南匈奴五骨都侯子復將其眾三千人歸南部, 北單于使騎追擊,
悉獲其眾. 南單于遣兵拒之, 逆戰不利, 於是復詔單于徙居西河美
稷, 因使段郴·王郁留西河擁護之, 令西河長史歲將騎二千·弛刑五百
人助中郎將衛護單于, 冬屯夏罷, 自後以為常. 南單于既居西河, 亦
列置諸部王, 助漢扞戍北地·朔方·五原·雲中·定襄·雁門·代郡, 皆領
部眾, 為郡縣偵邏耳目. 北單于惶恐, 頗還所略漢民以示善意, 鈔兵
每到南部下, 還過亭候, 輒謝曰, "自擊亡虜薁鞬日逐耳, 非敢犯漢民
也."

한광무제 건무 27년(AD 51)

1) 여름 4월 21일, 대사도 옥황玉況이 훙거薨去했다.

2) 5월 11일, 조서를 내려 사도司徒와 사공司空의 명칭에서 나란히 '대

大'자를 제거하고, 대사마를 태위太尉로 고쳤다. 표기대장군驃騎大將軍이자 행대사마行大司馬 직책을 수행했던 유릉劉隆은 즉일 파직됐다. 태복太僕 조희趙憙를 태위, 대사농大司農 풍근馮勤을 사도司徒로 삼았다.

3) 북흉노에서 사자를 보내 무위武威감숙성 무위현까지 와서 화친和親을 청했다. 광무제가 공경들을 조정으로 불러 논의했으나 결론을 내지 못했다. 황태자皇太子 유장劉莊이 진언했다.

"남선우가 새로 귀부하자 북흉노가 정벌을 두려워한 나머지 귀를 기울이며 듣는 모습을 보이며 다퉈 귀의歸義하려는 것에 불과할 뿐입니다. 지금은 아직 출병할 수 없는데도 도리어 다시 북흉노와 왕래하면 신은 남흉노가 이심二心을 품고, 북흉노 역시 다시 오지 않을까 걱정됩니다."

광무제가 동의했다. 무위武威 태수에게 고해 그들의 사자를 받아들이지 못하게 했다.

4) 낭릉후朗陵侯 장궁臧宮과 양허후揚虛侯 마무馬武가 상서했다

"흉노는 이익을 탐하는데다 예신禮信이 없습니다. 궁색하면 계수稽首하고, 편안하면 침도侵盜를 하는 게 그렇습니다. 저들은 지금 인축人畜이 역사疫死하고, 한충旱蝗으로 땅이 붉게 변했고, 피곤疲困으로 인해 힘이 모자라는 핍력乏力 때문에 중국의 일개 군군도 감당하지 못하고 있습니다. 1만 리에 걸쳐 죽을 목숨인 사명死命이 폐하의 손에 달려 있는 이유입니다. 복된 일은 다시 오지 않고, 시기時機는 쉽게 잃기도 한다는 뜻의 '복부재래福不再來, 시혹이실時或易失' 표현이 있습니다. 어찌 문덕文德을 고수固守한다는 이유로 무사武事를 버릴 수 있겠습니까? 지금 장군들로 하여금 변새邊塞에 임하게 하십시오. 현상을 후하게 내거는 후현구상厚縣購賞의 방식으로 고구려高句驪와 오환烏桓, 선비鮮卑 등에게 명해 북흉노의 왼쪽을 치게 하십시오. 또 하서河西의 무위와 장액 및 주천과 돈황 등 하서4군河西四郡을 비롯해 천수天水와 농서隴西의 강족羌族과 호족胡族을

동원해 북흉노의 오른쪽을 치십시오. 이리하면 북흉노의 멸망은 불과 수년 내에 이뤄질 것입니다. 신은 폐하가 인은仁恩으로 인해 차마 그리하지 못할까 걱정입니다. 모신謀臣을 여우처럼 깊이 의심하는 호의狐疑로 인해 만세萬世까지 이어지도록 돌에 새기는 공덕인 각석지공刻石之功을 성세聖世에 세우지 못할까 우려하는 이유입니다!"

조서를 내려 회보했다.

"『황석공기黃石公記』[38]는 부드러운 것이 강한 것을 이기고, 약한 것이 센 것을 제압한다는 뜻의 '유능제강柔能制剛, 약능제강弱能制强'을 언급했소. 또 가까운 것을 버리고 먼 것을 도모하는 자는 수고롭기만 할 뿐 아무런 공이 없고, 먼 것을 버리고 가까운 것을 도모하는 자는 편히 쉬며 결과를 얻는다는 취지의 '사근모원舍近謀遠, 노이무공勞而無功. 사원모근舍遠謀近, 일이유종逸而有終'을 지적했소. 이어 땅을 넓히려고 애쓰면 스스로 피로해지나 덕을 넓히려고 애쓰면 강해지고, 자신의 것을 충실하게 한 자는 편안하나 남의 것을 탐하는 자는 잔학해지고, 잔멸殘滅을 행하는 정사는 비록 성공한 듯해도 반드시 패한다는 취지의 '무광지황務廣地荒, 무광덕강務廣德强. 유기유안有其有安, 탐인유잔貪人有殘. 잔멸지정殘滅之政, 수성필패雖成必敗'를 언급하기도 했소. 지금 나라에 선정善政이 행해지지 않고, 재변災變이 그치지 않아 백성이 경황驚惶하고, 사람들은 자신조차 보존하지 못하고 있소. 그런데도 다시 먼 곳의 변방 밖의 일을

---

38   『황석공기黃石公記』는 『사기』 「유후세가留侯世家」에 따르면 한고제 유방의 책사인 장량張良이 젊었을 때 하비下邳에서 만난 황석공黃石公으로부터 전해 받은 것으로 알려진 고대의 병서이다. 후대인은 이 기록을 근거로 황석공이 전해준 고대 병서인 『태공병법太公兵法』이 바로 『황석공삼략黃石公三略』이고, 저자 역시 『육도六韜』와 마찬가지로 태공망 여상呂尙일 것으로 생각했다. 현재는 전설적인 도인인 황석공이 태공망 여상을 가탁해 펴낸 것으로 보는 견해가 더 많다. 그러나 황석공을 실존인물로 보기는 어려운 까닭에 후대의 무명인이 장량의 고사에 주목해 만들어낸 것으로 보는 게 합리적이다.

하려는 것이오! 공자는 『논어』에서 말하기를, '나는 계손씨의 근심이 외적인 전유顓臾에 있지 않고 병풍처럼 친 담장인 국내 안에 있을까 두렵다'[39] 고 했소. 북적北狄은 오히려 강성하니 둔전을 하면서 경비해야 할 것이오. 전문傳聞의 사안은 늘 대부분 실정實情을 잃고 있소. 실로 천하의 반을 들여서라도 대구大寇를 멸할 수만 있다면 어찌 지극히 원하는 바가 아니겠소! 그러나 실로 그때가 아니니 백성들을 쉬게 하느니만 못하오."

이에 제장들 가운데 다시는 감히 병사兵事에 관해 말하는 자가 없었다.

5) 광무제가 조희趙憙에게 구장지계久長之計를 묻자 조희가 제왕諸王들을 봉국으로 보낼 것을 청했다.

겨울, 광무제가 처음으로 노왕魯王 유흥劉興과 제왕齊王 유석劉石을 봉국으로 보냈다.

6) 이 해에 광무제의 외숙인 수장공후壽張恭侯 번굉樊宏이 훙거했다. 번굉은 사람이 겸유謙柔하고 두려울 정도로 신중한 외신畏慎의 모습을 보였다. 매번 조회 때면 먼저 도착한 뒤 부복俯伏하며 할 일을 기다렸다. 상주하는 내용의 편의便宜 조치는 죽간에 손으로 직접 글을 썼고, 초본은 칼로 깎아 없애는 훼삭毀削을 했다. 공개된 조회에서 질문이 오면 감히 대답하지 않았다. 종족宗族이 그의 감화에 물들어 일찍이 범법을 저지른 적이 없었다. 광무제가 심히 중시한 이유다.

---

39   원문은 '오공계손지우부재전유吾恐季孫之憂不在顓臾'이다. 노나라의 실권자인 계씨季氏가 전유顓臾를 정벌하려고 할 때 계씨의 가신으로 있는 염유 및 자로가 공자와 나눈 문답을 수록한 『논어』 「계씨」에서 인용한 구절이다. 계씨가 전유를 정벌하려고 한 내용은 『춘추좌전』 및 『사기』를 비롯한 어떠한 사서에도 전혀 나오지 않고 있다. 대략 세간에 알려진 얘기를 수록한 것으로 보인다. 어디까지가 정확한 사실史實인지 확인하기 어렵다.

그는 병이 들어 위독하게 되자 박장薄葬을 유언했다. 어떤 부장품도 넣지 못하게 했다. 관구棺柩를 한 번 장사지내면 의당 다시 볼 수 없으나 시신이 부패할 경우 효성스런 자식들의 마음을 상하게 할까 걱정했다. 부인과는 같은 무덤에 합장하되 다른 관棺을 사용해 매장하도록 한 이유다. 광무제가 그의 유언을 높이 평가해 백관에게 유서를 보여주며 말했다.

"지금 수장후壽張侯의 뜻을 좇지 않으면 그 덕을 드러내지 못할 것이오. 황제가 죽는 이른바 만세지후萬歲之後에도 나 또한 그런 식으로 장사지내고 싶소."

＊世祖光武皇帝建武二十七年

夏, 四月, 戊午, 大司徒玉況薨.

五月, 丁丑, 詔司徒·司空幷去"大"名, 改大司馬爲太尉. 驃騎大將軍行大司馬劉隆卽日罷, 以太僕趙憙爲太尉, 大司農馮勤爲司徒.

北匈奴遣使詣武威求和親, 帝召公卿廷議, 不決. 皇太子言曰, "南單于新附, 北虜懼於見伐, 故傾耳而聽, 爭欲歸義耳. 今未能出兵而反交通北虜, 臣恐南單于將有二心, 北虜降者且不復來矣." 帝然之, 告武威太守勿受其使.

朗陵侯臧宮·揚虛侯馬武上書曰, "匈奴貪利, 無有禮信, 窮則稽首, 安則侵盜. 虜今人畜疫死, 旱蝗赤地, 疲困乏力, 不當中國一郡, 萬里死命, 縣在陛下. 福不再來, 時或易失, 豈宜固守文德而墮武事乎! 今命將臨塞, 厚縣購賞, 喻告高句驪·烏桓·鮮卑攻其左, 發河西四郡·天水·隴西羌·胡擊其右, 如此, 北虜之滅, 不過數年. 臣恐陛下仁恩不忍, 謀臣狐疑, 令萬世刻石之功不立於聖世!" 詔報曰, "『黃石公記』曰, '柔能制剛, 弱能制强. 舍近謀遠者, 勞而無功. 舍遠謀近者, 逸而有終. 故曰, 務廣地者荒, 務廣德者强, 有其有者安, 貪人有者殘. 殘滅之政, 雖成必敗'今國無善政, 災變不息, 百姓驚惶, 人不自保, 而復欲遠事邊外乎! 孔子曰, '吾恐季孫之憂不在顓臾' 且北狄尚強, 而屯田警備, 傳聞之事, 恆多失實. 誠能舉下下之半以滅大寇, 豈非至願! 苟非其時, 不如息民."自是諸將莫敢復言兵事者.

上問趙熹以久長之計, 熹請遣諸王就國. 冬, 上始遣魯王興·齊王石就國. 是歲, 帝舅壽張恭侯樊宏薨. 宏為人謙柔畏慎, 每當朝會, 輒迎期先到, 俯伏待事. 所上便宜, 手自書寫, 毀削草本. 公朝訪逮, 不敢眾對. 宗族染其化, 未嘗犯法. 帝甚重之. 及病困, 遺令薄葬, 一無所用. 以為棺柩一藏, 不宜復見, 如有腐敗, 傷孝子之心, 使與夫人同墳異藏. 帝善其令, 以書示百官, 因曰, "今不順壽張侯意, 無以彰其德. 且吾萬歲之後, 欲以為式."

한광무제 건무 28년(AD 52)

1) 봄 정월 13일,[40] 노왕魯王 유흥劉興을 북해왕北海王으로 옮기고, 노魯 땅을 동해국東海國에 덧붙여 주었다. 광무제는 태자로 있던 곽후 소생의 동해왕 유강劉疆이 거취去就 즉 진퇴를 하면서 예를 지킨 까닭에 우대하여 식읍이 29개 현에 달하는 대봉大封을 한 것이다. 이밖에도 호위병인 호분虎賁과 정두旄頭를 하사하고, 종경鐘磬을 걸어 놓는 종거鐘虡를 설치해 음악을 연주하고 황제가 타는 수레인 승여乘輿를 모방하는 것도 허락했다.

2) 여름 6월 7일, 동해국의 패태후沛太后 즉 곽후郭后가 홍薨했다.

3) 당초 마원의 조카사위인 왕반王磐은 평아후平阿侯 왕인王仁의 아

---

40   원문은 '정월正月, 기사일己巳'이다. 정월에 기사일이 없다. 13일을 뜻하는 을사乙巳의 잘못일 공산이 크다. 번역문은 13일로 바꿔 놓았다.

162 ❀ 자치통감 ❹

들이다. 왕망이 실패한 후 왕반은 부유한 재산을 배경으로 유협遊俠이 되어 강회江淮 사이에서 이름을 떨쳤다. 이후 경사인 낙양으로 와서 노닐며 여러 귀척貴戚과 벗으로 어울렸다. 마원이 생질인 조훈曹訓에게 말했다.

"왕씨는 왕망으로 인해 패망한 폐성廢姓이다. 자가 자석子石인 왕반은 의당 울타리를 쳐 놓고 자수自守해야 했다. 그러나 오히려 경사의 장자長者들과 어울려 지내면서 기운을 쓰고 멋대로 행동하는 용기자행用氣自行을 함으로써 많은 사람을 능멸하며 좌절시켰다. 그는 반드시 패망할 것이다."

이후 1년여 만에 왕반이 사건에 연루돼 죽자 왕반의 아들 왕숙王肅이 나서 다시 왕후王侯들의 저제邸第를 출입했다. 이때는 금지시키는 그물인 금망禁罔이 오히려 소홀했던 까닭에 제왕諸王 모두 경사에 머물며 경쟁적으로 명예를 얻을 생각에 유사游士들을 초대했다. 복파장군 마원이 사마司馬로 있는 여충呂种에게 말했다.

"건무建武 초기, 천하를 다시 여는 중개重開의 명분을 내세웠소. 이후는 의당 해내가 날로 안정되는 일만 남았소. 다만 국가國家인 황상의 여러 황자皇子들이 나란히 장성하는 와중에 제후와 왕자들이 빈객과 교통하는 것을 금한 옛날의 금지조항이 아직 세워지지 않은 것을 우려하고 있소. 만일 빈객들과 많은 왕래를 하게 되면 대옥大獄이 빚어질 것이오. 경들은 이를 계신戒慎하도록 하시오!"

이때 누군가 상서해 왕숙王肅 등 주살을 당한 집안의 사람들이 제왕諸王의 빈객이 된 까닭에 장차 무슨 일로 인해 혼란이 빚어질 수 있다고 고했다. 마침 경시제 유현의 아들인 수광후壽光侯 유리劉鯉가 패왕沛王 유보劉輔의 총애를 입자 유분자劉盆子를 원망하며 빈객과 결탁해 식후式侯 유공劉恭을 살해했다. 광무제가 화를 내자 패왕 유보는 이 일에 연루돼 황제의 명에 의해 죄인을 신문하는 조옥詔獄에 갇혔다가 3일 만에 풀려

났다. 이어 군현에 조서를 내려 제왕諸王의 빈객을 잡아들이도록 하자 다시 서로 견인牽引돼 죽은 자가 1,000명에 달했다. 여충도 이에 연루돼 화를 입게 됐다. 처형을 받는 임명臨命의 상황에 이르자 이같이 탄식했다.

"마원 장군은 실로 앞날을 귀신같이 알아보는 신인神人이다!"

4) 가을 8월 19일, 동해왕東海王 유강劉彊과 패왕沛王 유보劉輔, 초왕楚王 유영劉英, 제남왕濟南王 유강劉康, 회양왕淮陽王 유연劉延이 봉국으로 돌아가는 취국就國을 하기 시작했다.

5) 광무제가 군신들을 모아 놓고 물었다.

"누가 태자의 사부가 될 만하오?"

군신들이 광무제가 말한 취지를 이어받아 모두 입을 모아 말했다.

"태자의 외숙으로 집금오인 원록후原鹿侯 음식陰識이 가합니다."

박사博士 장일張佚이 정색正色했다.

"지금 폐하가 태자를 세운 것은 음씨陰氏를 위한 것입니까 아니면 천하를 위한 것입니까? 음씨를 위한 것이라면 음후陰侯를 뽑는 것도 가합니다. 그러나 천하를 위한 것이라면 실로 의당 천하의 현재賢才를 발탁해야 할 것입니다!"

광무제가 훌륭하다고 칭찬을 하는 칭선稱善을 했다.

"스승을 두려는 것은 태자를 보필하려는 취지요. 지금 박사 장일은 짐을 바로잡는 것도 어려워하지 않았는데 하물며 태자의 경우이겠소!"

곧바로 장일을 태자대부太子太傅, 박사 환영桓榮을 태자소부太子少傅로 삼은 뒤 치거輜車와 승마乘馬를 내렸다. 환영이 제생諸生들을 모은 뒤 거마와 인수를 벌려 놓고 이같이 말했다.

"오늘 영화를 입은 것은 고전을 깊이 연구한 학식인 계고지력稽古之力 덕분이다. 어찌 면려勉勵하지 않을 수 있겠는가!"

6) 북흉노가 사자를 보내 말과 가죽옷을 바치며 다시 화친和親을 빌었

다. 동시에 음악의 전수와 서역 제국諸國의 호객胡客과 함께 공물을 바치며 알현하는 것을 허락해 달라고 청했다. 광무제가 이 사안을 사도부와 사공부 및 태위부인 삼부三府에 내려보내 응수할 만한 타당한 대답인 수답지의酬答之宜를 논의하게 했다. 사도부의 속관인 사도연司徒掾 반표가 건의했다.

"신이 듣건대 효선황제孝宣皇帝가 변경을 지키는 군수郡守와 군위郡尉에게 이르기를, '흉노는 대국이나 변사變詐가 많다. 교접交接 때 그들의 정황을 알아내면 적을 퇴각시키거나 방어하는 절충折衝을 할 수 있으나, 응대應對할 때 그들의 술수에 말려들면 도리어 경솔히 속게 된다'고 했습니다. 지금 제22대 선우인 북선우 난제포노欒提蒲奴는 제23대 선우인 남선우 난제비欒提比가 내부來附한 것을 보고는 자신을 도모할까 두려워한 나머지 자주 화친을 비는 것입니다. 나아가 우마牛馬를 멀리까지 몰고 와 한나라와 함께 저자를 열면서 유명한 부왕部王을 거듭 파견하고 누차 공헌貢獻을 하는 것은 모두 밖으로 자신들의 부강富强을 내보여 상대를 속이려는 속셈입니다. 신이 보건대 그들의 공헌이 더욱 많아지는 것은 곧 그들의 나라가 날로 공허해지고 있음을 암시하는 것입니다. 귀부하여 친하고자 하는 귀친歸親이 많아질수록 두려워할 일이 더욱 많아집니다. 그러나 지금은 아직 남선우를 도와준 게 없으니 의당 북선우를 단절해서는 안 되고, 강온强穩의 방안으로 주변국을 통제하는 기미책羈縻策의 취지에 비춰 예의상 화답하지 않을 수 없습니다. 자못 상사賞賜 때 대략 그들의 공헌에 상당相當해야 하고, 회보하는 답서의 문사文辭는 반드시 절절해야 할 것입니다. 지금 초고稿草를 작성해 다음과 같이 함께 상주하고자 합니다. '선우는 한나라의 은혜를 잊지 못하고 선조들이 옛날에 한 약조인 구약舊約을 추념追念하며, 화친을 맺어 자신을 돕고 나라를 안정시키는 보신안국輔身安國을 꾀하고 있으니 그 계의計議가 심히 높고, 선우를 위해 가상한 일이다! 과거 흉노는 자주 괴란乖亂에 빠졌으니 호한야呼韓邪 선우와 질지郅支 선우가 서로 원수가 되어 틈이 벌어진 게 그렇다. 효선제가 두 선우를 나란히 구원하고 살려주며 보호하는 수은구호垂恩救護를 행한 덕분에 각각 시자侍子를 보내고 울타리를 자칭하며 변새를 지키는 칭번보새稱藩保塞을 했다. 이후 질지 선우가 분노하며 어그러지는 분려忿戾의 모습을 보이며 스스로 황택皇澤을 끊었다. 그러나 호한야 선우는 부친附親한 뒤 충효를 현저히 드러냈다. 한나라가 질지 선우를 멸망시킨 뒤 마침내 나라를 보존해 후사에게 전하는 보국전사保國傳嗣를 행하자 호한야 자손들이 대대로 계승했다. 지금 남선우가 무리를 이끌고 남쪽으로 내려와 관문을 두드리며 귀순하는 관새귀명款塞歸命을 했다. 스스로 호한야 선우의 적장嫡長을 칭하면서 차제次第에 의당 선우가 돼야 하나 북선우의 침탈로 실직失職했다고 말했다. 시의猜疑로 인해 북선우와 서로 등을 지고는 자주 우리의 군사와 장수를 청하면서 장차 북선우의 왕정으로 돌아가 소탕하겠다고 말한다. 그 책모策謀가 분운紛紜한데다 언급하지 않는 사항이 없을 정도다. 한쪽 말만 들을 수 없다는 생각이 드는데다 또 북선우가 매년 공헌하면서 화친을 청하고 있는 점을 감안해 남선우의 청을 거절한 채 아직 응답을 하지 않고 있다. 이는 장차 북선우가 충효지의忠孝之義를 이뤄주길 바라기 때문이다. 한나라가 위신威信을 지니고 만국을 총솔總率하는 것은 마치 일월日月이 비추는 것과 같다. 모두가 신첩臣妾인 까닭에 다른 풍속을 지닌 백만百蠻조차 도의상 친소親疏를 논할 수 없고, 복순服順하는 자를 포상襃賞하며 반역畔逆하는 자를 주벌誅罰해야 한다. 선악善惡에 대한 이런 효력은 호한야와 질지 선우 때 보여준 바 있다. 지금 북선우가 화친을 구하면서 그 정성인 관성款誠이 이미 조정에 도달했는데 어찌 이를 혐의嫌疑하며, 서역 제국과 함께 공물을 바치며 알현할 필요가 있겠는가! 서역 제국이 흉노에 복속하든, 한나라에 복속하든 무슨 차이가 있겠는가! 선우는 자주 잇달아 병란兵亂을 일으킨 까닭에 국내가 허모虛耗한데도 공물貢物을 바치며 예를 행하는 결정을 했다. 어찌 반드시 말과 가죽인 마구馬裘를 바칠 필요까지 있었겠는가! 지금 여러 종류의 명주 제품인 잡증雜繒 500필을 비롯해 여러 활과 화살 집인 궁건독환弓鞬韇丸[41] 1개, 화살 4발發을 내렸다. 또 말을 바친 좌골도 후左骨都侯와 우곡려왕右谷蠡王에게는 각각 잡증雜繒 400필과 말의 목을 베는 데 사용하는 지휘용 칼인 참마검斬馬劍을 1개씩 하사했다. 선우 는 전에 선제先帝 때 호한야 선우에게 하사한 악기인 우竽·슬瑟·공후空 侯가 모두 못쓰게 됐으니 바라건대 다시 하사해 달라고 했다. 생각건대 선우의 나라는 아직 안정되지 않아 바야흐로 군사 활동인 무절武節을 엄히 하며 전공戰攻에 힘쓰고 있으니 우슬竽瑟이 쓰임이 좋은 활과 날카로운 검인 양궁이검良弓利劍만 못할 것이다. 악기를 싸서 보내지 않는 이유다. 이는 짐이 소물小物을 아끼기 때문이 아니다. 선우는 편의便宜를 좇아 원하는 것을 역전驛傳을 통해 알려주도록 하라'고 초고를 썼습니다."

광무제가 이를 모두 받아들이며 좇았다.

* 世祖光武皇帝建武二十八年

春, 正月, 己巳, 徙魯王興為北海王. 以魯益東海. 帝以東海王彊去就有禮, 故優以大封, 食二十九縣, 賜虎賁·旄頭, 設鐘虡之樂, 擬於乘輿.

夏, 六月, 丁卯, 沛太后郭后薨.

41　궁건독환弓鞬韇丸의 건鞬은 말 위에서 화살과 활을 넣어 등에 지는 동개, 독韇은 활을 묶어 집어넣는 활집으로 독韥과 통한다. 환丸은 대화살을 넣는 대나무 통인 전복箭箙을 가리킨다.

初, 馬援兄子婿王磐, 平阿侯仁之子也. 王莽敗, 磐擁富貲為遊俠, 有名江·淮間. 後游京師, 與諸貴戚友善, 援謂姊子曹訓曰, "王氏, 廢姓也, 子石當屏居自守, 而反游京師長者, 用氣自行, 多所陵折, 其敗必也." 後歲餘, 磐坐事死. 磐子肅復出入王侯邸第. 時禁罔尚疏, 諸王皆在京師, 競修名譽, 招游士. 馬援謂司馬呂种曰, "建武之元, 名為天下重開, 自今以往, 海內日當安耳. 但憂國家諸子并壯而舊防未立, 若多通賓客, 則大獄起矣. 卿曹戒慎之!" 至是, 有上書告肅等受誅之家, 為諸王賓客, 慮因事生亂. 會更始之子壽光侯鯉得幸於沛王, 怨劉盆子, 結客殺故式侯恭. 帝怒, 沛王坐繫詔獄, 三日乃得出. 因詔郡縣收捕諸王賓客, 更相牽引, 死者以千數. 呂种亦與其禍, 臨命歎曰, "馬將軍誠神人也!"

秋, 八月, 戊寅, 東海王彊·沛王輔·楚王英·濟南王康·淮陽王延始就國.

上大會群臣, 問曰, "誰可傅太子者?" 群臣承望上意, 皆言太子舅執金吾原鹿侯陰識可. 博士張佚正色曰, "今陛下立太子, 為陰氏乎, 為天下乎? 即為陰氏, 則陰侯可. 為天下, 則固宜用天下之賢才!" 帝稱善, 曰, "欲置傅者, 以輔太子也. 今博士不難正朕, 況太子乎!" 即拜佚為太子太傅, 以博士桓榮為少傅, 賜以輜車·乘馬. 榮大會諸生, 陳其車馬·印綬, 曰, "今日所蒙, 稽古之力也, 可不勉哉!"

北匈奴遣使貢馬及裘, 更乞和親, 并請音樂, 又求率西域諸國胡客俱獻見. 帝下三府議酬答之宜, 司徒掾班彪曰, "臣聞孝宣皇帝敕邊守尉曰, '匈奴大國, 多變詐, 交接得其情, 則卻敵折衝. 應對入其數, 則反為輕欺' 今北匈奴見南單于來附, 懼謀其國, 故數乞和親, 又遠驅牛馬與漢合市, 重遣名王, 多所貢獻, 斯皆外示富強以相欺誕也. 臣見其獻益重, 知其國益虛. 歸親愈數, 為懼愈多. 然今既未獲助南, 則亦不宜絶北, 羈縻之義, 禮無不答. 謂可頗加賞賜, 略與所獻相當, 報答之辭, 令必有適. 今立稿草幷上, 曰, '單于不忘漢恩, 追念先祖舊約, 欲修和親以輔身安國, 計議甚高, 爲單于嘉之! 往者匈奴數有乖亂, 呼韓邪‧郅支自相仇隙, 幷蒙孝宣皇帝垂恩救護, 故各遣侍子稱藩保塞. 其後郅支忿戾, 自絶皇澤, 而呼韓附親, 忠孝彌著. 及漢滅郅支, 遂保國傳嗣, 子孫相繼. 今南單于攜衆向南, 款塞歸命, 自以呼韓嫡長, 次第當立, 而侵奪失職, 猜疑相背, 數請兵將, 歸掃北庭, 策謀紛紜, 無所不至. 惟念斯言不可獨聽, 又以北單于比年貢獻, 欲修和親, 故拒而未許, 將以成單于忠孝之義. 漢秉威信, 總率萬國, 日月所照, 皆爲臣妾, 殊俗百蠻, 義無親疏, 服順者襃賞, 畔逆者誅罰, 善惡之效, 呼韓‧郅支是也. 今單于欲修和親, 款誠已達, 何嫌而欲率西域諸國俱來獻見! 西域國屬匈奴與屬漢何異! 單于數連兵亂, 國內虛耗, 貢物裁以通禮, 何必獻馬裘! 今繼雜繒五百匹, 弓鞬韇丸一, 矢四發, 遺單于. 又賜獻馬左骨都侯‧右谷蠡王雜繒各四百匹, 斬馬劍各一. 單于前言, 先帝時所賜呼韓邪竽‧瑟‧空侯皆敗, 願復裁賜. 念單于國尚未安, 方厲武節, 以戰攻爲務, 竽瑟之用, 不如良弓利劍, 故未以賚. 朕不愛小物, 於單于便宜所欲, 遣驛以聞.'" 聞悉納從之.

한광무제 건무 29년(AD 53)

1) 봄 1월 1일, 일식이 있었다.

* 世祖光武皇帝建武二十九年

春, 二月, 丁巳朔, 日有食之.

한광무제 건무 30년(AD 54)

1) 봄 2월, 거가車駕가 동순東巡했다. 군신들이 상언했다.

"즉위 30년이 됐으니 의당 태산泰山에 가서 봉선封禪을 해야 합니다."

조서를 내렸다.

"즉위 30년이 됐으나 백성들의 원기怨氣가 만복滿腹해 있다. 공자는
『논어』에서 말하기를, '내가 누구를 속일 것인가? 하늘을 속일 수 있겠는
가?'[42]라고 했다. 또 말하기를, '일찍이 태산의 신이 아직 임방林放만도 못
하다고 말한 것인가?'[43]라고 했다. 무슨 일로 72대代[44]나 내려온 봉선의 기
록을 더럽히려고 하는 것인가! 만일 군현이 멀리서 관원을 파견해 상수上
壽의 말을 올리며 겉으로만 텅 빈 아름다움을 칭송하는 성칭허미盛稱虛
美를 하면 반드시 머리털을 깎는 곤형髡刑에 처한 뒤 둔전屯田을 하도록
조치할 것이다."

---

42 원문은 '오수기吾誰欺, 기천호欺天乎'이다. 『논어』「자한子罕」에서 인용한 구절이
다. 「자한」에 따르면 하루는 공자의 병이 위중해졌을 때 자로가 문인門人으로 하여금 공자
에게 가 가신의 역할을 수행하게 했다. 병이 좀 덜해지자 공자가 반문하기를, "내가 누구를
속일 것인가? 하늘을 속일 수 있겠는가?"라고 한 것이다.

43 원문은 '증위태산불여임방호曾謂泰山不如林放乎'이다. 『논어』「팔일八佾」에서 인
용한 것이다. 이에 따르면 노나라의 권신인 계씨季氏가 태산에서 참람하게도 임시로 지내
는 큰 제사인 여제旅祭를 지내려고 했다. 공자가 계씨의 가신으로 있는 염유에게 이를 바
로 잡을 수 있는지 여부를 물었다. 염유가 불가능하다고 말하자 공자가 탄식하기를, "아, 일
찍이 임방林放도 예의 근본을 물었는데 태산의 신령이 임방만도 못하다고 생각하는 것인
가?"라고 했다. 봉선封禪의 장소인 태산을 여행한 계강자의 참월한 행동을 비판한 것이다.
제후는 원래 봉국 안의 산천에만 제사를 지낼 수 있었다. '임방'은 공자의 제자로 전해지고
있으나 노나라 출신이라는 사실 이외에는 아무 것도 제대로 전해지지 않고 있다.

44 '72대代'는 『관자』「봉선封禪」의 "옛날 태산泰山에서 천제天祭인 봉封, 양보산梁
父山에서 지제地祭인 선禪을 행한 군주는 모두 72명이라고 했다."는 구절에서 인용한 것
이다. 『관자』「지수地數」에도 동일한 구절이 나온다. 숫자 '72'는 구체적인 숫자가 아니라
단순히 매우 많다는 뜻으로 사용된 말이다. 『사기』「공자세가」에서 공자의 제자를 72명으
로 표현하고, 『장자』「천운」에서 '72명의 군주'를 언급한 것과 같다.

군신들이 다시는 감히 말을 하지 못했다.

2월 13일, 광무제가 노로魯 땅의 제남濟南에 행차했다.

윤閏 3월 3일, 환궁했다.

2) 패성孝星이 자미궁紫微宮에 나타났다.

3) 여름 4월 9일, 좌익왕左翊王 유언劉焉을 옮겨 중산왕中山王으로 삼았다.

4) 5월, 대수大水인 홍수가 있었다.

5) 가을 7월 정유丁酉, 광무제가 노로魯 땅으로 행차했다.

겨울 11월 정유丁酉, 환궁했다.

6) 교동강후膠東剛侯 가복賈復이 훙거薨去했다. 가복은 정벌에 나서 일찍이 상패喪敗한 적이 없다. 누차 제장들과 함께 포위를 뚫고 위급한 상황을 구해내다가 전신에 걸쳐 12곳에 창상創傷을 입기도 했다. 광무제는 가복이 감히 적진 안으로 심입深入하는 까닭에 원정을 보내는 일이 적었으나 그의 용절勇節을 장하게 생각해 늘 자신을 수종하게 했다. 가복이 어느 한 방면方面의 공훈이 적었던 이유다. 제장들이 매번 공로를 논하는 논공論功과 그 공로를 자랑하는 벌공伐功을 할 때마다 가복은 일찍이 입을 연 적이 없었다. 광무제가 번번이 말했다.

"가군賈君의 전공戰功은 내 스스로가 알고 있다!"

* 世祖光武皇帝建武三十年

春, 二月, 車駕東巡. 群臣上言曰, "即位三十年, 宜封禪泰山." 詔曰, "即位三十年, 百姓怨氣滿腹, '吾誰欺, 欺天乎' '曾謂泰山不如林放乎' 何事污七十二代之編錄! 若郡縣遠遣吏上壽, 盛稱虛美, 必髡, 令屯田." 於是群臣不敢復言.

甲子, 上幸魯濟南. 閏月, 癸丑, 還宮.

有星孛於紫宮.

夏, 四月, 戊子, 徙左翊王焉為中山王.

五月, 大水.

秋, 七月, 丁酉, 上行幸魯. 冬, 十一月, 丁酉, 還宮.

膠東剛侯賈復薨. 復從征伐, 未嘗喪敗, 數與諸將潰圍解急, 身被十二創. 帝以復敢深入, 希令遠征, 而壯其勇節, 常自從之, 故復光方面之勳. 諸將每論功伐, 復未嘗有言, 帝輒曰, "賈君之功, 我自知之!"

한광무제 건무 31년(AD 55)

1) 여름 5월, 대수大水가 있었다.

2) 5월 30일, 일식이 있었다.

3) 황충蝗蟲이 있었다.

4) 경조연京兆掾 제오륜第五倫이 장안의 시장을 관장하며, 공정하고 치우치지 않은 공평公平과 청렴하고 바른 염개廉介의 모습을 보였다. 시장에서 간사하거나 억울한 간왕奸枉의 일이 빚어지지 않은 이유다. 그는 매번 조서를 읽을 때마다 늘 이같이 탄식했다.

"이 분은 성주聖主이다. 나의 주서奏書를 한 번 보면 곧바로 결재를 내릴 것이다!"

같은 급의 동료인 등배等輩들이 비웃었다.

"너는 주州의 장령將領도 설득시키지 못하는 주제에 어찌 능히 만승萬乘을 감동시킬 수 있다고 말하는 것인가!"

제오륜이 말했다.

"아직 자신을 알아주는 사람인 지기知己를 만나지 못한 채 가는 길이 달랐기 때문일 뿐이다."

이후 효렴孝廉으로 천거돼 회양왕淮陽王 유연劉延의 의약 책임자인 의공장醫工長으로 보임됐다.

＊世祖光武皇帝建武三十一年

夏, 五月, 大水.

癸酉晦, 日有食之.

蝗. 京兆掾第五倫領長安市, 公平廉介, 市無奸枉. 每讀詔書, 常歎息曰, "此聖主也, 一見決矣!" 等輩笑之曰, "爾說將尚不能下, 安能動萬乘乎!" 倫曰, "未遇知己, 道不同故耳." 後擧孝廉, 補淮陽王醫工長.

한광무제 중원中元 원년(AD 56)

1) 봄 정월, 회양왕淮陽王이 입조할 때 제오륜도 수행 관속官屬이 되어 광무제를 알현할 수 있었다. 제오륜은 광무제가 정사에 관해 묻자 이 기회를 이용해 곧바로 응수하여 답변하는 수대酬對를 했다. 광무제가 대열大悅했다. 다음날 광무제가 다시 특별히 그를 불러 밤늦도록 더불어 얘기를 나눈 뒤 이같이 물었다.

"듣건대 경卿은 관원이 된 뒤 장인인 부공婦公에게 볼기를 치는 방筹을 가하고, 밥을 먹으면서 종형의 식사량보다 크지 않도록 했다는데, 정녕 그런 일이 있었소?"

제오륜이 대답했다.

"신은 3번 취처娶妻했으나 공교롭게 모두 아비가 없는 자들이었습니다. 나아가 신은 어렸을 때 주리고 어지러운 기란饑亂을 만난 이후 실로 감히 멋대로 다른 사람보다 많이 먹는 일이 없었습니다. 중인衆人이 신을 두고 어리석고 꽉 막힌 우폐愚蔽의 인물이라고 지적하는 것은 바로 이런 얘기에서 나온 것일 뿐입니다."

광무제가 대소大笑했다. 곧 제오륜을 부이扶夷호남성 무강현 현장縣長으로 삼았다. 그가 관부에 도착하기도 전에 다시 회계會稽절강성 소흥시 태수로 추배追拜했다. 정사를 맑게 하고 많은 혜택을 베풀어 백성들이 그를 아꼈다.

2) 광무제가 부명符命의 예언서인『하도회창부河圖會昌符』에서 적제赤帝의 후손인 유씨劉氏 왕조에서 9세대가 되면 태산泰山에서 천명天命을 모은다는 뜻의 '적유지구赤劉之九, 회명대종會命岱宗' 구절을 읽었다. 광무제가 감명을 받은 나머지 호본중랑장虎賁中郞將 양송梁松 등에게 조서를 내려『하도河圖』와『낙서雒書』에 나오는 참위讖緯의 글을 조사해 그 의미를 자세히 살피도록 했다. 양송 등은 9세九世에 걸쳐 의당 봉선을 총 36번 해야 한다고 말했다. 이에 장순張純 등이 다시 봉선 거행을 주청했다. 광무제가 이내 허락했다.

곧 유사에게 조서를 내려 한무제 때의 원봉元封 연간 고사故事를 찾게 했다. 의당 방석方石으로 단을 쌓고, 옥으로 만든 문서 판을 봉해 넣는 상자인 옥검玉檢[45]과 상자를 봉할 때 쓰는 금과 수은의 혼합물인 금니金泥를 사용해야만 했다. 광무제는 '방석'을 다듬는 것이 어렵다고 판단해 한무제 때의 고사를 좇아 돌 상자인 봉석封石을 사용하고, 옥첩玉牒을 그 안에 넣고자 했다. 양송 등이 다퉈 불가하다고 말하자 이내 석공에게 명해 완전한 모습의 청석靑石을 사용하되 반드시 방위를 표시하기 위해 오

---

45   옥검玉檢은 옥으로 된 문서인 옥첩서玉牒書를 봉해 넣은 상자를 말한다. 안사고는 『한서』「무제기」의 '등봉태산登封泰山'에 대한 주에서 삼국시대 위나라 맹강孟康을 인용해 풀이하기를, "옥玉은 공을 이룬 뒤 하늘에 성공을 고할 때 사용한다. 금책金策을 석함石函에 넣은 뒤 금니金泥로 봉한다."고 했다. 검檢을 두고 청나라의 고증학자 단옥재段玉裁는 함函으로 새겼다.

색의 돌을 쓸 필요는 없다고 했다.

1월 28일, 거가車駕가 동순東巡했다.

2월 10일, 노魯 땅으로 행차해 태산까지 나아갔다.

2월 22일 아침, 새벽에 요제燎祭를 지낸 뒤 태산의 남쪽에서 제천祭天 의식을 거행했다. 이때 여러 신들에 대해서도 모두 종사從祀를 했다. 주악奏樂은 남교南郊에서 사용한 것과 똑같이 했다.

일을 끝내고 아침 식사 때에 이르러 광무제가 연輦을 타고 등산했다. 일중日中 후에 산상山上에 도달해 옷을 갈아입었다. 신시申時인 포시晡時 j에 승단升壇하여 북면北面했다. 상서령尚書令이 옥검玉檢을 받들고 오자 광무제가 1촌寸 2푼分의 인새印璽를 사용해 이를 친히 봉했다. 봉니封泥가 끝나자 태상太常이 추기騶騎 2,000여 명에게 명해 단 위의 방석方石을 들어내게 했다. 상서령이 옥첩玉牒을 그 안에 감추고 다시 돌로 덮은 뒤 5촌의 인새로 방석으로 만들어진 석함石函인 석검石檢을 봉했다. 일을 마친 뒤 광무제가 재배再拜했다. 군신들이 '만세萬歲!'를 외치고 이내 다시 길을 내려왔다. 야반夜半 이후에 광무제가 마침내 산하山下에 도착했다. 백관은 다음날 아침인 명단明旦에 행사를 마칠 수 있었다.

2월 25일, 양보산梁父山 북쪽의 양음梁陰에서 후토에 대한 제사인 선제禪祭를 행했다. 고후高后 즉 한고제의 부인 여씨를 배향하고, 산천의 여러 신에게도 종사從祀를 올렸다. 한평제 때의 연호인 원시元始 연간에 북교北郊에서 행한 고사故事를 좇았다.

3) 3월 30일 사공司空 장순張純이 죽었다.

4) 여름 4월 5일, 거가가 환궁했다.

4월 11일, 천하에 사면령을 내리고, 연호를 광무에서 중원中元으로 바꾸는 개원改元을 행했다.

5) 광무제가 장안으로 행차했다.

5월 28일, 환궁했다.

6) 6월 24일, 태복 풍방馮魴을 사공司空으로 삼았다.

7) 6월 28일, 사도司徒 풍근馮勤이 홍거薨去했다.

8) 경사京師인 낙양에서 단 맛이 나는 샘물인 예천醴泉이 용출湧出했다. 또 붉은 색의 적초赤草가 물가에서 자랐다. 군국郡國이 빈번히 감로甘露가 내린 소식을 보고하자 군신들이 이같이 상주했다.

"영험한 사물인 영물靈物이 여전히 강림하고 있습니다. 의당 태사太史에게 명해 이를 모아서 기록하는 찬집撰集을 하도록 해 내세來世에 전하도록 해야 합니다."

광무제가 이를 받아들이지 않았다. 그는 늘 스스로 무덕無德하다고 겸양하면서 군국에서 올리는 내용을 번번히 억누르며 감당하려고 하지 않았다. 사관의 기록이 적었던 이유다.

9) 가을, 군국郡國의 3곳에서 황충蝗蟲의 재해가 있었다.

10) 겨울 10월 6일, 사례교위인 동래東萊산동성 액현 출신 이흔李訢을 사도로 삼았다.

11) 10월 19일, 사공司空에게 한고제의 사당에 고유제를 지내게 하고, 한문제 유항劉恒의 생모인 박태후薄太后에게 존호尊號를 올려 고황후高皇后로 하고 지신地神의 제사에 배향하기로 했다. 이어 한고제의 부인인 여태후呂太后의 위상을 깎아 사당을 묘원墓園으로 옮기고, 사시四時에 제사를 올리게 했다.

12) 11월 29일, 일식이 있었다.

13) 이 해에 명당明堂과 영대靈臺, 벽옹辟雍의 건립공사를 시작하고 천하에 도참圖讖을 선포했다.

당초 광무제는 도참서圖讖書인 『적복부赤伏符』를 지닌 채 제위帝位에 올랐다. 이로 인해 그는 스스로 도참서에 나오는 글인 참문讖文을 신용信

用했다. 많은 경우 이를 토대로 혐의嫌疑를 결정했다. 급사중給事中 환담
桓譚이 상소해 간했다.

"무릇 인정人情은 보이는 일인 견사見事는 소홀히 하고, 이상한 소문인
이문異聞은 귀하게 여깁니다. 먼저 선왕先王이 기술記述한 것을 보면 모두
인의仁義와 정도正道를 근본으로 삼고, 기괴奇怪하고 허탄虛誕한 일을 행
하지 않았습니다. 대개 천도天道와 성명性命은 성인聖人도 말하기를 어려
워했습니다. 공자의 제자인 자공子貢이 『논어』에서 언급했듯이 공자로부
터는 그런 얘기를 들을 수 없었습니다.[46] 하물며 후세後世의 천유淺儒야
어찌 이에 능통할 리 있겠습니까? 지금 여러 교묘한 지혜와 작은 재주인
교혜소재巧慧小才를 지닌 자와 술수를 공부한 기수지인伎數之人이 멋대
로 도서圖書를 늘려 고치면서 황당하게 참기讖記를 칭하고 있습니다. 속
이고 현혹하며 탐욕으로 사악한 기혹탐사欺惑貪邪의 행보로 군주를 기
만하여 잘못되게 만드는 괘오詿誤를 하고 있습니다. 어찌 이를 억제하며
멀리하지 않을 수 있겠습니까? 신 환담은 엎드려 듣건대 폐하가 방사方士
가 행하는 연금술인 이른바 황백지술黃白之術을 끝까지 알아보게 하는
궁절窮折을 한 것은 심히 현명한 처사입니다. 그러나 이내 도참의 기록을
청납聽納하려 하니, 이 얼마나 잘못된 것입니까? 그 일이 비록 때에 부합
했다고는 하나 이는 비유하면 여러 번 점을 쳐서 우연히 그 중 하나가 들
어맞는 이른바 복수지우卜數只偶의 경우에 지나지 않습니다. 폐하는 의당
명찰시청明察視聽을 행하고, 성의聖意를 드러내고, 군소群小의 잘못된 학
설인 곡설曲說을 막고, 유가경전인 『오경五經』의 정의正義를 강술해야 할

---

46   『논어』「공야장」에 공부자孔夫子로부터 문장文章에 관해서는 가히 들을 수 있었으
나 성性과 천도天道를 얘기하는 것은 들을 수 없었다는 취지의 '부자지언성여천도夫子之
言性與天道, 불가득이문야不可得而聞也' 구절이 나온다.

것입니다."

상소가 올라오자 광무제가 기뻐하지 않았다. 영대靈臺를 지을 곳을 논의하는 자리에서 광무제가 환담에게 물었다.

"나는 도참으로 이 문제를 결정하고자 하는데 어찌 생각하오?"

환담이 한참 동안 묵연默然히 있다가 말했다.

"신은 도참서를 읽지 않습니다."

광무제가 그 이유를 묻자 환담은 다시 도참은 경전이 아니라는 극언極言을 했다. 광무제가 대로했다.

"환담이 성인을 비방하고 법기法紀를 무시하는 비성무법非聖無法을 저질렀다. 그를 당하堂下로 끌어내려 목을 치도록 하라!"

환담은 피가 흐르도록 고두叩頭한 덕분에 한참 뒤 화를 풀 수 있었다. 광무제가 그를 내쳐 육안六安안휘성 육안현의 군승郡丞으로 삼았다. 그는 가는 도중 병사했다.[47]

---

47 환담桓譚은 자가 군산君山으로 지금의 안휘성 회북시인 패국沛国 상현相縣 출신이다. 거문고와 고학古學을 좋아했고, 유흠劉歆과 양웅楊雄 밑에서 유학을 배웠다. 왕망때 장악대부掌樂大夫와 중대부中大夫, 광무제 때 의랑급사중議郎給事中을 역임했다. 그러나 광무제가 참문讖文을 이용해 정사를 펼치자 이를 유가의 입장에서 저지하다가 노여움을 산 나머지 좌천돼 부임하던 도중 병사하고 말았다. 그는 고대를 이상국으로 하여 현재를 바로잡고자 하는 취지에서 『신론新論』 29편을 지었다. 이 책은 거의 모두 없어지고 「형신形神」편만 남아 있다. 「형신」은 촛불을 형신에 비유하여 정신은 형체에서 이탈하여 독립적으로 존재할 수 없고, 형체가 멸하면 정신도 없어진다는 논리를 전개하고 있다. 훗날 남북조시대 당시에 전개된 이른바 형신논쟁形神論爭의 기본 논리가 「형신」에 모두나오고 있다. '형신논쟁'은 중국불교사에서 최초로 발생한 논쟁으로 이후에 나온 불성佛性과 법신法身, 심성心性을 둘러싼 논쟁이 모두 '형신논쟁'의 연장선상에 있다. 「형신」이외의 『신론』 잔편殘篇이 청나라 엄가균嚴可均에 의해 집록輯錄된 바 있다. 학계에서는 환담의 『신론』을 육가陸賈의 『신어新語』와 유향劉向의 『신서新序』 및 왕충王忠의 『논형論衡』과 궤를 같이하는 저서로 평가하고 있다.

남북조시대 남조 송나라의 사가 범엽范曄이『후한서』에서 논했다.

"환담은 도참을 좋지 않은 것으로 말했다가 유배 도중에 죽는 유망流亡을 하고 말았다. 이에 앞서 정흥鄭興은 도참의 문제점을 지적했다가 손사遜辭를 구사해 간신히 죽음을 면했다. 한명제漢明帝 때의 가규賈逵는 도참의 글에 덧붙여 해석하며 문식文飾을 하는 부회문치附會文致 덕분에 최상의 귀현貴顯을 이루게 됐다. 당대의 군주인 세주世主가 이런 식으로 학문을 논하는 논학論學을 했으니, 실로 비통한 일이다!"

가규는 부풍扶風 출신이다.

14) 흉노의 제23대 선우인 남선우南單于 난제비欒提比가 죽고, 동생인 좌현왕左賢王 난제막欒提莫이 뒤를 이어 제24대의 구부우제丘浮尤鞮 선우가 됐다. 광무제가 사자를 파견해 인새와 조서를 갖고 가 인새를 내리는 의식을 거행한 뒤 의관衣冠과 증채繒彩를 하사하게 했다. 이후로는 이것이 이내 상례常例가 됐다.

＊世祖光武皇帝中元元年

春, 正月, 淮陽王入朝, 倫隨官屬得會見. 帝問以政事, 倫因此酬對, 帝大悅. 明日, 復特召入, 與語至夕. 帝謂倫曰, "聞卿爲吏, 笞婦公, 不過從兄飯, 寧有之邪?" 對曰, "臣三娶妻, 皆無父. 少遭饑亂, 實不敢妄過人食. 衆人以臣愚蔽, 故生是語耳." 帝大笑. 以倫爲扶夷長, 未到官, 追拜會稽太守. 爲政清而有惠, 百姓愛之.

上讀『河圖會昌符』曰, "赤劉之九, 會命岱宗." 上感此文, 乃詔虎賁中郞將梁松等按索『河』·『雒』讖文, 言九世當封禪者凡三十六事. 於是張純等復奏請封禪, 上乃許焉. 詔有司求元封故事, 當用方石再累, 玉檢·金泥. 上以石功難就, 欲因孝武故封石, 置玉牒其中. 梁松爭以爲不可, 乃命石工取完青石, 無必五色. 丁卯, 車駕東巡. 二月, 己卯,幸魯, 進幸泰山. 辛卯, 晨, 燎, 祭天於泰山下南方, 群神皆從, 用樂如南郊. 事畢, 至食時, 天子御輦登山, 日中後, 到山上, 更衣. 晡時, 升壇北面, 尚書令奉玉牒檢, 天子以寸二分璽親封之, 訖, 太常命騶騎二千餘人發壇上方石, 尚書令藏玉牒已, 復石覆訖, 尚書令以五寸印封石檢. 事畢, 天子再拜. 群臣稱萬歲, 乃復道下. 夜半後, 上乃到山下, 百官明旦乃訖. 甲午, 禪祭地於梁陰, 以高后配, 山川群神從, 如元始中北郊故事.

三月, 戊辰, 司空張純薨.

夏, 四月, 癸酉, 車駕還宮. 己卯, 赦天下, 改元.

上行幸長安. 五月, 乙丑, 還宮.

六月, 辛卯, 以太僕馮魴為司空.

乙未, 司徒馮勤薨.

京師醴泉湧出, 又有赤草生於水崖, 郡國頻上甘露. 群臣奏言曰, "靈物仍降, 宜令太史撰集, 以傳來世." 帝不納. 常自謙無德, 每郡國所上, 輒抑而不當, 故史官罕得記焉.

秋, 郡國三蝗.

冬, 十月, 辛未, 以司隸校尉東萊李訢為司徒.

甲申, 使司空告祠高廟, 上薄太后尊號曰高皇后, 配食地祇. 遷呂太后廟主於園, 四時上祭. 十一月, 甲子晦, 日有食之.

是歲, 起明堂·靈臺·辟雍, 宣佈圖讖於天下. 初, 上以『赤伏符』即帝位, 由是信用讖文, 多以決定嫌疑. 給事中桓譚上疏諫曰, "凡人情忽於見事而貴於異聞. 觀先王之所記述, 咸以仁義正道為本, 非有奇怪虛誕之事. 蓋天道性命, 聖人所難言也, 自子貢以下, 不得而聞, 況後世淺儒, 能通之乎! 今諸巧慧小才·伎數之人, 增益圖書, 矯稱讖記, 以欺惑貪邪, 詿誤人主, 焉可不抑遠之哉! 臣譚伏聞陛下窮折方土黃白之術, 甚為明矣. 而乃欲聽納讖記, 又何誤也! 其事雖有時合, 譬猶卜數只偶之類. 陛下宜垂明聽, 發聖意, 屏群小之曲說, 述『五經』之正義." 疏奏, 帝不悅. 會議靈臺所處, 帝謂譚曰, "吾以讖決之, 何如?" 譚默然, 良久曰, "臣不讀讖." 帝問其故, 譚復極言讖之非經. 帝大怒曰, "桓譚非聖無法, 將下, 斬之!" 譚叩頭流血, 良久, 乃得解. 出為六安郡丞, 道病卒.

范曄論曰, "桓譚以不善讖流亡, 鄭興以遜辭僅免. 賈逵能附會文致, 最差貴顯. 世主以此論學, 悲哉!"

逵, 扶風人也.

南單于比死, 弟左賢王莫立, 為丘浮尤鞮單于. 帝遣使繼璽書拜授璽綬, 賜以衣冠及繒彩, 是後遂以為常.

한광무제 중원 2년(AD 57)

1) 봄 정월 8일, 처음으로 북교北郊를 세워 후토后土에 제사를 지냈다.

2) 2월 5일, 광무제가 남궁南宮의 전전前殿에서 붕어했다. 향년 62세였다. 광무제는 매일 아침 조회를 열어 살폈고, 해가 서쪽으로 기우는 일측日昃의 때가 돼야 이내 파했다. 자주 공경公卿과 낭장郎將들을 불러 경학經學과 사물의 이치인 경리經理를 강론講論하고, 밤이 돼서야 이내 잠자리에 들었다. 황태자 유장劉莊은 부황인 광무제가 열심히 일하며 태만하지 않는 근로불태勤勞不怠의 모습을 보이자 기회를 보아 이같이 간했다.

"폐하는 하나라 우왕禹王과 은나라 탕왕湯王의 명찰을 지녔지만 황제黃帝와 노자老子가 본성을 기르고자 한 양성養性의 복을 잃고 있습니다. 원컨대 정신을 보양하며 아끼는 이애정신頤愛精神의 자세로 즐겁게 지내며 스스로 편히 쉬는 우유자녕優遊自寧을 행하도록 하십시오."

광무제가 대답했다.

"나는 이런 일을 자락自樂하는 까닭에 결코 피로하지 않다!"

비록 정벌로 대업大業을 이뤘고, 천하가 이미 평정됐지만 이내 공신들을 뒤로 물리고 글을 아는 관원인 문리文吏를 앞으로 나오게 했다. 정사를 밝고 신중하게 다루는 명신정체明愼政體와 권력의 기강을 총체적으로 관리하는 총람권강總攬權綱, 때를 보고 힘을 헤아리는 양시탁력量時度力, 일을 행하면서 허물이 없는 거무과사擧無過事를 행했다. 그의 시대 때 전한前漢 때의 공렬功烈을 회복하고, 몸소 태평한 시대를 이룬 배경이다.

태위太尉 조희趙熹가 상사喪事를 관장했다. 당시 왕망의 난을 거치면서 이전의 전장典章인 구전舊典이 남아 있지 않았다. 황태자와 여러 왕들이 섞여 한 자리에 동석했다. 번국藩國의 관속들이 궁성宮省을 마구 출입해 백료百僚와 아무런 구별이 없었다. 조희가 정색을 하여 전각의 계단에 서서 칼을 가로 잡은 채 여러 왕들을 부축해 내려오게 하고, 존비를 분명히 한 이유다. 이어 알자를 파견해 관속들을 그들의 현縣으로 가서 머물도록 호송하게 하고, 여러 왕들도 자신의 저택으로 가도록 하고, 오직 아침과 신시申時인 조포朝晡 때만 들어와 곡을 하도록 하는 내용의 주문奏文을 올렸다. 예의禮儀를 정비하고, 궁궐을 수비하는 문함門衛을 엄히 하고, 안팎을 숙연肅然하게 만든 배경이다.

3) 황태자 유장이 30세의 나이로 보위에 올랐다. 황후 음려화陰麗華를 높여 황태후로 칭했다.

4) 산양왕山陽王 유형劉荊이 곡림哭臨을 하면서 슬픈 기색이 없었다. 그는 익명의 서신인 비서飛書를 만든 뒤 노복인 창두蒼頭를 시켜 대홍려大鴻臚 곽황郭況의 서신을 사칭해 동해왕東海王 유강劉彊에게 보냈다. 이 서신에서 그는 동해왕 유강이 죄 없이 태자의 자리에서 폐출되고 생모인 곽후 역시 자리에서 쫓겨나 욕을 당했으니 속히 동쪽으로 돌아가 병사를 일으킨 뒤 천하를 취하라고 권했다. 이어 이같이 말했다.

"한고제는 정장亭長의 신분으로 몸을 일으켰고, 광무제는 백수白水호북성 조양현에서 나라를 일으켰소. 하물며 대왕처럼 광무제의 장자인데다 나라의 두 번째 주인인 부주副主 즉 태자의 신분이었던 경우이겠습니까? 의당 만물을 제압하는 가을의 서릿발인 추상秋霜이 돼야 하고, 남의 통제를 받는 우리 안의 양인 함양檻羊이 되어서는 안 될 것입니다. 인주人主가 붕망崩亡하면 여염의 백성조차 도적이 되어 바라는 바를 얻고자 하는데 어찌 하물며 대왕의 경우이겠습니까?"

동해왕 유강이 서신을 열어보고는 황포惶怖한 나머지 곧바로 그 사자를 붙잡은 뒤 편지를 봉해 위로 올렸다. 한명제漢明帝 유장은 산양왕 유형의 동복동생이다. 이를 비밀에 붙이고 유형을 궁에서 내보낸 뒤 하남궁河南宮에 머물게 했다.

5) 3월 5일, 광무제를 원릉原陵에 장사지냈다.

6) 여름 4월 24일, 한명제가 조서를 내렸다.

"바야흐로 지금 위로는 천자가 없고, 아래로는 방백方伯이 없는 상황이다.[48] 마치 깊은 물인 연수淵水를 건너려는데 선박인 주즙舟楫[49]이 없는 것과 같다. 무릇 만승萬乘의 자리는 지중至重한데 장자壯者의 생각이 가벼울까 우려된다. 실로 덕성을 지닌 좌우의 사람에게 소자小子를 도와달라고 부탁해야 할 입장이다. 고밀후高密侯 등우鄧禹는 원훈 공신 가운데 으뜸이고, 동평왕東平王 유창劉蒼은 관후하면서도 박학한 관박寬博의 성

---

48   원문은 '상무천자上無天子, 하무방백下無方伯'이다. 『춘추공양전』에서 「노장공 4년」과 「노희공 원년」조 등에서 모두 8번에 걸쳐 나오는 유명한 구절이다. 시군찬위弑君纂位가 난무하는 상황에서 패자霸者의 필요성을 언급한 것이다.

49   주즙舟楫은 배와 배를 젓는 노를 총칭하기도 하고, 단순히 배를 지칭하기도 한다. 여기서는 두 번째 의미로 사용된 것이다. 처자妻子가 처와 자식을 총칭하기도 하고, 단순히 처만을 지칭하기도 하는 경우와 같다. 문맥에 따라 구분해 파악할 필요가 있다.

품에 계모計謀를 갖추고 있다. 등우를 태부太傅, 유창을 표기장군으로 삼는다."

유창이 간절히 사양했으나 황제가 허락지 않았다. 이어 표기장군 유창에게 조서를 내려 막부幕府에 장사長史와 연사掾史 40명을 둘 수 있게 하고, 지위를 삼공三公보다 위에 두었다.

유창이 일찍이 서조연西曹掾인 제국齊國 출신 오량吳良을 천거하자 한명제가 이같이 말했다.

"현자를 천거해 나라를 돕는 천현고국薦賢助國은 재상의 직분이오. 전한 초기 소하蕭何가 한신韓信을 천거하면서 단壇을 설치한 뒤 장수에 임명하도록 한 게 그렇소. 다시 자세히 검토하며 시험하는 고시考試를 치를 필요가 없으니 지금 바로 오량을 의랑議郞으로 삼도록 하겠소."

7) 당초 소당燒當 강족羌族의 우두머리 전량滇良이 선령先零을 격파한 뒤 그 땅을 빼앗아 거주했다. 전량이 죽고 아들 전오滇吾가 뒤를 이을 즈음 귀부한 부락이 오히려 강성해졌다.

가을, 전오와 동생 전안滇岸이 부중을 이끌고 농서隴西를 침구해 태수 유우劉盱를 윤가允街감숙성 평번시에서 패배시켰다. 변새를 지키던 여러 강족들이 모두 반기를 든 배경이다. 황제가 알자 장홍張鴻에게 조서를 내려 여러 군郡의 병사들을 이끌고 가 그들을 치게 했다. 윤오允吾감숙성 고란현에서 격돌했으나 장홍의 군사가 패몰敗沒했다.

겨울 11월, 다시 중랑장 두고竇固를 파견해 포로장군捕虜將軍 마무馬武 등 2명의 장군과 함께 군사 4만 명을 감독해 이들을 토벌하게 했다.

8) 이 해에 남선우 난제막欒提莫이 죽고, 동생 난제한欒提汗이 뒤를 이어 제25대 이벌어려제伊伐於慮鞮 선우가 됐다.

* 世祖光武皇帝中元二年

春, 正月, 辛未, 初立北郊, 祀后土.

二月, 戊戌, 帝崩於南宮前殿, 年六十二. 帝每旦視朝, 日昃乃罷, 數引公卿·郎將講論經理, 夜分乃寐. 皇太子見帝勤勞不怠, 承間諫曰, "陛下有禹·湯之明, 而失黃·老養性之福, 願頤愛精神, 優遊自寧." 帝曰, "我自樂此, 不為疲也!" 雖以征伐濟大業, 及天下既定, 乃退功臣而進文吏, 明慎政體, 總攬權綱, 量時度力, 舉無過事, 故能恢復前烈, 身致太平.

太尉趙熹典喪事. 時經王莽之亂, 舊典不存, 皇太子與諸王雜止同席, 藩國官屬出入宮省, 與百僚無別. 熹正色, 橫劍殿階, 扶下諸王以明尊卑. 奏遣謁者將護官屬分止它縣, 諸王幷令就邸, 唯得朝晡入臨. 整禮儀, 嚴門衛, 內外肅然.

太子即皇帝位, 尊皇后曰皇太后.

山陽王荊哭臨不哀, 而作飛書, 令蒼頭詐稱大鴻臚郭況書與東海王彊, 言其無罪被廢, 及郭后黜辱, 勸令東歸舉兵以取天下, 且曰, "高祖起亭長, 陛下興白水, 何況於王, 陛下長子·故副主哉! 當為秋霜, 無為檻羊. 人主崩亡, 閭閻之伍尚為盜賊, 欲有所望, 何況王邪!" 彊得書惶怖, 即執其使, 封書上之. 明帝以荊母弟, 秘其事, 遣荊出止河南宮.

三月, 丁卯, 葬光武皇帝於原陵.

夏, 四月, 丙辰, 詔曰, "方今上無天子, 下無方伯, 若涉淵水而無舟楫. 夫萬乘至重而壯者慮輕, 實賴有德左右小子. 高密侯禹, 元功之首. 東平王蒼, 寬博有謀. 有以禹為太傅, 蒼為驃騎將軍." 蒼懇辭, 帝不許. 又詔驃騎將軍置長史·掾史員四十人, 位在三公上. 蒼嘗薦西曹掾齊國吳良, 帝曰, "薦賢助國, 宰相之職也. 蕭何舉韓信, 設壇而拜, 不復考試, 今以良為議郎."

初, 燒當羌豪滇良擊破先零, 奪居其地. 滇良卒, 子滇吾立, 附落轉盛. 秋, 滇吾與弟滇岸率眾寇隴西, 敗太守劉盰於允街, 於是守塞諸羌皆叛. 詔謁者張鴻領諸郡兵擊之, 戰於允吾, 鴻軍敗沒. 冬, 十一月, 復遣中郎將竇固監捕虜將軍馬武第二將軍·四萬人討之.

是歲, 南單于莫死, 弟汗立, 為伊伐於慮鞮單于.

한명제漢明帝 영평永平 원년(AD 58)

1) 봄 정월, 황제가 공경 이하의 관원을 이끌고 원릉原陵으로 가 조현朝見하면서 음력 정월 초하루인 원일元日의 의식처럼 했다. 승여乘輿 즉 황제가 신위에 절하고 물러난 뒤 동상東廂에 앉고, 시위관侍衛官들은 모두 신위의 뒤에 있었다. 태관太官이 음식을 올리고, 태상太常이 주악奏樂을 이끌었다. 군국郡國에서 올라온 계리計吏가 차례로 앞에 나서서 신헌神軒을 마주하고 해당 군의 곡가穀價와 백성의 질고疾苦를 보고했다. 이후에 이런 의식이 하나의 상례가 됐다.

2) 여름 5월, 고밀원후高密元侯 등우鄧禹가 홍거薨去했다.

3) 동해공왕東海恭王 유강劉彊이 병이 들자 황상이 사자와 태의太醫에게 명해 수레를 타고 가 시질視疾하게 했다. 거마 등의 왕래가 앞뒤로 그치지 않는 낙역부절駱驛不絕의 상황이 빚어진 이유다. 황상이 패왕沛王 유보劉輔와 제남왕濟南王 유강劉康, 회양왕淮陽王 유연劉延에게 조서를 내려 동해국의 도읍이 있는 노魯 땅의 곡부曲阜로 가서 성질省疾하게 했다.

5월 22일, 유강이 홍거했다. 임종 때 상소하여 사은謝恩했다.

"저는 이미 요명夭命할 입장으로, 고아와 과부인 고약孤弱이 다시 황태후와 폐하에게 우려憂慮를 끼치게 돼 실로 슬프고 부끄러운 비참悲慚의 모습을 보이게 됐습니다! 아들 유정劉政이 어린아이인 까닭에 외람되게 신의 뒤를 잇게 되면 반드시 이를 온전하고 이롭게 하지 못할 듯합니다. 원컨대 추가로 덧붙여진 노魯 땅의 식읍을 반환하고 원래의 동해국이 있던 동해군東海郡산동성 담성현으로 돌아가게 해주십시오. 지금 선제의 붕어로 천하가 새로이 대우大憂에 빠져 있습니다. 오직 폐하는 황태후를 더욱 공경하고, 자주 어찬御餐을 올려야 할 것입니다. 신 유강은 곤렬困劣해 말로는 속뜻을 모두 전할 수 없습니다. 원컨대 제왕諸王에게도 아울러 사의를 표하고 싶습니다. 뜻하지 않는 불의不意로 영원히 다시는 상견相見치 못하게 됐습니다!"

황제가 서신을 보고는 비통悲慟에 빠졌다. 태후를 좇아 낙양성 서쪽의 진문정津門亭으로 나아가 발상發喪을 했다. 이어 대사공을 시켜 지절持節의 자격으로 상사喪事를 처리하게 하고, 특별한 예의를 증송贈送했다. 초왕楚王 유영劉英과 조왕趙王 유허劉栩, 북해왕北海王 유흥劉興을 비롯해 경사京師의 친척에게 조서를 내려 모두 장례식에 참석하는 회장會葬을 하도록 했다. 황제는 유강이 매우 겸검謙儉한 것을 추념해 후장厚葬으로 그의 뜻을 어기고 싶지 않았다. 이에 특별히 조서를 내려 이르기를, '장례 때 함께 매장하는 물건은 간략히 줄이도록 힘쓰고, 수의는 시신을 가릴 정도면 족하고, 짚으로 만든 모형 영구 수레인 모거茅車와 부장품인 와기瓦器는 본래의 제도보다 줄여 왕이 탁월하게 독행獨行을 한 뜻을 드러내도록 하라'고 했다."

능묘의 조성 공사를 담당하는 장작대장將作大匠이 그곳에 머물며 작업을 주도하게 했다.

4) 가을 7월, 마무馬武 등이 소당燒當 강족을 대파했다. 나머지 무리는 모두 항복하거나 흩어지는 항산降散을 했다.

5) 낙양에서 가까운 곳에 있는 산양왕山陽王 유형劉荊이 사적으로 별점을 보는 자를 맞아 함께 모의하며 천하에 변고가 있기를 바랐다. 황제

가 이 소식을 듣고는 유형을 멀리 떨어진 곳의 광릉왕廣陵王으로 개봉改封하고 봉국으로 가게 했다.

6) 요동遼東 태수 채융祭肜이 선비鮮卑의 대도호大都護 편하偏何에게 적산赤山의 오환烏桓을 토벌하게 해 대파하고, 괴수魁帥의 목을 벴다. 새외塞外가 크게 두려워하는 진섭震讋의 모습을 보이며 서쪽 무위武威감숙성 무위현에서 동쪽 현도玄菟요녕성 심양시까지 모두 나와 내부內附했다. 들에서 군마의 움직임이 없는 야무풍진野無風塵으로 전쟁이 사라지자 이내 변경에 주둔하던 둔병을 모두 철수시켰다.

7) 동평왕東平王 유창劉蒼은 한나라가 중흥된 지 30여 년이 지나 사방의 걱정이 사라진 까닭에 의당 예악을 정비해야 한다고 생각했다. 이내 공경들과 함께 남교南郊와 북교北郊, 관면冠冕과 거복車服 제도를 정하고, 광무제의 사당에 올리는 악가樂歌와 팔일무八佾舞의 인원수를 의논해 올렸다.

8) 호치민후好畤愍侯 경엄耿弇이 홍거薨去했다.

* 顯宗孝明皇帝永平元年

春, 正月, 帝率公卿已下朝於原陵, 如元會儀. 乘輿拜神坐, 退, 坐東廂. 侍衛官皆在神坐後, 太官上食, 太常奏樂. 郡國上計吏以次前, 當神軒佔其郡穀價及民所疾苦. 是後遂以為常.

夏, 五月, 高密元侯鄧禹薨.

東海恭王彊病, 上遣使者太醫乘驛視疾, 駱驛不絶. 詔沛王輔·濟南王康·淮陽王延詣魯省疾. 戊寅, 彊薨, 臨終, 上疏謝恩, 言曰, "身既夭命, 孤弱復為皇太后·陛下憂慮, 誠悲誠慚! 息政, 小人也, 猥當襲臣後, 必非所以全利之也, 願還東海郡. 今天下新罹大憂, 惟陛下加供養皇太后, 數進御餐. 臣彊困劣, 言不能盡意, 願并謝諸王, 不意永不復相見也!"帝覽書悲慟, 從太后出幸津門亭發哀, 使大司空持節護喪事, 贈送以殊禮, 詔楚王英·趙王栩·北海王興及京師親戚皆會葬. 帝追惟彊深執謙儉, 不欲厚葬以違其意, 於是特詔曰, "遺送之物, 務從約省, 衣足斂形, 茅車瓦器, 物減於制, 以彰王卓爾獨行之志." 將作大匠留起陵廟.

秋, 七月, 馬武等擊燒當羌, 大破之, 餘皆降散.

山陽王荊私迎能為星者, 與謀議, 冀天下有變. 帝聞之, 徙封荊廣陵王, 遣之國. 遼東太守祭肜使偏何討赤山烏桓, 大破之, 斬其魁帥. 塞外震讋, 西自武威, 東盡玄菟, 皆來內附, 野無風塵, 乃悉罷緣邊屯兵.

東平王蒼以為中興三十餘年, 四方無虞, 宜修禮樂, 乃與公卿共議定南北郊冠冕·車服制度及光武廟登歌·八佾舞數, 上之.

好時愍侯耿弇薨.

한명제 영평 2년(AD 59)

1) 봄 정월 19일, 명당明堂에서 광무제를 높여 제사를 지내는 종사宗祀를 했다. 황제와 공경열후들이 처음으로 제정한 관면冠冕과 옥패玉珮를 착용하고 행사를 치렀다.[50] 제례를 마치고 영대靈臺에 올라 구름 모양을 보고 재변을 예측하는 망기望氣를 했다. 천하에 사면령을 내렸다.

2) 3월, 국립대학인 벽옹辟雍에 임석해 처음으로 활쏘기를 의례로 인재를 선발하는 대사례大射禮를 행했다.

---

50 당시의 관면冠冕을 보면 황제는 통천관通天冠, 왕후王侯는 원유관遠遊冠, 삼공三公과 후작侯爵은 진현관進賢冠을 썼다. 옥패玉珮의 경우 황제는 백옥白玉, 왕후는 흑옥黑玉, 경대부는 창옥蒼玉, 작위 계승자는 유옥瑜玉을 사용했다.

겨울 10월 5일, 황상이 벽옹辟雍에 행차해 처음으로 양로예養老禮를 치렀다. 이궁李躬과 환영桓榮을 각각 국가 원로인 삼로三老와 오경五更으로 삼았다. 삼로는 모두 모시로 만든 대포大袍를 입고, 진현관進賢冠을 쓰고, 옥장玉杖을 짚었다. 오경도 이와 같았으나 다만 지팡이를 짚지 않았다. 황제가 승여乘輿에 오른 뒤 벽옹의 예전禮殿에 도착해 동상東廂에 앉았다. 이내 사자를 파견해 1필의 말이 끄는 작은 수레인 안거安車로 삼로와 오경을 태학 강당講堂으로 모시게 했다. 천자가 문 앞에서 이들을 영접해 서로 교례交禮했다. 조계阼階에서 인도할 때 삼로가 빈계賓階를 통해 계단 위로 올라갔다. 천자가 예법대로 읍揖을 했다. 삼로가 계단에 오른 뒤 동쪽을 향해 서자 삼공三公이 궤안几案을 차려놓고, 9경九卿이 신발을 바르게 놓고, 천자가 친히 소매를 걷은 뒤 희생犧牲을 잘라 간장에 넣었다가 진식進食하는 집장이궤執醬而饋와 술잔을 들어 술로 양치질 할 것을 권하는 집작이윤執爵而酳을 했다. 이어 먼저 고기 뼈에 걸리지 않기를 기원하는 축경祝鯁을 하고 나중에 밥이 목 메이지 않기를 기원하는 축의祝饐를 했다. 오경이 남쪽을 향해 앉자, 삼공이 진공進供했다. 그 예절 역시 천자의 경우와 같았다.

예를 마치자 오경으로 삼은 환영桓榮과 그 제자들을 이끈 채 서쪽 계단을 통해 강당으로 오르게 한 뒤 친히 신하들을 위해 강설했다. 여러 유자儒者들이 앞에서 경전을 들고 어려운 부분을 물었다. 사람들은 관과 허리띠 및 홀인 관대진신冠帶搢紳의 사대부를, 벽옹의 문 밖 다리인 교문橋門을 둘러싼 채 관청觀聽했다. 억만億萬을 헤아릴 정도로 많았다. 이에 조서를 내려 환영에게 관내후關內侯의 작위를 내리고, 삼로와 오경에게는 2천석의 녹봉을 하사해 종신토록 봉양하게 했다. 또 천하에 삼로주三老酒를 내렸다. 1인 당 술 1석石과 고기 40근斤이었다.

황상은 태자 때부터 환영으로부터 『상서尚書』를 배웠다. 보위에 오른 뒤에도 여전히 스승의 예로 존중했다. 일찍이 태상부太常府에 행차해 환영을 주인이 앉는 동면東面에 앉게 한 뒤 궤장几杖을 설치한 바 있다. 백관과 환영의 문생門生 수백 명을 모아놓고 황상이 친히 경서를 잡는 집업執業을 했다. 제생諸生 가운데 혹자가 자리를 피해 먼저 질문을 제기하는 피위발난避位發難을 하자 황상이 겸손히 말했다.

"태사太師는 여기에 있도록 하시오."

다 마친 뒤 태관太官에서 공급한 것을 모두 태상의 집에 하사했다. 환영이 병으로 아플 때마다 황제가 사자를 보내 문안을 올리는 존문存問을 하도록 했다. 태관太官과 태의太醫가 길에서 상망相望할 정도로 자주 '존문'을 했다. 위독해지자 상소하여 사은謝恩하고, 작위와 식읍을 양보하여 반환했다.

황제가 그의 집에 행차해 기거起居 상황을 물었다. 골목에 들어선 뒤 수레에서 내려 경서를 갖고 앞으로 가서 위무하고 눈물을 흘렸다. 침대용의 두툼한 요인 상인床茵과 유장帷帳, 도검刀劍, 의피衣被 등을 하사한 뒤 오랫동안 머물다 떠났다. 이후 제후와 장군, 대부들이 문질問疾을 오면서 감히 다시는 승거乘車한 채로 문에 이르지 않고, 모두 침상 아래서 절을 했다.

환영이 죽자 황제는 친히 상복으로 변복變服한 뒤 장례식에 임석해 영구를 보내는 임상송장臨喪送葬을 하고, 수산首山하남성 언사현 서남쪽의 남쪽에 무덤을 쓰도록 하사했다. 아들 환욱桓郁이 의당 뒤를 이어야 했으나 형의 아들인 환범桓泛에게 양보했다. 황제가 불허하자 마침내 환욱이 봉작을 받아들이면서도 모든 조세 수입을 환범에게 주었다. 황제가 환욱을 시중으로 삼았다.

3) 황상은 중산왕中山王 유언劉焉이 곽태후郭太后의 어린 아들인데다 태후가 더욱 아낀 점을 감안해 유독 경사에 머무는 것을 허락했다가 이

때에 이르러 제왕諸王들과 함께 모두 봉국으로 가도록 했다. 이때 호본虎賁과 관기官騎를 하사하면서 은총을 특별히 두텁게 했다. 유독 경사를 오갈 수 있도록 허락한 게 그렇다. 황제는 음태후와 곽태후의 자식들을 예대禮待하면서 매사에 반드시 고르게 했다. 이들은 자주 상사賞賜를 받았고, 은총 또한 모두에게 넓고 두터운 우악優渥의 모습을 보였다.

4) 10월 17일, 황상이 장안으로 행차했다.

11월 7일, 사자를 파견해 소하蕭何와 곽광霍光의 묘에 가서 중뢰中牢의 예로 제사를 올리게 했다. 황제가 그곳을 지나면서 경의를 표했다. 앞으로 나아가 하동河東산서성 하현까지 행차했다.

11월 26일, 낙양으로 환궁했다.

5) 12월, 호강교위護羌校尉 두림竇林이 기망欺罔과 탐장貪贓의 죄에 연루돼 하옥된 뒤 옥사했다. 두림은 두융竇融 종형의 아들이다. 두씨竇氏 집안에는 1명의 삼공인 1공一公, 2명의 제후인 양후兩侯, 3명의 공주를 맞아들인 삼공주三公主, 4명의 2천석 봉록의 관원인 사이천석四二千石이 한 시기에 존재했다. 조부로부터 손자에 이르기까지 관청 건물인官府와 저제邸第가 경사에서 서로 바라볼 정도였다. 황제의 친척이나 공신 가운데 이들과 비교할 자가 없었다.

두림이 주살되자 황제가 자주 조서를 내려 두융을 책망했다. 두융이 황공해한 나머지 사직을 청하는 걸해골乞骸骨을 했다. 황제가 조서를 내려 집에 가서 병을 돌보는 귀제양병歸第養病을 명했다.

6) 이 해에 처음으로 오교五郊[51]에서 4계의 기운을 맞아들이는 영기迎

---

51 오교五郊는 동서남북과 중앙에 마련된 제사 장소를 가리킨다. 입춘에는 동교에서 봄을 맞아 청제靑帝, 입하에는 남교에서 여름을 맞아 적제赤帝, 입추 18일 전에는 중앙에서 황제黃帝와 후토신后土神, 입추에는 가을을 맞아 백제白帝, 입동에는 북교에서 겨울을 맞아 흑제黑帝에게 제사를 올렸다.

氣 행사를 치렀다.

7) 신양후新陽侯 음취陰就의 아들 음풍陰豐이 광무제 유수의 딸인 역읍공주酈邑公主 유수劉綬를 아내로 맞아들였다. 영읍공주가 교만하고 질투심이 많은 교투驕妒의 모습을 보이자 음풍이 그녀를 죽였다가 주살됐다. 부모 모두 자살했다.

8) 남선우인 제25대 이벌어려제伊伐於慮鞮 선우 난제한欒提汗이 죽었다. 제23대 선우 난제비欒提比의 아들 난제적欒提適이 뒤를 이어 제26대 선우인 혜동시축후제醯僮屍逐侯鞮 선우가 됐다.

* 顯宗孝明皇帝永平二年

春, 正月, 辛未, 宗祀光琥皇帝於明堂, 帝及公卿列侯, 始服冠冕·玉珮以行事. 禮畢, 登靈臺, 望雲物. 赦天下.

三月, 臨辟雍, 初行大射禮.

冬, 十月, 壬子, 上幸辟雍, 初行養老禮. 以李躬為三老, 桓榮為五更. 三老服都紵大袍, 冠進賢, 扶玉杖. 五更亦如之, 不杖. 乘輿到壁雍禮殿, 御坐東廂, 遣使者安車迎三老·五更於太學講堂, 天子迎於門屛, 交禮. 道自阼階, 三老升自賓階. 至階, 天子揖如禮. 三老升, 東面, 三公設几, 九卿正履, 天子親袒割牲, 執醬而饋, 執爵而酳, 祝鯁在前, 祝饐在後. 五更南面, 三公進供, 禮亦如之. 禮畢, 引桓榮及弟子升堂, 上自為下說, 諸儒執經問難於前, 冠帶搢紳之人圜橋門而觀聽者, 蓋億萬計. 於是下詔賜榮爵關內侯. 三老·五更皆以二千石祿養終厥身. 賜天下三老酒, 人一石, 肉四十斤. 上自為太子, 受『尚書』於桓榮, 及即帝位, 猶尊榮以師禮. 嘗幸太常府, 令榮坐東面, 設几杖, 會百官及榮門生數百人, 上親自執業. 諸生或避位發難, 上謙曰, "太師在是." 既罷, 悉以太官供具賜太常家. 榮每疾病, 帝輒遣

使者存問, 太官·太醫相望於道. 及篤, 上疏謝恩, 讓還爵土. 帝幸其
家問起居, 入街, 下車, 擁經而前, 撫榮垂涕, 賜以床茵·帷帳·刀劍·
衣被, 良久乃去. 自是諸侯·將軍·大夫問疾者, 不敢復乘車到門, 皆
拜床下. 榮卒, 帝親自變服臨喪送葬, 賜塚塋於首山之陽. 子郁當嗣,
讓其兄子泛. 帝不許, 郁乃受封, 而悉以租入與之. 帝以郁為侍中.

上以中山王焉, 郭太后少子, 太后尤愛之, 故獨留京師, 至是始與
諸王俱就國, 賜以虎賁·官騎, 恩寵尤厚, 獨得往來京師. 帝禮待陰·
郭, 每事必均, 數受賞賜, 恩寵俱渥.

甲子, 上行幸長安. 十一月, 甲申, 遣使者以中牢祠蕭何·霍光. 帝
過, 式其墓. 進幸河東. 癸卯, 還宮.

十二月, 護羌校尉竇林坐欺罔及臧罪, 下獄死. 林者, 融之從兄子
也. 於是竇氏一公·兩侯·三公主·四二千石相與幷時, 自祖及孫, 官府
邸第相望京邑, 於親戚功臣中莫與為比. 及林誅, 帝數干詔切責融,
融惶恐乞骸骨, 詔令歸第養病.

是歲, 初迎氣於五郊.

新陽侯陰就子豐尚酈邑公主. 公主驕妒, 豐殺之, 被誅, 父母皆自
殺.

南單于汗死, 單于比之子適立, 為醯僮屍逐侯鞮單于.

한명제 영평 3년(AD 60)

1) 봄 2월 9일, 태위 조희趙憙와 사도 이흔李訢이 면직됐다.

2월 11일, 좌풍익左馮翊섬서성 고릉현 태수 곽단郭丹을 사도로 삼았다.

2월 14일, 남양南陽하남성 남양시 태수 우연虞延을 태위로 삼았다.

2) 2월 19일, 귀인貴人 마씨馬氏를 황후, 황자皇子 유달劉炟을 태자로
삼았다.

황후는 마원馬援의 딸이다. 광무제 때 뽑혀 태자궁太子宮으로 들어왔다. 음후陰后를 잘 시봉했고, 같은 반열에 있는 사람을 맞이할 때 예의를 잘 갖춰 상하가 편안히 생각했다. 마침내 특별한 총애를 입게 된 이유다. 한명제가 즉위하면서 황후 다음의 귀인貴人이 됐다. 이때 마씨 전 모친의 언니의 딸인 가씨賈氏도 궁중으로 뽑혀 들어와 황자인 유달劉炟을 낳았다. 황제는 황후에게서 아들이 없었던 까닭에 이를 기르도록 명하며 다음과 같이 말했다.

"사람은 반드시 스스로 아들을 낳아야만 하는 것은 아니다. 다만 아끼고 기르는 애양愛養이 지극하지 못할까 걱정할 뿐이다!"

마황후는 이에 진심盡心으로 유달을 무육撫育했다. 수고하고 마음을 쓰는 노췌勞悴가 자신의 소생을 대하는 것보다 더했다. 태자 역시 효성스런 성격에 순하고 돈독해 모자간의 자애慈愛에 시종 실오라기 같은 틈인 섬개지간纖介之間이 없었다. 황후는 늘 황제의 후사가 널리 퍼지지 않아 좌우를 천달薦達하면서도 마치 아직도 부족한 것처럼 걱정했다.

후궁 가운데 진현進見하는 자가 있게 되면 매번 접견해 잘 조치하는 위납慰納을 더했고, 만일 자주 총애를 입어 불러들인 자가 있으면 번번이 풍성한 대우인 융우隆遇를 더했다. 유사有司가 장추궁長秋宮 즉 황후를 세울 것을 주청했을 때 한명제가 아직 아무 말도 하지 않자 태후인 음태후가 이같이 말했다.

"마귀인馬貴人의 덕성은 후궁 가운데 으뜸이오. 황후는 바로 그 사람이어야 하오."

황후는 이미 궐내인 궁위宮闈에서 황후의 자리에 앉고도 더욱 스스로 겸숙謙肅하고, 독서를 좋아하고, 늘 성기게 짠 비단인 대련大練의 옷을 입고, 치마에 끝동을 달지 않았다.

초하루와 보름인 삭망朔望에는 여러 후궁과 공주 등의 여인인 제희諸

姬가 문안을 하겠다고 청했다. 황후의 옷이 성글고 거친 소조疏粗의 제품인 것을 보고는 처음에는 무늬가 있는 비단인 기곡綺縠으로 생각했다. 이어 가까이 다가가 보고서는 이내 웃자 황후가 이같이 말했다.

"이 비단은 특히 염색하기에 매우 적당했던 까닭에 이것을 사용했을 뿐이오."

군신들이 상주한 일 가운데 결론을 내기 어려운 일이 있으면 황제는 자주 황후에게 물었고, 황후는 번번이 분석하고 해설하면서 이치에 맞게 처리하는 분해취리分解趣理를 통해 각각 그 실정에 부합하게 해주었다. 그러나 집안의 사사로운 일로 정사에 간여한 일은 없었다. 황제는 이로 인해 황후를 총애하고 존경하는 총경寵敬을 했고, 그 총경은 시종 조금도 줄어들지 않았다.

3) 황제가 한나라를 중흥시킨 공신을 생각하며 마침내 28명의 장군 초상을 남궁운대南宮雲臺의 벽에 그려 넣게 했다. 등우鄧禹가 으뜸이고 차례로 마성馬成, 오한吳漢, 왕량王梁, 가복賈復, 진준陳俊, 경엄耿弇, 두무杜茂, 구순寇恂, 부준傅俊, 잠팽岑彭, 견심堅鐔, 풍이馮異, 왕패王霸, 주호朱祜, 임광任光, 채준祭遵, 이충李忠, 경단景丹, 만수萬修, 갑연蓋延. 비융邳彤, 요기銚期, 유식劉植, 경순耿純, 장궁臧宮, 마무馬武, 유륭劉隆이 그들이었다. 이후 왕상王常과 이통李通, 두융竇融, 탁무卓茂 등 4명을 더 그리게 해 남궁운대의 화상을 남긴 사람은 모두 32명이 됐다. 마원은 황후가 거처하는 초방椒房의 부친인 까닭에 홀로 여기에 들어가지 않았다.

4) 여름 4월 17일, 황자皇子 유건劉建을 천승왕千乘王, 유선劉羨을 광평왕廣平王에 책봉했다.

5) 6월 24일, 천선성天船星의 북쪽에 패성이 나타났다.

6) 황제가 북궁北宮을 크게 짓기 시작했다. 당시 크게 가물었다. 상서복야尚書僕射인 회계會稽 출신 종리의鍾離意가 궁궐로 나아가 면관免冠

한 뒤 이같이 상소했다.

"옛날 은나라 탕왕湯王은 한재旱災를 만나자 6가지 일로 자책하며 말하기를, '정사가 적절치 못했는가? 백성을 과하게 부렸는가? 궁실을 너무 많이 지었는가? 여자 알자인 여알女謁이 성행했는가? 뇌물인 포저苞苴[52]가 횡행했는가? 참언하는 소인배인 참부讒夫가 창궐했는가?'라고 했습니다. 가만히 북궁의 대규모 조영을 살펴보니 백성들이 농시農時를 잃을 것입니다. 자고로 궁실이 좁은 것은 고통으로 생각지 않았고, 단지 백성이 안녕치 못한 것을 근심했을 뿐입니다. 의당 조영을 중단시키고 천심天心에 응해야 할 것입니다."

황제가 죽간에 쓴 글인 책서策書를 통해 이같이 조서를 내렸다.

"은나라 탕왕이 6가지 일로 자책한 사례를 보니 허물이 나 한 사람에게 있다. 관을 쓰고 신을 신도록 하라. 사과할 필요가 없다!"

또 대장大匠에게 칙령을 내려 조영을 멈추게 하고, 급하지 않은 사안을 감생減省하게 했다. 이어 조서를 내려 공경과 백관에게 사례의 뜻을 전하자 마침내 때맞춰 단비가 내리는 경시주우慶時澍雨 현상이 빚어졌다.

상서복야 종리의가 전초全椒안휘성 전초현 현장 유평劉平을 천거하자 조서를 내려 징소한 뒤 의장議郎에 제수했다. 유평은 전초현에 있을 때 관대한 정사로 은혜를 베풀었고, 백성들은 혹 재산을 늘리는 증자增貲를 하게 되면 곧바로 부세賦稅를 냈고, 혹은 나이를 줄여서라도 부역賦役에 나왔다. 자사와 태수가 부서를 순시하면 옥에는 갇혀 있는 죄수가 없고, 사람들은 스스로 그가 있어야 할 적당한 곳에 있었다. 이들은 무엇을 물어야

---

52 포저苞苴를 두고 정현은 『예기』 「소의少儀」에 대한 주에서 풀이하기를, "모시풀과 갈대인 추위萑葦 등을 엮어 어육 등을 감싸는 것을 가리킨다."고 했다. 이후 '포저'가 선물 내지 뇌물을 뜻하게 된 이유다. '포苞'는 감싼다는 의미의 '포包'와 통한다.

좋을지 알 길이 없어 오직 조서만 읽고 가버렸다.

황제는 편협하고 자세히 살피는 편찰編察의 모습을 보이며, 이목耳目을 활용해 숨겨진 것을 들춰내는 것에 밝다고 생각했다. 공경대신들이 자주 저훼詆毁를 당하고, 근신近臣과 상서 이하의 관원들 가운데 문득 낚아채는 일을 당하기도 한 이유다. 그는 늘 일로 인해 낭관인 약숭藥崧에게 화를 내면서 지팡이로 때린 적이 있다. 약숭이 달아나 침상 아래로 들어가자 대로한 나머지 거친 목소리로 소리치는 질언疾言을 했다.

"낭관은 빨리 나와라!"

약숭이 대답했다.

"천자는 화목하고, 제후는 아름답다고 했습니다.[53] 아직 군주가 몸을 일으켜 낭관을 때렸다는 얘기는 들어본 바가 없습니다."

황제가 이내 그를 용서했다.

이때 조정에서는 무서워 떠는 송률悚慄을 하지 않는 자가 없었다. 엄절嚴切히 처리돼 주살되거나 책임을 떠맡는 일을 다퉈 피하려 했다. 오직 상서복야 종리의만 홀로 감히 간쟁을 하고, 자주 조서를 봉해 황제에게 돌려보내곤 했다. 신하들이 과실過失을 하면 매번 구해 풀어주었다. 마침 잇달아 변이變異가 발생하자 이같이 상소했다.

"폐하는 귀신을 경외敬畏하고, 백성을 불쌍히 여기는 우휼憂恤을 하고 있습니다. 그러나 천기天氣가 아직 고르지 못해 한서寒暑가 절도를 어기고 있습니다. 그 허물은 군신들이 교화로 다스리는 직무인 선화치직宣化治職을 제대로 하지 못하고, 각박하게 처리하는 것을 습관으로 삼은 탓입

---

53 『예기』「곡례 하」에 나오는 '천자목목天子穆穆, 제후황황諸侯皇皇' 구절을 인용한 것이다. 목목穆穆은 화목, 황황皇皇은 미美를 뜻한다. 공영달孔穎達은 소疏에서 '황황'을 스스로 장성壯盛한 모습으로 풀이했다.

니다. 백관은 서로 친하고자 하는 상친지심相親之心, 이민吏民은 서로 화
합하고자 하는 옹옹지지雍雍之志가 없습니다. 이내 화기和氣를 거스르는
일에 감응돼 천재가 나타난 배경입니다. 백성들은 덕으로 이길 수는 있으
나 힘으로는 복종시킬 수 없는 '가이덕승可以德勝, 난이역복難以力服'의
존재입니다.『시경』「소아, 녹명鹿鳴」은 연락宴樂의 필요성을 언급하면서 인
신人神의 마음을 화합한 연후에 천기天氣를 고르게 하는 방안을 제시했
습니다. 원컨대 폐하는 성덕聖德을 내려 형벌을 느슨하게 하고, 시절의 기
운인 시기時氣를 좇아 음양을 조화시키도록 하십시오."

황제는 비록 바로 채택하지는 않았으나 그의 지성至誠을 알기에 끝까
지 아끼며 후대했다.

7) 가을 8월 25일, 조서를 내려 태악관太樂官을 태여太予로 개명했다.
이는 도참서인『상서선기검尙書璿璣鈐』의 참문讖文[54]을 이용한 것이다.

8) 8월 29일, 일식이 있었다. 황제가 조서를 내렸다.

"옛날 춘추시대 중엽 초장왕楚莊王은 나라에 재해가 없게 되자 스스
로 경계하며 두려워했다.[55] 춘추시대 말기인 노애공魯哀公 때는 화禍가 커
진 까닭에 하늘이 아예 견책하는 조짐조차 내보이지 않았다.[56] 지금 동변

54　광무제에서 한영제 때까지의 역사를 기전체로 기록한 후한의 관찬 사서『동관한기
東觀漢記』에 "한명제가 조서를 통해『상서선기검尙書璿璣鈐』에 제왕이 한수漢水에서
나온 뒤 덕이 흡족한 나머지 음악을 만들었으니 그 곡명이 아雅라고 한다는 뜻의 '유제한
출有帝漢出, 덕흡작악명아德洽作樂名雅' 구절이 나온다고 말했다. 이내 교묘악郊廟樂
의 명칭을 태여악太予樂, 정악관正樂官의 명칭을 태여악관太予樂官으로 바꾼 이유다."
라는 구절이 나온다.
55　『설원說苑』「군도君道」의 "하늘과 땅이 요얼妖孽을 보이지 않자 초장왕이 탄식하
기를, '하늘이 나를 잊은 것인가?'라고 말하며 스스로를 경계했다."는 구절을 인용한 것이
다.
56　『후한서』「명제기」에 대한 이현의 주는 "『춘추감정부春秋感精符』에서 말하기를,
'노애공 때 정사가 극히 문란했는데도 일식日食조차 없었다. 정사가 문란하면 의당 하늘이

動變은 아직 구제할 수 있는 것일 수 있다. 유사有司는 부지런히 자신의 직분을 다해 무덕無德한 나를 광정匡正하는 데 힘써야 할 것이다."

9) 겨울 10월 22일, 황제가 거가에 오른 뒤 황태후를 좇아 광무제와 그 조상이 묻힌 장릉章陵으로 행차했다. 형주荊州호남성 상덕시 자사 곽하郭賀는 관직을 수행하는 과정에서 뛰어난 정사인 수정殊政을 펼쳤다. 황제가 삼공三公의 복장의복을 하사한 이유다. 청색과 흑색 바탕에 도끼와 2개의 '기己' 자를 수놓은 보불黼黻과 7개의 술을 앞뒤로 늘어뜨린 면류冕旒가 있는 복장이었다. 칙령을 내려 각지를 순행할 때는 수레 앞 휘장인 첨유襜帷를 치워 백성이 그 용모와 복장을 볼 수 있게 했다. 수레를 탄 사람의 덕행을 표창하고자 한 것이다.

10월 26일 장릉에서 환궁했다.

10) 이 해에 경사와 군국을 포함해 모두 7곳에서 대수大水가 있었다.

11) 사차왕莎車王 현현賢이 병위兵威를 구사해 서역의 우전于寘과 대원大宛 및 규색嬀塞 왕국을 압박해 탈취한 뒤 휘하 장수들로 하여금 이를 지키게 했다. 우전국 사람들이 장수 군덕君德을 죽인 뒤 대인大人 휴막패休莫霸를 세워 왕으로 삼았다. 사차왕 현은 여러 나라의 군사 수만 명을 이끌고 가 휴막패를 쳤으나 오히려 패해 몸만 간신히 빠져나올 수 있었다.

우전국의 보위에 오른 휴막패는 전진하여 사차국을 포위했다가 유시流矢를 맞고 죽었다. 우전 사람들이 휴막패의 조카 광덕廣德을 세워 왕으로 삼았다. 광덕은 동생 인仁에 명해 사차왕 현을 치게 했다. 이에 앞서 광덕의 부친이 먼저 사차에 의해 구속된 바 있다. 사차왕 현현賢이 마침내 광덕의 부친을 돌려보낸 뒤 자신의 딸을 광덕의 처로 삼게 했다. 화친和親을

일식의 변고를 보여주었다. 하늘이 이를 하지 않은 것은 견책을 해도 아무런 도움이 안 되고, 알려줘도 깨닫지 못한 탓에 그런 것이다'라고 했다."고 풀이했다.

이룬 배경이다.

春, 二月, 甲寅, 太尉趙·司徒李訢免.

丙辰, 以左馮翊郭丹為司徒.

己未, 以南陽太守虞延為太尉.

甲子, 立貴人馬氏為皇后, 皇子炟為太子. 后, 援之女也, 光武時, 以選入太子宮, 能奉承陰后, 傍接同列, 禮則修備, 上下安之, 遂見寵異. 及帝即位, 為貴人. 時后前母姊女賈氏亦以選入, 生皇子炟. 帝以后無子, 命養之, 謂曰, "人未必當自生子, 但患愛養不至耳!" 后於是盡心撫育, 勞悴過於所生. 太子亦孝性淳篤, 母子慈愛, 始終無纖介之間. 後常以皇嗣未廣, 薦達左右, 若恐不及. 後宮有進見者, 每加慰納. 若數所寵引, 輒加隆遇. 及有司奏立長秋宮, 帝未有所言, 皇太后曰, "馬貴人德冠後宮, 即其人也." 后既正位宮闈, 愈自謙肅, 好讀書. 常衣大練, 裙不加緣. 朔望諸姬主朝請, 望見后袍衣疏粗, 以為綺縠, 就視, 乃笑. 后曰, "此繒特宜染色, 故用之耳." 群臣奏事有難平者, 帝數以試后, 后輒分解趣理, 各得其情, 然未嘗以傢私干政事. 帝由是寵敬, 始終無衰焉.

帝思中興功臣, 乃圖畫二十八將於南宮雲臺, 以鄧禹為首, 次馬成·吳漢·王梁·賈復·陳俊·耿弇·杜茂·寇恂·傅俊·岑彭·堅鐔·馮異·王霸·朱祐·任光·祭遵·李忠·景丹·萬修·蓋延·邳彤·銚期·劉植·耿純·臧宮·馬武·劉隆, 又益以王常·李通·竇融·卓茂, 合三十二人. 馬援以椒房之親, 獨不與焉.

夏, 四月, 辛酉, 封皇子建為千乘王, 羨為廣平王.

六月, 丁卯, 有星孛於天船北.

帝大起北宮. 時天旱, 尚書僕射會稽鍾離意詣闕, 免冠, 上疏曰, "昔成湯遭旱, 以六事自責曰, '政不節邪? 使民疾邪? 宮室榮邪? 女謁盛邪? 苞苴行邪? 讒夫昌邪?' 竊見北宮大作, 民失農時. 自古非苦宮室小狹, 但患民不安寧, 宜且罷止, 以應天心." 帝策詔報曰, "湯引六事, 咎在一人, 其冠·履, 勿謝!" 又敕大匠止作諸宮, 減省不急. 詔因謝公卿百僚, 遂慶時澍雨. 意薦全椒長劉平, 詔徵拜議郎. 平在全椒, 政有恩惠, 民或增貲就賦, 或減年從役. 刺史·太守行部, 獄無繫囚, 人自以得所, 不知所問, 唯班詔書而去. 帝性褊察, 好以耳目隱發為明, 公卿大臣數被詆毀, 近臣尚書以下至見提曳. 常以事怒郎藥崧, 以杖撞之. 崧走入床下, 帝怒甚, 疾言曰, "郎出!" 崧乃曰, "天子穆穆, 諸侯皇皇, 未聞人君, 自起撞郎." 帝乃赦之. 是時朝廷莫不悚慄, 爭為嚴切以避誅責, 唯鍾離意獨敢諫爭, 數封還詔書, 臣下過失, 輒救解之. 會連有變異, 上疏曰, "陛下敬畏鬼神, 憂恤黎元, 而天氣未和, 寒暑違節者, 咎在群臣不能宣化治職, 而以苛刻為俗, 百官無相親之心, 吏民無雍雍之志, 至於感逆和氣, 以致天災. 百姓可以德勝, 難以力服, 『鹿鳴』之詩必言宴樂者, 以人神之心洽, 然後天氣和也. 願陛下垂聖德, 緩刑罰, 順時氣以調陰陽." 帝雖不能用, 然知其至誠, 終愛厚之.

秋, 八月, 戊辰, 詔改太樂官曰太予, 用讖文也.

壬申晦, 日有食之. 詔曰, "昔楚莊無災, 以致戒懼, 魯哀禍大, 天不降譴. 今之動變, 倘尚可救, 有司勉思厥職, 以匡無德."

冬, 十月, 甲子, 車駕從皇太后幸章陵. 荊州刺史郭賀, 官有殊政, 上賜以三公之服, 黼黻, 冕旒. 敕行部去襜帷, 使百姓見其容服, 以章有德, 戊辰, 還自章陵.

是歲, 京師及郡國七大水.

莎車王賢以兵威逼奪于寶·大宛·嬀塞王國, 使其將守之. 于寶人殺
其將君德, 立大人休莫霸為王. 賢率諸國兵數萬擊之, 大為休莫霸所
敗, 脫身走還. 休莫霸進圍莎車, 中流矢死, 于寶人復立其兄子廣德
為王, 廣德使其弟仁攻賢. 廣德父先拘在莎車, 賢乃歸其父, 以女妻
之, 與之和親.

✲✲ 권45-한기漢紀 37: 수성에 성공하다

한명제 영평 4년(AD 61)

1) 봄, 황제가 가까운 곳에 나가 성과 집들을 둘러보고 끝내 하내河內에서 울타리를 쳐놓고 하는 사냥인 교렵校獵을 하려 했다. 동평왕東平王 유창劉蒼이 상서해 간했다. 황제가 상주문을 보고 곧바로 환궁했다.

2) 가을 9월 12일, 한명제의 아들인 천승애왕千乘哀王 유건劉建이 홍거薨去했다. 아들이 없어 나라가 폐지됐다.

3) 겨울 10월 19일, 사도司徒 곽단郭丹과 사공司空 풍방馮魴이 면직됐다. 하남윤河南尹인 패국沛國 출신 범천范遷을 사도, 태복太僕 복공伏恭을 사공으로 삼았다. 복공은 복잠伏湛의 형이다.

4) 능향후陵鄕侯 양송梁松이 익명의 서신인 비서飛書를 매달아놓고 원망怨望했다는 죄에 연루돼 하옥된 뒤 옥사했다.

당초 황상이 태자였을 때 태중대부太中大夫 정흥鄭興의 아들 정중鄭衆이 경서에 통달해 명성을 떨쳤다. 태자와 산양왕山陽王 유형劉荊이 양송을 통해 겸백縑帛을 보내면서 초청했다. 정중이 사양했다.

"태자는 다음에 보위를 이을 부황제인 저군儲君이니 밖으로 교제할 일이 없습니다. 한나라는 예로부터 금령禁令이 있으니, 번왕蕃王은 의당 빈객들과 사통私通해서는 안 됩니다."

양송이 말했다.

"장자長者의 뜻은 거스를 수 없소."

정중이 말했다.

"금령을 범해 죄에 저촉되는 범금촉죄犯禁觸罪는 바른 것을 지키다가 죽는 수정이사守正而死만 못합니다."

그러고는 마침내 가지 않았다. 광무제의 사위인 양송이 전에 마원을 무함한 데 이어 이번 일이 실패로 끝나면서 빈객들 대부분이 이 일에 연루됐다. 오직 정중만이 이 사건에 연루되지 않았다.

5) 우전왕于寶王 광덕廣德이 여러 나라의 병사 3만 명을 이끌고 사차莎車를 쳐 사차왕 현賢을 유인해 살해한 뒤 그 나라를 병탄했다. 흉노가 여러 나라의 병사를 동원해 우전국을 포위하자 광덕이 항복을 청했다. 흉노가 인질로 왔던 현의 아들 부거징不居徵을 사차왕으로 삼았다. 광덕이 다시 그를 공격해 죽이자 다시 그의 동생 제려齊黎를 세워 사차왕으로 삼았다.

6) 동평왕東平王 유창劉蒼이 황제인 한명제의 지친至親으로서 보정輔政을 했다. 성망聲望이 날로 중해지자 내심 스스로 불안해한 나머지 앞뒤로 여러 차례에 걸쳐 상소해 이같이 칭했다.

"한나라가 흥기한 이래 종실의 자제가 공경의 자리에 앉은 적이 없습니다. 빌건대 제가 갖고 있는 표기장군驃騎將軍의 인수를 올리고 번국으로 돌아가게 해주십시오."

그 언사가 매우 간절懇切했다. 황제가 유창에게 번국인 동평국으로 돌아갈 것을 허락했으나 장군 인수의 반납 요청은 듣지 않았다.

** 起重光作噩, 盡旃蒙大淵獻, 凡十五年.

顯宗孝明皇帝永平四年

春, 帝近出觀覽城第, 欲逐校獵河內. 東平王蒼上書諫. 帝覽奏,即還宮.

秋, 九月, 戊寅, 千乘哀王建薨, 無子, 國除.

冬, 十月, 乙卯, 司徒郭丹·司空馮魴免, 以河南尹沛國范遷為司徒, 太僕伏恭為司空. 恭, 湛之兄子也.

陵鄉侯梁松坐怨望·縣飛書誹謗, 下獄死. 初, 上為太子, 太中大夫鄭興子眾以通經知名, 太子及山陽王荆因梁松以縑帛請之, 眾曰, "太子儲君, 無外交之義. 漢有舊防, 蕃王不宜私通賓客." 松曰, "長者意, 不可逆." 眾曰, "犯禁觸罪, 不如守正而死." 遂不往. 及松敗, 賓客多坐之, 唯眾不染於辭.

于寘王廣德將諸國兵三萬人攻莎車, 誘莎車王賢, 殺之, 幷其國. 匈奴發諸國兵圍于寘, 廣德請降. 匈奴立賢質子不居徵為莎車王, 廣德又攻殺之, 更立其弟齊黎為莎車王. 東平王蒼自以至親輔政, 聲望日重, 意不自安, 前後累上疏稱曰, "自漢興以來, 宗室子弟無得在公卿位者, 乞上驃騎將軍印綬, 退就蕃國." 辭甚懇切, 帝乃許蒼還國, 而不聽上將軍印綬.

한명제 영평 5년(AD 62)

1) 봄 2월 경술庚戌, 동평왕 유창이 파직되어 번국으로 돌아갔다. 황제가 표기장군부의 장사長史를 동평국의 태부太傅, 속관인 연리掾吏를 중대부中大夫, 영사令史를 왕부王府의 낭郎으로 삼았다. 모두 동전 5천만 전錢과 베 10만 필匹을 하사했다.

2) 겨울 10월, 황상이 업성鄴城에 행차했다가 이달에 환궁했다.

3) 11월, 북흉노가 오원五原에 침입했다.

12월, 북흉노가 운중雲中을 침입하자 남선우인 제26대 혜동시축후제醯僮尸逐侯鞮 선우인 난제적欒提適이 이들을 쳐서 물리쳤다.

4) 이 해에 중원에 소재한 내군內郡에서 변경 출신 백성인 변민邊民들을 찾아내 이주시키면서 이사 비용을 지급했다. 1인 당 2만 전이었다.

5) 안풍대후安豐戴侯 두융竇融이 연로했다. 자손들이 방종하며 망령된 짓을 하는 종탄縱誕의 모습을 보이며 대거 불법을 저질렀다. 큰아들 두목竇穆은 내황공주內黃公主를 아내로 맞아들인 부마였다. 음태후의 조서를 날조해 육안후六安侯 유우劉盱로 하여금 부인을 내보내고 자신의 딸을 처로 삼게 했다. 유우의 처가에서 상서해 이를 고했다. 황제가 대로해 두목 등을 모두 면관免官시킨 뒤 두씨들 가운데 낭리郎吏로 있던 자들 모두 가속을 이끌고 고군故郡으로 돌아가게 했다. 유독 두융만 홀로 경사에 남게 됐다. 두융이 얼마 후 훙거薨去했다. 몇 년 후 두목 등이 다시 어떤 사건에 연루되면서 아들 두훈竇勳과 두선竇宣이 모두 하옥된 뒤 죽었다. 오랜 시간이 지난 뒤 조서를 내려 두융의 부인과 어린 손자 한 사람만 돌아와 낙양에 살게 했다.

* 顯宗孝明皇帝永平五年

春, 二月, 庚戌, 蒼罷歸藩. 帝以驃騎長史為東平太傅, 掾為中大夫, 令史為王家郎, 加賜錢五千萬, 布十萬匹.

冬, 十月, 上行幸鄴. 是月還宮.

十一月, 北匈奴寇五原. 十二月, 寇雲中. 南單于擊卻之.

是歲, 發遣邊民在內郡者, 賜裝錢, 人二萬.

安豐戴侯竇融年老, 子孫縱誕, 多不法. 長子穆尚內黃公主. 矯稱陰太后詔, 令六安侯劉盱去婦, 以女妻之. 盱婦家上書言狀, 帝大怒. 盡免穆等官, 諸竇為郎吏者, 皆將家屬歸故郡, 獨留融京師. 融尋薨. 後數歲, 穆等復坐事與子勳·宣皆下獄死. 久之, 詔還融夫人與小孫一人居雒陽.

한명제 영평 6년(AD 63)

1) 봄 2월, 왕락산王雒山안휘성 여강현에서 보정寶鼎이 출토돼 조정에 바쳤다.

여름 4월 7일, 조서를 내렸다.

"상서祥瑞가 내렸다. 유덕有德에 감응한 것이다. 바야흐로 지금의 정화政化는 대부분 편벽偏僻돼 있다. 어찌하여 이런 지경에 이르게 됐는가! 『주역』에 이르기를, '정鼎은 삼공을 상징한다'[57]고 했다. 이 어찌 공경들이 봉직하면서 그 이치를 얻어야 한다는 취지가 아니겠는가! 삼공에게 비단 50필을 내리고, 9경과 2천석 관원에게 그 반씩 하사한 이유다. 선제先帝는 조서를 내려 '성聖' 자를 써서 서신을 올리지 못하게 했다. 최근의 장주章奏에는 자못 들뜬 말인 부사浮詞가 많다. 오늘 이후 만일 과할 정도의 헛된 칭송인 과칭허예過稱虛譽가 있을 경우 상서는 의당 모두 억제하고 살펴보지 말아야 할 것이다. 아첨하는 자들로 인해 웃음거리인 치소嗤笑가 되는 일이 없다는 것을 보여주도록 하라."

2) 겨울 10월, 황상이 노로魯 땅으로 행차했다.

12월, 환궁 도중 양성陽城하남성 등봉현에 들렀다가 이달 29일에 환궁했다.

3) 이 해에 남선우인 제26대 혜동시축후제醯僮屍逐侯鞮 선우 난제적欒提適이 죽었다. 제24대 선우인 난제막欒提莫의 아들 난제소欒提蘇가 뒤를 이어 제27대 구제거럼제丘除車林鞮 선우가 됐다. 몇 달 뒤 그가 다시 죽게 되자 난제적의 동생 난제장欒提長이 뒤를 이어 제28대 호야시축후

57　『주역』「정괘鼎卦」에 나오는 '단왈象曰, 정상야鼎象也' 구절을 인용한 것이다. '정鼎'은 세 개의 발이 한 몸을 지탱하는 까닭에 음양의 조화를 상징하는 삼공三公이 천자를 받드는 것에 비유됐다. 전설적인 왕조인 하나라를 개국한 우禹가 만들었다는 '구정九鼎'이 치천하治天下를 상징하게 된 배경이다.

제湖邪屍逐侯鞮 선우가 됐다.

春, 二月, 王雒山出寶鼎, 獻之. 夏, 四月, 甲子, 詔曰, "祥瑞之降, 以應有德. 方今政化多僻, 何以致茲! 『易』曰, '鼎像三公' 豈公卿奉職得其理邪! 其賜三公帛五十匹, 九卿·二千石半之. 先帝詔書, 禁人上事言聖, 而間者章奏頗多浮詞. 自今若有過稱虛譽, 尚書皆宜抑而不省, 示不為諂子蚩也."

冬, 十月, 上行幸魯. 十二月, 還幸陽城. 壬午, 還宮.

是歲, 南單于適死, 單于莫之子蘇立, 為丘除車林鞮單于. 數月, 復死, 單于適之弟長立, 為湖邪屍逐侯鞮單于.

한명제 영평 7년(AD 64)

1) 봄 정월 20일, 황태후 음씨陰氏가 붕어했다.

2월 8일, 광렬황후光烈皇后[58] 음씨를 장사지냈다.

2) 북흉노가 오히려 강성해져 자주 변경을 침략했다. 사자를 파견해 합동으로 시장을 여는 합시合市를 요구했다. 황상은 그들과 교통交通하며 다시는 침구侵寇하지 않을 것을 기대하며 이를 허락했다.

3) 동해국東海國산동성 담성현의 재상 종균宗均을 상서령尚書令으로 삼았다. 당초 종균은 구강九江안휘성 수현 태수로 있었다. 5일에 1번씩 공무를 모아서 일괄 처리하며 연사掾史들로 하여금 와서 이를 보게 하고, 독우督

---

58   광렬황후光烈皇后 음려화陰麗華의 시호는 '광렬光烈'이다. '광'은 남편인 광무제 유수의 시호諡號에서 따온 것이고, '열'은 음태후 때부터 전한 때와 달리 한 글자를 덧붙이도록 한 시법諡法에 따른 것이다.

郵[59]들로 하여금 부내府內에서 일하며 속현을 간섭하지 못하게 했다. 덕분에 속현屬縣은 무사無事했고, 백성은 편히 생업에 종사하는 안업安業을 했다.

구강에서는 전에 호랑이의 횡포인 호포虎暴가 심했다. 늘 사람을 모집해 우리와 구덩이인 함정檻阱[60]을 설치했지만 오히려 상해傷害를 입는 일이 많았다. 종균이 속현에 공문을 보내는 하기下記를 하며 이같이 주문했다.

"무릇 강회江淮 일대에 맹수가 있다는 것은 마치 북쪽에 닭과 돼지가 있는 것과 같다. 오늘날 백성들에게 해가 되는 것은 잔혹한 관원인 잔리殘吏에게 허물이 있기 때문이다. 저들이 부지런히 수고스런 노근勞勤의 모습으로 호랑이를 잡고자 하는 것은 백성을 걱정하거나 긍휼히 생각하는 우휼憂恤에서 비롯된 게 아니다. 간사하고 탐욕스런 간탐奸貪의 무리를 물리치는 데 힘쓰고, 충선忠善의 인물이 앞으로 나와 일하는 방안을 강구해야 한다. 그러면 한꺼번에 '함정'을 제거할 수 있고, 징세도 제삭除削할 수 있다."

이후 호환虎患으로 인한 걱정이 다시는 없었다. 황제가 종균의 명성을 듣고 중요한 기틀의 업무를 장악하는 추기樞機의 자리인 상서령에 임명한 이유다. 종균이 다른 사람에게 이같이 말했다.

"국가國家인 조정은 문서와 법령인 문법文法과 청렴한 관원인 염리廉吏를 좋아한다. 그것으로 능히 간사한 자들을 족히 금지시킬 수 있다고 생각하기 때문이다. 그러나 법조문을 잘 아는 문리文吏는 기만欺謾에 익

---

59   독우督郵는 군郡을 2-5개 부部로 나눈 뒤 각 부에 설치한 태수 휘하의 감찰요원을 말한다. 규찰糾察을 담당하며 위법 여부를 적발하는 임무를 맡았다.

60   함정檻阱은 짐승 우리 등의 포획 장치를 갖춘 함정陷穽을 가리킨다.

숙해져 있고, 염리는 자기 한 몸만을 깨끗이 하려고 할 뿐이다. 백성들이 흩어지고 도주하거나 도적에게 해를 입는 데 아무런 도움을 주지 못한다. 나 종균은 머리를 조아려가며 이 문제를 갖고 다툴 것이다. 적시에 고치지 못한 채 오래도록 그대로 두면 장차 스스로 고통을 당하기에 이같이 말하는 것일 뿐이다!"

이 말처럼 조정에 진언하기도 전에 마침 사례교위司隸校尉로 자리를 옮기게 됐다. 얼마 후 황상은 그가 한 말을 전해 듣고는 매우 훌륭하다고 생각했다.

* 顯宗孝明皇帝永平七年

春, 正月, 癸卯, 皇太后陰氏崩. 二月, 庚申, 葬光烈皇后.

北匈奴猶盛, 數寇邊, 遣使求合市. 上冀其交通, 不復為寇, 許之.

以東海相宗均為尚書令. 初, 均為九江太守, 五日一聽事, 悉省掾·史, 閉督郵府內, 屬縣無事, 百姓安業. 九江舊多虎暴, 常募設檻阱, 而猶多傷害. 均下記屬縣曰, "夫江·淮之有猛獸, 猶北土之有雞豚也, 今為民害, 咎在殘吏, 而勞勤張捕, 非憂恤之本也. 其務退奸貪, 思進忠善, 可一去檻阱, 除削課制." 其後無復虎患. 帝聞均名, 故任以樞機. 均謂人曰, "國家喜文法·廉吏, 以為足止奸也. 然文吏習為欺謾, 而廉吏清在一己, 無益百姓流亡·盜賊為害也. 均欲叩頭爭之, 時未可改也, 久將自苦之, 乃可言耳!" 未及言, 會遷司隸校尉. 後上聞其言, 追善之.

한명제 영평 8년(AD 65)

1) 봄 정월 2일, 사도 범천范遷이 훙거했다.

2) 3월 신묘辛卯, 태위 우연虞延을 사도, 위위衛尉 조희趙熹를 행태위

사行太尉事로 삼았다.

3) 월기사마越騎司馬 정중鄭衆이 북흉노에 사자로 갔다. 북흉노의 선우가 정중으로 하여금 정중하게 절을 하라고 요구했으나 정중이 굴복하지 않았다. 선우는 그를 둘러싸고 지키면서 문을 폐쇄하고 수화水火를 공급하지 않았다. 정중이 칼을 뽑아 죽기로 맹서하자 선우가 두려워한 나머지 중지시켰다. 이내 조정에서 다시 사자를 보내 정중을 따라 경사로 돌아오게 했다.

당초 대사농 경국耿國이 이같이 상언한 바 있다.

"의당 도료장군度遼將軍을 두어 오원五原에서 둔전하면서 남흉노가 도망逃亡치는 것을 막아야 합니다."

조정이 좇지 않았다. 남흉노의 수복골도후須卜骨都侯 등은 한나라 조성이 북흉노와 사자를 교환한 사실을 알고는 속으로 꺼리고 원망하는 혐원嫌怨을 품고, 장차 배반하려 했다. 비밀리에 사자를 북흉노에게 보낸 뒤 그들이 군사를 파견하면 맞이하도록 했다. 정중이 출새出塞했다가 다른 움직임이 있다고 의심했다. 틈새를 보면서 기다리고 있다가 과연 수복골도후의 사자를 붙잡았다. 이내 상언했다.

"의당 다시 대장大將을 두어 남북의 두 흉노가 교통하는 것을 막아야 합니다."

이로 인해 처음으로 도료영度遼營을 두고, 중랑장 오당吳棠에게 행도료장군사行度遼將軍事 역할을 맡게 했다. 또 여양黎陽하남성 능현의 호아영虎牙營에 있는 군사를 이끌고 가 오원五原의 만백曼柏 일대에서 주둔하게 했다.

4) 가을, 군국郡國의 14개 지방에서 홍수가 났다.

5) 겨울 10월, 북궁北宮이 완성됐다.

6) 10월 14일, 사죄死罪로 인해 옥에 갇혀 있던 죄수를 모집해 도료영

度遼營으로 보냈다. 이어 죄를 지어 망명하게 된 자들로 하여금 각기 차등 있게 속죄贖罪하도록 했다.

한명제의 동생인 초왕楚王 유영劉英이 노란색과 흰색의 비단인 황겸黃縑과 백환白紈을 받들고 봉국의 재상에게 가서 말했다.

"번국의 보신輔臣이 되어 죄과가 날로 누적되고 있소. 천자의 총애인 대은大恩을 입고 특별히 겸백縑帛을 봉송해 죄과를 속죄 받고자 하오."

봉국의 재상이 이를 보고하자 황제가 조서를 내려 회보했다.

"초왕은 황로黃老의 미언微言을 외우고, 부도浮屠 즉 부처의 인仁을 숭상한 나머지 3달 동안 깨끗이 재재하는 결제潔齊를 하며 신과 맹서했는데 무슨 혐의嫌疑가 있어 의당 후회할 만한 회린悔吝의 사안이 있겠는가! 속죄를 위해 보낸 것을 돌려보내 불가의 수도자인 포색蒲塞 즉 우바새優婆塞와 상문桑門 즉 사문沙門의 성찬을 마련하는 데 도움을 주도록 하라."

당초 황제는 서역에 신이 있고, 이름이 불佛 즉 부처라는 말을 들었다. 곧 사자를 천축天竺으로 보내 그 도道를 구하고, 책과 도를 닦은 사문沙門을 얻어오게 했다. 그 책은 대개 허무虛無를 종지宗旨로 삼고, 자비慈悲와 불살不殺을 귀하게 여겼다. 사람이 죽어도 정신이 불멸不滅한 상태로 있다가 다시 형체인 몸을 받는다고 생각했다. 살아 있을 때 행한 선악善惡은 반드시 그에 따른 보응報應이 있기에 귀하게 생각한 것은 정신의 수련修練이었다. 그 궁극은 깨달은 자인 부처의 경지에 이르는 것이었다. 이들은 굉활宏闊하고 승대勝大한 말로써 어리석은 속인들을 권유勸誘하며, 그 도에 정통한 자를 일컬어 '사문沙門'이라고 했다. 중국에 처음으로 그 술법이 전해진 배경이다. 그 형상을 그림으로 그려놓자, 왕공과 귀인 가운데 초왕 유영만이 가장 먼저 이를 선호했다.

7) 10월 30일, 일식이 있었다. 일식 후 여러 관청에 조서를 내려 직무를

부지런히 처리하는 면수직사勉修職事와 극단적인 말로 거리낌 없이 간하는 극언무휘極言無諱를 주문했다. 자리에 있는 관원들이 모두 봉사封事를 올려 정사의 득실을 언급한 이유다. 황제가 그 장주章奏를 보고, 깊이 자신에게 허물을 돌리고, 올라온 장주를 백관에게 보인 뒤 조서를 내려 이같이 말했다.

"군료群僚들이 말한 것은 모두 짐의 과실이오. 백성들이 억울한 일을 당해도 순리대로 처리할 수 없고, 관원이 교활하게 속여도 금할 수가 없소. 민력民力을 가벼이 사용하고, 궁우宮宇를 선수繕修하고, 출입出入에 절제가 없고, 희로喜怒를 과도하게 드러내는 게 그렇소. 선인들의 계고戒告를 오래도록 살피니 오싹 소름이 끼치는 송연辣然의 모습으로 크게 놀랍고 두렵기만 하오. 다만 과인의 박덕薄德으로 인해 오래도록 태만한 모습을 보이게 될까 두려울 뿐이오!"

8) 북흉노가 비록 사자를 파견해 입공入貢했으나 마구 침공해 약탈하는 구초寇鈔를 쉬지 않았다. 변경에 있는 성인 변성邊城이 낮에도 문을 닫았다. 황제가 사자를 보내 그들의 사자 파견에 회보하는 문제를 논의했다. 정중이 상소했다.

"신이 듣건대 북선우가 한나라의 사자를 오게 한 것은 남선우 무리를 이간해 한나라에 귀부한 서역의 36개국 사람들의 마음을 굳게 만들려는 속셈입니다. 한나라와 화친하고 있다는 것을 내세우면서 이웃에 있는 적들에게 과시해 서역 국가들 가운데 귀화하려는 자들로 하여금 여우처럼 의심하는 호의狐疑를 품고, 한나라 옛 땅을 염두에 두고 있는 자들로 하여금 한나라에 대해 절망하게 만들려는 속셈입니다. 한나라 사자가 이미 도착하기만 해도 바로 오만하게 자신하는 언건자신偃蹇自信의 모습을 보였습니다. 만일 다시 사자를 파견하면 저들은 자신들의 계책대로 됐다고 생각할 것이고, 그 나라의 군신들 가운데 이의를 제기하는 박의駁議를 하려는 자는 감히 다시는 말하지 못할 것입니다. 이리 되면 남흉노의 왕정은 동요되고, 오환烏桓도 이심離心할 것입니다. 남선우는 한나라 땅에 오랫동안 살아온 까닭에 형편과 세력을 두루 알고 있습니다. 만일 나뉘어 떠나고 흩어지는 만분이석萬分離析의 상황이 빚어지면 도리어 변경이 해를 입게 됩니다. 다행히 지금 도료장군度遼將軍에 속한 자들이 북방 변경인 북수北垂에서 위엄을 떨치고 있습니다. 비록 보답報答을 하지 않을지라도 감히 우환을 만들지는 못할 것입니다.”

황제가 좇지 않았다. 다시 정중을 파견해 가게 하자 정중이 이 기회에 상언했다.

“신이 전에 봉사奉使로 가서 흉노에게 절을 하지 않자 선우가 에한恚恨을 품고는 병사를 보내 신을 포위했습니다. 지금 다시 명을 받들고 가면 반드시 제가 모욕인 능절陵折을 당할 것입니다. 신은 실로 대한大漢의 부절符節을 갖고 가 털가죽 옷인 전구氈裘를 입은 자에게 홀로 절을 할 수는 없습니다. 만일 흉노가 끝내 신을 복종시키는 일이 빚어지면 장차 위대한 한나라의 국위國威에 손해를 끼치게 됩니다.”

황제가 좇지 않았다. 정중이 부득이 출발했으나 길에서 계속 편지를 올려 이 문제를 갖고 고집스럽게 논쟁을 했다. 조서를 내려 정중을 심히 꾸짖는 절책切責을 한 뒤 사람을 시켜 뒤를 쫓아가 돌아오게 했다. 이어 정위廷尉에 가두게 했다가 사면을 내려 귀가시켰다. 이후 황제는 흉노에서 온 사람에게 정중이 예의 문제를 놓고 선우와 다퉜다는 상황을 듣고 마침내 다시 정중을 불러 군사마軍司馬로 삼았다.

* 顯宗孝明皇帝永平八年

春, 正月, 己卯, 司徒范遷薨.

三月, 辛卯, 以太尉虞延爲司徒, 衛尉趙憙行太尉事.

越騎司馬鄭眾使北匈奴, 單于欲令眾拜, 眾不為屈. 單于圍守, 閉之不與水火. 眾拔刀自誓, 單于恐而止, 乃更發使, 隨眾還京師. 初, 大司農耿國上言曰, "宜置度遼將軍屯五原, 以防南匈奴逃亡." 朝廷不從, 南匈奴須卜骨都侯等知漢與北虜交使, 內懷嫌怨, 欲畔, 密使人詣北虜, 令遣兵迎之. 鄭眾出塞, 疑有異. 伺候, 果得須卜使人. 乃上言曰, "宜更置大將, 以防二虜交通." 由是始置度遼營, 以中郎將吳棠行度遼將軍事, 將黎陽虎牙營士屯五原曼柏.

秋, 郡國十四大水.

冬, 十月, 北宮成.

丙子, 募死罪繫囚詣度遼營. 有罪亡命者, 令贖罪各有差. 楚王英奉黃縑·白紈詣國相曰, "托在藩輔, 過惡累積, 歡喜大恩, 奉送縑帛, 以贖愆罪." 國相以聞. 詔報曰, "楚王誦黃·老之微言, 尚浮屠之仁祠, 潔齊三月, 與神為誓, 何嫌何疑, 當有悔吝! 其還贖, 以助伊蒲塞·桑門之盛饌." 初, 帝聞西域有神, 其名曰佛, 因遣使之天竺求其道, 得其書及沙門以來. 其書大抵以虛無為宗, 貴慈悲不殺. 以為人死, 精神不滅, 隨復受形. 生時所行善惡, 皆有報應, 故所貴修練精神, 以至為佛. 善為宏闊勝大之言以勸誘愚俗. 精於其道者, 號曰沙門. 於是中國始傳其術, 圖其形像, 而王公貴人, 獨楚王英最先好之.

壬寅晦, 日有食之, 既. 詔群司勉修職事, 極言無諱. 於是在位者皆上封事, 各言得失. 帝覽章, 深自引咎, 以所上班示百官. 詔曰, "群僚所言, 皆朕之過. 民冤不能理, 吏黠不能禁. 而輕用民力, 繕修宮宇, 出入無節, 喜怒過差. 永覽前戒, 竦然兢懼. 徒恐薄德, 久而致怠耳!"

北匈奴雖遣使入貢, 而寇鈔不息, 邊城晝閉. 帝議遣使報其使者, 鄭眾上疏諫曰, "臣聞北單于所以要致漢使者, 欲以離南單于之眾,

堅三十六國之心也. 又當揚漢和親, 誇示鄰敵, 令西域欲歸化者局足
狐疑, 懷土之人絕望中國耳. 漢使既到, 便偃塞自信. 若復遣之, 虜
必自謂得謀, 其群臣駁議者不敢復言. 如是, 南庭動搖, 烏桓有離心
矣. 南單于久居漢地, 具知形勢, 萬分離析, 旋為邊害. 今幸有度遼
之眾揚威北垂, 雖勿報答, 不敢為患." 帝不從, 復遣眾往. 眾因上言
曰, "臣前奉使, 不為匈奴拜, 單于恚恨. 遣兵圍臣. 今復銜命, 必見
陵折, 臣誠不忍持大漢節對氈裘獨拜, 如令匈奴遂能服臣, 將有損
大漢之強." 帝不聽. 眾不得已, 既行, 在路連上書固爭之. 詔切責
眾, 追還, 繫廷尉, 會赦, 歸家. 其後帝見匈奴來者, 聞眾與單于爭禮
之狀, 乃復召眾為軍司馬.

한명제 영평 9년(AD 66)

1) 여름 4월 4일[61], 사례교위와 부자사部刺史에게 조서를 내려 매년
600석 이하 관원의 인수인 묵수墨綬를 찬 장리長吏로서 3년 이상 업무
를 보고, 치적 상황이 우수한 사람 각 1명을 각 지역의 연말 보고서와 함
께 올려 보내게 했다. 나아가 특히 치적을 이루지 못한 자도 보고하도록
했다.

2) 이 해에 대풍이 들었다.

3) 황자 유공劉恭에게 명호名號를 내려 영수왕靈壽王, 유당劉黨을 중
희왕重熹王이라고 불렀다. 아직 제후국의 치소治所인 국읍國邑을 갖게 하
지는 않았다.

4) 황제가 유학을 숭상한 덕분에 황태자와 여러 왕후王侯를 비롯해 대

---

61   원문은 갑진甲辰이다. 4월에는 '갑진'이 없다. 4일을 가리키는 갑술甲戌의 오자일
공산이 크다. 번역문은 '4일'로 바꿔 놓았다.

신의 자제와 공신의 자손에 이르기까지 경전을 공부하지 않은 자가 없었다. 외척인 번씨樊氏와 곽씨郭氏, 음씨陰氏, 마씨馬氏의 여러 아들을 위해 남궁南宮에 학교를 세웠다. 이를 사성소후四姓小侯라고 했다. 『5경五經』의 스승을 두고, 고명하고 능력 있는 자를 선발해 수업을 하도록 했다. 무기를 든 호위군인 기문期門에서 황제의 시위군인 우림羽林의 무사에 이르기까지 모두 『효경孝經』의 장구章句를 능통하게 익히도록 했다. 흉노 역시 자제를 파견해 학교에 입학시켰다.

5) 광릉왕廣陵王 유형劉荊이 다시 관상쟁이인 상공相工을 불러 말했다.

"나의 모습이 선제와 닮았다. 선제는 30세에 득천하得天下를 했다. 내가 지금 30세이니 가히 기병起兵할 수 있겠는가?"

상공이 이 사실을 관원에게 고했다. 유형이 황공惶恐해 스스로 감옥으로 들어가자 황제가 은혜를 베푼 뒤 더 이상 조사하지 않았으나 조서를 내려 이민吏民을 신속臣屬시킬 수 없고, 오직 이전처럼 조부租賦를 받아먹는 일만 하게 했다. 이어 그의 봉국인 광릉국의 재상과 중위中尉에게 삼가 그를 숙위宿衛하게 했다.

유형은 또 무당에게 제사를 지내면서 저주의 기도를 하게 했다. 장수교위長水校尉 번조樊儵 등에게 조서를 내려 여러 사안과 섞어 치옥治獄하게 했다. 사건의 조사를 끝낸 뒤 주살을 주청奏請하자 황제가 화를 냈다.

"여러 경들은 나의 동생인 까닭에 그의 주살을 주청하고 있다. 그러나 나의 아들이라면 경들이 감히 이같이 할 수 있겠는가?"

번조가 대답했다.

"천하는 한고제漢高帝의 천하이지, 폐하의 천하가 아닙니다. 『춘추』는 대의에 입각해 '군주의 친속은 모반하면 안 된다. 모반하면 반드시 주살해야 한다'고 했습니다.[62] 신 등은 유형이 황상의 동모제同母弟이고, 폐하가 성심聖心으로 측은惻隱한 마음을 품고 있기에 감히 폐하에게 주청했을 뿐입니다. 폐하의 아들이라면 신 등은 폐하에게 주청하지 않은 채 주살을 행했을 것입니다."

황제가 탄식하며 이를 칭송했다. 번조는 번굉樊宏의 아들이다.

＊ 顯宗孝明皇帝永平九年

夏, 四月, 甲辰, 詔司隸校尉·部刺史歲上墨綬長史視事三歲已上·治狀尤異者各一人與計偕上, 及尤不治者亦以聞.

是歲, 大有年.

賜皇子恭號曰靈壽王, 黨號曰重熹王, 未有國邑.

帝崇尙儒學, 自皇太子·諸王侯及大臣子弟·功臣子孫, 莫不受經.

---

62   원문은 '군친무장君親無將, 장이필주將而必誅'로 『춘추공양전』 「노장공 32년」조에서 인용한 것이다. 「노소공 원년」조에도 동일한 구절이 나온다. 이에 따르면 기원전 662년 노장공이 병이 들자 둘째 동생 숙아叔牙에게 후사문제를 물었다. 숙아가 대답하기를, "노환공의 아들 경보慶父가 재능이 있습니다."라고 했다. 노장공이 또 셋째 동생 계우季友에게 이를 묻자 계우가 대답하기를, "신은 죽음으로 공자 자반子般을 받들겠습니다."라고 했다. 노장공이 말하기를, "방금 전에 숙아는 경보가 유능하다고 했소."라고 하자 계우가 대답하기를, "그가 감히 그런 말을 하니, 이는 난을 일으키겠다는 말이 아닙니까? 어찌 감히 그런 말을 할 수 있습니까!"라고 했다. 이내 짐주鴆酒를 준비한 뒤 숙아를 불러 마시도록 핍박하면서 말하기를, "당신이 이것을 마시면 당신의 후손이 노나라에서 녹위祿位를 받게 되나 그렇지 않으면 당신도 죽고 녹위 또한 없을 것이오."라고 했다. 숙아가 짐주를 마시고 집으로 돌아가다가 죽고 말았다. '군친무장, 장이필주' 구절의 '장將'을 두고 『사기』 「유경숙손통열전劉敬叔孫通列傳」에 나오는 유사한 구절에 대한 주석에서 배인의 『사기집해』는 역란逆亂으로 풀이해 놓았다. 이런 해석과는 달리 '군친무장君親無將'의 '군친'을 '군주와 양친'으로 간주해 '군주와 부모를 시해弑害하거나 모반해서는 안 된다'는 식으로 풀이하는 견해도 있다. 이같이 해석해도 틀린 것은 아니나 전체적인 맥락에서 볼 때 '군친'은 군주가 가까이하는 신하로 풀이하는 게 옳다. 『사기』 「유경숙손통열전」이 '인신무장人臣無將, 장즉반將即反, 죄사무사罪死無赦'로 표현해 놓은 게 그 증거다. 풍몽룡의 『동주열국지』 제4회 역시 '인신무장人臣無將, 장즉필주將則必誅'로 표현해 놓았다.

又為外戚樊氏·郭氏·陰氏·馬氏諸子立學於南宮, 號"四姓小侯." 置『五經』師, 搜選高能以授其業. 自期門·羽林之士, 悉令通『孝經』章句. 匈奴亦遣子入學.

廣陵王荊復呼相工謂曰, "我貌類先帝, 先帝三十得天下, 我今亦三十, 可起兵未?" 相者詣吏告之, 荊惶恐, 自繫獄, 帝加恩, 不考極其事, 詔不得臣屬吏民, 唯食租如故, 使相·中尉謹宿衛之. 荊又使巫祭祀·祝詛. 詔長水校尉樊儵等雜治其獄, 事竟, 奏請誅刑. 帝怒曰, "諸卿以我弟故, 欲誅之. 即我子, 卿等敢爾邪?" 儵對曰, "天下者高帝天下, 非陛下之天下也. 『春秋』之義, '君親無將, 將而必誅.' 臣等以荊屬托母弟, 陛下留聖心, 加惻隱, 故敢請耳. 如令陛下子, 臣等專誅而已." 帝歎息善之. 儵, 宏之子也.

한명제 영평 10년(AD 67)

1) 봄 2월, 광릉사왕廣陵思王 유형劉荊이 자살했다. 봉국이 폐제됐다.

2) 여름 4월 24일, 천하에 사면령을 내렸다.

3) 윤10월 3일[63], 황상이 남양南陽으로 행차해 교관校官 제자를 불러 아악雅樂을 작곡하게 했다. 「녹명鹿鳴」을 연주하자 황제가 스스로 흙으로 만든 생황인 훈壎과 대나무로 만든 피리인 지篪로 화답하는 연주를 해 손님들을 즐겁게 했다. 돌아오다가 남돈南頓호남성 항성현에 행차했다.

겨울 12월 4일, 환궁했다.

4) 당초 능양후陵陽侯 정침丁綝이 졸卒했을 때 아들 정홍丁鴻이 의당 봉국을 세습해야 했다. 그가 상서해 칭병稱病하며 봉국을 동생인 정성丁

---

63   원문은 '윤월閏月, 갑오甲午'이다. 문맥상 '윤4월'로 보아야 하나 실제로 이 사건은 '윤10월'에 일어난 사건이다.

盛에게 양보하려 했으나 회보하지 않았다. 장사를 다 지낸 뒤 무덤 곁의 여막에 최질衰経을 걸어놓고 달아났다. 친구인 구강九江안휘성 수현 출신 포준鮑駿이 동해東海산동성 담성현에서 정홍을 만나 나무랐다.

"옛날 백이伯夷와 춘추시대 말기 오나라의 공자 계찰季札은 난세亂世에 임기응변 조치인 권행權行을 했소. 덕분에 그 뜻을 펼칠 수 있었을 뿐이오.『춘추』의 대의는 부자간의 사적인 일로 군주의 공적인 일을 물리칠 수 없다고 했소.[64] 지금 그대는 형제간의 사은私恩으로 부친이 생전에 이룬 사업 기반인 불멸지기不滅之基를 끊어 놓았소. 이게 가한 일이오?"

정홍이 느낀 바가 있어 눈물을 흘리고 봉국으로 돌아왔다. 포준은 이어 서신을 보내 정홍이 경전을 많이 공부하고 지극한 행실을 갖췄다고 천거했다. 황상이 정홍을 징소해 시중侍中으로 삼았다.

* 顯宗孝明皇帝永平十年

春, 二月, 廣陵思王荊自殺, 國除.

夏, 四月, 戊子, 赦天下.

閏月, 甲午, 上幸南陽, 召校官弟子作雅樂, 奏『鹿鳴』, 帝自御塤篪和之, 以娛嘉賓. 還, 幸南頓. 冬, 十二月, 甲午, 還宮.

初, 陵陽侯丁綝卒, 子鴻當襲封, 上書稱病, 讓國於弟盛, 不報. 既葬, 乃掛衰経於塚廬而逃去. 友人九江鮑駿遇鴻於東海, 讓之曰. "昔伯夷·吳札, 亂世權行, 故得申其志耳.『春秋』之義, 不以家事廢王事. 今子以兄弟私恩而絶父不滅之基, 可乎?" 鴻感悟垂涕, 乃還就

---

64   『춘추공양전』「노애공 3년」조의 '불이가사사왕사不以家事辭王事, 이왕사사가사以王事辭家事' 구절에서 인용한 것이다. 「노애공 3년」조에 이르기를, "부자간의 사적인 일로 군주의 공적인 일을 물리칠 수 없으나, 군주의 공적인 일로 부자간의 사적인 일을 물리칠 수 있다. 이는 군주의 명을 받들어 그 신하에게 시행하는 도리이다."라고 했다.

國. 鮑駿因上書薦鴻經學至行, 上徵鴻為侍中.

한명제 영평 11년(AD 68)

1) 봄 정월, 동평왕東平王 유창劉蒼과 여러 왕이 모두 와서 조현하고, 1달 이상 지내다가 봉국으로 돌아갔다. 황제가 그들을 환송하고 궁궐로 돌아와 처연悽然히 마음에 품고 생각하는 회사懷思를 했다. 사자를 시켜 손수 쓴 조서를 동평국東平國의 봉국 왕실 교사인 중부中傅에게 전했다.

"사별辭別 뒤 홀로 앉아 있으니 즐겁지 않아 수레에 올라 돌아오면서 수레의 횡목橫木에 기대 읊조린 뒤 눈을 들어 생각에 잠기니 실로 내 마음이 괴롭소.『시경』「소아, 채숙采菽」을 암송하기에 이르자 탄식은 더욱 늘어만 갔소. 전에 동평왕에게 묻기를, '집에 있을 때 무엇이 제일 즐거웠는가?' 라고 하자 대답하기를, '선행을 하는 게 가장 즐겁다' 고 했소. 그 말이 심히 박대博大하니 그의 굵은 허리에 부응하는 배포 있는 얘기이기도 했소. 지금 열후의 인새印璽 19매枚를 보내니, 여러 왕자 가운데 5세 이상으로서 앞으로 나아가 절을 하는 추배趨拜가 가능한 자는 모두 이것을 차고 있도록 조치해 주시오."

* 顯宗孝明皇帝永平十一年

春, 正月, 東平王蒼與諸王俱來朝, 月餘, 還國. 帝臨送歸宮, 悽然懷思, 乃遣使手詔賜東平國中傅曰, "辭別之後, 獨坐不樂, 因就車歸, 伏軾而吟, 瞻望永懷, 實勞我心. 誦及『采菽』, 以增歎息. 日者問東平王, '處家何等最樂' 王言, '為善最樂' 其言甚大, 副是要腹矣. 今送列侯印十九枚, 諸王子年五歲已上能趨拜者, 皆令帶之."

한명제 영평 12년(AD 69)

1) 봄, 애뢰왕哀牢王 유모柳貌가 백성 5만 호를 인솔하며 내부內附할 뜻을 밝혔다. 그 땅에 애뢰현哀牢縣운남성 영강현 동쪽과 박남현博南縣운남성 영평현 등 2개의 현을 둔 이유다. 처음으로 박남산으로 가는 길을 뚫은 뒤 난창수蘭倉水를 건너는 공사를 하자 복역자들이 자신들의 고생을 노래로 지어 불렀다.

한나라의 은덕은 실러 넓기도 하구나	漢德廣 한덕광
빈복賓服하지 않는 곳까지 개발하니	開不賓 개불빈
장차 난창수를 건너도록 만드는 것은	度蘭倉 도난창
모두 다른 사람을 위한 일일 터인데	爲它人 위타인

2) 당초 한평제 때 황하와 변수汴水의 둑이 터지고 무너졌으나 오래도록 수리하지 않았다. 건무 10년에 광무제가 이를 수리하고자 했으나 준의浚儀하남성 개봉시 현령 악준樂俊이 상언해 백성들이 새로 병혁兵革을 만났으니 의당 공사를 일으킬 때가 아니라고 하여 이내 중지했다. 이후 변거汴渠가 동쪽으로 침식돼 날로 조금씩 확장됐다. 연주兗州와 예주豫州의 백성들이 원탄怨歎하며 현관縣官이 늘 다른 공사를 일으키면서도 백성에게 급한 공사를 먼저 하지 않는다고 생각했다. 마침 낙랑樂浪 출신 왕경王景이 치수에 능한 자를 천거하자 여름 4월, 조서를 내려 병사 수십만 명을 징발하고, 왕경을 파견해 장작將作의 알자謁者 왕오王吳와 함께 변거의 제방을 수리하도록 했다. 형양滎陽하남성 형양현 동쪽에서 천승千乘산동성 고원현의 바다 입구까지 1,000여 리에 달했다. 10리마다 수문을 하나씩 세워 물이 다시 돌아서 흘러가는 회주洄注를 하도록 했다. 다시는 제방이 무너지거나 물이 새는 궤루潰漏의 걱정이 없게 됐다. 왕경이 비록 공사비를 줄

이기는 했으나 여전히 그 비용이 100억 전에 달했다.

3) 가을 7월 24일, 사공 복공伏恭이 파직됐다.

7월 을미乙未, 대사농 모융牟融을 사공으로 삼았다.

4) 이때 천하는 안평安平했고, 사람들은 요역徭役이 없었다. 해마다 풍년이 드는 등임登稔이 계속돼 백성들이 은부殷富해졌다. 곡식은 1곡斛에 30전으로 저렴했고, 우양牛羊이 들판을 덮었다.

* 顯宗孝明皇帝永平十二年

春, 哀牢王柳貌率其民五萬餘戶內附, 以其地置哀牢·博南二縣. 始通博南山, 度蘭倉水, 行者苦之, 歌曰, "漢德廣, 開不賓. 度蘭倉, 為它人."

初, 平帝時, 河·汴決壞, 久而不修. 建武十年, 光武欲修之. 浚儀令樂俊上言, 民新被兵革, 未宜興役, 乃止. 其後汴渠東侵, 日月彌廣, 兗·豫百姓怨歎, 以為縣官恆興佗役, 不先民急, 會有薦樂浪王景能治水者, 夏, 四月, 詔發卒數十萬, 遣景與將作謁者王吳修汴渠堤, 自滎陽東至千乘海口千餘里, 十里立一水門, 令更相洄注, 無復潰漏之患. 景雖簡省役費, 然猶以百億計焉.

秋, 七月, 乙亥, 司空伏恭罷. 乙未, 以大司農牟融為司空.

是時, 天下安平, 人無徭役, 歲比登稔, 百姓殷富, 粟斛三十, 牛羊被野.

한명제 영평 13년(AD 70)

1) 여름 4월, 변거汴渠가 완성됐다. 황하와 변하가 나뉘어 흐른 것은 옛 물길이 회복된 덕분이었다.

4월 4일, 황제가 형양滎陽까지 행차해 하거河渠를 순행했다. 마침내 황하를 건너 태항산太行山에 올랐다가 상당上黨산서성 장자현으로 행차했다.

4월 25일, 환궁했다.

2) 겨울 10월 30일, 일식이 있었다.

3) 초왕 유영劉英이 방사方士와 함께 금으로 된 거북인 금구金龜와 옥으로 된 용인 옥룡玉龍을 만든 뒤 그 위에 글자를 새겨 부서符瑞로 삼았다. 사내 연광燕廣은 유영과 어양漁陽 출신 왕평王平 및 안충顔忠 등이 그림을 그리고 글을 지어 역모를 꾀했다고 고변했다. 사안을 아래로 내려보내 안험案驗하게 했다. 유사가 상주했다.

"유영이 대역부도大逆不道의 죄를 범했으니 주살하길 바랍니다."

황제가 인척을 가까이 대하는 유가의 친친親親 의리로 인해 차마 처벌하지 못했다.

11월, 유영을 폐위하고 단양丹楊의 경현涇縣안휘성 경현으로 유배를 보내면서 탕목읍湯沐邑으로 500호를 하사했다. 그의 아들과 딸 가운데 후侯에 공주로 있던 자의 식읍은 옛날과 같게 했다.

초왕 유영의 모친인 초국의 허태후許太后는 인새와 인수를 위로 올려 반납한 뒤 초궁楚宮에 머물게 했다. 이에 앞서 사사로이 유영의 음모를 사도 우연虞延에게 고해바친 자가 있었다. 우연은 유영이 번왕으로 있는 인척인 번척藩戚이고 황제와 지친인 까닭에 그 자의 말을 믿지 않았다. 마침내 유영의 사건이 발각되자 황제가 조서를 내려 우연을 통절하게 꾸짖는 절양切讓을 했다.

* 顯宗孝明皇帝永平十三年

夏, 四月, 汴渠成. 河·汴分流, 復其舊跡. 辛乙, 帝行幸滎陽, 巡行河渠, 遂渡河, 登太行, 幸上黨. 壬寅, 還宮.

冬, 十月, 壬辰晦, 日有食之.

楚王英與方士作金龜·玉鶴, 刻文字為符瑞. 男子燕廣告英與漁陽
王平·顏忠等造作圖書, 有逆謀. 事下案驗. 有司奏"英大逆不道, 請
誅之." 帝以親親不忍. 十一月, 廢英, 徙丹楊涇縣, 賜湯沐邑五百戶.
男女為侯·主者, 食邑如故. 許太后勿上璽綬, 留住楚宮. 先是有私以
英謀告司徒虞延者, 延以英藩戚至親, 不然其言. 及英事覺, 詔書切
讓延.

한명제 영평 14년(AD 71)

1) 봄 3월 3일, 사도 우연이 자살했다. 태상太常 주택周澤이 행사도사行
司徒事의 일을 맡았다. 얼마 후 그를 다시 태상으로 복임復任시켰다.

여름 4월 16일, 거록鉅鹿 하북성 평향현 태수인 남양 출신 형목邢穆을 사
도로 삼았다.

2) 초왕 유영이 단양丹楊에 이르러 자살했다. 조서를 내려 제후의 예
로 경현涇縣에 예장하게 했다. 고변한 사내 연광을 절간후折奸侯에 봉했
다. 이때 조정에서 초왕 유영의 옥사를 끝까지 다스리는 궁치窮治를 한 까
닭에 마침내 몇 년에 걸쳐 일이 지속됐다. 그들의 공사供辭가 서로 연결되
면서 경사에 사는 친척과 제후를 비롯해 주군州郡의 호걸豪桀과 사안을
심사한 관원에게까지 아부했다는 죄에 걸려 죽거나 유배를 간 자가 수천
명을 헤아리게 됐다.

당초 번조樊儵의 동생 번유樊鮪가 아들 번상樊賞을 위해 초왕 유영의
딸을 며느리로 맞아들이고자 했다. 번조가 이 얘기를 듣고 중지시켰다.

"건무 연간에 우리 집안은 모두 영총榮寵을 입었다. 한 집안에서 5명의
제후가 나오는 일종오후一宗五侯[65]의 영예를 안게 됐다. 당시 특진特進으

---

65 일종오후一宗五侯의 명단을 보면 번조의 부친이며 광무제 유수의 장인인 번굉樊

로 있던 부친 번굉樊宏이 한마디 하시기를, '딸은 왕에게 시집보낼 수 있고, 아들은 공주를 아내로 모실 수 있다. 다만 귀총貴寵이 지나치게 성해지면 바로 화환禍患이 된다. 그리 하지 않도록 조심해야 한다'고 했다. 너는 하나밖에 없는 아들을 어찌하여 초나라에 버리려고 하는 것인가!"

번유가 좇지 않았다. 초왕 유영의 사건이 발각됐을 때 번조는 이미 죽고 없었다. 황상은 번조의 근각謹恪한 행동을 추념追念해 그의 여러 아들을 이 사건에 연루시키지 않았다.

유영은 은밀히 천하의 명사들과 소통했다. 황상이 그 기록을 얻어서 보니 그 속에는 오군吳郡 태수 윤흥尹興의 이름이 있었다. 윤흥과 그의 연사掾史 500여 명을 징소한 뒤 정위廷尉로 가서 조사받게 했다. 여러 관원들 가운데 혹독하게 신문하는 약치掠治를 견디지 못하고 죽은 자가 태반이었다. 오직 문하연門下掾 육속陸續과 주부主簿 양굉梁宏, 공조사功曹史 사훈駟勳은 5가지의 고문인 5독五毒을 견뎌냈다. 기육肌肉이 모두 뭉그러졌으나 끝내 다른 말을 하지 않았다. 육속의 모친이 오 땅에서 낙양으로 와서 밥을 지어 육속에게 공급했다. 비록 고문을 받을 때 말씨와 얼굴색인 사색辭色이 일찍이 바뀐 적이 없었던 육속은 모친이 만들어준 식사를 마주하자 비읍悲泣을 이기지 못했다. 감옥을 관리하는 치옥사자治獄使者가 그 연고를 묻자 육속이 이같이 대답했다.

"모친이 이곳에 오셨는데 뵐 수 없어 슬퍼하는 것일 뿐이오."

치옥사자가 물었다.

"그것을 어찌 알았는가?"

宏은 수장후壽張侯, 번굉의 동생 번단樊丹은 사양후射陽侯, 번굉의 조카 번심樊尋은 현향후玄鄕侯, 번굉의 사촌형 번충樊忠은 갱부후更父侯, 번굉의 아들 번무樊茂는 평망후平望侯에 책봉됐다.

육속이 대답했다.

"모친은 고기를 썰 때 미상불未嘗不 반듯하게 하지 않은 적이 없고, 파를 자르는 단총斷蔥을 할 때 길이를 헤아렸습니다. 그래서 알 수 있었습니다."

치옥사자가 이 상황을 보고하자 황상이 오군 태수 윤흥 등을 사면한 뒤 종신토록 금고禁錮에 처하게 했다.

안충顏忠과 왕평王平이 진술하면서 수향후隧鄉侯 경건耿建과 낭릉후朗陵侯 장신臧信, 호택후濩澤侯 등리鄧鯉, 곡성후曲成侯 유건劉建을 끌어들였다. 경건 등은 일찍이 안충과 왕평 등을 만나 본 적도 없다고 말했다. 당시 황상이 대로한 상황이어서 관원들 모두 황공한 나머지 연루된 자들을 모두 함정에 집어넣고 감히 정을 주거나 용서하려는 자가 없었다.

시어사侍御史 건랑寒朗이 그들의 억울한 사연을 심상心傷해하면서 시험적으로 경건 등의 형상을 그린 물색物色을 갖고 다만 안충과 왕평에게 물었다. 두 사람은 놀라는 악연愕然의 모습으로 아무런 대답도 하지 못했다. 건랑은 그들이 거짓말을 하고 있다는 것을 알고 이내 상언했다.

"경건 등은 간사한 짓을 한 적이 없는데 오로지 안충과 왕평 등이 무고를 한 것입니다. 천하에는 죄가 없다고 의심되는 자가 이처럼 많은 듯합니다."

황제가 말했다.

"바로 그와 같다면 안충과 왕평은 무슨 연고로 이들을 끌어들인 것인가?"

건랑이 대답했다.

"안충과 왕평은 스스로 자신들이 범한 짓이 대역부도하다는 것을 알고 있었습니다. 많은 사람을 끌어들여 자신은 죄가 없다는 식으로 빠져나가려고 한 것입니다."

황제가 물었다.

"바로 그와 같다면 어찌하여 일찍 상주하지 않은 것인가?"

건랑이 대답했다.

"신은 해내에 그들의 간사한 짓을 들춰낼 사람이 있을 것으로 생각했습니다."

황제가 화를 냈다.

"이 관원이 양쪽을 기웃거리는 양단兩端의 모습을 보이고 있다!"

그러고는 내려보내 매질을 하도록 재촉했다. 좌우가 바야흐로 그를 끌어내리려고 하자 건랑이 말했다.

"원컨대 한마디만 하고 죽을까 합니다."

황제가 물었다.

"누구와 함께 상주문을 쓴 것인가?"

건랑이 대답했다.

"신이 홀로 쓴 것입니다."

황제가 물었다.

"어찌하여 사도와 사공 및 태위 등 3부三府와 상의하지 않은 것인가?"

건랑이 대답했다.

"신은 스스로 반드시 족멸族滅될 것을 알았기에 감히 많은 사람을 오염汚染시킬 수 없었습니다."

황상이 물었다.

"어찌하여 족멸된다고 생각한 것인가?"

건랑이 대답했다.

"신이 이 사건을 1년이나 조사했으나 간악한 진상을 끝까지 드러내지 못하면서 도리어 죄인의 억울함만 호소하려 한 까닭에 의당 멸족될 것을 알았습니다. 그럼에도 신이 발언을 하고 나선 것은 실로 폐하의 일대 각오

覺悟가 있기를 기대했기 때문입니다. 신이 이 사건의 죄수들을 신문하자 모두 반역대죄에 해당하는 사건이라고 말했습니다. 신자臣子로서 의당 함께 통탄해야 할 사안입니다. 그러나 지금 저들을 위해 죄에서 벗어나도록 하는 것은 저들을 범죄자로 옭아매는 것만 못합니다. 훗날 책임을 피할수 있기 때문입니다. 1명을 신문하면 10명에게 연결되고, 10명을 조사하면 100명에 연결된 근본 배경입니다. 공경들은 조회 때 폐하가 그 득실을 묻자 모두 오래도록 무릎을 꿇고 있다가 말하기를, '옛 제도에 대죄大罪의 화禍는 9족九族에 미치도록 돼 있습니다. 폐하가 대은大恩을 내려 한 몸에게만 그치도록 했으니 천하 사람들 모두 이를 크게 다행한 일로 생각하고 있습니다'라고 했습니다. 그들은 집으로 돌아가서는 비록 입으로는 말하지 않을지라도 천장을 바라보고 가만히 탄식을 하는 앙옥절탄仰屋竊歎을 하고 있습니다. 억울한 사람 많다는 것을 모르는 게 아님에도 아무도 감히 폐하의 말을 거역할 수 없기 때문입니다. 신은 이미 진술을 다했으니 실로 죽을지라도 후회는 없습니다!"

황제가 건랑의 건의 취지를 이해했다. 조서를 내려 건랑을 내보내게 했다. 이후 이틀이 지나 거가車駕가 스스로 낙양의 감옥으로 가서 죄수들의 상황을 살피고 심리한 뒤 1,000여 명을 내보냈다. 당시 크게 가물었는데 이내 큰 비가 내렸다. 마황후馬皇后 역시 초왕에 대한 옥사가 남용됐다고 판단한 까닭에 이 기회를 이용해 황제에게 건의했다. 황제가 측연惻然히 깨닫는 바가 있어 밤에 일어나 이리저리 거니는 방황彷徨을 했다. 덕분에 감형되거나 사면되는 자가 많았다.

임성任城산동성 제녕현 현령인 여남汝南 출신 원안袁安이 초군楚郡 태수로 승진했다. 초군에 도착한 뒤 군부郡府에 들어가지 않고 먼저 초왕의 옥사獄事부터 살펴보았다. 분명한 증거가 없는 자들을 조사해 줄지어 내보낼 뜻을 상주했다. 부승府丞과 연사掾史들 모두 고두叩頭하며 다퉈 이같이 건의했다.

"반란을 일으킨 자에게 아부阿附하는 것은 같은 죄로 다스리는 까닭에 불가합니다."

원안이 말했다.

"만일 부합하지 않는 일이라면 나 태수가 의당 스스로 이에 연루될 것이다. 그대들에게 미치는 일은 없을 것이다."

마침내 분별하여 모두 상주했다. 황제가 크게 느끼는 감오感悟를 하여 바로 허락을 뜻하는 회보를 했다. 출옥하게 된 사람이 400여 집이나 됐다.

3) 여름 5월, 옛 광릉왕廣陵王 유형劉荊의 아들 유원수劉元壽를 광릉후廣陵侯로 삼고 6개 현縣을 식읍으로 내렸다. 또 두융竇融의 손자 두가竇嘉를 안풍후安豐侯에 봉했다.

4) 처음으로 수릉壽陵을 만들기 시작했다. 황제의 명命인 제制를 내려 이같이 말했다.

"물이 잘 흐르게 할 뿐 봉분을 크게 만들지 마라. 군주의 죽음인 이른바 만년지후萬年之後 땅을 쓸고 제사지낼 때 그릇에 담은 맹물인 우수杅水와 건육과 건량인 포비脯糒만 필요할 뿐이다. 100일이 지난 후 오직 사시四時에만 전奠을 올리고, 이졸吏卒 몇 명만 두어 깨끗이 소제하는 쇄소灑掃를 하도록 하라. 감히 크게 짓고자 하는 자가 있으면 종묘에 관한 일을 멋대로 논의한 죄를 다스리는 천의종묘법擅議宗廟法[66]에 의거해 처리하도록 하라."

---

66   천의종묘법擅議宗廟法은 전한 여후 때 한고제 유방의 능묘 및 제사에 관해 많은 관원들이 멋대로 이의를 제기하자 이를 다스리기 위해 만들었다. 한원제 유석劉奭 때 폐지됐다가 한성제 유오劉驁 때 회복됐다.

春, 三月, 甲戌, 延自殺. 以太常周澤行司徒事. 頃之, 復為太常.
夏, 四月, 丁巳, 以鉅鹿太守南陽邢穆為司徒.

楚王英至丹楊, 自殺. 詔以諸侯禮葬於涇. 封燕廣為折奸侯. 是時,
窮治楚獄, 遂至累年. 其辭語相連, 自京師親戚·諸侯·州郡豪桀及考
案吏, 阿附坐死·徒者以千數, 而繫獄者尚數千人.

初, 樊鯈弟鮪為其子賞求楚王英女, 鯈聞而止之曰, “建武中, 吾家
幷受榮寵, 一宗五侯. 時特進一言, 女可以配王, 男可以尚主. 但以
貴寵過盛, 即為禍患, 故不為也, 且爾一子, 奈何棄之於楚乎!” 鮪不
從. 及楚事覺, 鯈已卒, 上追念鯈謹恪, 故其諸子皆得不坐.

英陰疏天下名士, 上得其錄, 有吳郡太守尹興名, 乃徵興及掾史
五百餘人詣廷尉就考. 諸吏不勝掠治, 死者太半. 惟門下掾陸續·主
簿梁宏·功曹史駟勳, 備受五毒, 肌肉消爛, 終無異辭. 續母自吳來雒
陽, 作食以饋續. 續雖見考, 辭色未嘗變, 而對食悲泣不自勝. 治獄
使者問其故, 續曰, “母來不得見, 故悲耳.” 問曰, “何以知之?” 續曰,
“母截肉未嘗不方, 斷蔥以寸為度, 故知之.” 使者以狀聞, 上乃赦興
等, 禁錮終身.

顏忠·王平辭引隧鄉侯耿建·朗陵侯臧信·濩澤侯鄧鯉·曲成侯劉建.
建等辭未嘗與忠·平相見. 是時, 上怒甚, 吏皆惶恐, 諸所連及, 率一
切陷入, 無敢以情恕者. 侍御史寒朗心傷其冤, 試以建等物色, 獨問
忠·平, 而二人錯愕不能對. 朗知其詐, 乃上言曰, “建等無奸, 專為忠·
平所誣. 疑天下無辜, 類多如此.” 帝曰, “即如是, 忠·平何故引之?”
對曰, “忠·平自知所犯不道, 故多有虛引, 冀以自明.” 帝曰, “即如是,
何不早奏?” 對曰, “臣恐海內別有發其奸者.” 帝怒曰, “吏持兩端
!” 促提下捶之. 左右方引去, 朗曰, “願一言而死.” 帝曰, “誰與共為

章?"對曰, "臣獨作之." 上曰, "何以不與三府議?" 對曰, "臣自知當必族滅, 不敢多污染人." 上曰, "何故族滅?" 對曰, "臣考事一年, 不能窮盡奸狀, 反為罪人訟冤, 故知當族滅, 然臣所以言者, 誠冀陛下一覺悟而已. 臣見考囚在事者, 咸共言妖惡大故, 臣子所宜同疾, 今出之不如入之, 可無後責. 是以考一連十, 考十連百. 又公卿朝會, 陛下問以得失, 皆長跪言, '舊制, 大罪禍及九族. 陛下大恩, 裁止於身, 天下幸甚' 及其歸舍, 口雖不言而仰屋竊歎, 莫不知其多冤, 無敢悟陛下言者. 臣今所陳, 誠死無悔!" 帝意解, 詔遣朗出. 後二日, 車駕自幸洛陽獄錄囚徒, 理出千餘人. 時天旱, 即大雨. 馬后亦以楚獄多濫, 乘間為帝言之, 帝惻然感悟, 夜起彷徨, 由是多所降宥.

任城令汝南袁安遷楚郡太守, 到郡不入府, 先往案楚王英獄事, 理其無明驗者, 條上出之. 府丞·掾史皆叩頭爭, 以為"阿附反虜, 法與同罪, 不可." 安曰, "如有不合, 太守自當坐之, 不以相及也." 遂分別具奏. 帝感悟, 即報許, 得出者四百餘家.

夏, 五月, 封故廣陵王荊子元壽為廣陵侯, 食六縣. 又封竇融孫嘉為安豐侯.

初作壽陵, 制曰, "令流水而已, 無得起墳. 萬年之後, 掃地而祭, 杅水脯糒而已. 過百日, 唯四時設奠. 置吏卒數人, 供給灑掃. 敢有所興作者. 以擅議宗廟法從事."

한명제 영평 15년(AD 72)

1) 봄 2월 4일, 황상이 동순東巡했다.

2월 27일, 하비下邳에서 친히 밭을 가는 의식인 친경親耕을 행했다.

3월, 노魯 땅에 이르러 공자의 고택에 행차했다. 친히 강당講堂에 나아가 황태자와 여러 왕에게 명해 경전을 강론하게 했다. 또 동평東平산성동성 동평현과 대량大梁하남성 개봉시으로 행차했다.

여름 4월 5일, 환궁했다.

2) 황자 유공劉恭을 거록왕鉅鹿王, 유당劉黨을 낙성왕樂成王, 유연劉衍을 하비왕下邳王, 유창劉暢을 여남왕汝南王, 유병劉昺을 상산왕常山王, 유장劉長을 제음왕濟陰王으로 삼았다. 황제가 친히 봉역封域을 정하면서 초楚와 회양淮陽을 반절로 잘랐다. 마황후가 말했다.

"여러 아들의 봉지가 몇 개 현 수준이니 제도에 비춰볼 때 검소하지 않습니까?"

황제가 말했다.

"내 아들이 어찌 선제의 자식들과 같아야 한단 말이오. 매년 2천만 전이면 족할 것이오!"

3) 4월 10일, 천하에 사면령을 내렸다.

4) 알자복야謁者僕射 경병耿秉이 자주 상언해 흉노 공격을 청했다. 황상은 현친후顯親侯 두고竇固가 일찍이 그의 백부인 두융竇融을 좇아 서하河西에 산 까닭에 변방의 일에 대해 잘 알고 있다고 생각했다. 이내 경병과 두고에게 명해 태복太僕 채융祭肜과 호본중랑장虎賁中郎將 마료馬廖, 하박후下博侯 유장劉張, 호치후好時侯 경충耿忠 등과 함께 이를 의논하게 했다. 경병이 말했다.

"옛날 흉노가 활 쏘는 무리를 끌어들이며 옷깃을 왼쪽으로 여미는 좌임左衽의 족속을 합병했습니다. 그들을 손에 넣어 제압하지 못한 이유입니다. 효무황제가 이미 무위와 주천, 장액, 돈황 등 하서4군河西四郡과 거연居延감숙성 북쪽 거연해과 삭방朔方내몽골 이맹 서북쪽을 얻자 흉노는 군사를 양육할 비옥한 땅을 잃었고, 강족羌族과 호족胡族이 분리됐습니다. 오직 서역만 잠시 다시 저들에게 귀부했을 뿐입니다. 호한야呼韓邪 선우가 통호通好하기 위해 변새의 문을 두드리는 관새款塞를 하며 중국에 대한 신

복신服을 청한 이유입니다. 형세 상 이용하기가 용이했기 때문입니다. 지금 남선우의 형세가 이와 비슷합니다. 그러나 서역은 아직 내속內屬하지 않고 있고, 북흉노도 틈을 보이지 않고 있습니다. 신의 어리석은 생각으로는 의당 먼저 백산白山천산天山을 쳐 이오로伊吾盧신강성 하미현를 얻고, 차사車師신강성 투르판를 격파하고, 오손烏孫신강성 이녕시의 여러 나라와 사자를 교환해 그들의 오른쪽 어깨를 끊어야 합니다. 이오로 역시 흉노의 남호연南呼衍의 일부이니 이들을 격파해 다시 그들의 왼쪽 뿔을 꺾고, 그런 연후에 비로소 흉노를 칠 수 있습니다."

황제가 그의 상언을 칭찬했다. 의논했던 자들 가운데 어떤 자가 말했다.

"지금 병사가 백산으로 나아가면 흉노는 반드시 병력을 합쳐 서로 도울 것입니다. 또한 의당 동쪽을 나눠 그 무리를 분리시켜야 합니다."

황상이 이를 좇았다.

12월, 경병耿秉을 부마도위駙馬都尉, 두고竇固를 봉거도위奉車都尉로 삼았다. 또 기도위騎都尉 진팽秦彭을 파견해 경병의 부관, 경충耿忠을 두고의 부관으로 삼았다. 모두 종사從事가 사마司馬를 설치한 뒤 출병하여 양주涼州에 주둔하게 했다. 경병은 경국耿國의 아들, 경충은 경엄耿弇의 아들, 마료馬廖는 마원馬援의 아들이다.

* 顯宗孝明皇帝永平十五年

春, 二月, 庚子, 上東巡. 癸亥, 耕於下邳. 三月, 至魯, 幸孔子宅, 親御講堂, 命皇太子·諸王說『經』. 又幸東平·大梁. 夏, 四月, 庚子, 還宮.

封皇子恭為鉅鹿王, 黨為樂成王, 衍為下邳王, 暢為汝南王, 昞為常山王, 長為濟陰王. 帝親定其封域, 裁令半楚·淮陽. 馬后曰, "諸子數縣, 於制不已儉乎?" 帝曰, "我子豈宜與先帝子等, 歲給二千萬足矣!"

乙巳, 赦天下.

謁者僕射耿秉數上言請擊匈奴, 上以顯親侯竇固嘗從其世父融在河西, 明習邊事, 乃使秉·固與太僕祭肜·虎賁中郎將馬廖·下博侯劉張·好時侯耿忠等共議之. 耿秉曰, "昔者匈奴援引弓之類, 幷左衽之屬, 故不可得而制. 孝武既得河西四郡及居延·朔方, 虜失其肥饒畜兵之地, 羌·胡分離. 唯有西域, 俄復內屬. 故呼韓邪單于請事款塞, 其勢易乘也. 今有南單于, 形勢相似. 然西域尚未內屬, 北虜未有釁作. 臣愚以為當先擊白山, 得伊吾, 破車師, 通使烏孫諸國以斷其右臂. 伊吾亦有匈奴南呼衍一部. 破此, 復為折其左角, 然後匈奴可擊也." 上善其言. 議者或以為"今兵出白山, 匈奴必幷兵相助, 又當分其東以離其眾." 上從之. 十二月, 以秉為駙馬都尉, 固為奉車都尉. 以騎都尉秦彭為秉副, 耿忠為固副, 皆置從事·司馬, 出屯涼州. 秉, 國之子. 忠, 弇之子. 廖, 援之子也.

한명제 영평 16년(AD 73)

1) 봄 2월, 채융祭肜과 도료장군度遼將軍 오당吳棠을 파견해 하동河東과 서하西河의 강족과 호족, 남선우의 병사 11,000명을 이끌고 고궐高闕 음산陰山의 요새를 나가게 했다. 두고竇固와 경충耿忠은 주천酒泉, 돈황敦煌, 장액張掖의 갑졸甲卒을 비롯해 노수盧水의 강족과 호족 기병 12,000명을 인솔해 주천의 요새를 나갔다. 경병耿秉과 진팽秦彭은 무위武威, 농서隴西, 천수天水에서 모집한 병사를 비롯해 강족과 호족의 기병 1만 명을 이끌고 장액張掖의 거연居延감숙성 북쪽 거연해 요새를 나갔다. 기도위 내묘來苗와 호오환교위護烏桓校尉 문목文穆은 태원太原과 안문雁門, 대군

代郡, 상곡上谷, 어양漁陽, 우북평右北平, 정양定襄의 병사를 비롯해 오환과 선비의 기병 11,000명을 이끌고 평성平城산서성 대동시 요새로 나아가 북흉노를 쳤다.

두고와 경충은 천산天山에 이르러 호연왕呼衍王을 쳤다. 참수한 자가 1,000여 급級이나 됐다. 뒤쫓아 가서 포류해蒲類海신강성 동북쪽에 이르러 이오로伊吾盧의 땅을 빼앗고, 의화도위宜禾都尉를 설치해 이사吏士로 하여금 이오로에서 둔전屯田하게 했다. 경병과 진팽은 구림왕句林王[67]을 공격하면서 사막 600여 리를 건너 삼목루산三木樓山까지 갔다가 돌아왔다.

내묘와 문목이 흉하수匈河水에 이르렀으나 적들이 모두 분주奔走하는 바람에 아무런 노획도 하지 못했다. 채융이 남흉노의 좌현왕左賢王 난제신제提信과 의견이 맞지 않았다. 고궐高闕의 요새를 벗어나 900리를 갔다가 작은 산에 이르렀는데, 난제신이 이를 탁야산涿邪山[68]이라고 망령되게 말하는 바람에 적들을 보지도 못한 채 돌아왔다.

채융과 오당은 머뭇거리며 두렵고 나약한 모습을 보이는 두류외나逗留畏懦의 혐의에 연루돼 하옥됐다가 면직됐다. 채융은 스스로 공을 세우지 못한 것을 한스럽게 생각해 출옥한 지 며칠 만에 피를 토하는 구혈歐血을 한 뒤 죽었다. 임종 때 자식에게 말했다.

"나는 나라의 후은厚恩을 입어 부름을 받들었다가 직책을 완수하지 못했다. 몸은 죽더라도 실로 부끄럽고 한스럽다. 의리에 비춰 공도 세우지 못한 채 상을 받을 수는 없다. 내가 죽은 뒤 너는 얻은 것을 장부에 적어 바친 뒤 스스로 군사들의 둔전 지역으로 가 죽음을 무릅쓰고 앞장서는

---

67   본문은 흉림왕匈林王으로 되어 있다. 구림왕句林王의 오자이다. 광무제 때 흉노가 구림왕을 파견해 노방盧芳을 맞이한 바 있다.

68   탁야산涿邪山은 지금의 음산陰山인 고궐高闕의 요새에서 북쪽으로 1,000여 리떨어진 곳에 있었다. 『사기』「흉노열전」에는 탁도산涿涂山으로 나온다.

효사전행效死前行의 모습을 보여 나의 마음에 부응하도록 하라.'"

그가 죽자 그의 아들이 상소해 유언을 자세히 진술했다. 황제는 채옹을 매우 중시하는 아중雅重의 입장이었던 까닭에 다시 임용하고자 했으나 이런 소식을 듣고는 크게 놀라 오랫동안 차탄嗟歎했다.

오환烏桓과 선비鮮卑는 매번 경사에 와 조하朝賀할 때마다 늘 채옹의 무덤을 찾아가 배알하고 하늘을 우러러 눈물을 흘리는 앙천호읍仰天號泣을 했다. 요동遼東의 이민吏民들이 그를 위해 사당을 세우고 사시四時에 제사를 올리는 봉제奉祭를 했다.

당시 두고竇固만이 홀로 공을 세운 까닭에 특진特進의 자리를 덧붙여주었다. 두고는 군사마軍司馬의 부관인 가사마假司馬 반초班超와 종사從事 관순郭恂에게 명해 함께 서역에 사자로 가게 했다. 반초가 사자로 가다가 선선鄯善에 이르렀을 때 선선왕 광廣은 반초를 받드는 예의와 공경하는 태도가 잘 갖춰져 있었다. 그러나 얼마 후 홀연 소홀하고 해이한 소해疏懈의 모습을 보였다. 반초가 관속들에게 물었다.

"정녕 선선왕 광의 예의가 엷어졌다고 느꼈소?"

관속들이 대답했다.

"호인胡人들이 늘 같은 태도를 유지하지 못하기 때문입니다. 다른 이유는 없습니다."

반초가 말했다.

"이는 반드시 북흉노의 사자가 오자 호의狐疑하며 어디를 좇는 게 좋을지 몰라 고민한 데 따른 것이오. 밝은 사람은 움이 트지 않은 싹을 볼 수 있소. 하물며 이미 그 태도가 드러난 경우이겠소!"

이내 시중을 들고 있던 호인을 부른 뒤 넘겨짚어 물었다.

"흉노의 사자가 온 지 며칠이 됐는데, 지금 어디에 있소?"

시중드는 호인이 황공해했다.

"도착한 지 이미 3일이 됐고, 여기서 30리 떨어진 곳에 있습니다."

반초가 이내 시중드는 호인을 가둔 뒤 휘하 이사吏士 36명과 함께 술을 마셨다. 술이 달아오르는 주감酒酣의 상황이 되자 그때를 노려 격노激怒한 모습을 보였다.

"경들은 나와 함께 이 먼 곳까지 왔소. 북흉노의 사자가 이곳에 도착한 지 며칠이 되자 선선왕 광이 우리를 예경禮敬하는 자세를 버렸소. 만일 선선의 백성에게 명해 우리들을 잡아서 흉노에게 보내면 우리의 해골은 오랫동안 시랑豺狼의 먹이가 될 것이오. 이를 어찌해야 좋겠소?"

관속들이 모두 말했다.

"지금 위망危亡의 상황에 처해 있습니다. 사생死生을 막론하고 가사마의 말을 좇겠습니다!"

반초가 대답했다.

"호랑이 굴에 들어가지 않으면 호랑이 새끼를 잡지 못하는 법이오.[69] 지금의 계책은 단지 밤을 이용해 화공火攻으로 적을 공격해 저들로 하여금 우리의 다소多少를 모르게 하는 것이오. 반드시 크게 진포震怖하게 만들어 진멸殄盡시킬 수 있소. 이들을 없애면 선선 사람들은 간담肝膽이 서늘해질 것이고, 우리는 공을 이루고 일을 성사시키는 공성사립功成事立을 하게 되오."

무리들이 말했다.

"의당 종사 곽순과 의논해야 합니다."

반초가 화를 냈다.

---

[69]   원문 '불입호혈不入虎穴, 부득호자不得虎子'는 『후한서』 「반초전」에서 인용한 것이다. 호자虎子를 '호랑이'로 번역하기도 하나 문맥상 '호랑이 새끼'로 풀이하는 게 옳다. 『후한서』보다 먼저 나온 진수의 『삼국지』 「여몽전」에는 '부득호자'가 '언득호자焉得虎子'로 나온다.

"길흉이 오늘 일에 달려 있소! 종사는 문관 계통의 속리俗吏일 뿐이니 이 얘기를 들으면 반드시 두려워하며 모의를 누설할 것이오. 죽어서도 이름을 남기는 바가 없으면 장사壯士가 아니오."

무리가 말했다.

"좋소!"

이른 밤인 초야初夜에 반초가 마침내 이사吏士를 이끌고 흉노의 영채인 노영虜營으로 달려갔다. 마침 하늘에서 대풍大風이 불었다. 반초가 10명의 무리에게 북을 가지고 흉노의 막사인 노사虜舍의 뒤에 숨어 있게 한 뒤 약속했다.

"불이 나는 것을 보면 모두 의당 북을 울리며 크게 소리를 지르는 명고대호鳴鼓大呼를 해야 할 것이오."

나머지 사람들 모두 무기와 쇠뇌인 병노兵弩를 들고 문을 낀 채 매복해 있었다. 반초는 마침내 바람을 좇아 불을 놓았다. 앞뒤에서 북을 울리며 함성을 지르는 고조鼓噪를 하자 흉노의 무리가 놀라 혼란스러워했다. 반초가 손으로 3명을 격살格殺하고, 이병吏兵들이 목을 벤 것이 사자와 종사從士 등 30여 명에 달했다. 나머지 무리 100명 가량은 모두 소사燒死했다. 다음날 이내 돌아와 종사 곽순에게 이를 고하자 곽순이 크게 놀랐다. 반초는 이미 그의 안색이 바뀌는 것을 보고는 그 속뜻을 알아챘다. 곧 손을 들어 말했다.

"연리掾吏에 속하는 종사는 비록 그곳에 가지 않았을지라도 이 반초가 무슨 마음을 먹고 홀로 그 공을 모두 차지하겠습니까?"

곽순이 이내 기뻐했다. 반초가 선선왕 광廣을 불러 흉노 사자의 수급을 보여주자 온 나라가 진포震怖했다. 반초가 한나라의 위덕威德으로 말했다.

"오늘 이후 다시는 북흉노와 통교하지 마십시오."

선선왕 광이 고두叩頭했다.

"원컨대 한나라에 신속臣屬하고자 합니다. 두 마음이 없습니다."

마침내 그의 아들을 받아들여 인질로 삼았다. 귀환한 뒤 두고에게 고하자 두고가 크게 기뻐하며 반초의 공로와 전과戰果인 공효功效를 모두 기록해 올리면서, 다시 사자를 선발에 서역에 파견할 것을 요구했다. 황제가 대답했다.

"관원이 반초와 같다면 어찌 파견하지 않겠소? 다시 선발하도록 하시오! 지금 반초를 국사마軍司馬로 삼아 앞서 세운 공로인 전공前功을 끝까지 수행하게 하시오."

두고가 다시 반초를 우전于窴의 사자로 보내며 병사를 더 늘려주려 했다. 반초는 단지 본래 데리고 갔던 36명만을 이끌고 가기를 원하며 이같이 말했다.

"우전국은 큰 나라이고 여기서 멉니다. 지금 수백 명을 이끌고 간들 우리의 힘을 강하게 하는 데 도움이 되지 않습니다. 만일 예기치 못한 일이 벌어지면 더욱 거추장스러울 뿐입니다."

이때 우전국왕 광덕廣德이 고비사막 남쪽 일대인 남도南道에서 왕성히 세력을 부리는 웅장雄張의 모습을 보였다. 흉노가 사자를 파견해 그 나라를 감호監護하고 있었다. 반초가 이미 우전국에 이르렀을 때 우전국왕 광덕이 베푸는 예의가 속으로는 심히 소홀했다. 그들의 풍속은 무당을 크게 믿었다. 무당이 말했다.

"신이 노했다. 어찌하여 한나라를 향하려고 하는 것인가? 한나라 사자는 주둥이가 검은 황마黃馬인 과마騧馬를 타고 왔다. 급히 이것을 빼앗아 나에게 제사를 지내도록 하라!"

광덕이 재상 사래비私來比를 반초에게 보내 과마를 청하게 했다. 반초는 비밀리에 그 상황을 안 까닭에 짐짓 이를 허락하면서 무당으로 하여금 스스로 와서 가져가게 했다. 잠시 후 무당이 도착하자 반초는 즉각 그의 목을 벤 뒤 사래비를 붙잡아 수백 대를 채찍으로 치는 편태鞭笞를 했다. 이어 무당의 머리를 광덕에게 보내면서 꾸짖었다.

광덕은 평소 반초가 선선국에서 흉노의 사자를 주멸했다는 소문을 듣고 있었던 까닭에 크게 두려워하면서 즉시 흉노의 사자를 죽이고 항복했다. 반초가 우전국왕 광덕을 비롯해 그 휘하 관원들에게 많은 상을 내린 뒤 누르면서 위로하는 진무鎭撫를 했다. 주변의 제국諸國이 모두 자식을 인질로 보내 입시入侍하게 한 이유다. 한나라는 왕망 때 언기국焉耆國이 한나라 사자 왕준王駿을 살해한 이후 서역과 65년 동안 교역이 끊겼는데 이때에 이르러 다시 교통하게 됐다. 반초는 반표班彪의 아들이다.

2) 회양왕淮陽王 유연劉延은 성격이 교만하고 사치했다. 아랫사람을 만나면 엄렬嚴烈했다. 어떤 사람이 상서했다.

"유연이 한명제의 외사촌 형인 희형姬兄 사엄謝弇 및 누나의 남편인 자서姊婿 한광韓光과 더불어 간활奸猾한 자를 초대한 뒤 도참圖讖을 만들어 제사를 지내며 황상에게 저주를 비는 축저祝詛를 하고 있습니다."

황제가 사건을 아래로 내려 조사하게 했다.

5월 20일, 사엄과 한광, 사도 형목邢穆이 모두 연루돼 죽은 좌사坐死를 당했다. 이 사건과 관련돼 죽거나 유배를 간 자들이 매우 많았다.

3) 5월 30일, 일식이 있었다.

4) 6월 8일, 대사농 서하西河산서성 이석현 출신 왕민王敏을 사도로 삼았다.

5) 유사有司가 회양왕 유연에 대한 주살을 청했다. 황상은 유연의 죄가 초왕楚王 유영劉英보다 가볍다고 생각했다.

가을 7월, 유연을 옮겨 부릉왕阜陵王으로 삼고, 식읍으로 2개 현을 주었다.

6) 이해에 북흉노가 대거 운중雲中으로 들어왔다. 운중 태수 염범廉范이 이를 막았다. 관원들은 군사가 적은 까닭에 이웃 군에 공문을 보내 구원을 청하려 했으나 염범이 허락하지 않았다. 마침 해가 저물자 염범이 군사들에게 명해 각각 2개의 횃불을 십자형으로 교차해 묶은 뒤 불을 붙여 횃불이 왼쪽과 위쪽, 오른쪽 등 3곳에서 피어오르게 했다. 마치 군영 속에 별들이 나란히 늘어선 듯했다. 북흉노는 한나라의 구원병이 도착한 것으로 여기고 크게 놀란 나머지 아침이 되기를 기다려 퇴각하려 했다. 염범이 병사들로 하여금 군중에서 일어난 자리에서 식사를 하는 욕식蓐食을 하도록 한 뒤 새벽에 그들이 있는 곳으로 달려가 참수한 자가 수백 명이나 됐다. 적들이 스스로 넘어지고 서로 밟혀 죽은 자도 1,000여 명이었다. 이로 인해 다시는 감히 운중을 향할 생각을 하지 못했다. 염범은 왕망 때 대장군을 지낸 염단廉丹의 손자이다.

* 顯宗孝明皇帝永平十六年

春, 二月, 遣肜與度遼將軍吳棠將河東·西河羌·胡及南單于兵萬一千騎出高闕塞, 竇固·耿忠率酒泉·敦煌·張掖甲卒及盧水羌·胡萬二千騎出酒泉塞, 耿秉·秦彭率武威·隴西·天水募士及羌·胡萬騎出張掖居延塞, 騎都尉來苗·護烏桓校尉文穆將太原·雁門·代郡·上谷·漁陽·右北平·定襄郡兵及烏桓·鮮卑萬一千騎出平城塞, 伐北匈奴. 竇固·耿忠至天山, 擊呼衍王, 斬首千餘級. 追至蒲類海, 取伊吾盧地, 置宜禾都尉, 留吏士屯田伊吾盧城. 耿秉·秦彭擊匈林王, 絕幕六百餘里, 至三木樓山而還. 來苗·文穆至匈河水上, 虜皆奔走, 無所獲. 祭肜與南匈奴左賢王信不相得, 出高闕塞九百餘里, 得小山, 信妄言以爲涿邪山, 不見虜而還. 肜與吳棠坐逗留畏懦, 下獄, 免. 肜自恨無功, 出獄數日, 歐血死. 臨終, 謂其子曰, "吾蒙國厚恩, 奉使不稱,身死誠慚恨, 義不可以無功受賞. 死後, 若悉簿上所得物, 身自詣兵屯, 效死前行, 以副吾心." 既卒, 其子逢上疏, 具陳遺言. 帝雅重肜, 方更任用, 聞之, 大驚, 嗟歎良久. 烏桓·鮮卑每朝賀京師, 常過肜塚拜謁, 仰天號泣. 遼東吏民為立祠, 四時奉祭焉.

竇固獨有功, 加位特進. 固使假司馬班超與從事郭恂俱使西域. 超行到鄯善, 鄯善王廣奉超禮敬甚備, 後忽更疏懈. 超謂其官屬曰, "寧覺廣禮意薄乎?" 官屬曰, "胡人不能常久, 無它故也." 超曰, "此必有北虜使來, 狐疑未知所從故也. 明者睹未萌, 況已著邪!" 乃召侍胡, 詐之曰, "匈奴使來數日, 今安在乎?" 侍胡惶恐曰, "到已三日, 去此三十里." 超乃閉侍胡, 悉會其吏士三十六人, 與共飲, 酒酣, 因激怒之曰, "卿曹與我俱在絕域, 今虜使到才數日, 而王廣禮敬即廢. 如令鄯善收吾屬送匈奴, 骸骨長為豺狼食矣. 為之奈何?" 官屬皆曰, "今在危亡之地, 死生從司馬!" 超曰, "不入虎穴, 不得虎子. 當今之計, 獨有因夜以火攻虜, 使彼不知我多少, 必大震怖, 可殄盡也. 滅此虜, 則鄯善破膽, 功成事立矣." 眾曰, "當與從事議之." 超怒曰, "吉凶決於今日! 從事文俗吏, 聞此必恐而謀洩, 死無所名, 非壯士也." 眾曰, "善!" 初夜, 超遂將吏士往奔虜營. 會天大風, 超令十人持鼓藏虜舍後, 約曰, "見火然, 皆當鳴鼓大呼." 餘人悉持兵弩, 夾門而伏, 超乃順風縱火. 前後鼓噪, 虜眾驚亂. 超手格殺三人, 吏兵斬其使及從士三十餘級, 餘眾百許人悉燒死. 明日乃還, 告郭恂, 恂大驚, 既而色動, 超知其意, 舉手曰, "掾雖不行, 班超何心獨擅之乎!" 恂乃悅. 超於是召鄯善王廣, 以虜使首示之, 一國震怖. 超告以漢威德曰, "自今以後, 勿復與北虜通." 廣叩頭曰, "願屬漢, 無二心." 遂納子為質. 還白竇固, 固大喜, 具上超功效, 并求更選使使西域. 帝曰, "吏如班超, 何故不遣, 而更選乎! 今以超為軍司馬, 令遂前功."

固復使超使于窴, 欲益其兵, 超願但將本所從三十六人, 曰, "于窴
國大而遠, 今將數百人, 無益於强. 如有不虞, 多益為累耳." 是時于
窴王廣德雄張南道, 而匈奴遣使監護其國. 超既至于窴, 廣德禮意
甚疏. 且其俗信巫, 巫言曰, "神怒, 何故欲向漢? 漢使有騙馬, 急求
取以祠我!" 廣德乃遣國相私來比就超請馬. 超密知其狀, 報許之,
而令巫自來取馬. 有頃, 巫至, 超即斬其首. 收私來比, 鞭笞數百. 以
巫首送廣德. 因責讓之. 廣德素聞超在鄯善誅滅虜使, 大惶恐, 即殺
匈奴使者而降. 超重賜其王以下, 因鎮撫焉. 於是諸國皆遣子入侍,
西域與漢絶六十五載, 至是乃復通焉. 超, 彪之子也.

淮陽王延, 性驕奢, 而遇下嚴烈. 有上書曰, "延與姬兄謝弇及姊婿
韓光招姦猾, 作圖讖, 祠祭祝詛." 事下案驗. 五月, 癸丑, 弇·光及司
徒邢穆皆坐死, 所連及死·徙者甚眾.

戊午晦, 日有食之.

六月, 丙寅, 以大司農西河王敏為司徒. 有司奏請誅淮陽王延, 上
以延罪薄於楚王英, 秋, 七月, 徙延為阜陵王, 食二縣.

是歲, 北匈奴大入雲中, 雲中太守廉范拒之. 吏以眾少, 欲移書傍
郡求救, 范不許. 會日暮, 范令軍士各交縛兩炬, 三頭爇火, 營中星
列. 虜謂漢兵救至, 大驚, 待旦將退. 范令軍中蓐食, 晨, 往赴之, 斬
首數百級, 虜自相轔藉, 死者千餘人, 由此不敢復向雲中. 范, 丹之
孫也.

한명제 영평 17년(AD 74)

1) 봄 정월, 황상이 의당 광무제의 능묘인 원릉原陵을 배알해야 했다.
밤에 꿈에서 선제先帝와 태후가 살아 있을 때처럼 즐겁게 지내는 모습을
보았다. 잠에서 깨어난 후 슬픔으로 잠을 잘 수 없었다. 역서曆書를 살펴

보니 다음날 아침이 길일이었다. 마침내 백관을 이끌고 원릉으로 올라갔다. 그날 능묘의 나무에 감로甘露가 내렸다. 황제가 백관들에게 명해 이를 채취採取해 제물로 올리게 했다. 회합이 끝난 뒤 황제가 자리 앞에 있는 어상御床에 엎드려 태후의 거울상자인 경렴鏡奩을 보고는 감동하여 슬피 눈물을 흘리며 지분과 향수 등의 화장품인 지택脂澤과 장신구를 바꾸게 했다. 좌우가 모두 눈물을 흘리며 황제를 앙시仰視할 수 없었다.

2) 광무제 유수의 형 유중劉仲의 손자인 북해경왕北海敬王 유목劉睦이 훙거薨去했다. 유목은 어려서부터 호학好學해 광무제와 황상 모두 아꼈다. 유목이 일찍이 중대부中大夫를 경사로 보내 조하朝賀하게 할 생각으로 불러 이같이 물었다.

"조정에 갔을 때 과인에 관해 물으면 무슨 말로 답할 생각이오?"

사자로 갈 사람이 대답했다.

"대왕은 충효자인忠孝慈仁의 성품으로 현자를 존경하며 선비를 좋아하는 경현낙사敬賢樂士를 합니다. 신이 어찌 감히 사실대로 답하지 않을 수 있겠습니까?"

유목이 말했다.

"아, 그대는 나를 위험에 빠뜨리고 말 것이오! 그런 말은 내가 어렸을 때 노력하여 향상하는 진취進趣[70]를 꾀할 때 한 말이오. 그대는 내가 제후의 작위를 이어받는 습작襲爵을 한 이래 지의志意가 쇠하고 게으른 나머지 성색聲色을 즐기고, 견마犬馬를 좋아한다고 말해야 하오. 그래야 이내 나를 아끼는 게 되오."

---

70   진취進趣는 진추進趨 내지 진추進趍와 같은 말이다. 크게 4가지 뜻이 있다. 첫째, 거동擧動을 가리킨다. 둘째, 추구追求의 뜻이다. 셋째, 진공進攻을 가리킨다. 넷째, 노력해서 향상한다는 의미이다. 여기서는 4번째 의미로 사용되었다.

지혜롭고 사려 깊은 지려智慮와 두려워하며 신중한 외신畏慎이 이와 같았다.

3) 2월 을사乙巳, 사도 왕민王敏이 훙거薨去했다.

4) 3월 29일, 여남汝南하남성 여남현 태수 포욱鮑昱을 사도로 삼았다. 포욱은 포영鮑永의 아들이다.

5) 익주益州 자사 양국梁國하남성 상구시 출신 주보朱輔가 한나라의 은덕을 선전해 드러내며 위엄으로 먼 곳의 이적인 원이遠夷를 품었다. 문산汶山사천성 무문현 북쪽 이서부터는 전 시대에 가본 일이 없었고, 중원의 문화를 상직하는 정삭正朔도 내려준 적이 없었다. 백랑白狼과 반목槃木 등 100여 나라가 모두 자신의 종족을 들어 칭신하며 공물을 바쳤다. 백랑왕 당추唐菆가 시 3장章을 지어 한나라의 은덕을 기렸다. 주보가 건위군犍為郡사천성 팽산현의 연리掾吏 유공由恭에게 이를 번역해 바치도록 했다.

6) 당초 구자왕龜茲王 건건은 흉노족이 세웠다. 흉노의 위엄을 믿고 의지해 북도北道고비사막 북쪽를 점거한 뒤 소륵왕疏勒王을 공살攻殺하고, 그의 신하로 있던 두제兜題를 세워 소륵왕으로 삼았다. 반초가 샛길로 소륵국에 이르러 두제가 사는 반탁성槃橐城으로부터 90리 떨어진 곳에 간 뒤 먼저 관원인 전려田慮를 파견해 그들을 초항招降하려 했다. 전려에게 이같이 명했다.

"두제는 본래 소륵 종족이 아니오. 이 나라 사람들은 반드시 그의 명을 듣지 않을 것이오. 만일 바로 항복하지 않으면 그를 체포하는 것도 가하오."

전려가 그곳에 이르렀을 때 두제는 전려의 일행이 경약輕弱한 것을 보고는 특별히 항복할 뜻이 없었다. 전려가 그들의 무방비 상태를 틈타 마침내 앞으로 나아가 두제를 겁주어 포박하는 겁박劫縛을 했다. 좌우 모두 예상치 못한 때를 틈타 공격하는 전려의 출기불의出其不意로 인해 크게 놀라 두려워하는 경구驚懼의 모습으로 달아났다.

전려가 곧바로 반초에게 말을 내달려 보고하는 치보馳報를 했다. 반초
가 그곳에 가서 소륵국의 장수와 관원을 모두 부른 뒤 구자국이 저지른
무도無道한 상황을 얘기했다. 이어 흉노에게 피살당한 옛 왕의 조카인 충
忠을 왕으로 삼았다.[71] 국인國人들이 크게 기뻐했다. 반초가 새로 즉위한
충忠과 그의 관속들에게 물었다.

"의당 두제를 죽여야 하는가, 아니면 살려 보내주어야 하는가?"

이들이 입을 모아 대답했다.

"의당 죽여야 합니다."

반초가 말했다.

"이들을 죽인들 일을 추진하는 데 아무런 도움이 안 된다. 의당 구자왕
으로 하여금 우리 한나라의 위덕威德을 알도록 해야 한다."

마침내 그를 풀어주어 보낸 이유다.

7) 여름 5월 5일, 공경백관公卿百官은 황제의 위덕威德으로 먼 곳까지
품는 회원懷遠이 이뤄지자 상서로운 물건이 감응해 나타났다며 모두 조
당朝堂에 모여 술잔을 들어 상수上壽했다. 황제가 하령했다.

"하늘이 내리는 신물神物은 왕이 된 자의 덕에 감응하는 것이다. 멀리
사는 사람들이 중원의 덕화를 사모하는 것은 실제로 유덕有德한 행위가
있었기에 가능한 일이다. 짐은 허박虛薄한 사람인데 어찌 이런 상수 등을
누릴 수 있겠는가! 오직 고조高祖와 광무제의 성덕聖德 덕분에 이뤄진 것
으로 감히 사양치 못할 뿐이다. 백관들이 공경하는 마음으로 술잔을 드
니 태상太常은 길일을 택해 책서策書로 종묘에 고하도록 하라."

---

71   원굉袁宏의 『후한기後漢紀』는 반초가 옛 왕의 친속을 수소문해 그 형인 유륵楡勒
을 찾아낸 뒤 왕으로 세우고 이름을 충忠으로 바꿨다고 기록해 놓았다.

이어 은혜를 더욱 확대해 백성에게 작위와 곡식을 차등 있게 하사했다.

8) 겨울 11월, 봉거도위奉車都尉 두고竇固와 부마도위駙馬都尉 경병耿秉, 기도위騎都尉 유장劉張에게 명해 돈황敦煌과 곤륜崑崙의 요새를 빠져나가 서역을 치게 했다. 경병과 유장 모두 병사 운용 신표인 병부兵符와 통행증인 전傳을 떼어 두고에게 위촉함으로써 자신들의 군사를 맡겼다. 14,000명의 기병을 포함해 군사를 하나로 합친 뒤 포류해蒲類海신강성 파리곤현에서 백산白山의 흉노를 격파하고, 차사車師까지 진격했다. 지금의 신강성 투르판에 있던 차사국의 전왕前王은 바로 신강성 기태현에 있던 후왕後王의 아들이다. 이들의 왕정王廷은 서로 500여 리 가량 떨어져 있었다. 후왕이 있는 곳까지 가기에는 길이 멀고, 산곡山谷이 깊었고, 사졸이 한고寒苦한 까닭에 전왕이 있는 곳을 치고자 했다. 그러나 경병은 먼저 후왕이 있는 곳으로 간 뒤 힘을 합쳐 본거지를 제압하면 전왕이 스스로 항복할 것으로 생각했다. 두고가 아직 결정을 내리지 않았을 때 경병이 몸을 떨치는 분신奮身을 하며 일어섰다.

"청컨대 앞장서 진격하게 해주십시오."

이내 말에 올라 병사를 이끌고 북쪽으로 들어갔다. 많은 군사들이 부득이하여 함께 전진했다. 참수한 적이 수천 급級에 달했다. 후왕 안득安得이 진포震怖한 나머지 성문 밖으로 뛰어나가 영접했다. 모자를 벗은 뒤 말의 다리를 잡고 항복하는 포마족항抱馬足降을 했다. 정병이 그를 이끌고 두고에게 갔다. 얼마 후 전왕도 귀부하자 마침내 차사국을 평정하고 환군할 수 있었다.

두고는 왕망 때 사라진 한선제 때의 서역도호西域都護를 비롯해 한원제 때의 무교위戊校尉와 기교위己校尉를 다시 설치할 것을 주청했다. 이내 진목陳睦을 서역도호로 삼고, 사마 경공耿恭을 무교위로 삼아 후왕부의 금포성金蒲城 신강성 기태현 서북쪽에 주둔하게 하고, 알자 관총關寵을 기교위로 삼아 전왕부의 유중성柳中城 신강성 투르판현 동남쪽에 주둔하게 했다. 주둔군은 각각 수백 명 수준이었다. 경공은 경황耿況의 손자이다.

春, 正月, 上當謁原陵, 夜, 夢先帝·太后如平生歡, 既寤, 悲不能寐. 即案曆, 明旦日吉, 遂率百官上陵. 其日, 降甘露於陵樹, 帝令百官採取以薦. 會畢, 帝從席前伏御床, 視太后鏡奩中物, 感動悲涕, 令易脂澤裝具. 左右皆泣, 莫能仰視.

北海敬王睦薨. 睦少好學, 光武及上皆愛之, 嘗遣中大夫詣京師朝賀, 召而謂之曰, "朝廷設問寡人, 大夫將何辭以對?" 使者曰, "大王忠孝慈仁, 敬賢樂士, 臣敢不以實對!" 睦曰, "吁, 子危我哉! 此乃孤幼時進趣之行也. 大夫其對以孤襲爵以來, 志意衰惰, 聲色是娛, 犬馬是好, 乃為相愛耳." 其智慮畏慎如此.

二月, 乙巳, 司徒王敏薨.

三月, 癸丑, 以汝南太守鮑昱為司徒. 昱, 永之子也.

益州刺史梁國朱輔宣示漢德, 威懷遠夷, 自汶山以西, 前世所不至, 正朔所未加, 白狼·槃木等百餘國. 皆舉種稱臣奉貢. 白狼王唐菆作詩三章, 歌頌漢德, 輔使犍為郡掾由恭譯而獻之.

初, 龜茲王建為匈奴所立, 倚恃虜威, 據有北道, 攻殺疏勒王, 立其臣兜題為疏勒王. 班超從間道至疏勒, 去兜題所居槃橐城九十里, 逆遣吏田慮先往降之, 敕慮曰, "兜題本非疏勒種, 國人必不用命. 若不即降, 便可執之." 慮既到, 兜題見慮輕弱, 殊無降意. 慮因其無備, 遂前劫縛兜題, 左右出其不意, 皆驚懼奔走. 慮馳報超, 超即赴之, 悉召疏勒將吏, 說以龜茲無道之狀, 因立其故王兄子忠為王,國人大悅. 超問忠及官屬曰, "當殺兜題邪, 生遣之邪?" 咸曰, "當殺之." 超曰. "殺之無益於事, 當令龜茲知漢威德." 遂解遣之.

夏, 五月, 戊子, 公卿百官以帝威德懷遠, 祥物顯應, 并集朝堂奉觴上壽. 制曰, "天生神物, 以應王者. 遠人慕化, 實由有德. 朕以虛薄, 何以享斯! 唯高祖·光武聖德所被, 不敢有辭. 其敬舉觴, 太常擇吉日策告宗廟." 仍推恩賜民爵及粟有差.

冬, 十一月, 遣奉車都尉竇固·駙馬都尉耿秉·騎都尉劉張出敦煌崑崙塞, 擊西域, 秉·張皆去符, 傳以屬固, 合兵萬四千騎, 擊破白山虜於蒲類海上, 遂進擊車師. 車師前王, 即後王之子也, 其廷相去五百餘里. 固以後王道遠, 山谷深, 士卒寒苦, 欲攻前王. 秉以為先赴後王, 并力根本, 則前王自服. 固計未決, 秉奮身而起曰, "請行前." 乃上馬引兵北入, 眾軍不得已, 并進, 斬首數千級. 後王安得震怖, 走出門迎秉, 脫帽, 抱馬足降, 秉將以詣固. 其前王亦歸命, 遂定車師而還. 於是固奏復置西域都護及戊·己校尉. 以陳睦為都護. 司馬耿恭為戊校尉, 屯後王部金蒲城. 謁者關寵為己校尉, 屯前王部柳中城, 屯各置數百人. 恭, 況之孫也.

한명제 영평 18년(AD 75)

1) 봄 2월, 두고竇固 등에게 조서를 내려 군대를 해체하는 파병罷兵으로 서역 정벌을 중지한 뒤 경사로 돌아오게 했다.

2) 북선우는 좌록려왕左鹿蠡王을 시켜 기병 2만 명을 이끌고 차사를 치게 했다. 경공耿恭이 사마를 파견해 병사 300명을 이끌고 가 그들을 구하게 했으나 모두 죽었다. 흉노가 마침내 차사국의 후왕 안득安得을 격파해 죽인 뒤 금포성金蒲城을 공격했다. 경공이 화살에 독약을 바른 뒤 흉노에게 말했다.

"한가漢家의 화살은 신비로운 까닭에 화살에 맞아 상처를 입은 자는 반드시 이상한 일이 벌어질 것이다."

흉노 가운데 화살에 맞은 사람이 상처를 보니 상처가 끓는 모습을 하고 있어 크게 놀랐다. 마침 하늘에서 폭풍우가 몰아쳤다. 비가 내리는 틈을 타 공격을 가함으로써 많은 사람을 살상했다. 흉노가 진포震怖하며 서로 말했다.

"한병漢兵이 귀신같으니 실로 두려워할 만하다!"

드디어 퇴병退兵하여 물러갔다.

3) 여름 6월 12일, 천자의 궁정에 비유되는 성좌인 태미太微의 자리에 패성孛星이 나타났다.

4) 경공耿恭은 소륵성疏勒城 옆에 시내물인 간수澗水가 있어 이를 굳게 지킬 수 있을 것으로 생각해 병사들을 이끌고 가 점령했다.

가을 7월, 흉노가 다시 쳐들어와 공격하면서 이 간수를 장악한 뒤 끊어버렸다. 경공이 성 안에 우물을 15장丈이나 팠으나 물을 얻지 못했다. 관원과 병사들이 갈핍渴乏하자 심지어 말의 분즙糞汁을 대나무 조롱에 담아 거기서 나오는 물을 먹기에 이르렀다.

경공은 몸소 병사를 이끌고 우물 파는 흙을 날랐다. 잠시 후 샘물이 솟아나오자 무리가 모두 '만세'를 불렀다. 이내 이사吏士에게 물을 퍼올려 적들에게 내보이게 했다. 흉노는 생각지도 못한 일에 놀라 신명神明한 일로 여기고 마침내 병사를 이끌고 가버렸다.

5) 8월 6일, 황제가 동궁東宮의 전전前殿에서 붕어했다. 향년 48세였다. 유조遺詔에서 말했다.

"따로 황제의 시신과 위패를 두기 위한 침묘寢廟를 만들지 말고, 위패를 선제의 부인인 광열황후光烈皇后[72] 음황후가 전에 옷을 갈아 있던 별실에 안치하도록 하라."

황제는 건무建武 황제가 만든 제도를 높이 받들면서 바꾼 것이 없었다. 후비后妃의 집안 사람들은 작위를 얻거나 정치에 간여하는 봉후여정封侯與政을 할 수 없었다. 광무제의 딸로 한명제의 누이인 관도공주館陶公主 유홍부劉紅夫가 남편 한광韓光 사이에서 난 아들을 낭관으로 삼아달라고 요구했으나 허락하지 않은 채 1,000만 전을 상으로 내리면서 군신들에게 이같이 말했다.

"낭관은 위로는 하늘의 별자리인 열수列宿에 대응하는 관직으로, 지방장관으로 가면 100리를 다스려야 하오. 만일 그 직책에 적당치 않은 사람이 오게 되면 백성들이 그 재앙을 입게 되오. 그래서 동의하기 어려웠던 것이오."

궁정을 관리하는 공거公車에서 흉일로 알려진 반지일反支日[73]에는 장주章奏를 받지 않았다. 황제가 이 소식을 듣고는 이상하게 여겼다.

"백성들이 농상農桑까지 폐하면서 먼 곳에서 궁궐까지 와 상서上書를 하고 있다. 여기에 다시 반지일과 같은 금기禁忌하는 날짜로 인해 얽매이면 이 어찌 정사를 펼치는 위정爲政의 뜻이라 하겠는가!"

이에 마침내 그 제도를 없앴다. 상서 염장閻章의 두 누이동생이 귀인貴人으로 있었다. 염장은 정력적으로 일해 옛 전범을 모두 이해했고, 오랫동안 일을 담당해 중직重職으로 승진시켜야 했다. 그러나 황제는 후궁의 친속인 까닭에 끝내 채용하지 않았다. 그의 치세 때 관원은 그 직무에 적당

---

72   광열황후光烈皇后는 한명제의 생모이자 광무제 유수의 부인인 음려화陰麗華를 가리킨다.
73   반지일反支日은 간지干支를 이용해 날짜를 정했다. 초하루가 술戌과 해亥일 경우는 초1일, 신辛과 유酉일 경우는 초2일, 오午와 미未일 경우는 초3일, 진辰과 사巳일 경우는 초4일, 인寅과 묘卯일 경우는 초5일, 자子와 축丑일 경우는 초6일이 반지일로 간주됐다.

한 자를 채용하고, 백성은 생업을 즐기고, 원근을 막론하고 모두 외복畏服하고, 호구戶口가 크게 늘어나는 자식滋殖을 하게 된 배경이다.

6) 한명제 유장劉莊의 태자인 한장제漢章帝 유달劉炟은 즉위했을 때 18세였다. 즉위후 한명제의 부인 마황후馬皇后를 황태후로 높였다.

한명제가 붕어했을 때 처음에는 마황후의 형제가 다퉈 입궁하려 했다. 북궁北宮의 위사령衛士令 양인楊仁이 갑옷을 입고 창을 잡은 피갑지극被甲持戟의 자세로 궁문의 경위를 엄하게 챙겼다. 사람들이 감히 가볍게 들어가지 못했다. 여러 마씨들이 마침내 함께 한장제 유달에게 양인을 참소했다. 매우 준엄하고 각박한 준각峻刻의 모습을 보인다고 말하자 황제는 오히려 그의 충성심을 알고 더욱 잘 대하면서 십방什邡사천성 십방현 현령으로 삼았다.

7) 8월 26일, 효명황제孝明皇帝를 현절릉顯節陵하남성 낙양시 서북쪽에 장사지냈다.

8) 겨울 10월 2일, 천하에 사면령을 내렸다.

9) 조서를 내려 행태위사行太尉事인 절향후節鄉侯 조희趙熹를 태부太傅, 사공 모융牟融을 태위太尉로 삼았다. 나란히 녹상서사錄尚書事를 겸하게 했다.

10) 11월 25일, 촉군蜀郡사천성 성도시 태수 제오륜第五倫을 사공으로 삼았다. 제오륜은 군군郡郡에 재직하면서 공청公清했고, 천거한 관리 대부분은 그 직책에 어울렸다. 한명제가 원군遠郡에 있던 그를 불러 등용한 이유다.

11) 언기焉耆와 구자龜茲가 도호 진목陳睦을 공격해 죽이고, 북흉노는 유중성柳中城신강성 투르판 서남쪽에서 기교위己校尉 관총關寵을 포위했다. 마침 중원에서 한명제가 붕어하는 대상大喪이 있어 구원병이 이르지 못했다. 차사車師가 다시 배반해 흉노와 더불어 무교위戊校尉 경공耿恭을 공격했다.

경공은 사나운 병사들을 인솔해 이들을 막았다. 몇 달 뒤 식량이 떨어져 궁곤窮困하게 되자 갑옷이나 궁노인 개노鎧弩을 삶아 거기에 붙어 있던 힘줄과 가죽인 근륵筋革을 먹었다. 경공은 사졸과 함께 실로 생사를 같이 했다. 두 마음을 품은 사람은 아무도 없었으나 조금씩 죽어 나가자 마지막으로 남은 사람은 수십 명밖에 안 됐다. 선우는 경공이 이미 곤경에 처한 것을 알고 반드시 이들을 항복시키려 했다. 곧 사자를 보내 경공을 불렀다.

"만일 항복하면 의당 백옥白屋 종족의 왕에 봉하고, 여자를 주어 처로 삼게 하겠다."

경공이 사자를 유인해 성 위로 데리고 간 뒤 손으로 쳐 죽이고 불에 태웠다. 선우가 대로해 더욱 많은 병사를 보내 포위했으나 함락시키지 못했다.

기교위 관총이 상서해 구원을 청하자 조서를 내려 공경들에게 이를 의논하게 했다. 사공 제오륜은 의당 구해서는 안 될 것으로 생각했으나 사도 포욱鮑昱은 이같이 건의했다.

"지금 다른 사람에게 위난危難의 처지에 있도록 만든 뒤 재빨리 이를 포기하면 밖으로는 만이蠻夷의 횡포를 내버려두는 것이고, 안으로는 상사傷死를 당한 신하들의 마음을 해치는 것입니다. 실로 임기응변의 방안을 써야 이후 변방을 무사하게 만들 수 있습니다. 흉노가 만일 다시 변새邊塞를 침공해 노략을 하면 폐하는 장차 어떻게 장수들을 부리려는 것입니까? 또 경공과 관총이 이끄는 두 부部의 병사들이 줄어들어 각각 수십 명 뿐인데 흉노가 이들을 포위하고 열흘이 지나도 함락시키지 못하고 있습니다. 이는 그들이 숫자도 적고 힘이 약한데도 온 힘을 다한 결과입니다. 돈황敦煌과 주천酒泉 태수에게 명을 내려 각각 정기精騎 2,000명을 이끌고 깃발인 번치幡幟를 많이 벌려 놓은 채 배나 빨리 달려가는 배도겸

행배도兼行을 행하도록 하면 그들의 급한 사정을 구할 수 있습니다. 흉노는 피로가 극에 달한 병사들로 싸우고 있어 반드시 감당하지 못할 것입니다. 40일 정도면 족히 다시 요새로 돌아올 수 있을 것입니다."

황제가 동의했다. 이내 정서장군征西將軍 경병耿秉을 파견해 주천에 주둔하며 행태수사行太守事의 직무를 맡게 했다. 또 주천 태수 단팽段彭을 파견해 알자 왕몽王蒙 및 황보원皇甫援과 함께 장액張掖과 주천, 돈황 등 3개 군郡과 선선鄯善의 병사 등 도합 7,000명의 군사를 동원해 그들을 구하게 했다.

12) 11월 30일, 일식이 있었다.

13) 마태후의 형제인 호본중랑虎賁中郎 마료馬廖를 비롯해 황문랑黃門郎 마방馬防과 마광馬光은 한명제의 치세가 끝날 때까지 일찍이 관직을 옮겨 승진한 적이 없었다. 그러나 한장제는 마료를 위관衛尉, 마방을 중랑장中郎將, 마광을 월기교위越騎校尉로 승진시켰다. 마료 등은 온 몸을 기울여 사람들과 교제하는 경신교결傾身交結을 했다. 관冠을 쓰거나 포장된 수레를 탈 정도의 신분인 관개지사冠蓋之士들이 다퉈 그가 있는 곳으로 달려간 이유다. 제오륜第五倫이 상소했다.

"신은 『서경』에서 '신하는 위엄을 세우거나 복을 주는 일을 해서는 안 된다. 그 해로움은 너의 집안을 해치고, 너의 나라에 흉사를 불러들일 것이다'[74]라고 언급한 얘기를 들었습니다. 근세近世에 광렬황후光烈皇后는

---

74 원문은 신무작위작복臣無作威作福, 기해어이가其害於而家, 흉어이국凶於而國'이다. 『서경』「주서周書, 홍범洪範」에서 오직 군주만이 복을 내리고, 위엄을 갖추고, 기름진 음식을 받을 수 있는 까닭에 신하가 그리해서는 안 되고, 그리할 경우 그 해악이 왕실에 미치고, 그 흉사가 나라에 미치게 된다는 취지로 언급한 '신무유작복작위옥식臣無有作福作威玉食. 신지유작복작위옥식臣之有作福作威玉食, 개해우이가其害于而家, 흉우이국凶于而國' 구절을 요약해 인용한 것이다.

비록 우애가 하늘에 이를 정도였으나 음씨陰氏를 억눌러 힘을 덜어내고 권세를 빌려주지 않았습니다. 얼마 후 양송梁松과 두목竇穆 등의 집안이 서로 비법非法을 저질렀으나 한명제가 즉위해 이들을 주살했습니다. 이후로 낙양에는 다시는 권력을 지닌 인척이 없게 됐고, 서신으로 자리를 청탁하는 일이 하나같이 모두 단절됐습니다. 또 여러 외척들에게 유시諭示하기를, '스스로 고생하며 현사賢士와 사귀는 고신대사苦身待士는 나라를 위해 일하는 위국為國만 못하고, 물동이를 인 채 하늘을 바라보는 대분망천戴盆望天은 양립할 수 없는 일이다'라고 했습니다. 지금의 논의하는 자들은 다시 외척인 마씨를 거론하고 있습니다. 가만히 듣건대 사적으로 위위 마료는 포布 3,000필, 성문교위城門校尉 마방은 300만 전을 삼보三輔 일대의 의관衣冠 즉 관원에게 제공해 아는 사람이건 모르는 사람이건 보내주지 않은 자가 없다고 합니다. 또 음력 12월 8일인 납일臘日에도 낙양에 사는 사람에게 각각 5,000전씩 보냈다고 합니다. 월기교위 마광은 납일에 양 300마리, 쌀 400곡斛, 고기 5,000근을 사용했다고 합니다. 신이 비록 어리석으나 이는 『서경』의 뜻에 부응하는 게 아니라고 생각해 황공하게도 감히 보고하지 않을 수 없습니다. 폐하는 정분에 비춰 그들을 후하게 대하고 싶겠으나 의당 그들이 안분지족安分知足을 행하도록 만들어야 합니다. 신이 지금 이를 말하는 것은 실로 위로 폐하에게 충성을 다하고, 아래로 태후의 집안을 온전히 하려는 취지에서 나온 것입니다."

14) 이해에 경사京師와 연주兗州, 예주豫州, 서주徐州에 큰 가뭄인 대한大旱이 들었다.

＊顯宗孝明皇帝永平十八年

春, 二月, 詔竇固等罷兵還京師.

北單于遣左鹿蠡王率二萬騎擊車師, 耿恭遣司馬將兵三百人救之,

皆為所沒, 匈奴遂破殺車師後王安得而攻金蒲城. 恭以毒藥傅矢, 語
匈奴曰, "漢家箭神, 其中瘡者必有異." 虜中矢者, 視創皆沸, 大驚,
會天暴風雨, 隨雨擊之, 殺傷甚眾. 匈奴震怖, 相謂曰, "漢兵神, 真
可畏也!"遂解去.

夏, 六月, 己未, 有星孛於太微.

耿恭以疏勒城傍有澗水可固, 引兵據之. 秋, 七月, 匈奴復來攻,
擁絕澗水. 恭於城中穿井十五丈, 不得水, 吏士渴乏, 至笮馬糞汁而
飲之. 恭身自率士挽籠, 有頃, 水泉奔出, 眾皆稱萬歲. 乃令吏士揚
水以示虜, 虜出不意, 以為神明, 遂引去.

八月, 壬子, 帝崩於東宮前殿, 年四十八. 遺詔曰, "無起寢廟, 藏主
於光烈皇后更衣別室." 帝遵奉建武制度, 無所變更, 后妃之家不得
封侯與政. 館陶公主為子求郎, 不許, 而賜錢千萬, 謂群臣曰, "郎官
上應列宿, 出宰百里, 苟非其人, 則民受其殃, 是以難之." 公車以反
支日不受章奏, 帝聞而怪曰, "民廢農桑, 遠來詣闕, 而復拘以禁忌,
豈為政之意乎!" 於是遂蠲其制. 尚書閻章二妹為貴人, 章精力曉舊
典, 久次當遷重職, 帝為後宮親屬, 竟不用. 是以吏得其人, 民樂其
業, 遠近畏服, 戶口滋殖焉.

太子即位, 年十八. 尊皇后曰皇太后.

明帝初崩, 馬氏兄弟爭欲入宮. 北宮衛士令楊仁被甲持戟, 嚴勒門
衛, 人莫敢輕進者. 諸馬乃共譖仁於章帝, 言其峻刻. 帝知其忠, 愈
善之, 拜為什邡令.

壬戌, 葬孝明皇帝於顯節陵.

冬, 十月, 丁未, 赦天下.

詔以行太尉事節鄉侯熹為太傅, 司空融為太尉, 并錄尚書事.

十一月, 戊戌, 以蜀郡太守第五倫為司空. 倫在郡公清, 所舉吏多

得其人, 故帝自遠郡用之. 焉耆·龜茲攻沒都護陳睦, 北匈奴圍關寵
於柳中城. 會中國有大喪, 救兵不至, 車師復叛, 與匈奴共攻耿恭.
恭率屬士眾御之, 數月, 食盡窮困, 乃煮鎧弩, 食其筋革. 恭與士卒
推誠同死生. 故皆無二心, 而稍稍死亡. 餘數十人. 單于知恭已困,
欲必降之, 遣使招恭曰, "若降者, 當封為白屋王. 妻以女子." 恭誘其
使上城, 手擊殺之, 炙諸城上. 單于大怒, 更益兵圍恭, 不能下. 關
寵上書求救. 詔公卿會議, 司空倫以為不宜救, 司徒鮑昱曰, "今使人
於危難之地, 急而棄之, 外則縱蠻夷之暴, 內則傷死難之臣, 誠令權
時, 後無邊事可也. 匈奴如復犯塞為寇, 陛下將何以使將! 又二部兵
人裁各數十, 匈奴圍之, 歷旬不下, 是其寡弱力盡之效也. 可令敦煌·
酒泉太守各將精騎二千, 多其幡幟, 倍道兼行以赴其急. 匈奴疲極之
兵, 必不敢當, 四十日間足還入塞." 帝然之. 乃遣征西將軍耿秉屯酒
泉, 行太守事, 遣酒泉太守段彭與謁者王蒙·皇甫援發張掖·酒泉·敦
煌三郡及鄯善兵合七千餘人以救之.

甲辰晦, 日有食之.

太后兄弟虎賁中郎廖及黃門郎防·光, 終明帝世未嘗改官. 帝以廖
為衛尉, 防為中郎將, 光為越騎校尉. 廖等傾身交結, 冠蓋之士爭赴
趣之. 第五倫上疏曰, "臣聞『書』曰, '臣無作威作福, 其害於而家, 凶
於而國' 近世光烈皇后雖友愛天至, 而抑損陰氏, 不假以權勢. 其後
梁·竇之家, 互有非法, 明帝即位, 竟多誅之. 自是雒中無復權戚, 書
記請托, 一皆斷絕. 又諭諸外戚曰, '苦身待士, 不如為國. 戴盆望天,
事不兩施' 今之議者, 復以馬氏為言. 竊聞衛尉廖以布三千四, 城門
校尉防以錢三百萬, 私贍三輔衣冠, 知與不知, 莫不畢給. 又聯臘日
亦遺其在雒中者錢各五千. 越騎校尉光, 臘用羊三百頭, 米四百斛,
肉五千斤. 臣愚以為不應經義. 惶恐, 不敢不以聞. 陛下情欲厚之,

亦宜所以安之. 臣今言此, 誠欲上忠陛下, 下全後家也."

是歲, 京師及兗·豫·徐州大旱.

** 권46-한기漢紀 38: 반초가 서역을 열다

한장제漢章帝 **건초**建初 **원년**(AD 76)

1) 봄 정월, 연주兗州와 예주豫州, 서주徐州 등 3개 주에 조서를 내려 주린 백성에게 곡식을 내려주는 품섬稟贍을 하게 했다. 황상이 사도 포욱鮑昱에게 말했다.

"어찌해야 한재旱災를 없애고 정상을 회복할 수 있겠소?"

포욱이 대답했다.

"폐하가 처음으로 천위天位를 밟으면서 비록 잃고 얻는 실득失得이 있을지라도 아직은 재이를 초래할 상황은 아닙니다. 신이 전에 여남汝南 태수로 있을 때 초왕 유영의 모반 사건을 주관하여 처리한 바 있습니다. 연루된 자가 1,000여 명이나 됐지만 그들이 모두 죄를 저지른 것은 아니었다고 봅니다. 무릇 대옥大獄은 한 번 일어나면 억울하게 죄를 뒤집어 쓴 사람이 반을 넘습니다. 또 여러 곳으로 유배 가는 사람들은 골육이분骨肉離分을 당하게 됩니다. 고혼孤魂은 제사도 받지 못합니다. 의당 그들을 모두 돌려보내 집으로 가도록 하고, 금고禁錮를 면제하는 견제蠲除를 통해 사생死生 간에 자신들이 있어야 할 곳을 얻게 하면 가히 화기和氣가 이를 것입니다."

황제가 그 말을 받아들였다. 도서관인 난대蘭臺 소속의 교서랑校書郎 양종楊終이 상소했다.

"선제 때 북쪽으로 흉노를 정벌하고, 서쪽으로 36개국을 개척했습니다. 백성들은 빈번하게 해마다 복역服役하고 군수품을 전수轉輸하면서 번거로운 일로 비용을 많이 쓰는 번비煩費를 하게 됐습니다. 근심하고 곤궁해진 백성들이 족히 천지를 감동시킬 수 있도록 합니다. 폐하는 의당 이를 유념해 성찰省察하시길 바랍니다."

황제가 장주章奏를 내려보내자 제오륜 역시 양종의 건의에 동의했다. 모융牟融과 포욱鮑昱이 건의했다.

"『논어』에 따르면 효자는 부친이 행한 도를 고치지 않는 법입니다.[75] 흉노를 정벌하고 서역에 둔수屯戍하는 것은 선제가 세워 놓은 일이니 의당 방향을 다른 쪽으로 돌리는 형이逈異를 해서는 안 됩니다."

양종이 다시 상소했다.

"진秦나라가 장성을 축조하느라 부역을 번거롭게 일으켰을 때 2세 황제 호해胡亥는 이를 고치지 않아 문득 사해四海를 잃고 말았습니다. 옛날 한원제漢元帝는 주애군珠崖郡을 포기했고, 광무제는 서역과 교통을 끊은 채 이적들이 입는 옷인 개린介鱗을 갖고 우리 의상衣裳과 바꾸지 않았습니다. 춘추시대 당시 노문공魯文公이 천대泉臺를 헐자 『춘추春秋』에서 지적하기를, '선조가 이미 세워놓은 것을 자기 손으로 허물었으니 차라리 그대로 두느니만 못했다'[76]고 했습니다. 이는 천대를 그대로 두는 것이 백성

***

75   원문은 '효자무개부지도孝子無改父之道'이다. 이는 『논어』「학이」에서 공자가 부친의 생존 때는 그 자식의 뜻을 살피고, 작고한 때는 그 자식의 행동을 살피는 법이니 3년 동안 부친의 가르침을 고치지 않아야 가히 효자라고 말할 수 있다는 취지로 언급한 '3년무개어부지도三年無改於父之道, 가위효의可謂孝矣' 구절을 요약해 인용한 것이다.

76   원문은 '선조위지이이훼지先祖為之而己毀之, 불여물거이이不如勿居而已'이다. 『춘추공양전』「노문공 16년」조를 인용한 것이다. 기원전 611년 8월 8일, 노문공은 모친 성강聲姜이 훙거하자 도성인 곡부曲阜 남쪽의 천궁泉宮에 지은 누대인 천대泉臺를 헐었다. 이를 두고 『춘추공양전』은 평하기를, "'천대'는 무엇인가? 낭대郎臺를 가리킨다. '낭대'를 어째서 '천대'라고 부

에게 아무런 해를 끼치지 않기 때문입니다. 노양공魯襄公이 3군三軍을 만들었을 때 뒤를 이은 노소공魯昭公이 이를 취소하자 군자들은 그가 복고復古를 크게 이뤘다고 평했습니다. 3군을 취소하지 않는 것이 백성에게 커다란 해가 되기 때문입니다. 지금 이오로伊吾盧|신강성 하미현의 전역戰役 병사와 누란樓蘭에 있는 둔병屯兵 모두 오랫동안 귀향하지 못하고 있습니다. 이는 하늘의 뜻이 아닙니다."

황제가 이를 좇았다.

2) 1월 23일, 조서를 내렸다.

"2천석의 관원들은 백성들의 농상農桑을 힘써 권하도록 하라. 죄가 사형에 해당하지 않으면 가을까지 기다렸다가 조사하도록 하라. 유사有司는 관원을 선발하거나 천거하는 선거選擧를 밝고 신중하게 처리하고, 유량柔良한 자를 진출시키고, 탐활貪猾한 자를 물리치고, 시령時令을 좇아 억울한 옥살이인 원옥冤獄이 없도록 잘 처리하도록 하라."

이때 한명제의 영평永平 당시 고사故事를 이어받아 관원들의 정사인 이정吏政이 엄절嚴切한 것을 숭상했다. 상서尚書가 일을 결정할 때 대부분 중벌을 내리는 쪽에 가까웠다. 상서인 패국沛國 출신 진총陳寵은 황제가 새로 즉위한 까닭에 의당 전세前世의 가혹한 관행을 바꿔야 한다고 생각해 상소했다.

"신이 듣건대, '선왕先王의 정사는 상을 주되 도를 지나치지 않는 상불참賞不僭, 형을 내리되 마구 남용하지 않는 형불람刑不濫의 모습을 보여

르는 것인가? 완공되기 전에는 지명에 따라 낭대라고 불렸고, 완공된 뒤에는 천대라고 불렸다. 천대를 허문 일을 어째서 기록한 것인가? 책망한 것이다. 어째서 이를 책망한 것인가? 앞서 노장공은 천대를 세워 책망을 받았고, 이번에 노문공은 천대를 헐어 책망을 받은 것이다. 선조가 이미 세워놓은 것을 자기 손으로 허물었으니, 차라리 그대로 두는 것만 못한 결과가 됐기 때문이다."라고 했다.

야 한다. 만일 불행히 잘못 처리될 경우라도 차라리 상을 분에 넘치게 줄지언정 형벌을 남용하지 말아야 한다'[77]고 했습니다. 옛날에는 단옥斷獄을 엄명하게 했습니다. 위엄으로 간특姦慝을 징계하려는 취지였습니다. 간특이 제거된 뒤에는 반드시 관정寬政으로 구제해야만 합니다. 폐하는 즉위 후 이런 뜻을 갖고 여러 신료들에게 자주 조서를 내림으로써 온화한 방안을 널리 숭상했습니다. 그러나 유사有司들은 아직도 이를 제대로 받들어 잇지 못하고, 오히려 심각深刻한 것을 숭상하고 있습니다. 옥사를 결정하는 단옥斷獄의 담당자가 태장을 때리는 방격笞格으로 가혹하고 매운 고통인 혹렬지통酷烈之痛을 안겨주는 일을 급히 서두르는 게 그렇습니다. 법을 집행하는 집헌자執憲者는 무함하며 속이는 저기詆欺와 마구 남용하는 방람放濫의 조문을 마구 끌어들이는 데 골몰하고, 공사公事를 가장하며 사리를 꾀하는 인공행사因公行私를 통해 멋대로 위복威福을 만들고 있습니다. 무릇 위정爲政은 마치 금슬琴瑟을 조절하는 것과 같아 대현大弦을 너무 급하게 당기면 소현小弦이 끊어지게 됩니다. 폐하는 의당 선왕의 도를 융성하게 하고, 번가煩苛한 법을 탕척蕩滌하고, 몽둥이로 매를 맞는 추초箠楚를 경박輕薄하게 함으로써 군생群生을 구하고, 지덕至德을 널리 온전하게 베풀어 천심天心을 받들어야 합니다."

황제가 진총의 말을 심납深納했다. 매사를 관후寬厚하게 처리하기 위해 노력한 이유다.

---

77   원문은 '상불참상賞不僭賞, 형불람형刑不濫. 여기부득이與其不得已, 영참무람寧僭無濫'이다. 이는 『춘추좌전』「노양공 26년」조에서 인용한 것이다. 이에 따르면 채나라 대부인 공손 귀생歸生이 초나라 영윤 자목子木에게 말하기를, "나라를 잘 다스리는 사람은 상을 분에 넘게 주지 않고 형벌을 남용하지 않는다고 했습니다. 상을 분에 넘게 주면 상이 간사한 자인 음인淫人에게까지 미칠까 염려되고, 형벌을 남용하면 형벌이 선인善人에게까지 미칠까 염려됩니다. 만일 불행히 잘못 처리될 경우라도 차라리 상을 분에 넘기게 줄지언정 형벌을 남용하지 말고, 선인을 잃기보다는 차라리 음인을 이롭게 하십시오."라고 했다.

3) 주천酒泉 태수 단팽段彭 등의 군사가 유중柳中에 모여 차사車師를 치면서 교하성交河城 신강성 투르판현 서북쪽을 공격했다. 참수한 자가 3,800여 급級, 산 채로 포획한 자가 3,000여 명에 달했다. 북흉노가 놀라 달아났고, 차사가 다시 항복했다.

마침 기교위己校尉 관총關寵이 죽자 알자인 왕몽王蒙 등이 병사를 이끌고 돌아오려 했다. 무교위戊校尉 경공耿恭의 군리軍吏 범강范羌이 당시 그곳에 있다가 경공을 맞이할 것을 굳게 청했다. 제장들이 감히 전진하려고 하지 않자 마침내 군사 2,000명을 나눠 범강에게 준 뒤 산의 북쪽 길로 가서 경공을 맞이하게 했다. 1장丈이 넘는 대설大雪을 만나 군사들이 간신히 도착하게 됐다. 성 안에서는 밤중에 병마兵馬의 소리가 들리자 흉노가 온 것으로 생각해 크게 놀랐다. 범강이 멀리 대고 소리쳤다.

"나는 범강이오. 한나라에서 군사를 파견해 교위校尉를 맞이하게 했을 뿐이오."

성 안의 사람들이 모두 '만세'를 불렀다. 문을 연 뒤 서로 붙잡고 체읍涕泣했다. 다음날 마침내 이들은 서로 의지하며 모두 귀환했다. 흉노의 군사들이 이들을 뒤쫓아 온 까닭에 일면 싸우면서 일면 행군하는 바람에 이사吏士들이 평소 기곤饑困에 시달렸다.

소륵성疏勒城을 출발할 때는 아직 26명이 있었지만 길을 오는 도중 여럿이 죽는 바람에 3월에 옥문관玉門關에 이르렀을 때는 오직 13명만이 남았다. 옷과 신발인 의구衣屨가 뚫어지고 찢어지는 천결穿決의 상황이었고, 형용이 비쩍 마른 고고枯槁의 모습이었다. 중랑장 정중鄭眾이 경공 이하 여러 사람을 위해 세목洗沐을 권하고, 의관을 바꿔준 뒤 상주했다.

"경공이 적은 군사인 단병單兵으로 고성孤城을 지켰습니다. 북흉노 수만 명을 감당하며 몇 달을 버텨 해를 넘기는 연월유년連月逾年을 한 게 그렇습니다. 심력心力이 다 소진됐고, 산을 파서 우물을 만들고, 활을 삶아 양식으로 삼으면서도 앞뒤로 추로醜虜 수백에서 수천 명을 살상했고, 끝내 충용忠勇을 완수해 대한大漢의 치욕이 되지 않게 했습니다. 의당 뛰어난 작위를 내려 장수들을 격려해야 할 것입니다.”

경공이 낙양에 이르자 기도위騎都尉에 제수했다. 조서를 내려 무교위戊校尉와 기교위己校尉를 비롯해 도호관都護官을 폐지하도록 했다. 또 반초를 징환徵還했다. 반초가 막 출발해 돌아오려고 하자 소륵疏勒이 거국적으로 우공憂恐의 모습을 보였다. 그들의 도위都尉 여엄黎弇이 말했다.

“한나라 사자가 우리를 버리면 우리는 반드시 다시 구자龜茲에게 멸망을 당할 뿐이오. 실로 한나라 사자가 떠나는 것은 차마 보지 못하겠소.”

이어 칼로 스스로 목을 찔러 자경自剄했다. 반초가 돌아오다가 우전于闐에 이르자 왕후王侯 이하 모두가 호읍號泣했다.

“한나라 사자에게 의지하는 것이 마치 부모에게 의지하는 것과 같았으니 실로 가는 것은 불가합니다!”

서로 반초가 탄 말의 다리를 붙잡아 갈 수 없었다. 반초 역시 자신이 본래 뜻을 완수하기 위해 마침내 소륵으로 돌아갔다. 소륵에 있는 2개 성이 이미 구자에게 항복한 뒤 위두국尉頭國신강성 오십현과 연병連兵하고 있었다. 반초가 반란을 일으킨 자를 참하고, 위두국을 격파해 600여 명을 죽이자 소륵이 다시 안정됐다.

4) 3월 12일, 산양山陽산동성 금향현과 산평山平산동성 동평현에 지진이 났다.

5) 동평왕東平王 유창劉蒼이 3개 항의 건의사항인 편의삼사便宜三事를 올렸다. 황제가 회보했다.

“최근 이민吏民이 상주한 것 가운데 역시 그런 말이 있었소. 다만 나의 명지明智가 천단淺短해 혹자는 옳다고 말했다가 다시 생각해보니 잘못이라고 말해 어찌 정해야 할지 모르고 있었소. 이제 왕이 깊이 생각한 심책

深策을 얻게 되어 확실한 회연恢然의 모습으로 그 뜻이 해석되고, 뛰어난 계모嘉謀로 사유되니 차례로 봉행하도록 하겠소. 특별히 왕에게 500만 전을 내리도록 하겠소.”

이후 황제가 광무제의 원릉原陵과 한명제의 현절릉顯節陵이 있는 곳을 현읍縣邑으로 만들려고 했다. 유창이 상소해 간했다.

“가만히 보건대 광무황제는 몸소 검양儉約의 행동을 보여 시종始終의 구분을 깊이 살피고, 부지런히 간청하는 근근간간勤勤懇懇의 자세로 장례제도에 관해 언급했습니다. 효명황제孝明皇帝는 대효大孝의 자세로 이를 어기지 않고 뜻을 이어받아 준행遵行했습니다. 겸덕謙德의 아름다움이 더욱 창성하게 된 배경입니다. 신의 어리석은 생각으로는 능원에 딸린 읍을 만드는 관행은 진시황의 능묘를 여산에 만든 강포한 진나라 때부터 시작됐습니다. 옛 제도는 묘혈墓穴만 만들고 봉분封墳을 쌓지 않은 까닭에 구롱丘隴에 장사지내면서 봉분 등으로 저명著明하게 하지 않았습니다. 어찌 하물며 현읍과 도성 외곽의 큰 성인 부郛를 만들 수 있는 것입니까? 위로는 선제의 성심聖心을 어기는 것이고, 아래로는 무익無益한 작업을 하는 것입니다. 국용國用을 허비하고, 백성을 동요시킬 뿐입니다. 화기和氣를 만들고 풍년을 기원하는 자세가 아닙니다. 폐하는 순임금인 유우有虞의 지극한 성품을 좇아 조상인 조녜祖禰의 심사深思를 추모하도록 하십시오. 신 유창은 실로 광무제와 한명제가 보여준 순덕純德의 아름다움이 무궁無窮 속에서 창성하지 못할까 가슴이 아픕니다.”

황제가 이내 그만두었다. 이후 조정에서는 매번 의심되는 정책이 나올 때마다 역참을 통해 사자를 보내 자문諮問을 구했다. 유창이 모든 마음을 담은 실심悉心으로 대답한 까닭에 모두 납용納用됐다.

6) 가을 8월 20일, 천시天市 자리에 패성孛星이 나타났다.

7) 당초 익주益州의 서부도위西部都尉인 광한廣漢사천성 수영현 출신 정

순정純純은 정사를 처리하는 게 청결淸潔했고, 이적夷狄이나 맥족貊族에게 덕화를 시행해 군장君長들이 모두 감복해 사모하는 감모感慕를 하고, 진귀한 공물을 바치며 내부內附했다. 한명제는 이를 위해 영창군永昌郡을 설치한 뒤 정순을 태수로 삼았다. 정순은 관직에 10년 동안 있다가 졸卒했다. 이후에 온 자는 이적을 다독이며 순복시키는 무순撫循을 못했다.

9월, 애뢰哀牢운남성 애뢰산의 왕 유뢰類牢가 수령을 살해하고 반기를 든 뒤 박남博南운남성 영평현을 공격했다.

8) 부릉왕阜陵王 유연劉延이 자주 원망怨望의 마음을 품자 어떤 사람이 유연과 그의 아들이 역모를 꾀했다고 고변했다. 황상은 차마 주살할 수 없었다.

겨울 11월, 유연의 작위를 폄강貶降해 부릉왕에서 부릉후阜陵侯로 낮춘 후 1개 현을 식읍으로 내주었다. 이민吏民과는 교통하지 못하게 했다.

9) 북흉노의 고림온우독왕皋林溫禺犢王이 무리를 이끌고 돌아가 탁야산涿邪山에 거주했다. 남선우인 제28대 호야시축후제湖邪屍逐侯鞮 선우인 난제장樂提長이 변경에 있는 군郡 및 오환烏桓과 함께 이들을 격파했다. 이 해에 남부 지역에 대기근이 들었다. 조서를 내려 양식을 품급稟給하게 했다.

** 起柔兆困敦, 盡闕逢涒灘, 凡九年.

肅宗孝章皇帝建初元年

春, 正月, 詔兗·豫·徐三州稟贍饑民. 上問司徒鮑昱曰, "何以消復旱災?" 對曰, "陛下始踐天位, 雖有失得, 未能致異. 臣前為汝南太守, 典治楚事, 繫者千餘人, 恐未能盡當其罪. 夫大獄一起, 冤者過半. 又, 諸徙者骨肉離分, 孤魂不祀. 宜一切還諸徙家. 蠲除禁錮, 使死生獲所, 則和氣可致." 帝納其言. 校書郎楊終上疏曰, "間者北徵匈奴, 西開三十六國, 百姓頻年服役, 轉輸煩費. 愁困之民足以感動天地. 陛下宜留念省察."帝下其章, 第五倫亦同終議. 牟融·鮑昱皆以爲曰, "孝子無改父之道. 征伐匈奴, 屯戍西域, 先帝所建, 不宜迥異."終復上疏曰, "秦築長城, 功役繁興. 胡亥不革, 卒亡四海. 故孝元棄珠崖之郡, 光武絕西域之國, 不以介鱗易我衣裳. 魯文公毀泉臺, 『春秋』譏之曰, '先祖爲之而已毀之, 不如勿居而已'以其無妨害於民也. 襄公作三軍, 昭公舍之, 君子大其復古, 以爲不舍則有害於民也. 今伊吾之役, 樓蘭之屯兵久而未還, 非天意也."帝從之. 丙寅, 詔曰, "二千石勉勸農桑. 罪非殊死, 須秋案驗. 有司明愼選舉, 進柔良, 退貪猾, 順時令, 理冤獄."是時承永平故事, 吏政尚嚴切, 尚書決事, 率近於重. 尚書沛國陳寵以帝新即位, 宜改前世苛俗, 乃上疏曰, "臣聞先王之政, 賞不僭, 刑不濫. 與其不得已, 寧僭無濫. 往者斷獄嚴明, 所以威懲奸慝. 奸慝既平, 必宜濟之以寬. 陛下即位, 率由此義, 數詔群僚, 弘崇晏晏, 而有司未悉奉承, 猶尚深刻. 斷獄者急於筹格酷烈之痛, 執憲者煩於詆欺放濫之文, 或因公行私, 逞縱威福. 夫爲政猶張琴瑟, 大弦急者小弦絕. 陛下宜隆先王之道, 蕩滌煩苛之法, 輕薄箠楚以濟群生, 全廣至德以奉天心."帝深納寵言, 每事務於寬厚.

　酒泉太守段彭等兵會柳中, 擊車師, 攻交河城, 斬首三千八百級, 獲生口三千餘人. 北匈奴驚走, 車師復降. 會關寵已歿, 謁者王蒙等欲引兵還. 耿恭軍吏范羌, 時在軍中, 固請迎恭. 諸將不敢前, 乃分兵二千人與羌, 從山北迎恭, 遇大雪丈餘, 軍僅能至. 城中夜聞兵馬聲, 以爲虜來, 大驚. 羌遙呼曰, "我范羌也, 漢遣軍迎校尉耳."城中皆稱萬歲. 開門, 共相持涕泣. 明日, 遂相隨俱歸. 虜兵追之, 且戰且行. 吏士素饑困, 發疏勒時, 尚有二十六人, 隨路死沒, 三月至玉門,唯餘十三人, 衣屨穿決, 形容枯槁. 中郞將鄭眾為恭已下洗沐, 易衣冠, 上疏奏曰, "恭以單兵守孤城, 當匈奴數萬之眾, 連月逾年, 心力困盡, 鑿山為井, 煮弩為糧, 前後殺傷醜虜數百千計, 卒全忠勇, 不為大漢恥, 宜蒙顯爵, 以屬將帥." 恭至雒陽, 拜騎都尉. 詔悉罷戊·己校尉及都護官, 徵還班超. 超將發還, 疏勒舉國憂恐. 其都尉黎弇曰, "漢使棄我, 我必復為龜茲所滅耳, 誠不忍見漢使去." 因以刀自剄. 超還至于寘, 王侯以下皆號泣, 曰, "依漢使如父母, 誠不可去!" 互抱超馬腳不得行. 超亦欲遂其本志, 乃更還疏勒. 疏勒兩城已降龜茲, 而與尉頭連兵. 超捕斬反者, 擊破尉頭, 殺六百餘人, 疏勒復安.

甲寅, 山陽·山平地震.

東平王蒼上便宜三事. 帝報書曰, "間吏民奏事亦有此言, 但明智淺短, 或謂倘是, 復慮為非, 不知所定. 得王深策, 恢然意解. 思惟嘉謀, 以次奉行. 特賜王錢五百萬." 後帝欲為原陵·顯節陵起縣邑, 蒼上疏諫曰, "竊見光武皇帝躬履儉約之行, 深睹始終之分, 勤勤懇懇, 以葬制為言. 孝明皇帝大孝無違, 承奉遵行. 謙德之美, 於斯為盛. 臣愚以園邑之興, 始自強秦. 古者丘隴且不欲其著明, 豈況築郭邑·建都郛哉! 上違先帝聖心, 下造無益之功, 虛費國用, 動搖百姓, 非所以致和氣·祈豐年也. 陛下履有虞之至性, 追祖禰之深思, 臣蒼誠傷二帝純德之美不暢於無窮也." 帝乃止. 自是朝廷每有疑政, 輒驛使諮問, 蒼悉心以對, 皆見納用. 秋, 八月, 庚寅, 有星孛於天市.

初, 益州西部都尉廣漢鄭純, 為政清潔, 化行夷貊, 君長感慕, 皆奉珍內附. 明帝為之置永昌郡, 以純為太守. 純在官十年而卒, 後人不能撫循夷人. 九月, 哀牢王類牢殺守令反, 攻博南.

阜陵王延數懷怨望, 有告延與子男魴造逆謀者. 上不忍誅, 冬十一月, 貶延為阜陵侯, 食一縣, 不得與吏民通.

北匈奴皋林溫禺犢王將眾還居涿邪山, 南單于與邊郡及烏桓共擊
破之. 是歲, 南部大饑, 詔稟給之.

한장제 건초 2년(AD 77)

1) 봄 3월 8일, 이오로伊吾盧의 둔병屯兵을 철폐하자 흉노가 다시 군사
를 파견해 그곳을 지켰다.

2) 영창永昌운남성 보산현과 월수越嶲사천성 서창현 동남쪽, 익주益州운남성 진영현
등 3개 군郡의 병력과 곤명昆明에 사는 이족夷族인 노승鹵承 등이 애뢰왕
哀牢王 유뢰類牢를 박남博南에서 공격해 대파하고 그의 목을 베었다.

3) 여름 4월 22일, 조서를 내려 초왕 유영劉英과 회양왕 유연劉延의 모
반 사건에 연루돼 유배를 갔던 400여 가家를 돌아가게 했다.

4) 황상이 여러 외숙에게 작위를 내리고자 했으나 마태후가 허락하지
않았다. 마침 대한大旱을 만나니 이 일에 관해 말하는 자가 외척에게 봉
작을 하지 않은 탓이라고 했다. 유사有司가 구전舊典에 의거해 봉작을 청
하자 마태후가 조서를 내렸다,

"무릇 이 일에 관해 말하는 자는 모두 짐朕에게 아첨하여 복을 구하는
요복要福을 하는 자일 뿐이다. 옛날에 외척인 왕씨王氏 집안에서 5명의
제후가 같은 날에 책봉을 받은 적이 있었다. 황무黃霧가 사방을 꽉 메우
는 흉조만 있었을 뿐 단비가 내리는 주우澍雨의 길조로 이에 응했다는 얘
기를 들은 적이 없다. 무릇 외척들이 귀성貴盛하면 나라가 기울어져 넘어
지는 경복傾覆이 빚어지지 않는 것이 드물었다. 먼저 선제는 외숙을 막는
데 신중해 추기樞機의 자리에 앉히지 않았다. 또 이르기를, '나의 자식은
선제인 광무제의 자식과 같을 수 없다'고 했다. 지금 유사들은 어찌하여
마씨馬氏를 선제의 외척인 음씨陰氏와 비교하려 드는 것인가! 또 음위위

陰衛尉 음흥陰興은 천하 사람이 칭송했으나 궁에서 일하는 어자御者들이 그의 집 문앞에 이르자 급히 신발도 신지 않은 채 달려 나와 맞이했다. 이것이 춘추시대 말기 위衛나라의 현자인 거백옥蘧伯玉이 보여준 공경恭敬의 자세이다. 신양후新陽侯 음취陰就는 비록 강강剛強했지만 약간 실리失理를 한 바 있다. 그럼에도 그는 방략方略이 있고, 근거를 갖고 담론談論한 까닭에 한나라 조당에서는 그와 견줄 자가 없다. 또 원록정후原鹿貞侯 음식陰識은 용맹勇猛하고 성신誠信하다. 이들 3인은 천하 사람들이 손꼽는 신하들이다. 어찌 이들을 따라갈 수 있단 말인가! 마씨가 음씨를 좇아가는 것은 요원한 일이다. 나는 재주가 없고, 밤낮으로 큰 소리를 내지 못하는 숙야누식夙夜累息의 자세로 늘 선후先后인 음황후의 법을 훼손시킬까 두려워하고 있다. 모발毛髮만큼의 죄가 있을 지라도 나는 용서하지 못한다. 이런 말을 밤낮을 가리지 않고 하지만 친속들은 이를 범하는 것을 그치지 않고 있다. 대략 장례를 치르고 봉분을 만드는 치상기분治喪起墳의 시기까지 깨닫지 못할 것이다. 이는 내가 말해도 권위를 인정하지 않고 이목耳目을 틀어막은 탓이다. 나는 천하의 어미이다. 몸에 굵은 실로 짠 대련大練의 옷을 입고, 음식을 먹을 때 감미甘味를 구하지 않고, 주위 사람도 단지 백포帛布를 착용한 채 향훈香薰이 없는 장식을 달고 있는 것은 몸소 아랫사람들을 이끌기 위한 것이다. 친정 사람들이 이를 보면 의당 상심傷心하며 스스로 단속할 것으로 생각했으나 도리어 웃으며 말하기를, '태후는 평소 검소한 것을 좋아한다'고 했다. 전에 북궁의 근처 정원인 탁룡원濯龍園의 문을 지나가다 친정집에 와서 문안을 하는 자를 보았다. 수레는 유수流水처럼 윤기가 났고, 말은 물속에 노니는 유룡游龍처럼 아름다웠다. 창두倉頭는 녹색의 소창옷인 녹구綠褠를 입고 있었고, 옷깃과 소매인 영수領袖는 진한 백색이었다. 내 어자御者를 보니 한참 미치지 못했다. 그러나 나는 친속들을 견책하거나 화를 내지 않았고, 다만 매년 주

는 용품을 끊었을 뿐이다. 침묵으로 그들을 내심 부끄럽게 만들고자 했으나 오히려 해태懈怠하며 나라를 걱정하고 집안을 잊는 우국망가憂國忘家의 염려를 보이지 않았다. 신하를 알아보는 데는 군주만한 사람도 없는 법인데 하물며 친속의 경우이겠는가! 내가 어찌 위로는 선제의 뜻에 죄를 짓고, 아래로는 선친인 마원馬援이 남긴 덕을 훼손해 전한 때의 도성인 서경西京 즉 장안이 패망한 화를 다시금 이어받을 수 있겠는가!"

그러고는 고집스럽게 허락하지 않았다. 황제가 조서를 살펴보고는 비탄悲歎하며 다시 거듭 청하는 말을 했다.

"한나라가 일어난 뒤 외숙들을 봉후封侯한 것은 황자皇子를 왕으로 삼는 것과 같은 일입니다. 태후가 참으로 겸허해 어찌 신만이 유독 3명의 외숙에게 은혜를 베풀지 않을 수 있겠습니까? 또한 위위衛尉 마료馬廖는 연존年尊하고, 마방馬防과 마광馬光 등 두 교위校尉는 큰 병을 앓고 있습니다. 만일 사망을 하는 불위不諱의 일이 빚어지면 이는 신으로 하여금 뼈에 새기는 한인 각골지한刻骨之恨을 품게 하는 것입니다. 의당 길시吉時가 됐으니 이를 잡아두는 계류稽留는 불가합니다."

태후가 회답했다.

"내가 반복해 생각해 보았으나 이는 양쪽을 모두 좋게 하려는 것으로 어찌 헛되이 겸양의 명성을 얻기 위해 황제로 하여금 외숙에게 은혜를 베풀지 못하게 했다는 혐의를 받게 하려는 것이겠소! 옛날 한경제 때 두태후竇太后가 왕황후王皇后의 오라비에게 작위를 내리려고 하자 승상 조후條侯 주아부周亞父가 말하기를, '고조高祖는 약속하기를 군공軍功이 없으면 봉후할 수 없다'고 했소. 지금 마씨가 나라에 공도 세우지 못했는데 어찌 외척인 음려화陰麗華의 음씨陰氏와 곽성통郭聖通의 곽씨郭氏처럼 중흥中興을 한 시기의 황후와 같겠소! 늘 부귀한 집안을 보면 녹봉과 작위가 중첩重疊돼 있소. 마치 1년에 2번 열매를 맺는 과일 나무와 같으니 반드시 뿌리가 상하게 되어 있소. 또 사람들이 봉후를 원하는 것은 위로는 제사를 모시고, 아래로는 따뜻하고 배부른 온포溫飽를 구하는 것에 지나지 않소. 지금 제사는 태관太官에서 내려 주는 것을 받고 있고, 의식衣食은 어부御府에서 넉넉히 공급하고 있소. 이것으로 어찌 만족할 수 없고, 반드시 1개의 현縣을 얻으려고 하는 것이오! 나의 말은 이를 충분히 계산한 것이니 의심을 갖지 마시오. 무릇 지효至孝의 행동은 부모를 편히 모시는 게 최상이오.[78] 지금 자주 변이變異를 만나고 곡가穀價도 여러 배 올라 밤낮으로 우황憂惶으로 인해 앉거나 잘 때 편안치 못한 불안좌와不安坐臥의 상황이오. 이런 때에 외가 사람들에 대한 봉후를 먼저 하려는 것은 자애로운 어미의 간절한 마음인 권권拳拳을 어기는 것이오! 나는 평소 강급剛急하여 가슴 속에 기침을 하는 병이 있소. 숨을 고르게 하지 않으면 안 되오. 아들이 관례를 치르기 전에는 부모가 주관하고, 관례를 치른 후에는 성인이 된 까닭에 자식의 뜻을 좇는 법이오. 내가 지금 황제를 생각해 보건대 황상은 만인의 군주이고, 나는 아직 3년상을 넘기지 못하고 있소. 내 친정의 가족에 관한 일이므로 홀로 처리하려고 했던 이유요. 만일 음양이 조화를 이루고, 변경이 청정淸靜해지면 연후에 아들의 뜻대로 시행하도록 하시오. 나는 다만 사탕을 입에 문 채 손자들과 노는 함이농손含飴弄孫을 하며 다시는 정사에 관여하지 않을 것이오."

황제가 이내 외숙에 대한 봉후 계획을 중지했다.

---

78   원문은 '지효지행至孝之行, 안친위상安親爲上'이다. 호삼성은 주에서 전한 말기 양웅揚雄이 쓴 『법언法言』에 대한 주소注疏에서 효행으로는 부모를 안녕하게 하는 영친寧親보다 나은 게 없고, 영친은 조상의 신을 안녕하게 하는 영신寧神보다 나은 게 없고, 영신은 천하 인민의 환심을 얻는 것보다 나은 게 없다는 취지로 언급한 '효막대어영친孝莫大於寧親, 영친막대어영신寧親莫大于寧神, 영신막대어사표지환심寧神莫大於四表之驩心' 구절을 인용한 것이라고 했다.

마태후는 일찍이 삼보三輔에 조서를 내린 바 있다. 여러 마씨들과 혼인한 인척의 무리들 가운데 군현郡縣에 촉탁을 하거나 관원의 정사에 간여해 어지럽힌 자를 법대로 처리하라는 내용이었다. 마태후의 모친인 태부인太夫人을 장사지낼 때 봉분이 규정인 4장丈보다 약간 높았다. 태후가 이를 지적하려고 하자 오라비인 위위衛尉 마료 등이 즉시 높이를 감삭減削했다. 그 밖에 친족 가운데 겸손하고 평소 의로운 행동을 하는 자에게는 바로 따뜻한 말인 온언溫言을 해주고, 상으로 재위財位를 내렸다. 만일 실오라기 같은 흠이라도 있으면 먼저 엄각嚴恪한 안색을 내보인 뒤 견책을 내렸다.

이어 거복車服을 아름답게 하고 법도를 준수하지 않는 자가 있으면 바로 친족의 호적에서 끊어버리고, 전리田里로 귀향시켰다. 한장제의 동생인 광평왕廣平王 유선劉羨과 거록왕鉅鹿王 유공劉恭및 낙성왕樂成王 유당劉黨은 거기車騎가 박소樸素했고, 금은으로 장식한 게 없었다. 황제가 이를 마태후에게 말하자 즉시 각각 500만 전을 하사했다. 안팎이 모두 이런 덕화를 좇아 입는 옷이 똑같았다. 모든 집안이 황공하게 생각하는 마음이 한명제의 영평永平 때보다 배나 더했다. 또한 직실織室을 설치하고, 탁룡원濯龍園에서 누에를 치게 한 뒤 자주 가서 살펴보는 것을 오락으로 삼았다. 늘 황제와 더불어 조석으로 도道와 정사에 관해 토론했다. 성년이 되지 않은 제왕諸王인 소왕小王에게 『논어』 등의 경서를 가르쳤다. 자신의 삶을 술서述敍하며 종일토록 옹화雍和하게 생활했다.

위위 마료는 미업美業이 좋은 결과를 얻지 못할까 우려한 나머지 상소해 덕정의 실현을 권했다.

"옛날 한원제는 황제와 궁궐의 의복 제공을 담당한 삼복관三服官을 철폐했고, 한성제는 세탁한 옷을 입었고, 한애제는 악부樂府를 없앴습니다. 그러나 사치에 사용하는 비용인 치비侈費가 그치지 않아 결국 쇠란衰亂

에 이르렀습니다. 이는 백성들이 실천하는 것을 보고 좇지, 말을 듣고 좇지 않기 때문입니다. 무릇 정사를 고치고 풍속을 바꾸는 개정이풍改政移風은 반드시 근본을 갖고 있어야 합니다. 『전傳』에 이르기를, '오왕吳王 합려闔廬가 검객을 좋아하자 백성들 가운데 창상創傷의 흉터인 창반創瘢이 많아졌고. 초영왕楚靈王이 세요細腰를 좋아하자 궁중에 아사餓死한 자가 많아졌다'[79]고 했습니다. 장안에서도 말하기를, '성 안에서 상투를 높게 트는 고결高結을 좋아하면 각 지역인 사방에서는 상투 높이를 1척이나 되게 하고, 넓은 눈썹인 광미廣眉를 좋아하면 사방에서는 눈썹을 얼굴의 절반 가까이 그리고, 큰 소매인 대수大袖를 좋아하면 사방에서는 소매를 1필이나 되는 포백布帛으로 만든다'고 했습니다. 이 말은 희언戲言처럼 들리지만 실제 사실입니다. 앞서 제도制度를 내려보낸 지 얼마 안 됐는데도 이미 조금씩 실천을 하지 않고 있습니다. 비록 일부 관원이 법을 제대로 받들지 않은 탓도 있지만 사실 경사에서 태만이 시작된 것입니다. 지금 폐하는 평소 절검하여 안거安居하고 있습니다. 이는 스스로 뛰어난 성품인 성성聖性에서 비롯된 것입니다. 실로 이 일이 끝까지 지속되면 천하가 그 은덕을 칭송하고, 그 명성이 천지를 훈도薰陶하고, 이내 신명神明과도 통할 것입니다. 하물며 법령을 실천하는 경우이겠습니까?"

태후가 이를 깊이 받아들였다.

5) 당초 안이현安夷縣[청해성 낙도현 서쪽]의 관원이 비남卑湳 부락에 사는 강족羌族의 부인을 약탈해 자신의 처로 삼았다. 관원이 그 여인의 강족 남편에게 살해되자 안이현의 현장 종연宗延이 그를 추격해 출새出塞했다. 그 종족들은 주살을 당할까 두려운 나머지 마침내 함께 종연을 살해한

---

79   원문은 '오왕호검객吳王好劍客, 백성다창반百姓多創瘢. 초황호세요楚王好細腰, 궁중다아사宮中多餓死'이다. 순열荀悅의 『한기漢紀』 구절에서 인용한 것이다.

뒤 늑저勒姐 및 오량吾良 두 종족과 서로 결탁해 침구侵寇했다.

이에 소당燒當 부락의 강족 우두머리인 전오滇吾의 아들 미오迷吾가 종족을 이끌고 함께 난을 일으킨 뒤 금성金城감숙성 난주시 태수 학숭郝崇을 패퇴시켰다. 조서를 내려 무위武威감숙성 무위현 태수인 북지北地영하성 영무현 출신 부육傅育을 호강교위護羌校尉로 삼은 뒤 안이에서 임강臨羌청해성 황원현으로 옮겨 주둔하게 했다. 미오 또한 봉양종封養種의 우두머리 포교布橋 등과 함께 5만 명의 무리를 이끌고 함께 농서隴西감숙성 임조현와 한양漢陽감숙성 감곡현을 침구했다.

가을 8월, 행거기장군行車騎將軍 마방馬防과 외지 사람들로 구성된 부대의 지휘관인 장수교위長水校尉 경공耿恭을 파견했다. 이때 북군北軍의 8교校 가운데 월기와 둔기, 보병, 장수, 사성교위 등 5교五校의 병사와 여러 군郡의 활 쏘는 일을 담당한 병사인 사사射士 3만 명을 이끌고 그들을 치게 했다. 제오륜第五倫이 상소했다.

"신은 어리석으나 귀한 친척을 봉후해 부유하게 해줄 수는 있으나 임무를 맡겨 일을 하도록 하는 것은 부당하다고 봅니다. 왜 그렇겠습니까? 법을 가지고 그들을 옭아 넣으면 베푼 은혜를 상하게 할 것이고, 황제와 친하다는 이유로 사사로이 처리하면 나라의 법도를 어기게 됩니다. 엎드려 듣는 복문伏聞을 하건대 마방은 지금 서정西征에 나섰다고 합니다. 신이 보건대 마태후의 은인恩仁과 폐하의 지효至孝에 문득 섬개纖介의 허물이라도 생기면 속으로 아끼는 자이기에 제대로 처리하기 어려울까 걱정입니다."

황제가 좇지 않았다.

마방 등의 군사가 기주冀州감숙성 감곡현에 도착하자 포교布橋 등이 남부도위南部都尉를 임도臨洮감숙성 민현에서 포위하고 있었다. 마방이 진격해 그들을 격파하고 4,000여 급을 참수했다. 마침내 임도의 포위를 풀 수 있었다. 그 무리는 모두 항복했으나 오직 포교 등 2만여 명은 망곡곡望曲谷 감숙성 민현 서남쪽에 주둔해 함락시키지 못했다.

6) 12월 6일, 패성이 제왕의 거처로 상징되는 자궁紫宮 즉 자미원紫微 垣에 나타났다.

7) 황제가 두훈竇勳의 딸을 귀인으로 받아들여 총애했다. 귀인의 모친 은 바로 동해공왕東海恭王의 딸인 비양공주沘陽公主로 황제인 한장제의 고모였다.

8) 제오륜이 상소했다.

"광무황제는 왕망의 뒤를 이었기에 자못 엄맹嚴猛으로 정치를 했습니 다. 후대는 그 덕분에 마침내 풍화風化를 이루게 됐습니다. 군국郡國이 천 거하는 자는 대부분 사무를 처리하는 속리俗吏이고, 특히 너그럽고 폭 넓게 뽑혀 위에서 요구하는 일에 응할 수 있는 자는 아니었습니다. 진류陳 留하남성 진류현 현령 유예劉豫와 관군冠軍하남성 등현 현령 사협駟協은 나란히 각박한 모습으로 힘써 엄하고 고생스럽게 일을 처리해 이민吏民 가운데 그에 대해 수원愁怨을 하며 미워하지 않는 자가 없습니다. 그러나 오늘날 이를 논의하는 자들이 도리어 능력 있는 자로 생각하고 있으니, 이는 천 심을 어기고, 경전의 뜻인 경의經義를 잃는 것입니다. 응당 유예와 사협에 게 죄를 주어야 할 뿐만 아니라 그들이 천거한 자들도 견책해야 할 것입 니다. 힘써 인현仁賢의 인물을 진급시켜 시정時政을 맡겨야 할 것입니다. 불과 몇 사람만 있어도 풍속이 절로 교화될 것입니다. 신은 일찍이 서책 에 기록된 것을 읽었습니다. 진秦나라는 혹급酷急하게 일을 처리하는 바 람에 패망하고 말았습니다. 또 왕망 역시 가혹한 법으로 자멸하는 것을 목견目見했습니다. 부지런히 간청하는 근근간간勤勤懇懇의 자세로 언급 하는 이유가 바로 여기에 있습니다. 또 듣건대 제왕諸王과 공주 및 귀척貴 戚들이 교사驕奢한 모습으로 제도와 규정을 뛰어넘는다고 합니다. 경사

에서도 오히려 이러하면 어떻게 먼 곳의 사람들에게 모범을 보여줄 수 있
겠습니까? 『논어』에 이르기를, '그 자신이 부정不正하면 비록 명을 내려도
시행되지 않는다'[80]고 했습니다. 자신의 몸으로 가르치면 좇지만 말만으
로 가르치려 들면 논쟁만 일으킬 뿐 좇지 않습니다."

　　황상이 훌륭한 말이라고 여겼다. 제오륜은 비록 천성이 엄격하고 정직
한 초직峭直의 모습을 보였으나 늘 속리俗吏의 가혹한 태도를 질시했다.
논의할 때마다 매번 관후寬厚한 정사를 펼쳐야 한다고 주장한 이유다.

＊ 肅宗孝章皇帝建初二年

春, 三月, 甲辰, 罷伊吾盧屯兵, 匈奴復遣兵守其地.

永昌·越雟·益州三郡兵及昆明夷鹵承等, 擊哀牢王類牢於博南, 大
破, 斬之.

夏, 四月, 戊子, 詔還坐楚·淮陽事徙者四百餘家.

上欲封爵諸舅, 太后不聽. 會大旱, 言事者以爲不封外戚之故, 有
司請依舊典. 太后詔曰, "凡言事者, 皆欲媚朕以要福耳. 昔王氏五侯
同日俱封, 黃霧四塞, 不聞澍雨之應. 夫外戚貴盛, 鮮不傾覆. 故先
帝防慎舅氏, 不令在樞機之位, 又言'我子不當與先帝子等', 今有司
奈何欲以馬氏比陰氏乎! 且陰衛尉, 天下稱之, 省中御者至門, 出不
及履, 此蘧伯玉之敬也. 新陽侯雖剛強, 微失理, 然有方略, 據地談
論, 一朝無雙. 原鹿貞侯, 勇猛誠信. 此三人者, 天下選臣, 豈可及哉
! 馬氏不及陰氏遠矣. 吾不才, 夙夜累息, 常恐虧先后之法, 有毛髮

80　　원문은 '기신부정其身不正, 수령불행雖令不行'이다. 『논어』「자로」에서 공자가 위
　　정자의 몸이 바르면 명하지 않아도 행해지나, 몸이 바르지 못하면 비록 명할지라도 백성들
　　이 따르지 않는다는 취지로 언급한 '기신정其身正, 불령이행不令而行. 기신부정其身不
　　正, 수령부종雖令不從' 구절에서 인용한 것이다.

之罪吾不釋, 言之不舍晝夜, 而親屬犯之不止, 治喪起墳, 又不時覺, 是吾言之不立而耳目之塞也.

吾為天下母, 而身服大練, 食不求甘, 左右但著帛布, 無香薰之飾者, 欲身率下也. 以為外親見之, 當傷心自敕, 但笑言'太后素好儉' 前過濯龍門上, 見外家問起居者, 車如流水, 馬如游龍, 倉頭衣綠褠, 領袖正白, 顧視御者, 不及遠矣. 故不加譴怒, 但絕歲用而已, 冀以默愧其心, 猶懈怠無憂國忘家之慮. 知臣莫若君, 況親屬乎! 吾豈可上負先帝之旨, 下虧先人之德, 重襲西京敗亡之禍哉!" 固不許. 帝省詔悲歎, 復重請曰, "漢興, 舅氏之封侯, 猶皇子之為王也. 太后誠存謙虛, 奈何令臣獨不加恩三舅乎! 且衛尉年尊, 兩校尉有大病, 如令不諱, 使臣長抱刻骨之恨. 宜及吉時, 不可稽留." 太后報曰, "吾反覆念之, 思令兩善, 豈徒欲獲謙讓之名而使帝受不外施之嫌哉! 昔竇太后欲封王皇后之兄, 丞相條侯言, '高祖約, 無軍功不侯' 今馬氏無功於國, 豈得與陰·郭中興之后等邪! 常觀富貴之家, 祿位重疊, 猶再實之木, 其根必傷. 且人所以願封侯者, 欲上奉祭祀, 不求溫飽耳. 今祭祀則受太官之賜, 衣食則蒙御府餘資, 斯豈不可足, 而必當得一縣乎! 吾計之孰矣, 勿有疑也. 夫至孝之行, 安親為上. 今數遭變異, 穀價數倍, 憂惶晝夜, 不安坐臥, 而欲先營外家之封, 違慈母之拳拳乎! 吾素剛急, 有胸中氣, 不可不順也. 子之未冠, 由於父母, 已冠成人, 則行子之志. 念帝, 人君也. 吾以未逾三年之故, 自吾家族, 故得專之. 若陰陽調和, 邊境清靜, 然後行子之志. 吾但當含飴弄孫, 不能復關政矣." 上乃止.

太后嘗詔三輔. 諸馬昏親有屬托郡縣·干亂吏治者, 以法聞. 太夫人葬起墳微高, 太后以為言, 兄衛尉廖等即時減削. 其外親有謙素義行者, 輒假借溫言, 賞以財位. 如有纖介, 則先見嚴恪之色, 然後加譴. 其美車服·不尊法度者, 便絕屬籍, 遣歸田里. 廣平·鉅鹿·樂成王, 車騎樸素, 無金銀之飾, 帝以白太后, 即賜錢各五百萬. 於是內外從化, 被服如一. 諸家惶恐, 倍于永平時. 置織室, 蠶於濯龍中, 數往觀視, 以為娛樂. 常與帝旦夕言道政事, 及教授小王『論語』經書, 述敍平生, 雍和終日.

馬廖慮美業難終, 上疏勸成德政曰, "昔元帝罷服官, 成帝御浣衣, 哀帝去樂府, 然而侈費不息, 至於衰亂者, 百姓從行不從言也. 夫改政移風, 必有其本. 『傳』曰, '吳王好劍客, 百姓多創瘢. 楚王好細腰, 宮中多餓死' 長安語曰, '城中好高結, 四方高一尺. 城中好廣眉, 四方且半額. 城中好大袖, 四方全匹帛' 斯言如戲, 有切事實. 前下制度未幾, 後稍不行, 雖或吏不奉法, 良由慢起京師. 今陛下素簡所安, 發自聖性, 誠令斯事一竟, 則四海誦德, 聲薰天地, 神明可通, 況於行令乎!" 太后深納之.

初, 安夷縣吏略妻卑湳種羌人婦, 吏為其夫所殺, 安夷長宗延追之出塞. 種人恐見誅, 遂共殺延而與勒姐·吾良二種相結為寇. 於是燒當羌豪滇吾之子迷吾率諸種俱反, 敗金城太守郝崇. 詔以武威太守北地傅育為護羌校尉, 自安夷徙居臨羌. 迷吾又與封養種豪布橋等五萬餘人共寇隴西·漢陽. 秋, 八月, 遣行車騎將軍馬防·長水校尉耿恭將北軍五校兵及諸郡射士三萬人擊之. 第五倫上疏曰, "臣愚以為貴戚可封侯以富之, 不當任以職事. 何者? 繩以法則傷恩, 私以親則違憲. 伏聞馬防今當西征, 臣以太后恩仁, 陛下至孝, 恐卒有纖介, 難為意愛." 帝不從. 馬防等軍到冀, 布橋等圍南部都尉於臨洮, 防進擊, 破之, 斬首虜四千餘人, 遂解臨洮圍. 其眾皆降, 唯布橋等二萬餘人屯望曲谷不下.

十二月, 戊寅, 有星孛於紫宮.

帝納竇勳女為貴人, 有寵. 貴人母, 即東海恭王女沘陽公主也.

第五倫上疏曰, "光武承王莽之餘, 頗以嚴猛為政, 後代因之, 遂成風化. 郡國所舉, 類多辦職俗吏, 殊未有寬博之選以應上求者也. 陳留令劉豫, 冠軍令駟協, 并以刻薄之姿, 務為嚴苦, 吏民愁怨, 莫不疾之. 而今之議者反以為能, 違天心, 失經義. 非徒應坐豫·協, 亦宜譴舉者. 務進仁賢以任時政, 不過數人, 則風俗自化矣. 臣嘗讀書記, 知秦以酷急亡國, 又目見王莽亦以苛法自滅, 故勤勤懇懇, 實在於此. 又聞諸王·主·貴戚, 驕奢逾制, 京師尚然, 何以示遠! 故曰, '其身不正, 雖令不行'以身教者從, 以言教者訟."上善之. 倫雖天性峭直, 然常疾俗吏苛刻, 論議每依寬厚云.

한장제 건초 3년(AD 78)

1) 봄 정월 17일, 황실의 회당인 명당明堂에서 종실에 대한 제사인 종사宗祀를 올리고, 황실의 천문대인 영대靈臺에 올라 천하에 사면령을 내렸다.

2) 마방이 포교布橋를 쳐 대파했다. 포교가 종족 1만여 명을 이끌고 항복했다. 조서를 내려 마방을 불러 환군하게 하고, 경공을 남겨 두어 나머지 미복자未服者들을 공격하게 했다. 참수된 자가 1,000여 급에 달했다. 늑저勒姐와 소하燒何 등 13개 종족 수만 명이 모두 경공에게 와서 항복했다.

경공은 일찍이 상주문 등의 언사言事로 마방을 거슬리게 한 적이 있다. 병영을 감독하는 알자가 경공의 뜻을 이어받는 승지承旨의 취지로 경공이 군사에 관해 관심을 기울이지 않는다고 상주했다. 이 일로 하옥됐다가 면관됐다.

3) 3월 2일, 귀인 두씨竇氏를 황후로 삼았다.

4) 당초 현종顯宗인 한명제 때 호타하滹沱河산서성과 하북성 경계와 석구하
石臼河하북성 당현 동북쪽를 수리해 도려都慮에서 양장창羊腸倉산서성 교성현 동북
쪽까지 조운으로 연결하려 했다. 태원太原산서성 태원시의 이민吏民이 고역苦
役으로 인해 몇 해를 계속해도 성과가 없었고, 죽은 자만도 헤아릴 수 없
을 정도로 많았다.

황제가 낭중郎中 등훈鄧訓을 알자로 삼아 그 일을 감독 관리하게 했
다. 등훈이 자세히 실측하여 조사하는 고량은괄考量隱括을 통해 공사 완
공이 어렵다는 것을 알고는 모든 것을 자세히 구비해 상언했다.

여름 4월 9일, 조서를 내려 공사를 그치고, 다시 노새가 끄는 수레를
사용하도록 했다. 1년 동안 절감한 공사비가 억만 전을 헤아렸다. 덕분에
공사에 종사했던 사람 수천 명을 모두 살리게 됐다. 등훈은 등우鄧禹의
아들이다.

5) 윤4월, 서역가사마西域假司馬[81] 반초班超가 소륵疏勒과 강거康居, 우
전于寘, 구미拘彌의 병사 1만여 명을 이끌고 고묵姑墨신강성 온숙현의 석성石
城을 공격해 격파했다. 참수한 자가 700여 급에 달했다.

6) 겨울 12월 11일, 마방을 거기장군車騎將軍으로 삼았다.

7) 무릉武陵호남성 상덕시에 사는 누중漊中 부락의 만족蠻族이 반란을 일
으켰다.

8) 이 해에 유사가 상주해 광평왕廣平王 유선劉羨과 거록왕鉅鹿王 유
공劉恭, 낙성왕樂成王 유당劉黨에게 모두 봉국으로 돌아가는 취국就國의
조치를 내리도록 청했다. 황상은 이들을 독애篤愛하는 성품으로 인해 차

---

81   반초班超는 한명제 영평 16년인 73년에 가직假職인 가사마假司馬에서 군사마軍
司馬로 승진한 바 있다. 부관에 해당하는 서역가사마西域假司馬의 기록은 착오로 보인
다.

마 이들 제왕諸王과 괴리乖離하지 못하고, 마침내 모두 경사에 머물게
했다.

* 肅宗孝章皇帝建初三年

春, 正月, 己酉, 宗祀明堂, 登靈臺, 赦天下.

馬防擊布橋, 大破之, 布橋將種人萬餘降, 詔徵防還. 留耿恭擊諸
未服者, 斬首虜千餘人, 勒姐·燒何等十三種數萬人, 皆詣恭降. 恭嘗
以言事忤馬防, 監營謁者承旨, 奏恭不憂軍事, 坐徵下獄, 免官.

三月, 癸巳, 立貴人竇氏為皇后.

初, 顯宗之世, 治虖沱·石臼河, 從都慮至羊腸倉, 欲令通漕. 太原
吏民苦役, 連年無成, 死者不可勝算. 帝以郎中鄧訓為謁者, 監領其
事. 訓考量隱括, 知其難成, 具以上言. 夏, 四月, 己巳, 詔罷其役,
更用驢輦, 歲省費億萬計, 全活徒士數千人. 訓, 禹之子也.

閏月, 西域假司馬班超率疏勒·康居·于寘·拘彌兵一萬人攻姑墨石
城, 破之, 斬首七百級.

冬, 十二月, 丁酉, 以馬防為車騎將軍.

武陵漊中蠻反.

是歲, 有司奏遣廣平王羨·鉅鹿王恭·樂成王黨俱就國. 上性篤愛,
不忍與諸王乖離, 遂皆留京師.

한장제 건초 4년(AD 79)

1) 봄 2월 5일, 태위 모융牟融이 훙거薨去했다.

2) 여름 4월 4일, 황자皇子 유경劉慶을 태자로 삼았다.

3) 4월 5일, 거록왕 유공을 강릉왕江陵王, 여남왕汝南王 유창劉暢을 양
왕梁王, 상산왕常山王 유병劉昞을 회양왕淮陽王으로 개봉改封했다.

4) 4월 7일, 황자 유항劉伉을 천승왕千乘王, 유전劉全을 평춘왕平春王
으로 삼았다.

5) 유사가 연이어 구전舊典에 의거해 황제의 여러 외숙에 대한 책봉을
청했다. 황제는 천하에 풍년이 들고, 바야흐로 사방의 변경이 무사한 점
을 들어 4월 19일에 마침내 위위衛尉 마료馬廖를 순양후順陽侯, 거기장군
마당馬防을 영양후穎陽侯, 집금오執金吾 마광馬光을 허후許侯로 삼았다.
마태후가 이 얘기를 듣고 이같이 말했다.

"나는 소장少壯 때 다만 죽백竹帛에 기록되기를 사모했을 뿐 수명의 장
단은 고려하지 않았다. 지금 비록 이미 늙었으나 오히려 이런 것을 경계하
며 살고 있다. 밤낮으로 두려워하는 척려惕厲와 스스로 깎아내리는 강손
降損을 생각하며 이 길로 달려가 선제에게 죄를 짓지 않기를 바랐다. 나의
형제들을 교화하고 이끌며 함께 이런 뜻을 같이하고, 눈을 감는 날인 명
목지일瞑目之日까지 다시는 한스러운 일을 겪지 않기를 바란 이유다. 그런
데 어찌 늙은이의 뜻이 다시 이뤄지지 못할 것이라고 생각했겠는가! 죽은
뒤인 만년지일萬年之日에도 장한長恨을 품게 됐구나!"

마료 등이 나란히 사양하면서 관내후關內侯가 되고자 했으나 황제가
허락하지 않았다. 마료 등이 부득이 봉작을 받은 뒤 상서해 작위를 사양
하는 사위辭位를 했다. 황제가 허락했다.

5월 2일, 마방과 마료, 마광이 특진特進이 되어 관직을 사관辭官한 뒤
저택으로 돌아가는 취제就第를 했다.

6) 5월 20일, 사도 포욱鮑昱을 태위, 남양南陽 태수 환우桓虞를 사도로
삼았다.

7) 6월 30일, 황태후 마씨馬氏가 붕어했다. 마태후는 소생이 없어 한명
제의 명을 좇아 가귀인賈貴人의 소생인 한장제를 양육했다. 황제는 오직
마씨를 외가로 생각한 까닭에 생모인 가귀인이 극위極位에 오르지 못했

고, 가씨賈氏의 친족 내에서 영총寵榮을 받은 자가 없었다. 마태후가 붕어하자 다만 가귀인에게 귀인이 패용하는 녹색의 인수인 녹수綠綬 대신 제후왕이 패용하는 적수赤綬를 내준 뒤 4필의 말이 이끄는 안거安車 1사一駟, 영항궁永巷宮에 궁인 200명, 어부御府의 잡백雜帛 2만 필, 대사농의 황금 1,000근斤과 동전 2천만 전을 덧붙여 주었을 뿐이다.

8) 가을 7월 9일, 시호가 명덕황후明德皇后로 정해진 마태후를 장사지냈다.

9) 교서랑校書郎 양종楊終이 건언建言했다.

"한선제漢宣帝는 널리 군유群儒를 징빙徵聘해 석거각石渠閣에서 『시경』과 『서경』, 『역경』, 『예기』, 『춘추』 등의 오경五經을 논정論定하도록 했습니다. 바야흐로 지금 천하에 큰 일이 없어 학자들이 그런 업적을 이룰 수 있는데도 자귀에 얽매이는 소인배인 장구지도章句之徒의 모습을 보이며 대체大體를 훼손하는 파환破環을 하고 있습니다. 의당 석거각의 고사를 흉내 내 영원히 후세에 전해줄 법칙을 세우도록 하십시오."

황제가 이를 좇았다.

겨울 11월 11일, 태상太常에게 조서를 내렸다.

"장군과 대부, 박사, 낭관을 비롯해 여러 유학자인 제유諸儒를 백호관白虎觀에 모아 오경五經의 동이同異를 의논하게 하라."

오관중랑장五官中郎將 위응魏應이 황제의 명을 받는 승제承製를 하여 묻고, 시중侍中 순우공淳于恭이 토론한 내용을 상주하고, 황제가 친히 임행臨幸하여 조령으로 결재했다. 이런 과정을 거쳐 만들어진 것이 바로 『백호의주白虎議奏』[82]이다. 명유名儒인 정홍丁鴻과 누망樓望, 성봉成封, 환

---

82   『백호의주白虎議奏』는 편찬 당시의 명칭이다. 통일된 명칭은 『백호통덕론白虎通德論』이었다. 이후 다시 반고로 하여금 당시의 논의를 정리해 『백호통의白虎通義』를 편

울桓鬱, 반고班固, 가규賈逵, 광평왕廣平王 유선劉羨 등이 모두 참여했다. 반고는 반초의 형이다.

春, 二月, 庚寅, 太尉牟融薨.

夏, 四月, 戊子, 立皇子慶為太子.

己丑, 徙鉅鹿王恭為江陵王, 汝南王暢為梁王, 常山王昺為淮陽王.

辛卯, 封皇子伉為千乘王, 全為平春王.

有司連據舊典, 請封諸舅. 帝以天下豐稔, 方垂無事, 癸卯, 遂封衛尉廖為順陽侯, 車騎將軍防為潁陽侯, 執金吾光為許侯. 太后聞之曰, "吾少壯時, 但慕竹帛, 志不顧命. 今雖已老, 猶戒之在得, 故日夜惕厲, 思自降損, 冀乘此道, 不負先帝. 所以化導兄弟, 共同斯志, 欲令瞑目之日, 無所復恨, 何意老志復不從哉! 萬年之日長恨矣!" 廖等幷辭讓, 願就關內侯, 帝不許. 廖等不得已受封爵而上書辭位, 帝許之. 五月, 丙辰, 防·廖·光皆以特進就第.

甲戌, 以司徒鮑昱為太尉, 南陽太守桓虞為司徒. 六月, 癸丑, 皇太后馬氏崩. 帝既為太后所養, 專以馬氏為外家, 故賈貴人不登極位, 賈氏親族無受寵榮者. 及太后崩, 但加貴人王赤綬, 安車一駟, 永巷宮人二百, 御府雜帛二萬匹, 大司農黃金千斤, 錢二千萬而已.

秋, 七月, 壬戌, 葬明德皇后.

찬하게 했다. 『백호의주』는 수당 때 사라졌고, 『백호통덕론』 역시 점차 사라져 존재하지 않게 됐다. 이후 약칭 『백호통白虎通』으로 불리는 『백호통의』 4권만 후대에 전하게 됐다. 『수서』「경적지經籍志」는 작자의 이름을 싣지 않은 채 6권이 남아 있다고 기록해 놓았다. 『신당서』「예문지」는 처음으로 반고의 이름을 언급하며 6권으로 기록해 놓았다.

校書郎楊終建言曰, "宣帝博徵群儒, 論定『五經』於石渠閣. 方今天下少事, 學者得成其業, 而章句之徒, 破壞大體. 宜如石渠故事, 永為後世則." 帝從之. 冬, 十一月, 壬戌, 詔太常曰, "將·大夫·博士·郎官及諸儒會白虎觀, 議『五經』同異." 使五官中郎將魏應承製問, 侍中淳于恭奏, 帝親稱制臨決, 作『白虎議奏』, 名儒丁鴻·樓望·成封·桓鬱·班固·賈逵及廣平王羨皆與焉. 固, 超之兄也.

한장제 건초 5년(AD 80)

1) 봄 2월 1일, 일식이 있었다. 조서를 내려 직언直言과 극간極諫을 할 수 있는 자를 천거하게 했다.

2) 형주荊州호북성과 호남성와 예주豫州하남성 제군諸郡의 군사들이 누중澧中호남성 자리현의 만족蠻族을 격파했다.

3) 여름 5월 3일, 조서를 내렸다.

"짐은 직사直士가 오기를 고대하며 정좌하여 기다릴 수 없을 정도로 급해 모로 앉는 측좌側席의 자세로 기다리며 색다른 견해인 이문異聞을 듣고자 했다. 먼저 도착한 자가 각자 속에 있는 불만을 토로하는 발분토만發憤吐懣을 하는 가운데 대략 대부들의 뜻을 들을 수 있었다. 모두 좌우에 두고 고문의 역할을 맡겨 성찰省察할 생각이었다. 광무제는 건무建武 연간에 조서를 내려 언급하기를, '요임금은 직무를 갖고 신하들을 시험했지 언어와 필찰筆札로 시험하지 않았다'고 한 바 있다. 지금 외관外官 자리가 대부분 비어 있다. 모두 그런 자리에 보임補任할 수 있을 것이다."

4) 5월 20일, 태부 조희趙熹가 훙거했다.

5) 반초가 서역을 끝까지 평정할 생각으로 상서해 청병請兵했다.

"신이 가만히 보건대 선제先帝인 한명제는 서역을 개척하려 했습니다. 북쪽으로 흉노를 치고, 서쪽으로 외국에 사자를 보내 선선鄯善과 우전于

賓을 즉시 귀화하게 한 게 그렇습니다. 지금 구미拘彌와 사차莎車, 소륵疏勒카슈가르, 월지月氏사마르칸트, 오손烏孫신강성 이녕시, 강거康居도 다시 귀부를 원해 함께 힘을 합쳐 구자龜玆를 파멸한 뒤 한나라로 통하는 길을 평탄하게 하고자 합니다. 만일 구자를 얻게 되면 서역의 미복자未服者는 100분의 1만 남게 될 뿐입니다. 전세前世에 논의하는 자들이 모두 말하기를, '36국을 빼앗는 것은 흉노의 오른쪽 어깨를 끊는 것'이라고 했습니다. 지금 서역의 제국諸國 가운데 해가 떨어지는 곳에 있는 나라로부터 우리 한나라를 향해 귀화하지 않는 나라가 없고, 대소국을 막론하고 흔흔欣欣해하며 공봉貢奉을 끊지 않고 있습니다. 오직 언기焉耆와 구자龜玆만이 유독 복종하지 않는 상황입니다. 신이 전에 관속 36명과 함께 명을 받들어 절역絶域에 사자로 간 바 있습니다. 여러 어려움인 간액艱厄을 만나면서 스스로 외롭게 소륵疏勒을 지킨 지 오늘까지 5년이 됐습니다. 그 사이 호이胡夷의 사정에 대해 자못 알게 된 바가 있습니다. 그들의 성곽은 대소 간에 물어보면 모두 한나라에 의지하는 것이 하늘에 의지하는 것과 같다고 대답했습니다. 이로써 검증하면 총령蔥嶺파미르고원으로 길을 통할 수 있고, 구자도 정벌할 수 있습니다. 지금 의당 구자에서 한나라에 인질로 보낸 시자侍子 백패白霸를 그 나라의 왕으로 삼고, 보기步騎 수백 명으로 그를 호송하면서 서역 제국과 연병連兵하면 몇 달 내인 세월지간歲月之間에 구자왕을 사로잡을 수 있습니다. 이는 이적夷狄으로 이적을 공격하는 이이공이以夷攻夷 계책으로 여러 계책 가운데 뛰어난 것입니다. 신이 보기에 사차와 소륵의 전지田地는 비옥하고 넓은 비광肥廣, 초목草牧 또한 풍요하고 넘치는 요연饒衍의 모습을 보이고 있습니다. 돈황과 선선과 비교가 되지 않습니다. 중원의 군사를 동원하지 않을 수 있고, 양식 또한 자족할 수 있습니다. 또한 고묵姑墨과 온숙溫宿의 두 왕은 특히 구자가 세운 사람으로, 이들은 그들과 같은 종족이 아니어서 또한 서로 싫어하며 고생을 시키는 염고厭苦를 하고 있습니다. 형세에 비춰 반드시 항복하는 자가 있을 것입니다. 만일 두 나라가 내항來降하면 구자는 스스로 격파될 것입니다. 원컨대 신이 올린 주장奏章에 관심을 보이고, 행사에 참고해 주면 실로 만의 하나 일이 생겨 죽을지라도 어찌 여한이 있을 수 있겠습니까? 신 반초는 구구區區히 특별하게도 신령의 도움을 입어 아직 쓰러지기 전에 가만히 서역이 평정돼 폐하가 만년에 걸친 축복을 비는 술잔인 만년지상萬年之觴을 들어 조묘祖廟에 공훈을 바치고, 천하에 대희大喜를 공포하는 것을 목견目見하고자 합니다."

상서가 올라가자 황제는 그가 공을 세울 것을 알고 그의 청병을 논의하게 했다. 평릉平陵섬서성 함양시 동북쪽 출신 서간徐幹이 상소해 온 몸을 떨쳐 반초를 돕고자 했다. 황제가 서간을 가사마假司馬로 삼은 뒤 형도刑徒와 의義를 좇아 종군하고자 하는 1,000명을 이끌고 반초에게 가도록 했다.

이에 앞서 사차는 한나라 군사가 출동하지 않을 것으로 여겨 드디어 구자에 항복했다. 소륵의 도위 반진番辰[83] 역시 배반했다. 서간이 적당한 때 도착하자 반초가 마침내 서간과 함께 반진을 쳐 대파하고 1,000여 급을 참수했다. 구자로 진공하는 과정에서 오손의 강력한 병력을 이용할 생각으로 이내 상언했다.

"오손은 대국입니다. 활을 쏠 수 있는 자가 10만 명에 달합니다. 한무제가 공주를 그의 처로 삼게 한 덕분에 한선제 때 그들을 이용할 수 있었습니다. 지금 사자를 보내 그들을 초위招慰함으로써 그들과 합력合力할 수 있게 해주십시오."

황제가 이를 받아들였다.

---

83   호삼성은 반진番辰의 반番을 '번'이 아닌 '반潘'의 뜻으로 읽어야 한다고 했다.

＊肅宗孝章皇帝建初五年

春, 二月, 庚辰朔, 日有食之. 詔擧直言極諫.

荊·豫諸郡兵討澧中蠻, 破之.

夏, 五月, 辛亥, 詔曰, "朕思遲直士, 側席異聞, 其先至者, 各已發憤吐懑, 略聞子大夫之志矣. 皆欲置於左右, 顧問省納. 建武詔書又曰, '堯試臣以職, 不直以言語筆札' 今外官多曠, 幷可以補任."

戊辰, 太傅趙熹薨.

班超欲遂平西域, 上疏請兵曰, "臣竊見先帝欲開西域, 故北擊匈奴, 西使外國, 鄯善·于寘即時向化, 今拘彌·莎車·疏勒·月氏·烏孫·康居復願歸附, 欲共幷力, 破滅龜茲, 平通漢道. 若得龜茲, 則西域未服者百分之一耳. 前世議者皆曰, '取三十六國, 號為斷匈奴右臂' 今西域諸國, 自日之所入, 莫不向化, 大小欣欣, 貢奉不絕, 唯焉耆·龜茲獨未服從. 臣前與官屬三十六人奉使絕域, 備遭艱厄, 自孤守疏勒, 於今五載, 胡夷情數, 臣頗識之, 問其城郭小大, 皆言倚漢與依天等. 以是效之, 則蔥嶺可通, 龜茲可伐. 今宜拜龜茲侍子白霸為其國王, 以步騎數百送之, 與諸國連兵, 歲月之間, 龜茲可禽. 以夷狄攻夷狄, 計之善者也. 臣見莎車·疏勒田地肥廣, 草牧饒衍, 不比敦煌·鄯善間也, 兵可不費中國而糧食自足. 且姑墨·溫宿二王, 特為龜茲所置, 既非其種, 更相厭苦, 其勢必有降者. 若二國來降, 則龜茲自破. 願下臣章, 參考行事, 誠有萬分, 死復何恨! 臣超區區特蒙神靈, 竊冀未便僵仆, 目見西域平定, 陛下舉萬年之觴, 薦勳祖廟, 布大喜於天下." 書奏, 帝知其功可成, 議欲給兵. 平陵徐幹上疏, 願奮身佐超, 帝以幹為假司馬, 將馳刑及義從千人就超. 先是莎車以為漢兵不出, 遂降於龜茲, 而疏勒都尉番辰亦叛. 會徐幹適至, 超遂與幹擊番辰, 大破之, 斬首千餘級. 欲進攻龜茲, 以烏孫兵強, 宜因其力,乃上言曰, "烏孫大國, 控弦十萬. 故武帝妻以公主, 至孝宣帝卒得其用. 今可遣使招慰, 與共合力." 帝納之.

한장제 건초 6년(AD 81)

1) 봄 2월 28일, 낭야효왕琅邪孝王 유경劉京이 훙거했다.

2) 여름 6월 15일, 태위 포욱鮑昱이 훙거했다.

3) 6월 30일, 일식이 있었다.

4) 가을 7월 22일, 대사농 등표鄧彪를 태위로 삼았다.

5) 무도武都 태수 염범廉范을 촉군蜀郡 사천성 성도시 태수로 삼았다. 성도成都는 백성과 물산인 민물民物이 풍성해 도시의 집들이 즐비하게 늘어선 핍측逼側의 모습을 보였다. 구제舊制에 따라 백성들이 밤중에 작업하는 것을 금해 화재를 막고자 했다. 그러나 서로 은폐하는 탓에 화재가 매일 이어졌다. 염범은 마침내 앞서 내렸던 법령을 훼삭毁削한 뒤 다만 소방용 물을 저장하는 저수儲水 규정만 엄히 지키도록 했다. 백성들이 편하다고 생각한 나머지 노래를 지어 자가 숙도叔度인 염범을 칭송했다.

염숙도가 이곳에 온 것이	廉叔度 염숙도
왜 이처럼 늦었단 말인가	來何暮 내하모
밤에 등화를 금치 않으니	不禁火 불금화
백성이 안심하고 일 하지	民安作 민안작
전엔 저고리도 없었는데	昔無襦 석무유
지금은 바지 다섯 벌이네	今五褲 금오고

6) 황제가 숙부인 패왕沛王 유보劉輔 등이 장차 입조하려고 하자 알자를 보내 담비 가죽옷인 초구貂裘와 태관太官에 있는 식물食物과 진과珍

果를 하사했다. 또한 빈객을 담당하는 대홍려大鴻臚 두고竇固에게 명해 지절持節의 자격을 교외로 나가 맞이하게 했다. 황제 역시 친히 각 왕부王府의 저택을 순시한 뒤 미리 휘장과 침상을 설치하게 하고, 전백錢帛과 기물器物 등이 충분치 않은 일이 없도록 조치했다.

* 肅宗孝章皇帝建初六年

春. 二月, 辛卯, 琅邪孝王京薨.

夏, 六月, 丙辰, 太尉鮑昱薨.

辛未晦, 日有食之.

秋, 七月, 癸巳, 以大司農鄧彪為太尉.

武都太守廉范遷蜀郡太守. 成都民物豐盛, 邑宇逼側, 舊制, 禁民夜作以防火災, 而更相隱蔽, 燒者日屬. 范乃毁削先令, 但嚴使儲水而已. 百姓以為便, 歌之曰, "廉叔度, 來何暮! 不禁火, 民安作. 昔無襦, 今五褲."

帝以沛王等將入朝, 遣謁者賜貂裘及太官食物·珍果, 又使大鴻臚竇固持節郊迎. 帝親自循行邸第, 豫設帷床, 其錢帛·器物無不充備.

한장제 건초 7년(AD 82)

1) 봄 정월, 패왕沛王 유보劉輔와 제남왕濟南王 유강劉康, 동평왕東平王 유창劉蒼, 중산왕中山王 유언劉焉, 동해왕東海王 유정劉政, 낭야왕琅邪王 유우劉宇가 내조했다. 조서를 내려 황제의 숙부인 패왕과 제남왕, 동평왕, 중산왕 등은 모두 조현할 때 이름을 부르지 않고 작위만 소개하는 찬배불명贊拜不名을 하고, 전각 위에 올라와 절하는 승전내배升殿乃拜를 하도록 했다. 황상이 친히 답례했다. 이들에 대한 총애와 영광이 빛나고 드러나는 총광영현寵光榮顯의 모습이 빚어졌다. 전에 있는 법도보다 더욱

예우한 것이다. 이들이 입궁할 때마다 번번이 연輦을 보내 영접했다. 성각省閣에 이르러서야 연에서 내렸다. 황상은 이들을 위해 자리에서 일어나 안색을 고쳤고, 황후는 안에서 친히 절을 했다. 이들 모두 국궁鞠躬의 자세로 사사辭謝하며 편안해하지 못했다.

3월, 대홍려 두고竇固가 이들을 귀국시키라고 청하자 황제는 특별히 동평왕 유창을 경사에 머물러 있게 했다.

2) 당초 명덕태후明德太后인 마태후가 황제를 위해 부풍扶風 출신 송양宋楊의 두 딸을 귀인貴人으로 삼았다. 큰 귀인이 태자 유경劉慶을 낳았다. 양송梁松의 동생 양송梁竦도 두 딸이 모두 귀인이 됐다. 작은 귀인이 황자 유조劉肇를 낳았다. 두황후竇皇后는 아들이 없어 유조를 기르면서 아들로 삼았다.

송귀인은 마태후의 총애를 입었다. 마태후가 죽자 두황후가 황제의 총애를 많이 받게 됐다. 두황후는 모친인 비양공주沘陽公主와 함께 태자의 생모인 송귀인을 모함謀陷했다. 밖으로는 형제들에게 송귀인의 실낱같은 잘못인 섬과纖過를 찾아내게 하고, 안으로는 어자御者에게 득실을 탐문하는 정사偵伺를 시킨 게 그렇다. 송귀인은 병이 나자 몸에 좋은 것으로 알려진 살아 있는 토끼인 생토生兎를 먹고 싶어 집안사람들에게 이를 구해오도록 했다. 두황후는 이를 이용해 엽승厭勝의 비술을 이용하려는 짓이라고 무함했다. 이를 계기로 태자를 태자궁에서 내보낸 뒤 궁내의 중장부中藏府 건물인 승록관承祿觀에 살게 했다.

여름 6월 18일, 조서를 내렸다.

"황태자는 실수하여 현혹되는 실혹失惑으로 인해 정상적인 성정을 지니지 못한 까닭에 종묘를 받들 수 없다. 대의를 위해 친족을 돌보지 않는 이른바 대의멸친大義滅親을 행해야 하는 상황에서 하물며 지위를 내려 물러나게 하는 강퇴降退의 경우이겠는가! 지금 유경을 폐위해 청하왕淸河

王으로 삼고, 황자 유조는 황후에 의해 보육保育돼 교훈을 받으며 품속에서 자란 승훈회임承訓懷袵을 한 까닭에 지금 유조를 황태자로 삼고자 한다.”

마침내 송귀인 자매를 쫓아내 궁내의 하급 관사인 병사丙舍에 두게 한 뒤 소황문小黃門 채륜蔡倫으로 하여금 그들을 감독하게 했다. 두 귀인 모두 독약을 먹고 자살했다. 그녀의 부친인 의랑議郎 송양宋楊도 면직돼 본군本郡으로 귀향했다.

당시 폐태자 유경은 비록 나이가 5세에 불과했으나 혐의를 피하고 화를 입는 것을 두려워하는 피혐외화避嫌畏禍을 꾀해 송씨에 관한 일을 감히 언급하지 않았다. 황제가 다시 그를 가련하게 생각해 두황후에게 명해 의복을 태자와 같게 하도록 조치했다. 태자 유조 역시 유경과 친하게 지내며 아껴주었다. 입궁하면 함께 방을 사용하고, 출궁할 때 함께 수레를 탄 게 그렇다.

3) 6월 23일, 광평왕廣平王 유선劉羨을 서평왕西平王으로 삼았다.

4) 가을 8월, 순한 술을 마시는 음주飮酎가 끝난 뒤 유사有司인 대홍려大鴻臚가 다시 상주해 동평왕 유창劉蒼을 귀국시킬 것을 청했다. 황제가 이내 허락했다. 직접 조서를 써 유창에게 내려주었다.

“골육骨肉은 천성天性이니 실로 원근에 따라 친소親疏가 달라질 수 없소. 그러나 자주 얼굴을 보게 되면 정이 옛날보다 깊을 것이오. 앙이 오래도록 수고한 것을 생각해 봉국으로 돌아가 휴식을 취하도록 해야 한다고 생각해 대홍려가 올린 주문奏文에 서명을 하려고 하니, 차마 하필下筆할 수가 없었소. 이제 조서를 소황문小黃門에게 전해주니 심중의 연연戀戀으로 인해 측연惻然히 말을 할 수조차 없소.”

이에 거가를 타고 나가 직접 길의 신에게 제사를 올리는 조도祖道를 행한 뒤 체류流涕하며 작별했다. 다시 동평왕에게 승여乘輿와 거마에 사용하는 용구인 복어服御를 비롯해 진보珍寶와 여마輿馬 및 전포錢布 등을 하사했다. 모두 수억만 전에 달했다.

5) 9월 10일, 황제가 언사偃師하남성 언사현에 행차했다. 동쪽 권진卷津하남성 원무현 서북쪽에서 황하를 건너 하내河內에 이른 뒤 조서를 내렸다.

"거가車駕를 타고 순시하며 가을걷이인 추가秋稼를 통해 수확하는 모습을 참관하고자 한다. 이로 인해 군의 경계를 지날 때 모두 정기精騎를 타고 경행輕行하여 다른 치중輜重이 없게 하라. 각 군은 번번이 도교道橋를 수리하고, 멀리 떨어진 성곽에서 관원을 파견해 봉영逢迎하며 문후를 여쭙는 자탐기거刺探起居를 행하고, 앞뒤로 오가며 짐을 번우煩擾하게 만드는 일이 없도록 하라. 짐은 움직일 때 생약省約에 힘쓰는 까닭에 단지 탈곡한 낟알로 지은 밥과 표주박으로 뜬 물을 먹고 마시는 탈속표음脫粟瓢飮을 하지 못할까 하는 걱정만 있을 뿐이다."

9월 21일[84], 업성進幸鄴城하남성 임장현으로 행차했다가 이달 27일에 환궁했다.

6) 겨울 10월 19일, 황제가 장안에 행차해 건국공신인 소하蕭何의 말손末孫 소웅蕭熊을 그 조상처럼 찬후酇侯로 삼았다. 이어 괴리槐里섬서성 흥평현와 기산岐山섬서성 무공현 서남쪽에 행차했고, 다시 장평長平섬서성 경양현 서남쪽으로 행차해 그 북쪽에 있는 지양궁池陽宮에 머물다가 동쪽 고릉高陵섬서성 고릉현까지 나아갔다.

12월 정해丁亥, 환궁했다.

7) 동평헌왕東平獻王 유창劉蒼이 질병으로 눕자 명의名醫와 소황문小黃門을 파견해 시질侍疾하게 했다. 사자使者가 길에서 관冠과 수레덮개가

---

84   원문은 기유己酉이다. 이 달에 기유일이 없다. 문맥상 21일을 뜻하는 을축乙丑의 오기로 보인다. 번역문은 21일로 바꿨다.

끊이지 않는 관개부절冠蓋不絶의 모습을 보일 정도로 많이 오갔다. 다시 역마驛馬를 설치해 1,000리 밖에서 그의 기거起居를 전하여 묻게 했다.

* 肅宗孝章皇帝建初七年

春, 正月, 沛王輔·濟南王康·東平王蒼·中山王焉·東海王政·琅邪王宇來朝. 詔沛·濟南·東平·中山王贊拜不名, 升殿乃拜, 上親答之, 所以寵光榮顯, 加於前古. 每入宮, 輒以輦迎, 至省閤乃下, 上為之興席改容, 皇后親拜於內, 皆鞠躬辭謝不自安. 三月, 大鴻臚奏遣諸王歸國, 帝特留東平王蒼於京師.

初, 明德太后為帝納扶風宋楊二女為貴人, 大貴人生太子慶. 梁松弟竦有二女, 亦為貴人, 小貴人生皇子肇. 竇皇后無子, 養肇為子. 宋貴人有寵於馬太后, 太后崩, 竇皇后寵盛, 與母泚陽公主謀陷宋氏, 外令兄弟求其纖過, 內使御者偵伺得失. 宋貴人病, 思生菟, 令家求之, 因誣言欲為厭勝之術, 由是太子出居承祿觀. 夏, 六月, 甲寅, 詔曰, "皇太子有失惑無常之性, 不可以奉宗廟. 大義滅親, 況降退乎! 今廢慶為清河王. 皇子肇, 保育皇后, 承訓懷袵, 今以肇為皇太子." 遂出宋貴人姊妹置丙舍, 使小黃門蔡倫案之. 二貴人皆飲藥自殺, 父議郎楊免歸本郡. 慶時雖幼, 亦知避嫌畏禍, 言不敢及宋氏. 帝更憐之, 敕皇后令衣服與太子齊等. , 太子亦親愛慶, 入則共室, 出則同輿. 己未, 徙廣平王羨為西平王.

秋, 八月, 飲酎畢, 有司復奏遣東平王蒼歸國, 帝乃許之, 手詔賜蒼曰, "骨肉天性, 誠不以遠近為親疏. 然數見顏色, 情重昔時. 念王久勞, 思得還休, 欲署大鴻臚奏, 不忍下筆, 顧授小黃門. 中心戀戀, 惻然不能言." 於是車駕祖送, 流涕而訣. 復賜乘輿服御, 珍寶·輿馬, 錢布以億萬計.

九月, 甲戌, 帝幸偃師, 東涉卷津, 至河內, 下詔曰, "車駕行秋稼, 觀收穫, 因涉郡界, 皆精騎輕行, 無它輜重. 不得輒修道橋, 遠離城郭, 遣吏逢迎, 刺探起居, 出入前後, 以為煩擾. 動務省約, 但患不能脫粟瓢飲耳." 己酉, 進幸鄴. 辛卯, 還宮.

冬, 十月, 癸丑, 帝行幸長安, 封蕭何末孫熊為鄼侯. 進幸槐里·岐山. 又幸長平, 御池陽宮, 東至高陵. 十二月, 丁亥, 還宮.

東平獻王蒼疾病, 馳遣名醫·小黃門侍疾, 使者冠蓋不絕於道. 又置驛馬, 千里傳問起居.

한장제 건초 8년(AD 83)

1) 봄 정월 29일, 동평헌왕이 유창이 훙거했다. 황제가 조서를 동평국의 환관 우두머리인 중부中傅에게 내렸다.

"동평왕이 건무建武 이래로 올린 장주章奏를 짐이 열람할 수 있도록 묶어서 보내도록 하라."

대홍려를 파견해 지절의 자격으로 상례를 감독하게 했다. 또 광무제의 모족인 번씨樊氏와 처족인 음씨陰氏와 곽씨郭氏 한명제의 처족인 마씨馬氏 등 4성四姓의 소후小侯들과 제국諸國의 왕 및 공주 등으로 하여금 모두 장례식에 모이도록 했다.

2) 여름 6월, 북흉노의 삼목루산三木樓山에 사는 자岩 부락의 대인大人 계류사稽留斯 등이 3만여 명의 무리를 인솔해 오원五原의 요새까지 와서 항복했다..

3) 겨울 12월 7일, 황상이 진류陳留와 양국梁國, 회양淮陽, 영양潁陽에 차례로 행차했다.

12월 21일 환궁했다.

4) 태자 유조劉肇가 책봉될 때 양씨梁氏 집안사람들이 사사롭게 경축

했다. 여러 두씨竇氏들이 이 소식을 듣고 싫어했다. 두황후는 태자의 외가 명칭을 두씨 집안만이 차지하기 위해 생모인 양귀인梁貴人 자매를 꺼렸고, 수차례 무함했다. 점차 황제로부터 멀어지고 마침내 의심을 받게 됐다.

이 해에 두씨가 익명의 서신인 비서飛書를 만들어 양송梁竦이 악독하게 반역을 꾀하고 있다고 무함했다. 양송이 마침내 옥사했고, 가속은 구진九真베트남 북부으로 유배를 갔다. 양귀인 자매는 이를 걱정하다가 죽는 우사憂死를 했다. 양송이 진술한 사어辭語가 그의 처인 무음공주舞陰公主에게 연루되면서 무음공주가 신성新城하남성 낙양시 남쪽으로 유배를 가게 됐다.

5) 순양후順陽侯 마료馬廖는 근독謹篤의 자세로 스스로를 지키는 자수自守를 했다. 그러나 성품이 관완寬緩한 나머지 자식들을 제대로 통제하며 가르치지 못했다. 이들 모두 교사驕奢하고 삼가는 게 없었다. 교서랑校書郞 양종楊終이 마료에게 서신을 보내 이같이 경계했다.

"그대의 지위가 존귀하고 중한 존중尊重의 상황이어서 해내가 우러러 보고 있소. 그대의 동생인 황문랑黃門郞 마방과 마광 모두 아직 나이가 어려 바야흐로 혈기가 왕성하오. 옛날 한문제 때 두황후의 오라비인 두장군竇長君처럼 퇴양退讓의 기풍이 없는데다 가볍고 교활하며 행실이 나쁜 경교무행輕狡無行의 빈객들과 연결을 맺고 있소. 그런데도 그대는 멋대로 방치하며 가르치지 않고 있소. 그들이 전에 한 짓을 보면 가히 한심寒心하다 할 만하오!"

마료가 좇지 않았다. 마방과 마광 형제의 자산이 헤아리기 어려울 정도로 많은 거억巨億에 달했다. 이들은 큰 저택과 누대인 제관第觀을 만들었다. 그것이 가로街路에 이어졌고, 식객은 늘 수백 명에 달했다.

마방은 또 말이나 가축을 많이 기르면서 강족羌族과 호족胡族으로부터 부세를 거뒀다. 황제가 이를 싫어해 자주 나무라며 이를 금알禁遏하기 위한 조치를 곳곳에서 취했다. 이로 인해 권세가 날로 줄어들었고, 빈객 역시 시들해졌다.

마료의 아들 마예馬豫는 보병교위步兵校尉로 있었다. 그를 원망하고 비난하는 원비怨誹의 투서가 있었다. 유사가 이내 마방과 마광 형제의 사치가 도를 넘어섰고, 성스러운 교화인 성화聖化를 탁란濁亂하게 만들고 있는 까닭에 모두 면직시켜 봉국으로 보낼 것을 주청했다. 이들이 길을 떠날 때 유사에 조서를 내렸다.

"짐의 외숙이 모두 봉국으로 가면 사시四時의 능묘陵廟 제사 때 선후先后의 제사를 도울 사람이 없게 되오. 짐은 이를 심상甚傷하게 생각하오. 허후許侯 마광에게 명해 전려田廬에서 허물을 생각하도록 할 터이니 유사는 다시 주청하지 말고, 짐이 친인척을 생각하는 위양지정渭陽之情[85]을 위로하도록 하시오."

마광은 마방에 비해 조금 근밀謹密한 모습을 보인 까닭에 황제가 특별히 경사에 머물게 한 뒤 후에 지위를 회복시켜 특진으로 삼았다. 마료의 아들 마예는 마료를 따라 봉국으로 갔으나 고문을 받아 물고物故가 났다. 후에 다시 조서를 내려 마료를 경사로 돌아오게 했다.

마씨들이 득죄하자 두씨가 더욱 귀해져 번성했다. 두황후의 오라비 두헌竇憲이 시중侍中 겸 호본중랑장虎賁中郎將, 동생 두가竇篤가 황문시랑黃門侍郎이 되어 나란히 궁성宮省에서 시중을 들었다. 상사賞賜가 누적되자 즐겨 빈객과 교통했다. 사공 제오륜이 상소했다.

---

85   위양지정渭陽之情은 춘추시대 중엽 진강공秦康公이 외숙인 진문공晉文公을 위수渭水의 북쪽인 위양渭陽에서 송별하며 자신의 모친 진목희秦穆姬를 떠올린 고사를 가리킨다. 『시경』「진풍秦風, 위양渭陽」에 '나는 외숙을 전송하러 위수 북쪽에 이르렀다'는 내용의 시가 나온다.

"신이 엎드려 보건대, 호본중랑장 두헌은 산초나무로 방을 발라 불을 땔 때면 향내가 나는 황후의 방인 초방椒房의 지친으로 궁중의 병사인 금병禁兵을 관장하고 있으면서 성달省闥인 궁궐을 출입하고 있습니다. 나이도 들고 뜻도 아름다운 년성지미年盛志美와 스스로 낮추며 선행을 즐기는 비양낙선卑讓樂善의 모습을 보이고 있습니다. 이는 실로 그가 훌륭한 선비와 교제하는 방안이기도 합니다. 그러나 궁궐을 출입하는 귀척 가운데 대부분은 흠집이 있거나 금고에 처해진 자들입니다. 더욱이 검소하며 가난 속에서 편히 지내는 수약안빈守約安貧의 절조를 지닌 자는 적습니다. 사대부 가운데 아무런 뜻을 지니지 못한 무리와 다시 상대를 팔아먹는 자들이 그 문중에 운집雲集하고 있습니다. 대개 교만하고 방탕한 교일驕佚이 여기서 나오고 있습니다. 삼보三輔에서 논의하는 자들이 와서 이르기를, '귀척에 의해 금고를 제거하고, 다시금 귀척에 의해 그 죄를 씻어주는 완탁浣濯이 이뤄지고 있으니 마치 술이 깨는 해정解酲 이후 다시 술을 마시는 것과 같다'고 합니다. 음험하고 험악하며 세력을 좇는 피험취세詖險趣勢의 무리는 실로 친근히 지낼 수 없는 자들입니다. 신은 어리석으나 폐하와 중궁中宮이 두헌 등에게 엄하게 명을 내려 문을 닫고 스스로 본분을 지키는 폐문자수閉門自守를 행하게 함으로써 망령되게 사대부들과 교통하지 않아 악행의 싹이 나기 전에 미리 막아야 합니다. 형체가 드러나기 전에 염려하여 두헌으로 하여금 영구히 복록을 보존하고, 군신 간에 즐거움을 서로 나누는 교환交歡을 하고, 실오라기의 간극인 섬개지극纖介之隙조차 없게 하십시오. 이는 신의 지원至願이기도 합니다."

두헌이 궁액宮掖의 성세聲勢를 믿었기에 왕이나 공주 및 음씨와 마씨들 가운데 그를 외탄畏憚하지 않는 자가 없었다. 두헌이 아주 싼 값으로 한명제의 딸인 심수공주沁水公主의 원전園田을 탈취할 생각으로 청하자 공주는 압박과 두려움으로 인해 감히 제 값을 부르지도 못했다. 이후 황제가 심수공주의 전원을 지나다가 이를 가리키면서 두헌에 대해 물었으나 두헌의 은근한 공갈인 음갈陰喝로 인해 사실대로 대답하지 못했다. 후에 사실이 발각돼 황제가 대로하며 두헌을 불러 절책切責했다.

"전에 탈취당한 공주의 전원이 있는 곳을 지나면서 깊이 생각해 보니 이는 진나라 말기 조고趙高의 지록위마指鹿爲馬보다 얼마나 더 심한 짓인가! 오래도록 생각해 보아도 사람을 경포驚怖하게 만드는 일이다. 옛날 한 명제의 영평永平 연간에 늘 음당陰黨과 음박陰博, 등첩鄧疊 등 3인으로 하여금 서로 규찰하게 하자 여러 힘 있는 친인척들도 감히 법을 범하지 못했다. 지금 귀한 공주도 오히려 억울하게 빼앗기는 왕탈枉奪을 당했는데 하물며 소민小民의 경우이겠는가! 나라가 두헌을 버릴지라도 이는 외로운 새 새끼인 고추孤雛와 썩은 쥐인 부서腐鼠를 버리는 것에 지나지 않는다!"

두헌이 대구大懼했다. 두황후가 등급을 낮춘 옷을 입는 훼복毁服을 하여 깊이 사과하는 심사深謝를 했다. 오래 지나서야 황제의 화가 풀어졌다. 그 전원을 심수공주에게 돌려주게 했다. 비록 그 죄로 잡아 가두지는 않았으나 중임을 맡기지는 않았다.

신 사마광은 평한다.

"인신人臣의 죄 가운데 군주를 속이는 기망欺罔보다 더 큰 것은 없다. 명군이 이를 질시하는 이유다. 효장황제孝章皇帝는 두헌의 행보를 두고 지록위마指鹿爲馬와 무슨 차이가 있냐고 물은 것은 훌륭한 일이다. 그러나 끝내 두헌에게 죄를 주지 못했으니 간신을 과연 어디에서 징치懲治할 수 있단 말인가! 무릇 인주人主가 신하에 대해 걱정해야 할 것은 그들의 간악함을 알지 못하는 데 있다. 만일 혹여 알고도 다시 용서하면 이는 차라리 알지 못하는 것만도 못한 일이다. 왜 그같이 말할 수 있는가? 저들은 간악한 행동을 한 뒤 윗사람이 이를 알지 못하면 오히려 두려워하는 바가 있다. 그러나 이미 알고도 벌을 내리지 않으면 저들은 두려워할 필요가 없다는 것을 알고는 방종하며 뒤를 돌아볼 일이 없기 때문이다! 그런 까닭에 선한 사람인 것을 알고도 등용하지 않는 지선불용知善不用과 악한 사람인 것을 알고도 내치지 않는 지악불거知惡不去는 군주가 깊이 경계해야 할 점이다."

6) 하비下邳강소성 수녕현 출신 주우周紆가 낙양 현령이 됐다. 수레에서 내린 뒤 먼저 대성大姓의 호주 이름을 물었다. 관원이 여리閭里의 호강豪强을 센 뒤 그 숫자로 대답했다. 주우가 거친 목소리인 여성厲聲으로 화를 냈다.

"본래 마씨馬氏와 두씨竇氏 등의 귀척을 물었는데 어찌하여 이처럼 채소나 파는 무리인 매채용賣菜傭을 알아야 하는가!"

이에 부리部吏들이 그 취지를 짐작하는 망풍望風을 통해 다퉈 일을 격절激切히 처리했다. 귀척들이 몸을 구부리고 조심해 걷는 국척跼蹐의 행보를 하면서 경사京師가 숙청肅清의 모습을 보인 이유다. 두독竇篤이 밤에 지간정止奸亭에 이르렀을 때 정장亭長 곽연霍延이 칼을 꺼내 두독을 겨누고 방자하게 멋대로 욕을 해댔다. 두독이 표문을 올려 보고하자 조서를 내려 사례교위司隸校尉와 하남윤河南尹을 부른 뒤 상서尚書에게 가서 견책을 받게 했다. 이어 검극劍戟을 든 병사들을 파견해 낙양 현령 주우를 잡아들인 뒤 정위廷尉에게 보내 군주의 명을 받아 심문하는 조옥詔獄으로 다스리게 했다. 며칠 후 사면하여 출옥시키는 세출貰出을 했다.

7) 황제가 반초에게 벼슬을 내려 장병장사將兵長史[86], 서간徐幹을 군사

---

86   원래 대장군大將軍은 휘하에 장사長史와 사마司馬를 둔다. 대장군을 임명하지 않은 채 장사를 둔 경우를 장병장사將兵長史라고 한다. 장병병사는 대장군과 같은 권한을 보유한다.

마軍司馬로 삼았다. 별도로 호위대를 지휘하는 위후衛候 이읍李邑을 파견해 오손烏孫의 사자를 호송하게 했다. 이읍이 우전于窴에 도착했을 때 마침 구자龜玆가 소륵疏勒을 공격하고 있었다. 크게 두려운 나머지 감히 앞으로 나아가지 못한 채 상서하여 서역의 평정은 이루기 어렵다고 진술했다. 또 반초를 이같이 심하게 헐뜯었다.

"애처愛妻와 애자愛子를 포용한 채 외국에서 안락安樂히 지내며 조정을 돌아보는 마음이 없습니다."반초가 이 얘기를 듣고 탄식했다.

"나는 비록 증삼曾參은 아니지만 증삼처럼 3번 참소를 당하는 삼지지참三至之讒[87]을 보게 됐다. 조정의 의심을 살까 두렵다!"

마침내 그의 처를 집으로 보냈다. 황제는 반초의 충성심을 아는 까닭에 이내 이읍을 심하게 꾸짖는 절책切責을 했다.

"설령 반초가 애처와 애자를 포용하고 지낼지라도 귀향을 생각하는 병사 1,000여 명이 어찌 모두 반초와 같은 마음을 갖고 있겠는가!"

이읍에게 명해 반초에게 가서 절도節度를 받도록 하면서 이런 조서를 내렸다.

"이읍처럼 밖에서 임무를 수행하는 자는 신변에 두고 일을 시키도록 하시오."

반초가 바로 이읍을 파견해 오손烏孫의 시자侍子를 이끌고 경사로 돌아가게 했다. 서간이 반초에게 말했다.

"이읍은 전에 직접 군君을 헐뜯으며 서역 사업을 실패하게 만들고자 한 자입니다. 지금 어찌하여 이곳에 머물게 하라는 조서를 어기고 다시

---

87   삼지지참三至之讒은 증삼의 모친조차 희대의 효자인 증삼이 사람을 죽였다는 참 언讒言을 3번에 걸쳐 듣게 되자 베틀을 짜는 북을 내던지고 달아났다는 고사에서 나온 성어이다. 반복하여 전파하면 진실로 받아들여지는 것을 가리킨다.

그에게 속한 관원을 시켜 시자를 호송하게 하는 것입니까?"

반초가 대답했다.

"이 무슨 말이 이처럼 고루한 것인가! 이읍이 나 반초를 헐뜯은 까닭에 지금 그를 경사로 보낸 것이오. 내가 안으로 성찰하는 내성內省을 통해 아무런 잘못이 없다면 어찌 다른 사람의 비방에 신경 쓸 일이 있겠소! 자신의 쾌의快意를 위해 그를 이곳에 잡아두는 것은 충신이 할 일이 아니오."

8) 황제가 시중인 회계會稽절강성 소흥시 출신 정호鄭弘을 대사농으로 삼았다. 옛날에 교지交趾의 7군七郡이 공헌貢獻할 때 전운轉運으로 공물을 보낸 바 있다. 모두 동야東冶복선성 복주시에서 바다에 배를 띄워 온 까닭에 풍파風波로 인해 어려움을 겪거나 길이 막히는 등의 간조艱阻가 빚어졌다. 물에 빠져 죽는 몰닉沒溺이 계속 이어졌던 이유다.

정홍이 영릉零陵과 계양桂陽에 산에 난 길인 교도嶠道를 뚫는 방안을 주청했다. 이를 좇자 이후 길이 평탄하고 잘 통해 마침내 이곳이 평상적인 길이 됐다. 그 직책에 2년 동안 재직하면서 절약한 돈이 억만億萬을 헤아렸다. 천하가 한재旱災를 만나거나, 변방에 경보가 울리거나, 민식民食이 부족하거나 했을때도 국고인 탕장帑藏에 많은 재물이 풍성히 쌓이는 은적殷積이 빚어졌다. 정홍은 또 의당 공물로 바치는 것을 줄여 요역 비용을 줄이고, 기민饑民을 이롭게 할 것을 주청했다. 황제가 이를 좇았다.

* 肅宗孝章皇帝建初八年

春, 正月, 壬辰, 王薨. 詔告中傅"封上王自建武以來章奏, 并集覽焉." 遣大鴻臚持節監喪, 令四姓小侯·諸國王·主悉會葬.

夏, 六月, 北匈奴三木樓訾大人稽留斯等率三萬餘人款五原塞降.

冬, 十二月, 甲午, 上行幸陳留·梁國·淮陽·潁陽. 戊申, 還宮.

太子肇之立也, 梁氏私相慶. 諸竇聞而惡之. 皇后欲專名外家, 忌
梁貴人姊妹, 數譖之於帝, 漸致疏嫌. 是歲, 竇氏作飛書, 陷梁竦以
惡逆, 竦遂死獄中, 家屬徙九眞, 貴人姊妹以憂死. 辭語連及梁松妻
舞陰公主, 坐徙新城.

順陽侯馬廖, 謹篤自守, 而性寬緩, 不能教勒子弟, 皆驕奢不謹. 校
書郎楊終與廖書, 戒之曰: "君位地尊重, 海內所望. 黃門郎年幼, 血
氣方盛, 既無長君退讓之風, 而要結輕狡無行之客, 縱而莫誨, 視
成任性, 覽念前往, 可爲寒心!" 廖不能從. 防·光兄弟資產巨億, 大
起第觀, 彌亙街路, 食客常數百人. 防又多牧馬畜, 賦斂羌·胡. 帝不
喜之, 數加譴敕, 所以禁遏甚備. 由是權勢稍損, 賓客亦衰. 廖子豫
爲步兵校尉, 投書怨誹. 於是有司幷奏防·光兄弟奢侈逾僭, 濁亂聖
化, 悉免就國. 臨上路, 詔曰: "舅氏一門俱就國封, 四時陵廟無助祭
先後者, 朕甚傷之, 其令許侯思愆田廬, 有司勿復請, 以慰朕渭陽之
情." 光比防稍爲謹密, 故帝特留之, 後復位特進. 豫隨廖歸國, 考擊
物故. 後復有詔還廖京師.

諸馬既得罪, 竇氏益貴盛. 皇后兄憲爲侍中·虎賁中郎將, 弟篤爲黃
門侍郎, 幷侍宮省, 賞賜累積. 喜交通賓客. 司空第五倫上疏曰: "臣
伏見虎賁中郎將竇憲, 椒房之親, 典司禁兵, 出入省闥, 年盛志美,
卑讓樂善, 此誠其好士交結之方. 然諸出入貴戚者, 類多瑕釁禁錮之
人, 尤少守約安貧之節. 士大夫無志之徒, 更相販賣, 雲集其門, 蓋
驕佚所從生也. 三輔論議者至云, '以貴戚廢錮, 當復以貴戚浣濯之,
猶解酲當以酒也' 跛險趣勢之徒, 誠不可親近. 臣愚願陛下·中宮嚴
敕憲等閉門自守, 無妄交通士大夫, 防其未萌, 慮於無形, 令憲永保
福祿, 君臣交歡, 無纖介之隙, 此臣之所至願也." 憲恃宮掖聲勢, 自
王·主及陰·馬諸家, 莫不畏憚. 憲以賤直請奪沁水公主園田, 主逼畏

不敢計. 後帝出過園, 指以問憲, 憲陰喝不得對. 後發覺, 帝大怒, 召
憲切責曰, "深思前過奪主田園時, 何用愈趙高指鹿為馬! 久念使人
驚怖. 昔永平中, 常令陰黨·陰博·鄧疊三人更相糾察, 故諸豪戚莫敢
犯法者. 今貴主尚見枉奪, 何況小民哉! 國家棄憲, 如孤雛·腐鼠耳!"
憲大懼, 皇后為毀服深謝, 良久乃得解, 使以田還主. 雖不繩其罪,
然亦不授以重任.

臣光曰, "人臣之罪, 莫大於欺罔, 是以明君疾之. 孝章謂竇憲何異
指鹿為馬, 善矣. 然卒不能罪憲, 則奸臣安所懲哉! 夫人主之於臣
下, 患在不知其奸, 苟或知之而復赦之, 則不若不知之為愈也. 何以
言之? 彼或為奸而上不之知, 猶有所畏. 既知而不能討, 彼知其不足
畏也, 則放縱而無所顧矣! 是故知善而不能用, 知惡而不能去, 人主
之深戒也."

下邳周紆為雒陽令, 下車, 先問大姓主名. 吏數閭里豪強以對. 紆
厲聲怒曰, "本問貴戚若馬·竇等輩, 豈能知此賣菜傭乎!" 於是部吏
望風旨, 爭以激切為事, 貴戚跼蹐, 京師肅清. 竇篤夜至止奸亭, 亭長
霍延拔劍擬篤, 肆詈恣口. 篤以表聞, 詔召司隸校尉·河南尹詣尚書
譴問. 遣劍戟士收紆, 送廷尉詔獄, 數日, 貰出之.

帝拜班超為將兵長史, 以徐幹為軍司馬, 別遣衛侯李邑護送烏孫
使者. 邑到于寘, 值龜茲攻疏勒, 恐懼不敢前, 因上書陳西域之功不
可成, 又盛毀超曰, "擁愛妻, 抱愛子, 安樂外國, 無內顧心." 超聞之
歎曰, "身非曾參而有三至之讒, 恐見疑於當時矣!" 遂去其妻. 帝知
超忠, 乃切責邑曰, "縱超擁愛妻, 抱愛子, 思歸之士千餘人, 何能盡
與超同心乎!" 令邑詣超受節度, 詔曰, "若邑任在外者, 便留與從事."
超即遣邑將烏孫侍子還京師. 徐幹謂超曰, "邑前親毀君, 欲敗西域,
今何不緣詔書留之, 更遣它吏送侍子乎?" 超曰, "是何言之陋也! 以

邑毁超, 故今遣之. 內省不疚, 何恤人言! 快意留之, 非忠臣也."

帝以侍中會稽鄭弘為大司農. 舊交趾七郡貢獻轉運, 皆從東冶泛海而至, 風波艱阻, 沒溺相繫. 弘奏開零陵·桂陽嶠道, 自是夷通, 遂為常路. 在職二年, 所息省以億萬計. 遭天下旱, 邊方有警, 民食不足, 而帑藏殷積. 弘又奏宜省貢獻, 減徭費以利饑民. 帝從之.

한장제 원화元和 원년(AD 84)

1) 봄 윤 정월 14일, 제도음왕濟陰悼王 유장劉長이 홍거했다.

2) 여름 4월 24일, 동평국東平國을 둘로 나눈 뒤 동평헌왕東平獻王 유창劉蒼의 아들 유상劉尚을 임성왕任城王으로 삼았다.

3) 6월 17일, 패헌왕沛獻王 유보劉輔가 홍거했다.

4) 일을 보고하는 진사자陳事者 대부분이 이같이 말했다.

"군국郡國의 공거貢擧하는 자들 대부분 공로에 따라 차례로 올린 것이 아닙니다. 수직守職이 더욱 게으르게 되고, 관원들이 하는 일도 침소浸疏한 이유입니다. 그 허물은 각 주군州郡에 있습니다."

조서를 공경 및 조신朝臣에게 내려 의논하게 했다. 대홍려 위표韋彪가 상주하여 논의했다.

"무릇 나라는 현자를 선발하는 데 힘쓰고, 현자는 효행을 가장 중요하게 생각합니다. 충신을 구하고자 할 때는 반드시 효자의 집안에서 나온다고 말하는 이유입니다. 무릇 사람이 재주와 행실인 재행才行을 모두 겸비한 사람은 드물기 마련입니다. 공자가 『논어』에서 노나라의 현대부 맹공작孟公綽은 큰 나라인 조趙나라와 위魏나라의 가로家老가 되면 그 기량을 능히 발휘할 수 있으나 등滕과 설薛 같은 소국의 대부가 되면 오히려제 기량을 발휘할 수 없다고 언급한 이유입니다.[88] 충효忠孝의 사람은 마음을 거의 두터운 상태로 유지하나 단련된 관원은 마음을 각박한 상태로 유지합니다. 선비를 선발할 때는 의당 재행을 중시해야 합니다. 전적으로 공훈으로 서열을 정한 벌열閥閱[89]에 기대서는 안 됩니다. 그 요귀要歸 즉 요점은 2천석의 인물을 제대로 뽑는 데 있습니다. 2천석이 현명하면 공거貢擧를 통해 천거되는 사람 모두 적당한 사람을 얻을 수 있습니다."

위표가 또 상소했다.

"천하의 추요樞要는 상서尙書에게 있습니다. 상서의 선발이 어찌 중요하지 않을 수 있겠습니까? 최근 대부분 낭관에서 이 자리로 초승超升하고 있으나 이들이 비록 문법文法에 익숙하고, 즉각 대응하는 점에서는 뛰어나지만 자세히 살피는 작은 지혜인 찰찰소혜察察小慧는 대능大能을 지닌 것과 같지 않습니다. 의당 각 부서의 실무담당 소리小吏인 색부嗇夫가 첩급捷急하게 대답한 것을 살펴보고, 강후絳侯 주발周勃이 질박하고 빠르게 대응하지 못하면서 세운 공인 목눌지공木訥之功을 깊이 생각해 보십시오."[90]

황제가 이를 모두 받아들였다. 위표는 한선제 때의 재상인 위현韋賢의

---

88   원문은 '맹공작孟公綽, 우어조위로優於趙魏老, 불가이위등설대부不可以爲滕薛大夫'이다. 이는 『논어』「헌문」에 나오는 "맹공작孟公綽, 위조위로즉우爲趙魏老則優, 불가이등설대부불가이위滕薛大夫." 구절에서 인용한 것이다. 맹공작과 같이 뛰어난 인물은 대국에서는 국가대사를 잘 처리할 수 있지만 작은 나라에서는 일이 번거로워 오히려 제대로 감당하지 못했을 것이라는 취지이다.

89   벌열閥閱은 원래 벼슬하는 자의 집 대문 밖 좌우에 공업功業을 기록해 세워둔 기둥을 가리킨다. 여기서는 공적과 경력의 의미로 사용된 것이다.

90   한문제 때 알자복야謁者僕射 장석지張釋之가 황제를 수행해 호랑이 우리인 호권虎圈에 올랐을 때 한문제가 황제 전용 상림원의 총책인 상림위上林尉에게 금수의 숫자를 기록한 장부인 금수부禽獸簿에 대해 물었다. 상림위가 대답을 못하자 호권을 관리하는 색부嗇夫 옆에 있다가 상림위를 대신하여 자세히 대답했다. 한문제가 장석지에게 조서를 내려 그 색부를 상림령上林令으로 삼으려고 하자 장석지가 강후 주발과 색부를 비교하며 자잘한 것을 잘 아는 자는 큰 인물이 아니라고 말했다. 이 구절은 색부를 상림령에 제수하려던 생각을 중지한 당시의 고사를 인용한 것이다.

현손玄孫이다.

5) 가을 7월 23일, 조서를 내렸다.

"율법에 이르기를, '범인을 심문하는 자는 오직 몽둥이와 채찍을 쓰는 방榜과 태笞를 비롯해 세워 놓고 신문하는 입立만 할 수 있다'고 했다. 또 법령인『영병令丙』에는 채찍 길이의 장단이 정해져 있다.[91] 과거 대옥大獄 이 일어난 이래 신문관인 약자掠者는 대부분 혹독해 범인에게 족집게와 끌 등의 형구인 첩찬지속鉆鑽之屬을 사용했다. 참고慘苦하기 그지없었던 이유다. 그 통독痛毒을 생각하면 매우 두려운 출연怵然의 모습으로 사람 의 심장을 덜덜 떨게 만든다. 의당 추동秋冬에 치옥治獄할 때는 분명히 이 를 금지시켜야 할 것이다."

6) 8월 11일, 태위 등표鄧彪를 파직시키고, 대사농 정홍鄭弘을 태위로 삼았다.

7) 8월 20일, 조서를 내려 건초建初에서 원화元和로 개원改元했다.

8월 정유丁酉, 거가車駕가 남순南巡했다. 조서를 내렸다.

"지나는 길에 있는 군현郡縣[92]은 접대할 물건을 쌓아두는 저치儲畤를 하지 말라. 사공에게 명하니, 교량을 수리할 자를 데리고 가도록 하라. 사 자를 파견해 봉영奉迎하거나 기거起居를 탐지하려는 자가 있으면 2천석 관원인 태수에게 이를 연루시킬 것이다."

8) 9월 18일, 장릉章陵 호북성 조양현에 행차했다.

10월 7일, 전진해 강릉江陵 호북성 강릉현까지 행차했다. 돌아오는 길에 남 양 소속의 완성宛城을 들렀다. 전에 임회臨淮 안휘성 사홍현 태수를 지낸 완성

---

91   한경제 당시의 규정을 보면 채찍의 길이는 5척尺, 채찍에 사용하는 대나무 끝의 두 께는 2분의 1촌寸이었다. 대나무도 마디를 제거해 평평하게 만들어야 했다.

92   일부 판본에는 군현郡縣이 주현州縣으로 나와 있다. 문맥상 '군현'으로 보는 게 낫 다.

출신 주휘朱暉를 불러 상서복야尙書僕射에 임명했다. 자가 문계文季인 주휘가 임회臨淮 태수로 있을 때 선정을 펼치자 백성들이 이런 노래를 지어 부른 바 있다.

강직하여 절로 수행하니	強直自遂 강직자수
남양 출신의 주문계라지	南陽朱季 남양주계
관원은 그를 두려워하나	吏畏其威 이외기위
백성은 그 은혜를 품지	民懷其惠 민회기혜

당시 주휘는 군 장사長史로 있다가 신문한 죄인이 옥사하는 바람에 법에 연루돼 면직된 후 집에 있었다. 황상이 이때에 이르러 그를 불러 임용한 것이다.

11월 7일, 거가車駕가 환궁還宮했다. 상서 장림張林이 상언했다.

"현관縣官인 조정에서 사용하는 경비가 부족하니 의당 스스로 소금을 끓여 만들고, 한무제 때 실시한 균수법均輸法을 수복修復해야 합니다."

주휘가 불가 입장을 고집했다.

"균수법은 장사꾼의 판매와 차이가 없습니다. 소금을 판 이익인 염리鹽利를 관고로 돌아오게 하면 하민下民은 궁원窮怨을 하게 됩니다. 실로 명주가 의당 해야 할 일이 아닙니다."

황제가 이 문제로 발노發怒해 모든 상서를 절책切責했다. 주휘 등이 모두 스스로 옥에 갇히는 자계自繫를 했다. 3일 뒤 황제가 조서를 내려 이들을 나오게 했다.

"국가國家인 황제는 박의駁議를 즐겨 들어야 한다. 황발黃髮의 노인에게는 허물이 없다. 조서의 내용이 지나쳤을 뿐인데 무슨 연고로 '자계'를 한단 말인가!"

주휘는 이로 인해 병독病篤을 칭해 다시금 의논하는 문제에 서명을 하려고 하지 않았다. 상서령 이하 관원들이 황포惶怖하여 주휘에게 말했다.

"지금 견책하고 나무라는 견양譴讓이 닥쳤는데 어찌하여 칭병稱病하는 것이오. 그 화가 적지 않을 것이오!"

주휘가 말했다.

"내 나이가 80세에 달했는데 은덕을 입어 기밀機密의 자리에 앉게 됐소. 의당 죽음으로 보답해야 하오. 만일 내심 불가하다고 생각하면서 주상의 뜻을 좇아 뇌동雷同하면 이는 신자의 의리를 배반하는 것이오! 지금 이목耳目으로 아무 것도 견문할 게 없소. 단지 죽을 날만 엎드려 기다리는 복대사명伏待死命을 하고 있을 뿐이오."

마침내 입을 다문 뒤 다시는 말하지 않았다. 여러 상서들이 어찌해야 할 바를 몰라 이내 함께 주휘를 탄핵하는 상주문을 올렸다. 황제의 노기가 풀리자 그 사건을 뒤로 치워 묻어버렸다. 며칠 후 항제가 당직을 서는 직사랑直事郎에게 주휘의 기거起居를 물었다. 곧 태의太醫에게 시질視疾을 하도록 하고, 태관太官에게 음식을 내리게 했다. 주휘가 이내 자리에서 일어나 답사答謝했다. 황제가 다시 10만 전을 내리고, 포 100필匹과 옷 10령領을 하사했다.

9) 노국魯國 출신 공희孔僖와 탁군涿郡 출신 최인崔駰이 태학太學에서 함께 공부하다가 서로 토론을 했다.

"효무황제孝武皇帝가 처음 천자가 되어 성도聖道를 숭신崇信하자 5~6년 동안 한문제나 한경제 때 치적보다 낫다는 칭송을 들었소. 후에 이르러 스스로 방종하게 되어 앞서 이룩한 업적을 망각하게 된 것이오."

옆방에 살던 태학생 양욱梁郁이 상서했다.

"최인과 공희가 선제先帝를 비방하며 당세當世를 자기刺譏 즉 풍자했습니다",

사안이 유사에게 내려져 처리하게 됐다. 죄인은 관원에게 보내져 신문 訊問을 받았다. 공희는 서신을 써 스스로를 변명했다.

"무릇 비방誹謗이라고 하는 것은 실제로 그런 일이 없었는데 허위로 말을 덧붙여 무함하는 것을 말합니다. 예컨대 효무황제의 정사는 미악美 惡이 있습니다. 이는 한사漢史에 실려 있어 일월처럼 분명합니다. 이는 사 서에 전해지는 실제의 일을 직접 말한 것으로 거짓으로 비방한 게 아닙니 다. 무릇 황제도 사람인 까닭에 선정 또는 악정을 행할 수 있습니다. 천하 에 이를 모르는 자는 없을 것입니다. 이는 모두 있는 것을 갖고 말한 것이 니 다른 사람에게 주살을 당할 수는 없습니다. 또한 폐하는 즉위 이래 정 교政敎에서 아직 아무런 허물이 없었고, 덕택德澤이 더해지고 있는 것은 천하 사람이 모두 아는 바입니다. 신들이 어찌 홀로 기자譏刺를 할 수 있 었겠습니까? 가령 비난 내용이 사실이라면 실로 의당 전개悛改하면 될 것 이고, 만일 비난 내용이 부당하다면 역시 의당 받아들여 용서하는 함용 含容을 해야 할 것입니다. 이 어찌 죄를 물을 수 있는 것이겠습니까? 폐하 가 근원적인 것을 추진하는 큰 계책을 세워 깊이 스스로 계책을 세우지 않은 채 헛되이 사사롭게 꺼리는 사기私忌를 끝까지 추궁해 쾌의快意를 이루고자 하면 신들은 주륙을 받아 죽으라면 죽을 뿐입니다. 그러나 천하 사람들을 돌아보건대 이들은 반드시 눈을 돌려 바꿔 생각함으로써 이 일 로 폐하의 마음을 살펴보게 될 것입니다. 오늘 이후 만일 도저히 할 수 없 는 일을 보게 될지라도 끝내 다시는 말하는 자가 없게 될 것입니다. 춘추 시대 당시 첫 패업을 이룬 제환공齊桓公은 친히 선군先君인 제양공齊襄公 의 악행을 들먹이며 천하의 재사인 관중管仲을 불러 들여 자문을 구했습 니다. 연후에 군신들이 마음을 다 바쳐 충성할 수 있었습니다. 지금 폐하 가 마침내 10세世 이전의 황제인 한무제를 위해 실사實事를 꺼려 말하지 못하게 하려 들면 이 어찌 제환공과 다른 모습이 아니겠습니까? 신은 유사가 문득 사건을 짜 맞춰놓은 뒤 원한을 품은 채 억울함을 당하는 함한 몽왕銜恨蒙枉에도 불구하고 스스로 설명할 수 없도록 만들지나 않을까 걱정됩니다. 그 경우 후세의 논자들은 멋대로 폐하를 비유 대상으로 거론할 터인데, 정녕 다시금 자손들에게 그 배경을 추적해 이를 덮어버릴 수 있겠습니까? 삼가 궐 앞에 나와 엎드린 채 거듭 죽게 되는 때를 기다리고 있습니다."

서신이 상주되자 황제가 즉각 조서를 내려 이 문제를 묻지 말게 하고, 공희를 난대영사蘭台令史에 제수했다.

10) 12월 1일, 조서를 내렸다.

"전에는 요악妖惡한 짓을 저지른 자는 삼속三屬 즉 부계와 모계 및 처계 등 3족을 모두 금고禁錮에 처하도록 했다. 이를 모두 말끔히 없애는 견제蠲除를 하도록 하고, 다만 숙위宿衛하는 일만 맡기지 못할 뿐이다."

11) 여강廬江안휘성 잠산현 출신 모의毛義와 동평東平산동성 동평현 출신 정균鄭均 모두 행의行義 덕분에 향리에서 칭송이 자자했다. 남양南陽 출신 장봉張奉이 모의의 명성을 앙모해 찾아가 문후問候했다. 마침 그가 자리에 앉아마자 군부郡府의 격문檄文이 당도했다. 모의를 안양安陽의 대리 현령인 수안양령守安陽令 자리에 임명한다는 내용이었다. 모의가 격문을 잡고 안으로 들어올 때 기쁨에 겨워 안색이 움직였다. 장봉은 이를 천하게 여겨 이내 인사를 한 뒤 떠나는 사거辭去를 했다. 이후 모의는 모친이 죽은 뒤 황제가 징소徵召를 하든 지방관이 벽소辟召를 하든 일절 응하지 않았다. 장봉이 이내 자신의 경솔한 행동을 후회하며 이같이 감탄했다.

"현자는 실로 불가측不可測이다. 전에 기뻐했던 것은 모친을 위해 몸을 굽힌 것이로구나!"

정균의 형 정중鄭仲은 군무와 치안을 담당하는 유격遊檄으로 있었다. 자못 예물로 받은 것을 집에 많이 남겼다. 정균이 간해도 듣지 않자 이내 몸을 빼내 남의 고용살이를 하면서 1년여 동안 전백錢帛을 모았다. 정균은 귀가해 형에게 주면서 이같이 말했다.

"재물은 다 없어지면 다시 벌 수 있지만 관원이 되어 뇌물죄에 연루되면 종신토록 버려지고 맙니다."

정중이 그 말에 감동해 마침내 염결廉潔해졌다. 정균이 벼슬해 상서가 됐다가 면직돼 귀향했다. 황제가 조서를 내려 모의와 정균을 포상해 각각 1,000곡斛의 곡식을 내렸다. 이어 늘 8월이면 장리長吏에게 그들의 기거起居를 묻게 하고, 양주羊酒를 덧붙여 하사했다.

12) 무위武威 태수 맹운孟雲이 상언했다.

"북흉노가 다시 이민吏民과 모여 교역하기를 원합니다."

조서를 내려 이를 허락했다. 북흉노의 대저거이막자왕大且渠伊莫訾王 등이 우마牛馬 1만여 두를 몰고 와 한나라와 교역했다. 남선우의 명을 받은 경기輕騎가 상군上郡으로 빠져나와 크게 노략한 뒤 돌아갔다.

13) 황제가 다시 가사마假司馬 화공和恭 등을 파견해 병사 800명을 이끌고 장병장사將兵長史 반초에게 가게 했다. 반초가 소륵과 우전의 군사를 동원해 사차를 공격했다. 사차가 소륵왕 충忠을 유혹하자 충이 마침내 배반한 뒤 그를 좇아 서쪽으로 가서 오즉성烏即城을 지켰다. 반초는 마침내 다시 소륵의 부승府丞인 성대成大를 세워 소륵왕으로 삼은 뒤 배반하지 않은 자들을 모두 동원해 충을 공격했다. 이어 사람을 시켜 강거왕康居王을 설득해 충을 잡은 뒤 그 나라로 돌아오게 하자 오즉성이 마침내 항복했다.

* 肅宗孝章皇帝元和元年

春, 閏正月, 辛丑, 濟陰悼王長薨.

夏, 四月, 己卯, 分東平國, 封獻王子尚為任城王.

六月, 辛酉, 沛獻王輔薨.

陳事者多言"郡國貢舉, 率非功次, 故守職益懈而吏事浸疏, 咎在州郡." 有詔下公卿朝臣議. 大鴻臚韋彪上議曰, "夫國以簡賢為務, 賢以孝行為首, 是以求忠臣必於孝子之門. 夫人才行少能相兼, 是以孟公綽優於趙·魏老, 不可以為滕·薛大夫. 忠孝之人, 持心近厚. 鍛練之吏, 持心近薄. 士宜以才行為先, 不可純以閥閱. 然其要歸, 在於選二千石. 二千石賢, 則貢舉皆得其人矣." 彪又上疏曰, "天下樞要, 在於尚書, 尚書之選, 豈可不重! 而間者多從郎官超升此位, 雖曉習文法, 長於應對, 然察察小慧, 類無大能. 宜鑒嗇夫捷急之對, 深思絳侯木訥之功也." 帝皆納之. 彪, 賢之玄孫也.

秋, 七月, 丁未, 詔曰, "律云, '掠者唯得榜·笞·立' 又『令丙』, 箠長短有數. 自往者大獄已來, 掠者多酷, 鉆鑽之屬, 慘苦無極. 念其痛毒, 怵然動心. 宜及秋冬治獄, 明為其禁."

八月, 甲子, 太尉鄧彪罷, 以大司農鄭弘為太尉.

癸酉, 詔改元.

丁酉, 車駕南巡. 詔曰, "所經道上郡縣, 無得設儲跱. 命司空自將徒支柱橋梁. 有遣使奉迎, 探知起居, 二千石當坐."

九月, 辛丑, 幸章陵. 十月, 己未, 進幸江陵. 還, 幸宛. 召前臨淮太守宛人朱暉, 拜尚書僕射. 暉在臨淮, 有善政, 民歌之曰, "彊直自遂, 南陽朱季, 吏畏其威, 民懷其惠." 時坐法免, 家居, 故上召而用之. 十一月, 己丑, 車駕還宮. 尚書張林上言曰, "縣官經用不足, 宜自煮鹽, 及復修武帝均輸之法." 朱暉固執以為不可, 曰, "均輸之法, 與賈販無異, 鹽利歸官, 則下民窮怨, 誠非明主所宜行." 帝因發怒切責諸尚書, 暉等皆自繫獄. 三日, 詔敕出之, 曰, "國家樂聞駁議, 黃髮無愆. 詔書過耳, 何故自繫!" 暉因稱病篤, 不肯復署議. 尚書令以下惶怖, 謂暉曰, "今臨得譴讓, 奈何稱病, 其禍不細!"暉曰, "行年八十, 蒙恩得在機密, 當以死報. 若心知不可, 而順旨雷同, 負臣子之義! 今耳目無所聞見, 伏待死命."遂閉口不復言. 諸尚書不知所為, 乃共劾奏暉. 帝意解, 寢其事. 後數日, 詔使直事郎問暉起居, 太醫視疾, 太官賜食, 暉乃起謝. 復賜錢十萬, 布百匹, 衣十領.

魯國孔僖·涿郡崔駰同游太學, 相與論曰, "孝武皇帝, 始為天子, 崇信聖道, 五六年間, 號勝文·景. 及後恣己, 忘其前善."鄰房生梁郁上書, 曰, "駰·僖誹謗先帝, 刺譏當世", 事下有司. 駰詣吏受訊. 僖以書自訟曰, "凡言誹謗者, 謂實無此事而虛加誣之也. 至如孝武皇帝, 政之美惡, 顯在漢史, 坦如日月, 是為直說書傳實事, 非虛謗也. 夫帝者, 為善為惡, 天下莫不知, 斯皆有以致之, 故不可以誅於人也. 且陛下即位以來, 政教未過而德澤有加, 天下所具知也, 臣等獨何譏刺哉! 假使所非實是, 則固應悛改, 儻其不當, 亦宜含容, 又何罪焉! 陛下不推原大數, 深自為計, 徒肆私忌以快其意, 臣等受戮, 死即死耳, 顧天下之人, 必回視易慮, 以此事窺陛下心, 自今以後, 苟見不可之事, 終莫復言者矣. 齊桓公親揚其先君之惡以唱管仲, 然後群臣得盡其心, 今陛下乃欲為十世之武帝遠諱實事, 豈不與桓公異哉! 臣恐有司卒然見構, 銜恨蒙枉, 不得自紓, 使後世論者擅以陛下有所比方, 寧可復使子孫追掩之乎! 謹詣闕伏待重誅."書奏, 帝立詔勿問, 拜僖蘭台令史.

十二月, 壬子, 詔曰, "前以妖惡禁錮三屬者, 一皆蠲除之, 但不得在宿衛而已."

廬江毛義, 東平鄭均, 皆以行義稱於鄉里. 南陽張奉慕義名, 往候之, 坐定而府檄適至, 以義守安陽令, 以捧檄而入, 喜動顏色, 奉心賤之, 辭去. 後義母死. 徵辟皆不至, 奉乃歎曰, "賢者固不可測. 往日之喜, 乃為親屈也!"均兄為縣吏, 頗受禮遺, 均諫不聽, 乃脫身為傭, 歲餘得錢帛, 歸以與兄曰, "物盡可復得, 為吏坐臧, 終身捐棄." 兄感其言, 遂為廉潔. 均仕為尚書, 免歸. 帝下詔褒寵義·均, 賜穀各千斛, 常以八月長吏差問起居, 加賜羊酒.

武威太守孟雲上言曰, "北匈奴復願與吏民合市." 詔許之. 北匈奴大且渠伊莫訾王等驅牛馬萬餘頭來與漢交易, 南單于遣輕騎出上郡鈔之, 大獲而還.

帝復遣假司馬和恭等將兵八百人詣班超, 超因發疏勒·于寘兵擊莎車. 莎車以賂誘疏勒王忠, 忠遂反, 從之, 西保烏即城. 超乃更立其府丞成大為疏勒王, 悉發其不反者以攻忠. 使人說康居王執忠以歸其國, 烏即城遂降.

** 권47-한기漢紀 39: 두씨 외척이 전횡하다

한장제 원화 2년(AD 85)

1) 봄 정월 5일, 조서를 내렸다.

"한고제 때 인구를 늘리기 위해 만들어진 법령에 이르기를, '백성들 가운데 아들을 낳은 사람은 3년 동안 일종의 인두세인 산부算賦를 면제한다'고 돼 있다. 지금 여러 회임자懷妊者에게 태아를 보양하기 위한 곡식인 태양곡胎養穀을 1인당 3곡斛씩 하사하고, 그 지아비에게는 1년간의 산부를 면제하도록 하라. 이 조서를 법령으로 삼도록 하라!"

또 삼공三公에게 조서를 내렸다.

"무릇 속리俗吏는 외모를 고치고 꾸미는 교식矯飾을 하오. 이는 비슷하기만 할 뿐 진품과 다른 사시이비似是而非에 지나지 않소. 짐은 이를 보면 심히 혐오스럽고, 괴롭기조차 하오! 안정安靜된 관원은 지성至誠의 자세로 임하며 꾸미지 않는 곤핍무화悃愊無華의 모습을 보이오. 하루의 업적인 일계日計로는 부족한 듯이 보이나 월계月計로는 남는 바가 있소. 예컨대 양성襄城하남성 양성현 현령 유방劉方은 이민吏民이 이구동성으로 일을 번잡하게 하지 않는다고 말하고, 비록 다른 특이한 업적을 세우지는 않았지만 역시 조정의 목표에 거의 근접하고 있소! 무릇 가혹한 것을 잘 살피는 것으로 여기는 이가위찰以苛爲察, 각박한 것을 밝다고 여기는 이각위명以刻爲明, 가벼운 처신을 덕스러운 것으로 여기는 이경위덕以輕爲德, 무겁게 처리하는 것을 위엄으로 여기는 이중위위以重爲威 등 4가지 사항이 빚어지면 아랫사람은 원심을 품게 되오. 내가 조서를 자주 내려보내 관원의 모자와 수레덮개가 도로 위에서 서로 이어지는 관개접도冠蓋接道를 하고 있는데도 관원들이 더욱 잘 다스리지 않고, 백성들은 혹여 실직失職에 빠지고 있소. 그 허물이 어디에 있는 것이오? 옛 법령을 열심히 생각하는 면사勉思를 하여 짐의 뜻에 맞추도록 하시오!"

2) 북흉노의 대인大人인 차리탁병車利涿兵 등이 달아나 변새 안으로 들어왔다. 모두 73명이었다. 당시 북흉노는 쇠모衰耗해져 무리들이 이반離畔해 나갔다. 남부南部에서 그들의 앞을 공격하고, 정령丁零바이칼호 부근이 그 뒤를 침입하고, 선비鮮卑가 왼쪽을 치고, 서역西域이 오른쪽을 침공했다. 다시는 자립할 수 없게 되자 이내 멀리 남은 무리를 이끌고 가버렸다.

3) 제28대 선우인 남선우의 난제장欒提長이 죽고, 제25대 선우인 난제한欒提汗의 아들 난제선欒提宣이 즉위해 흉노의 제29대 선우인 이도어려제伊屠於閭鞮 선우가 됐다.

4) 정월을 첫 달로 삼은 태초력太初曆은 한무제 때 반포된 이후 왕망 때 유흠劉歆이 12월을 첫 달로 삼도록 만든 삼통력三統曆으로 대체됐다가 이때에 이르러 다시 시행되기 시작했다. 100여 년만의 복구였다. 그러나 태초력은 날짜가 자연현상보다 조금씩 늦었다. 황상이 역서曆書를 연구하는 편흔編訢과 이범李梵 등에게 명해 그 현상을 종합해 교정함으로써 1년을 365일과 4분의 1일로 간주하는 이른바 사분력四分曆을 만들게 했다.

2월 4일, 처음으로 '사분력'을 시행했다.

5) 황제는 태자로 있을 때 동군東郡하남성 복양현 태수인 여남汝南 출신 장포張酺로부터 『상서』를 배웠다.

2월 6일, 황제가 동순東巡하여 동군으로 행차했다. 장포와 그의 문생門生, 군현郡縣의 연사掾史들을 오게 한 뒤 군부郡府의 마당에서 연회를 베풀었다. 황제가 먼저 제자로서의 예의를 갖춘 뒤 장포로 하여금『상서』1편을 강론하게 했다. 연후에 군신지례君臣之禮를 행했다. 상사賞賜가 매우 특별해 흡족해하는 첨흡沾洽의 모습을 보이지 않는 자가 없었다.

임성任城산동성 제영현을 지나다가 정균鄭均의 집에 들러 상서의 녹봉을 하사하며 종신토록 지급하게 했다. 당시 사람들이 그를 두고 평민의 옷을 입은 상서라는 의미에서 '백의상서白衣尚書'로 불렀다.

6) 2월 15일, 황제가 정도定陶산동성 정도현에서 밭을 가는 적전藉田의식을 거행했다.

2월 21일, 태산泰山으로 행차한 뒤 도착을 알리는 불을 지펴 4악四岳의 으뜸이라는 취지의 명칭인 대종岱宗 즉 태산에 고했다. 더 나아가 봉고奉高산동성 태안현로 행차했다.

2월 22일, 봉고의 서남쪽에 있는 문산汶山의 명당明堂에서 오제五帝에게 종사宗祀를 지냈다.

2월 26일, 천하에 사면령을 내렸다. 더 나아가 제남濟南으로 행차했다.

3월 6일, 노魯 땅으로 행차했다.

3월 17일, 공자의 옛 거주지인 궐리闕里에 이르러 공자와 그의 제자 72명에게 제사를 올렸다. 6대六代의 음악[93]을 연주했다. 공씨 성을 지닌 20세 이상의 남자 62명을 모았다. 황제가 공희孔僖에게 말했다.

"오늘의 모임이 정녕 경卿의 공씨 종족에게 광영光榮이 되겠소?"

공희가 대답했다.

---

93   6대六代는 황제黃帝와 요堯, 순舜, 우禹, 탕湯, 주周를 가리킨다. 각 시대의 음악은 각각 「운문雲門」, 「함지咸池」, 「대소大韶」, 「대하大夏」, 「대호大護」, 「대무大武」로 불렸다.

"신이 듣건대 명왕明王과 성주聖主는 스승을 높이고 도를 귀하게 하는 존사귀도尊師貴道를 하지 않은 경우가 없었습니다. 지금 폐하는 친히 만승萬乘의 높은 몸을 굽히고, 욕되게도 폐리敝里에 왕림했습니다. 이는 선사先師인 공자를 숭례崇禮하고, 성덕聖德을 더욱 빛나게 한 것입니다. '광영'이라고까지 높여 주시니 신은 감히 그 영광을 이을 수조차 없습니다."

황제가 대소大笑했다.

"성인의 자손이 아니라면 어찌 이런 말을 하겠소!"

공희를 낭중으로 삼았다.

7) 3월 19일, 황제가 동평東平산동성 동평현으로 행차했다가 숙부인 동평헌왕 유창劉蒼을 추념追念한 뒤 유창의 여러 자식들에게 말했다.

"그를 생각해 그 고향에 왔는데, 그곳은 그대로 있으나 그는 가고 없소."

그러고는 눈물을 흘리며 소매를 적시는 첨금沾襟을 했다. 마침내 동평헌왕의 능묘에 행차해 태뢰太牢로 제사를 지냈다. 친히 사당에서 그의 신위에 절한 뒤 슬피 울며 슬픔을 모두 드러내는 곡읍진애哭泣盡哀를 했다.

한명제 때 동평헌왕이 표기장군을 사직하고 봉국으로 갈 때 표기부驃騎府의 관원으로 있던 정목丁牧과 주허周栩는 휘하의 선비를 애현愛賢하는 동평헌왕을 차마 떠나보낼 수 없었다. 이내 사직한 뒤 왕가王家의 대부가 되어 수십 년 동안 조부에서 손자까지 섬겼다.

황제가 이 소식을 듣고는 모두 인견引見했다. 그들의 직위가 그 자리에 머무는 엄체淹滯의 모습을 보인 것을 민망하게 생각하고 또 동평헌왕의 미덕을 선양하기 위해 모두 의랑議郞으로 발탁했다.

3월 22일, 동아東阿산동성 곡양현에 행차해 북쪽 태항산太行山에 올랐다가 천정관天井關산서성 진성현 남쪽에 이르렀다.

여름 4월 6일, 환궁했다.

4월 11일, 조상의 사당인 조녜祖禰로 가서 천하순행 사항을 고했다.

8) 5월, 강릉왕江陵王 유공劉恭을 육안왕六安王으로 개봉했다.

9) 가을 7월 23일, 조서를 내렸다.

"『춘추』에서는 삼정三正[94]을 중히 여기고, 삼미三微를 신중히 하라고 했다. 정해진 법률에는 한겨울인 11월과 12월에는 죄수를 처결하지 말라고 했다. 겨울의 첫 달인 10월까지만 처결해야 할 것이다."

10) 겨울, 남흉노의 제29대 선우인 난제선欒提宣이 군사를 파견해 북흉노의 온우독왕溫禺犢王과 탁야산涿邪山몽골 남쪽 경계에서 싸운 뒤 참획斬獲해 돌아갔다. 무위武威 태수 맹운孟雲이 상언했다.

"북흉노는 전에 이미 한나라와 화친和親했는데, 남흉노가 다시 가서 초략抄掠했습니다. 북흉노의 선우는 한나라가 자신들을 속였다고 생각해 변새를 침범하려고 모의하고 있습니다. 의당 남흉노가 노략한 생구生口를 돌려주어 그들의 마음을 위안해주어야 할 것입니다."

백관에게 조서를 내려 이를 논의하게 했다. 태위 정홍鄭弘과 사공 제오륜第五倫은 이를 허락할 수 없다고 했으나 사도 환우桓虞와 태복太僕 원안은 의당 돌려주어야 한다고 생각했다. 정홍이 이내 격려激厲의 목소리로 환우를 향해 크게 말했다.

"여러 사람이 의당 생구를 돌려주어야 한다고 말하나, 이는 모두 불충이다!"

환우가 조정에서 큰 소리로 꾸짖자, 제오륜과 대홍려 위표韋彪가 각각 작색作色하며 안색이 바뀌었다. 사례교위가 정홍 등을 거론해 상주하자

94　삼정三正은 하은주 3대三代가 각각 음력 1월, 음력 12월, 음력 11월을 정월로 삼은 것을 가리킨다. 삼미三微는 만물이 모두 미세한 움직임을 보이기 시작하는 삼정의 시작을 뜻한다.

정홍 등이 모두 인수를 바치고 사죄했다. 황제가 조서로 회보했다.

"오래 논의해도 침체沉滯되는 것은 각각 뜻하는 바가 있기 때문이오. 대개 일이란 의논한 것을 좇게 마련이고, 정책은 여러 사람으로부터 정해지고, 화락하며 중도적인 은은간간誾誾衎衎은 예의를 갖춘 모습을 얻게 되오. 아무 말도 하지 않은 채 마음에 있는 것을 누르는 침묵억심寢嘿抑心 역시 조정의 복이 아닐 것이오. 그대들은 왜 특별히 깊이 사죄하는 심사深謝를 하려는 것이오! 각자 관을 쓰고 신을 신도록 하시오!"

황제가 마침내 이런 조서를 내렸다.

"강해江海가 능히 백천百川보다 긴 것은 아래에 머물기 때문이다. 조금 몸을 낮춘다고 한들 어찌 병이 들겠는가! 하물며 지금 흉노와는 군신의 명분을 정해놓고, 하는 말이 공손하고 약속도 분명한 사순약명辭順約明의 자세로 공헌貢獻이 잇달아 도착하고 있다. 어찌 의당 신의를 어겨 스스로 굽었다는 얘기를 들을 수 있겠는가! 도료장군度遼將軍 겸 영중랑장領中郎將인 방분龐奮에게 명하니, 남흉노가 얻은 생구를 갑절의 돈을 주고 사서 북흉노에게 보상하도록 하라. 또 남흉노가 적의 목을 베거나 포로로 잡은 참수획생斬首獲生의 공은 그 실적을 계산해 상을 수여하되 관례를 좇도록 하라."

** 起旃蒙作噩, 盡重光單閼, 凡七年.

肅宗孝章皇帝元和二年

春, 正月, 乙酉, 詔曰, "令云, '民有產子者, 復勿算三歲' 今諸懷妊者, 賜胎養穀人三斛, 復其夫勿算一歲. 著以為令!" 又詔三公曰, "夫俗吏矯飾外貌, 似是而非, 朕甚厭之, 甚苦之! 安靜之吏, 悃愊無華, 日計不足, 月計有餘. 如襄城令劉方, 吏民同聲謂之不煩, 雖未有它異, 斯亦殆近之矣! 夫以苛為察, 以刻為明, 以輕為德, 以重為威, 四者或興, 則下有怨心. 吾詔書數下, 冠蓋接道, 而吏不加治, 民或失職, 其咎安在? 勉思舊令, 稱朕意焉!"

北匈奴大人車利涿兵等亡來入塞, 凡七十三輩. 時北虜衰耗, 黨衆離畔, 南部攻其前, 丁零寇其後, 鮮卑擊其左, 西域侵其右, 不復自立, 乃遠引而去.

南單于長死, 單于汗之子宣立, 為伊屠於閭鞮單于.

『太初曆』施行百餘年, 曆稍後天. 上命治曆編訢·李梵等綜校其狀, 作『四分曆』. 二月, 甲寅, 始施行之. 帝之為太子也, 受『尚書』於東郡太守汝南張酺. 丙辰, 帝東巡, 幸東郡, 引酺及門生并郡縣掾史并會庭中. 帝先備弟子之儀, 使酺講『尚書』一篇, 然後修君臣之禮. 賞賜殊特, 莫不沾洽. 行過任城, 幸鄭均舍, 賜尚書祿以終其身, 時人號為"白衣尚書."

乙丑, 帝耕於定陶. 辛未, 幸泰山, 柴告岱宗. 進幸奉高. 壬申, 宗祀五帝於汶上明堂. 丙子, 赦天下. 戊寅, 進幸濟南. 三月, 己丑, 幸魯, 庚寅, 祠孔子於闕里, 及七十二弟子, 作六代之樂, 大會孔氏男子二十以上者六十二人. 帝謂孔僖曰, "今日之會, 寧於卿宗有光榮乎?" 對曰, "臣聞明王聖主, 莫不尊師貴道. 今陛下親屈萬乘, 辱臨敝里, 此乃崇禮先師, 增輝聖德. 至於光榮, 非所敢承." 帝大笑曰, "非聖者子孫焉有斯言乎!" 拜僖郎中.

壬辰, 帝幸東平, 追念獻王, 謂其諸子曰, "思其人, 至其鄉. 其處在, 其人亡." 因泣下沾襟. 遂幸獻王陵, 祠以太牢, 親拜祠坐, 哭泣盡哀. 獻王之歸國也, 驃騎府吏丁牧·周栩以王愛賢下士, 不忍去之, 遂為王家大夫數十年, 事祖及孫. 帝聞之, 皆引見, 既愍其淹滯, 且欲揚獻王德美, 即皆擢為議郎. 乙未, 幸東阿, 北登太行山, 至天井關. 夏, 四月, 乙卯, 還宮. 庚申, 假於祖禰.

五月, 徙江陵王恭為六安王.

秋, 七月, 庚子, 詔曰, "『春秋』重三正, 慎三微. 其定律無以十一月·十二月報囚, 止用冬初十月而已."

冬, 南單于遣兵與北虜溫禺犢王戰於涿邪山, 斬獲而還. 武威太守孟雲上言曰, "北虜以前既和親, 而南部復往抄掠, 北單于謂漢欺之, 謀欲犯塞, 謂宜還南所掠生口以慰安其意." 詔百官議於朝堂. 太尉鄭弘·司空第五倫以為不可許, 司徒桓虞及太僕袁安以為當與之. 弘因大言激厲虞曰, "諸言當還生口者, 皆為不忠!" 虞廷叱之, 倫及大鴻臚韋彪各作色變容. 司隸校尉舉奏弘等, 弘等皆上印綬謝. 詔報曰, "久議沉滯, 各有所志, 蓋事以議從, 策由眾定, 闇闇衍衍, 得禮之容, 寢嘿抑心, 更非朝廷之福. 君何尤而深謝! 其各冠覆!" 帝乃下詔曰, "江海所以能長百川者, 以其下之也. 少加屈下, 尚何足病! 況今與匈奴君臣分定, 辭順約明, 貢獻累至, 豈宜違信, 自受其曲! 其敕度遼及領中郎將龐奮, 倍雇南部所得生口以還北虜. 其南部斬首獲生, 計功受賞, 如常科."

한장제 원화 3년(AD 86)

1) 봄 정월 20일, 황제가 북순北巡했다.

1월 27일, 회현懷縣하남성 무척현에서 적전藉田을 했다.

2월 21일, 시어사侍御史와 사공司空에게 명했다.

"바야흐로 봄이니, 지나는 곳에서 농작물에 손해를 끼치거나 살상을 하는 일이 없도록 하라. 수레는 이끌어 피할 수 있으면 피해서 지나가도록 하라. 또 거가를 끄는 4필 중 가운데 있는 두 마리 말인 복마服馬를 뺀 양 옆의 비마騑馬는 좁은 곳을 지날 때 수레를 정지시켜 풀어주는 철해輟解가 가능하면 풀어주도록 하여 백성들의 농작물을 해치지 않도록 하라."

2월 24일, 중산中山하북성 정현에 행차했다가 장성長城 밖으로 나갔다.

2월 29일, 중산으로 돌아온 뒤 원씨元氏하북성 원씨현까지 행차했다.

3월 6일, 더 나아가 조趙 땅까지 행차했다가 19일에 환궁했다.

2) 태위 정홍鄭弘이 누차 시중 두헌竇憲의 권세가 너무 성하다고 진술했다. 그 말이 심히 고절苦切했다. 두헌이 이를 아파했다. 마침 정홍이 두헌의 무리인 상서 장림張林과 낙양雒陽 현령 양광楊光이 관직에 있으면서 재물을 탐하고 잔혹한 짓를 하는 탐잔貪殘을 행했다고 상주했다. 상서가 올라가자 관원이 양광과 예전부터 아는 사이여서 이를 알려주었다. 양광이 두헌에게 보고하자 두헌은 정홍이 대신의 신분으로 밀사密事를 누설漏洩했다고 상주했다. 황제가 정홍을 나무라는 힐양詰讓을 했다.

여름 4월 23일, 정홍의 인수를 거둬들였다. 정홍이 자진해 정위延尉에게 갔으나 황제가 조칙을 내려 그를 출옥하게 했다. 이어 정홍이 사직을 청하는 걸해골乞骸骨을 하여 귀향하고자 했으나 황제가 아직 허락하지 않았다. 병이 위독해지자 상서하여 진사陳謝했다.

"두헌의 간악은 천지를 꿰는 관천달지貫天達地를 하고 있고, 해내가 모두 의혹을 품고 있고, 현우賢愚를 막론하고 모두 그를 질오疾惡하고 있습니다. 이들은 말하기를, '두헌이 무슨 술책으로 주상을 미혹하게 만드는 것인가! 근자에 빚어진 외척 왕망 등에 의한 화란인 왕씨지화王氏之禍가 밝게 빛나는 병연昺然의 모습으로 눈에 보일 터에 말이다'라고 합니다. 폐하는 천자라는 지존의 위치에 있어 만세까지 이어질 왕조를 보호해야 합니다. 무함과 아첨을 일삼는 참녕지신讒佞之臣의 말을 믿고 존망의 기틀을 헤아리지 않고 있습니다. 신은 비록 목숨이 귀각晷刻인 경각에 달려 있기는 하나 죽더라도 충성을 잊을 수 없는 사불망충死不忘忠의 입장입니다. 원컨대 폐하는 요임금 때의 흉악한 관원인 사흉四凶과 같은 자의 목을 베고, 사람과 귀신이 분노로 묶인 인귀분결人鬼憤結의 바람을 만족시키도록 하십시오!"

황제가 이 상주문을 살펴본 뒤 의원을 보내 정흥의 병을 살피게 했다. 의원이 도착할 즈음 이미 훙거薨去했다.

3) 대사농 송유宋由를 태위로 삼았다.

4) 사공 제오륜第五倫이 노병老病으로 인해 사직을 청하는 이른바 걸신乞身[95]을 했다.

5월 3일, 책서를 내려 물러나게 한 뒤 종신토록 2천석의 녹봉을 받게 했다. 제오륜은 공무를 할 때 온 정성을 기울였다. 언사言事에 머뭇거리며 결단하지 못하는 의위依違[96]의 모습이 없었다. 소박하며 성실한 질각質慤과 꾸밈이 거의 없는 소문채少文采의 성품이었다. 공직에 있는 동안 정숙하고 결백한 정백貞白 즉 청백淸白의 모습을 보였다는 칭송을 들었다. 혹자가 제오륜에게 이같이 물은 적이 있다.

"공公은 사사로움이 없습니까?"

제오륜이 이같이 대답했다.

"옛날 어떤 사람이 나에게 천리마를 보내온 일이 있소. 나는 비록 받지 않았으나 삼공이 사람을 뽑는 선거選擧를 할 때마다 이 사람을 잊을 수가 없었소. 끝내 그 사람을 채용하지는 않았소. 이런 일이라면 어찌 사사로움이 없다고 말할 수 있겠소!"

95　걸신乞身은 원래 몸을 돌려달라는 뜻으로 관직에 나가는 출사出仕를 군주에게 몸을 맡기는 것으로 간주한 데서 나온 표현이다. 늙어서 물러나고자 할 때 위임했던 몸을 원래의 상태로 돌린다는 취지에서 '걸신'으로 표현한 것이다. 해골을 고향에 묻기 위해 사직을 청한다는 취지의 걸해골乞骸骨과 같은 뜻이다. '걸해골'은 약자인 걸해乞骸로도 사용된다. 70세의 연령이 되어 퇴직하는 것은 치사致仕로 표현한다.

96　의위依違는 크게 2가지 뜻이 있다. 첫째, 순종 또는 위배하는 식으로 유예猶豫하며 결정치 못하는 유예불결猶豫不決을 뜻한다. 둘째, 믿고 의지하는 의장依仗의 뜻이다. 여기서는 첫 번째 의미로 사용된 것이다.

태복太僕 원안袁安을 사공으로 삼았다.

5) 가을 8월 24일, 황제가 안읍安邑산서성 하현으로 행차해 염지鹽池를 둘러봤다.

9월, 환궁했다.

6) 소당燒當의 강족 미오迷吾가 다시 동생 호오號吾 및 여러 종족과 함께 반란을 일으켰다. 호오가 먼저 경무장으로 침입해 농서隴西 일대를 노략했다. 봉화를 관리하는 독봉연督烽掾 이장李章이 호오를 추격해 생포한 뒤 군군郡으로 데려왔다. 호오가 말했다.

"오직 나만을 죽인다면 우리 강족에게 아무런 손해가 없소. 실로 내가 돌아갈 수만 있다면 반드시 파병罷兵하고 다시는 변새를 침범하지 않을 것이오."

농서 태수 장우張紆가 그를 풀어주어 보냈다. 강족이 즉시 해산한 뒤 각자 고지故地로 돌아갔다. 미오도 하북河北 즉 봉류대하逢留大河청해성 귀덕현 북쪽로 물러나 귀의성歸義城에 거주했다.

7) 소륵疏勒의 왕인 충忠이 강거康居의 왕으로부터 군사를 빌려 돌아간 뒤 손중損中[97]을 점거하고, 사자를 보내 거짓으로 반초에게 항복했다. 반초가 저들의 간사한 사항詐降(속셈)을 알고 짐짓 허락했다. 소륵왕 충이 경무장을 한 기병을 반초에게 보내자 반초가 이들을 참수한 데 이어 그 무리를 쳐서 깨뜨렸다. 마침내 서역으로 가는 남쪽 길인 남도南道가 개통된 배경이다.

8) 역모죄로 쫓겨난 초왕 유영劉英의 모친인 초국楚國의 허태후許太后

---

97   손중損中은 『속한서』에도 '손중'으로 나오나 『동관한기』에는 돈중頓中으로 되어 있다. 호삼성은 『서역전』에서 한영제漢靈帝 건녕 3년인 170년 당시 양주涼州 자사 맹타孟佗가 군사를 파견해 소륵을 토벌할 때 정중성楨中城을 공격했다고 기록해 놓은 '정중성'이 바로 '손중'이라고 했다. 정확한 위치는 아직 알려져 있지 않다.

가 훙거했다. 조서를 내려 유영의 무덤을 개장改葬한 뒤 작위를 추봉追封하면서 초려후楚厲侯의 시호를 추시追諡했다.

9) 황제가 영천潁川 출신 곽궁郭躬을 정위廷尉로 삼았다. 옥사를 판결해 형을 정하는 결옥단형決獄斷刑의 과정에서 긍휼히 생각해 용서해 주는 긍서矜恕가 많았다. 중형에 처하도록 되어 있는 조문에서 가볍게 처벌할 수 있는 41개의 조문을 골라내 상주했다. 이들 모두 시행됐다.

10) 600석의 박사博士인 노국魯國 출신 조포曹褒가 상소上疏했다.

"의당 문물에 관한 제도를 확정해 한나라의 예제를 훤히 드러내는 저성著成을 해야 합니다",

태상太常 소감巢堪이 건의했다.

"일세一世의 대전大典을 조포가 결정할 바가 아니니, 허락하지 마십시오."

황제는 제유諸儒가 옛 것에 얽매이는 구련拘攣으로 인해 새로운 것을 시도하는 게 어렵다는 것을 알았다. 조정의 예제에 관한 기본법인 예헌禮憲은 의당 때에 맞춰 만들어야 하는 까닭에 이내 조포를 2천석의 시중侍中에 제수했다.

황궁의 현무문玄武門을 지키는 사마司馬 반고班固가 건의했다.

"의당 널리 제유諸儒를 모은 뒤 그 득실을 논의하도록 해야 합니다."

황제가 말했다.

"속언에 이르기를, '길가에 집을 지으면 3년이 걸려도 완성치 못한다'고 했소. 예의에 일가견을 지닌 자들을 모아 놓으면 명분상 자신의 주장을 뒷받침하는 여러 얘기를 그러모은 뒤 서로 의심하며 이론異論을 제기하는 탓에 글을 써내려가는 일이 불가능할 것이오. 옛날 요임금은 악곡인 <대장大章>을 만들 때 단 1명의 악관인 기夔만으로도 충분했소."

春, 正月, 丙申, 帝北巡, 辛丑, 耕於懷. 二月, 乙丑, 敕侍御史·司
空曰, "方春所過, 無得有所伐殺, 車可以引避, 引避之. 騑馬可輟解,
輟解之." 戊辰, 進幸中山, 出長城. 癸酉, 還, 幸元氏. 三月, 己卯,
進幸趙. 辛卯, 還宮. 太尉鄭弘數陳侍中竇憲權勢太盛, 言甚苦切,
憲疾之. 會弘奏憲黨尚書張林·雒陽令楊光在官貪殘. 書奏, 吏與光
故舊, 因以告之, 光報憲. 憲奏弘大臣, 漏洩密事, 帝詰讓弘. 夏, 四
月, 丙寅, 收弘印綬. 弘自詣廷尉, 詔敕出之, 因乞骸骨歸, 未許. 病
篤, 上書陳謝曰, "竇憲奸惡, 貫天達地, 海內疑惑, 賢愚疾惡, 謂'憲
何術以迷主上! 近日王氏之禍, 昺然可見'陛下處天子之尊, 保萬世
之祚, 而信讒佞之臣, 不計存亡之機. 臣雖命在晷刻, 死不忘忠, 願
陛下誅四凶之罪, 以厭人鬼憤結之望!" 帝省章, 遣醫視弘病, 比至,
已薨.

以大司農宋由為太尉.

司空第五倫以老病乞身, 五月, 丙子, 賜策罷, 以二千石俸終其身.
倫奉公盡節, 言事無所依違. 性質慤, 少文采, 在位以貞白稱. 或問
倫曰, "公有私乎?" 對曰, "昔人有與吾千里馬者, 吾雖不受, 每三公有
所選舉, 心不能忘, 而亦終不用也. 若是者, 豈可謂無私乎!"

以太僕袁安為司空.

秋, 八月, 乙丑, 帝幸安邑, 觀鹽池. 九月, 還宮.

燒當羌迷吾復與弟號吾及諸種反. 號吾先輕入, 寇隴西界, 督烽掾
李章追之, 生得號吾, 將詣郡. 號吾曰, "獨殺我, 無損於羌. 誠得生
歸, 必悉罷兵, 不復犯塞." 隴西太守張紆放遣之, 羌即為解散, 各歸
故地. 迷吾退居河北歸義城.

疏勒王忠從康居王借兵, 還據損中, 遣使詐降於班超, 超知其奸而

偽許之. 忠從輕騎詣超, 超斬之, 因擊破其眾, 南道遂通.

楚許太后薨. 詔改葬楚王英, 追爵諡曰楚厲侯.

帝以潁川郭躬爲廷尉. 決獄斷刑, 多依矜恕, 條諸重文可從輕者四十一, 奏之, 事皆施行.

博士魯國曹褒上疏, 以爲"宜定文制, 著成漢禮", 太常巢堪以爲"一世大典, 非褒所定, 不可許." 帝知諸儒拘攣, 難與圖始, 朝廷禮憲, 宜以時立, 乃拜褒侍中. 玄武司馬班固以爲"宜廣集諸儒, 共議得失." 帝曰, "諺言, '作舍道邊, 三年不成' 會禮之家, 名爲聚訟, 互生疑異, 筆不得下, 昔堯作『大章』, 一夔足矣."

한장제 장화章和 원년(AD 87)

1) 봄 정월, 황제가 조포曹褒를 불러 한고제 때 숙손통叔孫通이 지은 『한의漢儀』12편을 건네며 말했다.

"이 제도는 산만하며 소략한 산략散略의 모습을 보이고 있고, 대부분 경전에 부합하지 않소. 지금 의당 예법에 의거해 조목별로 바로잡고 이내 시행할 수 있도록 만드시오."

2) 호강교위護羌校尉 부육傅育이 소당燒當의 강족을 토벌하려 했다. 그들이 지난해에 항복한 까닭에 출병하지 않는 대신 사람들을 모집한 뒤 이간책을 구사해 여러 강족과 호족이 서로 다투게 만드는 방안을 강구했다. 강족과 호족이 이를 수긍하지 않다가 마침내 다시 반란을 일으킨 뒤 변새 밖으로 나가 미오迷吾에게 의탁했다.

부육이 제군諸郡의 병사 수만 명을 동원해 함께 강족을 공격할 수 있게 해달라고 청했다. 아직 다 모이지 않았지만 3월에 이르러 부육이 단독으로 진군했다. 강족의 수령인 미오가 이 소식을 듣고는 여막과 촌락인 여락廬落을 이사시켜 떠났다. 부육이 정기精騎 3,000명을 이끌고 추격해 밤에 삼두곡三兜谷청해호 부근에 이르렀다. 아직 방비하지 못한 상태에서 미오가 이들을 습격해 대파하고, 부육과 그의 이사吏士 880명을 죽였다.

여러 군郡의 병사가 도착했을 때는 이미 강족이 인거引去한 뒤였다. 조서를 내려 농서隴西 태수 장우張紆를 교위로 삼은 뒤 1만 명의 군사를 이끌고 가 임강臨羌청해성 황원현에 주둔하게 했다.

3) 여름 6월 2일, 사도 환우桓虞가 면직됐다.

6월 계묘癸卯, 사공 원안袁安을 사도, 광록훈光祿勳 임외任隈를 사공으로 삼았다. 임외는 임광任光의 아들이다.

4) 제왕齊王 유황劉晃과 동생인 이후利侯 유강劉剛, 생모가 아닌 모후인 태희太姬가 다시 서로를 무고誣告했다.

가을 7월 8일, 조서를 내려 유황의 작위를 깎아 무호후蕪湖侯로 삼고, 유강의 식읍을 삭감해 3,000호로 하고, 태희의 인새와 인수를 거둬들였다.

5) 7월 17일, 한명제의 아들인 회양경왕淮陽頃王 유병劉昞이 훙거했다.

6) 선비鮮卑가 흉노의 왼쪽 지역으로 침입해 북흉노를 쳐 대파했다. 우유優留 선우의 목을 베고 돌아갔다.

7) 강족의 수령인 미오가 다시 여러 종족과 함께 금성金城의 변새로 쳐들어가자 농서 태수 장우張紆가 종사從事인 하내河內 출신 사마방司馬防을 파견해 그들과 목승곡木乘谷에서 싸우게 했다. 미오의 병사가 패주하면서 통역을 통해 투항하려 했다. 장우가 이를 받아들였다. 미오가 무리를 이끌고 임강臨羌에 도착하자 장우가 군사를 많이 모은 뒤 연회를 베풀었다. 도중에 독주毒酒를 먹여 살해하고, 복병伏兵을 이용해 수령 800여 명을 죽였다. 미오의 머리를 베어 부육의 무덤에 제사를 지낸 뒤 다시 군사를 풀어 나머지 무리를 멋대로 공격하게 했다. 이때 수천 명을 참획斬獲했다.

미오의 아들 미당迷唐이 여러 종족과 함께 이전의 원한관계를 푼 뒤 결혼과 인질교환의 방법으로 힘을 합쳐 대유곡大楡谷과 소유곡小楡谷에서 반기를 들었다. 이들 종족의 숫자가 많고 설욕의 원한으로 인해 기세가 치성熾盛했던 까닭에 장우가 능히 제압할 수 없었다.

8) 7월 21일, 소서를 내려 상서로운 물건들이 여전히 수집되는 까닭에 연호를 장화章和로 바꿨다. 이때 경사京師에는 사방에서 여러 차례 상서로운 징조인 가서嘉瑞가 나타났다. 앞뒤로 수백 내지 수천 개나 되어 이 일을 말하는 자들 모두 미사美事로 생각했다. 태위부太尉府의 연리掾吏인 평릉平陵섬서성 함양시 동북쪽 출신 하창何敞만이 홀로 이를 나쁜 일로 생각했다. 이내 태위 송유宋由와 원안袁安에게 말했다.

"무릇 서조瑞兆는 은덕을 베푸는 것에 감응해 오는 것이고, 재앙과 이변은 잘못된 정사를 좇아서 오는 것이다. 지금 이상한 새인 이조異鳥가 궁전의 지붕에서 날고, 괴이한 풀인 괴초怪草가 궁전의 뜰에서 자라고 있다. 이를 잘 살피지 않으면 안 된다!"

송유와 원안은 두려운 나머지 감히 대답하지 못했다.

9) 8월 8일, 황제가 남순南巡했다.

8월 23일, 양국梁國하남성 상구시에 행차했다.

8월 30일, 패국沛國안휘성 수계현에 행차했다.

10) 일식이 있었다.

11) 9월 5일, 황제가 팽성彭城강소성 서주시에 행차했다.

9월 16일, 수춘壽春안휘성 수현에 행차했다. 역모 사건에 연루되어 강등 됐던 부릉후阜陵侯 유연劉延을 다시 부릉왕阜陵王으로 책봉했다.

9월 24일, 여음汝陰안휘성 부양현에 행차했다.

겨울 10월 12일, 환궁했다.

12) 북흉노에 대란이 일어났다. 굴난저屈蘭儲 등 58개 부部, 인구 28만

명이 운중雲中과 오원五原, 삭방朔方, 북지北地에서 와 항복했다.

13) 조포曹襃가 구전舊典에 의거하고『오경五經』과 도참서인『참기讖記』의 글을 섞어 천자로부터 서인庶人에 이르기까지 관혼길흉冠婚吉凶의 종시終始 제도에 관한 차례를 정했다. 모두 150편이었다. 이를 상주하자 황제는 중론眾論이 시끄러우면 하나로 통일하기 어렵다고 판단했다. 단지 받아들이기만 한 뒤 다시 유사로 하여금 상주한 사항의 시행 여부를 검토해 올리는 평주平奏를 하지 못하도록 한 이유다.

14) 이해에 반초가 우전于寘 등 서역 제국諸國의 군사 총 25,000명을 동원해 사차莎車를 공격했다. 구자龜玆의 왕이 온숙溫宿과 고묵姑墨, 위두尉頭의 군사 총 5만 명을 동원해 이를 구했다. 반초가 휘하 장교를 비롯해 우전의 왕을 불러 대책을 의논했다.

"지금 병력이 적어 대적하지 못하는 병소부적兵少不敵의 상황이오. 가장 좋은 계책으로는 각기 휘하 군사를 이끌고 산거散去하는 계책보다 나은 게 없소. 우전은 여기서 동쪽으로 가도록 하고, 장병장사將兵長史인 내가 이끄는 군사 역시 여기서 서쪽으로 갔다가 돌아온 뒤 밤까지 기다렸다가 북소리가 난 연후에 출발하는 게 좋을 듯하오."

그러고는 은밀히 사로잡은 사람을 풀어주었다.

구자의 왕은 이 소식을 듣고는 크게 기뻐했다. 스스로 기병 1만여 명을 이끌고 서쪽 변경 지역에서 반초의 군사를 차단했다. 온숙왕은 8,000기騎를 이끌고 동쪽 경계 지역에서 우전국을 막았다.

반초는 이들 두 나라가 이미 출발한 것을 알고 비밀리에 여러 부部를 불러 군사를 정비하는 늑병勒兵을 하여 계명雞鳴에 말을 달려 사차의 본영으로 향했다. 오족들이 크게 놀라고 혼란스러워하며 분주奔走했다. 쫓아가 참수한 것이 5,000여 급에 달했다. 사차莎車가 마침내 항복했고, 구자 등도 이어서 각기 퇴산退散했다. 이후 서역에서 한나라의 위엄이 떨치게 됐다.

春, 正月, 帝召襃, 授以叔孫通『漢儀』十二篇曰, "此制散略, 多不合經, 今宜依禮條正, 使可施行."

護羌校尉傅育欲伐燒當羌, 為其新降, 不欲出兵, 乃募人鬪諸羌·胡. 羌·胡不肯, 遂復叛出塞, 更依迷吾. 育請發諸郡兵數萬人共擊羌. 未及會, 三月, 育獨進軍. 迷吾聞之, 徙廬落去. 育遣精騎三千窮追之, 夜, 至三兜谷, 不設備, 迷吾襲擊, 大破之, 殺育及吏士八百八十人. 及諸郡兵到, 羌遂引去. 詔以隴西太守張紆為校尉, 將萬人屯臨羌.

夏, 六月, 戊辰, 司徒桓虞免. 癸卯, 以司空袁安為司徒, 光祿勳任隗為司空. 隗, 光之子也.

齊王晃及弟利侯剛, 與母太姬更相誣告. 秋, 七月, 癸卯, 詔貶晃爵為蕪湖侯, 削剛戶三千, 收太姬璽綬.

壬子, 淮陽頃王昞薨.

鮮卑入左地, 擊北匈奴, 大破之, 斬優留單于而還.

羌豪迷吾復與諸種寇金城塞, 張紆遣從事河內司馬防與戰於木乘谷. 迷吾兵敗走, 因譯使欲降, 紆納之. 迷吾將人眾詣臨羌, 紆設兵大會, 施毒酒中, 伏兵殺其酋豪八百餘人, 斬迷吾頭以祭傅育塚, 復放兵擊其餘眾, 斬獲數千人. 迷吾子迷唐, 與諸種解仇, 結婚交質, 據大·小榆谷以叛, 種眾熾盛, 張紆不能制.

壬戌, 詔以瑞物仍集, 改元章和. 是時, 京師四方屢有嘉瑞, 前後數百千, 言事者咸以為美. 而太尉掾平陵何敞獨惡之, 謂宋由·袁安曰, "夫瑞應依德而至, 災異緣政而生. 今異鳥翔於殿屋, 怪草生於庭際, 不可不察!"由·安懼不敢答.

八月, 癸酉, 帝南巡. 戊子, 幸梁. 乙未晦, 幸沛.

日有食之.

九月, 庚子, 帝幸彭城. 辛亥, 幸壽春. 復封阜陵侯延為阜陵王. 己未, 幸汝陰. 冬, 十月, 丙子, 還宮.

北匈奴大亂, 屈蘭儲等五十八部·口二十八萬詣雲中·五原·朔方·北地降.

曹襃依準舊典, 雜以『五經』『讖記』之文, 撰次天子至於庶人冠·婚·吉·凶終始制度凡百五十篇, 奏之. 帝以眾論難一, 故但納之, 不復令有司平奏.

是歲, 班超發于寘諸國兵共二萬五千人擊莎車, 龜茲王發溫宿·姑墨·尉頭兵合五萬人救之. 超召將校乃于寘王議曰, "今兵少不敵, 其計莫若各散去. 于寘從是而東, 長史亦於此西歸, 可須夜鼓聲而發." 陰緩所得生口. 龜茲王聞之, 大喜, 自以萬騎於西界遮超, 溫宿王將八千騎於東界徼于寘. 超知二虜已出, 密召諸部勒兵. 雞鳴, 馳赴莎車營. 胡大驚亂, 奔走, 追斬五千餘級. 莎車遂降, 龜茲等因各退散. 自是威震西域.

한장제 장화 2년(AD 88)

1) 봄 정월, 제남왕濟南王 유강劉康과 부릉왕阜陵王 유연劉延, 중산왕中山王 유언劉焉이 내조했다. 황상은 성품이 관인寬仁하고, 친친親親에 돈독했다. 숙부인 제남왕과 중산왕 등 두 왕이 매번 자주 입조할 때마다 특별히 은총을 더하고, 여러 형제들로 하여금 나란히 경사에 머물며 취국就國하지 못하게 한 이유다. 또 여러 군신들에게 내리는 상사賞賜가 제도의 한도를 크게 넘어 창탕倉帑이 텅 비게 됐다. 태위부의 연사掾史인 하창何

敞이 태위 송유宋由에게 이를 자세히 기록해 보고했다.

"해마다 홍수와 한재인 수한水旱이 들어 백성들은 곡식을 수확하지 못했습니다. 양주涼州의 연변緣邊에 사는 사람들은 집집마다 흉해凶害를 입었습니다. 중원지역인 중주中州의 내군內郡에서도 공사公私를 막론하고 모두 재산이 굴갈屈竭됐습니다. 지금은 실로 먹는 것을 줄이고 사용하는 물건을 절약하는 손선절용損膳節用의 시기입니다. 국은國恩은 하늘이 덮어주고 땅이 받쳐주는 복재覆載를 하는 것과 같은데, 상으로 내리는 것이 과도過度합니다. 다만 연말에 하사하는 이른바 납사臘賜만 볼지라도 낭관 이상의 벼슬에서 공경과 왕후王侯 이하까지 이르니 탕장帑藏이 텅 비고 고갈돼, 국자國資를 손모損耗하고 있습니다. 관청에서 사용하는 것은 모두 백성들의 힘으로 만든 것입니다. 명군은 하사하는 물품인 사뢰賜賚를 마땅히 품급에 따라 제한을 두게 마련입니다. 충신이 수상受賞할 때 역시 한도가 있습니다. 하나라 우왕이 공신에게 검은 색의 옥홀玉笏인 현규玄圭를 내리고, 소공召公이 주공周公에게 5필의 비단묶음인 속백束帛을 내린 게 그렇습니다. 지금 명공明公은 자리는 존귀하고 임무는 막중해 그 책무가 심대深大합니다. 위로는 의당 강기綱紀를 광정匡正하고, 아래로는 의당 일반백성인 원원元元을 구제해 안정시키는 제안濟安을 해야 합니다. 어찌하여 단지 삼가는 자세만 지키는 공공무위空空無違의 모습을 보이는 것입니까? 의당 먼저 자신을 올바르게 하여 아랫사람을 이끄는 정기솔하正己率下의 자세로 하사받은 것을 돌려보내면서 그 득실을 진술하고, 왕후들이 취국就國하도록 상주하고, 원유苑囿에 대한 금령을 없애고, 쓸데없는 비용을 줄이는 절생부비節省浮費를 행하고, 가난하고 곤궁한 자를 구제하는 진휼공구賑恤窮孤를 시행해야 합니다. 이런 식으로 은택이 아래로 널리 퍼지면 일반백성인 여서黎庶가 크게 기뻐하며 좋아하는 열예悅豫를 할 것입니다."

송유가 이를 채용할 수 없었다. 상서인 남양南陽 출신 송의宋意가 상소했다.

"폐하는 지효至孝가 더욱 피어오르는 증증烝烝의 모습을 보이고 있고, 친인親人에 대한 은혜가 융심隆深하고, 제왕諸王을 예우로 총애하고 있습니다. 한 집에 사는 사람처럼 수레를 타고 올 때 사마문司馬門에 내치지 않은 채 궁전의 문을 들어오게 허락하고, 자리에 앉으면서도 불배不拜하도록 배려하고, 맛있는 음식을 가려 상으로 내리는 분감손선分甘損膳을 행하고, 상사賞賜가 매우 우악優渥한 게 그렇습니다. 또 유강劉康과 유언劉焉은 방계의 서자인 지서支庶인데도 대국에 봉후되어 향유하고 있습니다. 이는 폐하의 은총이 제도를 뛰어넘는 유제逾制, 예경禮敬이 도를 넘는 과도過度에 해당합니다. 『춘추』의 대의에 따르면 제왕의 여러 부친 항렬인 제부諸父와 곤제昆弟를 두고 신하로 대할 수 없는 대상인 불신不臣으로 언급한 경우가 한 군데도 없습니다. 존비를 엄히 가리는 이른바 존존비비尊尊卑卑를 통해 줄기가 되는 자를 튼튼히 만들고 가지가 되는 자를 약하게 만드는 강간약지强幹弱枝가 기본 취지입니다. 폐하는 덕업德業을 융성히 하여 의당 만세의 전법典法이 되어야 합니다. 의당 사은私恩으로 상하의 질서를 훼손시켜서는 안 되고, 군신 간의 바른 모습을 잃어서는 안 됩니다. 또한 서평왕西平王 유선劉羨 등 6명의 왕은 모두 처자식을 거느리며 한 가정을 이루고 있고, 관속이 구비되어 있습니다. 의당 번국으로 돌아가 자손들의 터전인 기지基址가 되도록 해야 할 것입니다. 그들의 저택이 잇달아 붙어 있는데다 오래도록 경사 주변을 배회하는 식으로 머무는 구반경읍久磐京邑을 하고 있어 교만하고 사치한 교사驕奢와 분수를 뛰어넘어 의복과 수레 등을 황상과 비슷하게 하는 참의僭擬의 모습을 보이고 있습니다. 이는 총애와 봉록이 지나치게 과한 탓입니다. 의당 차마 못할 정을 끊는 할정불인割情不忍과 의로써 은혜를 끊는 이의단은以義斷恩의

자세로 유강劉康과 유언劉焉에게 각기 번국으로 돌아가도록 하고, 유선劉
羨 등에게 속히 떠나기 편한 시기를 결정하도록 해야 합니다. 그래야 중인
衆人의 원망怨望을 막을 수 있습니다."

황제가 아직도 그들을 보내지 않았다.

2) 1월 29일[98], 황제가 장덕전전章德前殿에서 붕어했다. 향년 31세였다.
유조遺詔에서 말했다.

"침묘寢廟를 세우지 말고, 모두 선제의 법제와 같게 하라."

범엽范曄이 『후한서後漢書』「숙종효장제기肅宗孝章帝紀」에서 논했다.

"위문제魏文帝 조비曹丕는 칭송하기를, '한명제는 잘 살피는 찰찰察察,
한장제는 너그러운 장자長者의 모습을 보였다'고 했다. 한장제는 평소 사
람들이 한명제의 가절苛切한 행보를 싫어한 것을 잘 안 까닭에 일을 처리
할 때 늘 관후寬厚한 모습을 보였다. 명덕태후明德太后인 마태후를 봉승
奉承해 진심盡心으로 효도했다. 요역과 부세를 줄이는 평요간부平徭簡賦
를 행해 백성들이 그 은덕을 입었다. 또 몸소 충서忠恕를 행하면서 예악禮
樂으로 이를 아름답게 문식文飾했다. 위문제 조비가 그를 두고 '장자長
者'라고 평한 것이 또한 타당하지 않은가!"

3) 태자인 유조劉肇가 한화제漢和帝로 즉위했다. 나이는 10세였다. 황
후 두씨竇氏를 황태후로 높였다.

4) 3월 5일, 유조遺詔에 따라 서평왕 유선劉羨을 진왕陳王, 육안왕六安
王 유공劉恭을 팽성왕彭城王으로 삼았다.

5) 3월 11일, 효장황제孝章皇帝를 경릉敬陵하남성 낙양시 동남쪽에 장사지
냈다.

---

98   임진壬辰이다. 1월에 임진일이 없다. 29일인 임술壬戌의 오자로 보인다. 번역문은
바꿔 놓았다.

6) 남흉노의 제29대 선우인 난제선欒提宣이 죽고 제28대 선우인 난제장欒提長의 동생 난제둔도하欒提屯屠何가 뒤를 이어 제30대 선우인 휴란시축후제休蘭屍逐侯鞮 선우가 됐다.

7) 두태후가 대리청정代理聽政을 위해 임조臨朝했다. 두헌竇憲이 시중侍中으로서 안에서 기밀機密을 주관한 뒤 나와서 고명誥命을 선포했다. 동생 두독竇篤이 호본중랑장虎賁中郎將, 두독의 두 동생 두경竇景과 두괴竇瓌가 나란히 중상시中常侍에 임명됐다. 형제가 모두 황제 지근거리의 요직에 있게 된 것이다. 두헌의 빈객 최인崔駰이 서신을 보내 두헌에게 경계했다.

"『전傳』에 이르기를, '나면서부터 부유한 자는 교만하고, 나면서부터 귀한 자는 오만하다'[99]고 했소. 나면서부터 부귀한 자 치고 교오驕傲하지 않는 자는 아직 없었소. 지금 총록寵祿이 처음으로 우뚝 솟아 백료百僚의 행보를 살펴볼 수 있게 됐소. 어찌 『시경』에 나오듯이 '바라건대 밤낮없이 노력해 중인衆人의 신망을 길이 받기를 바라네!'[100]의 바람을 실천하지 않을 수 있겠소? 옛날 한원제가 총애한 풍첩여馮婕妤의 오라비인 풍야왕馮野王은 외척으로서 높은 자리에 있으면서도 행실이 뛰어나 현신賢臣이라는 칭송을 들었소. 근자에 위위衛尉를 지낸 음흥陰興은 극기복례克己復禮를 실천해 종신토록 많은 복을 누릴 수 있었소. 외척으로서 당대에 기롱譏弄을 받고, 후대에 허물을 드리우는 수건垂愆을 한 것은 대개 가득

99　원문은 '생이부자교生而富者驕, 생이귀자오生而貴者傲'이다. 『군서치요群書治要』 문자文子』에는 『문자』 권35에서 인용한 '생이귀자교生而貴者驕, 생이부자사生而富者奢' 구절이 실려 있다. 본문의 『전傳』은 『문자』를 지칭한 것으로 보인다. 『논어』 「헌문」에는 공자가 가난하면서 원망이 없기는 어렵고, 부유하면서 교만이 없기는 쉽다는 취지로 언급한 '빈이무원난貧而無怨難, 부이무교이富而無驕易' 구절이 나온다.

100　원문은 '서기숙야庶 幾夙夜, 이영종예以永終譽'이다. 『시경』 「주송周頌, 진로振鷺」의 구절을 인용한 것이다.

채우기만 할 뿐 겸양하지 않는 만이불읍滿而不挹과 지위가 넉넉한데도 인덕仁德이 부족한 위존덕박位尊德薄의 모습을 보였기 때문이었소. 한나라가 일어난 이후 한애제와 한평제 때에 이르기까지 외척 20명 가운데 일족과 자신의 몸을 보전한 보족전신保族全身을 이룬 사람은 겨우 4명에 불과했소.[101] 『서경』에서 은나라의 패망을 스스로 경계의 거울로 삼는 은감殷鑑의 사례가 먼 옛날이 아니라는 취지의 '감어유은鑒於有殷'[102]을 언급한 이유가 그러하니 가히 신중히 행동하지 않을 수 있겠소!"

8) 3월 18일, 황태후가 조서를 내렸다.

"옛 태위였던 등표鄧彪를 태부太傅로 삼고, 관내후의 작위를 내리고, 녹상서사錄尚書事에 제수한다. 모든 관부는 모든 것을 총괄해 그에게 보

---

101 보족전신保族全身을 이루거나 멸문지화滅門之禍 등을 당한 외척을 살펴보면 다음과 같다. 화를 당한 집안은 모두 16개 집안이다. 첫째, 한고제 유방의 처인 여후呂后의 집안은 여후 사후 멸족됐다. 둘째, 한혜제의 처인 장언張嫣의 집안으로 축출을 당했다. 셋째, 한문제의 모친인 박태후薄太后의 동생 박소薄昭가 피살되고, 조카 손녀인 박황후가 폐위됐다. 넷째, 한문제의 처인 두황후의 조카인 두영이 피살됐다. 다섯째, 한문제의 처 진교陳嬌가 쫓겨났다. 여섯째, 한무제의 처 위자부衛子夫의 모자와 조손이 자살했다. 일곱째, 한소제의 모친 조구과趙鉤弋가 피살됐다. 여덟째, 한소제의 처인 상관上官 황후 일족이 멸족됐다. 아홉째, 한선제의 조모 사량제史良娣가 자살했다. 열째, 한선제의 모친인 왕부인王夫人의 질손인 왕안王安이 피살됐다. 열한째, 한선제의 처 곽성군霍成君의 일족이 멸족됐다. 열두째, 한성제 때 허황후許皇后가 폐출되고 일족이 주살을 당했다. 열셋째, 한성제의 처 조비연 자매가 자살했다. 열넷째, 한애제의 조모인 부태후의 종제從弟인 부안傅晏이 황무지로 유배를 갔다. 열다섯째, 한평제의 조모 풍원馮媛이 자살했다. 열여섯째, 한평제의 생모인 위씨衛氏 일족이 멸족됐다. 화를 당하지 않은 집안은 모두 4개 집안이다. 첫째, 한경제의 처 왕지王娡 집안이다. 둘째, 폐제 유하劉賀의 처 이씨李氏 집안이다. 셋째, 한선제의 처 왕씨王氏 집안이다. 넷째, 한애제의 모친 정희丁姬 집안이다.

102 『서경』「주서周書, 소고召誥」에서 군주는 처신을 삼가고, 덕을 공경하지 않으면 안 된다. 하나라를 거울로 삼지 않을 수 없고, 나아가 은나라를 거울로 삼지 않을 수 없다는 취지로 언급한 '왕경작소王敬作所, 불가불경덕不可不敬德. 아불가불감우유하我不可不監于有夏, 역불가불감우유은亦不可不監于有殷' 구절에서 인용한 것이다. 「소고」 '감우유은監于有殷' 구절의 감監은 거울 감鑒, 어조사 우于는 어於와 통한다.

고하도록 하라."

두헌은 등표가 의롭고 겸양하는 성품인데다 선제인 한명제가 존중하고, 인후仁厚하여 순종을 잘하는 태도를 보인 까닭에 크게 존숭했다. 두헌은 내심 시행하고자 하는 일이 있으면 매번 밖에서는 등표에게 상주문을 올리고, 안에서는 태후에게 고한 까닭에 안 되는 일이 없었다. 등표는 그 자리에 있으면서 수신修身만 할 수 있을 뿐 다른 것을 광정匡正하는 게 불가능했다. 두헌은 성정이 과급果急했다. 눈살을 찌푸릴 정도의 원한인 애자지원睚眦之怨만 있어도 보복하지 않은 적이 없었다. 한명제의 영평永平 연간에 알자 한우韓紆가 두헌의 부친인 두훈竇勳의 옥사를 조사한 적이 있다. 두헌은 마침내 빈객을 시켜 한우 아들의 목을 베게 하고, 그 수급을 갖고 자신의 부친인 두훈의 무덤에 가서 제사를 지냈다.

9) 3월 계해, 진왕陳王 유선劉羨과 팽성왕彭城王 유공劉恭, 낙성왕樂成王 유당劉黨, 하비왕下邳王 유연劉衍 양왕梁王 유창劉暢이 처음으로 취국就國했다.

10) 여름 4월 17일, 유조遺詔를 토대로 각 군국郡國의 염철鹽鐵에 관한 금령을 해제하고, 백성들로 하여금 사적으로 소금이나 주철을 생산하게 했다.

11) 5월, 경사에 한재旱災가 있었다.

12) 북흉노에 기근이 들어 혼란스러워지자 남흉노에 투항한 자가 1년에 수천 명에 달했다.

가을 7월, 남흉노의 제30대 선우 난제둔도하欒提屯屠何가 상언上言했다.

"의당 북흉노와 분쟁하게 됐으니 출병하여 토벌함으로써 북쪽을 합병해 일국一國을 만들고자 합니다. 한가漢家로 하여금 오래도록 북쪽에 대한 염려를 없게 만들려는 것입니다. 신 등은 한지漢地에서 생장해 입을 벌려 먹을 것을 우러러보는 개구앙식開口仰食과 때마다 내려주는 상을 받는 세시상사歲時賞賜의 은덕을 입었고, 움직였다 하면 번번이 억만 금을 받았습니다. 비록 옷을 늘어뜨린 채 팔짱을 끼며 편히 베개를 베는 수공안침垂拱安枕을 하면서도 보효報效를 하지 못한 것을 부끄럽게 생각한 이유입니다. 원컨대 국중國中과 여러 부部에 살고 있는 호족胡族과 새로 투항한 사람들로 정병精兵을 꾸린 뒤 길을 나눠 나란히 진격하는 분도병출分道幷出을 하면 대략 올해 12월에 북흉노의 땅에서 회동을 기약할 수 있을 것입니다. 신의 병사들은 단출하고 적어 안팎을 모두 방어하기에는 부족합니다. 원컨대 집금오執金吾 경병耿秉과 도료장군度遼將軍 등홍鄧鴻을 비롯해 서하西河와 운중雲中, 오원五原, 삭방朔方, 상군上郡 태수 등을 파견해 병력幷力하여 북진하게 하십시오. 성제聖帝의 위신威神으로 일거에 북흉노를 평정할 수 있을 것입니다. 신의 나라의 성패는 금년 중에 결정될 수 있습니다. 이미 여러 부部에 명을 내려 병마兵馬를 엄히 단속하게 했습니다. 오직 태후가 재단하여 결정하길 애원할 뿐입니다!"

두태후가 이를 경병에게 보여주었다. 경병이 상언했다.

"옛날 한무제는 천하의 힘을 하나로 모아 흉노를 신하로 삼고자 했으나 천시를 만나지 못해 일이 끝내 이뤄지지 못했습니다. 지금 다행히도 하늘이 내려준 기회를 만나 북흉노가 분쟁을 하고 있습니다. 이적夷狄으로 이적을 토벌하는 이이벌이以夷伐夷는 국가의 이익입니다. 의당 그 요구를 청허聽許해야 합니다."

나아가 경병은 황은을 입게 된 바를 언급하면서 도리에 맞게 의당 목숨을 다해 보답하겠다고 대답했다. 두태후가 의논하면서 이를 좇고자 했다. 상서 송의宋意가 상서했다.

"무릇 융적戎狄은 예의를 간단하고 천하게 생각하는 까닭에 위아래의 구별이 없고, 강자가 영웅이 되며 약자가 바로 굴복합니다. 한나라가 일어난 이래 자주 정벌에 나섰지만 얻은 것이 일찍이 잃은 것을 보충하지 못했습니다. 광무황제는 몸소 쇠와 가죽으로 된 갑옷을 입는 어려움인 금혁지난金革之難을 행하면서 천지의 밝음을 깊이 비춰, 그들이 내항來降하면 기미책羈縻策을 구사해 축양畜養했습니다. 덕분에 변민邊民이 생업에 종사하고, 노역勞役을 하며 휴식休息할 수 있었습니다. 남흉노가 항복한 지 어언 40여 년이 흘렀습니다. 지금 선비鮮卑가 한나라에 봉순奉順한 이후 참획斬獲한 숫자가 1만 명을 헤아리고 있고, 중국中國은 앉아서 대공을 향유하는 사이 백성들은 그 수고를 모르고 있습니다. 한나라가 일어나 세운 공열功烈 가운데 이때에 이르러 가장 극성한 상황입니다. 그리된 것은 이적들이 서로 공격함으로써 한나라 군사에 아무런 손해를 끼치지 않았기 때문입니다. 신은 선비가 흉노를 침벌侵伐한 정황을 살피건대 저들은 바로 그 약탈한 물건으로 이익을 보려는 것입니다. 성조聖朝인 한나라에 그들이 세운 공로를 바치는 것은 바로 중상重賞을 얻으려는 욕심에서 나온 것입니다. 지금 만일 남흉노의 요구를 들어주어 저들이 북쪽으로 돌아가 북정北庭에 도읍을 하면 선비의 행동을 금제禁制하지 않을 수 없습니다. 그 경우 선비는 밖으로는 폭력을 통해 노략을 하고자 하는 희망을 잃게 되고, 안으로는 중국에 대해 공을 세워 포상을 받을 수 없게 됩니다. 시랑豺狼이 탐람貪婪을 부리듯이 반드시 변새에 근심거리가 생길 것입니다. 지금 북흉노가 서쪽으로 달아나 화친을 청하고 있습니다. 의당 저들이 귀부하는 것을 이용해 밖의 울타리인 외한外扞으로 삼도록 하십시오. 우뚝 솟은 위업인 외외지업巍巍之業이 이보다 더 나을 수는 없을 것입니다. 만일 병사를 이끌고 나가 전재錢財를 소비하는 식으로 남흉노의 계책을 좇는 것은 앉아서 상략上略을 잃는 것과 같습니다. 안정을 버리고 위험으로 나아가는 거안즉위去安即危 상황이 됩니다. 실로 허락해서는 안 됩니다."

마침 제상왕齊殤王의 아들 도향후都鄕侯 유창劉暢이 한장제 유달劉炟의 장례인 국우國憂에 조문하기 위해 왔다. 두태후가 자주 그를 불러서 보자 두헌은 궁중의 권력을 나눠가질까 염려한 나머지 자객을 보내 경사에 주둔하는 군대인 둔위屯衛 안에서 칼로 척살하게 하고, 그 죄를 유창의 동생인 이후利侯 유강劉剛에게 돌렸다. 이내 시어사侍御史와 멀리 떨어진 청주靑州의 자사에게 명해 유강 등을 여러 방향으로 조사하게 했다. 상서인 영천潁川 출신 한릉韓稜이 건의했다.

"도적은 경사京師에 있을 터인데 가까운 곳을 버리고 먼 곳에 법정을 세워 묻는 사근문원舍近問遠을 하는 것은 마땅치 않습니다. 간신들의 웃음거리가 될까 걱정입니다."

두태후가 화를 내며 한릉을 절책切責했다. 한릉이 자신의 의론을 고집固執했다. 태위부太尉府 적조賊曹 하창何敞이 상서 송유宋由에게 말했다.

"유창은 종실의 폐부肺腑와 같은 인물입니다. 봉토를 지닌 번신藩臣으로 와서 큰 상례인 대우大憂를 조문한 뒤 서신을 올린 채 회보를 기다리고 있습니다. 그 자신은 무장으로 호위하고 있는데 이렇게 잔혹한 일을 당했습니다. 법을 받드는 관원인 봉헌지리奉憲之吏는 방향도 없이 이를 토포討捕하고자 하나 종적蹤跡은 드러나지 않고, 주범의 이름도 찾지 못하는 상황입니다. 저 하창은 고굉股肱과 같은 신하로서 직책이 도적을 잡는 적조賊曹입니다. 친히 사건이 발생한 곳에 가서 그 변고를 규명하고자 합니다. 사도와 사공 등 두 부府의 집사執事는 삼공三公은 적도賊盜를 잡는 일에 간여치 않는다고 여기고 있습니다. 공은 간특奸慝한 자를 내버려 두어도 허물이 되지는 않습니다. 청컨대 저 하창이 단독으로 이 사안을 조사해 보고토록 하겠습니다."

송유가 이내 허락했다. 사도부와 사공부는 하창이 이 일을 수행하게 됐다는 소식을 듣고는 모두 주관하는 자들을 파견해 하창을 따르게 했다. 이에 자세히 조사하는 추거推舉가 이뤄졌고, 모든 게 사실로 밝혀졌다. 두태후가 이 소식을 듣고 대로했다. 두헌은 내궁內宮에 갇힌 뒤 주살을 당할까 두려운 나머지 이내 흉노를 격파해 속죄贖罪하는 방식으로 죽음을 면하려 했다.

겨울 10월 17일, 두헌을 거기장군으로 삼은 뒤 북흉노를 토벌하게 했다. 집금오 경병이 부직副職을 맡고, 북군北軍의 5교校를 비롯해 여양黎陽과 옹영雍營 등 변경 일대 12개 군郡의 기사騎士와 강족羌族 및 호병胡兵을 동원한 뒤 곧 출새出塞했다.

13) 공경들이 옛 장액張掖 태수 등훈鄧訓을 천거하자 장우張紆를 대신해 호강교위護羌校尉로 삼았다. 소당燒唐 강족의 우두머리인 미당迷唐이 1만 기騎를 이끌고 새하塞下로 왔다. 아직은 감히 등훈을 공격하지 못하고, 먼저 소월지小月氏의 호족을 협박하려 했다.

등훈이 소월지의 호족을 옹위擁衛하며 싸우지 말게 했다. 의논하던 자들은 강족과 호족이 서로 공격하는 것이 현관縣官 즉 조정에 이롭다고 여겨 의당 금지 또는 보호 대상으로 삼아서는 안 된다고 했다. 등훈이 말했다.

"장우張紆는 신의를 잃어 많은 강족이 크게 동요하고 있는 까닭에 양주涼州 이민吏民의 운명은 실낱 및 머리카락 줄에 매달려 있는 형국입니다. 원래 여러 호족의 마음을 얻기가 어려웠던 것은 모두 은신恩信이 두텁지 않았기 때문입니다. 지금 그들이 급히 쫓기게 된 것을 이용해 은덕으로 품어주면 거의 능히 써먹을 수 있을 것입니다."

마침내 성문과 호강교위인 등훈 자신의 관서 후원인 원문園門을 연 뒤 여러 흉노의 처자를 몰아 모두 받아들이고, 엄병嚴兵들로 하여금 수위守衛하도록 했다. 강족은 약탈하려다가 얻은 게 없고, 또 감히 흉노의 여러 부족을 압박하지 못하자 곧바로 해산하여 떠났다. 황중湟中청해성 동북부의 여러 호족들이 모두 말했다.

"한가漢家는 늘 우리와 싸우려고만 한다. 이번의 등사군鄧使君은 우리를 은신恩信으로 대하고 있다. 문을 열어 우리의 처자를 받아들인 게 그렇다. 이는 바로 부모를 얻은 것과 같다!"

모두 환희歡喜하며 고두叩頭했다.

"오직 등사군은 명령만 내리십시오!"

등훈이 마침내 이들을 무양撫養하며 교유敎諭했다. 어른과 아이를 막론하고 감열感悅하지 않은 자가 없었다. 이에 상으로 여러 강족들에게 상으로 뇌물을 주도록 하면서 서로 초청하고 유인하는 초유招誘를 하게 했다. 미당迷唐의 숙부인 호오號吾가 그의 종족 800호戶를 이끌고 내항來降했다. 등훈이 이어 황중에 사는 진인秦人 즉 한인漢人을 비롯해 호족胡族과 강족羌族으로 구성된 병사 4,000명을 이끌고 출새出塞했다. 미당을 사곡寫谷 청해성 귀덕현 서쪽에서 엄격掩擊해 격파했다. 미당이 이내 대유곡大榆谷과 소유곡小榆谷을 따라 파암곡頗巖谷에 거주하자 무리들이 모두 이산했다.

* 肅宗孝章皇帝章和二年

春, 正月, 濟南王康·阜陵王延·中山王焉來朝. 上性寬仁, 篤於親親, 故叔父濟南·中山二王, 每數入朝, 特加恩寵, 及諸昆弟幷留京師, 不遣就國. 又賞賜群臣, 過於制度, 倉帑爲虛. 何敞奏記宋由曰, "比年水旱, 民不收穫. 涼州緣邊, 家被凶害. 中州內郡, 公私屈竭. 此實損膳節用之時, 國恩覆載, 賞賚過度, 但聞臘賜, 自郞官以上, 公卿·王侯以下, 至於空竭帑藏, 損耗國資. 尋公家之用, 皆百姓之力. 明君賜賚, 宜有品制. 忠臣受賞, 亦應有度. 是以夏禹玄圭, 周公束帛. 今明公位尊任重, 責深負大, 上當匡正綱紀, 下當濟安元元, 豈但空空無違而已哉! 宜先正己以率群下, 還所得賜, 因陳得失, 奏王侯就國, 除苑囿之禁, 節省浮費, 賑恤窮孤, 則恩澤下暢, 黎庶悅豫矣." 由不能用. 尚書南陽宋意上疏曰, "陛下至孝烝烝, 恩家隆深, 禮寵諸王, 同之家人, 車入殿門, 即席不拜, 分甘損膳, 賞賜優渥. 康·焉幸以支庶, 享食大國, 陛下恩寵逾制, 禮敬過度. 『春秋』之義, 諸父·昆弟, 無所不臣, 所以尊尊卑卑, 強幹弱枝者也. 陛下德業隆盛, 當為萬世典法, 不宜以私恩損上下之序, 失君臣之正. 又西平王羨等六王, 皆妻子成家, 官屬備具, 當早就蕃國, 為子孫基址. 而室第相望, 久磐京邑, 驕奢僭擬, 寵祿隆過. 宜割情不忍, 以義斷恩, 發遣康·焉, 各歸蕃國, 令羨等速就便時, 以塞眾望." 帝未及遣.

壬辰, 帝崩於章德前殿, 年三十一. 遣詔曰, "無起寢廟, 一如先帝法制."

范曄論曰, "魏文帝稱明帝察察, 章帝長者. 章帝素知人厭明帝苛切, 事從寬厚. 奉承明德太后, 盡心孝道. 平徭簡賦, 而民賴其慶. 又體之以忠恕, 文之以禮樂. 謂之長者, 不亦宜乎!"

太子即位, 年十歲, 尊皇后曰皇太后.

三月, 丁酉, 用遺詔徙西平王羨為陳王, 六安王恭為彭城王.

癸卯, 葬孝章皇帝於敬陵.

南單于宣死, 單于長之弟屯屠何立, 為休蘭屍逐侯鞮單于.

太后臨朝, 竇憲以侍中內干機密, 出宣誥命. 弟篤為虎賁中郎將, 篤弟景瑗·瓌幷為中常侍, 兄弟皆在親要之地. 憲客崔駰以書戒憲曰, "『傳』曰, '生而富者驕, 生而貴者傲' 生富貴而能不驕傲者, 未之有也. 今寵祿初隆, 百僚觀行, 豈可不'庶幾夙夜, 以永終譽'乎? 昔馮野王以外戚居位, 稱為賢臣. 近陰衛尉克己復禮, 終受多福. 外戚所以獲譏於時, 垂愆於後者, 蓋在滿而不挹, 位有餘而仁不足也. 漢興以後, 迄於哀·平, 外家二十, 保族全身, 四人而已. 『書』曰, '鑒於有殷' 可不慎哉!"

庚戌, 皇太后詔曰, "以故太尉鄧彪為太傅, 賜爵關內侯, 錄尚書 事, 百官總已以聽." 竇憲以彪有義讓, 先帝所敬, 而仁厚委隨, 故尊 崇之. 其所施為, 輒外令彪奏, 內白太后, 事無不從. 彪在位, 修身而 已, 不能有所匡正. 憲性果急, 睚眦之怨, 莫不報復. 永平時, 謁者 韓紆考劾憲父勳獄, 憲遂令客斬紆子, 以首祭勳塚.

癸亥, 陳王羨·彭城王恭·樂成王黨·下邳王衍·梁王暢始就國.

夏, 四月, 戊寅, 以遺詔罷郡國鹽鐵之禁, 縱民煮鑄.

五月, 京師旱.

北匈奴饑亂, 降南部者歲數千人. 秋, 七月, 南單于上言曰, "宜及北 虜分爭, 出兵討伐, 破北成南, 幷為一國, 令漢家長無北念. 臣等生 長漢地, 開口仰食, 歲時賞賜, 動輒億萬, 雖垂拱安枕, 慚無報效之 義, 願發國中及諸部故胡新降精兵, 分道幷出, 期十二月同會虜地. 臣兵眾單少, 不足以防內外, 願遣執金吾耿秉·度遼將軍鄧鴻及西河· 雲中·五原·朔方·上郡太守幷力而北. 冀因聖帝威神, 一舉平定. 臣國 成敗, 要在今年, 已敕諸部嚴兵馬, 唯裁哀省察!" 太后以示耿秉. 秉 上言曰, "昔武帝單極天下, 欲臣虜匈奴, 未遇天時, 事遂無成. 今幸 遭天授, 北虜分爭, 以夷伐夷, 國家之利, 宜可聽許." 秉因自陳受恩, 分當出命效用. 太后議欲從之. 尚書宋意上書曰, "夫戎狄簡賤禮義, 無有上下, 強者為雄, 弱即屈服. 自漢興以來, 征伐數矣. 其所克獲, 曾不補害. 光武皇帝躬服金革之難, 深昭天地之明, 故因其來降, 羈 縻畜養, 邊民得生, 勞役休息, 於茲四十餘年矣. 今鮮卑奉順, 斬獲 萬數, 中國坐享大功, 而百姓不知其勞. 漢興功烈, 於斯為盛. 所以 然者, 夷虜相攻, 無損漢兵者也. 臣察鮮卑侵伐匈奴, 正是利其抄掠及歸功聖朝, 實由貪得重賞. 今若聽南虜還都北庭, 則不得不禁制鮮卑. 鮮卑外失暴掠之願, 內無功勞之賞, 豺狼貪婪, 必為邊患. 今北虜西遁, 請求和親, 宜因其歸附, 以為外扞, 巍巍之業, 無以過此. 若引兵費賦, 以順南虜, 則坐失上略, 去安即危矣. 誠不可許."

會齊殤王子都鄉侯暢來弔國憂, 太后數召見之, 竇憲懼暢分宮省之權, 遣客刺殺暢於屯衛之中, 而歸罪於暢弟利侯剛, 乃使侍御史與青州刺史雜考剛等. 尚書潁川韓稜以為"賊在京師, 不宜舍近問遠, 恐為奸臣所笑." 太后怒, 以切責稜, 稜固執其議. 何敞說宋由曰, "暢宗室肺府, 茅土藩臣, 來弔大憂, 上書須報, 親在武衛, 致此殘酷. 奉憲之吏, 莫適討捕, 蹤跡不顯, 主名不立. 敞備數股肱, 職典賊曹, 欲親至發所, 以紏其變. 而二府執事以為故事. 三公不與賊盜. 公縱奸慝, 莫以為咎. 敞請獨奏案之." 由乃許焉. 二府聞敞行, 皆遣主者隨之. 於是推舉, 具得事實. 太后怒, 閉憲於內宮. 憲懼誅, 因自求擊匈奴以贖死. 冬, 十月, 乙亥, 以憲為車騎將軍, 伐北匈奴, 以執金吾耿秉為副. 發北軍五校·黎陽·雍營·緣邊十二郡騎士及羌·胡兵出塞.

公卿舉故張掖太守鄧訓代張紆為護羌校尉. 迷唐率兵萬騎來至塞下, 未敢攻訓, 先欲脅小月氏胡. 訓擁衛小月氏胡, 令不得戰. 議者咸以羌·胡相攻, 縣官之利, 不宜禁護. 訓曰, "張紆失信, 眾羌大動, 涼州吏民, 命縣絲髮. 原諸胡所以難得意者, 皆恩信不厚耳. 今因其追急, 以德懷之, 庶能有用." 遂令開城及所居園門, 悉驅群胡妻子內之, 嚴兵守衛. 羌掠無所得, 又不敢逼諸胡, 因即解去. 由是湟中諸胡皆言曰, "漢家常欲鬭我曹. 今鄧使君待我以恩信, 開門內我妻子, 乃是得父母也!" 咸歡喜叩頭曰, "唯使君所命!" 訓遂撫養教諭, 小大莫不感悅. 於是賞賂諸羌種, 使相招誘, 迷唐叔父號吾將其種人

八百戶來降. 訓因發湟中秦·胡·羌兵四千人出塞, 掩擊迷唐於寫谷,
破之, 迷唐乃去大·小楡, 居頗巖谷, 眾悉離散.

한화제漢和帝 영원永元 원년(AD 89)

1) 봄, 미당迷唐이 고지故地로 복귀하려 했다. 등훈이 황중湟中에 있는
6,000명의 군사를 동원해 장사長史 임상任尚으로 하여금 이들을 이끌고
가 가죽을 꿰매 배를 만든 뒤 대로 만든 뗏목인 비革 위에 얹어 놓고 황
하를 건넜다. 도하 뒤 미당을 습격해 대파했다. 참수한 것이 앞뒤로 1,800
여 급에 달했고, 포로로 잡은 생구生口가 2,000명이고, 마우양馬牛羊이
모두 3만여 두頭였다. 이 일로 이 종족은 거의 모두 사라졌다.

미당이 나머지 무리를 수습해 서쪽으로 1,000여 리를 옮겼다. 그에게
귀부했던 여러 부락의 작은 종족이 모두 그를 배반했다. 소당 강족의 우
두머리인 동호東號가 머리를 조아리며 귀부해 죽음을 달게 받겠다고 밝
혔다. 나머지 사람들도 모두 변새를 찾아와 인질을 바쳤다. 이에 등훈이
귀부한 자들을 받아 위무하자 한나라의 위신威信이 크게 행해졌다. 마침
내 둔병屯兵을 파한 뒤 각각 소속했던 군군郡으로 돌아가게 했다. 오직 형
도刑徒 2,000여 명만 그곳에 남아 둔전을 하면서 작은 성채나 마을 단위
의 담장인 이른바 오벽塢壁을 수리하게 했을 뿐이다.

2) 두헌竇憲이 장차 흉노를 정벌하려 했다. 삼공三公과 구경九卿이 조
당朝堂으로 나아가 이같이 상서하여 간했다.

"흉노가 변새를 침범하지 않는데 무고無故히 군사를 힘들게 하여 멀리
원정을 가는 노사원섭勞師遠涉의 자세로 국용國用을 소비하며 1만 리 밖
에서 공을 세우고자 하는 것은 사직을 위한 계책이 아닙니다."

서신이 잇달아 올라왔으나 번번이 뒤로 미루며 덮어버렸다. 송유宋由
가 두려운 나머지 서명하는 논의에 참여하지 않았고, 여러 경卿들도 조금

씩 스스로 움츠러들어 중지했다. 오직 원안袁安과 임외任隗만이 자신이 옳다는 생각을 지키며 입장을 바꾸지 않았다. 관모를 벗은 채 조당朝堂에서 고집스럽게 다투고 앞뒤로 10여 차례 글을 올리자 많은 사람들이 위구危懼를 느꼈다. 그러나 원안과 임외는 태도를 바로하며 태연한 정색자약正色自若의 모습을 보였다. 시어사 노공魯恭이 상소했다.

"국가國家는 새로이 한장제가 붕어하는 대우大憂를 만났고, 폐하는 바야흐로 군주의 복상기간인 양음諒陰[103] 중에 있고, 백성들은 군주를 보지 못하는 궐연闕然의 상황입니다. 한장제의 붕어 후 여름과 가을 및 겨울 등의 삼시三時가 지났으나 아직 황제의 거동을 알리며 경계시키는 경필警蹕의 소리를 듣지 못했습니다. 내심 황은을 가슴에 품고 당혹해하지 않는 자가 없으니, 마치 찾으려고 해도 찾지 못하는 모습과 닮았습니다. 지금 이내 성춘盛春의 계절인데 군역軍役으로 천하를 요동擾動시켜 융이戎夷를 상대하고자 합니다. 실로 중원의 백성들에게 은혜를 내리는 수은垂恩과 연호를 고쳐 시기를 바로잡는 개원정시改元正時의 조치를 안팎으로 확산하는 방안이 될 수 없습니다. 만민萬民은 하늘이 낳습니다. 하늘이 자신의 소생을 아끼는 것은 마치 부모가 그 자식을 아끼는 것과 같습니다. 한 가지 물건이라도 있어야 할 곳을 얻지 못하면 정기正氣가 어그러지고 섞이는 천착舛錯이 빚어집니다. 하물며 사람의 경우이겠습니까? 애민자愛民者에게 반드시 하늘의 보답이 있는 이유입니다. 무릇 융적戎狄은 사방의 이상한 기운 속에서 사는 까닭에 조수鳥獸와 다름이 없습니다. 만일 그들이 중원에 잡거雜居하게 되면 천기의 착란錯亂이 일어나 선인善人을 오욕污辱하게 됩니다. 성왕이 이들을 다루면서 일면 견제하고 일면 기

103　양음諒陰은 군주의 복상기간을 가리킨다. 판본에 따라 양암諒暗, 양암諒闇 등으로 표현해 놓았다. 모두 같은 말이다. 양음亮陰, 양음凉陰 등으로도 표현한다.

르는 기미책羈縻策을 통해 이들이 멸절되지 않게 하는 이유입니다. 지금 흉노는 선비에게 격파돼 멀리 사후하史侯河 서쪽에 숨어버렸습니다. 변새에서 수천 리 떨어져 있습니다. 그 허모虛耗에 올라타 그들의 미약微弱한 상황을 이용하려 드는 것은 의로운 생각에서 나온 게 아닙니다.

시금 저음으로 군사를 징발하면서 대사농의 조도調度가 부족하게 되자 상하가 서로 다그치고 있습니다. 이로 인해 백성들이 급하게 서두르는 모습이 매우 심한 상태입니다. 군료群僚와 백성들 모두 '불가不可'를 얘기하고 있는데 폐하 홀로 어찌하여 일인지계一人之計로 만인지명萬人之命을 버리면서까지 그들의 충언을 긍휼히 여기지 않는 것입니까? 위로는 천심天心을 보고, 아래로는 인지人志를 살피면 족히 그 일의 득실을 알 수 있습니다. 신은 장차 중원의 중국中國이 이전의 중국이 되지 못할까 두렵습니다. 그것이 어찌 다만 흉노로 인한 것뿐이겠습니까?"

상서령尚書令 한릉韓稜과 기도위騎都尉 주휘朱暉, 의랑議郎인 경조京兆 출신 악회樂恢 모두 상소문을 올려 간했으나 태후가 듣지 않았다.

또 사자에게 조서를 내려 두헌의 동생 두독竇篤과 두경竇景을 위해 나란히 그들의 저제邸第를 짓게 했다. 백성을 노역勞役에 동원했다. 시어사 하창何敞이 상소했다.

"신이 듣건대 흉노가 흉포하고 패역한 천역桀逆의 모습을 보인 지 오래됐습니다. 한고제가 당한 평성平城의 포위와 흉노가 여후에게 보낸 외설스런 서신인 만서慢書의 수치가 그렇습니다. 이 두 가지 모욕의 경우 신자臣子는 몸을 내던져 반드시 죽기로 원수를 갚는 이른바 연구필사捐軀必死의 모습을 보여야 했습니다. 당시 한고제와 여후는 화를 견디고 분을 머금는 인노함분忍怒含忿의 자세로 그들을 내버려둔 채 주벌하지 않았습니다. 지금 흉노는 아직 역절逆節의 죄를 지은 적이 없고, 한조漢朝는 부끄러워해야 할 수치를 당한 적이 없습니다. 봄기운이 한창일 때 농사를 짓는 성춘동작盛春東作의 시기에 큰 전역戰役을 일으키면 일반백성인 원원元元이 원한으로 인해 모두 불열不悅의 마음을 품게 됩니다. 또 함부로 위위衛尉 두독竇篤과 봉거도위奉車都尉 두경竇景의 관제館第를 수선하는 일로 인해 무수히 들어선 건물로 거리가 가득차고 걸어 다니지 못할 정도로 마을이 끊겨버리는 이른바 미가절리彌街絶里의 상황이 빚어지고 있습니다. 두독과 두경은 가까운 귀신貴臣인 까닭에 의당 백료의 표의表儀가 돼야 합니다. 지금 많은 군사가 길에 나가 있는 까닭에 조정은 입술이 타는 초순焦脣의 상태이고, 백성은 수고愁苦 속에 있고, 현관縣官인 조정과 관부에는 쓸 재물이 없습니다. 이런 상황에서 문득 큰 저택을 지으며 완호玩好의 수식을 숭상하는 것은 훌륭한 은덕인 영덕令德을 내리고, 무궁한 장래를 보여주는 게 아닙니다. 의당 그 공장工匠을 파하고, 오로지 북변의 안위를 걱정하고, 백성의 곤궁한 상황을 긍휼히 여겨야 할 것입니다."

상소문이 올라갔으나 살펴보지도 않았다.

두헌은 일찍이 문생門生을 시켜 연달아 서신을 들고 상서복야尚書僕射 질수郅壽를 찾아가 청탁을 한 바 있다. 질수가 바로 그를 조옥詔獄에 보내고 전후 사정을 상서해 두헌의 교자驕恣를 진술하면서 왕망 때의 사례를 인용해 국가를 위해 경계했다. 또 조회를 통해 두헌 등이 흉노를 정벌하고 저택을 짓는 일을 심하게 비판하고, 성난 목소리인 여음厲音으로 정색正色을 했다. 그 언사言辭와 취지가 심히 간절했다.

두헌이 노해 질수가 공전公田을 사들이고 조정을 비방했다는 식의 무함을 관원에게 내려보내 주살을 당하게 했다. 하창何敞이 상소했다.

"질수는 기밀을 취급하는 근신近臣으로 잘못을 널리 고치는 광구匡救를 직책으로 삼고 있습니다. 만일 마음속에 문제를 품고 있으면서 말을 하지 않는다면 그 죄는 의당 주살에 해당합니다. 지금 질수가 여러 사람의 의견을 어기고 바른 논의를 하는 것은 종묘의 안전을 도모하기 위한 것입니다. 어찌 사리를 위해 그런 것이겠습니까? 신이 죽음을 무릅쓴 채 윗사람의 안색을 살피지 않고 말하는 촉사고언觸死瞽言[104]을 하는 것은 질수를 위해 그런 것이 아닙니다. 충신은 절개를 다 바쳐 죽음을 돌아가는 곳으로 생각하는 이사위귀以死爲歸를 행합니다. 신은 비록 질수를 잘 알지 못하나 그가 즐기는 마음을 헤아려 이를 편안히 하려는 것입니다. 실로 성조聖朝에서 비방을 했다는 이유로 주살을 하여 관용으로 감화하는 안안지화晏晏之化를 상하게 하고, 충직忠直을 막아버림으로써 그에 따른 비난을 후대에 영원히 전하지 않기를 바랍니다. 신 하창은 기밀에 관한 일을 어겨 마땅하지 않은 얘기를 했으니 죄명이 분명합니다. 의당 뇌옥牢獄에 넣어 질수보다 먼저 죽여야 할 것입니다. 1만 번을 죽여도 그 죄가 오히려 남을 만사유여萬死有餘입니다."

상소문이 올라가자 질수는 사형에서 감형되는 것으로 결론이 나 합포合浦광서성 합포현로 유배를 가게 됐다. 미처 출발하기도 전에 자살했다. 질수는 질운郅惲의 아들이다.

여름 6월, 두헌과 경병耿秉이 삭방朔方에 있는 계록雞鹿내몽골 등구현 서북쪽 변새 밖으로 나갔다. 남흉노의 제30대 선우인 난제둔도하欒提屯屠何가 만이곡滿夷谷내몽골 고양현, 도료장군度遼將軍 등홍鄧鴻이 고양稒陽내몽골 포두시 변새를 나왔다. 모두 탁야산涿邪山에서 만났다.

두헌이 부교위副校尉 염반閻盤, 사마司馬인 경기耿夔와 경담耿譚을 분견分遣하면서 남흉노의 1만여 정기精騎를 이끌고 가 북흉노 선우와 싸우

104　촉사고언觸死瞽言의 '고언瞽言'은 『논어』「계씨」에서 인용한 것이다. 「계씨」에 공자는 군자를 모실 경우 3가지 허물로, 말할 때가 아닌데 입을 열고 말하는 조躁, 말해야 할 때 입을 다물고 말하지 않는 은隱, 안색을 살피지 않은 채 눈을 감고 말하는 고瞽의 경우를 지적한 구절이 나온다. 여기서 '조언躁言'과 '은언隱言' 및 '고언瞽言' 표현이 나왔다.

게 했다. 이들이 계락산稽洛山몽골 한호흐산에서 적을 대파하자 북흉노 선우가 둔주遁走했다. 여러 부部를 추격해 마침내 계락산 서북쪽 호반인 사거북제해私渠北鞮海에 이르러 명왕名王 이하 13,000여 급을 참수하고, 생구生口로 포획한 숫자가 매우 많았다. 잡축雜畜도 100여만 두頭를 노획했다. 여러 소왕小王들이 무리를 이끌고 와 항복했다. 앞뒤로 81부部 20여만 명에 달했다.

두헌과 경병은 변새 밖으로 3,000여 리나 나아가서 연연산燕然山몽골 항가이산에 올랐다. 중호군中護軍 반고班固에게 명해 돌에 전공을 새기는 각석늑공刻石勒功을 하도록 했다. 한나라의 위덕을 기록한 뒤 환군했다. 이내 군사마軍司馬 오범吳氾과 양풍梁諷을 파견해 금백金帛을 받들고 가 북흉노의 선우에게 전하게 했다. 당시 북흉노는 내분으로 인해 어지러운 괴란乖亂의 상태였다. 오범과 양풍이 서해西海에 있는 북흉노의 선우에게 가서 한나라의 위신威信을 선양하고 조서를 내렸다. 북흉노 선우가 계수稽首의 자세로 절하며 받았다.

양풍이 이어 호한야呼韓邪 선우가 전에 했던 바대로 행할 것을 명하자 북흉노의 선우가 희열喜悅하며 즉시 그 무리를 이끌고 양풍과 함께 모두 귀환했다. 사거해私渠海에 이르러 한나라 군사들이 이미 변새 안으로 들어갔다는 소식을 듣고는 동생 우온우제왕右溫禺鞮王을 시켜 공물을 받들고 낙양으로 가서 입시入侍하게 했다. 북흉노 선우의 동생이 양풍을 좇아 궁궐로 왔다. 두헌은 북흉노 선우가 직접 온 게 아닌 까닭에 입시하러 온 선우의 동생을 돌려보낼 것을 상주했다.

3) 가을 7월 11일, 회계산會稽山이 무너졌다.

4) 9월 7일, 두헌을 대장군, 중랑장 유상劉尙을 거기장군으로 삼았다. 이어 두헌을 무양후武陽侯에 봉한 뒤 식읍으로 2만 호를 내렸다. 두헌이 봉작을 고사固辭하자 조서를 내려 허락했다. 옛날에는 대장군大將軍의

지위가 삼공三公의 아래에 있었다. 그러나 이때에 이르러 조서를 통해 두헌의 지위를 태부太傅의 밑이지만 삼공의 위에 서도록 했다. 장사長史와 사마司馬의 녹질은 중2천석中二千石으로 했다. 경병耿秉을 미양후美陽侯에 봉했다.

두씨 형제들은 교만하고 방종한 교종驕縱의 모습을 보였다. 집금오 두경寶景이 특히 심했다. 그의 노비와 빈객, 집금오 휘하에 있는 200명의 경호담당 수행원인 제기緹騎들은 남의 재화를 멋대로 강탈하고, 죄수를 마구 탈취하는 찬취篡取를 하고, 부녀자를 약탈해 처로 삼았다. 상고商賈들이 가게 문을 닫고 마치 도적과 원수인 구구寇仇를 피하듯이 한 이유다.

또 멋대로 변경에 있는 제군諸郡의 돌기突騎 가운데 재주와 용력인 재력才力이 있는 자들을 징발했다. 유사有司가 감히 이런 일에 관한 상주문을 올리지 못했다. 감찰 책임자인 사공 원안袁安이 두경을 탄핵했다.

"변경의 백성을 멋대로 징발해 이민吏民을 경혹驚惑하게 했고, 2천석의 녹질을 받는 관원이 부신符信이 오기를 기다리지 않고 번번이 두경이 보낸 격문대로 조치했습니다. 의당 주살을 받도록 해야 할 것입니다."

또 상주했다.

"사례교위司隸校尉인 하남윤河南尹은 귀척에게 아부하며 두경의 죄행을 검거하여 탄핵하는 거핵擧劾을 하지 않았습니다. 청컨대 그를 면관免官하고 죄를 다스리도록 하십시오."

하지만 나란히 미뤄둔 뒤 회보하지 않았다. 부마도위 두괴寶瓌만은 홀로 경서經書를 좋아하고 절약하며 스스로 수양했다.

상서 하창何敞이 봉사封事를 올렸다.

"옛날 춘추시대 중엽 정나라 무강武姜이 둘째 아들인 숙단叔段을 총애해 식읍을 내리게 했다가 반란이 일어나고, 위장공衛莊公은 서자인 주우州吁를 총애했다가 나라를 찬탈하는 일이 빚어졌습니다. 아끼기만 하고 가르치지 않아 끝내 흉하고 어그러진 흉려凶戾의 일이 나타난 것입니다. 이로써 보건대 자식을 아끼기만 하고 이처럼 방치하는 것은 마치 굶주리게 했다가 독을 먹이는 것과 같습니다. 이는 바로 당사자에게 해를 끼치는 것입니다. 엎드려 보건대 대장군 두헌은 처음 한장제의 붕어인 대우大憂를 만났을 때 공경들이 빈번하게 상주해 그가 국사를 총괄하기를 바랐습니다. 두헌은 깊은 생각으로 겸퇴謙退를 고집하며 높은 지위를 고사했습니다. 태도가 간간근근懇懇勤勤했고, 언사가 매우 깊었습니다. 천하가 이 얘기를 듣고 열희悅喜하지 않는 자가 없었습니다. 지금 한 해를 넘긴지 얼마 안 돼 상례가 아직 끝나지도 않았는데 졸연卒然히 중간에 태도를 바꿔 형제가 조정을 멋대로 휘두르는 전조專朝를 하고 있습니다. 두헌은 삼군의 군권을 관장하는 중책을 맡고, 동생인 두독篤과 두경竇景은 궁궐의 호위를 총괄하는 권한을 지니고 있습니다. 이들은 백성들을 학용虐用하며 사치하고 월권을 자행하는 모습으로 죄 없는 사람을 주륙誅戮하며 방자한 마음으로 스스로 유쾌해하는 사심자쾌肆心自快를 행하고 있습니다. 지금 조정대신의 논의가 매우 시끄러운 흉흉胸胸의 모습을 보이고 있으니, 모두 숙단叔段과 주우州吁가 다시 한나라에 태어났다고 말합니다. 신이 보건대 공경들은 속으로 양쪽을 기웃거리는 양단兩端의 심경을 지닌 채 소신껏 얘기하는 극언極言을 하지 않고 있습니다. 두헌이 만일 게으르지 않게 공무에 임할 뜻을 지니고 있으면, 서주시대 말기에 대신 윤길보尹吉甫가 시를 지어 중흥을 이룬 주선왕의 외숙인 신백申伯을 찬양했던 공로를 인정받을 것으로 생각하기 때문입니다.[105] 반대로 두헌

등이 죄를 짓게 되면 한나라 건국 초기 진평陳平과 주발周勃 등이 여후呂后의 권력에 순종해 살아난 것처럼 두헌 등이 저지른 길흉吉凶으로 인해 끝내 우려할만한 일이 빚어지지 않게 하려는 속셈입니다! 신 하창은 구구하게 실로 양쪽을 모두 편안하게 하는 계책을 마련하려 합니다. 이는 면면히 이어지는 재화災禍를 끊고 그 후환을 미리 막는 방안이기도 합니다. 그리하면 위로는 황태후가 주문왕의 모친인 문모文母의 호칭을 받지 못하거나 폐하가 서천誓泉[106]을 했다는 비난을 받는 일이 없게 되고, 아래로는 두헌 등으로 하여금 복록을 오래도록 보존하게 할 수 있습니다. 최근 부마도위 두괴竇瓌는 퇴신退身을 청해 자기 집안의 권력이 억제되기를 원하고 있습니다. 그와 더불어 꾀를 내는 참모參謀를 하여 그 뜻을 청순聽順하도록 하십시오. 그리하면 실로 종묘를 위한 지계至計이자, 두씨 집안의 축복이 될 것입니다!"

당시 제남왕濟南王 유강劉康은 존귀한 신분으로 교만이 심했다. 두헌이 마침내 하창을 내보내 제남왕의 태부로 삼을 것을 건의했다. 유강이 위실違失을 범할 때마다 하창은 번번이 간쟁諫爭했다. 유강이 비록 좇을 수는 없었으나 평소 하창을 경중敬重한 까닭에 싫어하며 어긋난 행동을 하는 혐오嫌惡는 없었다.

5) 겨울 10 18일, 부릉질왕阜陵質王 유연劉延이 훙거했다.

6) 이 해에 군국郡國 9곳에 대수大水가 있었다.

앉혔다. 그가 주선왕周宣王이다. 주선왕은 소목공 호를 비롯해 방숙方叔과 윤길보尹吉甫, 신백申伯, 중산보仲山甫 등 현신을 임용했다. 이어 주문왕과 주무왕 등의 선정善政을 본받고자 노력했다. 주나라가 중흥하게 된 배경이다.

106 서천誓泉은 정무공鄭武公의 부인 무강武姜이 둘째 아들인 숙단叔段을 총행한 나머지 큰 아들인 정장공鄭莊公에게 숙단을 위해 식읍을 내리도록 강압했다가 반란이 일어나자, 대로한 정장공이 황천黃泉에 가기 전까지는 모친의 얼굴을 보지 않겠다고 맹서한 고사를 가리킨다.

* 孝和皇帝永元元年

春, 迷唐欲復歸故地. 鄧訓發湟中六千人, 令長史任尚將之, 縫革爲船, 置於箄上以渡河, 掩擊迷唐, 大破之, 斬首前後一千八百餘級, 獲生口二千人, 馬牛羊三萬餘頭, 一種殆盡. 迷唐收其餘眾西徙千餘里, 諸附落小種皆畔之. 燒當豪帥東號稽顙歸死, 餘皆款塞納質. 於是訓綏接歸附, 威信大行, 遂罷屯兵, 各令歸郡, 唯置弛刑徒二千餘人, 分以屯田·修理塢壁而已.

竇憲將征匈奴, 三公·九卿詣朝堂上書諫, 以爲曰, “匈奴不犯邊塞, 而無故勞師遠涉, 損費國用, 徼功萬里, 非社稷之計.”書連上, 輒寢, 宋由懼, 遂不敢復署議, 而諸卿稍自引止. 唯袁安·任隗守正不移, 至免冠朝堂固爭, 前後且十上, 眾皆爲之危懼, 安·隗正色自若. 侍御史魯恭上疏曰, “國家新遭大憂, 陛下方在諒陰, 百姓闕然, 三時不聞警蹕之音, 莫不懷思皇皇, 若有求而不得. 今乃以盛春之月興發軍役, 擾動天下, 以事戎夷, 誠非所以垂恩中國, 改元正時, 由內及外也. 萬民者, 天之所生. 天愛其所生, 猶父母愛其子, 一物有不得其所, 則正氣爲之舛錯, 況於人乎! 故愛民者必有天報. 夫戎狄者, 四方之異氣, 與鳥獸無別. 若雜居中國, 則錯亂天氣, 污辱善人, 是以聖王之制, 羈縻不絕而已. 今匈奴爲鮮卑所破, 遠藏於史侯河西, 去塞數千里, 而欲乘其虛耗, 利其微弱, 是非義之所出也. 今始徵發, 而大司農調度不足, 上下相迫, 民間之急, 亦已甚矣. 群僚百姓咸曰不可, 陛下獨奈何以一人之計, 棄萬人之命, 不恤其言乎! 上觀天心, 下察人志, 足以知事之得失. 臣恐中國不爲中國, 豈徒匈奴而已哉!”尚書令韓稜·騎都尉朱暉·議郎京兆樂恢, 皆上疏諫, 太后不聽. 又詔使者爲憲弟篤·景幷起邸第, 勞役百姓. 侍御史何敞上疏曰, “臣聞匈奴之爲桀逆久矣, 平城之圍, 慢書之恥, 此二辱者, 臣子所謂捐軀而必死, 高祖·呂后忍怒含忿, 舍而不誅. 今匈奴無逆節之罪, 漢朝無可慚之恥, 而盛春東作, 興動大役, 元元怨恨, 咸懷不悅. 又猥復為衛尉篤·奉車都尉景繕修館第, 彌街絶里. 篤·景親近貴臣, 當為百僚表儀. 今眾軍在道, 朝廷焦脣, 百姓愁苦, 縣官無用, 而遽起大第, 崇飾玩好, 非所以垂令德·示無窮也. 宜且罷工匠, 專憂北邊, 恤民之困.” 書奏, 不省.

竇憲嘗使門生齎書詣尚書僕射郅壽, 有所請托, 壽即送詔獄, 前後上書, 陳憲驕恣, 引王莽以誡國家. 又因朝會, 刺譏憲等以伐匈奴·起第宅事, 厲音正色, 辭旨甚切. 憲怒, 陷壽以買公田·誹謗, 下吏, 當誅, 何敞上疏曰, “壽機密近臣, 匡救為職, 若懷默不言, 其罪當誅. 今壽違眾正議以安宗廟, 豈其私邪! 臣所以觸死瞽言, 非為壽也. 忠臣盡節, 以死為歸. 臣雖不知壽, 度其甘心安之. 誠不欲聖朝行誹謗之誅, 以傷晏晏之化, 杜塞忠直, 垂譏無窮. 臣敢謬與機密, 言所不宜, 罪名明白, 當填牢獄, 先壽僵仆, 萬死有餘.” 書奏, 壽得減死論, 徙合浦, 未行, 自殺. 壽, 惲之子也.

夏, 六月, 竇憲·耿秉出朔方雞鹿塞, 南單于出滿夷谷, 度遼將軍鄧鴻出稒陽塞, 皆會涿邪山. 憲分遣副校尉閻盤·司馬耿夔·耿譚將南匈奴精騎萬餘, 與北單于戰於稽洛山, 大破之, 單于遁走. 追擊諸部, 遂臨私渠北鞮海, 斬名王以下萬三千級, 獲生口甚眾, 雜畜百餘萬頭, 諸裨小王率眾降者, 前後八十一部二十餘萬人. 憲·秉出塞三千餘里, 登燕然山, 命中護軍班固刻石勒功, 紀漢威德而還. 遣軍司馬吳汜·梁諷奉金帛遺北單于, 時虜中乖亂, 汜·諷及單于於西海上, 宣國威信, 以詔致賜, 單于稽首拜受. 諷因說令修呼韓邪故事, 單于喜悅, 即將其眾與諷俱還. 到私渠海, 聞漢軍已入塞, 乃遣弟右溫禺鞮王奉貢入侍, 隨諷詣闕. 憲以單于不自身到, 奏還其侍弟.

秋, 七月, 乙未, 會稽山崩.

九月, 庚申, 以竇憲為大將軍, 中郎將劉尚為車騎將軍, 封憲武陽侯, 食邑二萬戶. 憲固辭封爵, 詔許之. 舊, 大將軍位在三公下, 至是, 詔憲位次太傅下·三公上. 長史·司馬秩中二千石. 封耿秉為美陽侯. 竇氏兄弟驕縱, 而執金吾景尤甚, 奴客緹騎強奪人財貨, 篡取罪人, 妻略婦女. 商賈閉塞, 如避寇仇. 又擅發緣邊諸郡突騎有才力者, 有司莫敢舉奏, 袁安劾景"擅發邊兵, 驚惑吏民. 二千石不待符信而輒承景檄, 當伏顯誅." 又奏"司隷校尉河南尹阿附貴戚, 不舉劾, 請免官案罪." 并寢不報. 駙馬都尉瓌, 獨好經書, 節約自修.

尚書何敞上封事曰, "昔鄭武姜之幸叔段, 衛莊公之寵州吁, 愛而不教, 終至凶戾. 由是觀之, 愛子若此, 猶饑而食之以毒, 適所以害之也. 伏見大將軍憲, 始遭大憂, 公卿比奏, 欲令典干國事. 憲深執謙退, 固辭盛位, 懇懇勤勤, 言之深至, 天下聞之, 莫不悅喜. 今逾年未幾, 大禮未終, 卒然中改, 兄弟專朝, 憲秉三軍之重, 篤·景總宮衛之權, 而虐用百姓, 奢侈僭逼, 誅戮無罪, 肆心自快. 今者論議訩訩, 咸謂叔段·州吁復生於漢. 臣觀公卿懷持兩端, 不肯極言者, 以為憲等若有匡翼之志, 則已受吉甫褒申伯之功. 如憲等陷於罪辜, 則自取陳平·周勃順呂后之權, 終不以憲等吉凶為憂也! 臣敞區區誠欲計策兩安, 絕其綿綿, 塞其涓涓, 上不欲令皇太后損文母之號·陛下有誓泉之譏, 下使憲等得長保其福祐也. 駙馬都尉瓌, 比請退身, 願抑家權, 可與參謀, 聽順其意, 誠宗廟至計, 竇氏之福!" 時濟南王康尊貴驕甚, 憲乃白出敞為濟南太傅. 康有違失, 敞輒諫爭, 康雖不能從, 然素敬重敞, 無所嫌牾焉.

冬, 十月, 庚子, 阜陵質王延薨.

是歲, 郡國九大水.

한화제 영원 2년(AD 90)

1) 봄 정월 26일, 천하에 사면령을 내렸다.

2) 2월 2일, 일식이 있었다.

3) 여름 5월 7일, 황제의 동생 유수劉壽를 제북왕濟北王, 유개劉開를 하간왕河間王, 유숙劉淑을 성양왕城陽王으로 삼았다. 이어 옛 회남경왕淮南頃王의 아들 유측劉側을 상산왕常山王에 봉했다.

4) 두헌이 부교위副校尉 염룡閻驤을 파견해 2,000여 기騎를 이끌고 북흉노의 이오伊吾신강성 하미현를 지키고 있는 자를 공격하게 해 다시 그 땅을 빼앗았다. 차사車師가 진섭震慴했다. 전왕前王과 후왕後王이 각각 아들을 인질로 보내 입시入侍하게 했다.

5) 월지月氏가 한나라 공주를 맞이하려 했다. 반초가 거절하고 사자를 돌려보내자 이내 원한을 품게 됐다. 그들의 부왕副王 사謝를 파견해 군사 7만 명을 이끌고 반초를 치게 했다. 반초의 무리는 숫자가 적어 모두 크게 두려워했다. 반초가 군사들에게 비유해 말했다.

"월지는 병사가 비록 많기는 하나 총령蔥嶺을 넘어 수천 리를 왔기에 군량 등을 운수運輸할 수 없었다. 어찌 족히 걱정거리가 되지 않겠는가! 단지 곡식을 거둬 견수堅守하기만 하면 저들은 기궁饑窮으로 절로 항복할 것이다. 불과 수십 일이면 결판이 날 것이다!"

월지의 부왕 사가 마침내 앞으로 나와 반초를 쳤으나 함락시키지 못했다. 또 초략鈔掠을 했으나 얻을 게 없었다. 반초는 그들의 양식이 떨어지면 반드시 구자로 가서 식량을 구할 것이라 예상했다. 이내 군사 수백 명을 파견해 동쪽 경계에서 이들을 잡고자 했다. 월지의 부왕 사가 과연 기병을 파견해 금과 은, 주옥珠玉을 싸서 구자에 뇌물로 주려 했다. 반초의 복병이 길을 막고 공격해 그들을 진살盡殺한 뒤 사자의 수급을 가져다가 사에게 보여주었다. 사가 크게 놀라 즉각 사자를 파견해 청죄請罪하며 생귀생歸하게 해 줄 것을 바랐다. 반초가 이내 그들을 돌려보냈다. 월지가 이에 크게 놀라 해마다 공헌貢獻을 하게 됐다.

6) 당초 광무제 유수의 친형인 유연劉演의 증손자인 북해애왕北海哀王 유기劉基는 후사가 없이 죽었다. 숙종肅宗 즉 한장제 유달劉炟은 제무왕齊武王 유연이 대업의 기초를 쌓았는데도 불구하고 후사가 끊기자 내심 늘 민망하게 생각했다. 유조遺詔를 통해 제齊나라와 북해국北海國 두 나라를 회복시키도록 한 이유다.

5월 18일, 무호후蕪湖侯 유무기劉無忌를 제왕齊王, 북해경왕北海敬王 유목劉睦의 서자庶子 유위劉威를 북해왕으로 삼았다.

7) 6월 12일, 중산간왕中山簡王 유언劉焉이 훙거했다. 유언은 동해공왕東海恭王 유강劉彊의 동모제同母弟였다. 두태후竇太后는 동해공왕 유강의 외손녀로 그녀의 모친은 유강의 딸인 비양공주였다. 유언의 훙거에 부전賻錢으로 1억 전을 더 보내 무덤을 크게 만들도록 한 이유다. 부근의 이민吏民의 총묘塚墓 1,000기基를 없앴다. 공사에 투여된 자가 1만여 명이었고, 무릇 6개 주州와 18개 군郡에서 징발해 주군州郡을 요동치게 만들었다.

8) 조서를 내려 두헌竇憲을 관군후冠軍侯, 두독竇篤을 언후郾侯, 두괴竇瓌를 하양후夏陽侯로 삼았다. 두헌만이 홀로 봉작을 받아들이지 않았다.

9) 가을 7월 7일, 두헌이 양주涼州로 나가 주둔했다. 시중 등첩鄧疊을 행정서장군사行征西將軍事에 임명해 자신을 보좌하는 부이副貳로 삼았다.

10) 북선우는 한나라에서 인질로 보냈던 동생을 돌려보내자 이해 9월에 다시 사자를 파견해 변새로 와서 칭신稱臣하며 조현하려 했다.

겨울 10월, 두헌이 반고와 양풍梁諷을 보내 이들을 영접했다. 마침 남선우가 다시 서신을 올려 북흉노의 왕정王庭을 멸해 줄 것을 청했다. 좌곡려왕左谷蠡王 사자師子 등을 파견해 좌우부左右部에 속한 8,000명의 기병을 이끌고 계록새雞鹿塞내몽골 등구현 서북쪽를 빠져나오게 했다. 중랑장 경담耿譚이 종사관을 파견해 이들을 보호하고, 북흉노의 선우를 습격하게 했다.

밤에 도착해 북흉노를 포위하자 북선우가 상처를 입고 간신히 죽음을 면했다. 북선우의 부인인 연지閼氏와 아들과 딸 등 5명을 붙잡았다. 참수한 수급이 8,000급, 산 채로 잡은 자가 수천 명에 달했다. 반고는 사거해私渠海까지 갔다가 돌아왔다. 이때 남흉노 무리들이 더욱 강성해져 34,000호戶를 거느렸다. 현역 전투부대인 승병勝兵은 5만 명이나 됐다.

* 孝和皇帝永元二年

春, 正月, 丁丑, 赦天下.

二月, 壬午, 日有食之.

夏, 五月, 丙辰, 封皇弟壽為濟北王, 開為河間王, 淑為城陽王. 紹封故淮南頃王子側為常山王.

竇憲遣副校尉閻盤將二千餘騎掩擊北匈奴之守伊吾者, 復取其地. 車師震懾, 前·後王各遣子入侍.

月氏求尚公主, 班超拒還其使, 由是怨恨, 遣其副王謝將兵七萬攻超. 超眾少, 皆大恐. 超譬軍士曰, "月氏兵雖多, 然數千里逾蔥嶺來, 非有運輸, 何足憂邪! 但當收穀堅守, 彼饑窮自降, 不過數十日決矣!" 謝遂前攻超, 不下, 又鈔掠無所得. 超度其糧將盡, 必從龜茲求食, 乃遣兵數百於東界要之. 謝果遣騎繼金銀珠玉以賂龜茲, 超伏兵遮擊, 盡殺之, 持其使首以示謝. 謝大驚, 即遣使請罪, 願得生歸, 超縱遣之. 月氏由是大震, 歲奉貢獻.

初, 北海哀王無後, 肅宗以齊武王首創大業而後嗣廢絕, 心常愍之, 遺詔令復齊·北海二國. 丁卯, 封蕪湖侯無忌為齊王, 北海敬王庶子威為北海王.

六月, 辛卯, 中山簡王焉薨. 焉, 東海恭王之母弟, 而竇太后, 恭王之甥也. 故加賻錢一億, 大為修塚塋, 平夷吏民塚墓以千數, 作者萬餘人, 凡徵發搖動六州十八郡.

詔封竇憲為冠軍侯, 篤為郾侯, 瓌為夏陽侯. 憲獨不受封.

秋, 七月, 乙卯, 竇憲出屯涼州, 以侍中鄧疊行征西將軍事為副.

北單于以漢還其侍弟, 九月, 復遣使款塞稱臣, 欲入朝見. 冬十月, 竇憲遣班固·梁諷迎之. 會南單于復上書求滅北庭, 於是遣左谷蠡王師子等將左右部八千騎出雞鹿塞, 中郎將耿譚遣從事將護之, 襲擊北單于. 夜至, 圍之, 北單于被創, 僅而得免, 獲閼氏及男女五人, 斬首八千級, 生虜數千口. 班固至私渠海而還. 是時, 南部黨眾益盛, 鄰戶三萬四千, 勝兵五萬.

한화제 영원 3년(AD 91)

1) 봄 정월 19일, 13세가 된 황제는 조포曹襃가 만든 새로운 의례를 채용해 성인식인 원복元服의 예를 치렀다. 조포를 발탁해 광록훈 소속 우림좌기를 지휘하는 감우림좌기監羽林左騎로 삼았다.

2) 두헌은 북흉노가 미약해진 것을 틈타 마침내 멸망시키고자 했다.

2월, 좌교위左校尉 경기耿夔와 사마司馬 임상任尚을 파견해 거연관居延關감숙성 금탑현의 변새를 나가 북선우를 금미산金微山알타이산에서 포위해 대파하게 했다. 그의 모친 알지閼氏를 붙잡고, 명왕名王 이하 5,000명의 수급을 얻었다. 북선우가 달아난 곳을 알지 못했다. 출새出塞하여 5,000여 리를 갔다가 돌아왔다. 한나라 병사가 출새한 이래 일찍 이처럼 멀리와 본 적이 없었다. 경기를 속읍후粟邑侯로 삼았다.

3) 두헌이 이미 대공을 세운 데 이어 위명威名이 더욱 성해졌다. 경기耿
夔와 임상任尙 등을 조아爪牙, 등첩鄧疊과 곽황郭璜을 심복心腹, 반고班固
와 부의傅毅의 무리를 문서를 관장하는 전문典文으로 삼았다. 자사刺史
와 수령守令은 내부분 그의 문하에서 나왔다. 이민吏民으로부터 경쟁적
으로 부렴賦斂을 거둬 함께 그에게 뇌물로 전했다.

사도 원안袁安과 사공 임외任隗가 상주해 여러 2천석과 그에 연관된
자들을 거론했다. 녹질이 깎이고 관직이 면직되는 폄질면관貶秩免官을 당
한 자가 40여 명이나 됐다. 두씨들이 이를 크게 한스러워했다. 다만 원안
과 임외의 평소 행보가 고결한 까닭에 아들은 그들을 해치지 못했다. 상
서복야 악회樂恢가 범법자를 검거하는 자거刺擧의 과정에서 회피迴避하
는 일이 없었다. 두헌 등이 질시한 이유다. 악회가 상소했다.

"폐하는 춘추가 어리지만 대업을 이었으니 여러 외숙은 의당 왕실을
바르게 하고 천하에 사사로움을 보여서는 안 됩니다. 바야흐로 지금 마땅
히 해야 할 일인 방금지의方今之宜를 말하면 윗사람은 의를 가지고 스스
로를 도려내는 이의자할以義自割, 아랫사람은 겸양의 자세로 스스로 거둬
들이는 이겸자인以謙自引을 해야 할 것입니다. 두헌과 두독 및 두경과 두
괴 등 4명의 외숙은 오래도록 작위와 식읍인 작토爵土를 보유하는 영예를
지녀야 하고, 황태후는 영원히 종묘에 부담을 지우는 우려를 없도록 해야
합니다. 그것이 실로 상책에 해당합니다."

상소문이 올라가자 살펴보지 않았다. 악회가 칭질稱疾하여 걸해골乞骸
骨 한 뒤 장릉長陵섬서성 함양시 경계으로 돌아갔다. 두헌은 그가 속한 주군州
郡에 은근히 종용하는 풍려風厲의 방법으로 악회를 협박해 약을 먹여 죽
이는 약사藥死를 이뤄냈다. 조신朝臣들이 진섭震懾한 나머지 풍문만 듣고
도 그들의 뜻을 받아들이는 망풍승지望風承旨의 모습을 보이며 감히 어

기려 하지 않은 이유다.

원안은 천자가 유약幼弱하고 밖으로 외척이 천권擅權을 하자 매번 조회朝會 때마다 진현進見하며 공경과 국가에 관한 일을 얘기했다. 이때 일찍이 속으로 눈물을 흘리는 암오류체暗嗚流涕를 하지 않은 적이 없었다. 천자부터 대신에 이르기까지 모두 그를 믿고 의지했다.

4) 겨울 10월 12일, 황상이 장안에 행차했다가 조서를 내려 소하蕭何와 조참曹參의 근친近親으로서 의당 뒤를 이을 사자嗣者를 찾아 봉읍을 잇게 했다.

5) 두헌에게 조서를 내려 거가와 장안에서 만나기로 했다. 두헌이 도착하자 상서 이하 사람들이 의논해 그에게 절하고 엎드려 '만세'를 외치기로 했다. 상서 한릉韓稜이 정색했다.

"무릇 윗사람과 왕래할 때 아첨해서는 안 되는 상교불첨上交不諂과 아랫사람과 사귈 때 모독해서는 안 되는 하교부독下交不瀆의 가르침이 있소. 다른 사람의 신하인 인신人臣에게 '만세'를 외치는 예제는 없는 법이오!"

의논하던 자들 모두 부끄러워하며 논의를 중지했다. 상서좌승尙書左丞 왕룡王龍이 사적으로 서신을 올리는 주기奏記를 하고, 우주牛酒를 두헌에게 헌상했다. 한릉이 왕룡을 거론해 상주하자 성을 쌓는 노역인 성단城旦의 형에 처하도록 했다.

6) 구자龜玆와 고묵姑墨, 옥숙溫宿 등 서역 제국諸國이 모두 항복했다.

12월, 다시 서역도위西域都護와 기도위騎都尉, 무기교위戊己校尉 등의 관직을 설치했다. 반초를 도호都護, 서간徐幹을 장사長史로 삼았다. 구자에서 온 시자侍子 백패白霸를 구자왕龜玆王으로 삼은 뒤 사마 요광姚光을 파견해 그를 호송하게 했다.

반초와 요광은 함께 구자를 협박해 그 나라의 왕인 우리다尤利多를 폐위시키고, 백패를 세웠다. 이어 요광에게 우리다를 이끌고 경사로 돌아오게 했다. 반초는 구자의 타건성它乾城에 거주했고, 서간徐幹은 소륵疏勒에 주둔했다. 오직 언기焉耆신강성 언기현와 위수危須신강성 석현, 위리尉犁신강성 고리특현는 이전에 도호를 두지 않은 까닭에 오히려 두 마음을 품게 됐으나, 나머지 나라는 모두 평정됐다.

12월 경진庚辰, 황상이 장안에서 낙양에 이르렀다.[107]

7) 당초 북선우가 이미 멸망하게 되자 동생인 우곡려왕右谷蠡王 어제건於除鞬이 선우로 자립했다. 무리 수천 명을 이끌고 포류해蒲類海신강성 진서현에 머물며 사자를 한나라에 파견해 변새 지대까지 오게 했다. 두헌이 사자를 파견해 어제건을 세워 선우로 삼은 뒤 중랑장을 두어 그들을 영호領護하며 남선우에게 취한 것과 같이 대우하는 방안을 제시했다. 이 사안을 공경들에게 내려보내 논의하게 하자 송유宋由 등이 가하다고 생각했다. 그러나 원안과 임외 등이 상주하여 이같이 건의했다.

"광무제가 남선우를 초대해 품어주었으나 영원히 내지에서 평안히 머물 수 있다고 생각한 것은 아니고, 바로 임시방편인 권시權時로 그리한 것입니다. 그런 방식으로 북적北狄을 한어扞御할 수 있다고 판단한 결과입니다. 지금 삭막朔漠이 평정됐으니 의당 남선우에게 그들의 북정北庭으로 돌아가게 하고, 더불어 항복한 무리를 이끌게 해야 합니다. 다시 어제건을 흉노의 선우로 세워 국비國費를 증가시킬 이유가 없습니다."

사안이 상주됐으나 때맞춰 확정하지 못했다. 원안은 두헌의 계책이 시행될까 두려워 독자적으로 봉사를 올렸다.

"남선우인 제30대 선우 난제둔도하欒提屯屠何의 선부先父인 호한야

---

107   원문은 '경진庚辰, 상지자장안上至自長安'이다. 여기의 '경진'은 12월 9일경으로 추정된다. 일부 판본에는 이 구절이 누락되어 있다.

선우가 광무제 때 무리를 이끌고 귀덕歸德함으로써 은혜를 입는 몽은蒙恩 이래 44년이 흘렀습니다. 그 혜택을 광무제와 한명제 및 한장제 등 3제三 帝를 거쳐 폐하에게 남겨주었습니다. 폐하는 먼저 선제들의 뜻을 의당 깊이 준술遵述하여 그 유업을 성취해야 합니다. 하물며 난제둔도하가 큰 계책인 대모大謀를 수창首唱해 북선우 지역을 완전히 텅 비도록 없애겠다고 했는데 도중에 중지해 도모하지 못하게 하고, 이제 다시 항복한 사람을 새로 선우로 세우는 경우이겠습니까? 이는 하루아침의 계책인 일조지계 一朝之計로 3세三世를 이어온 규칙을 어기는 것이고, 양육한 사람에게 신뢰를 잃는 것이고, 아무런 공도 세우지 않은 자를 건립하는 것일 뿐입니다. 『논어』에 이르기를, '충신忠信을 말하고, 독경篤敬을 행하면 비록 만맥蠻貊의 나라일지라도 도가 능히 행해질 수 있다'[108]고 했습니다. 지금 만일 난제둔도하 한 사람에게 신의를 잃으면 백만百蠻이 다시는 서로 맹서한 말을 감히 지키려 하지 않을 것입니다. 또 오환烏桓과 선비鮮卑도 선제인 한장제 때 새로이 북선우를 죽인 바 있습니다. 무릇 사람의 인정은 모두 구수仇讎가 되는 것을 두려워하기 마련인데 지금 북선우의 동생을 선우로 세우면 오환과 선비는 내심 원망하는 마음을 품을 것입니다. 또 우리 한나라 고사故事를 보면 광무제 때 한흠韓歆과 대섭戴涉이 죽은 바 있습니다.[109] 남선우에게 공급하는 비용이 1년에 1억 90여만 전, 서역은

---

108   원문은 '언충신言忠信, 행독경行篤敬, 수만맥행언雖蠻貊行焉'으로, 『논어』「위령공」의 '언충신言忠信, 행독경行篤敬, 수만맥지방행의雖蠻貊之邦行矣' 구절을 인용한 것이다.

109   광무제 건무 15년인 39년 1월에 직언을 좋아한 대사도 한흠韓歆이 광무제 앞에서 장차 기흉饑凶이 들 것임을 예언했다가 면직돼 전리田里로 돌아간 뒤 화가 풀리지 않은 광무제가 다시 사자를 보내 책임을 묻는 조서를 내리자 이내 아들 한영韓嬰과 함께 자살하고 말았다. 또 광무제 건무 20년인 44년 4월에 대사도 대섭戴涉이 고의로 태창령太倉령 해섭奚涉을 모해謀害한 혐의로 체포되어 하옥됐다가 옥사했다.

7,480만 전에 달합니다. 지금 북정北庭이 멀리 떨어져 있으니 그 비용은 2배도 넘을 것입니다. 이는 천하의 재부를 공진空盡하게 만드는 것으로 건책建策의 요지를 잃은 것입니다."

조서를 내려 이 사안을 의논하게 했다. 원안과 두헌이 또 서로 공격하며 다투었다. 두헌은 음험하고 조급한 험급險急의 성품이었다. 권세를 믿고 언사言辭가 교만한 교알驕訐의 모습을 보였고, 심지어 원안을 마구 헐뜯는 저훼詆毀의 상황에 이르게 됐다. 광무제가 한흠과 대섭을 죽인 고사까지 거론하며 압박했으나 원안은 시종 뜻을 굽히지 않았다. 황상은 끝내 두헌의 계책을 좇았다.

* 孝和皇帝永元三年

春, 正月, 甲子, 帝用曹褒新禮, 加元服. 擢褒監羽林左騎.

竇憲以北匈奴微弱, 欲遂滅之, 二月, 遣左校尉耿夔·司馬任尚出居延塞, 圍北單于於金微山, 大破之, 獲其母閼氏·名王以下五千餘級, 北單于逃走, 不知所在, 出塞五千餘里而還, 自漢出師所未嘗至也. 封夔為粟邑侯.

竇憲既立大功, 威名益盛, 以耿夔·任尚等為爪牙, 鄧疊·郭璜為心腹, 班固·傅毅之徒典文章, 刺史·守·令, 多出其門, 競賦斂吏民, 共為賂遺. 司徒袁安·司空任隗舉奏諸二千石幷所連及, 貶秩免官者四十餘人, 竇氏大恨. 但安·隗素行高, 亦未有以害之. 尙書僕射樂恢, 刺舉無所迴避, 憲等疾之. 恢上疏曰, "陛下富於春秋, 篡承大業, 諸舅不宜干正王室, 以示天下之私. 方今之宜, 上以義自割, 下以謙自引, 四舅可長保爵土之榮, 皇太后永無慚負宗廟之憂, 誠策之上者也." 書奏, 不省. 恢稱疾乞骸骨, 歸長陵. 憲風厲州郡, 迫脅恢飮藥死. 於是朝臣震懾, 望風承旨, 無敢違者. 袁安以天子幼弱, 外戚擅權, 每朝會進見及與公卿言國家事, 未嘗不喑嗚流涕. 自天子及大臣, 皆恃賴之.

冬, 十月, 癸未, 上行幸長安, 詔求蕭·曹近親宜為嗣者, 紹其封邑.

詔竇憲與車駕會長安. 憲至, 尚書以下議欲拜之, 伏稱萬歲, 尚書韓稜正色曰, "夫上交不諂, 下交不黷. 禮無人臣稱萬歲之制!" 議者皆慚而止. 尚書左丞王龍私奏記·上牛酒於憲, 稜舉奏龍, 論為城旦.

龜茲·姑墨·溫宿諸國皆降. 十二月, 復置西域都護·騎都尉·戊己校尉官. 以班超為都護, 徐幹為長史. 拜龜茲侍子白霸為龜茲王, 遣司馬姚光送之. 超與光共脅龜茲, 廢其王尤利多而立白霸, 使光將尤利多還詣京師. 超居龜茲它乾城, 徐幹屯疏勒, 惟焉耆·危須·尉犁以前沒都護, 猶懷二心, 其餘悉定.

庚辰, 上至自長安.

初, 北單于既亡, 其弟右谷蠡王於除鞬自立為單于, 將眾數千人止蒲類海, 遣使款塞. 竇憲請遣使立於除鞬為單于, 置中郎將領護, 如南單于故事. 事下公卿議, 宋由等以為可許. 袁安·任隗奏以為曰, "光武招懷南虜, 非謂可永安內地, 正以權時之算, 可得扞御北狄故也. 今朔漠既定, 宜令南單于反其北庭, 并領降眾, 無緣復更立於除鞬以增國費." 事奏, 未以時定. 安懼憲計遂行, 乃獨上封事曰, "南單于屯先父舉眾歸德, 自蒙恩以來四十餘年, 三帝積累以遺陛下, 陛下深宜遵述先志, 成就其業, 況屯首唱大謀, 空盡北虜, 輟而弗圖, 更立新降. 以一朝之計, 違三世之規, 失信於所養, 建立於無功. 『論語』曰, '言忠信, 行篤敬, 雖蠻貊行焉' 今若失信於一屯, 則百蠻不敢復保誓矣. 又, 烏桓·鮮卑新殺北單于, 凡人之情, 咸畏仇讎, 今立其弟, 則二虜懷怨. 且漢故事, 供給南單于, 費直歲一億九十餘萬, 西域歲七千四百八十萬. 今北庭彌遠, 其費過倍, 是乃空盡天下而非建策之

要也." 詔下其議, 安又與憲更相難折. 憲險急負執, 言辭驕訐, 至詆
毁安, 稱光武誅韓歆·戴涉故事, 安終不移. 然上竟從憲策.

** 권48-한기漢紀 40: 음황후가 폐위되다

한화제 영원 4년(AD 92)

1) 봄 정월, 대장군의 좌교위左校尉 경기耿夔를 파견해 북선우 난제어제건變提於除鞬에게 인수를 주고, 중랑장 임상任尚에게 지절持節의 자격으로 위호衛護하면서 이오伊吾신강성 하미현에 주둔하게 했다. 남선우에게 예우한 것과 같았다.

당초 여강廬江안휘성 잠강현 출신 주영周榮이 원안袁安의 사도부司徒府에 벽소辟召된 바 있다. 원안이 두경竇景을 거론해 상주하고, 북선우를 세우는 일로 다툰 것은 모두 주영이 초안을 작성한 결과다. 두씨 집안의 빈객이자 태위부太尉府 연리掾吏로 있는 서기徐齮가 이를 깊이 미워해 주영을 협박했다.

"그대는 원공의 심복으로 책사가 되어 두씨를 배척하는 상주문을 올렸소. 두씨 집안의 흉하고 사나운 무사인 한사悍士와 자객刺客들이 성 안에 가득 찼으니 삼가 대비하도록 하시오!"

주영이 대답했다.

"나 주영은 강회江淮 일대에서 외롭게 자랐소. 원안의 벽소를 받아 재상의 선비인 재사宰士가 될 수 있었으니 설령 두씨 집안에게 해를 입는다고 할지라도 실로 달게 받도록 하겠소!"

이어 그의 처자에게 경계하여 말했다.

"만일 내가 문득 화를 당하는 비화飛禍를 만나면 시신을 거둬 염을 하는 빈렴殯斂을 하지 말고, 이 구구區區한 몸을 썩게 하여 조정 사람을 깨닫게 해주시오."

2) 3월 14일, 사도 원안이 훙거했다.

3) 윤3월 9일, 태상太常 정홍丁鴻을 사도로 삼았다.

4) 여름 4월 18일, 두헌이 경사로 돌아왔다.

5) 6월 1일, 일식이 있었다. 정홍이 상소했다.

"옛날 한고제 때 여씨呂氏가 악권握權을 하여 황통을 이어받는 통사統嗣가 거의 여씨에게 옮겨질 뻔했습니다. 한애제와 한평제 말에는 종묘에 희생물을 올려 제사를 지내는 혈식血食을 하지 못했습니다. 비록 황제와 가까울지라도 주공周公과 같은 덕성을 지니지 못하면 그 세력을 행사해서는 안 됩니다. 지금 대장군은 비록 자신을 제약制約하기 위해 감히 참월僭越한 짓을 하지는 않으나 원근을 막론하고 천하는 황포惶怖하여 그의 뜻을 이어받는 승지承旨를 하려 합니다. 자사刺史와 2천석의 관원은 처음 관직을 받은 뒤 그를 찾아가 배알하며 이름을 알리고 하회를 기다립니다. 비록 부절과 인새를 받고, 상서대에서 칙명勅命을 받았을지라도 감히 편한 때 임지로 떠나지 못한 채 수십 일 동안 기다리는 경우도 있습니다. 왕실을 등지고 사문私門을 향해 가는 것이니 이는 바로 윗분의 권위를 덜어내고 아래의 권력을 성하게 하는 상손하성上損下盛에 해당합니다. 사람의 도리인 인도人道가 아랫사람에게 위배된 일이 있으면 그 효험은 바로 하늘에 나타나 일식 등이 나타나고, 비록 은모隱謀가 있을지라도 신령이 그 사정을 비춰보아 바로 그 현상을 드리워 경계를 보이는 식으로 군주에게 이 사실을 알립니다. 미약할 때 금지시키는 것은 쉽고, 마지막에 가서 구하고자 하면 어려운 법입니다. 사람은 미세할 때 소홀히 해 큰일을 만들지 않는 경우가 없습니다. 은혜를 베풀면서 차마 교육을 시키지 못하는 은불인회恩不忍誨와 의를 실행하면서 차마 잘라내지 못하는 의불인할義不忍割을 하면 일이 빚어진 후 아직 그리되지 않은 미연未然의 사안에 대해 밝은 경계의 거울이 됩니다. 무릇 천하는 강직하지 않을 수 없고, 강직하지 않으면 3가지 빛나는 해와 달과 별의 3광三光이 밝지 못하게 됩니다. 군왕도 강해지지 않을 수 없고, 강해지지 않으면 재신宰臣과 주목州牧 등이 멋대로 종횡하게 됩니다. 마땅히 대변大變을 통해 정사를 고치고 잘못을 바로잡는 개정광실改政匡失을 하여 일식의 변고를 내리고자 하는 천의天意를 미리 막도록 하십시오."

6) 6월 19일, 군국郡國 13곳에서 지진이 났다.

7) 가뭄이 들고 황충의 재해가 있었다.

8) 두씨 부자와 형제들이 나란히 경卿과 교校가 되어 조정에 가득했다. 양후穰侯 등첩鄧疊과 그의 동생인 보병교위步兵校尉 등뢰鄧磊, 그의 모친인 원元, 두헌의 사위인 사성교위射聲校尉 곽거郭擧, 곽거의 부친으로 장락소부長樂少府인 곽황郭璜 등이 서로 교결交結했다. 원元과 곽거가 나란히 금중에 출입하며 태후에게 총애를 받았다. 마침내 함께 황제를 시해하기로 모의했다. 황제는 속으로 그 음모를 알고 있었다. 두헌 형제가 전권專權을 하고 있었던 까닭에 황제는 안팎의 신하들과 친히 만날 수 없었다. 함께 한 자는 오직 엄환閹宦 뿐이었다.

황제의 조신朝臣 가운데 상하가 두헌에게 붙지 않은 자가 없었는데, 홀로 중상시인 황실 정원 담당의 구순령鉤盾令 정중鄭衆만이 근민謹敏하고 마음속의 계책인 심기心幾가 있어 힘 있는 무리인 호당豪黨을 섬기지 않았다. 황제가 마침내 환관인 정중과 더불어 두헌의 목을 베기로 의논해 정했다. 두헌이 외부에 있어 그가 난을 일으킬까 염려해 인내하며 군사를 동원하지 않았다. 마침 두헌과 양후 등첩鄧疊이 모두 경사로 돌아왔다.

그때 청하왕淸河王 유경劉慶이 황제의 은총으로 특별한 대우를 많이 받고 있었다. 늘 금중에 들어와 숙지宿止한 게 그렇다. 황제가 장차 모의한 계책을 실행하기 위해 『한서』「외척전外戚傳」을 찾아보고자 했다. 주위 사람들을 두려워해 감히 시키지 못하고 청하왕 유경에게 개인적으로 천승왕千乘王 유항劉伉에게 가서 구해오게 한 뒤 밤에 홀로 이를 받아 읽었다. 또 유경으로 하여금 전중에게 말을 전해 한문제가 바소를 주이고, 한무제가 두영을 죽인 고사 등을 찾아보게 했다.

6월 23일, 황제가 북궁北宮으로 행차해 집금오와 5교위五校尉에게 조서를 내려 늑병勒兵하여 남궁과 북궁에 둔위屯衛하게 했다. 성문을 닫고 곽황과 곽거, 등첩, 등뢰 등을 잡아들이게 하고, 이들을 모두 하옥했다가 죽였다. 알자복야謁者僕射를 보내 두헌이 가지고 있던 대장군의 인수를 회수한 뒤 지난번에 사양한 관군후冠軍侯에 재차 봉했다. 이어 두독과 두경 및 두괴를 모두 봉국으로 가게 했다. 황제는 태후로 인해 두헌을 명목상 주살하지 않은 채 엄격하고 능력 있는 재상을 선발해 그를 감독하고 살피게 했다. 두헌과 두독 및 두경은 봉국에 도착하자 모두 압박을 가해 자살하게 했다.

당초 하남윤河南尹 장포張酺는 자주 두경竇景을 엄한 법으로 얽어 다스리는 승치繩治[110]를 한 바 있다. 두씨 집안이 패망하자 장포가 상소했다.

"바야흐로 두헌 등이 귀총寵貴을 하게 되자 군신들이 아부하며 제대로 하지 못할까 두려워했고, 모두 두헌이 후사를 부탁하는 황제의 유명遺命인 고명지탁顧命之托을 받아 이윤伊尹 및 여상呂尙과 같은 충성심을 품

---

110 승치繩治의 구체적인 사례를 보면 당초 장포가 위군魏郡 태수로 있을 때 정거鄭據가 두경을 고소하자 두경이 비서 하맹夏猛을 시켜 장포에게 청탁했으나 장포는 오히려 하맹을 하옥시킨 적이 있다. 또 하남윤으로 있을 때 순라를 구타한 두경의 집안사람들을 잡아들였고, 두경이 휘하의 후해侯海를 보내 시승市丞을 구타하자 장포의 부하 양장楊章이 끝까지 추적해 결국 후해를 삭방군으로 쫓아낸 바 있다.

고 있다고 말했습니다. 마침내 등부인鄧夫人을 주문왕의 부인인 문모文母에 비유하기에 이르렀습니다. 지금 황제의 엄위嚴威가 이미 시행되자 의당 그들을 모두 죽여야 한다고 말하며 앞뒤 사정을 돌아보지 않고 있으니 그들의 충정을 잘 살펴 판단하길 바랍니다. 신이 엎드려 살피건대, 하양후夏陽侯 두괴竇瓌는 매번 충선忠善의 모습을 보였습니다. 전에 신은 그와 말하면서 늘 충절을 다하는 마음인 진절지심盡節之心을 지니고 있어 빈객을 단속한 덕분에 일찍이 범법을 저지르는 일이 없었던 것을 알았습니다. 신이 듣건대 성왕의 정사인 왕정王政에서는 골육骨肉에 대한 형에서 3번 용서하는 의리인 삼유지의三宥之義[111]가 있다고 했습니다. 지나치게 후한 과후過厚는 될지언정 지나치게 박한 과박過薄은 안 된다는 취지입니다. 지금 논의하는 자들은 두괴를 위해 엄격하고 능력 있는 재상을 파견해 그의 봉국을 다스리려 합니다. 그러나 이로 인해 그가 박해를 받아 죽음을 면하지 못할까 두렵습니다. 의당 용서하는 결재를 하여 후덕厚德을 높이도록 하십시오.”

황제가 그의 말에 감동을 받았다. 두괴 홀로 온전할 수 있었던 이유다. 두씨 종족의 빈객 가운데 두헌을 통해 벼슬을 한 자는 모두 면직돼 고군故郡으로 돌아갔다.

당초 반고班固의 노복이 일찍이 술에 취해 낙양령 충긍种兢에게 욕을 한 적이 있었다. 충긍이 두씨의 빈객을 체포해 신문하는 기회를 이용해

---

111 삼유지의三宥之義는 『예기禮記』「문왕세자文王世子」의 구절에서 인용한 것이다. 이에 따르면 공족公族이 죄를 범해 옥사가 성립됐을 때 유사有司가 공公에게 건의하기를, ‘모某의 죄는 대벽大辟에 해당합니다’라고 했다. 공이 용서하라고 하자 다시 건의하기를, ‘모의 죄는 소벽小辟에 해당합니다’라고 했다. 공이 용서하라고 하자 다시 건의하기를, ‘벽辟에 해당합니다’라고 했다. 공이 또 용서하라고 하여 모두 3번에 걸쳐 용서하도록 했다는 내용이다.

반고를 잡아들여 옥중에서 죽게 했다. 반고는 일찍이 사서인『한서漢書』를 지은 바 있다. 아직 완성을 하지 못한 까닭에 조서를 내려 그 여동생인 조수曹壽의 처 반소班昭에게 반고의 뒤를 이어 완성하게 했다.

진무제晉武帝 때 상서를 지내며『후한서』를 고쳐 쓴 바 있는 화교華嶠가 이를 논했다.

"반고는 역사를 서술하면서 사실을 드러내거나 깎아내리는 격궤激詭를 하지 않았고, 사실을 물리치거나 억지로 끌어다 쓰는 억항抑抗도 하지 않았다. 풍부하게 많은 것을 기록했으나 난잡하지 않은 섬이불예贍而不穢와 상세하면서도 체계가 있는 상이유체詳而有體가 자랑이었다.『한서』를 읽는 독자들로 하여금 부지런히 읽으면서도 싫증을 내지 않는 미미불염亹亹不厭을 하도록 했다. 믿을 만하구나, 그가 능히 명성을 이룬 이유를! 반고는 사마천이『사기』에서 시비是非를 가리면서 황로黃老를 숭상한 나머지 자못 성인 공자의 가르침에 어긋난 게 많다고 했다. 그러나 반고의 논의를 보면 늘 죽음으로 절개를 지킨 사절死節을 배척하고, 정직正直을 비난하고,『한서』에「충의전」을 두지 않아 살신성인殺身成仁의 미덕을 서술하지 않는 등의 모습을 보였다. 인의를 가볍게 생각하고, 수절守節을 천하게 여긴 게 실로 심했다고 할 수 있다!"

9) 당초 두헌이 아내를 맞이할 때 천하의 모든 군국郡國에서 모두 예의를 갖춰 경의를 표했다. 한중군漢中郡 섬서성 남정현에서도 의당 축하하는 관원을 파견했다. 민호를 담당하는 호조戶曹의 관원 이합李郃이 태수에게 간했다.

"두장군은 초방椒房의 지친입니다. 덕례德禮를 닦지 않고 전권專權하며 방자한 모습을 보이고 있습니다. 실로 위망危亡의 화禍가 발뒤꿈치를 들고 기다리는 교족이대翹足而待의 상황입니다. 원컨대 명부明府는 일심一心으로 조정을 위해 일하면서 그들과는 교통하지 마십시오."

태수가 관원의 파견을 고집했으나 이를 막지 못했다. 이내 자신이 자사로 갈 것을 자청하자 태수가 허락했다. 이합이 마침내 소재하는 곳에서 지류遲留하며 변화를 관찰하려 했다. 그가 부풍扶風에 이르렀을 때 두헌이 그의 봉국으로 쫓겨 갔다. 무릇 왕래까지 한 자들 모두 연루돼 면관됐으나 한중 태수만은 홀로 그 속에 포함되지 않았다.

황제가 태자 자리에서 폐위된 청하왕 유경劉慶에게 노비와 여마輿馬, 전백錢帛, 진보珍寶 등을 하사해 그 집을 풍족하게 채우는 충인充牣을 했다. 유경이 혹여 때에 따라 불안해하자 황제가 조석으로 그의 안부를 묻는 문신問訊을 했고, 음식과 약을 보냈다. 하사하는 마음이 심히 잘 갖춰져 있었다. 유경도 조심하면서 공경하는 소심공효小心恭孝의 모습을 보였다. 자신은 폐출廢黜된 처지여서 무슨 사건이 일어날까 더욱 두려워하며 법을 신중히 지켰다. 덕분에 총록寵祿을 지킬 수 있었다.

10) 황제는 원안袁安의 아들 원상袁賞을 낭관, 임외任隗의 아들 임둔任屯을 보병교위步兵校尉로 삼았다. 환관 정중鄭衆은 황후궁을 관리하는 대장추大長秋로 승진시켰다. 황제가 공훈을 기록하고 상을 내리는 책훈반상策勳班賞을 할 때마다 정중은 매양 여러 번 사양하면서 조금만 받았다. 황제는 이런 일로 인해 그를 현명하다고 생각해 늘 그와 함께 정사를 의논했다. 환관宦官이 권력을 사용하게 된 것은 여기서부터 시작됐다.

11) 가을 7월 23일, 태위 송유宋由가 두씨의 무리로 밝혀져 책서策書로 면직되자 이내 자살했다.

12) 8월 15일, 사공 임외가 훙거했다.

13) 8월 17일, 대사농 윤목尹睦을 태위로 삼았다. 태부太傅 등표鄧彪가 노병老病을 이유로 추기樞機의 직책인 녹상서사錄尙書事를 반환하려 했다. 조서를 내려 이를 허락하면서 윤목으로 하여금 등표를 대신해 녹상서사 자리를 맡게 했다.

14) 겨울 10월, 종정宗正 유방劉方을 사공으로 삼았다.

15) 무릉武陵과 영릉零陵, 풍중澧中의 만족蠻族이 반란을 일으켰다.

16) 호강교위護羌校尉 등훈鄧訓이 졸卒했다. 이민吏民과 강족羌族, 호족胡族 가운데 단석旦夕으로 영전에 온 자들이 매일 수천 명에 달했다. 강족과 호족들 중에는 혹어 칼로 자할自割을 하거나 자신의 견마우양犬馬牛羊을 척살하며 이같이 말하는 자가 있었다.

"등사군鄧使君이 이미 죽었으니 우리들 역시 모두 죽는 일만 남았을 뿐이다!"

전에 오환교위烏桓校尉 시절의 이사吏士들이 모두 멀리 떨어진 곳까지 문상을 가기 위해 도로를 분주奔走한 까닭에 오환교위가 관할하는 지역이 텅 비다시피 했다. 관원들이 이들을 잡았으나 말을 듣지 않았다. 정황을 오환교위 서언徐儃에게 보고하자 서언이 찬탄했다.

"이는 의로운 행동이다!"

그러고는 이내 석방했다. 마침내 가가家家마다 등훈을 위해 사당을 만들고, 질병이 있을 때마다 기도를 하며 복을 구했다.

촉군蜀郡 태수 섭상聶尚이 등훈을 대신해 호강교위가 됐다. 은혜로 강족을 품어줄 생각을 했다. 이내 통역을 보내 등훈이 쫓아낸 소당燒唐 강족의 우두머리인 미당迷唐을 초대했다. 이들을 대유곡大楡谷과 소유곡小楡谷으로 돌아와 살게 하려는 속셈이었다.

미당은 무리를 이끌고 돌아온 뒤 자신의 조모祖母 비결卑缺을 보내 촉군 태수 섭상을 찾아가게 했다. 섭상은 스스로 변새의 아래쪽인 새하塞下까지 가서 길 제사인 조도祖道를 행하고, 통역 전사田汜 등 5명을 시켜 이들을 여락廬落까지 호송하게 했다. 미당이 마침내 반기를 든 뒤 여러 종족과 함께 산 채로 전사 등을 찢어 죽였다. 이어 그 피로 저주를 맹서한 뒤 금성金城의 변새를 노략했다. 섭상은 이 사건에 연루돼 면직됐다.

** 起玄黓執徐, 盡旃蒙大荒落, 凡十四年.

孝和皇帝永元四年

春, 正月, 遣大將軍左校尉耿夔, 授於除鞬印綬, 使中郎將任尚, 持節衛護屯伊吾, 如南單于故事.

初, 廬江周榮辟袁安府, 安舉奏竇景及爭立北單于事, 皆榮所具草, 竇氏客太尉掾徐齮深惡之, 脅榮曰, "子為袁公腹心之謀, 排奏竇氏, 竇氏悍士·刺客滿城中, 謹備之矣!" 榮曰, "榮, 江淮孤生, 得備宰士, 縱為竇氏所害, 誠所甘心!" 因敕妻子曰, "若卒遇飛禍, 無得殯斂, 冀以區區腐身覺悟朝廷."

三月, 癸丑, 司徒袁安薨.

閏月, 丁丑, 以太常丁鴻為司徒.

夏, 四月, 丙辰, 竇憲還至京師.

六月, 戊戌朔, 日有食之. 丁鴻上疏曰, "昔諸呂握權, 統嗣幾移. 哀·平之末, 廟不血食. 故雖有周公之親而無其德, 不得行其勢也. 今大將軍雖欲敕身自約, 不敢僭差. 然而天下遠近, 皆惶怖承旨. 刺史·二千石初除, 謁辭·求通待報, 雖奉符璽, 受臺敕, 不敢便去, 久者至數十日, 背王室, 向私門, 此乃上威損, 下權盛也. 人道悖於下, 效驗見於天, 雖有隱謀. 神照其情, 垂象見戒, 以告人君. 禁微則易, 救末者難. 人莫不忽於微細以致其大, 恩不忍誨, 義不忍割, 去事之後, 未然之明鏡也. 夫天不可以不剛, 不剛則三光不明. 王不可以不強, 不強則宰牧從橫. 宜因大變, 改政匡失, 以塞天意."

丙辰, 郡國十三地震.

旱, 蝗.

竇氏父子兄弟并為卿·校, 充滿朝廷, 穰侯鄧疊·疊弟步兵校尉磊及母元·憲女婿射聲校尉郭舉·舉父長樂少府璜共相交結. 元·舉并出入禁中, 舉得幸太后, 遂共圖為殺害, 帝陰知其謀. 是時, 憲兄弟專權, 帝與內外臣僚莫由親接, 所與居者閹宦而已. 帝以朝臣上下莫不附憲, 獨中常侍鈎盾令鄭眾, 謹敏有心幾, 不事豪黨, 遂與眾定議誅憲, 以憲在外, 慮其為亂, 忍而未發. 會憲與鄧疊皆還京師. 時清河王慶, 恩遇尤渥, 常入省宿止. 帝將發其謀, 欲得『外戚傳』, 懼左右, 不敢使, 令慶私從千乘王求, 夜, 獨內之. 又令慶傳語鄭眾, 求索故事. 庚申, 帝幸北宮, 詔執金吾·五校尉勒兵屯衛南·北宮, 閉城門, 收捕郭璜·郭舉·鄧疊·鄧磊, 皆下獄死. 遣謁者僕射收憲大將軍印綬, 更封為冠軍侯, 與篤·景·瓌皆就國. 帝以太后故, 不欲名誅憲, 為選嚴能相督察之. 憲·篤·景到國, 皆迫令自殺.

初, 河南尹張酺, 數以正法繩治竇景, 及竇氏敗, 酺上疏曰, "方憲等寵貴, 群臣阿附唯恐不及, 皆言憲受顧命之托, 懷伊·呂之忠, 至乃復比鄧夫人於文母. 今嚴威既行, 皆言當死, 不顧其前後, 考折厥衷. 臣伏見夏陽侯瓌每存忠善, 前與臣言, 常有盡節之心, 檢敕賓客, 未嘗犯法. 臣聞王政骨肉之刑, 有三宥之義, 過厚不過薄. 今議者欲為瓌選嚴能相, 恐其迫切, 必不完免, 宜裁加貸宥, 以崇厚德." 帝感共言, 由是瓌獨得全. 竇氏宗族賓客以憲為官者, 皆免歸故郡.

初, 班固奴嘗醉罵洛陽令种兢, 兢因逮考竇氏賓客, 收捕固, 死獄中. 固嘗著『漢書』, 尚未就, 詔固女弟曹壽妻昭踵而成之.

華嶠論曰, "固之序事, 不激詭, 不抑抗, 贍而不穢, 詳而有體, 使讀之者亹亹而不厭, 信哉其能成名也! 固譏司馬遷是非頗謬於聖人, 然其論議, 常排死節, 否正直, 而不敘殺身成仁之為美, 則輕仁義, 賤守節甚矣!"

初, 竇憲納妻, 天下郡國皆有禮慶. 漢中郡亦當遣吏, 戶曹李郃諫曰, "竇將軍椒房之親, 不修德禮而專權驕恣, 危亡之禍, 可翹足而待. 願明府一心王室, 勿與交通." 太守固遣之, 郃不能止, 請求自行, 許之. 郃遂所在遲留以觀其變, 行至扶風而憲就國. 凡交通者皆坐免官, 漢中太守獨不與焉. 帝賜淸河王慶奴婢·輿馬·錢帛·珍寶, 充牣其第. 慶或時不安, 帝朝夕問訊, 進膳藥, 所以垂意甚備. 慶亦小心恭孝, 自以廢黜, 尤畏事愼法, 故能保其寵祿焉.

帝除袁安子賞爲郎, 任隗子屯爲步兵校尉, 鄭衆遷大長秋. 帝策勳班賞, 衆每辭多受少, 帝由是賢之, 常與之議論政事, 宦官用權自此始矣.

秋, 七月, 己丑, 太尉宋由以竇氏黨策免, 自殺.

八月, 辛亥, 司空任隗薨.

癸丑, 以大司農尹睦爲太尉. 太傅鄧彪以老病上還樞機職, 詔許焉, 以睦代彪錄尙書事.

冬, 十月, 己亥, 以宗正劉方爲司空.

武陵·零陵·澧中蠻叛.

護羌校尉鄧訓卒, 吏·民·羌·胡旦夕臨者日數千人. 羌·胡或以刀自割, 又刺殺其犬馬牛羊, 曰, "鄧使君已死, 我曹亦俱死耳!" 前烏桓吏士皆奔走道路, 至空城郭. 吏執, 不聽, 以狀白校尉徐傿, 傿歎息曰, "此爲義也!" 乃釋之. 遂家家爲訓立祠, 每有疾病, 輒請禱求福. 蜀郡太守聶尚代訓爲護羌校尉, 欲以恩懷諸羌, 乃遣譯使招呼迷唐, 使還居大·小楡谷. 迷唐旣還, 遣祖母卑缺詣尙, 尙自送至塞下, 爲設祖道, 令譯田汜等五人護送至廬落. 迷唐遂反, 與諸種共生屠裂汜等, 以血盟詛, 復寇金城塞. 尙坐免.

한화제 영원 5년(AD 93)

1) 봄 정월 11일, 명당明堂에서 종사宗祀를 지내고, 영대靈臺에 올라 천

하에 사면령을 내렸다.

2) 1월 24일, 천승정왕千乘貞王 유항劉伉이 훙거했다.

3) 1월 27일, 황제의 동생 유만세劉萬歲를 책봉해 광종왕廣宗王으로 삼았다.

4) 갑인甲寅[112], 태부太傅 등표鄧彪가 훙거했다.

5) 무오戊午, 농서隴西에 지진이 났다.

6) 여름 4월 20일, 부릉상왕阜陵殤王의 형 유방劉魴을 책봉해 부릉왕阜陵王으로 삼았다.

7) 9월 1일, 광종상왕廣宗殤王 유만세가 훙거했다. 아들이 없어 나라가 폐지됐다.

8) 당초 두헌竇憲이 어제건於除鞬을 북선우로 세운 뒤 그를 도와 북흉노의 왕정인 북정北庭으로 귀환시키려고 했다. 마침 두헌이 주살되자 중지됐다. 어제건이 스스로 한나라를 배반한 뒤 북쪽으로 돌아갔다. 조서를 내려 장병장사將兵長史 왕보王輔를 파견해 1,000여 기騎로 중랑장 임상任尙과 더불어 추토追討하게 했다. 어제건을 참수한 뒤 무리를 파멸破滅시켰다.

9) 좌교위 경기耿夔가 2년 전에 금미산金微山에서 북흉노를 격파한 바있다. 선비鮮卑가 이 틈을 타 이리저리 전사轉徙하다가 이곳을 점거했고, 훗날 북부 중국을 석권한 탁발拓拔 선비족이 남쪽으로 옮겨갔다. 흉노 가운데 다른 족속으로 남아 있던 자가 아직도 10만여 부락이나 됐다. 모두 스스로 선비족이라고 불렀다. 선비족이 이로부터 점차 강성해졌다.

---

112   문맥상 1월에 해당하나 1월 1일이 을축乙丑인 까닭에 1월에는 갑인甲寅이 없다. 2월로 볼 경우 '갑인'은 2월 20일에 해당한다. 바로 뒤에 나오는 구절의 무오戊午 역시 1월에는 없으나 2월로 볼 경우 2월 24일에 해당한다. 번역문은 '갑인'과 '무오'를 그대로 두었다.

10) 겨울 10월 신미辛未, 태위 윤목尹睦이 훙거했다.

11) 11월 6일, 태복太僕 장포張酺를 태위로 삼았다. 장포와 상서 장민張敏 등이 상주했다.

"사성교위射聲校尉 조포曹褒가 한나라의 예제를 멋대로 만들어 한나라의 성스러운 법술인 성술聖術을 깨뜨리고 어지럽게 만드는 파란破亂을 조성했습니다. 의당 주살에 처해야 합니다."

5번이나 상주문을 올렸다. 황제는 장포가 유학을 묵수墨守하며 통달하지 못한 수학불통守學不通의 수준인 것을 알았다. 비록 장포의 상주문을 처리하지 않은 채 옆으로 미뤄두기는 했으나 동시에 조포가 새롭게 만든 한례漢禮도 마침내 시행하지 않았다.

12) 이 해에 무릉군武陵郡의 병사가 한나라에 반기를 든 만족蠻族을 격파해 항복시켰다.

13) 양왕梁王 유창劉暢이 종관從官 변기卞忌와 함께 구복求福의 제사를 지냈다. 변기 등이 아첨의 눈웃음을 치는 첨미諂媚를 했다.

"신神이 말하기를 대왕이 의당 천자가 돼야 한다고 했습니다."

유창이 그와 더불어 서로 응답應答했다. 유사가 상주하여 이들을 불러들여 조옥詔獄으로 처리할 것을 청했다. 황제가 불허했다. 다만 양나라의 성무현成武縣산동성 성무현과 선보현單父縣산동성 선현을 삭감하게 했다. 유창이 참구慚懼의 심경으로 상소하며 깊이 스스로를 각책刻責했다.

"신은 천성이 광우狂愚해 금기사항인 방금防禁을 알지 못해 스스로 사죄死罪에 빠졌으니, 형틀에 사지를 묶고 공개처형을 가하는 분복현주分伏顯誅를 받아야 합니다. 폐하는 성덕聖德으로 법을 굽혀 평범하게 처벌하는 왕법곡평枉法曲平[113]과 가로질러 신하를 사면하는 횡대사신橫貸赦臣을

---

113   왕법곡평枉法曲平의 왕법枉法은 사적인 이해관계로 인해 법의 본래 취지를 굽힌

행한 덕분에 신으로 인한 오욕을 받게 됐습니다. 신은 큰 용서인 대대大貸는 다시 얻기 어렵다는 것을 잘 압니다. 스스로 자신의 몸을 묶고 처자를 단속하는 속신약처束身約妻를 맹서하고, 다시는 감히 언행의 기준인 승묵繩墨을 잃는 상황을 오가지 않겠고, 다시는 감히 쓸데없는 낭비인 횡비橫費를 하지 않도록 하겠습니다.

조세 수입에 여유가 있으니 빌건대 수양睢陽과 곡숙穀熟, 우虞, 몽蒙, 영릉寧陵 등 5현만 식읍으로 삼고, 나머지 식읍 4현을 반환하고자 합니다. 신 유창의 소처小妻가 37명입니다. 그 가운데 아들을 낳지 못한 자는 본가로 돌려보내고, 스스로 근신하는 노비 200명을 선택하겠습니다. 나머지는 호본虎賁 무사와 관청 기병인 관기官騎, 여러 기술자인 공기工技, 고취대鼓吹隊, 창두倉頭와 노비, 병노兵弩와 구마廐馬 등입니다. 이들을 모두 본서本署로 돌려보내겠습니다. 신 유창은 골육의 근친으로서 성덕의 교화를 어지럽혔고, 맑은 물을 오염시켰는데도 이미 생활生活할 수 있게 됐습니다. 실로 흉악한 몸으로 다시 대궁大宮에 머물고, 대국大國을 식읍으로 삼고, 관속官屬을 늘어놓고, 집물什物을 쌓아둘 면목도 마음도 없습니다. 원컨대 폐하가 은혜를 베풀어 허락해 주시기 바랍니다."

황상이 우대하는 조서를 내리고 들어주지 않았다.

14) 호강교위護羌校尉 관우貫友가 통역을 보내 여러 강족을 이간시키고 재화로 유인하자 이로 인해 강족이 해산解散했다. 이내 군사를 보내 출새出塞하여 대유곡과 소유곡에 있는 미당迷唐을 치게 했다. 참획한 숫자가 800여 명에 달했다. 보리도 수만 곡斛을 탈취했다. 마침내 대유곡과 소유곡의 북쪽에 있는 황하의 일부인 봉류대하逢留大河를 끼고 크고 작

다는 뜻이다. 곡평曲平을 두고 『한서』「양절왕창전」에서 이현은 주석에서, "곡평은 법을 왜곡해 은혜를 내리는 곡법신은曲法申恩의 뜻이다."라고 했다.

은 성인 성오城塢를 축성했다. 큰 배인 대항大航을 건조하고 하교河橋를 부설한 뒤 병사들을 도하시켜 미당을 치려고 했다. 미당이 휘하의 부락민을 이끌고 멀리 이사가 사지하곡賜支河曲청해성 공화현 주변에 의지하며 살았다.

15) 남선우인 제30대 선우 난제둔도하欒提屯屠何가 죽고, 제29대 선우였던 난제선欒提宣의 동생 난제안국欒提安國이 제31대 선우로 즉위했다. 난제안국은 당초 좌현왕左賢王으로 있을 때 칭예稱譽를 받지 못했으나 선우가 되자 제26대 선우였던 난제적欒提適의 아들 좌곡려왕左谷蠡王 난제사자欒提師를 차례에 따라 선우 다음 자리인 좌현왕左賢王으로 삼았다. 난제사자는 평소 용감하고 교활한 용힐勇黠의 성품과 꾀가 많은 다지多知의 모습을 보였다. 전에 선우로 있던 난제선과 난제둔도하 모두 그의 기백과 결단인 기결氣決을 아껴 자주 군사를 이끌고 출새出塞해 북흉노의 왕정인 북정北庭을 엄습하게 했다. 환군한 뒤 상사賞賜를 받았고, 한나라 천자도 그에게 수이殊異한 대우를 했다.

이로 인해 국중國中에서 난제사자를 크게 존중하는 진경盡敬을 하면서도 난제안국에게는 붙지 않았다. 난제안국이 난제사자를 죽이려고 한 이유다. 새로 항복한 여러 흉노 부족은 당초 새외에서 누차 난자사자에게 구략驅掠을 당한 까닭에 크게 원망했다. 난제안국이 이를 이용해 이들 항복한 자들에게 계책을 위임하고, 더불어 동모同謀했다. 난제사자가 이를 알아챈 뒤 오원五原의 경계 지역에 따로 살면서 흉노의 제천행사 장소인 용정龍庭내몽골 준가르기에서 회의가 있을 때마다 번번이 칭병稱病하여 가지 않았다. 도료장군度遼將軍 황보릉皇甫稜이 이를 알고, 그를 옹호하며 보내지 않았다. 난제안국이 분심憤心을 더욱 심하게 품은 이유다.

* 孝和皇帝永元五年

春, 正月, 乙亥, 宗祀明堂, 登靈臺, 赦天下.

戊子, 千乘貞王伉薨.

辛卯, 封皇弟萬歲為廣宗王.

甲寅, 太傅鄧彪薨.

戊午, 隴西地震.

夏, 四月, 壬子, 紹封阜陵殤王兄魴為阜陵王.

九月, 辛酉, 廣宗殤王萬歲薨, 無子, 國除.

初, 竇憲既立於除鞬為此單于, 欲輔歸北庭, 會憲誅而止. 於除鞬自畔還北, 詔遣將兵長史王輔以千餘騎與任尚共追討, 斬之, 破滅其眾. 耿夔之破北匈奴也, 鮮卑因此轉徙據其地. 匈奴餘種留者尚有十餘萬落, 皆自號鮮卑. 鮮卑就此漸盛.

冬, 十月, 辛未, 太尉尹睦薨. 十一月, 乙丑, 太僕張酺為太尉. 酺與尚書張敏等奏"射聲校尉曹襃, 擅制漢禮, 破亂聖術, 宜加刑誅." 書凡五奏. 帝知酺守學不通, 雖寢其奏, 而漢禮遂不行.

是歲, 武陵郡兵破叛蠻, 降之.

梁王暢與從官卜忌祠祭求福, 忌等諂媚云, "神言王當為天子." 暢與相應答, 為有司所奏, 請徵詣詔獄. 帝不許, 但削成武·單父二縣. 暢慚懼, 上疏深自刻責曰, "臣天性狂愚, 不知防禁, 自陷死罪, 分伏顯誅. 陛下聖德, 枉法曲平, 橫貸赦臣, 為臣受污. 臣知大貸不可再得, 自誓束身約妻子, 不敢復出入失繩墨, 不敢復有所橫費, 租入有餘, 乞裁食睢陽·穀熟·虞·蒙·寧陵五縣, 還餘所食四縣. 臣暢小妻三十七人, 其無子者, 願還本家, 自選擇謹敕奴婢二百人, 其餘所受虎賁·官騎及諸工技·鼓吹·倉頭·奴婢·兵弩·廄馬, 皆上還本署. 臣暢以骨肉近親, 亂聖化, 污清流, 既得生活, 誠無心面目以凶惡復居大宮, 食大國, 張官屬, 藏什物, 願陛下加恩開許." 上優詔不聽.

護羌校尉貫友遣譯使構離諸羌, 誘以財貨, 由是解散. 乃遣兵出塞, 攻迷唐於大·小楡谷, 獲首虜八百餘人, 收麥數萬斛. 遂夾逢留大河築城塢, 作大航, 造河橋, 欲度兵擊迷唐. 迷唐率部落遠徙, 依賜支河曲.

單于頓屠何死, 單于宣弟安國立. 安國初為左賢王, 無稱譽. 及為單于, 單于適之子左谷蠡王師子以次轉為左賢王. 師子素勇黠多知, 前單于宣及屯屠何皆愛其氣決, 數遣將兵出塞, 掩擊北庭, 還, 受賞賜, 天子亦加殊異. 由是國中盡敬師子而不附安國, 安國欲殺之. 諸新降胡, 初在塞外數為師子所驅掠, 多怨之. 安國因是委計降者, 與同謀議. 師子覺其謀, 乃別居五原界, 每龍庭會議, 師子輒稱病不往. 度遼將軍皇甫稜知之, 亦擁護不遣, 單于懷憤益甚.

한화제 영원 6년(AD 94)

1) 봄 정월, 황보릉이 면직되고, 집금오執金吾 주휘朱徽를 임시직인 행도료장군行度遼將軍 자리를 맡게 했다. 이때 제31대 선우인 난제안국이 한나라에서 파견돼 함께 지내던 중랑장 두숭杜崇과 서로 평안한 관계를 유지하지 못한 나머지 이내 상서하여 두숭을 고발했다. 두숭이 서하西河 내몽골 준가르기 태수에게 넌지시 암시해 난제안국이 올린 장주章奏를 가로채게 했다. 선우가 스스로 보고할 길이 없게 된 이유다. 두숭은 이 기회를 이용해 주휘와 함께 상언했다.

"남선우 난제안국은 옛날부터 있던 흉노를 소원하게 대하고, 새로 항복한 자들과 친근하게 지내면서 좌현왕 난제사자와 좌대저거左臺且渠 유리劉利 등을 죽이려고 합니다. 또 흉노의 우부右部에서 항복한 자들과 함께 난제안국을 박협迫脅해 기병起兵하여 배반하는 방안을 도모하고 있습니다. 청컨대 서하西河와 상군上郡, 안정安定에 알려 이를 대비하게 하십시오."

황제가 이를 공경들에게 내려보내 논의하게 했다. 모두 이같이 건의했다.

"만이蠻夷의 반복反覆은 비록 추측하기 어려우나 많은 군사를 모아놓았으니 반드시 감히 준동하지는 않을 것입니다. 지금 의당 방략을 세워 사자를 선우의 왕정으로 보내고, 두숭과 주휘 및 하서 태수와 병력幷力해 그들의 동정을 살피게 하십시오. 만일 다른 변고가 없으면 두숭 등에게 난제안국이 있는 곳으로 가서 그들의 좌우대신을 소집한 뒤 부중 가운데 횡포橫暴를 부리거나 변경을 해친 자에게 책임을 물어 함께 그들의 죄를 물어 주살하게 하십시오. 만약 명을 좇지 않으면 그들로 하여금 권시權時로 방략을 만들어 시행하게 한 뒤 사후에 재량으로 상사賞賜를 내리면 역시 족히 백만百蠻에게 위세를 보여줄 수 있습니다."

황제가 이를 좇았다. 이에 주휘와 두숭이 마침내 발병發兵하여 그들의 왕정으로 갔다. 난제안국이 한밤중에 한나라 군사가 도착했다는 소식을 듣고 대경大驚한 나머지 장막을 버리고 달아났다. 이 틈을 타 군사를 일으켜 난제사자를 주살하고자 한 것이다. 난제사자가 이를 먼저 알고 여막廬幕이 모여 있는 자신의 여락廬落을 모두 이끌고 만백성曼柏城내몽골 이맹伊盟 동북쪽으로 들어갔다. 난제안국이 이를 뒤쫓아 성 아래에 이르렀으나 성이 닫혀 들어갈 수 없었다.

주휘가 사자를 보내 이 사안에 대해 설명하고 화해하기를 꾀했으나 난제안국이 듣지 않았다. 그는 성을 함락시킬 수 없게 되자 이내 인병引兵하여 오원五原에 주둔했다. 두숭과 주휘가 제군諸郡의 기병을 징발한 뒤 그의 뒤를 급히 추부追赴하게 하자 무리들이 몹시 두려워했다. 난제안국의 외숙인 골도후骨都侯 희위喜為 등이 함께 죽임을 당할까 염려한 나머지 난제안국을 쳐 죽인 뒤 난제사자를 세워 제32대 정독시축후제亭獨屍逐侯

鞮 선우로 삼았다.

2) 1월 21일, 사도 정홍丁鴻이 훙거했다.

3) 2월 20일, 사공 유방劉方을 사도, 태상太常 장분張奮을 사공으로 삼았다.

4) 여름 5월, 성양회왕城陽懷王 유숙劉淑이 훙거했다. 아들이 없어 나라가 폐지됐다.

5) 가을 7월, 경사京師에 한재旱災가 있었다.

6) 서역도호西域都護 반초가 구자龜玆와 선선鄯善등 서역 8국의 병사 총 7만여 명을 동원해 언기焉耆를 토벌한 바 있다. 그는 성하城下에 이른 뒤 언기왕焉耆王 광광廣과 위리왕尉犁王 범범泛 등을 진목陳睦의 고성故城에서 참수한 뒤 그 수급을 경사로 보냈다. 이어 병사를 멋대로 풀어 초략鈔掠하게 해 참수한 것이 5,000여 급, 포획한 생구生口가 15,000명이나 됐다. 다시 언기의 좌후左侯 원맹元孟을 세워 언기왕으로 삼았다. 반초는 언기에서 반년 동안 머물러 있으면서 그들을 위무慰撫했다. 서역의 50여 국이 모두 인질을 보내 내속內屬하면서 서쪽 내륙의 바다인 해빈海濱까지 이르게 됐다. 모두 4만여 리 밖에 있는 나라는 여러 번 통역을 거치면서도 공헌貢獻했다.

7) 남선우인 난제사자가 즉위하자 항복한 흉노 500-600명이 밤에 난제사자를 습격했다. 흉노를 안정시키기 위해 파견된 한나라의 소관小官인 안집연安集掾 왕괄王恬이 호위병을 이끌고 그들과 싸워 격파했다. 항복한 흉노들이 마침내 서로 경동驚動하여 15부 20여만 명이 모두 반란을 일으켰다. 협박으로 전에 제30대 선우인 난제둔도하의 아들 욱제일축왕薁鞮日逐王 난제봉후欒提逢侯를 세워 선우로 삼고, 마침내 이민吏民을 살략殺略했다. 문서를 전달하는 사람들이 쉬는 우정郵亭 즉 역관驛館의 집과 장막인 여장廬帳을 불태우고, 수레와 치중을 이끈 채 삭방朔方을 향해 사막의

북쪽으로 건너고자 했다.

9월 9일[114], 광록훈光祿勳 등홍鄧鴻이 임시로 행거기장군사行車騎將軍事 직책을 맡게 됐다. 월기교위越騎校尉 풍주馮柱와 행도료장군行度遼將軍인 주휘朱徽와 함께 좌우 우림군羽林軍과 북군北軍 5교五校의 병사를 비롯해 각 군국郡國의 사격수인 적사迹射 및 변경 지대의 병사인 연변병緣邊兵을 이끌게 했다. 또 오환교위烏桓校尉 임상任尚에게는 오환과 선비의 군사 총 4만 명을 이끌고 가 그들을 토벌하게 했다. 당시 남선우와 중랑장 두숭杜崇은 목사성牧師城내몽골 동승현 동남쪽에 주둔하고 있었다. 난제봉후가 1만여 기騎를 이끌고 그들을 공격하며 포위하는 공위攻圍를 했다.

겨울 11월, 등홍 등이 미직美稷에 이르자 난제봉후가 마침내 포위를 풀고 달아나 만이곡滿夷谷내몽골 고양현을 향했다. 남선우가 아들을 파견해 1만여 기騎를 이끌고 두숭이 거느리고 있는 4,000여 기와 함께 등홍 등과 만나 대성大城내몽골 동승현 동남쪽의 변새까지 추격하게 했다. 참수한 자가 4,000급에 달했다. 임상은 선비와 오환의 군사를 이끌고 만이곡에서 난제봉후를 공격해 다시 대파했다. 앞뒤로 참수한 자가 7,000여 급이었다. 난제봉후가 마침내 무리를 이끌고 출새出塞했다. 한나라 병사들은 추격할 수 없어 환군했다

8) 대사농 진총陳寵을 정위廷尉로 삼았다. 진총은 인후仁厚하고 자중自重하는 성품으로 자주 의심되는 옥사인 의옥疑獄을 심의했다. 매번 경전經典에 있는 말을 덧붙이며 힘써 관대하게 용서하는 자세를 보였다. 엄혹한 조치에 따른 폐해인 각폐刻敝의 풍조가 이때부터 조금씩 쇠퇴했다.

9) 황제가 상서령인 강하江夏 출신 황향黃香을 동군東郡하남성 복양현 태

---

114   원문은 '계축癸丑'이다. 9월에는 '계축'이 없다. 9월 9일을 가리키는 계해癸亥의 오사誤寫일 공산이 크다. 번역문은 9일로 바꿔 놓았다.

수로 삼았다. 황향이 사양하며 말했다.

"한 군군郡을 관리하며 정사를 하는 것은 저의 재주로는 마땅치 않습니다. 빌건대 그냥 용관冗官으로 일하도록 남겨두되 작은 직책을 독책督責할 수 있게 해주십시오. 궁중 상서대尙書臺의 번거로운 일을 더는 데 도움을 주고자 합니다."

황제가 이내 다시 황향을 상서령으로 유임시키고, 녹질을 2천석으로 올려주었다. 친근히 대하며 중시하는 친중親重의 뜻을 크게 보여주고자 한 것이다. 황향도 부지런히 업무를 처리하는 데 힘썼고, 공무公務를 마치 자신의 집안일 하듯이 했다.

* 孝和皇帝永元六年

春, 正月, 皇甫稜免, 以執金吾朱徽行度遼將軍. 時單于與中郎將杜崇不相平, 乃上書告崇. 崇諷西河太守令斷單于章, 單于無由自聞. 崇因與朱徽上言曰, "南單于安國, 疏遠故胡, 親近新降, 欲殺左賢王師子及左臺且渠劉利等. 又, 右部降者, 謀共迫脅安國起兵背畔, 請西河·上郡·安定爲之儆備." 帝下公卿議, 皆以爲曰, "蠻夷反覆, 雖難測知, 然大兵聚會, 必未敢動搖. 今宜遣有方略使者之單于庭, 與杜崇·朱徽及西河太守幷力, 觀其動靜. 如無它變, 可令崇等就安國會其左右大臣, 責其部衆橫暴爲邊害者, 共平罪誅. 若不從命, 令爲權時方略, 事畢之後. 裁行賞賜, 亦足以威示百蠻." 帝從之, 於是徽·崇遂發兵造其庭. 安國夜聞漢軍至, 大驚, 棄帳而去. 因擧兵欲誅師子. 師子先知, 乃悉將廬落入曼柏城, 安國追到城下, 門閉, 不得入. 朱徽遣吏曉譬和之, 安國不聽. 城旣不下, 乃引兵屯五原. 崇·徽因發諸郡騎追赴之急, 衆皆大恐, 安國舅骨都侯喜爲等慮幷被誅, 乃格殺安國, 立師子爲亭獨屍逐侯鞮單于.

己卯, 司徒丁鴻薨.

二月, 丁未, 以司空劉方為司徒, 太常張奮為司空.

夏, 五月, 城陽懷王淑薨, 無子, 國除.

秋, 七月, 京師旱.

西域都護班超發龜茲·鄯善等八國兵合七萬餘人討焉耆, 到其城下, 誘焉耆王廣·尉犁王泛等於陳睦故城, 斬之, 傳首京師. 因縱兵鈔掠, 斬首五千餘級, 獲生口萬五千人, 更立焉耆左侯元孟為焉耆王. 超留焉耆半歲, 慰撫之. 於是西域五十餘國悉納質內屬, 至於海濱, 四萬里外, 皆重譯貢獻.

南單于師子立, 降胡五六百人夜襲師子, 安集掾王恬將衛護士與戰, 破之. 於是降胡遂相驚動, 十五部二十餘萬人皆反, 脅立前單于屯屠何子薁鞬日逐王逢侯為單于, 遂殺略吏民, 燔燒郵亭·廬帳, 將車重向朔方, 欲度幕北. 九月, 癸丑, 以光祿勳鄧鴻行車騎將軍事, 與越騎校尉馮柱·行度遼將軍朱徽將左右羽林·北軍五校士及郡國迹射·緣邊兵, 烏桓校尉任尚將烏桓·鮮卑, 合四萬人討之. 時南單于及中郎將杜崇屯牧師城, 逢侯將萬餘騎攻圍之. 冬, 十一月, 鄧鴻等至美稷, 逢侯乃解圍去, 向滿夷谷. 南單于遣子將萬騎及杜崇所領四千騎, 與鄧鴻等追擊逢侯於大城塞, 斬首四千餘級. 任尚率鮮卑·烏桓要擊逢侯於滿夷谷, 復大破之, 前後凡斬萬七千餘級. 逢侯遂率眾出塞, 漢兵不能追而還.

以大司農陳寵為廷尉. 寵性仁矜, 數議疑獄, 每附經典, 務從寬恕, 刻敝之風, 於此少衰.

帝以尚書令江夏黃香為東郡太守, 香辭以曰, "典郡從政, 才非所宜, 乞留備冗官, 賜以督責小職, 任之宮臺煩事." 帝乃復留香為尚書令, 增秩二千石, 甚見親重. 香亦祗勤物務, 憂公如家.

한화제 영원 7년(AD 95)

1) 봄 정월, 등홍鄧鴻 등의 군사가 환군했다. 월기교위 풍주馮柱는 호아영虎牙營을 이끌고 오원五原에 주둔했다. 등홍은 군사를 두류逗留하게 해 실리失利한 죄에 연루돼 하옥된 뒤 옥사했다. 이후 황제는 주휘와 두숭이 흉노와 불화不和한데다가 서신을 올리는 것까지 금지시켜 흉노가 이내 반란을 일으키게 된 사실을 알고는 모두 경사로 불러들여 하옥한 뒤 옥사하게 만들었다.

2) 여름 4월 1일, 일식이 있었다.

3) 가을 26일, 역양易陽하북성 영년현에서 지진으로 땅이 갈라졌다.

4) 9월 25일, 경사에 지진이 났다.

5) 낙성왕樂成王 유당劉黨이 액정掖庭의 기녀技女 애치哀置와 통정한 뒤 이를 고발하려는 남편 장초章初를 애치의 언니 애소哀昭에게 뇌물을 주어 살해한 사건에 연루됐다. 동광東光하북성 동광현과 교현鄡縣하북성 속록현의 2개 현을 삭감 당했다.

* 孝和皇帝永元七年

春, 正月, 鄧鴻等軍還, 馮柱將虎牙營留屯五原. 鴻坐逗留失利, 下獄死. 後帝知朱徽·杜崇失胡和, 又禁其上書, 以致胡反, 皆徵下獄死. 夏, 四月, 辛亥朔, 日有食之.

秋, 七月, 乙巳, 易陽地裂.

九月, 癸卯, 京師地震.

樂成王黨坐賊殺人, 削東光·鄡二縣.

한화제 영원 8년(AD 96)

1) 봄 2월, 귀인貴人 음씨陰氏를 황후로 삼았다. 황후는 광무제 유수의

부인인 음려화의 남동생인 음식陰識의 증손녀였다.

2) 여름 4월 18일, 낙성정왕樂成靖王 유당劉黨이 훙거했다. 아들 낙성
애왕樂成哀王 유숭劉崇이 즉위했으나 이내 훙거했다. 아들이 없어 나라가
폐지됐다.

3) 5월, 하내河內하남성 무척현와 진류陳留하남성 신류현 일내에 황충의 해가
있었다.

4) 남흉노의 우온우독왕右溫禺犢王 오거전烏居戰이 배반해 출새出塞
했다.

가을 7월, 도료장군 방분龐奮과 월기교위 풍주馮柱가 이들을 추격해
격파했다. 나머지 무리들과 항복한 흉노 2만여 명을 안정安定감숙성 진원현
과 북지北地영하성 영무현로 이사시켰다.

5) 차사후부車師後部신강성 기태현의 왕 탁제涿鞮가 반기를 들어 차사전
부車師前部신강성 투르판현의 왕 위필대尉畢大를 공격해 그의 처자를 포획
했다.

6) 9월, 경사에 황충蝗蟲의 재해가 있었다.

7) 겨울 10월 13일, 북해왕北海王 유위劉威가 북해경왕北海敬王 유목
劉睦의 자식이 아니라는 논의가 있는데다 또 비방을 했다는 죄에 연루되
자 이내 자살했다.

8) 12월 10일, 황제의 숙부인 진경왕陳敬王 유선劉羨이 훙거했다.

9) 12월 16일, 남궁南宮의 선실전宣室殿에 화재가 났다.

10) 호강교위護羌校尉 관우貫友가 죽자 한양漢陽감숙성 감곡현 태수 사충
史充에게 그를 대신하도록 했다. 사충이 임지에 도착해 마침내 황중湟中
청해성 동북쪽의 강족 및 흉노를 동원한 뒤 출새하여 미당迷唐을 공격했다.
영격에 나선 미당이 사충의 군사를 패퇴시키고, 수백 명을 죽였다. 사충
은 패한 죄에 연루돼 소환됐고, 대군代郡산서성 양고현 태수 오지吳祉가 그를

대신하게 됐다.

春, 二月, 立貴人陰氏為皇后. 後, 識之曾孫也.

夏, 四月, 癸亥, 樂成靖王黨薨. 子哀王崇立, 尋薨, 無子, 國除.

五月, 河內·陳留蝗.

南匈奴右溫禺犢王烏居戰畔出塞. 秋, 七月, 度遼將軍龐奮·越騎
校尉馮柱追擊破之, 徙其餘眾及諸降胡二萬餘人於安定·北地.

車師後部王涿鞮反, 擊前王尉畢大, 獲其妻子.

九月, 京師蝗.

冬, 十月, 乙丑, 北海王威以非敬王子, 又坐誹謗, 自殺.

十二月, 辛亥, 陳敬王羨薨.

丁巳, 南宮宣室殿火.

護羌校尉貫友卒, 以漢陽太守史充代之. 充至, 遂發湟中羌·胡出
塞擊迷唐. 迷唐迎敗充兵, 殺數百人. 充坐徵, 以代郡太守吳祉代之.

한화제 영원 9년(AD 97)

1) 봄 3월 10일, 농서隴西에 지진이 났다.

2) 3월 23일, 제남안왕濟南安王 유강劉康이 훙거했다.

3) 서역장사西域長史 왕림王林이 차사후왕車師後王 탁제涿鞮를 공격해
참수했다.

4) 여름 4월 28일, 낙성왕樂成王 유당劉黨의 아들 유순劉巡을 책봉해
낙성왕樂成王으로 삼았다.

5) 5월, 황후의 부친인 둔기교위屯騎校尉 음강陰綱을 오방후吳防侯애
봉하고, 특진特進으로 삼아 집에 가 있는 취제就第를 하게 했다.

6) 6월, 가뭄과 황충의 재해가 있었다.

7) 가을 8월, 선비鮮卑가 비여肥如하북성 노룡현를 침구侵寇했다. 요동 태수 채참祭參이 군기를 떨어뜨려 패하는 저상沮喪에 연루돼 하옥된 뒤 옥사했다.

8) 윤8월 14일, 황태후 두씨竇氏가 붕어했다.

당초 황제의 생모인 양귀인梁貴人 자매가 죽은 뒤 궁성宮省에서 이 일을 비밀에 붙인 까닭에 황제 유조劉肇가 양귀인 소생이라는 사실을 알수 없었다. 양귀인의 부친인 양송梁竦에게 출가한 광무제 유수의 딸 무음공주舞陰公主의 아들 양호梁扈가 종형인 양선梁禪을 보내 이 사실을 기록한 뒤 삼공의 관부인 삼부三府에 상주하게 했다.

"한가漢家의 구전舊典에 따르면 황제의 모친을 숭귀崇貴하도록 되어있습니다. 양귀인은 성궁聖躬을 친육親育했는데도 존호尊號를 받지 못했습니다. 이를 널리 펼쳐 의논하길 바랍니다."

태위 장포張酺가 당시 상황을 말하자 황제가 마음 아파하는 감동感慟을 하면서 한참 있다가 말했다.

"군君의 뜻에 비춰 어찌하는 게 좋겠소?"

장포는 존호를 추가로 올리는 추상追上과 여러 외숙을 조사해 기록하는 존록存錄의 방안을 제시했다. 황제가 이를 좇았다. 마침 양귀인의 언니로 남양 출신 번조樊調의 처인 양예梁嫕가 상서해 스스로 당시 상황을 언급했다.

"첩의 부친 양송은 뇌옥牢獄에서 원사冤死하는 바람에 해골도 덮어주지 못하고 있습니다. 모친은 70세를 넘겼고, 남동생 양당梁棠 등은 멀리절역絶域에 있어 사생死生을 알지 못합니다. 원컨대 양송의 썩은 뼈인 후골朽骨이라도 거두고, 모친과 동생들이 본래 살던 안정군安定郡으로 돌아올 수 있게 해주기를 빕니다."

황제가 양예를 인견引見한 뒤 이내 양귀인이 억울하게 죽은 상황을 알게 됐다. 삼공이 상주했다.

"청컨대 광무제가 한고제 유방의 후궁 출신인 박태후薄太后를 고황후로 삼아 한고제의 사당에 올리고 여태후呂太后를 다른 곳으로 옮긴 고사故事를 좇아 두태후의 존호를 깎고, 의당 선제와 합장하지 않게 해 주십시오."

백관들 가운데 상언하는 자가 많았다. 황제가 손수 쓴 조서인 수조手詔를 내렸다.

"두씨竇氏가 비록 법도를 준수하지 않았으나, 태후로서 늘 스스로를 감손減損하는 모습을 보였다. 짐은 10년 동안 봉사奉事한 까닭에 대의大義를 깊이 생각해야 한다. 예제를 보면 신자臣子로서 존상尊上을 폄하토록 한 문장은 없다. 은혜로 볼지라도 차마 포기할 수 없고, 의리로 볼지라도 차마 훼손할 수 없다. 전세前世의 사례를 살펴볼 때 한소제 때 상관걸의 모반사건이 있었지만 상관태후上官太后 역시 강출降黜을 당하지 않았다. 다시는 이 문제를 논의치 않도록 하라."

윤8월 29일, 시호가 장덕황후章德皇后인 두태후를 장사지냈다.

9) 소당燒當 강족의 우두머리 미당迷唐이 무리 8,000명을 이끌고 농서隴西를 침구侵寇했다. 변새 안쪽에 살던 여러 강족을 협박해 보기步騎 3만 명을 모은 뒤 농서의 군사를 격파하고, 대하현大夏縣감숙성 임하현 현장을 죽였다.

조서를 내려 행정서장군行征西將軍 유상劉尚을 파견하면서 월기교위越騎校尉 조세趙世를 부장副將으로 삼은 뒤 한병漢兵과 강족 및 호족의 병사를 합쳐 총 3만 명의 군사를 이끌고 가 미당을 토벌하게 했다. 유상이 적도狄道감숙성 임도현, 조세는 부한枹罕감숙성 임하현에 주둔했다.

유상이 사마 구우寇盱를 파견해 제군諸郡의 병사들을 감독하면서 사방에서 군사들을 모으도록 했다. 미당이 두려운 나머지 노약자를 버리고 달아나 임도臨洮의 남쪽으로 들어갔다. 유상 등이 임도 남쪽에 있는 고산高山까지 추격해 대파했다. 목을 베거나 포로로 잡는 참로斬虜의 숫자가 1,000여 명에 달했다. 미당이 무리를 이끌고 떠났으나 한나라 병사도 많은 사상사로 인해 추격이 불가능해 이내 환군했다.

10) 9월 24일, 사도 유방劉方이 책서를 받고 면직되자 자살했다.

11) 9월 28일, 양귀인을 추존해 황태후로 하고, 시호를 공회恭懷로 하고, 상제喪制에서 추후 복상服喪 기간을 늘리는 등의 추복追服을 했다.

겨울 10월 19일, 양태후와 그의 언니인 대귀인大貴人을 서릉西陵으로 옮겨 장사지냈다. 번조樊調를 발탁해 우림좌감羽林左監으로 삼았다. 양태후의 부친 양송에게 추봉追封과 추시追諡를 내려 포친만후襃親愍侯로 삼았다. 이어 사자를 파견해 영구를 영접해 공회황후恭懷皇后 양씨의 능묘 옆에 장사지냈다. 또 양송의 처자를 불러 돌아오게 했다. 양송의 아들 양당梁棠을 낙평후樂平侯, 양당의 동생 양옹梁雍을 승시후乘氏侯, 양옹의 동생 양적梁翟을 선보후單父侯로 삼았다. 지위는 모두 특진特進으로 했고, 상사賞賜가 거만巨萬을 헤아렸다. 총우寵遇가 당세當世에 크게 빛나면서 양씨梁氏는 이로부터 번성하게 됐다.

한장제 때 태자의 자리에서 폐출돼 청하왕淸河王으로 나간 유경劉慶이 처음으로 자신의 생모인 송귀인宋貴人의 무덤 참배를 감히 요구했다. 황제가 이를 허락하고, 태관太官에게 조서를 내려 사시四時로 제사지내는 데 필요한 것을 공급하게 했다. 유경이 눈물을 흘리며 말했다.

"생전에 비록 공양供養을 받지 못했으나, 끝내 제사를 받을 수 있게 됐습니다. 사적으로 저의 소원은 충족됐습니다!"

사당을 짓고 싶어 했으나 공회황후와 같게 하려 한다는 혐의를 받을까 두려워 마침내 감히 말하지 못했다. 늘 주위 사람들에게 눈물을 보이며 평생의 한인 몰치지한沒齒之恨으로 여겼다. 나중에 이같이 상언했다.

"외조모 왕씨王氏가 연로하니 낙양에 와서 요질療疾할 수 있게 해주기를 빕니다."

이에 송씨에게 조서를 내려 모두 경사로 돌아오게 했다. 유경의 외숙인 송연宋衍과 송준宋俊, 송개宋蓋, 송섬宋暹 등에게 벼슬을 내려 모두 낭관으로 삼았다.

12) 11월 8일, 광록훈인 하남 출신 여개呂蓋를 사도로 삼았다.

13) 12월 1일, 사공 장분張奮을 파직시켰다.

12월 7일, 태복太僕 한릉韓稜을 사공으로 삼았다.

14) 서역도호西域都護인 정원후定遠侯 반초가 연리掾吏인 감영甘英을 대진大秦로마제국과 조지條支이라크 경내에 사자로 보내 서쪽 바다가 있는 곳까지 가게 했다. 모두 전세前世에 가 본 적이 없는 나라였다. 그곳의 풍토에 대해 알지 못한 것이 없었고, 진괴珍怪한 얘기를 전했다. 안식安息이란의 박트리아 서계西界에 도착했다. 대해人海지중해와 맞닥뜨리자 그 바다를 건너고자 했다. 뱃사람이 웃으며 감영에게 말했다.

"바다가 광대해 왕래하는 자가 순풍인 선풍善風을 만날 경우 3달이면 건널 수 있으나, 더딘 바람인 지풍遲風을 만날 경우 2년이 걸립니다. 입해入海하려는 자가 모두 3년 치의 양식을 싸가지고 가는 이유입니다. 해중海中은 사람들로 하여금 쉽게 고향을 생각하며 가족을 그리는 사토연모思土戀慕를 하도록 만듭니다. 죽는 자가 자주 나오는 이유입니다."

감영이 이내 대해를 건널 생각을 그쳤다.

* 孝和皇帝永元九年

春, 三月, 庚辰, 隴西地震.

癸巳, 濟南安王康薨.

西域長史王林擊車師後王, 斬之.

夏, 四月, 丁卯, 封樂成王黨子巡為樂成王.

五月, 封皇后父屯騎校尉陰綱為吳房侯, 以特進就第.

六月, 旱, 蝗.

秋, 八月, 鮮卑寇肥如, 遼東太守祭參坐沮敗, 下獄死.

閏月, 辛巳, 皇太后竇氏崩. 初, 梁貴人既死, 宮省事秘, 莫有知帝為梁氏出者. 舞陰公主子梁扈遣從兄禪奏記三府, 以為"漢家舊典, 崇貴母氏, 而梁貴人親育聖躬, 不蒙尊號, 求得申議." 太尉張酺言狀, 帝感慟良久, 曰, "於君意若何?" 酺請追上尊號, 存錄諸舅. 帝從之, 會貴人姊南陽樊調妻嫕上書自訟曰, "妾父竦冤死牢獄, 骸骨不掩. 母氏年逾七十, 及弟棠等遠在絕域, 不知死生. 願乞收竦朽骨, 使母·弟得歸本郡." 帝引見嫕, 乃知貴人枉歿之狀. 三公上奏曰, "請依光武黜呂太后故事, 貶竇太后尊號, 不宜合葬先帝." 百官亦多上言者. 帝手詔曰, "竇氏雖不遵法度, 而太后常自減損. 朕奉事十年, 深惟大義, 禮, 臣子無貶尊上之文, 恩不忍離, 義不忍虧. 案前世, 上官太后亦無降黜, 其勿復議." 丙申, 葬章德皇后.

燒當羌迷唐率眾八千人寇隴西, 脅塞內諸種羌合步騎三萬人擊破隴西兵, 殺大夏長. 詔遣行征西將軍劉尚·越騎校尉趙世副之, 將漢兵·羌·胡共三萬人討之. 尚屯狄道, 世屯枹罕. 尚遣司馬寇盱監諸郡兵, 四面并會. 迷唐懼, 充老弱, 奔入臨洮南. 尚等追至高山, 大破之, 斬虜千餘人, 迷唐引去, 漢兵死傷亦多, 不能復追. 乃還.

九月, 庚申, 司徒劉方策免, 自殺.

甲子, 追尊梁貴人為皇太后, 謚曰恭懷, 追服喪制. 冬, 十月, 乙酉, 改葬梁太后及其姊大貴人於西陵. 擢樊調為羽林左監. 追封謚皇太后父竦為褒親愍侯, 遣使迎其喪, 葬於恭懷皇后陵傍. 徵還竦妻子. 封子棠為樂平侯, 棠弟雍為乘氏侯, 雍弟翟為單父侯, 位皆特進, 賞賜以巨萬計, 寵遇光於當世, 梁氏自此盛矣.

清河王慶始敢求上母宋貴人塚, 帝許之, 詔太官四時給祭具. 慶垂涕曰, "生雖不獲供養, 終得奉祭祀, 私願足矣!" 欲求作祠堂, 恐有自同恭懷梁后之嫌, 遂不敢言, 常泣向左右, 以為沒齒之恨. 後上言曰, "外祖母王年老, 乞詣雒陽療疾." 於是詔宋氏悉歸京師, 除慶舅衍·俊·蓋·暹等皆為郎.

十一月, 癸卯, 以光祿勳河南呂蓋為司徒.

十二月, 丙寅, 司空張奮罷. 壬申, 以太僕韓稜為司空.

西域都護定遠侯班超遣掾甘英使大秦·條支, 窮西海, 皆前世所不至, 莫不備其風土, 傳其珍怪焉. 及安息西界, 臨大海, 欲度, 船人謂英曰, "海水廣大, 往來者逢善風, 三月乃得度, 若遇遲風, 亦有二歲者. 故入海, 人皆齎三歲糧. 海中善使人思土戀慕, 數有死亡者." 英乃止.

한화제 영원 10년(AD 98)

1) 여름 5월, 경사에 대수大水가 있었다.

2) 가을 7월 11일[115]. 사공 한릉韓稜이 훙거했다.

8월 15일, 태상太常인 태산太山산동성 태안현 출신 소감巢堪을 사공으로 삼았다.

3) 겨울 10월, 5개 주州에 폭우로 인한 재해인 우수雨水가 있었다.

---

115   원문은 '기사己巳'이다. 7월에는 '기사'가 없다. 11일을 가리키는 을사乙巳의 오사일 공산이 크다. 번역문은 이를 채택했다.

4) 행정서장군行征西將軍 유상劉尙과 월기교위越騎校尉 조세趙世가 두려워하며 나약한 외나畏懦의 모습을 보인 일에 연루돼 하옥됐다가 면직됐다. 알자謁者 왕신王信이 유상의 군영을 관장하고 부한枹罕감숙성 임하현에 주둔하게 했다. 알자 경담耿譚은 조세의 군영을 관장하고 백석白石감숙성 임하현 서남쪽에 주둔하게 했다. 경담이 상금을 내걸자 여러 종족들이 대거 와서 내부內附했다. 미당이 두려운 나머지 청항請降했다. 왕신과 경담이 마침내 항복을 받아들인 뒤 파병罷兵했다.

12월, 미당이 종족을 이끌고 궁궐로 와 공헌貢獻했다.

5) 12월 19일, 양절왕梁節王 유창劉暢이 훙거했다.

6) 당초 거소후居巢侯 유반劉般이 훙거하자 아들 유개劉愷가 의당 후사가 돼야 했으나 부친의 유언을 핑계로 동생 유헌劉憲에게 양보한 뒤 둔도遁逃한 지 오래됐다. 유사有司가 유개의 봉국 철폐를 주청했다. 숙종肅宗인 한장제가 그의 의행이 아름답다고 여겨 특별히 우대하며 용서했다. 그러나 유개는 오히려 나타나지 않았다.

10여년의 세월이 흐른 뒤 유사가 다시 이 문제를 상주하자 시중 가규賈逵가 상서했다.

"공자가 『논어』에 이르기를, '예양禮讓으로 나라를 다스리는 데 무슨 어려움이 있겠는가?'[116]라고 한 바 있습니다. 유사는 유개가 즐겁고 선한 마음인 낙선지심樂善之心을 갖고 있는지 추궁하지 않고 통상적인 법인 순상지법循常之法으로 규찰하려고 합니다. 겸양하는 기풍을 밝게 드러내 널리 관후한 교화를 이루는 함홍지화含弘之化를 이루지나 못할까 두렵습

---

116   원문은 '능이례양위국호能以禮讓爲國乎, 하유하유何有?'이다. 『논어』「이인里人」에서 공자가 '예양禮讓으로 나라를 다스리는 데 무슨 어려움이 있고, 예양으로 나라를 다스리지 못하면 예를 어찌 하겠는가?'라는 취지로 언급한 '능이예양위국호能以禮讓爲國乎, 하유하유何有. 불능이예양위국不能以禮讓爲國, 여예하如禮何?' 구절을 인용한 것이다.

니다."

황제가 이를 받아들여 이같이 하조下詔했다.

"왕법王法은 선善을 숭상해 사람의 미덕을 완성시키는 데 근본 취지가 있다. 유헌이 작위를 이어받은 것을 들어주기는 하나 이번 일은 특수한 경우일 뿐이다. 이후에는 이번 일을 사례로 삼을 수 없다."

이내 유개를 징소해 낭관으로 삼았다.

7) 남선우인 제32대 선우 난제사자欒提師子가 죽었다. 제28대 선우인 난제장欒提長의 아들 난제단欒提檀이 즉위해 제33대 만씨시축제萬氏屍逐鞮 선우가 됐다.

* 孝和皇帝永元十年

夏, 五月, 京師大水.

秋, 七月, 己巳, 司空韓稜薨. 八月, 丙子, 以太常太山巢堪爲司空.

冬, 十月, 五州雨水.

行征西將軍劉尚·越騎校尉趙世坐畏懦徵, 下獄, 免. 謁者王信領尚營屯枹罕, 謁者耿譚領世營屯白石. 譚乃設購賞, 諸種頗來內附, 迷唐恐, 乃請降. 信·譚遂受降罷兵. 十二月, 迷唐等率種人詣闕貢獻.

戊寅, 梁節王暢薨. 初, 居巢侯劉般薨, 子愷當嗣, 稱父遺意, 讓其弟憲, 遁逃久之, 有司奏請絕愷國. 肅宗美其義, 特優假之, 愷猶不出. 積十餘歲, 有司復奏之, 侍中賈逵上書曰, "孔子稱'能以禮讓爲國乎何有' 有司不原樂善之心, 而繩以循常之法, 懼非長克讓之風, 成含弘之化也." 帝納之, 下詔曰, "王法崇善, 成人之美, 其聽憲嗣爵. 遭事之宜, 後不得以爲比." 乃徵愷, 拜爲郎.

南單于師子死, 單于長之子檀立, 爲萬氏屍逐鞮單于.

한화제 영원 11년(AD 99)

1) 여름 4월 9일, 천하에 사면령을 내렸다.

2) 황제가 조회를 이용해 여러 유학자들을 소견召見하고, 중대부中大夫 노비魯丕와 시중 가규賈逵, 상서령尙書令 황향黃香 등에게 몇 가지 사안을 토론하게 했다. 황제는 노비의 설명이 훌륭하다고 칭찬하고 조회를 파한 뒤 특별히 의관을 하사했다. 노비가 상소했다.

"신 노비가 듣건대, 경전을 설명하는 자는 선사先師의 말을 전하는 것이지, 자신의 견해를 내거나 서로 겸양하는 게 아닙니다. 서로 겸양하면 도道가 불분명해집니다. 마치 사물의 곡직曲直을 재는 규구規矩와 무게를 재는 저울인 권형權衡의 기준을 임의로 바꿀 수 없는 것과 같습니다. 질의를 하는 자는 반드시 그 근거를 밝혀야 하고, 해설하는 자는 그 뜻을 바로 세우는 데 힘써야 합니다. 부화浮華하고 무용無用한 언사는 여러 사람 앞에서 진술하지 않아야 합니다. 그러면 정사精思를 위해 수고하는 일 없이 도술道術이 더욱 빛날 것입니다. 설법이 다른 사람은 각자 스승의 가르침인 사법師法을 설명하며 그 취지를 널리 살피는 박관博觀을 해야 합니다. 땔나무와 꼴을 베는 추요芻蕘가 건의했다가 죄를 얻거나, 유원幽遠한 도리가 유실遺失되는 일이 없도록 해야 할 것입니다."

* 孝和皇帝永元十一年

夏, 四月, 丙寅, 赦天下.

帝因朝會, 召見諸儒, 使中大夫魯丕與侍中賈逵·尙書令黃香等相難數事, 帝善丕說, 罷朝, 特賜衣冠. 丕因上疏曰, "臣聞說經者, 傳先師之言, 非從己出, 不得相讓. 相讓則道不明, 若規矩權衡之不可枉也. 難者必明其據, 說者務立其義, 浮華無用之言, 不陳於前, 故精思不勞而道術愈章. 法異者各令自說師法, 博觀其義, 無令芻蕘以言得罪, 幽遠獨有遺失也."

한화제 영원 12년(AD 100)

1) 여름 4월 16일, 자귀산秭歸山호북성 자귀현이 무너졌다.

2) 가을 7월 1일, 일식이 있었다.

3) 9월 9일, 태위 장포가 면직됐다.

9월 17일, 대사농 장우張禹를 태위로 삼았다.

4) 소당燒當 강족의 우두머리 미당迷唐이 입조하자 나머지 종족들은 2,000명을 넘지 못했다. 굶주리고 군색한 기군饑窘으로 인해 자립하지 못하자 입새入塞해 금성金城감숙성 난주시에 거주했다. 황제가 미당에게 명해 종족들을 이끌고 대유곡大楡谷과 소유곡小楡谷으로 돌아가게 했다. 미당은 한나라에서 황하의 일단인 봉류대하에 다리를 놓아 군사들이 무상無常으로 드나들 수 있는 까닭에 다시는 고지故地에 거주할 수 없고, 족인들이 굶주린 까닭에 멀리 떨어진 대유곡과 소유곡으로 나갈 수 없다고 말했다.

호강교위護羌校尉 오지吳祉 등이 미당에게 많은 금백金帛을 내리고, 곡식과 가축을 사들이게 하여 출새出塞를 재촉했다. 이들이 다시 시기하며 놀라는 시경猜驚의 마음을 품었다. 이 해에 미당이 다시 반기를 들었다. 황중湟中청해성 동북부에 사는 여러 흉노를 협박해 구초寇鈔한 뒤 떠났다. 왕신王信과 경담耿譚, 오지吳祉 모두 이 일에 연루돼 소환됐다.

* 孝和皇帝永元十二年

夏, 四月, 戊辰, 秭歸山崩.

秋, 七月, 辛亥朔, 日有食之.

九月, 戊午, 太尉張酺免. 丙寅, 以大司農張禹為太尉.

燒當羌豪迷唐既入朝. 其餘種人不滿二千, 饑窘不立, 入居金城. 帝令迷唐將其種人還大·小楡谷. 迷唐以漢作河橋, 兵來無常, 故地不可復居, 辭以種人饑餓, 不肯遠出. 護羌校尉吳祉等多賜迷唐金帛, 令糴穀市畜. 促使出塞, 種人更懷猜驚. 是歲, 迷唐復叛, 脅將湟中諸胡寇鈔而夫, 王信·耿譚·吳祉皆坐徵.

한화제 영원 13년(AD 101)

1) 가을 8월 25일, 북궁北宮의 성찬문盛饌門에 있는 누각에서 화재가 발생했다.

2) 미당은 다시 사지하곡賜支河曲청해성 공화현 주변으로 들어온 뒤 병사를 이끌고 변새를 향했다. 호강교위 주유周鮪와 금성 태수 후패侯霸, 여러 군郡의 병사, 속국屬國인 강족과 흉노족의 병사 등 총 3만 명의 군사가 출새出塞해 윤천允川청해성 귀덕현 서쪽에 도착했다. 후패가 미당을 격파하자 그 종족이 와해됐다. 항복한 자가 6,000여 명에 달했다. 이들을 한양漢陽과 안정安定, 농서隴西에 나눠 이주시켰다. 미당이 마침내 약해져 멀리 사지하곡의 위쪽을 넘어 발강發羌[117]에 의지해 살았다. 오래 지나 병사했고, 그의 아들이 내항來降했다. 호구는 수십 가구를 채우지 못했다.

3) 형주荊州에 오랫동안 비가 내리는 우수雨水가 나타났다.

4) 겨울 11월 14일, 조서를 내렸다.

"유주幽州와 병주幷州, 양주涼州의 호구는 대체로 적은데도 변경의 요

---

117 발강發羌은 티베트 고원에 살던 강족이 최초로 세운 나라를 가리킨다. 당나라 때 토번吐蕃 왕조의 등장은 여기서 비롯됐다. 이들은 현존 티베트족의 조상으로 원래는 지금의 감숙성 남부인 위수渭水 유역에 거주하다가 사천성 서부의 금사강金沙江 쪽으로 이주한 뒤 점차 티베트 고원에 정착하게 됐다. 그 결과가 바로 최초의 강족 국가인 '발강'의 등장이다.

역이 매우 많고 심한 까닭에 친척과 붕우들 사이에 교환하는 예물인 속수束脩의 예절을 통해 좋은 관원이 되는 길이 좁다. 이적을 만나 안무할 때는 사람을 근본으로 해야 한다. 변경에 있는 군郡의 호구가 10만 명 이상인 곳에서는 매년 효렴孝廉 1명을 천거하고, 10만 명에 이르지 못한 곳에서는 2년에 1명을 천거하고, 5만 명 이하인 곳에서는 3년에 1명을 천거하도록 하라."

5) 선비鮮卑가 우북평右北平하북성 풍윤현에 들어와 노략하다가 마침내 어양漁陽북경시 밀운현까지 들어왔다. 어양 태수가 이들을 격파했다.

6) 11월 26일, 사도 여개呂蓋가 노병老病으로 치사致仕했다.

7) 무산巫山에 사는 만족 허성許聖이 군郡에서 행하는 수세收稅가 고르지 않다며 원한怨恨을 품다가 마침내 반기를 들었다.

신묘辛卯[118], 남군南郡호북성 강릉현까지 노략했다.

* 孝和皇帝永元十三年

秋, 八月, 己亥, 北宮盛饌門閣火.

迷唐復還賜支河曲, 將兵向塞. 護羌校尉周鮪與金城太守侯霸及諸郡兵·屬國羌·胡合三萬人出塞至允川. 侯霸擊破迷唐, 種人瓦解, 降者六千餘口, 分徙漢陽·安定·隴西. 迷唐遂弱, 遠逾賜支河首, 依發羌居. 久之, 病死, 其子來降, 戶不滿數十.

荊州雨水.

冬, 十一月, 丙辰, 詔曰, "幽·幷·涼州戶口率少, 邊役衆劇, 束脩良吏進仕路狹. 撫接夷狄, 以人爲本, 其令緣邊郡口十萬以上, 歲舉孝

---

118   신묘辛卯는 11월에 없다. 12월의 '신묘'는 12월 20일이 되고, '신묘'를 신미辛未의 잘못으로 간주하면 11월 29일이 된다.

廉一人, 不滿十萬, 二歲舉一人, 五萬以下, 三歲舉一人." 鮮卑寇右
北平, 遂入漁陽, 漁陽太守擊破之.

戊辰, 司徒呂蓋以老病致仕.

巫蠻許聖以郡收稅不均, 怨恨, 遂反. 辛卯, 寇南郡.

한화제 영원 14년(AD 102)

1) 봄, 안정安定감숙성 진원현에 살던 항복한 강족인 소하燒何의 종족이
반란을 일으켰다. 군군郡의 병사들이 그들을 격멸했다. 이때 서해西海청해호
와 대유곡大楡谷 및 소유곡小楡谷의 주위에서 다시는 강족의 노략이 없
었다. 중앙 조정에서 파견한 유미국隃糜國섬서성 천양현 동쪽의 재상 조봉曹鳳
이 상언上言했다.

"건무建武 이래 서강西羌의 범법자는 늘 소당燒當 족속을 좇아 시작됐
습니다. 그리 된 것은 그들이 대유곡과 소유곡에 살기 때문입니다. 토지가
비옥하고, 서해西海에서 어염魚鹽이 생산되는 이점이 있고, 큰 강인 황하
로 막혀 굳게 지킬 수 있어서 그렇습니다. 또한 변새 근처에 사는 여러 종
족들은 쉽게 잘못을 저지르지만 이를 공벌攻伐하는 것은 어렵기에 강대
해질 수 있었습니다. 늘 여러 종족보다 웅장해 권력과 힘인 권용權勇을 믿
고 강족과 흉노족을 초유招誘한 게 그렇습니다. 그러나 지금은 쇠약해 곤
궁해졌습니다. 무리들을 원조하는 세력도 파괴되고 막혀, 달아나 쥐새끼
처럼 살다가 멀리 발강發羌에 의지하고 있습니다. 신은 어리석으나 의당
이때 서해西海의 군현郡縣을 회복시키고, 대유곡과 소유곡을 굳게 통제하
고, 널리 둔전을 설치하고, 강족과 호족이 교관交關하는 길을 막음으로써
미친 듯이 교활하게 중원을 넘보는 근원을 두절시켜야 합니다. 또 곡식을
심어 변경을 부유하게 하면 곡식을 운반하는 노역이 줄어 나라에서는 서
방에 대한 우려를 없앨 수 있습니다."

황상이 이를 좇았다. 옛날 서해군西海郡 청해군 해연현을 수선하고 정리해 금성金城에 있는 서부도위西部都尉를 그곳으로 옮겨 지키게 했다. 조봉曹鳳에게 벼슬을 주어 금성서부도위金城西部都尉로 삼고, 용기龍耆청해성 낙도현에 주둔하게 했다. 이후 둔전을 확장해 황하를 끼고 길게 늘어세웠다. 도합 34부部에 달했다. 그런 공적이 세워지자 이후 한안제漢安帝의 영초永初 연간에 이르러 여러 강족의 반란이 이내 그치게 됐다.

2) 3월 27일, 국립대학인 벽옹辟雍의 향사례饗射禮에 임석했다가 천하에 사면령을 내렸다.

3) 여름 4월, 사자를 파견해 형주荊州의 병사 1만여 명을 감독해 길을 나누는 분도分道의 방식으로 무산巫山의 만족蠻族인 허성許聖 등을 토벌하게 했다. 이들을 대파하자 허성 등이 항복을 구걸하는 걸항乞降을 했다. 모두 강하江夏호북성 황강현로 옮겨 두었다.

4) 음황후陰皇后는 투기妬忌가 많아 황제의 총애가 점차 쇠퇴하자 자주 원망하는 에한恚恨을 품었다. 황후의 외조모인 등주鄧朱가 궁궐을 출입할 때 어떤 사람이 황후 및 등주가 함께 무고巫蠱의 도술을 행한다고 말을 했다. 황제가 중상시 장신張慎과 상서 진포陳褒에게 이를 조사하게 한 뒤 이들을 대역무도大逆無道 죄로 탄핵했다. 등주의 두 아들인 등봉鄧奉과 등의鄧毅, 황후의 동생 음보陰輔 모두 고문을 받다 옥중에서 죽었다.

6월 23일, 황후가 이 사건에 연루돼 폐위된 뒤 동궁桐宮으로 옮겨졌다. 근심 끝에 죽는 우사憂死를 했다. 부친인 특진 음강陰綱은 자살했다. 황후의 동생인 음일陰軼과 음창陰敞, 등주의 가속들은 일남日南베트남 순화현의 비경比景으로 유배를 갔다.

5) 가을 7월 23일, 상산상왕常山殤王 유측劉側이 훙거했다. 아들이 없어 형인 방자후防子侯 유장劉章을 세워 상산왕으로 삼았다.

6) 3개 주州에 홍수인 대수大水가 있었다.

7) 반초가 오랫동안 절역絕域에 있었고, 연로한데다 고향생각이 간절했다. 상서해 귀향을 청하는 걸귀乞歸를 했다.

"신 반초는 감히 주천국酒泉郡감숙성 주천현까지 가기를 바라지는 않지만 다만 옥문관玉門關감숙성 돈황현 서북쪽 안으로 들어가 살고자 합니다. 삼가 아들 반용班勇을 안식安息이란의 박트리아에서 바칠 물건을 갖고 가는 자들을 좇아 입새入塞하도록 했습니다. 신 반초가 살아 있을 때 반용에게 중원의 땅인 중토中土를 눈으로 직접 보는 목견目見을 시키려고 한 것입니다."

조정이 오래도록 회보하지 못했다. 조수曹壽에게 시집을 간 반초의 누이동생인 조대가曹大家 반소班昭가 상서했다.

"만이蠻夷의 성품은 패역悖逆해 노인을 모욕합니다. 반초는 단모旦暮에 땅속으로 들어가는 입지入地의 상황인데 오래도록 대신할 사람을 보지 못했습니다. 간사한 무리가 나타날 근원인 간귀지원奸宄之源을 열어 역란逆亂의 마음을 일으키게 될까 걱정입니다. 경대부卿大夫들 모두 다른 것과 마찬가지라고 여겨 원려遠慮를 하지 않고 있습니다. 만일 졸연히 사건이라도 터져 반초의 기력이 쇠진해 마음먹은 대로 좇을 수 없게 되면 위로는 나라가 여러 세대에 걸쳐 세운 공인 누세지공累世之功을 손상시키고, 아래로는 충신의 모든 힘을 다해 이룬 효용인 갈력지용竭力之用을 버리는 게 됩니다. 실로 통석해할 만한 일입니다! 반초는 1만 리나 떨어진 밖에서 정성스런 마음을 보여주면서 스스로 고생스럽고 급한 고급苦急의 상황을 진술하며 목을 빼고 멀리 바라보는 연경유망延頸逾望을 한 지 오늘로 3년이나 됐습니다. 그럼에도 아직도 조정에서 관심을 갖고 살피는 성록省錄의 은혜를 입지 못했습니다. 첩妾이 가만히 듣건대, 옛날에는 15세에 무기를 잡았다가 60세가 되면 집으로 돌려보내고, 휴식하는 기간에는 군직軍職을 맡지 않았다고 합니다. 첩은 감히 죽음을 무릅쓰는 촉사觸

死의 자세로 반초를 위해 슬픈 사정을 헤아려 줄 것을 요구합니다. 반초가 남은 여년餘年에 1번이라도 생환生還해 다시 궐정闕庭을 보고, 국가로 하여금 원지遠地에 대한 염려를 없게 하고, 서역에도 문득 빚어지는 변란의 우려를 없게 하고, 반초 역시 문왕文王이 영대靈臺를 짓다가 발견된 해골을 다른 곳에 묻어주도록 한 것처럼 장골葬骨의 은혜를 입게 해 주십시오. 전국시대 초기 전자방田子方이 제자인 위문후에게 어렸을 때 모든 것을 바친 말을 늙었다는 이유로 내버려서는 안 된다고 충고한 은혜를 베풀어 주시기 바랍니다."

황제가 그 말에 감동해 이내 반초를 징소해 돌아오게 했다.

8월, 반초가 낙양에 이르렀다. 벼슬을 주어 사성교위射聲校尉에 제수했다.

9월, 반초가 졸卒했다.

반초가 징소될 때 무기교위戊己校尉 임상任尙을 반초 대신 도호都護로 삼았다. 임상이 반초에게 말했다.

"군후君侯는 외국에서 30여 년 있었습니다. 소인은 외람되게도 군후의 뒤를 이어받게 됐습니다. 임무는 무거운데 사려는 얕은 임중여천任重慮淺의 처지이니 의당 교회敎誨해 주시기 바랍니다."

반초가 대답했다.

"연로하면 지혜를 잃는 실지失智를 하게 마련이오. 그대는 자주 높은 지위를 감당했으니 어찌 반초가 따라갈 수 있겠소! 반드시 부득이하다면 원컨대 우언愚言을 올리게 하시오. 새외塞外의 이사吏士는 본래 효자순손孝子順孫이 아니고 모두 죄과罪過를 갖고 변경의 둔전에 유배를 와 보충된 자들이오. 또 만이蠻夷는 조수鳥獸의 마음을 지닌 자들이라 양육키는 어렵고 실패하기는 쉽소. 지금 그대의 성정은 엄급嚴急하오. 물이 맑으면 대어大魚가 없소. 자세히 살피는 정사인 찰정察政은 아래와 화목할 수 없소. 의당 호탕하고 편안한 탕일蕩佚과 간명하고 쉬운 간이簡易의 모습을 보이도록 하시오. 작은 과실을 관대히 처리하고, 대강大綱의 일만 챙기면 될 것이오."

반초가 가자 임상이 친한 자에게 말했다.

"나는 반군班君이 당연히 기책奇策을 일러줄 것으로 생각했소. 지금 말하는 것을 보니 평평平平할 뿐이오."

임상은 나중에 끝내 변경의 화평한 상태를 잃고 말았다. 반초가 우려한 것처럼 된 셈이다.

8) 당초 태부太傅 등우鄧禹가 일찍이 어떤 사람에게 말했다.

"내가 100만 무리를 이끌고 일찍이 한 사람도 망살妄殺한 적이 없으니 후세에는 반드시 흥하는 자가 나올 것이다."

그의 아들이 호강교위護羌校尉 등훈鄧訓이다. 등훈에게 등수鄧綏라는 딸이 있었다. 성품이 효우孝友하고, 서전書傳을 좋아했다. 늘 낮에는 부업婦業을 행하고, 밤에는 경전을 외웠다. 집안사람들이 그녀를 두고 태학생처럼 공부한다는 취지에서 '제생諸生'이라고 불렀다. 숙부인 등해鄧陔가 말했다.

"일찍이 1,000명의 사람을 살린 자의 자손은 봉작을 받을 것이라는 얘기를 들었다. 나의 친형인 등훈은 알자謁者가 되어 석구하石臼河의 수리를 맡아 해마다 수천 명씩 살렸다. 천도天道는 가히 믿을 만하니 집안이 반드시 복을 받을 것이다."

등수는 이후 입궁해 귀인貴人이 됐다. 공숙恭肅하고 소심小心하며 움직일 때도 법도가 있었다. 음후陰后를 섬기게 되자 동렬同列의 사람을 접대하고 위무할 때 늘 극기克己의 자세로 스스로를 낮췄다. 비록 궁인宮人이나 부리는 사람인 예역隸役일지라도 모두 은혜를 베풀어주었다. 황제가 이를 심히 가상하게 여겼다.

일찍이 등수가 병이 들자 황제가 특별히 명을 내려 그의 모친과 형제들이 궐내로 들어와 친히 의약을 쓰게 하면서 일수日數에 제한을 두지 않았다. 등수가 사양했다.

"궁금宮禁은 지중至重한 곳입니다. 밖에서 사는 사람을 내성內省에 오래 머물게 하는 것은 위로는 폐하에게 사사로이 사람을 아낀다는 비난을 받게 만들고, 아래로는 천첩賤妾이 알 수 없는 비방을 듣게 됩니다. 상하가 모두 바꿔가며 손해를 볼 터이니 실로 원치 않습니다!"

황제가 말했다

"사람들은 모두 궁궐에 자주 들어오는 것을 영광으로 생각하는데, 귀인은 오히려 이를 걱정하고 있소!"

매번 연회宴會 때마다 여러 희첩姬妾들이 경쟁적으로 수식修飾을 했다. 귀인은 홀로 질소質素를 숭상했다. 그의 옷에 음황후와 동일한 색이 있으면 즉시 바꿔 입고, 동시에 들어가 황제를 진현進見하면 감히 정좌正坐하거나 이립離立한 적이 없다. 걸어갈 때면 몸을 구부려 자비自卑하고, 황제가 물을 때마다 늘 머뭇거리는 준순逡巡의 모습을 보이며 나중에 대답함으로써 감히 황후보다 먼저 말하지 않았다. 음후는 단소短小해 거지擧止를 할 때 의례에 맞지 않는 경우가 있었다. 주위에서는 입을 가리며 웃었으나 귀인 홀로 마음 아파하는 창연愴然의 모습으로 즐거워하지 않은 채 이를 은휘隱諱하며 마치 자신의 실수인 것처럼 했다. 황제가 마음을 쓰고 몸을 굽히는 귀인의 노심곡체勞心曲體를 보고 찬탄했다.

"수덕修德의 노력이 마침내 이런 경지에 이르게 됐다!"

이후 음황후에 대한 총애가 쇠퇴하자 귀인은 매번 황제에게 나아가 알현할 때마다 번번이 몸이 불편하다고 사양했다. 이때 황제는 자주 황자皇子를 잃었다. 귀인은 황제의 뒤를 이을 사람이 많지 않은 것을 걱정해 자주 재인才人을 선발해 황제에게 바침으로써 황제의 속마음을 넓게 해주었다. 음후는 귀인의 덕을 칭송하는 일이 날로 성하자 이를 심히 질투했다. 황제가 일찍이 병이 나 드러누워 심히 위독해졌다. 음황후가 은밀히 말했다.

"내가 득의得意하는 날에는 등씨鄧氏 집안사람을 한 사람도 살려두지 않을 것이다!"

귀인이 이 얘기를 듣고 눈물을 흘리며 말했다.

"나는 갈성진심竭誠盡心의 자세로 황후를 섬겨왔지만 끝내 도움을 받지 못하게 됐다. 지금 나는 의당 좇아 죽어 위로는 황제의 은덕에 보답하고, 가운데로는 집안이 입을 화를 해소하고, 아래로는 음씨로 하여금 나를 사람돼지인 인시人豕로 만들었다는 비난을 받지 않도록 해야 한다."

그러고는 즉각 음약飲藥하려 했다. 궁인宮人 조옥趙玉이 이를 강하게 금지시킨 뒤 거짓으로 말했다.

"마침 사자가 와서 황상의 병이 이미 나았다고 전했습니다."

귀인이 이내 중지했다. 다음날 황상의 병이 과연 다 나았다. 음황후를 폐위하기에 이르자 귀인이 구해줄 것을 청했으나 어쩔 수 없었다. 황제가 귀인을 황후로 삼고자 했다. 귀인은 더욱 병이 위독하다고 칭한 뒤 깊숙이 들어가 스스로 폐절閉絶했다.

겨울 10월 24일, 조서를 내려 귀인 등씨를 세워 황후로 삼았다. 황후가 사양하다가 부득이해 즉위했다. 군국郡國이 공헌貢獻하고자 했으나 모두 금절禁絶하고 세시歲時로 다만 지묵紙墨만을 공급하게 했다. 황제가 매번 등씨에게 관작官爵을 내리려 했으나 황후가 번번이 애원하며 겸양하게 해달라고 청했다. 그의 오라비 등즐鄧騭은 황제가 살아 있을 때 호본중랑장虎賁中郎將에 지나지 않았다.

9) 10월 30일, 사공 소감巢堪이 파직됐다.

10) 11월 6일, 대사농인 패국沛國안휘성 수계현 출신 서방徐防이 사공이

되자 상소했다.

"한나라에서 박사博士 14가家를 설치하고 갑과甲科 40명과 을과乙科 20명의 박사제자원博士弟子員을 선발해 열심히 공부하도록 권하고 있습니다. 엎드려 보건대 태학太學에서 박사제자를 대상으로 시험을 치를 때 모두 자신의 견해를 설명하면서 사법師法을 수습修習하지 않은 채 사사롭게 서로 포용하며 숨겨주고 있습니다. 이는 간로奸路를 열어주는 것입니다. 배번 대책對策을 시험할 때마다 쟁송爭訟이 일어나고 있습니다. 논의가 엇갈려 시비是非가 일어나는 게 그렇습니다. 공자는 『논어』 「술이」에서 서술하기는 하되 자의적으로 짓지는 않는다는 취지로 술이부작述而不作을 언급한 바 있습니다. 또 『논어』 「위령공」에서는 공자 자신이 오히려 사관들이 확실치 않은 일에 대해 궐문闕文한 채 이를 잘 아는 사람이 나타나기를 기다리는 것을 본 적이 있다는 취지로 '오유급사지궐문吾猶及史之闕文'을 언급하기도 했습니다. 지금 장구章句에 의거하지 않은 채 망령되게 경전을 천착穿鑿하며 스승을 존중하는 것은 옳지 않고, 자신의 뜻을 드러내 설명해야 이치를 얻을 수 있다며 도술을 경모輕侮하는 게 점차 풍속을 이뤄가고 있습니다. 이는 실로 조서를 내려 실제의 인재를 선발하고자 한 본의本意가 아닙니다. 경박함을 고치고 충성스런 것을 따르는 개박종충改薄從忠은 삼대三代에도 늘 있었던 도리입니다. 마음을 오로지하여 근본에 힘쓰는 전정무본專精務本은 유학에서 먼저 해야 할 것입니다. 신은 박사와 갑을과의 책시策試는 의당 사법師法의 장구章句를 좇아 50개의 난문難問으로 시험을 보고, 해석을 가장 많이 잘한 자를 1등으로 하고, 글을 분명하게 인용한 것을 고명한 풀이인 고설高說로 삼아야 한다고 봅니다. 만일 선사先師의 설법에 의거하지 않은 채 그 뜻이 서로 상충돼 공격을 하게 될 경우는 모두 곧바로 잘못된 것으로 판단하면 될 것입니다."

황제가 이 말을 좇았다.

11) 이 해에 처음으로 황후궁을 관할하는 환관인 대장추大長秋 정중鄭眾에게 권신인 두헌을 죽인 공로를 높이 사 소향후鄹鄉侯 하남성 남양시 남쪽에 봉했다.

＊孝和皇帝永元十四年

春, 安定降羌燒何種反, 郡兵擊滅之. 時西海及大·小榆谷左右無復羌寇, 隃麋相曹鳳上言曰, "自建武以來, 西羌犯法者, 常從燒當種起, 所以然者, 以其居大·小榆谷, 土地肥美, 有西海魚鹽之利, 阻大河以為固. 又, 近塞內諸種, 易以為非, 難以攻伐, 故能強大, 常雄諸種, 恃其權勇, 招誘羌·胡. 今者衰困, 黨援壞沮, 亡逃棲竄, 遠依發羌. 臣愚以為宜及此時建復西海郡縣, 規固二榆, 廣設屯田, 隔塞羌·胡交關之路, 遏絕狂狡窺欲之源. 又殖谷富邊, 省委輸之役, 國家可以無西方之憂." 上從之, 繕修故西海郡, 徙金城西部都尉以戍之, 拜鳳為金城西部都尉, 屯龍耆. 後增廣屯田, 列屯夾河, 合三十四部. 其功垂立, 會永初中諸羌叛, 乃罷.

三月, 戊辰, 臨辟雍饗射, 赦天下.

夏, 四月, 遣使者督荊州兵萬餘人, 分道討巫蠻許聖等, 大破之. 聖等乞降, 悉徙置江夏.

陰皇后多妒忌, 寵遇浸衰, 數懷恚恨. 后外祖母鄧朱, 出入宮掖, 有言后與朱共挾巫蠱道者. 帝使中常侍張慎與尚書陳褒案之, 劾以大逆無道, 朱二子奉·毅, 后弟輔皆考死獄中. 六月, 辛卯, 后坐廢, 遷於桐宮, 以憂死. 父特進綱自殺, 后弟軼·敞及朱家屬徙日南比景.

秋, 七月, 壬子, 常山殤王側薨, 無子, 立其兄防子侯章為常山王.

三州大水.

班超久在絕域, 年老思土, 上書乞歸曰, "臣不敢望到酒泉郡, 但願生入玉門關. 謹遣子勇隨安息獻物入塞, 及臣生在, 令勇目見中土." 朝廷久之未報, 超妹曹大家上書曰, "蠻夷之性, 悖逆侮老. 而超旦暮入地, 久不見代, 恐開姦宄之源, 生逆亂之心. 而卿大夫咸懷一切, 莫肯遠慮, 如有卒暴, 超之氣力不能從心, 便爲上損國家累世之功, 下棄忠臣竭力之用, 誠可痛也! 故超萬里歸誠, 自陳苦急, 延頸逾望, 三年於今, 未蒙省錄. 妾竊聞古者十五受兵, 六十還之, 亦有休息, 不任職也. 故妾敢觸死爲超求哀, 乞超餘年, 一得生還, 復見闕庭, 使國家無勞遠之慮, 西域無倉卒之憂, 超得長蒙文王葬骨之恩, 子方哀老之惠." 帝感其言, 乃徵超還. 八月, 超至洛陽, 拜爲射聲校尉. 九月, 卒. 超之被徵, 以戊己校尉任尚代爲都護. 尚謂超曰, "君侯在外國三十餘年, 而小人猥承君後, 任重慮淺, 宜有以誨之!" 超曰, "年老失智. 君數當大位, 豈班超所能及哉! 必不得已, 願進愚言. 塞外吏士, 本非孝子順孫, 皆以罪過徙補邊屯. 而蠻夷懷鳥獸之心, 難養易敗. 今君性嚴急, 水淸無大魚, 察政不得下和, 宜蕩佚簡易, 寬小過, 總大綱而已." 超去, 尚私謂所親曰, "我以班君當有奇策, 今所言, 平平耳." 尚後竟失邊和, 如超所言.

初, 太傅鄧禹嘗謂人曰, "吾將百萬之衆, 未嘗妄殺一人, 後世必有興者." 其子護羌校尉訓, 有女曰綏, 性孝友, 好書傳, 常晝修婦業, 暮誦經典, 家人號曰"諸生." 叔父陔曰, "嘗聞活千人者子孫有封. 兄訓爲謁者, 使修石臼河, 歲活數千人, 天道可信, 家必蒙福." 綏後選入宮爲貴人, 恭肅小心, 動有法度, 承事陰后, 接撫同列, 常克己以下之, 雖宮人隸役, 皆加恩借, 帝深嘉焉. 嘗有疾, 帝特令其母·兄弟入親醫藥, 不限以日數, 貴人辭曰, "宮禁至重, 而使外舍久在內省, 上令陛下有私幸之譏, 下使賤妾獲不知足之謗, 上下交損, 誠不願

也!"帝曰, "人皆以數入為榮, 貴人反以為憂邪!" 每有宴會, 諸姬競
自修飾, 貴人獨尚質素, 其衣有與陰后同色者, 即時解易, 若幷時進
見, 則不敢正坐離立, 行則僂身自卑, 帝每有所問, 常逡巡後對, 不
敢先后言. 陰后短小, 舉止時失儀, 左右掩口而笑, 貴人獨愴然不樂,
為之隱諱, 若己之失. 帝知貴人勞心曲體, 歎曰, "修德之勞, 乃如是
乎!" 後陰后寵衰, 貴人每當御見, 輒辭以疾. 時帝數失皇子, 貴人憂
繼嗣不廣, 數選進才人以博帝意. 陰后見貴人德稱日盛, 深疾之. 帝
嘗寢病, 危甚, 陰后密言曰, "我得意, 不令鄧氏復有遺類!" 貴人聞
之, 流涕言曰, "我竭誠盡心以事皇后, 竟不為所祐. 今我當從死, 上
以報帝之恩, 中以解宗族之禍, 下不令陰氏有人豕之譏." 即欲飲藥,
宮人趙玉者固禁之, 因詐言"屬有使來, 上疾已愈", 貴人乃止. 明日,
上果瘳. 及陰后之廢, 貴人請救, 不能得. 帝欲以貴人為皇后, 貴人
愈稱疾篤, 深自閉絕. 冬, 十月, 辛卯, 詔立貴人鄧氏為皇后. 後辭讓,
不得已, 然後即位. 郡國貢獻, 悉令禁絕, 歲時但供紙墨而已, 帝每
欲官爵鄧氏, 后輒哀請謙讓, 故兄騭終帝世不過虎賁中郎將.

丁酉, 司空巢堪罷.

十一月, 癸卯, 以大司農沛國徐防為司空. 防上疏, 以為曰, "漢立
博士十有四家, 設甲乙之科以勉勸學者. 伏見太學試博士弟子, 皆以
意說, 不修家法, 私相容隱, 開生奸路. 每有策試, 輒興諍訟, 論議
紛錯, 互相是非. 孔子稱'述而不作', 又曰'吾猶及史之闕文' 今不依
章句, 妄生穿鑿, 以遵師為非義, 意說為得理, 輕侮道術, 浸以成俗,
誠非詔書實選本意. 改薄從忠, 三代常道. 專精務本, 儒學所先. 臣
以為博士及甲乙策試, 宜從其家章句, 開五十難以試之, 解釋多者為
上第, 引文明者為高說. 若不依先師, 義有相伐, 皆正以為非." 上從
之.

是歲, 初封大長秋鄭眾為鄭鄉侯.

한화제 영원 15년(AD 103)

1) 여름 4월 30일, 일식이 있었다.

이때 황제는 숙종肅宗인 한장제의 고사故事를 존중한 까닭에 형제 모두 경사에 머물게 했다. 유사는 일식이 음기陰氣에 왕성하게 나타난다며 여러 왕들을 취국就國하게 할 것을 주청했다. 조서를 내렸다.

"오늘 일식의 이변은 그 책임이 전적으로 나 한 사람에게 있다. 여러 왕들은 유치幼稚 때 일찍 부모 곁을 떠난 뒤 오갈 때마다 부모가 자식을 거듭 돌아보는 고복顧復[119]의 정성을 통해 약관弱冠의 나이까지 이곳에서 양육됐다. 늘 『시경』의 「육아蓼莪」와 「개풍凱風」에 나오는 것처럼 부모에 대한 커다란 그리움을 가질 수밖에 없다.[120] 나도 연모가 지나쳐 결단하지 못하는 은혜인 선나지은選懦之恩이 나라의 법도인 국전國典에 맞지 않다는 사실을 알고 있으나, 이런 이유로 인해 여러 왕들을 계속 경사에 머물도록 하겠다."

2) 가을 9월 20일, 거가가 남순南巡했다. 청하왕淸河王 유경劉慶과 제북왕濟北王 유수劉壽, 하간왕河間王 유개劉開 등 3왕三王이 나란히 수종하는 병종幷從을 했다.

3) 4개 주州에 오랫동안 비가 내리는 우수雨水가 있었다.

119　고복顧復은 『시경』「소아小雅, 육아蓼莪」에서 부모님이 나를 돌보면서 밖으로 나갈 때마다 거듭 돌아보고, 오갈 때마다 나를 안아준다는 취지의 '고아복아顧我復我, 출입복아出入腹我' 구절에서 인용한 것이다.

120　『시경』의 「소아, 육아」는 효자가 부모를 끝까지 봉양하지 못한 것을 탄식한 노래이다. 「국풍國風, 개풍凱風」은 모친이 자식을 양육할 때의 노고를 위로하지 못한 것을 두고 자식들이 스스로를 책망한 노래로 보는 게 학계의 중론이다.

4) 겨울 10월 17일, 황제가 장릉章陵으로 행차했다.

10월 27일, 더 나아가 운몽雲夢호북성 운몽현까지 행차했다. 이때 태위 장우張禹가 도성인 낙양을 지키는 유수留守를 했다. 거가車駕 즉 황제가 강릉江陵호북성 강릉현까지 행차해야 한다는 소식을 듣자 위험을 무릅쓰고 멀리까지 유람하는 모험원유冒險遠遊는 마땅치 않다고 생각해 역마驛馬를 이용해 간언을 올리는 상간上諫을 했다. 조서를 내려 회보했다.

"성묘하고 제사를 지내는 사알祠謁은 이미 끝났소. 의당 남쪽으로 가서 대강大江인 장강에 예를 차리고자 한 것이오. 마침 그대의 상주문을 보니 대강의 지류인 한수漢水까지만 갔다가 수레를 돌리는 회여回輿를 하여 돌아가도록 하겠소."

11월 23일, 환궁했다.

5) 장강과 주강珠江 유역의 분수령인 오령五嶺의 남쪽인 영남嶺南에서는 옛날부터 남방의 과일인 용안龍眼과 여지荔枝를 날것으로 하여 공물로 바쳤다. 10리마다 역을 하나씩 설치하고, 5리마다 말을 갈아타기 위해 설치한 시설인 후候를 두고, 주야로 전송傳送했다. 임무臨武호남성 임무현 현장인 여남汝南 출신 당강唐羌이 상서했다.

"신이 듣건대 윗사람은 입맛에 맞는 음식인 자미滋味를 덕으로 삼지 않고, 아랫사람은 선물을 바치는 공선貢膳을 공으로 삼지 않는다고 했습니다. 엎드려 살피건대 교지交趾의 7개 군군郡에서는 날것인 용안 등을 공물로 바치고, 새들도 놀랄 정도로 바람이 이는 조경풍발鳥驚風發의 속도로 전송한다고 합니다. 남주南州의 땅은 염열炎熱로 인해 독충과 맹수가 길에 끊이지 않는 까닭에 몸에 닿기만 해도 사망에 이르는 해가 있습니다. 이로 인해 죽은 사람은 다시 살아날 수 없다고 해도, 용안과 여지를 가져온 사람은 살릴 수 있어야 합니다. 이들 용안과 여지는 전각殿閣에 올려 먹게 할지라도 반드시 수명을 연장하는 연년익수延年益壽에 도움이 되는 것은 아닙니다."

황제가 하조下詔했다.

"원국遠國의 진수珍羞는 본래 종묘 제사에 사용하기 위한 것으로 실로 사람을 상해傷害하면 어찌 애민愛民의 근본이 될 수 있겠는가? 태관太官에게 명해 다시는 용안과 여지의 공헌을 접수하는 일이 없게 하라!"

6) 이 해에 처음으로 군국郡國에 명해 해가 북쪽에 이르는 하지夏至에 가벼운 죄인 박형薄刑을 심사하게 했다.

* 孝和皇帝永元十五年

夏, 四月, 甲子晦, 日有食之. 時帝遵肅宗故事, 兄弟皆留京師, 有司以日食陰盛, 奏遣諸王就國. 詔曰, "甲子之異, 責由一人. 諸王幼稚, 早離顧復, 弱冠相育, 常有『蓼莪』·『凱風』之哀. 選懦之恩, 知非國典, 且復宿留."

秋, 九月, 壬年, 車駕南巡, 清河·濟北·河間三王并從.

四州雨水.

冬, 十月, 戊申, 帝幸章陵. 戊午, 進幸雲夢. 時太尉張禹留守, 聞車駕當幸江陵, 以爲不宜冒險遠遊, 驛馬上諫. 詔報曰, "祠謁既訖, 當南禮大江. 會得君奏, 臨漢回輿而旋." 十一月, 甲申, 還宮.

嶺南舊獻生龍眼·荔枝, 十里一置, 五里一候, 晝夜傳送. 臨武長汝南唐羌上書曰, "臣聞上不以滋味爲德, 下不以貢膳爲功. 伏見交趾七郡獻生龍眼等, 鳥驚風發. 南州土地炎熱, 惡蟲猛獸, 不絶於路, 至於觸犯死亡之害. 死者不可復生, 來者猶可救也. 此二物升殿, 未必延年益壽." 帝下詔曰, "遠國珍羞, 本以薦奉宗廟, 苟有傷害, 豈愛民之本? 其敕太官勿復受獻!"

是歲, 初令郡國以日北至按薄刑.

한화제 영원 16년(AD 104)

1) 가을 7월, 한발이 있었다.

2) 7월 4일, 사도 노공魯恭이 면직됐다.

3) 7월 13일, 광록훈 장포張酺를 사도로 삼았다.

8월 22일, 사도 장포가 홍거했다.

겨울 10월 5일, 사공 서방徐防을 사도, 대홍려大鴻臚 진총陳寵을 사공으로 삼았다.

4) 11월 10일[121], 황제가 구씨緱氏하남성 언사현에 행차했다가 남쪽에 있는 백비산百岯山에 올랐다.

5) 북흉노가 사자를 파견해 칭신稱臣과 공헌貢獻을 하면서 화친和親을 통해 호한야呼韓邪 선우 때의 고약故約을 수호修好하려 했다. 황제는 북흉노가 구례舊禮를 갖추지 못했다는 이유를 들어 윤허하지 않았다. 후하게 상사賞賜를 더해주었으나 사자를 보내 회답하지는 않았다.

* 孝和皇帝永元十六年

秋, 七月, 旱.

辛酉, 司徒魯恭免.

庚午, 以光祿勳張酺為司徒. 八月, 己酉, 酺薨.

冬, 十月, 辛卯, 以司空徐防為司徒, 大鴻臚陳寵為司空.

十一月, 己丑, 帝行幸緱氏, 登百岯山.

北匈奴遣使稱臣貢獻, 願和親, 修呼韓邪故約. 帝以其舊禮不備, 未許. 而厚加賞賜, 不答其使.

---

121   원문은 기축己丑이다. 11월에 '기축'은 없다. 10일인 을축乙丑의 오사일 공산이 크다. 번역문은 바꿔 놓았다.

한화제 원흥元興 원년(AD 105)

1) 봄, 고구려高句驪의 태조왕 고궁高宮이 요동의 변새로 들어와 6개 현을 구락寇略했다.

2) 여름 4월 17일[122], 천하에 사면령을 내렸다. 연호를 영원永元에서 원흥元興으로 바꾸는 개원을 했다.

3) 가을 9월, 요동 태수 경기耿夔가 고구려를 공격해 격파했다.

4) 겨울 12월 22일, 황제가 장덕전전章德前殿에서 27세의 나이로 붕어했다.

당초 황제가 황자皇子를 잃은 것이 앞뒤로 10여 명이었다. 나중에는 태어나는 황자를 번번이 은비隱秘하게 민간에서 양육한 이유다. 군신들은 이를 전혀 몰랐다. 황제가 붕어하자 등황후鄧皇后가 민간에서 키운 황자를 거둬들였다. 장자 유승劉勝은 고질痼疾이 있었기에 소자少子 유륭劉隆을 출생한 지 100여일 밖에 지나지 않았으나 영립迎立하여 황태자로 삼았다가 이날 저녁 보위에 즉위시켰다.

황후를 높여 황태후로 삼자 등태후가 임조臨朝했다. 당시 황제가 붕어하는 대우大憂를 만나 법금法禁이 아직 내려지지 않은 상황에서 궁중宮中의 커다란 보석 상자 하나가 사라지는 일이 빚어졌다. 등태후는 고문考問을 하고 싶었으나 반드시 죄 없는 불고不辜가 나올까 우려해 이내 궁인을 친히 조사하는 친열親閱을 했다. 안색을 관찰하자 범인이 곧바로 머리를 수그리며 자백하는 수복首服을 했다.

또 황제를 시중드는 어자御者 가운데 한화제가 총애한 길성吉成이 있었다. 어자들이 입을 모아 길성이 등태후를 저주하기 위해 인형을 땅속에

---

122 원문은 경오庚午이다. 4월에 '경오'는 없다. 17일인 경자庚子의 오사일 공산이 크다. 번역문은 바꿔 놓았다.

묻는 무고巫蠱를 행했다고 고했다. 궁정을 총관하는 액정掖庭에 내려보내 고신考訊하게 하자 진술과 증거물인 사증辭證이 명백했다.

그러나 태후는 길성이 선제인 한화제의 좌우에 있었던 까닭에 은혜를 베풀며 우대했고, 평소 오히려 아무런 악언惡言도 한 적이 없었는데 오늘에 와서 이런 일을 한 것은 인정에 맞지 않는다고 생각했다. 다시 친히 불러 사실을 알아보는 실핵實核을 한 결과 과연 모두 다른 어자들이 공모해 벌인 짓이었다. 등태후가 성명聖明하다며 탄복하지 않는 자가 없었다.

5) 북흉노가 거듭 사자를 파견해 돈황敦煌에 이르러 공헌했다. 나라가 가난해 예의를 제대로 차리지 못했다며 대사大使 파견을 청하고, 의당 아들을 보내 입시入侍하도록 하겠다고 말했다. 등태후 역시 한화제가 그랬던 것처럼 사자를 보내 회답하는 일을 하지 않고, 후하게 상사賞賜를 더 해주었을 뿐이다.

6) 낙양 현령인 광한廣漢사천성 수녕현 출신 왕환王渙은 정직하게 처신하면서 간사하게 숨어 있는 것을 발견하는 발적간복發擿奸伏을 밝게 살피고, 밖으로는 가혹한 정사인 맹정猛政을 펼쳤으나 안으로는 자애롭고 인자한 자인慈仁의 마음을 품었다. 무릇 단안을 내린 것에 대해 열복悅服하지 않는 자가 없어 경사에서는 신명神明이 돕는 것으로 여겼다. 이 해에 관직에 있다가 죽는 졸관卒官을 하자 백성들은 시장이나 길바닥인 시도市道에서 한탄하며 눈물을 흘리는 자차류체咨嗟流涕를 하지 않는 자가 없었다.

왕환의 영구가 서쪽에 있는 고향으로 돌아가는 도중에 홍농弘農하남성 영보현을 지나게 됐다. 민서民庶 모두 길에 제사상인 반안槃案을 차렸다. 관원이 연유를 묻자 모두 이같이 말했다.

"평상시 쌀을 갖고 낙양에 도착하면 이졸吏卒이 약탈해 항상 절반을 잃었습니다. 그러나 왕군王君이 현장으로 부임한 이래 억울하게 약탈을 당하는 침왕侵枉의 경우를 보지 못했습니다. 그래서 찾아와 보은報恩하고자 한 것입니다."

낙양의 백성들이 사당을 세우고, 시를 지어 매번 제사를 지낼 때마다 번번이 연주하고 노래하며 제물을 올렸다. 태후가 조서를 내렸다.

"무릇 충량忠良한 관원은 나라가 잘 다스려지기 위해 존재하는 것이다. 그들에게 열심히 일할 것을 요구하지만 그런 사람은 아주 적다. 오늘 왕환의 아들 왕석王石을 궁정을 지키는 낭중郎中으로 삼아 수고하며 부지런한 노근勞勤을 권하는 바이다."

* 孝和皇帝元興元年

春, 高句驪王宮入遼東塞, 寇略六縣. 夏, 四月, 庚午, 赦天下, 改元.

秋, 九月, 遼東太守耿夔擊高句驪, 破之. 冬, 十二月, 辛未, 帝崩於章德前殿. 初, 帝失皇子, 前後十數, 後生者輒隱秘養於民間, 群臣無知者. 及帝崩, 鄧皇后乃收皇子於民間. 長子勝, 有痼疾. 少子隆, 生始百餘日, 迎立以爲皇太子, 是夜, 卽皇帝位. 尊皇后曰皇太后, 太后臨朝. 是時新遭大憂, 法禁未設, 宮中亡大珠一篋. 太后念欲考問, 必有不辜, 乃親閱宮人, 觀察顏色, 卽時首服. 又, 和帝幸人吉成御者共枉吉成以巫蠱事, 下掖庭考訊, 辭證明白. 太后以吉成先帝左右, 待之有恩, 平日常無惡言, 今反若此, 不合人情. 更自呼見實核, 果御者所爲, 莫不歎服以爲聖明.

北匈奴重遣使詣敦煌貢獻, 辭以國貧未能備禮, 願請大使, 當遣子入侍. 太后亦不答其使, 加賜而已.

雒陽令廣漢王渙, 居身平正, 能以明察發摘奸伏, 外行猛政, 內懷慈仁. 凡所平斷, 人莫不悅服, 京師以爲有神. 是歲卒官, 百姓市道,

莫不吞嗟流涕. 渙喪西歸, 道經弘農, 民庶皆設槃案於路, 吏問其
故, 咸言曰, "平常持米到雒, 為吏卒所鈔, 恆亡其半, 自王君在事, 不
見侵枉, 故來報恩." 雒陽民為立祠·作詩, 每祭, 輒弦歌而薦之. 太
后詔曰, "夫忠良之吏, 國家之所以為治也, 求之甚勤, 得之至寡, 今
以渙子石為郎中, 以勸勞勤."

* 권49 – 한기漢紀 41: 강족이 대거 침공하다

한상제漢殤帝 **연평**延平 **원년(AD 106)**

1) 봄 정월 13일, 태위 장우張禹를 태부太傅로 삼았다. 또 사도 서방徐防을 태위로 삼아 참록상서사參錄尙書事의 업무를 수행하게 했다. 태후는 황제가 강보襁褓에 싸여 있는 까닭에 중신들을 금내禁內에 거주하게 하려고 했다. 장우에게 조서를 내려 궁중에 거주하게 하고, 5일에 1번 꼴로 집으로 가는 귀부歸府를 하도록 했으며 조현할 때마다 먼저 호명하여 배례하게 하는 특별한 우대인 특찬特贊을 베풀었고, 삼공三公과 떨어져 자리에 앉게 했다.

2) 황제의 형 유승劉勝을 평원왕平原王으로 삼았다.

3) 1월 25일, 광록훈光祿勳 양유梁鮪를 사도로 삼았다.

4) 3월 7일, 효화황제孝和皇帝를 신릉愼陵에 장사지냈다. 묘호廟號는 목종穆宗이라고 했다.

5) 3월 9일, 청하왕淸河王 유경劉慶과 제북왕濟北王 유수劉壽, 하간왕河間王 유개劉開, 상산왕常山王章 유시劉始가 취국就國했다. 태후가 유경에게 특별한 예우인 수례殊禮를 더했다. 유경의 아들 유호劉祜는 당시 13세였다. 태후는 황제가 유약해 예상치 못한 일인 불우不虞를 멀리까지 염려하는 원려遠慮를 하여 유호와 그의 적모嫡母인 경희耿姬를 청하왕의 관저에 살도록 했다. 경희는 경황耿況의 증손녀이고, 유호의 생모는 건위犍

為사천성 팽산현 출신 좌희左姬이다.

6) 여름 4월, 선비鮮卑가 어양漁陽을 침구侵寇했다. 어양 태수 장현張顯이 수백 명의 군사를 이끌고 출새出塞해 이들을 추격했다. 군사담당 관원인 병마연兵馬掾 엄수嚴授가 간諫했다.

"앞에 있는 길인 전도前道는 험조險阻하고, 적세賊勢 또한 헤아리기 어렵습니다. 의당 군영을 세우는 결영結營을 한 뒤 먼저 경기輕騎로 하여금 저들을 정시偵視해야 할 것입니다."

장현이 몹시 예민한 나머지 화를 내며 그의 목을 베려고 하다가 마침내 진병進兵했다. 매복해 있던 선비 군사를 만나자 사졸士卒이 모두 달아나고, 오직 엄수 홀로 역전力戰했다. 몸에 10여 곳의 창상創傷을 입으면서도 맨손으로 여러 명을 죽이고 전사했다. 주부主簿 위복衛福과 공조功曹 서함徐咸 모두 몸소 장현에게 달려갔으나 함께 진몰陣歿하고 말았다.

7) 4월 19일, 호본중랑장虎賁中郎將 등즐鄧騭을 처음으로 거기장군車騎將軍의 자격으로 의동삼사儀同三司[123]의 직책을 수행하게 했다. 등즐의 동생인 황문시랑黃門侍郎 등회鄧悝를 호본중랑장虎賁中郎將, 등홍鄧弘과 등창鄧閶을 모두 시중侍中으로 삼았다.

8) 사공 진총陳寵이 훙거했다.

---

123 의동삼사儀同三司는 직위는 삼공이 아니지만 의례는 삼공과 동일하게 대우한다는 뜻이다. 『진서晉書』「직관지職官志」에 따르면 한상제漢殤帝 연평延平 원년에 금군禁軍을 지휘하는 거기장군車騎將軍 등즐에게 '의동삼사'의 직책을 내리면서 처음으로 시작됐다. 삼국시대 당시 촉한의 장수로 있다가 위나라에 귀부한 황권黃權에게 거기장군으로서 '개부의동삼사開府儀同三司'의 직책을 내림으로써 '의동삼사'에 막부 설치의 권한을 상징하는 '개부開府'의 명칭이 덧붙여지게 됐다. 남북조시대 말기에는 일종의 관호官號가 되어 막부를 설치해 대장군과 동일한 대우를 받는 개부의동대장군開府儀同大將軍과 막부 개설은 안 되고 의례에서만 대장군과 동일한 대우를 받는 의동대장군儀同大將軍 등의 관호가 함께 등장했다. 수당 이후에는 거의 실권이 없는 산관散官의 직책으로 바뀌었다가 명나라 때 폐지됐다.

9) 5월 15일, 천하에 사면령을 내렸다.

10) 5월 16일, 하동河東의 원산垣山산서성 원곡현 경계이 무너졌다.

11) 6월 1일, 태상太常 윤근尹勤을 사공으로 삼았다.

12) 군국의 37곳에서 우수雨水가 있었다.

13) 6월 13일, 태후가 조서를 내려 천자의 어선御膳을 관장하는 태관太官과 곡식창고를 관할하는 도관導官, 궁중의 일상용품을 관리하는 관상방尚方 등 내서內署에서 관장하는 여러 복장과 장식인 복어服御, 진귀한 음식인 진선珍膳, 미려靡麗하고 만들기 어려운 물품인 난성지물難成之物을 줄이게 했다. 또 능묘에 공봉供奉하는 것이 아니면 도稻와 량粱과 미米는 지나치게 선별하지 말고, 조석朝夕 중 고기반찬인 육반肉飯은 1회만 먹게 했다.

이전에 태관과 술을 관장하는 탕관湯官이 사용한 경비가 매년 2억 전 정도였다. 이때부터 수천만 전을 줄일 수 있었다. 각 군국에서 바치는 공물도 모두 절반으로 줄였다. 상림원上林苑에 있는 사냥용 매와 개인 응견鷹犬도 모두 풀어서 팔았다. 이궁離宮과 별관別館에 저축해 둔 쌀과 건량인 미비米糒와 땔감인 신탄薪炭도 모두 줄이도록 명했다.

14) 6월 21일, 조서를 내려 액정掖庭에 있는 궁인과 종실에 몰입沒入된 자들을 내보내 모두 서민으로 삼게 했다.

15) 가을 7월 15일, 사례교위司隸校尉와 각 주의 자사에게 조서를 내렸다.

"근래 군국郡國에서 간혹 수재水災로 인해 가을 농사를 방해防害하고 있다. 조정은 문책 받는 것만 오직 근심하며 두려워하는 우황도구憂惶悼懼를 하고 있다. 군국 또한 풍년이 들었다는 허식虛飾의 명예만 얻을 생각으로 재해의 실상을 덮고 가리는 복폐覆蔽를 행하고, 간전墾田을 과장하고, 사방으로 흩어진 유망流亡을 헤아리지 않은 채 호구戶口를 경쟁적으로 늘리고, 도적이 일어난 일을 엄닉掩匿해 간악奸惡한 자들이 징벌을 받지 않게 만들고 있다. 관원을 임용하면서 순서를 따르지 않아 사람을 뽑는 일의 본래 취지가 일그러지고, 탐욕스럽고 가혹하며 비참한 해독인 탐가참독貪苛慘毒이 평민平民에게까지 미치고 있다. 자사는 머리를 숙이고 귀를 막는 수두색이垂頭塞耳의 자세를 견지한 채 아부하는 자들을 비호한다. 이는 하늘을 두려워하지 않고, 사람들이 보는 것을 부끄러워하지 않는 짓이다.[124] 임시로 용서하는 은전인 가대지은假貸之恩은 자주 있는 게 아닌 만큼 지금부터는 그들의 죄책을 규문糾問할 것이다. 2천석의 봉록을 받는 수령은 관내 백성이 받은 상해를 상세히 조사해 그들의 전조田租와 관아에서 기르는 말의 사료용으로 말린 풀이나 볏단에 메기는 추고세蒭稿稅를 면제하도록 하라."

16) 8월 6일[125], 황제가 겨우 2세의 나이로 붕어했다.

8월 8일, 숭덕전전崇德前殿에 빈소를 설치했다. 등태후의 형兄인 거기장군車騎將軍 등즐鄧騭, 호본중랑장虎賁中郎將 등회鄧悝 등이 금중禁中에서 정책을 결정했다. 그날 밤 등즐에게 지절의 자격으로 황자 등이 타는 수레인 청개거靑蓋車를 타고 청하왕清河王의 아들 유호劉祜를 영접해 숭덕전에서 재계하게 했다.

황태후가 숭덕전에 오르자 백관이 모두 길복吉服 차림으로 배위陪位했다. 유호를 인도해 상전上殿하게 한 뒤 장안후長安侯에 제수했다. 이내 조서를 내려 유호를 효화황제孝和皇帝의 후사로 삼고, 또 책명策命도 만들었다. 유사가 책명을 읽자 태위가 새수璽綬를 봉상奉上했다. 유호가 황

---

124   원문은 '불외어천不畏於天, 불괴어인不愧於人'이다. 『시경』「소아, 하인사何人斯」의 '불괴우인不愧于人, 불외우천不畏于天' 구절을 인용한 것이다

125   원문은 신묘辛卯이다. 8월에는 '신묘'는 없다. 8월 6일인 신해辛亥의 오사일 공산이 크다. 번역문은 6일로 바꿔 놓았다.

제의 자리로 나아갔다. 태후가 여전히 임조臨朝하여 청정聽政을 했다.

17) 조서를 내려 사례교위와 하남윤河南尹을 겸직하고 있는 남양南陽 태수에게 말했다.

"전대前代의 사적을 살필 때마다 외척과 빈객이 공사公事를 더럽히고 어지럽히는 탁란봉공濁亂奉公을 하여 백성들의 환고患苦가 됐다. 그 허물은 집법執法을 태해怠懈하게 함으로써 매번 처벌을 시행하지 않은 탓이다. 지금 거기장군 등즐 등은 비록 경순敬順의 뜻을 지니고는 있으나 그 종문宗門이 광대廣大하고, 인척姻戚은 적지 않고, 빈객賓客은 간활奸猾해 대부분 금헌禁憲을 범하고 있다. 분명히 검칙檢敕을 더해 서로 용납하며 보호하는 용호容護를 하지 못하게 하라."

이때부터 등즐 친속親屬의 범죄에 대해 너그럽게 용서하는 가대假貸가 없어졌다.

18) 9월, 6개 주에서 대수大水 즉 홍수가 났다.

19) 병인丙寅[126], 효상황제孝殤皇帝를 한화제의 능묘인 신릉愼陵으로 가는 길의 옆에 있는 강릉康陵에 장사지냈다. 연이어 홍수를 만나 백성들이 노역을 고생스러워했다. 곽槨을 넣는 광壙인 방중方中에 비장秘藏할 물품과 여러 공작工作과 관련한 일을 10분의 1로 감약減約했다.

20) 을해乙亥, 운석殞石이 진류陳留에 떨어졌다.

21) 조서를 내려 북지北地 감숙성 영무현 출신 양근梁慬을 서역西域의 부교위副校尉로 삼았다. 양근이 가서 하서河西에 도착했다. 마침 서역의 제국諸國이 반기를 들었다. 소륵疏勒에서 서역도호 임상任尙을 공격하자 임상

---

126   9월에는 '병인'이 없다. 다음 기사가 9월 1일을 뜻하는 을해乙亥인 까닭에 착오가 있었던 듯하다. 18번과 19번의 기사가 뒤바뀌었을 공산이 크다. 그 경우 '병인'은 8월 21일이 된다. 번역은 원문 그대로 두었다.

이 상서해 구원을 청했다. 양근에게 조서를 내려 하서 지역 4곳에 있는 강족羌族과 호족胡族 5,000명을 이끌고 그곳으로 달려가게 했다.

양근이 미처 도착하기도 전에 임상이 포위에서 풀렸으나 조서를 내려 귀환하게 했다. 이어 기도위騎都尉 단희段禧를 도호, 서역도호부의 장사長史 조박趙博을 기도위로 삼았다. 단희와 조박은 타건성它乾城을 지키고 있었으나 성이 작아 양근은 굳게 지킬 수 없다고 여겼다. 이내 구자왕龜玆王 백패白霸를 속임수로 설득해 그 안으로 들어가 함께 지키고자 했다.

백패가 이를 허락하려 했으나 이후 이민吏民이 강력히 간하자 결국 불청不聽하게 됐다. 양근은 이미 성 안으로 들어가 있었던 까닭에 곧바로 장수를 파견해 단희와 조박을 급히 맞아들였다. 합군合軍하자 모두 8,000-9,000명가량 됐다. 구자의 이민吏民이 함께 그들의 왕 백패를 배신한 뒤 온숙溫宿신강성 온숙현과 고묵姑墨신강성 배성현의 병사 수만 명과 함께 반란을 일으켜 성을 포위했다. 양근이 출전해 이들을 대파했다. 싸움이 몇 달에 걸치자 호족의 무리가 패주했다. 승세勝勢에 올라타 추격했다. 참수한 자가 1만여 급이었고, 생포한 자가 수천 명이었다. 구자의 반란이 이내 평정됐다.

22) 겨울 10월, 4개 주州에 대수大水와 우박雨雹이 내렸다.

23) 청하효왕淸河孝王 유경劉慶은 병이 위독해지자 상서하여 번탁樊濯 출신 송귀인宋貴人의 무덤 곁에 장사지내주기를 청했다.

12월 21일, 청하효왕이 훙거했다.

24) 을유乙酉, 어룡희魚龍戲와 만연희曼延戲[127]를 폐지했다.

---

127   어룡희魚龍戲에 대해 안사고顔師古는 『후한서』「안제기安帝紀」의 주에서 풀이하기를, "가장 먼저 1쌍이 100개의 혀를 가진 새로 분장한다. 이어 연못 속에 들어가 물속에서 놀면서 목어木魚처럼 변화하고, 안개를 분출해 해를 가린다. 연후에 길이 8장丈의 황룡으로 변하고, 연못에서 뛰쳐나와 다시 정원에서 춤을 춘다."고 했다. 만연희曼延戲에 대해

25) 상서랑尚書郎인 남양 출신 번준樊准이 유가 학풍이 침쇠浸衰하자 상소했다.

"신이 들건대 군주는 배우지 않으면 안 된다고 했습니다. 광무제는 천명을 받아 한나라를 중흥하는 과정에서 동서를 오가며 도적을 제거하는 주전誅戰을 벌였습니다. 여유 있게 책을 펼쳐볼 수 없었으나 오히려 창을 던지고 때로 육예六藝를 강습했고, 전마戰馬를 쉬게 하며 도를 논하는 논도論道를 행했습니다. 효명황제孝明皇帝는 천하의 일을 친히 처리하는 서정만기庶政萬機를 하면서 간절한 마음인 간심簡心으로 들여다보지 않은 적이 없고, 고전古典에 전념하면서 경전과 문예에 뜻을 두었습니다. 매번 향사례饗射禮를 마치고 늘 정좌正坐해 강설하자 제유諸儒가 나란히 앉아 들었고, 사방에서 매우 기뻐하는 흔흔欣欣의 모습을 보였습니다. 또 많은 명유名儒를 징소해 낭묘廊廟에 배열하게 하면서 매번 연회宴會 때마다 논란이 있는 문제를 즐겁게 토론해 정치적 교화인 정화政化를 함께 찾고자 했습니다. 조정의 금군인 기문期門과 우림羽林의 군사로서 전투에 임한 무장병사인 개주지사介胄之士는 모두 『효경』에 밝았고, 교화는 성궁聖躬으로부터 만이가 사는 거친 땅인 만황蠻荒에까지 전해졌습니다. 논의하는 자들이 매번 성시盛時로 칭송한 것은 영평永平 시대를 두고 하는 말입니다. 지금은 배우는 자들이 날로 줄어들고 있고, 멀리 떨어진 곳에서 더욱 심하고, 박사들은 자리만 차지한 채 강설하지 않고, 유자儒者들은 경쟁적으로 들뜨고 부려浮麗한 것만 다퉈 논하고, 극히 정직한 충성인 건건지충蹇蹇之忠을 잊고, 교묘히 아첨하는 말인 전전지사諓諓之辭를 학습하고 있습니다. 신은 어리석으나 의당 밝은 조서를 내려 그윽한 곳의 은자인

서는 "만연漫衍은 장형張衡이 『서경부西京賦』에서 언급한 100심尋 즉 800자 길이의 거수巨獸를 가리킨다."고 풀이했다.

유은幽隱을 널리 찾고, 유아儒雅한 선비를 총애하며 등용하여 13세의 성상聖上이 강습할 시기를 기다려야 한다고 봅니다."

등태후가 그 말을 심납深納해 조서를 내렸다.

"공경과 중中2천석의 관원은 각기 은사隱士와 대유大儒를 천거하고, 고행高行을 힘써 받아들여 후진에게 권고하고, 박학한 선비인 박사博士를 잘 고르는 묘간妙簡을 행하면 틀림없이 가장 적합한 사람을 찾아낼 수 있을 것이다."

** 起柔兆敦牂, 盡旃蒙單閼, 凡十年.

孝殤皇帝延平元年

春, 正月, 辛卯, 以太尉張禹爲太傅, 司徒徐防爲太尉, 參錄尚書事. 太后以帝在襁褓, 欲令重臣居禁內. 乃詔禹舍宮中, 五日一歸府. 每朝見, 特贊, 與三公絕席.

封皇兄勝爲平原王.

癸卯, 以光祿勳梁鮪爲司徒.

三月, 甲申, 葬孝和皇帝於愼陵, 廟曰穆宗.

丙戌, 淸河王慶·濟北王壽·河間王開·常山王章始就國. 太后特加慶以殊禮. 慶子祜, 年十三, 太后以帝幼弱, 遠慮不虞, 留祜與嫡母耿姬居淸河邸. 耿姬, 況之曾孫也. 祜母, 犍爲左姬也.

夏, 四月, 鮮卑寇漁陽, 漁陽太守張顯率數百人出塞追之. 兵馬掾嚴授諫曰, "前道險阻, 賊勢難量, 宜且結營, 先令輕騎偵視之." 顯意甚銳, 怒, 欲斬之, 遂進兵. 愚虜伏發, 士卒悉走, 唯授力戰, 身被十創, 手殺數人而死. 主簿衛福·功曹徐咸皆自投赴顯, 俱歿於陳.

丙寅, 以虎賁中郎將鄧騭爲車騎將軍·儀同三司. 騭弟黃門侍郎悝爲虎賁中郎將, 弘·閶皆侍中.

司空陳寵薨.

五月, 辛卯, 赦天下.

壬辰, 河東垣山崩.

六月, 丁未, 以太常尹勤為司空.

郡國三十七雨水.

己未, 太后詔減太官·導官·尚方·內署諸服御·珍膳·靡麗難成之物, 自非供陵廟, 稻粱米不得導擇, 朝夕一肉飯而已. 舊太官·湯官經用歲且二萬萬, 自是裁數千萬. 及郡國所貢, 皆減其過半. 悉斥賣上林鷹犬. 離宮·別館儲峙米糒·薪炭, 悉令省之.

丁卯, 詔免遣掖庭宮人及宗室沒入者皆為庶民.

秋, 七月, 庚寅, 敕司隸校尉·部刺史曰, "間者郡國或有水災, 防害秋稼, 朝廷惟咎, 憂惶悼懼. 而郡國欲獲豐穰虛飾之譽, 遂覆蔽災害, 多張墾田, 不揣流亡, 競增戶口, 掩匿盜賊, 令奸惡無懲, 署用非次, 選舉乖宜, 貪苛慘毒, 延及平民. 刺史垂頭塞耳, 阿私下比, 不畏於天, 不愧於人. 假貸之恩, 不可數恃, 自今以後, 將糾其罰. 二千石長吏其各實核所傷害, 為除田租芻稿."

八月, 辛卯, 帝崩. 癸丑, 殯於崇德前殿. 太后與兄車騎將軍騭·虎賁中郎將悝等定策禁中, 其夜, 使騭持節以王青蓋車迎清河王子祜, 齋於殿中. 皇太后御崇德殿, 百官皆吉服陪位, 引拜祜為長安侯. 乃下詔, 以祜為孝和皇帝嗣, 又作策命. 有司讀策畢, 太尉奉上璽綬, 即皇帝位, 太后猶臨朝.

詔告司隸校尉·河南尹·南陽太守曰, "每覽前代, 外戚賓客濁亂奉公, 為民患苦, 咎在執法怠懈, 不輒行其罰故也. 今車騎將軍騭等雖懷敬順之志, 而宗門廣大, 姻戚不少, 賓客奸猾, 多干禁憲, 其明加檢敕, 勿相容護." 自是親屬犯罪, 無所假貸.

九月, 六州大水.

丙寅, 葬孝殤皇帝於康陵. 以連遭大憂, 百姓苦役, 方中秘藏及諸工作事, 事減約十分居一.

乙亥, 殞石於陳留.

詔以北地梁慬為西域副校尉. 慬行至河西, 會西域諸國反, 攻都護任尚於疏勒. 尚上書求救, 詔慬將河西四郡羌, 胡五千騎馳赴之. 慬未至而尚已得解, 詔徵尚還, 以騎都尉段禧為都護, 西域長史趙博為騎都尉. 禧·博守它乾城, 城小, 梁慬以為不可固, 乃譎說龜茲王白霸, 欲入共保其城. 白霸許之, 吏民固諫, 白霸不聽. 慬既入, 遣將急迎段禧·趙博, 合軍八九千人. 龜茲吏民幷叛其王, 而與溫宿·姑墨數萬兵反, 共圍城, 慬等出戰, 大破之. 連兵數月, 胡眾敗走, 乘勝追擊, 凡斬首萬餘級, 獲生口數千人, 龜茲乃定.

冬, 十月, 四州大水, 雨雹.

清河孝王慶病篤, 上書求葬樊濯宋貴人塚旁. 十二月, 甲子, 王薨.

乙酉, 罷魚龍曼延戲.

尚書郎南陽樊准以儒風浸衰, 上疏曰, “臣聞人君不可以不學. 光武皇帝受命中興, 東西誅戰, 不遑啟處, 然猶投戈講藝, 息馬論道. 孝明皇帝庶政萬機, 無不簡心, 而垂情古典, 游意經藝, 每饗射禮畢, 正坐自講, 諸儒幷聽, 四方欣欣. 又多徵名儒, 布在廊廟, 每宴會則論難衎衎, 共求政化, 期門·羽林介胄之士, 悉通『孝經』, 化自聖躬, 流及蠻荒, 是以議者每稱盛時, 咸言永平. 今學者益少, 遠方尤甚, 博士倚席不講, 儒者競論浮麗, 忘謇謇之忠, 習諓諓之辭, 臣愚以為宜下明詔, 博求幽隱, 寵進儒雅, 以俟聖上講習之期.” 太后深納其言, 詔曰, “公·卿·中二千石各舉隱士·大儒, 務取高行, 以勸後進, 妙簡博士, 必得其人.”

한안제漢安帝 영초永初 원년(AD 107)

1) 봄 정월, 천하에 사면령을 내렸다.

2) 촉군蜀郡의 요외徼外 즉 경계 밖에 사는 강족羌族이 내속內屬했다.

3) 2월 25일, 청하국淸河國을 나눈 뒤 황제의 동생 유상보劉常保를 책봉해 광천왕廣川王으로 삼았다.

4) 2월 28일, 사도 양유梁鮪가 훙거했다.

5) 3월 2일, 일식이 있었다.

6) 3월 8일, 영창永昌 운남성 보산현 경계 밖에 사는 초요僬僥 종족 소속의 이적인 육류陸類 등이 종족을 들어 내부內附했다.

7) 3월 13일, 한안제의 부친인 청하효왕淸河孝王 유경劉慶을 광구廣丘 하북성 청하현 동남쪽에서 장사지냈다. 사공과 종정이 장례의식을 주관했다. 의식은 동해공왕東海恭王의 경우에 준했다.

8) 한화제의 상사喪事가 있은 이후 등즐 형제는 늘 궁중에 머물렀다. 등즐이 오랫동안 궁중에 거주하지 않을 생각으로 잇달아 사저로 돌아가길 청했다. 등태후가 이를 허락했다.

여름 4월, 태부 장우張禹, 태위 서방徐防, 사공 윤근尹勤, 거기장군 등즐鄧騭, 성문교위 등회鄧悝, 호본중랑장 등홍鄧弘, 황문랑黃門郎 등창鄧閶을 모두 열후에 봉했다. 식읍은 각각 1만 호였다. 등즐은 계책을 정하는 정책定策과 한화제를 황제로 세우는 공을 확장한 점 등을 높이 사 3,000호를 더 주었다. 등즐과 여러 아우들이 사양하며 받지 않을 생각으로 마침 사자를 피해 달아났다. 길을 이리저리 피해 궁궐에 이른 뒤 상소해 자신들의 생각을 5-6회에 걸쳐 피력했다. 이내 이를 허락했다.

9) 5월 3일, 장락궁長樂宮의 위위衛尉 노공魯恭을 사도로 삼았다. 노공이 상언했다.

"구제舊制에 따르면 입추가 돼야 형을 가볍게 했습니다. 한화제의 영원

永元 15년 이래 법을 고쳐 초여름인 맹하孟夏에 실시하게 됐습니다. 자사와 태수가 한여름에 농민을 불러 구류하고 조사하는 까닭에 연체連滯가 그치지 않고, 위로는 시기時氣를 거스르고, 아래로는 농업을 해치고 있습니다. 『예기』「월령月令」에서 '초여름에 감형을 결단한다'고 언급한 점에 비춰 경죄輕罪는 이미 바르게 결정하면 오래 수감시키지 않으려는 취지입니다. 때맞춰 결단하는 시단時斷을 언급한 것입니다. 신의 어리석은 생각으로는 현재 시행하고 있는 초여름의 법제는 이 법령을 좇는 게 좋다고 봅니다. 옥안決獄을 조사하고 판단하는 것 모두 입추 때 결단해야 할 것입니다."

또 이같이 상주했다.

"효장황제孝章皇帝는 하은주 삼대가 각각 11월과 12월 및 1월을 정월로 하여 만물이 아직 칩거하는 시기를 정월로 삼는 삼정三正을 택한 까닭에 이를 보완하기 위해 율령을 제정하고 형옥을 모두 동지 이전으로 결단했습니다. 소리小吏는 조정과 같은 마음이 아닐 수 있는 까닭에 대략 11월에 사죄死罪에 대해 시비를 묻지 않은 불문곡직不問曲直으로 곧바로 쳐서 죽이는 격살格殺을 했습니다. 비록 죄를 다스리는 데 의심이 있을지라도 재차 올바른지 여부를 논하는 얼정讞正을 하지 않은 것입니다. 사형인 대벽大辟의 죄목을 범한 자에 대해서는 모두 겨울이 되어 결단해야 할 것입니다."

조정이 모두 이를 좇았다.

10) 4월 6일, 조서를 내려 북해왕北海王 유목劉睦의 손자인 수광후壽光侯 유보劉普를 북해왕으로 삼았다.

11) 구진九眞의 경계 밖과 야랑夜郎 일대의 만이蠻夷가 영토를 들어 내속內屬했다.

12) 서역도호西域都護 단희段禧 등이 비록 구자龜玆를 지키고 있었으

나 도로가 막혀 격서檄書가 통하지 못했다. 공경 가운데 의론에 참가한 자들이 생각했다.

"서역은 험조險阻하고 멀다. 또 자주 배반하는 까닭에 비록 이사吏士들이 둔전을 하고는 있으나 그 비용이 끝이 없을 정도로 많다."

6월 22일, 서역도호를 철폐하고, 기도위 왕홍王弘을 파견해 관중關中의 군사를 동원하게 했다. 단희와 양근梁僅, 조박趙博 등 이오로伊吾盧신강성 하미현와 유중柳中신강성 투르판현 동남쪽의 둔전에 있던 이사吏士를 맞이해 귀환하도록 한 조치였다.

13) 당초 소당燒當 강족의 수령인 동호東號의 아들 마노麻奴가 부친을 따라와 항복한 뒤 안정安定에서 살았다. 당시 항복한 여러 강족들은 각 군현에 흩어져 살면서 모두 이민吏民과 호우豪右를 위해 요역을 했다. 근심과 원한인 수원愁怨이 쌓인 이유다. 왕홍王弘이 서쪽으로 가서 단희段禧를 맞이하자 금성金城과 농서隴西 및 한양漢陽감숙성 감곡현에 거주하던 강족의 수백, 수천의 기마를 징발해 함께 하게 됐다. 군현에서는 속히 동원해 보낼 것을 재촉했다.

여러 강족들이 멀리 가서 주둔하면 귀환하지 못할까 두려워했다. 가는 도중 주천酒泉에 이르러 자못 흩어지거나 반기를 드는 산반散叛을 한 이유다. 여러 군군에서 각기 군사를 동원해 이들을 요격하거나 가는 길을 차단했다. 혹은 그들이 모여 있는 천막 집단인 여락廬落을 뒤엎기도 했다. 늑저勒姐와 당전當煎의 대호大豪 동안東岸 등이 더욱 놀라 마침내 동시에 달아나거나 무너지는 분궤奔潰를 한 이유다.

마노 형제는 이로 인해 종족의 백성들과 함께 모두 서쪽 변새로 출새出塞했다. 선령先零의 별종인 전령滇零과 종강鍾羌 및 여러 강족이 크게 구략寇掠하면서 농지隴坁감숙성 동부로 가는 길을 차단했다. 당시 강족은 귀부한 지 오래되어 무기와 갑옷을 다시 가져본 적이 없었다. 대나무 장대인 죽간竹竿과 나뭇가지인 목지木枝를 크고 작은 창인 과모戈矛 대신 잡고, 혹은 목판과 책상인 판안板案을 방패로 삼기도 했다. 혹은 동경銅鏡을 들고 해를 반사시키는 식으로 병기처럼 사용했다. 군현의 관원이 두려워하며 나약한 외라畏懦의 모습을 보이며 이들을 능히 통제하지 못한 이유다.

6월 27일, 여러 강족 가운데 서로 연결돼 반역을 꾀한 자들에 대해 죄를 사면해 없애주는 사죄赦除를 행했다.

14) 가을 9월 1일, 태위 서방徐防이 재이災異와 구적寇賊이 일어난 일로 인해 면직됐다. 이후 삼공이 재이로 인해 면직된 것은 서방으로부터 시작됐다.

9월 2일, 사공 윤근尹勤이 홍수로 백성이 표류漂流한 일로 인해 면직됐다.

중장통仲長統이 정론서政論書인 『창언昌言』에서 이같이 말했다.

"광무황제는 몇 세대 동안 실권失權한 것에 화를 내고, 강신强臣의 천명 도둑질에 분노했다. 굽은 것을 고친다며 지나치게 곧게 하는 교왕과직矯枉過直으로 인해 정사를 아랫사람에게 맡기지 않은 이유다. 비록 삼공을 두기는 했으나 정사는 대각臺閣으로 귀일시킨 게 그렇다. 이후 삼공의 직책은 사람만 채웠을 뿐인데도 정사가 잘 다스려지지 않을 경우 오히려 견책譴責만 더하게 됐다. 권력이 외척으로 옮겨지고, 총애가 가까이 있는 낯익은 소인배에게 내려지면서 그 무리만 가까이하며 친분 있는 사인私人만 기용하게 됐다. 이들이 안으로는 경사京師를 채우고, 밖으로는 열군列郡에 포진했다. 현우賢愚가 전도顚倒되고, 관원 후보를 선출하여 위에 올리는 선거選擧가 사고파는 무역貿易 대상이 되고, 늙어빠진 노마駑馬인 피노疲駑처럼 재주 없는 무리가 국경을 수비하고, 탐잔貪殘의 관원이 목민牧民을 하는 관원이 된 배경이다. 이로 인해 백성들을 어지럽게 만들고, 사이四夷를 분노하게 하고, 어그러지고 배반하는 괴반乖叛을 불러들였다.

어지럽고 이반하는 난리亂離가 병이 되고, 원기怨氣가 나란히 일어나자 음양陰陽이 실화失和하고, 해와 달과 별의 삼광三光이 휴결虧缺하고, 괴이怪異가 자주 일어나고, 충명蟲螟이 곡식을 먹어치우고, 홍수와 가뭄水旱이 드는 재난이 빚어진 원인이다. 이는 모두 외척과 환관인 척환지신戚宦之臣이 불러들인 것이다. 그런데도 오히려 책서策書로 삼공을 나무라며 심지어 죽이거나 면관시키기에 이르니 창천蒼天을 향해 외치고, 방성대곡하는 호도號咷를 하고 피눈물을 흘리는 읍혈泣血을 할만 했다! 또 한나라 중엽 이래 삼공을 선임하면서 맑고 성실한 청각淸愨과 근신謹愼의 인물과 옛 전범을 따르고 익힌 상습常習의 인물을 중시했다. 이는 부녀자가 스스로를 규제하는 검합檢柙에 지나지 않고, 향리의 상인常人이 평시에 행하는 것일 뿐이었다. 어찌 족히 이런 요직에 앉힐 만한 것이겠는가! 형세가 이미 저와 같고, 선발하는 것이 또 이와 같은 상황에서 삼공이 나라에 공을 세우며 치민治民에서 업적을 쌓기를 바라는 것은 너무나 현실과 먼 얘기가 아니겠는가! 전에 한문제는 등통鄧通을 지극히 아꼈음에도 재상인 신도가申徒嘉는 여전히 등통에 대한 처벌을 원해 그 뜻을 이뤘다. 무릇 대신이 이처럼 신임을 얻으면 어찌 좌우의 소신小臣을 두려워하겠는가! 근세近世에는 외척과 환관이 다른 사람에게 청탁했는데 들어주지 않으면 의기意氣가 불만에 찬 나머지 즉시 다른 사람을 불측지화不測之禍에 빠뜨리고 있다. 그러니 어찌 그들을 탄핵해 바로잡을 수 있겠는가! 과거에는 맡은 일이 무거워도 책임이 가벼웠으나, 지금은 맡은 일은 가벼운데도 책임이 무겁다. 광무제가 삼공의 무거운 직책을 빼앗은 이래 지금은 더욱 심하게 됐다. 후비后妃의 무리에게 권력을 맡기지 않았는데도 몇 세대를 지나면서 그대로 지켜지지 않은 것은 대개 친소의 형세가 달라졌기 때문이다! 지금 인주人主는 실로 오로지 삼공에게 국사를 위임하면서 권한을 나눠주고 책임을 지도록 해야 한다. 그런데도 자리에 있으면서 백성을 병들게 하는 재위병민在位病民과 인재의 천거와 채용 과정에서 현자를 잃는 거용실현擧用失賢을 행하고, 만일 백성들이 불안해한 나머지 쟁송爭訟이 그치지 않고, 천지에 변고가 많이 일어나고, 사람이 대부분 요사스러운 자로 채워지게 되면 그런 연후에 가히 이런 죄를 삼공이 나눠지도록 할 수 있을 것이다!"

15) 9월 13일 조서를 내렸다.

"태복太僕과 소부少府에서는 황제를 시종하는 황문黃門의 악대인 고취鼓吹를 줄이고 우림羽林의 병사를 충원하도록 하라. 구유에 있는 관마官馬 가운데 수레를 끌면서 늘 사용하지 않는 말은 모두 사료를 반으로 줄이도록 하라. 여러 곳에서 물품을 만드는 것도 종묘나 원릉에 공급하는 게 아니면 모두 중지하도록 하라."

16) 9월 21일, 태부 장우張禹를 태위, 태상 주장周章을 사공으로 삼았다.

대장추大長秋 정중鄭衆과 중상시中常侍 채륜蔡倫 등이 모두 세력을 잡고 정무에 간여했다. 주장이 자주 직언을 올렸으나 태후가 받아들이지 않았다.

당초 등태후는 평원왕平原王 유승劉勝이 고질痼疾이 있고 상제殤帝가 갓난아이로 품에 있는 까닭에 양육 후 아들로 삼을 욕심으로 한상제를 세운 것이다. 한상제가 붕어하자 군신들은 유승에게 질병이 있기는 하나 고질병이 아니어서 모두 뜻을 그에게 두었다.

태후는 전에 유승을 황제로 세우지 않은 까닭에 후에 원한을 살까 두려워했다. 이내 한안제를 맞아 세운 이유다. 주장은 여러 사람들의 마음이 귀부하지 않자 은밀히 모의해 궁문을 폐쇄한 뒤 등즐 형제와 정중 및 채륜을 주살하고 상서를 위협해 태후를 남궁南宮에 유폐하고, 한안제를 멀리 벽지의 왕에 봉하고, 평원왕 유승을 세우고자 했다. 얼마 후 이 일이 발각됐다.

겨울 11월 19일, 주장이 자살했다.

17) 11월 20일, 사례교위를 비롯해 기주冀州와 병주幷州 자사에게 칙서를 내렸다.

"민간에 나도는 와전된 말로 인해 서로 놀라 구거舊居를 버리고, 노약자를 서로 부축하며 거리를 헤매다가 궁곤窮困해지는 일이 빚어지고 있다. 칙령의 내용을 소속 관원들에게 몸소 알아듣도록 깨우쳐주는 효유曉喩를 하도록 하라. 만일 본래의 군군郡으로 돌아가고자 하면 해당 지역에서 공문서인 장격長檄을 봉함해 주도록 하고, 설령 원하지 않을지라도 강제로 시행하지 않도록 하라."

18) 12월 18일, 영천穎川 태수 장민張敏을 사공으로 삼았다.

19) 거기장군 등즐과 정서교위征西校尉 임상任尚에게 조서를 내려 북군 소속의 오영五營을 비롯해 각 군의 군사 5만 명을 이끌고 한양漢陽감숙성 감곡현으로 가서 주둔하며 강족의 침입에 대비하게 했다.

20) 이 해에 봉국 18곳에서 지진, 41곳에서 대수大水, 28곳에서 대풍大風과 우박雨雹이 있었다.

21) 선비 부족의 부족장인 대인大人 연려양燕荔陽이 낙양의 궁궐로 와 조하朝賀했다. 등태후는 연리양에게 왕의 인수印綬와 적거赤車 및 3필의 말이 끄는 수레인 삼가參駕를 하사했다. 이어 오환교위가 거주하는 영성寧城하북성 만전현 아래에 살도록 하고, 호족胡族과 무역을 개통하게 했다. 나아가 남북 양부兩部에 귀부한 인질이 머무는 관사를 세우게 했다. 선비 부족의 읍락邑落인 120개 부部가 각각 인질을 보내왔다.

* 孝安皇帝永初元年

春, 正月, 癸酉朔, 赦天下.

蜀郡徼外羌內屬.

二月, 丁卯, 分清河國封帝弟常保為廣川王.

庚午, 司徒梁鮪薨.

三月, 癸酉, 日有食之.

己卯, 永昌徼外僬僥種夷陸類等舉種內附.

甲申, 葬清河孝王於廣丘, 司空·宗正護喪事, 儀比東海恭王.

自和帝之喪, 鄧騭兄弟常居禁中, 騭不欲久在內, 連求還第, 太后許之. 夏, 四月, 封太傅張禹·太尉徐防·司空尹勤·車騎將軍鄧騭, 城門校尉鄧悝·虎賁中郎將鄧弘·黃門郎鄧閶皆為列侯, 食邑各萬戶, 騭以定策功增三千戶. 騭及諸弟辭讓不獲, 遂逃避使者, 間關詣闕, 上疏自陳, 至於五六, 乃許之.

五月, 甲戌, 以長樂衛尉魯恭為司徒. 恭上言曰, "舊制, 立秋乃行薄刑, 自永元十五年以來, 改用孟夏. 而刺史·太守因以盛夏徵召農民, 拘對考驗, 連滯無已. 上逆時氣, 下傷農業. 按月令'孟夏斷薄刑'者, 謂其輕罪已正, 不欲令久繫, 故時斷之也. 臣愚以為今孟夏之制, 可從此令. 其決獄案考, 皆以立秋為斷." 又奏曰, "孝章皇帝欲助三正之微, 定律著令, 斷獄皆以冬至之前. 小吏不與國同心者, 率入十一月得死罪賊, 不問曲直, 便即格殺, 雖有疑罪, 不復讞正. 可令大辟之科, 盡冬月乃斷." 朝廷皆從之.

丁丑, 詔封北海王睦孫壽光侯普為北海王.

九真徼外·夜郎蠻夷, 舉土內屬.

西域都護段禧等雖保龜茲, 而道路隔塞, 檄書不通. 公卿議者以為 "西域阻遠, 數有背叛, 吏士屯田. 其費無已." 六月, 壬戌, 罷西域都護, 遣騎都尉王弘發關中兵, 迎禧及梁懂·趙博·伊吾盧·柳中屯田吏士而還.

初, 燒當羌豪東號之子麻奴隨父來降, 居於安定. 時諸降羌布在郡縣, 皆為吏民豪右所徭役, 積以愁怨. 及王弘西迎段禧, 發金城·隴西·漢陽羌數百千騎與俱, 郡縣迫促發遣. 群羌懼遠屯不還, 行到酒泉, 頗有散叛, 諸郡各發兵邀遮, 或覆其廬落. 於是勒姐·當煎大豪東岸等愈驚, 遂同時奔潰. 麻奴兄弟因此與種人俱西出塞, 先零別種, 滇零與鍾羌諸種大為寇掠, 斷隴道. 時羌歸附既久, 無復器甲, 或持竹竿木枝以代戈矛, 或負板案以為楯, 或執銅鏡以象兵, 郡縣畏懦不能制, 丁卯, 赦除諸羌相連結謀叛逆者罪.

秋, 九月, 午, 太尉徐防以災異, 寇賊策免. 三公以災異免, 自防始. 辛未, 司空尹勤以水雨漂流策免.

仲長統昌言曰, "光武皇帝慍數世之失權, 忿強臣之竊命, 矯枉過直, 政不任下, 雖置三公, 事歸臺閣. 自此以來, 三公之職, 備員而已. 然政有不治, 猶加譴責. 而權移外戚之家, 寵被近習之豎, 親其黨類, 用其私人, 內充京師, 外布列郡, 顛倒賢愚, 貿易選舉, 疲駑守境, 貪殘牧民, 撓擾百姓, 忿怒四夷, 招致乖叛, 亂離斯瘼, 怨氣并作, 陰陽失和, 三光虧缺, 怪異數至, 蟲螟食稼, 水旱為災. 此皆戚宦之臣所致然也, 反以策讓三公, 至於死·免, 乃足為叫呼蒼天, 號咷泣血者矣! 又, 中世之選三公也, 務於清慤謹慎, 循常習故者, 是乃婦女之檢柙, 鄉曲之常人耳, 惡足以居斯位邪! 勢既如彼, 選又如此, 而欲望三公勳立於國家, 績加於生民, 不亦遠乎! 昔文帝之於鄧通, 可謂至愛, 而猶展申徒嘉之志. 夫見任如此, 則何患於左右小臣哉! 至如近世, 外戚·宦豎, 請托不行, 意氣不滿, 立能陷人於不測之禍, 惡可得彈正者哉! 曩者任之重而責之輕, 今者任之輕而責之重. 光武奪三公之重, 至今而加甚. 不假后黨以權, 數世而不行. 蓋親疏之勢異也! 今人主誠專委三公, 分任責成, 而在位病民, 舉用失賢, 百姓不安, 爭訟不息, 天地多變, 人物多妖, 然後可以分此罪矣!"

壬午, 詔. 太僕·少府減黃門鼓吹以補羽林士. 殿馬非乘輿常所御者, 皆減半食. 諸所造作, 非供宗廟園陵之用, 皆且止.

庚寅, 以太傅張禹為太尉, 太常周章為司空.

大長秋鄭眾·中常侍蔡倫等皆秉勢豫政, 周章數進直言, 太后不能用. 初, 太后以平原王勝有痼疾, 而貪殤帝孩抱, 養為己子, 故立焉. 及殤帝崩, 群臣以勝疾非痼, 意咸歸之. 太后以前不立勝, 恐後為怨, 乃迎帝而立之. 周章以眾心不附, 密謀閉宮門, 誅鄧騭兄弟及鄭眾·蔡倫, 劫尚書, 廢太后於南宮, 封帝為遠國王而立平原王. 事覺, 冬, 十一月, 丁亥, 章自殺.

戊子, 敕司隸校尉·冀·幷二州刺史曰, "民訛言相驚, 棄捐舊居, 老弱相攜, 窮困道路. 其各敕所部長吏躬親曉喻. 若欲歸本郡, 在所為封長檄. 不欲, 勿強."

十二月, 乙卯, 以穎川太守張敏為司空.

詔車騎將軍鄧騭·征西校尉任尚將五營及諸郡兵五萬人, 屯漢陽以備羌.

是歲, 郡國十八地震, 四十一大水, 二十八大風, 雨雹.

鮮卑大人燕荔陽詣闕朝賀. 太后賜燕荔陽王印綬·赤車·參駕, 令止烏桓校尉所居寧城下, 通胡市, 因築南·北兩部質館. 鮮卑邑落百二十部各遣入質.

한안제 영초 2년(AD 108)

1) 봄 정월, 등즐이 한양漢陽에 도착했을 때 제군諸郡의 병사는 아직 도착하지 않았다. 종강鍾羌 부족 수천 명이 등즐의 군사를 기현冀縣감숙성 감곡현 서쪽에서 공격해 격파하고 수천 명을 죽였다.

양근梁懂이 서역에서 돌아와 돈황敦煌에 이르렀을 때 영접의 조서를 내려 그곳에 머물며 각 부대를 원조하게 했다. 양근이 장액張掖에 도착해 여러 강족 부족 1만여 명을 격파했다. 그들 가운데 탈출할 수 있는 사람은 10명에 2~3명 수준이었다. 진격해 고장姑臧 감숙성 무위현에 이르자 강족의 대호大豪 300여 명이 양근에게 와 항복했다. 이들을 안무해 원래 거주지로 돌려보냈다.

2) 어사중승御史中丞 번준樊准이 각 군국郡國에서 해마다 수한水旱으로 백성들이 대부분 기근의 고통을 당하자 이내 상소했다.

"청컨대 태관太官과 상방尚方, 고공考功, 상림원上林苑 지어池御 등의 제관諸官에게 명해 불필요한 물품은 줄이게 하고, 오부五府[128]에서는 중도中都의 관리에게 명해 경사京師의 공장工匠을 옮겨 줄이도록 하십시오. 또 재해를 입은 군郡에서는 백성이 조잔凋殘해져 진급賑給을 해도 다 감당하지 못할까 우려되는 까닭에 비록 진휼의 명목은 있을지라도 종내 실효는 없을 것입니다. 가히 한무제 때 정화征和 원년의 고사故事를 좇아 사자를 파견해 지절의 자격으로 위안慰安하게 하고, 더욱 곤핍困乏한 자는 풍년이 든 군인 형주荊州와 양주揚州로 옮겨 살게 하십시오. 지금 비록 서부 주둔 지역의 군역軍役이 있을지라도 의당 먼저 동부 지역의 위급부터 해결해야 할 것입니다."

태후가 이를 좇았다. 공전公田의 부세賦稅를 모두 빈민에게 주도록 하고, 곧바로 번준과 의랑議郎 여창呂倉을 발탁해 왕국과 후국의 상사喪事를 관장하는 임시직인 수광록대부守光祿大夫의 직책을 맡게 했다.

2월 29일, 번준을 기주冀州, 여창을 연주兗州에 사자로 보내 구제하게

---

128   오부五府는 태위太尉와 사도司徒 및 사공司空의 삼공三公을 비롯해 태부太傅와 대장군大將軍 등 5개 부서府署를 가리킨다.

했다. 유민流民이 모두 소생하여 숨을 쉬는 소식蘇息을 했다.

3) 여름, 가뭄이 들었다.

5월 1일, 등태후가 낙양에 있는 관청과 소부 소속의 약로옥若盧獄에 행차해 죄수들을 조사했다. 낙양에 있는 죄수가 실제 살인하지 않았음에도 고문을 받아 스스로 죄를 인정하는 자무自誣를 했다. 수척한 모습으로 대나무로 짠 가마인 편여篇輿 안에 갇혀 있었으나 관리가 무서워 감히 말하지 못하고 있다가 떠나려고 하자 머리를 드는 것이 마치 스스로 억울함을 호소하는 자소自訴의 모습이었다. 등태후가 그를 살펴보고 곧바로 불러 정황을 물어 억울한 실상을 모두 알 수 있었다. 즉시 낙양현령을 붙잡은 뒤 옥에 가두고 죄를 내리는 하옥저죄下獄抵罪를 했다. 황궁으로 가는 도중 단비인 주우澍雨가 크게 내렸다.

4) 6월, 경사京師와 40여 군국郡國에 대수大水와 대풍大風, 우박雨雹이 있었다.

5) 가을 7월, 태백太白이 북두北斗 안으로 들어가는 흉조가 있었다.

6) 윤7월 7일, 광천왕廣川王 유상보劉常保가 훙거했다. 아들이 없어 나라가 폐지됐다.

7) 계미癸未, 촉군蜀郡의 요새 밖에 사는 강족이 토지를 들고 와 귀속을 자처하는 거토내속擧土內屬을 했다.

8) 겨울, 등즐이 임상任尚과 종사중랑從事中郎인 하내河內 출신 사마균司馬鈞을 시켜 여러 군의 군사와 선령의 별종인 전령滇零의 군사 등 모두 수만 명을 이끌고 가 평양平襄감숙성 통위현 서쪽에서 싸우게 했다. 임상의 군대가 대패해 죽은 자가 8,000여 명에 달했다. 강족의 무리가 마침내 대단히 강해져 한나라 조정이 통제할 수 없는 지경이 됐다.

황중湟中 제현諸縣의 속미粟米가 1석石에 1만 전에 달했다. 백성 가운데 사망한 자가 셀 수 없을 정도로 많았으나 전운轉運도 매우 어려웠다.

옛날 좌교령左校令으로 있던 하남河南 출신 방삼龐參이 곡식을 운반하다 가 법에 걸려 약로옥若盧獄에 갇혔다. 아들 방준龐俊을 시켜 상서했다.

"바야흐로 지금 서쪽의 유민流民이 요동擾動하고 있어 징발徵發이 끊 이지 않고 있습니다. 물난리가 그치지 않아 지력地力이 회복되지 않았는 데 조정은 대군大軍을 동원해 백성의 부담을 무겁게 하고 있습니다. 먼 곳 에 수자리를 서 피곤에 지치게 만들고, 농사짓는 데 들여야 할 공功을 전 운轉運으로 소모하게 하고, 재산이 징발돼 고갈되게 만들고, 전주田疇가 개벽墾闢될 수 없게 되고, 곡식을 수확해 창고에 들이는 수입收入을 할 수 없게 만들었습니다. 양손이 묶여 곤궁하게 된 까닭에 내년의 추수도 희 망이 없고, 백성들은 힘이 꺾여 명을 감당하지 못하게 됐습니다. 신은 어 리석으나 1만 리나 되는 곳에 식량을 수송해 멀리 강족이 있는 곳까지 가 게 하는 것은 군사를 모으고 무리를 기르는 총병양중總兵養衆을 하며 적 이 피곤해지기를 기다리느니만 못하다고 생각합니다. 거기장군 등즐은 의당 군사를 정돈해 돌아오게 하고, 정서교위征西校尉 임상만 남겨둬야 합니다. 또 양주涼州의 사민士民을 감독해 삼보三輔로 이주하게 하고, 요 역을 중지시켜 그들이 때맞춰 농사짓는 일을 돕게 하고, 번거로운 부세의 납부를 정지해 그들의 재산을 늘려주어야 합니다. 남자는 농사를 지을 수 있도록 하고, 여인은 옷감을 짤 수 있도록 해야 합니다. 연후에 정예병 을 길러 그들이 느슨한 틈을 타 출기불의出其不意로 그들이 방비하지 못 한 곳을 치면 변민邊民의 원수를 갚고, 황급히 패주한 치욕을 씻을 수 있 습니다."

상서가 올라갔을 때 마침 번준이 상소해 방삼을 천거했다. 등태후가 즉각 무리들 가운데 방삼을 발탁해 알자謁者에 제수한 뒤 서쪽으로 가서 삼보의 군사 둔전지인 군둔軍屯을 감독하게 했다.

11월 29일, 등즐에게 조서를 내려 회군하게 하고, 임상은 현지에 머물

러 한양漢陽에 주둔하며 각 군대를 통제하게 했다. 또 사자를 파견해 등
즐을 영접하며 벼슬을 내려 대장군으로 삼았다. 등즐이 도착하자 대홍려
大鴻臚를 시켜 친영親迎하게 하고, 중상시中常侍를 시켜 교외로 나가 위로
하게 했다. 친왕과 공주 이하가 모두 길에 나가 멀리서부터 기다리게 했
다. 그 은총이 현혁顯赫하고, 경사 안팎을 진동시켰다.

9) 전령滇零이 천자를 자칭했다. 이어 북지北地에서 무도武都섬서성 성현
의 삼랑參狼의 강족과 상군上郡 및 서하西河에 사는 모든 잡종雜種 강족
을 불러 들인 뒤 농서隴西로 통하는 길을 차단하고, 삼보를 노략하고, 남
으로 내려와 익주益州로 들어가 한중漢中 태수 동병董炳을 죽였다.

양근은 조서를 받고 의당 금성金城에 주둔해야 했다. 그러나 강족이
삼보를 노략했다는 소식을 듣고는 곧 군사를 이끌고 가 이들을 공격했다.
무공武功섬서성 무공현과 미양美陽섬서성 부풍현 사이를 돌아다니며 싸우는 전
전轉戰을 하며 연달아 격파해 패주시키자 강족이 조금씩 퇴산退散했다.

10) 12월, 광한廣漢의 새외에 사는 삼랑參狼 강족이 항복했다.

11) 이 해에 12개 군국에서 지진이 났다.

* 孝安皇帝永初二年

春, 正月, 鄧騭至漢陽. 諸郡兵未至, 鍾羌數千人擊敗騭軍於冀西,
殺千餘人. 梁慬還, 至敦煌, 逆詔慬留為諸軍援. 慬至張掖, 破諸羌
萬餘人, 其能脫者十二三. 進至姑臧, 羌大豪三百餘人詣慬降, 幷慰
譬, 遣還故地.

御史中丞樊准以郡國連年水旱, 民多饑困, 上疏曰, "請令太官·尚
方·考功·上林池御諸官, 實減無事之物. 五府調省中都官吏·京師作者.
又, 被災之郡, 百姓凋殘, 恐非賑給所能勝贍, 雖有其名, 終無其實.
可依征和元年故事, 遣使持節慰安, 尤困乏者徙置荊·揚孰郡. 今雖

有西屯之役, 宜先東州之急." 太后從之. 悉以公田賦與貧民, 即擢准與議郎呂倉幷守光祿大夫. 二月, 乙丑, 遣准使冀州·倉使兗州稟貸, 流民咸得蘇息. 夏, 旱. 五月, 丙寅, 皇太后幸洛陽寺及若盧獄錄囚徒. 洛陽有囚, 實不殺人而被考自誣, 羸困輿見, 畏吏不敢言, 將去, 舉頭若欲自訴. 太后察視覺之, 即呼還問狀, 具得枉實. 即時收洛陽令下獄抵罪. 行未還宮, 澍雨大降.

六月, 京師及郡國四十大水, 大風, 雨雹. 秋, 七月, 太白入北斗. 閏月, 辛丑, 廣川王常保薨. 無子, 國除.

癸未, 蜀郡徼外羌舉土內屬.

冬, 鄧騭使任尚及從事中郎河內司馬鈞率諸郡兵, 與滇零等數萬人戰於平襄, 尚軍大敗, 死者八千餘人, 羌眾遂大盛, 朝廷不能制. 湟中諸縣, 粟石萬錢, 百姓死亡不可勝數, 而轉運難劇. 故左校令河南龐參先坐法輸作若盧, 使其子俊上書曰, "方今西州流民擾動, 而徵發不絕, 水潦不休, 地力不復, 重之以大軍, 疲之以遠戍, 農功消於轉運, 資財竭於徵發, 田疇不得墾闢, 禾稼不得收入, 搏手困窮, 無望來秋, 百姓力屈, 不復堪命. 臣愚以為萬里運糧, 遠就羌戎, 不若總兵養眾, 以待其疲. 車騎將軍騭宜且振旅, 留征西校尉任尚, 使督涼州士民轉居三輔, 休徭役以助其時, 止煩賦以益其財, 令男得耕種, 女得織紝, 然後畜精銳, 乘懈沮, 出其不意, 攻其不備, 則邊民之仇報, 奔北之恥雪矣." 書奏, 會樊准上疏薦參, 太后即擢參於徒中, 召拜謁者, 使西督三輔諸軍屯. 十一月, 辛酉, 詔鄧騭還師, 留任尚屯漢陽為諸軍節度. 遣使迎拜騭為大將軍. 既至, 使大鴻臚親迎, 中常侍郊勞, 王·主以下候望於道, 寵靈顯赫, 光震都鄙.

滇零自稱天子, 於北地招集武都參狼·上郡·西河諸雜種羌斷隴道, 寇鈔三輔, 南入益州, 殺漢中太守董炳. 梁慬受詔當屯金城, 聞羌寇三輔, 即引兵赴擊, 轉戰武功·美陽間, 連破走之, 羌稍退散.

十二月, 廣漢塞外參狼羌降.

是歲, 郡國十二地震.

한안제 영초 3년(AD 109)

1) 봄 정월 9일, 16세의 황제 유호劉祜가 관을 쓰고 옷을 입는 성년식의 원복元服을 한 뒤 천하에 사면령을 내렸다.

2) 기도위騎都尉 임인任仁을 보내 여러 군의 둔병을 감독해 삼보 일대를 구원하게 했다. 임인은 전투에서 자주 불리했다. 당전當煎과 늑저勒姐의 강족은 파강현破羌縣청해성 황원현을 공격해 없애고, 종강鍾羌은 임도현臨洮縣감숙성 민현을 공격해 없애고 농서의 남부도위南部都尉를 사로잡았다.

3) 3월, 경사에 대기근이 들어 백성들이 서로 잡아먹는 민상식民相食의 참사가 빚어졌다.

3월 2일, 공경들이 궁궐로 와 사죄하자 조서를 내렸다.

"고쳐서 회복할 것을 힘써 생각함으로써 내가 미치지 못한 점을 돕도록 하라."

4) 3월 12일, 사도 노공魯恭이 파직됐다. 노공은 2번에 걸쳐 삼공의 자리에 있으면서 뛰어난 인재를 선발해 열경列卿이나 군수郡守가 된 자가 수십 명에 달했다. 노공이 그 소리를 듣고 이같이 말했다.

"배우기는 했을 뿐 강론을 하지 못하니 이것이 나의 근심이다. 제생諸生은 향리에서 천거 받을 기회가 없었는가![129]"

---

129 원문은 '제생불유향거자호諸生不有鄕擧者乎'이다 『논어』「자장」에서 출사出仕해 여력이 있으면 학문을 닦고, 학문을 닦으면서 여력이 있으면 출사한다는 뜻으로 언급한 '사이우즉학仕而優則學, 학이우즉사而學優則仕' 구절과 맥을 같이한다. 열심히 학업을 연마했으면 향리에서 의당 천거를 할 터인데 어찌하여 삼공이 벽소辟召하기를 기다릴 필

노공은 종내 자신의 파직에 대해 아무 말도 하지 않았고, 이 일에 대해 논의하지도 않았다. 그는 학생들이 학업을 이수할 때는 반드시 핵심을 추구하고 어려운 문제를 질문하는 궁핵문난窮核問難을 행하도록 했다. 학업이 완성된 후에는 예모를 갖춰 작별을 고하고 그들을 떠나보냈다. 학생들이 말했다.

"노공魯公이 사람을 대하는 자세와 의론議論하는 식견은 허투루 얻을 수 있는 게 아니다."

5) 여름 4월 7일, 대홍려大鴻臚 구강九江 출신 하근夏勤을 사도로 삼았다.

6) 삼공은 국용國用이 부족해지자 이민吏民 가운데 전곡錢穀을 조정에 헌납하는 자에게 관내후關內侯, 호본랑虎賁郎, 우림랑羽林郎, 오관五官[130], 대부大夫, 관부리官府吏, 집금오 휘하의 붉은 옷을 입은 기병인 제기緹騎, 영사營士 등의 관직을 차등을 두어 하사할 것을 주청했다.

7) 4월 25일, 청하민왕淸河愍王 유호위劉虎威가 홍거했다. 아들이 없었다.

5월 7일, 낙안왕樂安王 유총劉寵의 아들 유연평劉延平을 청하왕으로 삼고, 청하효왕淸河孝王 유경劉慶의 뒤를 잇게 했다.

8) 6월, 어양漁陽에 사는 오환烏桓과 우북평右北平에 사는 호족 1,000여 명이 대군代郡 산서성 양고현과 상곡上谷 하북성 회래현을 노략했다.

9) 한인漢人 출신 한종韓琮이 남선우인 제33대 선우 난제단欒提檀을 수행해 입조했다. 돌아간 뒤 남선우 난제단에게 이같이 말했다.

요가 있겠느냐는 취지이다.

130   오관五官은 황제의 시종관으로 오관중랑장五官中郎將, 오관낭중五官郎中, 오관시랑五官侍郎, 오관중랑五官中郎 등이 있다. 군과 봉국에는 오관연五官掾이 있었다.

"관동關東 일대에 수재가 발생해 백성들이 굶어 죽어 거의 없어질 상황입니다. 가히 칠 만합니다."

남선우 난제단이 그 말을 믿고 마침내 배반했다.

10) 가을 7월, 해적인 장백로張伯路 등이 해안 일대에 있는 9개 군을 노략하고, 2천석 관원과 현령 및 현장을 죽였다. 시어사侍御史인 파군巴郡 출신 방웅龐雄을 파견해 주군州郡의 군대를 감독해 이들을 치게 했다. 장백로 등이 항복을 애걸하는 걸항乞降을 했다. 얼마 후 이들이 다시 주둔하며 모여드는 둔취屯聚를 했다.

11) 9월, 안문雁門산서성 대현에 사는 오환의 솔중왕率衆王 무하윤無何允과 선비의 대인大人 구륜丘倫 등을 포함해 남흉노의 골도후骨都侯가 이끄는 총 7,000여 명의 기병이 오원五原을 노략하고 태수와 고거곡高渠谷에서 싸웠다. 한병漢兵이 대패했다.

12) 남선우인 제33대 선우 난제단欒提檀이 미직美稷내몽골 준가르기에서 중랑장 경충耿种을 포위했다.

겨울 11월, 대사농인 진국陳國 출신 하희何熙에게 행거기장군行車騎將軍의 업무를 대리하게 하고, 중랑장 방웅龐雄을 부수副手로 임명하면서 오영五營과 변군邊郡의 병사 2만여 명을 이끌게 했다. 요동遼東 태수 경기耿夔에게 조서를 내려 선비와 여러 군의 군사를 이끌고 가 하희 등과 함께 남선우의 군사를 공격하게 했다. 또 양근梁慬에게는 행도료장군行度遼將軍의 업무를 대리하게 했다. 방웅과 경기가 남흉노의 옥건일축왕奧鞬日逐王을 공격해 격파했다.

13) 12월 5일, 9개 군국郡國에서 지진이 났다.

14) 12월 12일 패성孛星이 천자의 동산을 상징하는 천원天苑의 성좌에 출현했다.

15) 이 해에 경사와 41개 군국에서 우수雨水가 있었다. 병주幷州와 양

주涼州에서 대기근이 발생해 사람들이 서로 잡아먹는 인상식人相食의 참 사가 빚어졌다.

16) 등태후가 음양이 조화를 이루지 못하고, 군사 동원이 자주 빚어지 자 조서를 내려 연말에 행해지는 위사衛士의 교대의식에서 놀이를 열고 음악을 연주하는 일을 하지 못하게 했다. 또 의식에 등장하는 역질 구축 驅逐 담당 동자童子인 축역진자逐疫侲子를 절반으로 줄이게 했다.

* 孝安皇帝永初三年

春, 正月, 庚子, 皇帝加元服, 赦天下.

遣騎都尉任仁督諸郡屯兵救三輔. 仁戰數不利, 當煎·勒姐羌攻沒 破羌縣, 鍾羌攻沒臨洮縣, 執隴西南部都尉.

三月, 京師大饑, 民相食. 壬辰, 公卿詣闕謝. 詔“務思變復, 以助 不逮.”

壬寅, 司徒魯恭罷. 恭再在公位, 選辟高第至列卿·郡守者數十人, 而門下耆舊或不蒙薦舉, 至有怨望者. 恭聞之, 曰, “學之不講, 是吾 憂也, 諸生不有鄉舉者乎!” 終無所言, 亦不借之議論. 學者受業, 必 窮核問難, 道成, 然後謝遣之. 學者曰, “魯公謝與議論, 不可虛得.”

夏, 四月, 丙寅, 以大鴻臚九江夏勤為司徒.

三公以國用未足, 奏令吏民入錢穀得為關內侯·虎賁·羽林郎·五官· 大夫·官府吏·緹騎·營士各有差.

甲申, 清河愍王虎威薨, 無子. 五月, 丙申, 封樂安王寵子延平為清 河王, 奉孝王後.

六月, 漁陽烏桓與右北平胡千餘寇代郡·上谷.

漢人韓琮隨匈奴南單于入朝, 既還, 說南單于云, “關東水潦, 人民 饑餓死盡, 可擊也.” 單于信其言, 遂反.

秋, 七月, 海賊張伯路等寇濱海九郡, 殺二千石·令·長. 遣侍御史巴郡龐雄督州郡兵擊之, 伯路等乞降, 尋復屯聚.

九月, 雁門烏桓率眾王無何允與鮮卑大人丘倫等, 及南匈奴骨都侯合七千騎寇五原, 與太守戰於高渠谷, 漢兵大敗.

南單于圍中郎將耿种於美稷. 冬, 十一月, 以大司農陳國何熙行車騎將軍事, 中郎將龐雄為副, 將五營及邊郡兵二萬餘人, 又詔遼東太守耿夔率鮮卑及諸郡兵共擊之. 以梁慬行度遼將軍事. 雄·夔擊南匈奴薁鞬日逐王, 破之.

十二月, 辛酉, 郡國九地震.

乙亥, 有星孛於天苑.

是歲, 京師及郡國四十一雨水, 幷·涼二州大饑, 人相食.

太后以陰陽不和, 軍旅數興, 詔歲終饗遣衛士勿設戲作樂, 減逐疫侲子之半.

한안제 영초 4년(AD 110)

1) 봄 정월, 흉년으로 인해 원단의 조회에서 음악을 철수하는 철악撤樂을 하고, 궁정에 수레를 늘어놓지 못하게 했다.

2) 등즐은 자리에 있으면서 자못 현사賢士를 천거해 벼슬길로 나아가게 했다. 하희何熙와 이합李郃 등을 천거해 조정에 참여하게 했고, 홍농弘農 출신 양진楊震과 파군巴郡 출신 진선陳禪 등을 벽소해 자신의 막부에 배치했다. 천하 사람들이 이를 칭송했다.

양진은 어려서 고아가 되어 빈한했으나 호학好學했다. 전한 때 구양고歐陽高가 주석한 『상서』에 밝았고, 여러 분야에 통달해 두루 살피는 통달박람通達博覽의 모습을 보였다. 제유諸儒들이 자가 백기伯起인 그를 두고 '관서關西의 공자 양백기'로 칭한 이유다. 20여 년 동안 학생들에게 교수

敎授하면서 주군州郡에서 예를 갖춘 초빙인 예명禮命을 했으나 응하지 않았다. 중인衆人이 너무 늦었다고 말했으나 양진은 오히려 그 뜻을 더욱 돈독히 했다.

등즐이 풍문으로 소식을 듣고 그를 벽소했을 당시 양진의 나이는 이미 50여 세였다. 거듭 승진해 형주荊州 자사와 동래東萊 태수가 됐다. 동래 태수로 임명됐을 때 군으로 가는 길에 창읍昌邑산동성 금향현을 경유하게 됐다. 전에 천거해준 일이 있는 형주의 무재茂才 즉 이전의 수재秀才 출신 왕밀王密이 창읍의 현령으로 있었다. 밤에 금 10근을 품고 와 양진에게 주었다. 양진이 말했다.

"옛 친구인 나는 그대를 아는데, 그대는 나를 이해하지 못하니 이는 무슨 까닭이오?"

왕밀이 말했다.

"늦은 밤에는 아는 사람이 없습니다."

양진이 말했다.

"하늘과 땅과 나와 그대가 아는 이른바 '천지天知, 지지地知, 아지我知, 자지子知'요. 어찌하여 아는 사람이 없다고 말하는 것이오!"

왕밀이 부끄러워하며 나갔다.

이후 탁군涿郡 태수로 자리를 옮겼다. 성정이 공렴公廉해 자손들이 늘 채소로 식사를 하고 걸어 다니는 소식蔬食과 보행步行을 했다. 옛 친구인 고구故舊가 혹여 그에게 농사나 장사를 하는 산업産業을 열 것을 권했으나 양진은 이를 하려고 하지 않았다.

"후세後世에게 청백리淸白吏의 자손이라는 말을 듣게 하려고 이런 모습을 남기고자 하니, 이 역시 넉넉하지 않소!"

3) 해상의 도적인 장백로張伯路가 다시 군현을 공격해 태수와 현령을 죽였다. 무리들이 갈수록 성해지자 조서를 내려 어사중승御史中丞 왕종

王宗에게 지절의 자격으로 유주幽州와 기주冀州의 제군諸郡에서 군사를 동원하게 하자 수만 명의 군사가 됐다. 원릉宛陵안휘성 의성현 현령인 부풍扶風 출신 법웅을 징소해 청주青州 자사에 임명한 뒤 왕종과 병력幷力해 장백로 등을 토벌하게 했다.

4) 남선우가 경중耿种을 여러 달 포위하자 양근梁慬과 경기耿夔가 속국도위屬國都尉의 치소가 있는 서하西河 미직현美稷縣의 고성故城에서 남선우 별동부대의 장수를 공격해 참수했다. 남선우가 친히 군사를 이끌고 영전迎戰했으나 양근 등이 다시 격파했다. 남선우가 마침내 군사를 이끌고 호택虎澤내몽골 동승현 동남쪽으로 돌아갔다.

5) 1월 21일, 조서를 내려 백관과 각 주 및 군현의 관원 녹봉을 각각 차등 있게 줄이도록 했다.

6) 2월, 남흉노가 상산常山하북성 원씨현을 노략했다.

7) 전령滇零이 파병해 포중褒中섬서성 포성현을 침구했다. 한중漢中 태수 정근鄭勤이 포중으로 이동해 주둔했다. 임상任尚의 군대가 오랫동안 주둔했으나 전공이 없었고, 해당 지역 백성들은 농상農桑을 폐할 지경이 됐다. 이내 임상에게 조서를 내려 이병吏兵을 이끌고 장안으로 돌아와 주둔하게 하고, 남양南陽과 영천潁川 및 여남汝南의 관병을 해산시켜 그곳으로 보냈다.

2월 10일, 당초 장안에 경조호아京兆虎牙 도위都尉, 옹雍 땅에 부풍扶風 도위를 두었다. 모두 서경西京의 삼보三輔 도위都尉[131] 고사를 좇게 했다.

---

131   서경西京의 삼보三輔 도위都尉는 옛 도성인 장안에 있던 경조京兆의 경보도위京輔都尉, 풍익馮翊의 좌보도위左輔都尉, 부풍扶風의 우보도위右輔都尉를 통칭한 말이다.

알자謁者 방삼龐參이 등즐에게 유세했다.

"변군邊郡에 거주하는 백성 가운데 자존自存할 수 없는 자를 삼보三輔로 이주해 살게 하십시오."

등즐이 동의했다 양주涼州를 포기하고, 힘을 합쳐 북변北邊을 방어하고자 한 것이다. 이내 공경들을 모아 의논하게 하자 등즐이 말했다.

"비유하면 의복이 해지거나 찢어지는 패괴敗壞를 할 때 하나로 모아 서로 보충하면 오히려 한 벌의 옷이 완전해지는 것과 같소. 만일 이처럼 하지 않으면 두 벌의 옷 모두 보존할 수 없을 것이오."

공경들 모두 그렇다고 생각했다. 낭중郎中인 진국陳國하남성 진류현 출신 우후虞詡가 태위 장우張禹에게 말했다.

"만일 대장군의 계책대로 하고자 하면 실현될 수 없는 이유가 3가지입니다. 첫째, 선제先帝는 토우土宇를 개척해 고생 끝에 마침내 평정할 수 있었습니다. 지금 작은 비용이 드는 것을 꺼려 이를 포기하려는데 이는 첫 번째로 있을 수 없는 일입니다. 둘째, 양주涼州가 이미 버려지고 나면 삼보三輔가 바로 변새가 됩니다. 그러면 원릉園陵이 홀로 변새 밖에 있게 되니, 이는 두 번째로 있을 수 없는 일입니다. 셋째, 속담에 이르기를, '관서關西는 장수, 관동關東은 재상이 많이 난다'고 했습니다. 열사烈士와 무신武臣이 양주에서 많이 배출되는 것은 토풍土風이 장맹壯猛하고 쉽게 병사兵事를 익힐 수 있었기 때문입니다. 지금 강족과 호족이 감히 들어와 삼보를 거점으로 삼은 뒤 심복心腹의 해를 끼치지 못하는 것은 양주가 그들의 뒤에 있기 때문입니다. 양주의 사민士民은 손에 예리한 무기를 잡은 채 시석矢石을 무릅쓰고 행진할 때 아비가 앞에서 죽을지라도 자식이 뒤에서 싸우면서 되돌아보고 후퇴하려는 마음인 반고지심反顧之心이 없습니다. 이는 한나라 백성으로 존재하기 때문입니다. 지금 그곳 백성을 밀어내어 바치고 땅을 떼어 포기하면 민서民庶는 살던 땅을 편안해하며 이주하는 것을 어렵게 여기는 안토중환安土重遷을 하는 까닭에 반드시 목을 빼고 원망하기를, '중국中國이 우리를 이적夷狄에게 내버렸다'고 할 것입니다. 비록 의로운 곳으로 달려가고 선행을 좇는 부의종선赴義從善의 사람일지라도 한을 품지 않을 수 없습니다. 만일 갑자기 도모했다가 그로 인해 천하에 기근이 발생해 피폐하게 되면 전국이 허약해진 틈을 타 호웅豪雄이 서로 모인 뒤 유능한 인재를 헤아려 우두머리를 세울 것입니다. 이어 저족氐族과 강족羌族을 몰아 선봉에 세운 뒤 석권席捲하여 동진하면 비록 전설적인 용사인 맹분孟賁과 하육夏育을 병사로 삼고, 강태공 같은 자를 장수로 삼을지라도 오히려 방어에 부족할까 우려됩니다. 이리되면 함곡관函谷關 이서의 원릉園陵과 구경舊京인 장안은 다시는 한나라 소유가 아닐 것입니다. 이는 세 번째로 있을 수 없는 일입니다. 논의하는 자들은 해진 옷을 합쳐 기우면 오히려 완전해질 수 있다고 말하나, 저 우후가 보기에는 오히려 악성 종기가 사방으로 퍼지는 저식침음疽食侵淫이 한극限極이 없는 상황으로 치달을 듯합니다!"

태위 장우가 말했다.

"내 생각이 거기까지 이르지는 못했소. 그대의 말이 없었다면 거의 국사國事를 그르칠 뻔했소!"

우후가 이 기회에 유세했다.

"양주 일대의 호걸을 모두 불러 모으는 수라收羅를 하고, 주목과 태수의 자제를 조정으로 끌어들인 뒤 여러 관부로 하여금 몇 사람씩 벽소하게 하십시오. 그리하면 밖으로는 그들이 열심히 공을 세우도록 권려勸勵하고, 안으로는 그 자제들을 인질로 잡아 그들의 사계邪計를 미리 막을 수 있습니다."

장우가 그의 말이 좋다고 생각해 곧 삼공과 대장군으로 이뤄진 사부四府 회의를 소집하자 모두 우후의 의견을 좇았다. 이에 서주西州의 호걸을 벽소해 하급관원인 연속掾屬으로 삼고, 목수牧守와 장리長吏의 자제를 낭관에 임명해 그들을 편히 위로했다.

등즐은 이로 인해 우후를 싫어하게 됐다. 관원을 다스리는 이법吏法을 이용해 중상하고자 한 이유다. 마침 조가朝歌 하남성 기현에서 반란을 일으킨 자들의 수령인 영계寧季 등 수천 명이 장리長吏를 공격해 죽인 뒤 둔취屯聚를 몇 년 동안 계속했다. 주군州郡에서 이를 통제할 수 없게 되자 우후를 조가의 현장으로 임명했다. 고구故舊들이 모두 상심하자 우후가 웃으며 말했다.

"일이 있으면 어려움을 피하지 않는 게 신하의 직분이오. 날카로운 도구인 이기利器가 얼마나 잘 드는지 구별할 수 없는 법이오. 이야말로 능력을 발휘해 공을 세울 수 있는 절호의 기회인 입공지추立功之秋가 될 것이오."

그는 도착하자 먼저 하내河內 태수 마릉馬稜을 배알했다. 마릉이 말했다.

"그대는 유자儒者이니 의당 조정인 묘당廟堂에서 꾀를 냈어야 했소. 결국 조가로 오게 됐으니 그대를 위해 심히 이를 걱정하게 됐소."

우후가 대답했다.

"반란을 일으킨 적도賊徒는 견양犬羊이 서로 모여 따뜻하고 배부른 온포溫飽만을 구하는 자들일 뿐입니다. 원컨대 고위관원인 명부明府는 걱정할 필요가 없습니다."

마릉이 물었다.

"어찌하여 그렇다는 것이오?"

우후가 대답했다.

"조가朝歌 땅은 옛날 전국시대 때 한韓나라와 위魏나라 교외에 있어 뒤로 태항산맥太行山脈을 등지고, 황하에 임해 있고, 곡식창고인 오창敖

倉에서 불과 100리 밖에 있습니다. 청주靑州와 기주冀州의 백성 가운데 유망流亡하는 자는 1만 명을 헤아립니다. 그러나 적도는 창고를 열어 유망하는 백성을 부르는 개창초중開倉招衆을 한 뒤 병고고兵庫를 겁탈해 성고成皋하남성 사수현로 들어가 지키면서 천하의 오른쪽 어깨에 해당하는 곳을 자르는 계책을 알지 못합니다. 이는 걱정할 만한 이유가 못 됩니다. 지금 적도는 새로이 번성하고 있는 까닭에 직접 쟁봉爭鋒하기는 어렵습니다. 병사兵事는 임기응변을 꺼리지 않는 이른바 병불염권兵不厭權입니다. 원컨대 명부가 난을 통제하는 정책인 비책轡策을 관대하게 처리해 저를 구해拘閡하는 일이 없기만 바랄 뿐입니다."

관부에 도착하자 삼과三科를 설치해 장사壯士를 모집했다. 연사掾史 이하 관리들에게 각각 아는 사람을 천거하게 했다. 공격과 겁탈에 능한 자를 상급, 사람을 상해하거나 절도에 재능이 있는 자를 중급, 가업에 힘쓰지 않는 자를 하급으로 삼았다. 이런 식으로 100여 명을 모았다.

우후는 향연을 베풀면서 그들이 지은 죄를 모두 사면했다. 반란을 일으킨 적도들 속으로 들어가 겁략劫掠하도록 유인하고, 복병을 두어 그들을 기다리게 하는 식으로 적도 수백 명을 죽였다. 또 몰래 가난한 자 가운데 바느질을 잘하는 자를 뽑아 잠입시킨 뒤 적도의 옷을 지어주게 하면서 색실로 그들의 치마를 박음질하게 했다. 이런 옷을 입고 시리市里로 나온 자가 있으면 관원이 곧바로 체포했다. 적도들이 이내 크게 놀라 해산하면서 모두 신명神明하다고 칭송했다. 덕분에 현의 경내가 모두 평정됐다.

8) 3월, 하희何熙의 군사가 오원五原의 만백曼柏에 도착했으나 문득 병이 나는 폭질暴疾로 인해 진격할 수 없게 됐다. 방웅龐雄과 양근梁僅 및 경충耿种을 파견해 보기步騎 16,000명을 이끌고 호택虎澤내몽골 동승현 동남 쪽을 공격하게 했다. 이때 군영을 서로 연결시킨 채 조금씩 진격하도록 했

다. 남선우는 제군諸軍이 병진並進하는 것을 보고는 크게 공포에 떨며 한종韓琮을 돌아보고 꾸짖었다.

"너는 한인漢人들이 죽어 없어졌다고 했는데 지금 이들은 어떤 사람들인가!"

이내 사자를 파견해 걸항乞降하자 이를 받아들였다. 남선우가 모자를 벗고 맨발로 달려오는 탈모도선脫帽徒跣으로 방웅 등에게 절하며 죽을 죄를 지었다고 말했다. 이에 그를 사면하고 처음과 같이 대했다.

이내 한나라 백성 남녀와 강족 가운데 약취를 당해 흉노에게 전매轉賣된 자 등 모두 1만여 명을 돌려보냈다. 때마침 하희가 죽자 양근을 도료장군度遼將軍에 임명했다. 방웅이 귀환하자 대홍려大鴻臚로 삼았다.

9) 선령의 강족이 다시 포중褒中을 침구하자 정근鄭勤이 이들을 격퇴하려 했다. 주부主簿 단숭段崇이 간했다.

"호로胡虜가 승세乘勝를 하고 있으니 그 예봉을 당하기 어렵습니다. 의당 수비를 견고히 하며 때가 오길 기다려야 합니다."

정근이 좇지 않고 출전했다가 대패했다. 죽은 자가 3,000여 명에 달했다. 주부 단숭과 문하사門下史 왕종王宗 및 원전原展이 몸으로 적의 칼날을 막다가 정근과 함께 죽었다. 금성군金城郡감숙성 난주시을 양무襄武감숙성 농서현 서남쪽로 옮긴 이유다.

10) 3월 4일, 한선제의 묘원인 두릉원杜陵園에 화재가 났다.

11) 3월 9일, 9곳의 군국郡國에서 지진이 일어났다.

12) 여름 4월, 6개 주州에서 황충蝗蟲 피해가 있었다.

13) 4월 23일, 천하에 사면령을 내렸다.

14) 왕종王宗과 법웅法雄이 장백로張伯路와 연전連戰을 갖고 격파해 도주하게 만들었다. 마침 조정에서 사면령이 내려왔으나 적도는 조정의 군사가 무장을 해제하지 않자 감히 귀항歸降하지 않다. 왕종은 자사와

태수를 불러 대책을 공의共議했다. 모두 의당 이들을 쳐야 한다고 생각했다. 법웅法雄이 말했다.

"그렇지 않습니다. 병기는 흉기兵凶器이고, 전쟁은 위사危事 때 하는 것입니다. 용맹은 믿을 만한 게 아니고, 승리는 반드시 이뤄지는 것도 아닙니다. 적도가 배를 타고 바다를 오가는 승선부해乘船浮海를 하여 원도遠島로 깊숙이 들어가면 공격하기 쉽지 않습니다. 마침 사면령이 내려왔으니 군사행동을 중지하고 그들의 마음을 위로하며 유인할 만합니다. 사세상 그들은 반드시 해산할 것이고, 연후에 일을 도모하면 싸우지 않고도 평정할 수 있습니다."

왕종은 법웅의 말이 훌륭하다고 생각해 즉시 파병罷兵했다. 적도들이 그 소식을 듣고는 대희大喜하며 이내 약취했던 사람들을 돌려보냈다. 동래군東萊郡의 군사가 홀로 무장을 해제하지 않자 적도들이 다시 경공驚恐한 나머지 요동으로 둔주遁走했다가 섬까지 들어가 머물렀다.

15) 가을 7월 3일, 3개 군에서 대수大水가 있었다.

16) 기도위 임인任仁이 강족과의 전투에서 누패累敗했다. 게다가 병사들도 방종放縱한 모습을 보여 이내 함거檻車로 불려와 정위廷尉에게 보내져 사형에 처해졌다. 호강교위護羌校尉 단희段禧가 죽자 다시 전에 호강교위로 있던 후패侯霸로 하여금 그를 대신한 뒤 장액張掖으로 이주하게 했다.

17) 9월 3일, 익주군益州郡 운남성 진녕현에 지진이 났다.

18) 황태후의 모친 신야군新野君이 발병하자 태후가 그녀의 집에 가서 며칠 동안 머물렀다. 삼공이 표문을 올려 강하게 반대하자 태후가 이내 환궁했다.

겨울 10월 23일, 신야군이 훙거하자 사공에게 신야군의 장례의식을 주관하게 했다. 장의葬儀는 동해공왕東海恭王의 경우처럼 하게 했다.

등즐 등이 몸소 복상을 하겠다고 빌었으나 태후가 허락하지 않으려고 했다. 조씨曹氏에게 출가해 조대가曹大家로 불린 반소班昭에게 이를 물어보자 조대가가 상소했다.

"첩이 듣건대 겸양지풍謙讓之風이 미덕 가운데 가장 크다고 합니다. 이제 등즐과 등회, 등홍, 등창 등 4분의 태후 외숙이 마음 깊이 충효의 도리를 고수하면서 스스로 물러나기로 했습니다. 바야흐로 변경이 안정되지 않았다는 이유로 허락하지 않았습니다. 후에 지금보다 터럭인 호모豪毛라도 덧붙여지는 일이 있으면 실로 겸양이라는 이름을 다시는 쓸 수 없게 될까 우려됩니다."

태후가 이내 허락했다. 복상 기간이 끝나자 등즐에게 조서를 내려 다시 돌아와 조정의 정사를 돕고 전에 책봉한 관직을 다시 받게 했다. 등즐 등이 머리를 숙이며 간절히 사양하는 고두고양叩頭固讓을 해 이내 그만두었다.

이에 그들을 모두 조정의 요청을 받들어 조회에 참석하는 봉조청奉朝請에 임명했다. 위차位次는 삼공의 아래이나 특진特進과 열후보다는 위였다. 크게 논의하는 대의大議가 있을 경우 이내 조당으로 나아가 공경들과 함께 상의하는 참모參謀를 했다.

19) 등태후가 음후陰后 집안의 사람들에게 조서를 내려 모두 고군故郡으로 돌아가게 하고, 그들의 자재資財 500여 만 전錢도 돌려주었다.

* 孝安皇帝永初四年

春, 正月, 元會, 徹樂, 不陳充庭車.

鄧騭在位, 頗能推進賢士, 薦何熙·李郃等列於朝廷, 又辟弘農楊震·巴郡陳禪等置之幕府, 天下稱之. 震孤貧好學, 明歐陽『尚書』, 通達博覽, 諸儒為之語曰, "關西孔子楊伯起." 教授二十餘年, 不答州郡禮命, 眾人謂之晚暮, 而震志愈篤. 驚聞而辟之, 時震年已五十餘, 累遷荊州刺史·東萊太守. 當之郡, 道經昌邑, 故所舉荊州茂才王密為昌邑令, 夜懷金十斤以遺震. 震曰, "故人知君, 君不知故人, 何也?"密曰, "暮夜無知者."震曰, "天知, 地知, 我知, 子知, 何謂無知者!"密愧而出. 後轉涿郡太守. 性公廉, 子孫常蔬食·步行. 故舊或欲令為開產業, 震不肯, 曰, "使後世稱為清白吏子孫, 以此遺之, 不亦厚乎!"張伯路復攻郡縣, 殺吏, 黨眾浸盛. 詔遣御史中丞王宗持節發幽·冀諸郡兵合數萬人, 徵宛陵令扶風法雄為青州刺史, 與宗幷力討之.

南單于圍耿种數月, 梁慬·耿夔擊斬其別將於屬國故城, 單于自將迎戰, 慬等復破之, 單于遂引還虎澤.

丙午, 詔減百官及州郡縣奉各有差. 二月, 南匈奴寇常山.

滇零遣兵寇褒中, 漢中太守鄭勤移屯褒中. 任尚軍久出無功, 民廢農桑, 乃詔尚將吏兵還屯長安, 罷遣南陽·潁川·汝南吏士. 乙丑, 初置京兆虎牙都尉於長安, 扶風都尉於雍, 如西京三輔都尉故事.

謁者龐參說鄧騭徙邊郡不能自存者入居三輔, 騭然之, 欲棄涼州, 幷力北邊. 乃會公卿集議, 騭曰, "譬若衣敗壞, 一以相補, 猶有所完, 若不如此, 將兩無所保." 公卿皆以為然. 郎中陳國虞詡言於太尉張禹曰, "若大將軍之策, 不可者三. 先帝開拓土宇, 勤勞後定, 而今憚小費, 舉而棄之, 此不可一也. 涼州既棄, 即以三輔為塞, 則園陵單外, 此不可二也. 諺曰, '關西出將, 關東出相'烈士武臣, 多出涼州, 土風壯猛, 便習兵事. 今羌·胡所以不敢入據三輔為心腹之害者, 以涼州在後故也. 涼州士民所以推鋒執銳, 蒙矢石於行陳, 父死於前, 子戰於後, 無反顧之心者, 為臣屬於漢故也. 今推而捐之, 割而棄之, 民庶安土重還, 必引領而怨曰, '中國棄我於夷狄'雖赴義從善之人,不能無恨. 如卒然起謀, 因天下之饑敝, 乘海內之虛弱, 豪雄相聚, 量材立帥, 驅氐·羌以為前鋒, 席捲而東, 雖賁·育為卒, 太公為將, 猶恐不足當御. 如此, 則函谷以西, 園陵舊京非復漢有, 此不可三也. 議者喻以補衣猶有所完, 誗恐其疽食侵淫而無限極也!" 禹曰, "吾意不及此, 微子之言, 幾敗國事!" 誗因說禹曰, "收羅涼上豪傑, 引其牧守子弟於朝, 令諸府各辟數人, 外以勸厲答其功勤, 內以拘致防其邪計." 禹善其言, 更集四府, 皆從誗議. 於是辟西州豪桀為掾屬, 拜牧守·長吏子弟為郎, 以安慰之. 鄧騭由是惡誗, 欲以吏法中傷之. 會朝歌賊寧季等數千人攻殺長吏, 屯聚連年, 州郡不能禁, 乃以誗為朝歌長. 故舊皆弔之, 誗笑曰, "事不避難, 臣之職也. 不遇槃根錯節, 無以別利器, 此乃吾立功之秋也." 始到, 謁河內太守馬稜. 稜曰, "君儒者, 當謀謨廟堂, 乃在朝歌, 甚為君憂之." 誗曰, "此賊犬羊相聚, 以求溫飽耳, 願明府不以為憂." 稜曰, "何以言之?" 誗曰, "朝歌者, 韓·魏之郊, 背太行, 臨黃河, 去敖倉不過百里, 而青·冀之民流亡萬數, 賊不知開倉招眾, 劫庫兵, 守成皋, 斷天下右臂, 此不足憂也. 今其眾新盛, 難與爭鋒. 兵不厭權, 願寬假轡策, 勿令有所拘閡而已." 及到官, 設三科以募求壯士, 自掾史以下各舉所知, 其攻劫者為上, 傷人偷盜者次之, 不事家業者為下, 收得百餘人, 誗為饗會, 悉貰其罪, 使入賊中誘令劫掠, 乃伏兵以待之, 遂殺賊數百人. 又潛遣貧人能縫者傭作賊衣, 以采線縫其裾, 有出市里者, 吏輒禽之. 賊由是駭散, 咸稱神明, 縣境皆平.

三月, 何熙軍到五原曼柏, 暴疾, 不能進. 遣龐雄與梁慬·耿种將步騎萬六千人攻虎澤, 連營稍前. 單于見諸軍幷進, 大恐怖, 顧讓韓琮曰, "汝言漢人死盡, 今是何等人也!" 乃遣使乞降, 許之. 單于脫帽徒跣, 對龐雄等拜陳, 道死罪. 於是赦之, 遇待如初, 乃還所鈔漢民男女及羌所略轉賣入匈奴中者合萬餘人. 會熙卒, 即拜梁慬度遼將軍. 龐雄還, 為大鴻臚.

先零羌復寇褒中, 鄭勤欲擊之, 主簿段崇諫, 以為“虜乘勝, 鋒不可當, 宜堅守待之.”勤不從, 出戰, 大敗, 死者三千餘人, 段崇及門下史王宗·原展以身扞刃, 與勤俱死.

徙金城郡居襄武.

戊子, 杜陵園火.

癸巳, 郡國九地震.

夏, 四月, 六州蝗.

丁丑, 赦天下.

王宗·法雄與張伯路連戰, 破走之, 會赦到, 賊以軍未解甲, 不敢歸降. 王宗召刺史太守共議, 皆以為當逐擊之, 法雄曰, “不然. 兵凶器, 戰危事, 勇不可恃, 勝不可必. 賊若乘船浮海, 深入遠島, 攻之未易也. 及有赦令, 可且罷兵以慰誘其心, 勢必解散, 然後圖之, 可不戰而定也.”宗善其言, 即罷兵. 賊聞, 大喜, 乃還所略人. 而東萊郡兵獨未爭甲, 賊復驚恐, 遁走遼東, 止海島上.

秋, 七月, 乙酉, 三郡大水.

騎都尉任仁與羌戰累敗, 而兵士放縱, 檻車徵詣延尉, 死. 護羌校尉段禧卒, 復以前校尉侯霸代之, 移居張掖.

九月, 甲申, 益州郡地震.

皇太后母新野君病, 太后幸其第, 連日宿止. 三公上表固爭, 乃還宮. 冬, 十月, 甲戌, 新野君薨, 使司空護喪事, 儀比東海恭王. 鄧騭等乞身行服, 太后欲不許, 以問曹大家, 大家上疏曰, “妾聞謙讓之風, 德莫大焉. 今四舅深執忠孝, 引身自退, 而以方垂未靜, 拒而不許, 如後有豪毛加於今日, 誠恐推讓之名不可再得.”太后乃許之. 乃

服除, 詔騭復還輔朝政, 更授前封, 騭等叩頭固讓, 乃止. 於是幷奉
朝請, 位次三公下, 特進·侯上, 其有大議, 乃詣朝堂, 與公卿參謀.

太后詔陰后家屬皆歸故郡, 還其資財五百餘萬.

한안제 영초 5년(AD 111)

1) 봄 정월 초하루, 일식이 있었다.

2) 1월 7일, 10곳의 군국에서 지진이 났다.

3) 1월 10일, 태위 장우張禹가 면직됐다.

갑신甲申, 광록훈光祿勳인 영천穎川 출신 이수李修를 태위로 삼았다.

4) 선령先零의 강족이 하동河東을 침구해 하내河內에 이르렀다. 백성
들이 서로 놀라 대부분 남쪽으로 달아나 도하했다. 북군北軍의 중후中候
주룡朱寵에게 오영五營의 병사를 이끌고 가 맹진孟津에 주둔하게 했다.
위군魏郡과 조국趙國, 상산常山, 중산中山에 조서를 내려 616곳에 보루인
오후塢候를 구축하게 했다.

강족이 강성해지자 변경에 이어져 있는 2천석의 관원과 현령 및 현장
대부분이 중원의 내군內郡 출신인 까닭에 모두 지키면서 싸울 뜻이 없었
다. 이들은 앞다퉈 상서해 군현의 치소治所를 옮겨 침구로 인한 병난兵難
을 피하려 했다.

3월, 조서를 내려 농서隴西는 양무襄武감숙성 농서현, 안정安定은 미양美
陽섬서성 무공현, 북지北地는 지양池陽섬서성 경양현, 상군上郡은 아현鄗縣섬서성
백수현으로 치소를 옮기게 했다.

백성들은 땅에 연연해하는 연토戀土로 인해 고향을 떠나는 것을 싫어
했다. 마침내 곡식을 벤 뒤 집을 헐어버리고, 군영과 성벽을 허물고, 쌓아
놓은 양식도 흩어버렸다. 당시 해마다 한황旱蝗으로 인해 기근이 발생했
다. 급박히 쫓아내고 약탈하는 구축겁략驅蹙劫掠으로 인해 백성들이 유

리분산流離分散해 길에서 죽거나 노약자를 기연棄捐하거나 남의 복첩僕
妾이 되거나 했다. 이들 태반이 목숨을 잃었다.

다시 임상任尙을 시어사侍御史로 삼고 상당上黨의 양두산羊頭山에서
강족을 격파하게 했다. 맹진에 주둔하고 있던 군사를 철수시켰다.

5) 부여왕夫餘王이 낙랑樂浪을 침구했다. 고구려高句驪 태조왕인 고궁
高宮이 예맥濊貊과 함께 현도玄菟를 침구했다.

6) 여름 윤4월 19일, 양주涼州를 비롯해 하서河西의 돈황과 주천, 장액,
무위 등 4개 군에 사면령을 내렸다.

7) 해적인 장백로張伯路가 다시 동래東萊를 침구했다. 청주青州 자사
법웅法雄이 격파했다. 적도賊徒가 달아나 요동으로 돌아갔으나 요동 출신
이구李久 등이 함께 그의 목을 베었다. 주계州界가 청정清靜해진 이유다.

8) 가을 9월, 한양漢陽감숙성 감곡현 출신 두기杜琦와 그의 동생 두계공杜
季貢, 동군同郡 출신 왕신王信 등이 장족과 통모通謀해 무리를 모아 상규
上邽의 성을 점거했다.

겨울 12월, 한양 태수 조박趙博이 자객 두습杜習을 보내 두기를 척살하
게 했다. 두습을 책봉해 토간후討奸侯로 삼았다. 두계공과 왕신 등이 무
리를 이끌고 저천영樗泉營을 점거했다.

9) 이 해에 9개 주에서 황해蝗害가 있었다. 8개 군국郡國에 비가 계속
내리는 재해인 우수雨水가 있었다.

* 孝安皇帝永初五年

春, 正月, 庚辰朔, 日有食之.

丙戌, 郡國十地震.

己丑, 太尉張禹免. 甲申, 以光祿勳潁川李修爲太尉.

先零羌寇河東, 至河內, 百姓相驚, 多南奔渡河, 使北軍中候朱寵

將五營士屯孟津, 詔魏郡·趙國·常山·中山繕作塢候六百一十六所. 羌既轉盛, 而緣邊二千石·令·長多內郡人, 并無守戰意, 皆爭上徙郡縣以避寇難. 三月, 詔隴西徙襄武, 安定徙美陽, 北地徙池陽, 上郡徙衙. 百姓戀土, 不樂去舊, 遂乃刈其禾稼, 發徹室屋, 夷營壁, 破積聚. 時連旱蝗饑荒, 而驅蹙劫掠, 流離分散, 隨道死亡, 或棄捐老弱, 或為人僕妾, 喪其太半. 復以任尚為侍御史, 擊羌於上黨羊頭山, 破之, 乃罷孟津屯.

夫餘王寇樂浪.

高句驪王宮與濊貊寇玄菟.

夏, 閏四月, 丁酉, 赦涼州·河西四郡.

海賊張伯路復寇東萊, 青州刺史法雄擊破之. 賊逃還遼東, 遼東人李久等共斬之, 於是州界清靜.

秋, 九月, 漢陽人杜琦及弟季貢·同郡王信等與羌通謀, 聚眾據上邽城. 冬, 十二月, 漢陽太守趙博遣客杜習刺殺琦. 封習討奸侯. 杜季貢·王信等將其眾據樗泉營.

是歲, 九州蝗, 郡國八雨水.

한안제 영초 6년(AD 112)

1) 봄 정월 11일, 조서를 내렸다.

"무릇 새 맛이 나는 음식을 바친다고 하여 천신薦新이라고 한다. 대부분 계절에 맞게 생산된 게 아니다. 혹은 인공으로 땅을 일부러 뜨겁게 해 억지로 익게 하거나, 혹은 땅을 파 일찍 발아시키기 때문에 제 맛이 나지 않고 제대로 성장하지 못하고 있다. 그러니 어찌 때맞춰 길렀다고 할 수 있겠는가! 『논어』에 이르기를, '제때 성장하지 않은 음식은 먹지 않는다'[132]고 했다. 이후 사당이나 능묘에 제물로 올리는 것과 황제에게 공급하는 것은 모두 반드시 제철에 나는 것을 바치도록 하라."

무릇 생략하게 된 것이 23종이었다.

2) 3월, 10개 주에서 황해蝗害가 있었다.

3) 여름 4월 을축乙丑, 사공 장민張敏이 파직됐다.

4월 7일, 태상 유개劉愷를 사공으로 삼았다.

4) 조서를 내려 건무建武 연간에 수위首位의 공을 세운 원공元功 28명의 장수들 후예에게 모두 선조의 작위를 잇게 했다.

5) 5월, 가뭄이 들었다.

6) 5월 25일, 조서를 내려 청색인수인 청수靑綬를 지닌 삼공 등의 중中 2천석부터 황수黃綬를 지닌 200석의 하급 관리에 이르기까지 일률적으로 원래의 녹질을 회복하게 했다.

7) 6월 21일, 예장豫章강서성 남창시의 원계員谿에 있는 원산原山이 무너졌다.

8) 6월 10일, 천하에 사면령을 내렸다.

9) 시어사 당희唐喜가 한양漢陽 출신 적도인 왕신王信의 토벌에 나서 군사를 격파하고 목을 베는 파참破斬을 했다. 두계공杜季貢이 달아나 전령滇零에게 투항했다. 이 해에 전령이 죽고 아들 영창零昌이 뒤를 이었으나 나이가 아직 어려 같은 종족인 낭막狼莫이 그들의 계책을 세웠다. 두계공은 장군이 되어 정해성丁奚城녕하성 무녕현에 따로 거주했다.

* 孝安皇帝永初六年

春, 正月, 甲寅, 詔曰, "凡供薦新味, 多非其節, 或郁養強孰, 或穿

132　원문은 '비기시불식非其時不食'이다. 『논어』 「향당鄉黨」의 '불시불식不時不食' 구절에서 인용한 것이다.

掘萌牙, 味無所至而夭折生長, 豈所以順時育物乎! 『傳』曰, '非其時
不食' 自今當奉祠陵廟及給御者, 皆須時乃上." 凡所省二十三種.

三月, 十州蝗.

夏, 四月, 乙丑, 司空張敏罷. 己卯, 以太常劉愷為司空.

詔建武元功二十八將皆紹封.

五月, 旱.

丙寅, 詔令中二千石下至黃綬, 一切復秩. 六月, 壬辰, 豫章員谿原
山崩.

辛巳, 赦天下.

侍御史唐喜討漢陽賊王信, 破斬之. 杜季貢亡, 從滇零. 是歲, 滇
零死, 子零昌立, 年尚少, 同種狼莫為其計策, 以季貢為將軍, 別居
丁奚城.

한안제 영초 7년(AD 113)

1) 봄 2월 14일[133], 군국郡國의 18곳에서 지진이 났다.

2) 여름 4월 29일, 평원회왕平原懷王 유승劉勝이 훙거했다. 아들이 없
어 태후가 낙안이왕樂安夷王 유총劉寵의 아들 유득劉得을 평원왕으로
삼았다.

3) 4월 30일, 일식이 있었다.

4) 가을, 호강교위護羌校尉 후패侯霸와 기도위騎都尉 마현馬賢이 선령
先零의 별부別部인 뇌강牢羌을 안정安定에서 격파했다. 참수하거나 포로
로 잡은 자가 1,000여 명이었다.

---

133 원문은 병오丙午이다. 2월에 병오가 없기에 14일인 병자丙子의 오사일 공산이 크
다. 번역문은 바꿔 놓았다.

5) 황해가 있었다.

* 孝安皇帝永初七年

春, 二月, 丙午, 郡國十八地震.

夏, 四月, 乙未, 平原懷王勝薨, 無子. 太后立樂安夷王寵子得為平原王.

丙申晦, 日有食之.

秋, 護羌校尉侯霸·騎都尉馬賢擊先零別部牢羌於安定, 獲首虜千人.

蝗.

한안제 원초元初 원년(AD 114)

1) 봄 정월 2일, 연호를 바꿨다.

2) 2월 24일, 일남日南에서 땅이 갈라졌다. 길이가 100여 리나 됐다.

3) 3월 2일, 일식이 있었다.

4) 조서를 내려 군사를 파견해 하내河內를 통과하는 요충지 36곳에 주둔하게 했다. 이어 모두 오벽塢壁을 구축하고, 명고鳴鼓를 설치해 강족의 침구에 대비하게 했다.

5) 여름 4월 7일, 천하에 사면령을 내렸다.

6) 경사京師와 군국郡國 5곳에 한황旱蝗의 재해가 있었다.

7) 5월, 선령先零의 강족이 옹성雍城섬서성 봉상현을 침구했다.

8) 가을 7월, 촉군蜀郡 일대의 이족夷寇이 잠릉蠶陵사천성 송반현을 침구하고, 현령을 죽였다.

9) 9월 7일, 태위 이수李修가 파직됐다.

10) 강족의 우두머리인 호다號多가 다른 종족과 연합해 무도武都와

한중漢中, 파군巴郡을 노략했다. 판순板楯 지역의 만족蠻族이 이들 지역을 구원했다. 한중의 오관연五官掾 정신程信이 군병郡兵을 이끌고 만족과 함께 그들을 격파했다. 호다가 달아나 돌아가다가 농隴으로 통하는 길을 차단하고 영창零昌과 합세했으나 후패와 마현이 이들과 싸워 부한枹罕에서 격파했다.

11) 9월 13일, 대사농인 산양山陽산동성 금향현 출신 사마포司馬苞를 태위로 삼았다.

12) 겨울 10월 1일, 일식이 있었다.

13) 양주涼州 자사 피양皮楊이 적도狄道에서 강족을 공격했으나 대패했다. 죽은 자가 800여 명이었다.

14) 이 해에 군국 15곳에서 지진이 났다.

* 孝安皇帝元初元年

春, 正月, 甲子, 改元.

二月, 乙卯, 日南地坼, 長百餘里.

三月, 癸亥, 日有食之.

詔遣兵屯河內通谷衝要三十三所, 皆為塢壁, 設鳴鼓, 以備羌寇.

夏, 四月, 丁酉, 赦天下.

京師及郡國五旱, 蝗.

五月, 先零羌寇雍城.

秋, 七月, 蜀郡夷寇蠶陵, 殺縣令.

九月, 乙丑, 太尉李修罷.

羌豪號多與諸種鈔掠武都·漢中·巴郡, 板楯蠻救之, 漢中五官掾程信率郡兵與蠻共擊破之. 號多走還, 斷隴道, 與零昌合, 侯霸·馬賢與戰於枹罕, 破之.

辛未, 以大司農山陽司馬苞爲太尉.

冬, 十月, 戊子朔, 日有食之.

涼州刺史皮楊擊羌於狄道, 大敗, 死者八百餘人.

是歲, 郡國十五地震.

한안제 원초 2년(AD 115)

1) 봄, 호강교위 방삼龐參이 은신恩信으로 여러 강족을 초유招誘했다. 우두머리인 호다號多 등이 무리를 이끌고 와 투항했다. 방삼이 궁궐로 보내자 호다에게 열후의 인수를 하사해 돌려보냈다. 방삼이 비로소 영거슈居감숙성 영등현로 돌아가 다스리자 하서 지역으로 나가는 길이 통하게 됐다.

2) 강족의 우두머리 영창零昌이 군대를 나눠 익주益州를 침구했다. 중랑장 윤취將尹를 파견해 토벌하게 했다.

3) 여름 4월 21일, 귀인貴人인 형양滎陽 출신 염씨閻氏를 세워 황후로 삼았다. 황후는 천성이 투기妒忌가 심했다. 후궁 이씨李氏가 황자 유보劉保를 낳자 이씨를 짐살鴆殺했다.

4) 5월, 경사에 가뭄이 들었다. 하남河南과 19개 군국郡國에 황해蝗害가 있었다.

5) 6월 2일, 태위 사마포司馬苞가 훙거했다.

6) 가을 7월 28일, 태복太僕인 태산泰山 출신 마영馬英을 태위로 삼았다.

7) 8월, 요동의 선비 부족이 무려無慮요녕성 북진현를 포위했다.

9월, 부리영夫犁營을 다시 공격해 현령을 죽였다.

8) 9월 29일, 일식이 있었다.

9) 중랑장 윤취尹就가 강족의 무리인 여숙도呂叔都 등을 쳤다. 촉蜀 땅

출신 진성陳省과 나횡羅橫이 자객으로 응모應募해 여숙도를 척살했다. 모두 후로 봉하고, 전錢을 하사했다.

10) 둔기교위屯騎校尉 반웅班雄에게 조서를 내려 삼보三輔에 주둔하게 했다. 반웅은 반초班超의 아들이다. 좌풍익左馮翊 출신 사마균司馬鈞이 행정서장군行征西將軍을 맡아 관중關中 제군諸郡의 병사 8,000여 명을 감독하게 했다. 방삼은 강족과 호족으로 구성된 7,000여 명을 이끌고 사마균과 함께 길을 나눠 나란히 강족의 우두머리 영창零昌을 공격했다. 방삼의 군사가 용사勇士감숙성 유중현 동쪽까지 이르렀다가 두계공杜季貢에게 패해 인퇴引退했다. 사마균 등이 홀로 전진해 정해성丁奚城을 함락시키자 두계공이 무리를 이끌고 짐짓 달아났다.

사마균은 우부풍 출신 중광仲光 등에게 명해 강족의 농작물을 수확하려 했다. 중광 등이 사마균의 지휘를 어긴 채 군사를 분산시켜 적진으로 깊이 들어갔다. 강족이 매복병을 동원해 이들을 쳤다. 정해성에 주둔하고 있던 사마균이 화가 난 나머지 구원하지 않았다.

겨울 10월 13일, 중광 등의 군사가 패하고 함께 진몰했다. 죽은 자가 3,000여 명이었다. 사마균이 이내 숨어서 귀환했다. 방삼은 실기失期한 탓에 칭병하며 환군했다. 모두 이번 정벌에 연루돼 하옥됐다. 사마균은 자살했다.

이때 도료장군度遼將軍 양근梁慬 역시 사건에 연루돼 처벌을 받았다. 교서낭중校書郞中 부풍 출신 마융馬融이 상서해 방삼과 양근이 지혜롭고 능력 있는 지능智能의 인물이라고 칭송하면서 의당 그들의 과오를 용서하고, 책임지고 공을 세워 죄에 보답하게 해줘야 한다고 했다. 조서를 내려 방삼 등을 사면했다.

마현馬賢에게 방삼을 대신해 영호강교위領護羌校尉의 직책을 맡게 하고, 임상任尚을 다시 중랑장으로 삼아 반웅을 대신해 삼보에 주둔하게 했다.

회현懷縣하남성 무척현 현령 우후虞詡가 임상에게 유세했다.

"병법에 이르기를, '약한 것은 강한 것을 공격하지 않고, 뛰는 것은 나는 것을 쫓을 수 없다. 그게 자연의 형세이다'[134]라고 했소. 지금 호로胡虜는 모두 기병이어서 하루에 수백 리를 갈 수 있소. 올 때는 풍우風雨, 갈 때는 활시위가 끊어지는 절현絕弦과 같소. 걸어서는 그들을 추격해도 형세로 보아 미칠 수 없소. 비록 군사 20여만 명을 주둔시켜도 쓸데없이 세월만 허비하고 공은 세울 수 없소. 사군使君을 위한 계책을 세운다면 제군諸郡의 병사를 해산하고, 각 병사에게 영을 내려 수천 냥을 내서 20명이 공동으로 말 1필을 사도록 해 1만 기騎의 무리를 이룬 뒤 수천 명의 호로를 쫓아가 그 뒤를 엄절掩截함으로써 달아날 길이 없게 만드느니만 못하오. 이처럼 백성을 편하게 하고 일을 유리하게 하는 편민이사便民利事의 방략을 구사하면 곧바로 대공을 세울 수 있을 것이오."

임상이 곧바로 이를 상언하자 조정이 이를 채용했다. 경무장을 한 기병인 경기輕騎를 보내 두계공杜季貢을 정해성丁奚城에서 치게 하여 격파했다.

등태후는 우후가 장수의 책략을 지니고 있다는 소식을 듣고는 그를 무도武都 태수로 삼았다. 강족의 무리 수천 명이 우후를 지금의 대산관大散關인 진장陳倉의 효곡崤谷에서 차단했다. 우후가 곧바로 군대를 정지시켜 전진하지 못하게 한 뒤 이같이 선언했다.

"상서하여 청병請兵한 뒤 군대가 도착할 때까지 기다렸다가 출발할 것이다."

---

134   원문은 '약불공강弱不攻強, 주불축비走不逐飛, 자연지세야自然之勢也'이다. 현존 병서에는 나오지 않는 구절이다.

강족이 그 소식을 듣고는 군사를 나눠 주변의 현들을 노략했다. 우후는 그들의 군사가 분산된 것을 이용해 주야로 전진하는 겸행兼行을 하여 100여 리를 나아갔다. 이어 관원과 병사인 이사吏士에게 명해 각각 아궁이를 2개씩 만들게 했다. 매일 그 숫자를 2배로 늘리자 강족이 감히 다가오지 못했다. 어떤 사람이 우후에게 물었다.

"전국시대 당시 손빈孫臏은 아궁이를 줄이는 감조減竈의 계책을 구사했는데 군君은 오히려 증조增竈의 계책을 구사하고 있습니다. 병법에 따르면 군사가 행군할 때 하루에 30리 정도밖에 나아가지 못하게 한 것은 뜻밖의 사태인 불우不虞를 경계하기 위한 것입니다. 오늘 또 200리를 전진하고자 하는 것은 무슨 이유입니까?"

우후가 대답했다.

"호로는 무리가 많고, 우리는 병사가 적소. 천천히 전진하면 쉽게 적에게 따라잡히지만 빨리 전진하면 저들이 예측할 수 없게 되오. 호로는 우리의 아궁이가 나날이 증가하는 것을 보면 반드시 군병郡兵이 와서 맞이한 것으로 생각할 것이오. 무리가 많으면서 빨리 나아가는 모습을 보이는 까닭에 적들은 반드시 추격을 꺼릴 것이오. 손빈이 짐짓 '감조'로 약한 모습을 보이고, 내가 짐짓 '증조'로 강한 모습을 보이는 것은 형세가 서로 같지 않기 때문이오."

군대가 막 군郡에 도착했지만 병사가 3,000명을 넘지 않았고, 강족의 무리는 1만 명을 넘어 적정赤亭을 수십 일 동안 위공圍攻했다. 우후가 이내 군중軍中에 명해 강노強弩는 쏘지 말고, 은밀히 소노小弩를 쏘게 했다. 강족은 화살의 힘이 약해 자신들에게 미치지 못할 것으로 생각해 이내 병사를 모아 급공을 가했다. 우후가 이에 20개의 강노를 일제히 발사해 1명을 겨냥하게 했다. 쏘는 즉시 적중되지 않은 것이 없었다. 강족이 크게 놀라 후퇴했다. 우후가 이 기회를 이용해 출성出城해 분격奮擊했다.

상살傷殺한 강족이 매우 많았다.

다음날, 군사를 모두 늘어놓은 뒤 동곽문東郭門으로 나갔다가 북곽문北郭門으로 들어오게 했다. 이때 옷을 바꿔 입는 무역의복貿易衣服의 방식으로 누차 성문을 드나드는 회전回轉을 하게 했다. 강족은 군사의 숫자를 알 수 없어 더욱 서로 공동恐動했다. 우후는 강족이 의당 물러날 것이라 예상했다. 몰래 500여 명을 파견해 얕은 물에 매복시킨 뒤 그들이 달아나는 길을 엿보게 했다. 호로가 과연 정신없이 달아나는 대분大奔을 했다. 이를 노려 엄격掩擊해 대파했다. 참획斬獲한 자가 매우 많았다. 도적이 이로 인해 패산敗散했다. 우후는 지세地勢를 점쳐 군영의 성벽을 180곳에 쌓고, 유망하는 자들을 초환招還하고, 빈민을 구휼하고, 수운水運을 개통했다.

우후가 처음 무도군에 도착했을 때 곡물은 1석石 당 1,000전, 소금은 1석 당 8,000전이나 됐다. 남아 있는 호구는 13,000호였다. 업무를 보는 시사視事를 한 지 3년 만에 쌀은 1석 당 80전, 소금은 1석 당 400전이 됐다. 또 호구는 4만여 호로 늘어났다. 사람들이 족히 가족을 먹여 살릴 수 있게 되자 마침내 무도군이 평안해졌다.

11) 11월 19일, 군국郡國 10곳에서 지진이 났다.

12) 12월, 무릉武陵의 풍중澧中호남성 풍현에 사는 만족蠻族이 반기를 들었다. 주변 주군州郡이 이들을 토평討平했다.

13) 12월 28일, 사도 하근夏勤이 파직됐다.

14) 12월 29일, 사공 유개劉愷를 사도, 광록훈光祿勳 원창袁敞을 사공으로 삼았다. 원창은 원안袁安의 아들이다.

15) 전에 호본중랑장으로 있던 등홍鄧弘이 졸卒했다. 그는 성정이 검소儉素했다. 복생伏生의 『상서』를 전한 구양생歐陽生의 학문인 이른바「구양상서歐陽尚書」를 연구해 황제를 가르쳤다. 유사가 등홍을 표기장군驃騎將

軍에 추증하고, 관위를 특진特進으로 하고, 서평후西平侯에 봉할 것을 주청했다. 등태후가 등홍의 아의雅意를 추념하기 위해 관위와 의복을 추증하거나 하사하지 않고, 다만 1,000만 전錢과 1만 필의 포布만 하사했다. 형인 등즐 등이 거듭 사양하며 받지 않았다

조서를 내려 등홍의 아들 등광덕鄧廣德을 서평후로 삼았다. 곧 장례의식을 거행할 즈음 유사가 오영五營의 경거기사輕車騎士를 동원하고, 곽광霍光의 고사를 좇아 장의葬儀를 거행할 것을 주청했다. 등태후가 모두 받아들이지 않고, 다만 운구할 때 2필의 말이 흰 천으로 덮은 수레를 끄는 백개쌍기白蓋雙騎와 문생門生들이 직접 수레를 끄는 만송輓送만 허용했다. 후에 황제의 스승인 제사帝師로 있었다는 중요한 신분을 감안해 서평西平의 도향都鄕을 떼어낸 뒤 등광덕의 아우 등보덕鄧甫德을 도향후都鄕侯로 삼았다.

* 孝安皇帝元初二年

春, 護羌校尉龐參以恩信招誘諸羌, 號多等帥眾降. 參遣詣闕, 賜號多侯印, 遣之. 參始還治令居, 通河西道.

零昌分兵寇益州, 遣中郎將尹就討之. 夏, 四月, 丙午, 立貴人滎陽閻氏為皇后. 后性妒忌, 後宮李氏生皇子保, 后鴆殺李氏.

五月, 京師旱, 河南及郡國十九蝗.

六月, 丙戌, 太尉司馬苞薨.

秋, 七月, 辛巳, 以太僕泰山馬英為太尉.

八月, 遼東鮮卑圍無慮. 九月, 又攻夫犁營, 殺縣令.

壬午晦, 日有食之.

尹就擊羌黨呂叔都等, 蜀人陳省·羅橫應募刺殺叔都, 皆封侯, 賜錢.

詔屯騎校尉班雄屯三輔. 雄, 超之子也. 以左馮翊司馬鈞行征西
將軍, 督關中諸郡兵八千餘人. 龐參將羌·胡兵七千餘人, 與鈞分道
幷擊零昌. 參兵至勇士東, 為杜季貢所敗, 引退. 鈞等獨進, 攻拔丁
奚城, 杜季貢率眾偽逃. 鈞令右扶風仲光等收羌禾稼, 光等違鈞節
度, 散兵深入, 羌乃設伏要擊之, 鈞在城中, 怒而不救. 冬, 十月, 乙
未, 光等兵敗, 幷沒, 死者三千餘人, 鈞乃遁還. 龐參既失期, 稱病
引還. 皆坐征, 下獄, 鈞自殺. 時度遼將軍梁慬亦坐事抵罪. 校書郎
中扶風馬融上書稱參·慬智能, 宜宥過責效. 詔赦參等, 以馬賢代參
領護羌校尉, 復以任尚為中郎將, 代班雄屯三輔.

懷令虞詡說尚曰, "兵法. 弱不攻強, 走不逐飛, 自然之勢也. 今虜
皆馬騎, 日行數百里, 來如風雨, 去如絕弦, 以步追之, 勢不相及, 所
以雖屯兵二十餘萬, 曠日而無功也. 為使君計, 莫如罷諸郡兵, 各令
出錢數千, 二十人共市一馬, 以萬騎之眾, 逐數千之虜, 追尾掩截, 其
道自窮. 便民利事, 大功立矣." 尚即上言, 用其計, 遣輕騎擊杜季貢
於丁奚城, 破之.

太后聞虞詡有將帥之略, 以為武都太守, 羌眾數千遮詡於陳倉崤
谷, 詡即停軍不進, 而宣言曰, "上書請兵, 須到當發." 羌聞之, 乃分
鈔傍縣. 詡因其兵散, 日夜進道, 兼行百餘里, 令吏士各作兩竈, 日
增倍之, 羌不敢逼. 或問曰, "孫臏減竈而君增之, 兵法日行不過三十
里, 以戒不虞, 而今日且二百里, 何也?" 詡曰, "虜眾多, 吾兵少, 徐行
則易為所及, 速進則彼所不測. 虜見吾竈日增, 必謂郡兵來迎, 眾多
行速, 必憚追我. 孫臏見弱, 吾今示強, 勢有不同故也." 既到郡, 兵
不滿三千, 而羌眾萬餘, 攻圍赤亭數十日. 詡乃令軍中, 強弩勿發, 而
潛發小弩. 羌以為矢力弱, 不能至, 幷兵急攻. 詡於是使二十強弩共
射一人, 發無不中, 羌大震, 退. 詡因出城奮擊, 多所傷殺. 明日, 悉

陳其兵眾, 令從東郭門出, 北郭門入, 貿易衣服, 回轉數周. 羌不知
其數, 更相恐動. 詡計賊當退, 乃潛遣五百餘人於淺水設伏, 候其走
路. 虜果大奔, 因掩擊, 大破之, 斬獲甚眾. 賊由是敗散. 詡乃占相
地勢, 築營壁百八十所, 招還流亡, 假賑貧民, 開通水運. 詡始到郡,
穀石千, 鹽石八千, 見戶萬三千. 視事三年, 米石八十, 鹽石四百, 民增
至四萬餘戶, 人足家給, 一郡遂安.

十一月, 庚申, 郡國十地震.

十二月, 武陵澧中蠻反, 州郡討平之.

己酉, 司徒夏勤罷, 庚戌, 以司空劉愷為司徒, 光祿勳袁敞為司空.
敞, 安之子也.

前虎賁中郎將鄧弘卒. 弘性儉素, 治歐陽『尚書』, 授帝禁中. 有司奏
贈弘驃騎將軍, 位特進, 封西平侯. 太后追弘雅意, 不加贈位·衣服,
但賜錢千萬, 布萬匹. 兄騭等復辭不受. 詔封弘子廣德為西平侯. 將
葬, 有司復奏發五營輕車騎士, 禮儀如霍光故事. 太后皆不聽, 但白
蓋雙騎, 門生輓送. 後以帝師之重, 分西平之都鄉, 封廣德弟甫德為
都鄉侯.

** 권50-한기漢紀 42: 유모가 정사에 개입하다

한안제 원초 3년(AD 116)

1) 봄 정월, 창오蒼梧광서성 오주시와 울림鬱林광서성 계평현 서쪽, 합포合浦광서성 합포현 동북쪽의 만이蠻夷들이 반기를 들었다.

2월, 시어사 임탁任逴을 파견해 주군州郡의 군사를 감독해 이들을 토벌하게 했다.

2) 군국 10곳에 지진이 났다.

3) 3월 2일, 일식이 있었다.

4) 여름 4월, 경사京師에 가뭄이 들었다.

5) 5월, 무릉武陵의 만이가 반기를 들었다. 주군州郡이 이를 토파討破했다.

6) 5월 25일, 도료장군度遼將軍 등준鄧遵이 남선우인 제33대 선우 난제단欒提檀을 인솔해 영주靈州감숙성 영태현에서 강족의 우두머리 영창零昌을 공격했다. 참수한 숫자가 800여 급에 달했다.

7) 월수越嶲사천성 서창현 동남쪽의 변경 밖에 사는 이족夷族이 종족을 이끌고 내속內屬했다.

8) 6월, 중랑장 임상任尚이 병사를 파견해 정해성丁奚城에서 선령先零의 강족을 격파했다.

9) 가을 7월, 무릉武陵의 만족이 다시 반기를 들었다. 주군州郡이 이들

을 토평討平했다.

10) 9월, 풍익馮翊의 북계北界에 척후용 보루인 후오候塢를 500곳 설치했다. 강족의 침구에 대비한 것이다.

11) 겨울 11월, 창오와 울림, 합포 일대에 살던 만이가 항복했다.

12) 구제舊制에 공경과 2천석의 관원, 자사는 3년상을 지킬 수 없다고 했다. 사도 유개劉愷가 건의했다.

"이는 백성의 사표師表가 되거나 미풍양속을 선양하는 계책이 아닙니다."

11월 11일, 처음으로 대신들이 3년상을 실행하는 것을 들어주었다.

13) 11월 28일, 군국郡國 9곳에 지진이 났다.

14) 12월 12일, 임상이 병사를 파견해 북지北地에서 영창零昌을 공격해 그들의 처자를 죽이고 집을 불태웠다. 참수한 자가 700여 급에 달했다.

** 起柔兆執徐, 盡閼逢困敦, 凡九年.

孝安皇帝元初三年

春, 正月, 蒼梧·鬱林·合浦蠻夷反. 二月, 遣侍御史任逴督州郡兵討之.

郡國十地震.

三月, 辛亥, 日有食之.

夏, 四月, 京師旱.

五月, 武陵蠻反, 州郡討破之.

癸酉, 度遼將軍鄧遵率南單于擊零昌於靈州, 斬首八百餘級.

越嶲徼外夷舉種內屬.

六月, 中郎將任尚遣兵擊破先零羌於丁奚城.

秋, 七月, 武陵蠻復反, 州郡討平之.

九月, 築馮翊北界候塢五百所以備羌.

冬, 十一月, 蒼梧·鬱林·合浦蠻夷降. 舊制. 公卿·二千石·刺史不得行三年喪, 司徒劉愷以為"非所以師表百姓, 宣美風俗." 丙戌, 初聽大臣行三年喪.

癸卯, 郡國九地震.

十二月, 丁巳, 任尚遣兵擊零昌於北地, 殺其妻子, 燒其廬落, 斬首七百餘級.

한안제 원초 4년(AD 117)

1) 봄 2월 1일, 일식이 있었다.

2) 2월 11일, 천하에 대사령을 내렸다.

3) 2월 18일, 무고武庫에 화재가 났다.

4) 임상任尚이 당전當闐 부락에 있는 강족인 유귀楡鬼 등을 파견해 두계공杜季貢을 척살하게 했다. 유귀를 책봉해 파강후破羌侯로 삼았다.

5) 사공 원창袁敞은 청렴하고 굳센 염경廉勁의 인물로 권귀權貴에게 아부하지 않아 등씨 집안의 뜻을 거슬렀다. 상서랑인 촉군 출신 장준張俊이 원창의 아들 원준袁俊에게 사적으로 서신을 보냈다. 원수를 진 집안인 원가怨家에서 이를 봉함해 상서했다.

여름 4월 5일, 사공 원창이 이 문제에 연루돼 책서策書로 면직되자 이내 자살했다. 원준 등은 옥에 갇혀 죽게 되자 이내 상서해 스스로 변명하는 자송自訟을 했다. 형을 집행할 즈음 등태후가 조서를 내려 사형을 감해주도록 했다.

6) 4월 26일, 요서遼西의 선비鮮卑 연휴連休 등이 침구했다. 요서의 군병郡兵이 오환烏桓의 대인大人 어질거於秩居 등과 합세해 이들을 공격共

擊해 대파했다. 참수한 숫자가 1,300급에 달했다.

7) 6월 26일, 3개 군군郡에 우박이 내렸다.

8) 중랑장 윤취尹就가 익주益州를 평정하지 못한 일에 연루돼 불려가 죄를 받았다. 익주 자사 장교張喬에게 그의 군둔軍屯 병사를 이끌고 가 반기를 든 강족을 초유招誘하게 했다. 강족이 점차 항복해 흩어지는 항산降散을 했다.

9) 가을 7월, 경사京師와 군국 10곳에 우수雨水가 있었다.

10) 9월, 호강교위 임상任尙이 다시 효공종效功種에 속하는 강족 호봉號封에게 명해 영창零昌을 척살하게 했다. 호봉을 강왕羌王으로 봉했다.

11) 겨울 11월 9일, 팽성정왕彭城靖王 유공劉恭이 훙거했다.

12) 월수越巂에 사는 이족夷族이 군현에서 부렴賦斂을 번거롭고 잦은 번삭煩數의 모습으로 부과하자 불만을 품었다.

12월, 대우종大牛種에 속한 봉리封離 등이 반기를 들어 수구遂久사천성 염원현 현령을 죽였다.

13) 12월 25일, 임상이 기도위 마현馬賢과 함께 영창의 책사로 활약한 선령先零 강족 낭막狼莫을 공격해 북지北地까지 추격했다. 서로 60여 일을 대치하다가 부평하富平河영하성 오충현 서남쪽에서 접전해 대파했다. 참수한 숫자가 5,000급에 달했다. 낭막은 달아났다. 서하西河 일대의 건인종虔人種 강족 1만 명이 등준鄧遵을 찾아와 항복했다. 농우隴右섬서성 서부가 평정됐다.

14) 이 해에 군국 13곳에서 지진이 났다.

* 孝安皇帝元初四年

春, 二月, 乙巳朔, 日有食之.

乙卯, 赦天下.

壬戌, 武庫災.

任尙遣當闐種羌楡鬼等刺殺杜季貢, 封楡鬼爲破羌侯.

司空袁敞, 廉勁不阿權貴, 失鄧氏旨. 尙書郎張俊有私書與敞子俊, 怨家封上之. 夏, 四月, 戊申, 敞坐策免, 自殺. 俊等下獄當死. 俊上書自訟. 臨刑, 太后詔以減死論.

己巳, 遼西鮮卑連休等入寇, 郡兵與烏桓大人於秩居等共擊, 大破之, 斬首千三百級.

六月, 戊辰, 三郡雨雹.

尹就坐不能定益州, 徵抵罪. 以益州刺史張喬領其軍屯, 招誘叛羌, 稍稍降散.

秋, 七月, 京師及郡國十雨水.

九月, 護羌校尉任尙復募效功種羌號封刺殺零昌. 封號封爲羌王.

冬, 十一月, 己卯, 彭城靖王恭薨.

越嶲夷以郡縣賦斂煩數, 十二月, 大牛種封離等反, 殺遂久令.

甲子, 任尙與騎都尉馬賢共擊先零羌狼莫, 追至北地, 相持六十餘日, 戰於富平河上, 大破之, 斬首五千級, 狼莫逃去. 於是西河虔人種羌萬人詣鄧遵降, 隴右平.

是歲, 郡國十三地震.

한안제 원초 5년(AD 118)

1) 봄 3월, 경사와 군국에 가뭄이 있었다.

2) 여름 6월, 고구려高句驪와 예맥濊貊이 현도玄菟를 침구했다.

3) 영창永昌과 익주益州, 촉군蜀郡에 사는 이족夷族 모두 반기를 들어 봉리封離에서 호응했다. 무리가 10여만 명에 달했다. 20여 개 현을 파괴하고, 장리長吏를 살해하고, 백성을 분략焚掠했다. 해골骸骨이 버려져 쌓이

고, 1,000리에 걸쳐 사람이 없었다.

4) 가을 8월 1일, 일식이 있었다.

5) 대군代郡의 선비鮮卑가 입구入寇해 장리長史를 살해했다. 변경 일대의 갑졸甲卒과 여양黎陽하남성 준현의 군영 병사를 동원해 상곡上谷에 주둔하며 방비하게 했다.

겨울 10월, 선비가 상곡을 침구하고, 거용관居庸關북경 창평현 서북쪽[135]을 공격했다. 다시 변경 일대의 제군諸郡과 여양黎陽에 있는 영병營兵을 비롯해 추적하며 활을 쏘는 적사사積射士[136] 및 보기步騎 2만 명을 동원해 요충지에 열을 지어 주둔하게 했다.

6) 등준鄧遵이 상군上郡의 전무종全無種의 강족인 조하雕何를 징모徵募해 낭막狼莫을 척살하게 했다. 조하를 책봉해 강후羌侯로 삼았다. 강족이 반란을 일으킨 지 10여 년 동안 군사비용으로 총 240여 억 전을 썼다. 부탕府帑이 텅 비어 말라버린 공갈空竭이 된 이유다. 변민邊民과 내군內郡에서 죽은 자는 셀 수조차 없었다. 병주幷州과 양주涼州의 두 주는 드디어 텅 비는 허모虛耗의 지경에 이르게 됐다.

영창零昌과 낭막狼莫이 죽자 제강諸羌이 와해됐다. 덕분에 삼보三輔와 익주益州에 강족이 침구했다는 경보警報가 다시는 없었다. 조서를 내려 등준을 책봉해 무양후武陽侯로 삼고 식읍으로 3,000호를 하사했다. 등준은 등태후의 종제從弟이다. 작봉爵封할 때 도타우면서도 크게 생각하는 우대優大를 한 이유다.

---

135 거용관居庸關은 군도관軍都關, 계문관薊門關, 납관관納款關 등으로도 불렸다.

136 적사사積射士를 두고 이현李賢은 『후한서』「흉노열전」의 주에서 풀이하기를, "한나라 때 적사사迹射士가 있었다. 적의 발자국을 추적해 활을 쏘는 자를 말한다. 적積과 적迹은 고자古字에서 서로 통했다."고 했다. 적사積射로 약칭하기도 했다. 『한비자』와 『전국책』에 따르면 궁중에서 군주를 시위侍衛하는 자를 중사사中射士로 칭했다.

당시 임상任尚은 등준과 쟁공爭功을 했다. 또 수급首級을 거짓으로 부풀린 데 이어 뇌물을 받는 수구受賕를 하여 불법으로 1,000만 전을 감추는 사건에 연루됐다.

12월, 임상이 함거檻車에 실려 불려 들어간 뒤 기시棄市되고, 재물도 몰입沒入됐다. 등즐의 아들인 시중 등봉鄧鳳이 일찍이 임상이 보낸 마필을 받은 적이 있다. 등즐이 처와 등봉을 머리를 깎는 곤형髡刑에 처하면서 사죄했다.

7) 이 해에 군국 14곳에서 지진이 났다.

8) 등태후의 동생인 등회鄧悝와 등창鄧閶이 모두 졸卒했다. 등회의 아들 등광종鄧廣宗을 섭후葉侯, 등창의 아들 등충鄧忠을 서화후西華侯로 삼았다.

* 孝安皇帝元初五年

春, 三月, 京師及郡國五旱.

夏, 六月, 高句驪與濊貊寇玄菟.

永昌·益州·蜀郡夷皆叛應封離, 眾至十餘萬, 破壞二十餘縣, 殺長吏, 焚掠百姓, 骸骨委積, 千里無人.

秋, 八月, 丙申朔, 日有食之.

代郡鮮卑入寇, 殺長史. 發緣邊甲卒·黎陽營兵屯上谷以備之. 冬, 十月, 鮮卑寇上谷, 攻居庸關, 復發緣邊諸郡黎陽營兵·積射士步騎二萬人屯列衝要.

鄧遵募上郡全無種羌雕何刺殺狼莫. 封雕何為羌侯. 自羌叛十餘年間, 軍旅之費, 凡用二百四十餘億, 府帑空竭, 邊民及內郡死者不可勝數, 幷·涼二州遂至虛耗. 及零昌·狼莫死, 諸羌瓦解, 三輔·益州無復寇警. 詔封鄧遵為武陽侯, 邑三千戶. 遵以太后從弟, 故爵封優

大. 任尚與遵爭功, 又坐詐增首級·受賕枉法贓千萬已上, 十二月, 檻
車徵尚, 棄市, 沒入財物. 鄧騭子侍中鳳嘗受尚馬, 騭髡妻及鳳以謝
罪.

是歲, 郡國十四地震.

太后弟悝·閶皆卒, 封悝子廣宗為葉侯, 閶子忠為西華侯.

한안제 원초 6년(AD 119)

1) 봄 2월 12일, 경사와 군국 42곳에 지진이 났다.

2) 여름 4월, 패국沛國과 발해勃海에 대풍大風과 우박雨雹이 있었다.

3) 5월, 경사에 가뭄인 한재旱災가 있었다.

4) 6월 26일, 평원애왕平原哀王 유득劉得이 훙거했다. 아들이 없었다.

5) 가을 7월, 선비鮮卑가 마성馬城하북성 회안현 서쪽 요새를 침구해 장리長
吏를 죽였다. 도료장군度遼將軍 등준鄧遵과 중랑장 마속馬續이 남선우를
이끌고 추격해 그들을 대파했다.

6) 9월 4일, 진회왕陳懷王 유송劉竦이 훙거했다. 아들이 없어 나라가
폐지됐다.

7) 겨울 12월 1일, 개기일식이 있었다.

8) 군국의 8곳에서 지진이 났다.

9) 이 해에 등태후가 한화제의 동생인 제북왕濟北王 유수劉壽 및 하간
왕河間王 유개劉開의 자녀 가운데 5세 이상의 남녀 40여 명과 자신과 가
까운 등씨 자손 30여 명을 불러 모았다. 이어 나란히 도성에 마련한 제후
의 저택인 저제邸第을 열게 한 뒤 경서를 교학敎學하게 하면서 몸소 시험
을 감독하는 감시監試를 했다. 조서를 종형從兄인 하남윤河南尹 등표鄧豹
와 월기교위越騎校尉 등강鄧康 등에게 내려 이같이 말했다.

"말세末世에 귀척貴戚 가운데 식록食祿을 받는 자들은 온의미반溫衣

美飯을 누리며 견고한 수레를 타고 좋은 말을 부리는 승견구량乘堅驅良을 하거나, 담장을 마주하며 학술을 하는 면장술학面牆術學을 하고 있다. 이처럼 좋고 나쁜 장부臧否를 식별하지 못하고 있는 까닭에 재앙과 낭패인 화패禍敗가 따라오는 것이다."

10) 예장豫章강서성 남창시에 자라는 지초芝草가 있어 태수 유지劉祗가 이를 헌상하려 했다. 그 군의 사람인 당단唐檀에게 물어보자 당단이 대답했다.

"바야흐로 지금 외척이 크게 번성하고 군도君道가 미약합니다. 이 어찌 좋은 징조인 가서嘉瑞일 수 있겠습니까?"

유지가 아내 그만두었다.

11) 익주 자사 장교張喬가 종사從事 양송楊竦을 보내 군사를 이끌고 접유樏楡운남성 대리현 동북쪽로 가서 봉리封離 등을 치게 해 이들을 대파했다. 참수한 숫자가 3만여 급, 포획한 생구生口가 1,500인이었다. 봉리 등이 황포惶怖한 나머지 함께 모의한 거수渠帥의 목을 벤 뒤 양송에게 와서 걸항乞降을 했다. 양송이 후하게 위로하며 받아들였다. 나머지 36개 종족이 모두 내항來降하며 귀부했다. 양송은 이 기회에 장리 가운데 간활奸猾한 모습으로 만이를 침범한 자 90명을 상주해 모두 사형에서 한 등급만 낮추는 선에서 논죄論罪하게 했다.

12) 당초 서역의 제국諸國의 한나라에 대한 왕래가 끊어지자 북흉노가 다시 병위兵威로 복속시킨 뒤 함께 변경을 침구했다. 돈황 태수 조종曹宗이 이를 우려하자 황상이 행장사行長史 삭반索班을 보내 1,000여 명을 이끌고 이오伊吾에 주둔하며 초무招撫하게 했다. 차사전왕車師前王과 선선왕鄯善王이 다시 내항來降했다.

13) 당초 소륵疏勒의 왕 안국安國이 죽었을 때 아들이 없어 국인國人들이 안국의 외사촌인 유복遺腹을 세워 왕으로 삼았다. 당시 유복의 숙

부 신반臣磐이 월지月氏에 있었다. 월지가 그를 받아들여 왕으로 세웠다. 후에 사차莎車가 우전于寘을 배반한 뒤 소륵에 귀속했다. 소륵이 마침내 강해져 구자龜玆 및 우전于寘에 필적하는 나라가 됐다.

* 孝安皇帝元初六年

春, 二月, 乙巳, 京師及郡國四十二地震.

夏, 四月, 沛國·勃海大風, 雨雹.

五月, 京師旱.

六月, 丙戌, 平原哀王得薨, 無子.

秋, 七月, 鮮卑寇馬城塞, 殺長吏, 度遼將軍鄧遵及中郎將馬續率南單于追擊, 大破之.

九月, 癸巳, 陳懷王崇薨, 無子, 國除.

冬, 十二月, 戊午朔, 日有食之, 既.

郡國八地震.

是歲, 太和徵和帝弟濟北王壽·河間王開子男女年五歲以上四十餘人, 及鄧氏近親子孫三十餘人, 并爲開邸第, 教學經書, 躬自監試. 詔從兄河南尹豹·越騎校尉康等曰, “末世貴戚食祿之家, 溫衣美飯, 乘堅驅良, 而面牆術學, 不識臧否, 斯故禍敗所從來也.”

豫章有芝草生, 太守劉祇欲上之, 以問郡人唐檀, 檀曰, “方今外戚豪盛, 君道微弱, 斯豈嘉瑞乎!” 祇乃止.

益州刺史張喬遣從事楊竦將兵至楪楡, 擊封離等, 大破之, 斬首三萬餘級, 獲生口千五百人. 封離等惶怖, 斬其同謀渠帥, 詣竦乞降. 竦厚加慰納, 其餘三十六種皆來降附. 竦因奏長吏奸猾, 侵犯蠻夷者九十人, 皆減死論.

初, 西域諸國既絕於漢, 北匈奴復以兵威役屬之, 與共爲邊寇. 敦

煌太守曹宗患之, 乃上遣行長史索班將千餘人屯伊吾以招撫之. 於
是車師前王及鄯善王復來降.

初, 疏勒王安國死, 無子, 國人立其舅子遺腹爲王, 遺腹叔父臣磐
在月氏, 月氏納而立之. 後莎車畔于寶, 屬疏勒, 疏勒遂强, 與龜玆·
于寶爲敵國焉.

한안제 영녕永寧 원년(AD 120)

1) 봄 3월 11일, 제북혜왕濟北惠王 유수劉壽가 훙거했다.

2) 북흉노가 차사후왕車師後王 군취軍就를 이끌고 함께 차사후국에
주둔하고 있던 후부後部의 사마司馬와 돈황 장사長史 삭반索班 등을 죽
였다. 마침내 한나라에 귀부한 차사전왕을 공격해 패주시키고, 타클라마
칸 사막 이북의 교통로인 북도北道를 손에 넣었다.

선선鄯善이 핍급逼急해지자 돈황 태수 조종曹宗에게 구원을 청했다.
조종이 군사 5,000명을 출병시켜 흉노를 무찌름으로써 삭반의 치욕을 갚
고 다시 서역을 회복하게 해달라고 청했다. 공경들 대부분이 의당 옥문관
玉門關을 닫고 서역과 단절해야 한다고 생각했다. 등태후가 군사마 반용
班勇이 부친 반초의 풍모를 갖고 있다는 말을 듣고는 조당朝堂으로 불러
이에 관해 물었다. 반용이 이같이 건의했다.

"옛날 효무황제孝武皇帝는 흉노가 강성해질까 우려해 서역으로 길을
열었습니다. 논의하는 자들은 흉노의 궁정에 있는 곳간에 쌓아 놓은 것을
빼앗고 그들의 오른팔을 자르는 것으로 생각했습니다. 광무황제가 나라
를 중흥할 때 아직은 외사外事를 여유 있게 다룰 계제가 아니었습니다. 흉
노가 강성함을 믿고 서역 제국을 몰아붙이며 인솔하는 구솔驅率을 한 이
유입니다. 효명황제의 영평永平 연간에 다시 돈황과 하서의 여러 군을 공
격하자 성문이 대낮에도 닫히게 됐습니다. 효명황제가 국가 대계를 사당

의 조상에게 알리는 묘책廟策을 깊이 생각한 뒤 마침내 호랑이처럼 무서운 호신虎臣들로 하여금 서역으로 출정出征하게 했습니다. 흉노가 멀리 달아나고, 변경이 안정을 되찾은 이유입니다. 한화제의 영원永元 연간에 이르러서는 내속內屬을 원치 않는 나라가 없게 됐습니다. 마침 최근 강족이 난을 일으켜 서역으로 통하는 길이 다시 끊어지자 북로北虜가 마침내 여러 나라를 견책하며 미납한 조세인 포조逋租를 보상하고, 금액을 높이면서 기일을 엄격히 지켜 납부하게 하려고 생각했습니다. 선선鄯善과 차사車師 모두 분원憤怨을 품고 한나라를 기꺼이 섬기고자 했으나 어찌해야 한나라와 교통할 수 있는지 알 길이 없었습니다. 전에 저들이 때때로 반란이 일어난 것은 모두 백성을 기르는 목양牧養이 마땅함을 잃는 실의失宜를 하고, 거꾸로 저들에게 손해를 입혔기 때문입니다. 지금 조종曹宗의 무리가 단지 지난번에 패한 것을 치욕으로 생각하며 흉노에게 보설報雪하고자 하나 이는 출병의 고사故事를 살피지 않은 것이고, 당시의 전략적 득실인 당시지의當時之宜도 헤아리지 않은 것입니다. 무릇 국경 밖에서 전공을 얻고자 하면 1만 개 가운데 하나도 이루지 못하는 만무일성萬無一成이 되고 맙니다. 만일 전쟁이 이어져 재앙으로 연결되면 후회한들 되돌릴 수도 없습니다. 하물며 지금 국고인 부장府藏이 아직 충분히 채워지지도 않았고, 군사 역시 뒤를 이어줄 수 없습니다. 이는 멀리 있는 이족인 원이遠夷에게 약한 모습을 보여주는 것이고, 해내에 단점을 드러내는 것입니다. 신은 어리석으나 허락해서는 안 된다고 봅니다. 옛날 돈황에 군영의 병사 300명이 있었습니다. 이제 의당 그 제도를 복구해야 하고, 다시 호서역부교위護西域副校尉도 다시 둠으로써 돈황에 거주했던 영원 연간의 고사故事를 좇아야 합니다. 또 서역장사西域長史를 파견해 500명을 이끌고 누란樓蘭에 주둔하면서 서쪽으로는 언기焉耆와 구자龜玆의 지름길인 경로徑路를 장악하고, 남쪽으로는 선선鄯善과 우전于寘의 믿음을 강화시키고, 북쪽으로는 흉노를 막고, 동쪽으로는 돈황에 의지해야 할 것입니다. 이같이 하면 실로 편할 것입니다."

상서가 다시 반용에게 물었다.

"이해利害는 어떻소?"

반용이 대답했다.

"전에 영평永平 연간 말년에 처음으로 서역과 교통했습니다. 처음에 중랑장을 파견해 돈황에 거주하게 했고, 나중에 부교副校를 차사車師에 두었습니다. 이런 식으로 이미 호로胡虜를 절도節度하고, 또 한인漢人이 침요侵擾하지 못하게 했습니다. 외이外夷가 귀심歸心하고, 흉노가 한나라 위엄을 두려워하게 된 이유입니다. 지금 선선왕鄯善王 우환尤還은 한인漢人의 외손입니다. 만일 흉노가 뜻대로 성공하면 우환은 반드시 죽게 됩니다. 이들이 비록 조수鳥獸와 같다고 해도 역시 손해를 피할 줄 알 것입니다. 만일 군사를 보내 누란樓蘭에 주둔시키면 족히 그들의 마음을 불러서 붙들어 매는 초부招附를 할 수 있을 것입니다. 어리석게도 신은 이리하는 게 편할 것으로 봅니다."

장락위위長樂衛尉 심현鐔顯과 성씨가 '기모'인 정위廷尉 기모삼綦母參, 사례교위司隷校尉 최거崔據가 반용을 힐난했다.

"조정이 전에 서역을 포기한 것은 그것이 중국에 무익하고 비용을 대기가 어려웠기 때문이오. 지금 차사가 이미 흉노에게 복속했고, 선선도 신용을 보장할 수 없는 상황이오. 만일 반란이 일어날 경우 그대 반장군은 장차 북로北虜가 변경을 해치는 변해邊害를 하지 않으리라고 보장할 수 있겠소?"

군사마로 있는 반용이 대답했다.

"지금 중국에 주목州牧을 둔 것은 군현郡縣에 있는 간활奸猾한 도적을 금하기 위한 것입니다. 만일 주목이 능히 도적의 발호를 막을 수만 있다면 신 역시 기꺼이 요참要斬을 내걸고 흉노가 변해邊害를 일으키지 않으리라고 보장하고자 합니다. 지금 서역을 개통하면 호로의 세력은 반드시 약해지고, 그러면 우환이 작아집니다. 누가 저들에게 부장府藏에 쌓인 것을 돌려주고, 저들의 끊어진 팔을 잇게 해주겠습니까? 지금은 교위를 두어 서역을 방어하고 위무하며, 장사長史를 두어 여러 나라를 초회招懷해야만 합니다. 만일 이를 포기한 채 교위 등을 두지 않으면 장차 서역인의 희망은 끊어지고, 연후에 힘에 의해 북로北虜에게 굴복할 것이고, 변경에 이어진 군군郡 역시 곤해困害를 입을 것입니다. 하서河西 일대의 성문을 대낮에도 닫으라는 경보가 반드시 있지 않을까 두렵기만 합니다! 지금 조정의 은덕을 크게 넓힐 생각을 하지 않은 채 변경에 주둔하는 비용에만 구애되고 있습니다. 이처럼 하면 북로는 마침내 크게 번성할 터인데 어찌 변경을 안정시키는 안변安邊의 장구한 계책인 구장지책久長之策이 될 수 있겠습니까?"

태위부太尉府의 연속掾屬인 모진毛軫이 반용을 힐난했다.

"지금 교위를 두게 되면 서역이 마필로 긴밀히 연락하는 낙역絡繹으로 사자를 파견하고, 물건을 달라고 요구하며 싫증을 내지 않는 구색무염求索無厭의 모습을 보일 것입니다. 이들의 요구대로 내주면 그 비용을 감당하기 어렵고, 내주지 않으면 그들의 마음을 잃게 됩니다. 일단 흉노에게 핍박을 받으면 의당 다시 조정에 구원을 청해야 할 것입니다. 이 경우 전역戰役이 커지게 됩니다."

반용이 대답했다.

"지금 서역을 흉노에게 돌려주어 흉노가 대한大漢의 은덕을 느낀 나머지 초구鈔盜을 하지 않으면 그것으로 가합니다. 만일 그리하지 않으면 서역에서 내는 풍요한 조입租入과 많은 병마兵馬를 동원해 변경을 요동擾動하게 만들 것입니다. 이는 원수의 재물을 늘려주고, 난폭한 이적인 폭이暴

夷의 세력을 넓혀주는 것입니다. 교위를 두는 것은 한나라의 위세를 떨쳐 은덕을 베풀고, 서역 제국을 중원의 한나라를 향하는 마음인 내향지심內向之心으로 동여매고, 흉노로 하여금 분에 넘치는 일을 엿보는 마음인 기유지정覬覦之情을 의심하게 만들고, 재물을 소비하며 국고를 소모시키는 비재모국費財耗國의 근심을 없애는 길입니다. 또 서역 사람들은 특별한 것을 요구하지 않을 것이고, 들어오는 사람들이 바라는 것은 관청에서 지급하는 음식인 품식稟食에 불과할 것입니다. 지금 거절하면 형세 상 북쪽으로 돌아가 이로夷虜에게 귀속될 것입니다. 이들이 병력幷力해 병주幷州와 양주涼州를 침구하면 중국의 비용은 십억 전에 그치지 않을 것입니다. 설치하는 게 실로 편리합니다."

이에 반용의 주장을 좇아 돈황에 군영의 병사인 영병營兵 300명을 다시 두고, 서역부교위西域副校尉를 설치해 돈황에 주둔하게 했다. 비록 다시 서역에 대해 기미책羈縻策을 구사했으나 역시 주둔지 주변에 머물며 반용의 건의처럼 누란의 서부지역까지 진출하지는 못했다. 이후 과연 흉노가 자주 차사와 함께 변새 안으로 들어와 구초寇鈔를 했다. 하서河西 일대가 커다란 피해를 입었다.

3) 심저沈氐섬서성 북부의 강족이 장액張掖을 침구했다.

4) 여름 4월 11일, 황자 유보劉保를 황태자로 삼고 영녕永寧으로 개원改元한 뒤 천하에 사면령을 내렸다.

5) 4월 14일, 진경왕陳敬王 유선劉羨의 아들 유숭劉崇을 진왕陳王, 제북혜왕濟北惠王 유수劉壽의 아들 유장劉萇을 낙성왕樂成王, 하간효왕河間孝王 유개劉開의 아들 유익劉翼을 평원왕平原王으로 삼았다.

6) 6월, 호강교위 마현馬賢이 1만 명의 병사를 이끌고 심저沈氐의 강족을 장액에서 토벌해 대파했다. 참수한 숫자가 1,800여 급에 달했고, 산 채로 잡은 자가 1,000여 명에 이르렀다. 나머지 호도 모두 항복했다.

당시 당전當煎 부락의 대호大豪인 기오饑五 등은 마현의 군사가 장액에 있는 틈을 이용해 금성金城을 침구했다. 마현이 군사를 돌려 출새出塞한 뒤 수천 급을 참수하고 환군했다. 소당燒當과 소하燒何에 속하는 강족은 마현의 군사가 돌아갔다는 소식을 듣자 다시 장액을 침구해 장리長吏인 태수를 죽였다.

7) 가을 7월 1일, 일식이 있었다.

8) 겨울 10월 16일, 사공 이합李郃이 면직됐다.

10월 20일, 위위衛尉인 여강廬江 출신 진포陳褒를 사공으로 삼았다.

9) 경사와 군국 33곳에 대수大水가 있었다.

10) 12월, 영창永昌운남성 보산현의 변경 밖에 있는 탄국撣國의 왕 옹곡조雍曲調가 사자를 파견해 악공과 마술사인 환인幻人을 보내왔다.

11) 12월 16일, 사도 유개劉愷가 치사致仕를 청하자 이를 허락했다. 1,000석의 봉록을 주어 귀양歸養하게 했다.

12) 요서의 선비족 대인大人 오륜烏倫과 기지건其至鞬이 각각 그 무리를 이끌고 도료장군 등준鄧遵을 찾아와 항복했다.

13) 12월 21일, 태상 양진楊震을 사도로 삼았다.

14) 이 해에 군국 23곳에서 지진이 났다.

15) 등태후의 종제從弟인 월기교위越騎校尉 등강鄧康은 태후가 오랫동안 임조臨朝한 덕분에 종문宗門이 성만盛滿했다고 생각했다. 자주 태후에게 상서해 의당 공실公室을 숭상하고, 사권私權을 스스로 줄여야 한다고 권했다. 그 말이 매우 간절했다. 등태후가 이를 좇지 않았다.

등강이 칭병謝病하고 입조하지 않았다. 태후가 내시內侍를 시켜 문안하게 했다. 심부름을 하는 자가 전에 등강의 집에 있던 비녀婢女였다. 그녀는 스스로 궁중의 덕망 있는 자를 뜻하는 '중대인中大人'을 칭했다. 등강이 그 말을 듣고는 크게 꾸짖었다. 비녀가 원怨을 품고 돌아간 뒤 등강이 거짓으로 병을 칭하고, 말도 불순했다고 고했다. 등태후가 대로해 등강의 관직을 면직시키고, 봉국으로 돌려보내면서 문중의 호적인 속적屬籍 즉 족보에서 이름을 제거했다.

16) 당초 당전當煎 부락의 종족이 사는 지역에 기근이 들었다. 오동五同 지역 종족의 대호大豪 노총盧忽과 인량忍良 등 1,000여 호가 따로 윤가允街감숙성 영정현 서북쪽에 머물며 양쪽을 기웃거리는 수시양단首施兩端[137]의 모습을 보였다.

* 孝安皇帝永寧元年

春, 三月, 丁酉, 濟北惠王壽薨.

北匈奴率車師後王軍就共殺後部司馬及敦煌長史索班等, 遂擊走其前王, 略有北道. 鄯善逼急, 求救於曹宗, 宗因此請出兵五千人擊匈奴, 以報索班之恥, 因復取西域. 公卿多以為宜閉玉門關, 絕西域. 太后聞軍司馬班勇有父風, 召詣朝堂問之. 為上議曰, “昔孝武皇帝患匈奴強盛, 於是開通西域, 論者以為奪匈奴府藏, 斷其右臂. 光武中興, 未遑外事, 故匈奴負強, 驅率諸國. 及至永平, 再攻敦煌, 河西諸郡, 城門晝閉. 孝明皇帝深惟廟策, 乃命虎臣出征西域, 故匈奴遠遁, 邊境得安. 及至永元, 莫不內屬. 會間者羌亂, 西域復絕, 北虜遂遣責諸國, 備其逋租, 高其價直, 嚴以期會, 鄯善·車師皆懷憤怨, 思樂事漢, 其路無從. 前所以時有叛者, 皆由牧養失宜, 還為其害故也. 今曹宗徒恥於前負, 欲報雪匈奴, 而不尋出兵故事, 未度當時之

137　수시양단首施兩端은 『후한서』「등훈전鄧訓傳」에 나오는 성어로 『사기』「위기무안후열전魏其武安侯列傳」에 나오는 수서양단首鼠兩端과 같은 뜻이다. 쥐구멍에서 머리를 내밀고 나갈까 말까 망설이는 쥐라는 뜻으로, 머뭇거리며 진퇴나 거취를 정하지 못하는 것을 가리킨다.

宜也. 夫要功荒外, 萬無一成. 若兵連禍結, 悔無所及. 況今府藏未充, 師無後繼, 是示弱於遠夷, 暴短於海內, 臣愚以為不可許也. 舊敦煌郡有營兵三百人, 今宜復之, 復置護西域副校尉, 居於敦煌, 如永元故事, 又宜遣西域長史將五百人屯樓蘭, 西當焉耆·龜茲徑路, 南彊鄯善·于窴心膽, 北扞匈奴, 東近敦煌, 如此誠便."

尚書復問勇曰, "利害云何?" 勇對曰, "昔永平之末, 始通西域, 初遣中郎將居敦煌, 後置副校於車師, 既為胡虜節度, 又禁漢人不得有所侵擾, 故外夷歸心, 匈奴畏威. 今鄯善王尤還, 漢人外孫. 若匈奴得志, 則尤還必死. 此等雖同鳥獸, 亦知避害, 若出屯樓蘭, 足以招附其心, 愚以為便." 長樂衛尉鐔顯·廷尉綦母參·司隸校尉崔據難曰, "朝廷前所以棄西域者, 以其無益於中國, 而費難供也. 今車師已屬匈奴, 鄯善不可保信, 一旦反覆, 班將能保北虜不為邊害乎?" 勇對曰. "今中國置州牧者, 以禁郡縣奸猾盜賊也. 若州牧能保盜賊不起者, 臣亦願以要斬保匈奴之不為邊害也. 今通西域則虜勢必弱, 虜勢弱則為患微矣. 孰與歸其府藏, 續其斷臂哉? 今置校尉以扞撫西域, 設長史以招懷諸國, 若棄而不立, 則西域望絕, 望絕之後, 屈就北虜, 緣邊之郡將受困害, 恐河西城門必須復有晝閉之儆矣! 今不廓開朝廷之德而拘屯戍之費, 若此, 北虜遂熾, 豈安邊久長之策哉!" 太尉屬毛軫難曰, "今若置校尉, 則西域駱驛遣使, 求索無厭, 與之則費難供, 不與則失其心, 一旦為匈奴所迫, 當復求救, 則為役大矣." 勇對曰, "今設以西域歸匈奴, 而使其恩德大漢, 不為鈔盜, 則可矣. 如其不然, 則因西域租入之饒, 兵馬之眾, 以擾動緣邊, 是為富仇讎之財, 增暴夷之勢也. 置校尉者, 宣威布德, 以繫諸國內向之心, 以疑匈奴覬覦之情, 而無費財耗國之慮也. 且西域之人, 無它求索, 其來入者不過稟食而已. 今若拒絕, 勢歸北屬夷虜, 幷力以寇幷·涼, 則中國之費不止十億. 置之誠便." 於是從勇議, 復敦煌郡營兵三百人, 置西域副校尉居敦煌, 雖復羈縻西域, 然亦未能出屯. 其後匈奴果數與車師共入寇鈔, 河西大被其害. 沈氏羌寇張掖.

夏, 四月, 丙寅, 立皇子保為太子, 改元, 赦天下.

己巳, 紹封陳敬王子崇為陳王, 濟北惠王子萇為樂成王, 河間孝王子翼為平原王.

六月, 護羌校尉馬賢將萬人討沈氏羌於張掖, 破之, 斬首千八百級, 獲生口千餘人, 餘虜悉降. 時當煎種大豪饑五等, 以賢兵在張掖, 乃乘虛寇金城, 賢還軍追之出塞, 斬首數千級而還. 燒當·燒何種聞賢軍還, 復寇張掖, 殺長吏.

秋, 七月, 乙酉朔, 日有食之.

冬, 十月, 己巳, 司空李郃免. 癸酉, 以衛尉廬江陳褒為司空.

京師及郡國三十三大水.

十二月, 永昌徼外撣國王雍曲調遣使者獻樂及幻人.

戊辰, 司徒劉愷請致仕. 許之, 以千石祿歸養.

遼西鮮卑大人烏倫·其至鞬各以其眾詣度遼將軍鄧遵降.

癸酉, 以太常楊震為司徒.

是歲, 郡國二十三地震.

太后從弟越騎校尉康, 以太后久臨朝政, 宗門盛滿, 數上書太后, 以為宜崇公室, 自損私權, 言甚切至, 太后不從. 康謝病不朝, 太后使內侍者問之. 所使者乃康家先婢, 自通"中大人", 康聞而詬之. 婢怨恚, 還, 白康詐疾而言不遜. 太后大怒, 免康官, 遣歸國, 絕屬籍.

初, 當煎種饑五同種大豪廬恣·忍良等千餘戶別留允街, 而首施兩端.

한안제 건광建光 원년(AD 121)

1) 봄, 호강교위 마현馬賢이 노총盧忿을 불러 참수했다. 그 기회에 군사를 풀어 그의 부족을 쳤다. 노획한 수급과 포로가 2,000여 명에 달했다. 인량忍良 등은 모두 달아나 출새出塞했다.

2) 유주幽州 자사인 파군巴郡 출신 풍환馮煥과 현도玄菟 태수 요광姚光, 요동 태수 채풍蔡諷 등이 군사를 이끌고 고구려高句麗[138]를 쳤다. 고구려 태조왕인 고궁高宮이 동생[139] 고수성高遂成을 보내 거짓 항복을 한 뒤 현도와 요동을 습격해 2,000여 명을 살상했다.

3) 2월, 등태후가 병으로 자리에 눕는 침질寢疾을 했다.

2월 14일, 천하에 사면령을 내렸다.

3월 13일, 등태후가 붕어했다. 아직 시신 수의를 입히는 대렴大斂을 치르지 않았으나 황제가 다시 이전의 명을 거듭해 내려 등즐을 상채후上蔡侯에 봉하고, 직위를 특진特進으로 했다.

3월 26일, 화희황후和熹皇后 등수鄧綏를 장사지냈다. 태후가 임조臨朝한 이래 수한水旱이 10년 동안 이어졌다. 사방의 이적이 밖에서 침구하는 외침外侵이 계속됐고, 안에서 도적盜賊이 창궐했다. 태후는 매번 백성이 굶주린다는 소리를 들을 때마다 어느 때는 새벽까지 잠을 자지 못하고, 몸소 반찬을 줄이거나 음악을 철거하는 감선철악減膳徹樂으로 재액災厄을 구제하려 했다. 덕분에 천하가 다시 평화로워졌고, 해마다 오곡이 풍양豐穰해졌다. 황상이 친히 정사를 행하는 친정親政을 시작하자 상서 진충

---

138 여기서 고구려高句驪 대신 고구려高句麗 표현을 썼다. 그러나 이후에 다시 고구려高句驪 표현이 나오고 있다. 『자치통감』을 편찬하는 과정에서 려驪와 려麗를 혼용한 게 확실하다. 수나라 이후의 사서에 시종 '려麗'로 표현한 기록이 처음으로 등장한다.

139 본문은 고구려 태조왕 고궁의 아들인 사자嗣子로 되어 있다. 고수성은 고궁의 동생이다. 본문은 동생으로 고쳐 놓았다.

陳忠이 은둔 중인 직도지사直道之士 영천潁川 출신 두근杜根과 평원平原 출신 성익세成翊世의 무리를 천거했다. 황상이 이들을 모두 받아들여 채용했다. 진충은 진총陳寵의 아들이다.

당초 등태후가 임조할 때 두근은 낭중郎中으로 있었다. 같은 시기에 낭중으로 있던 다른 사람과 함께 상서했다.

"황제의 나이로 보아 장성했으니 의당 친히 정사를 맡아야 합니다."

등태후가 대로한 나머지 모두 비단주머니인 겸낭縑囊에 넣어 전상殿上에서 박살撲殺한 뒤 시신을 수레에 실어 성 밖으로 내가게 했다. 그런데도 두근은 죽지 않았고, 태후가 사람을 보내 시체를 검사하는 검시檢視를 하도록 하자 짐짓 죽은 체 하는 사사詐死를 했다. 3일 뒤 눈에 구더기가 생겼고, 이에 달아나 몸을 숨기는 도찬逃竄을 할 수 있었다. 그는 의성宜城호복성 의성현 산중의 술집에서 일꾼인 주보酒保로 15년 동안 있었다.

성익세는 군리郡吏로 있다가 태후에게 정사를 돌려보내지 않는 것을 간했다가 그에 연루돼 죄를 입게 됐다. 황제는 공거公車를 보내 이들을 모두 부르는 징소를 했다. 두근을 시어사侍御史, 성익세를 상서랑尚書郎에 임명했다. 혹자가 두근에게 물었다.

"전에 화를 만났을 때 천하사람 모두 의롭다고 존경했소. 오래도록 알고 지낸 사람이 적지 않았을 터인데 어찌하여 그처럼 고생스럽게 오래도록 그런 곳에서 주보로 있었던 것이오?"

두근이 대답했다.

"민간民間에서 두루두루 사람을 만날 경우 인적이 끊어진 절역絶跡의 장소가 아니면 이내 해후邂逅하여 정체가 드러나게 돼 있소. 화가 친지親知에게 미치는 까닭에 그리 할 수 없었소."

4) 3월 28일, 청하효왕淸河孝王을 추존해 효덕황孝德皇, 황비皇妣 좌씨左氏를 효덕후孝德后, 조비祖妣 송귀인宋貴人을 경은후敬隱后라고 했다.

당초 제지製紙로 유명한 장락궁의 태복太僕 채륜蔡倫은 한장제 때 두후竇后가 넌지시 지시하는 뜻을 받아 송귀인을 무함誣陷한 바 있다. 황제가 칙서를 내려 스스로 정위에게 가도록 했다. 채륜이 음독해 죽었다.

5) 여름 4월, 고구려高句麗가 다시 선비족과 함께 요동을 침구했다. 채풍蔡諷이 추격해 신창新昌요녕성 해성현 동북쪽에서 전몰戰歿했다. 공조연功曹掾 용단龍端과 병마연兵馬掾 공손포公孫酺가 몸으로 채풍을 막다가 진지에서 함께 전몰했다.

6) 4월 7일, 황제의 적모嫡母 경희耿姬를 높여 감릉대귀인甘陵大貴人이라고 했다.

7) 4월 14일, 낙성왕樂成王 유장劉萇이 교음驕淫의 불법을 자행한 일에 연루되자 폄강해 무호후蕪湖侯로 삼았다.

8) 4월 19일, 공경 이하 군국의 태수와 재상에 이르기까지 각자 덕행이 있는 선비인 유도지사有道之士 1인을 천거하도록 했다. 상서 진충陳忠은 조서를 통해 이미 직간直諫을 널리 구한 까닭에 진언하고자 하는 자들 대부분 반드시 크게 격절激切한 표현을 할 것이고, 어떤 것은 황제가 받아들일 수 없는 것도 있을 것이라 생각했다. 이내 황제의 심의心意를 미리 넓힐 생각으로 이같이 상소했다.

"신이 듣건대, '인군仁君은 도량이 산 및 호수인 산수山藪처럼 커서 절실하고 곧은 계책인 절직지모切直之謀를 받아들이고, 충신은 기탄없이 표현하는 절조인 건악지절謇諤之節을 다하며 귀를 거스르는 역이逆耳의 재앙을 두려워하지 않는다'고 했습니다. 한고제는 주창周昌이 폭군인 걸주桀紂에 비유한 것을 용서하고, 한문제는 원앙袁盎이 인간돼지인 인시人豕의 비유를 들어 풍자한 것을 즐겨 들었습니다. 한무제는 동방삭東方朔이 궁내의 선실宣室을 연회하는 곳으로 써서는 안 된다고 직간한 것을 받아들였고, 한원제는 설광덕薛廣德이 스스로 목숨을 끊으면서 간절히 건의하는 자문지절自刎之切을 받아들였습니다. 지금 분명히 조서를 내려 은 나라 고종高宗의 덕을 숭상하고, 춘추시대 송경공宋景公[140]이 성의를 높이면서 허물을 끄집어내고 스스로를 이기는 인구극궁引咎克躬의 자세로 여러 관원에게 의견을 물었습니다. 일에 대해 말하는 자들은 두근과 성익세 등이 새로 표창과 녹봉을 받고 찬연히 상서대와 어사대 등 2대二臺에 열을 서는 것을 보고는 반드시 바람을 타듯이 호응하며 다퉈 절직切直의 간언을 할 것입니다. 만일 좋은 꾀나 특이한 계책인 가모이책嘉謀異策이 있으면 의당 받아들여 활용해야 합니다. 그러나 만일 그 견해가 대롱구멍인 관혈管穴과 같아 망령되이 비웃고 풍자하는 게 있으면 비록 입에 쓰고 귀에 거슬리는 고구역이苦口逆耳의 사실과 부합하지 않은 내용일지라도 너그럽게 용서함으로써 성조聖朝에서는 거리낄 게 없다는 미덕을 보여주어야 합니다. 만일 유도지사有道之士가 있어 자문에 대해 고견의 대답을 하면 의당 친히 그 글을 성람省覽하고, 특별히 작위를 한 등급 올림으로써 직언의 통로를 넓혀주어야 할 것입니다."

글이 상주되자 조서를 내려 덕망이 높은 단계에 있는 선비인 패국沛國 출신 시연施延을 시중으로 삼았다.

당초 여남汝南 출신 설포薛包는 어렸을 때부터 행실이 지극했다. 부친이 후처를 얻은 뒤 설포를 미워하며 떼어서 내보내고자 했다. 설포는 밤낮으로 호읍號泣하며 떠나지 않다가 구박驅撲을 당하게 됐다. 부득이하여 집밖에 오두막을 지은 뒤 아침에는 들어가 쇄소灑掃했다. 부친이 노해 또 내쫓자 이에 이문里門에 여막을 짓고 새벽과 저녁의 문안 인사인 혼신昏

---

140 송경공宋景公의 이름이 『춘추좌전』 「노소공 25년」조에는 란欒, 『사기』 「송세가」에는 두만頭曼, 『한서』 「고금인표古今人表」에는 두란兜欒, 청동기 명문銘文에는 난궤欒簋로 나온다.

晨을 폐하지 않았다. 1년여를 지내자 부모가 부끄러워하며 그를 돌아오게 했다. 부모가 사망하자 재산을 나눠 따로 살고자 했다. 설포는 이를 만류할 수 없게 되자 이내 재산을 고르게 나눠준 뒤 나이 많은 노비를 남겨두며 이같이 말했다.

"나와 함께 생활한지 오래됐으니 그대들이 저들의 부림을 받을 수는 없는 일이다."

논밭의 여막인 전려田廬 가운데 황폐한 것을 가리키며 말했다.

"내가 젊었을 때 경영했던 것이라 애정이 가는 것들이다."

기물 가운데 후패朽敗한 것을 가리키며 말했다.

"내가 평소 입고 먹던 것이라 몸과 입에 편하다."

아우와 아들이 자주 파산했지만 번번이 다시 진급賑給해 주었다. 황제가 그의 명성을 듣고는 공거公車를 이용해 특별히 징소했다. 그가 오자 곧 시중侍中에 제수했다. 설포가 죽기를 각오하고 스스로 사직을 청하자 조서를 내려 돌아가게 하면서 한장제 때 모의毛義를 우대한 것처럼 예우를 더하는 가례加禮를 했다.

9) 황제는 어린 시절 총명했다. 등태후가 그를 세운 이유다. 성장한 뒤 대부분 덕스럽지 못해 점차 태후의 마음에 들지 않았다. 황제의 유모 왕성王聖이 이를 알아챘다. 태후가 제북왕濟北王과 하간왕河間王의 아들을 경사로 불렀을 때 하간왕의 아들 유익劉翼은 용의容儀가 아름다워 태후가 기특하게 여겼다. 평원회왕平原懷王의 후사로 삼기 위해 경사에 머물게 했다.

황제의 유모 왕성은 태후가 오랫동안 정사를 돌려주지 않는 것을 보고는 황제를 폐하고 다른 사람을 추대할까 우려했다. 늘 중황문中黃門 이윤李閏 및 강경江京과 함께 좌우를 살피면서 황제에게 태후의 단점을 헐뜯었다. 황제가 매번 분구忿懼하는 마음을 품은 이유다.

태후가 붕어하자 궁인 가운데 전에 벌을 받았던 자들이 원한을 품고 태후의 형제인 등회鄧悝와 등홍鄧弘 및 등창鄧閶이 전에 상서 등방鄧訪을 좇아 황제를 폐위시킨 고사를 수집하면서 평원왕을 세우려 했다고 무함했다. 황제가 얘기를 듣고 옛날 일을 상기하며 화를 내는 추노追怒를 했다.

곧 유사에게 명해 등회 등의 대역무도大逆無道를 상주하게 하고, 마침내 서평후西平侯 등광종鄧廣宗과 섭후葉侯 등광덕鄧廣德, 서화후西華侯 등충鄧忠, 양안후陽安侯 등진鄧珍, 도향후都鄉侯 등보덕鄧甫德을 모두 폐해 서인으로 삼았다. 등즐은 함께 모의하지 않아 단지 특진의 지위를 면직시켜 봉국으로 가게 했다. 종족宗族이 면관免官돼 고군故郡으로 돌아갔고, 등즐 등의 재물과 전택田宅이 모두 몰수됐다. 등방鄧訪과 가속家屬은 원군遠郡으로 유배됐다. 군현에서 핍박하자 등광종과 등충은 모두 자살했다. 등줄을 이사시켜 나후羅侯로 사봉徙封했다.

5월 1일, 등즐과 아들 등봉鄧鳳이 나란히 밥을 먹지 않아 죽었다. 등즐의 종제從弟인 하남윤河南尹 등표鄧豹와 도료장군度遼將軍 무양후舞陽侯 등준鄧遵, 장작대장將作大匠 등창鄧暢 모두 자살했다. 모직 등광덕의 형제만이 어머니와 염후閻后가 친자매인 동산同產인 까닭에 경사에 남을 수 있었다. 다시 경기耿夔를 도료장군으로 삼고, 낙안후樂安侯 등강鄧康을 불러 태복에 임명했다.

5월 17일, 평원왕 유익劉翼을 폄강해 도향후都鄉侯로 삼은 뒤 하간河間으로 견책해 돌려보냈다. 유익은 빈객을 사절한 뒤 문을 닫고 스스로 지키는 폐문자수閉門自守를 했다. 덕분에 화를 면할 수 있었다.

당초, 등후鄧后가 황후로 세워질 때 태위 장우張禹와 사도 서방徐防은 사공 진총陳寵과 함께 등후의 부친 등훈鄧訓의 추봉追封을 상주하려 했다. 진총이 선대에 주청한 고사가 없다며 다투었으나 며칠이 지나도 이길 수 없었다. 결국 등훈을 책봉하고 시호를 덧붙여주었다. 장우와 서방은 다시 진충과 약속해 함께 아들을 호본중랑장 등즐에게 보내 예의를 표하는 방안을 청했다. 진충이 따르지 않았다. 진충의 아들이 등씨의 시대에 뜻을 얻지 못한 이유다. 그러나 등즐 등이 패하자 진충은 상서가 됐고, 자주 상소해 등즐 등이 악하다고 무함했다.

대사농인 경조京兆 출신 주총朱寵은 등즐이 아무 죄도 없이 화를 만난 것을 애통히 여겼다. 이내 웃옷을 벗어 죄인을 자처하고 관을 짤 나무를 등에 지며 죽음을 상징하는 육단여츤肉袒輿櫬의 모습으로 상소했다.

"엎드려 생각건대 화희황후和熹皇后인 등황후의 성선聖善의 미덕은 주문왕의 모친인 태사太姒를 닮은 한나라 시대의 문모文母입니다. 형제는 충효忠孝하고, 한 마음으로 나라를 걱정하는 동심우국同心憂國을 했습니다. 종묘사직에 주인이 있게 되고, 왕실이 의지한 이유입니다. 이들은 공을 이루자 몸을 뒤로 물리는 공성신퇴功成身退와 봉국을 양보하고 지위를 겸손히 하는 양국손위讓國遜位를 했습니다. 역대의 외척 가운데 이들과 비교할 자가 없습니다. 의당 선행을 쌓고 겸손을 행한 적선이겸積善履謙의 복을 향유하도록 해야 합니다. 그런데도 변칙적으로 궁인의 편파적인 한마디 말인 단사單辭로 인해 함정에 빠진 나머지 날카로운 혀와 뾰족한 입에 의해 위험한 지경으로 기우는 이구경험利口傾險에 처하게 됐습니다. 나라를 어지럽게 만들었다는 죄목을 만든 뒤 이를 뒷받침할 증거도 없이 감옥에서 신국訊鞫도 없는 가운데 마침내 등즐 등에게 이런 혹람酷濫한 죄를 씌웠습니다. 등즐을 포함해 동생인 등표와 등준, 등창, 등기의 아들 등풍과 등풍의 동생인 등광종 및 등충 등 모두 같은 문중의 7명이 천명을 다하지 못하고 시해屍骸가 유리流離됐습니다. 원혼冤魂은 하늘로 돌아가지 않고, 하늘을 거역한 기운이 인간을 감응시킴으로써 전 국토가 기운을 잃는 솔토상기率土喪氣의 모습을 보이고 있습니다. 의당 거둬 차례로 무덤으로 돌려보내고, 남겨진 고아를 잘 키워 희생의 제사를 이어받드는 봉승혈사奉承血祀를 하도록 하여 망령亡靈에게 사죄해야 할 것입니다."

주총은 자신의 언사가 매우 절박하다는 것을 안 까닭에 스스로 정위로 나아갔다. 진충이 다시 상주문을 올려 주총을 탄핵하자 조서를 내려 면관귀향免官歸鄕의 조치를 취했다. 중서衆庶는 대부분 등즐이 억울하게 죄인이 됐다고 말했다. 황제도 점차 회오悔悟해 이내 주군州郡을 책망한 뒤 등즐 등을 북망산北芒山에 귀장歸葬하고, 등씨의 여러 형제들 역시 모두 경사로 돌아오게 했다.

10) 황제는 경귀인耿貴人의 오라비인 모평후牟平侯 경보耿寶를 감우림좌군거기監羽林左軍車騎로 삼고, 황제의 외증조부인 송양宋楊의 네 아들을 책봉해 열후로 삼았다. 송씨 가운데 10여 명이 구경九卿과 교위校尉인 경교경校를 비롯해 시중대부侍中大夫와 알자謁者, 낭리郎吏 등에 제수됐다. 염황후閻皇后의 형제인 염현閻顯과 염경閻景, 염요閻耀 등도 나란히 경교경校가 되어 금병禁兵을 관장했다. 황제의 측근이 총애를 받는 내총內寵이 번성하게 된 이유다.

황제는 환관인 중황문 강경江京이 일찍이 저택에서 자신을 맞이한 것을 두고, 강경에게 큰 공이 있다고 여겨 도향후都鄕侯에 봉했다. 또 중황문 이윤李閏도 공이 있다고 여겨 옹향후雍鄕侯에 봉했다. 이윤과 강경이 나란히 황제 곁에서 자문에 응하는 중상시中常侍로 승진했다. 강경은 황후의 궁전을 관할하는 대장추大長秋를 겸했다. 중상시 번풍樊豊과 궁궐의 환관을 총괄하는 황문령黃門令 유안劉安, 운유苑囿를 관할하는 구순령鉤盾令 진달陳達과 왕성王聖 및 왕성의 딸 왕백영王伯榮과 함께 내외를 선동하면서 다퉈 사치와 포학한 일인 치학侈虐을 일삼았다. 왕백영은 궁액을 출입하며 간사한 뇌물인 간뢰姦賂를 전달했다. 사도 양진楊震이 상소했다.

"신이 듣건대 정사政事는 현자를 얻는 득현得賢을 근본, 치국治國은 불결을 없애는 거예去穢를 요무要務로 삼습니다. 당요唐堯와 우순虞舜의 시대에는 어진 인재가 관직에 있었고, 사흉四凶이 유방流放을 당했고, 천하가 함복咸服해 온화하며 빛나는 옹희雍熙의 상태에 이르렀습니다. 바야흐로 지금은 9덕九德[141]이 섬겨지지 않고, 폐행嬖倖이 궁정에 가득합니다. 유모인 아모阿母 왕성王聖은 미천한 출신이나 천재일우의 기회를 만나 성궁聖躬인 황제를 봉양奉養하게 됐습니다. 비록 진자리와 마른자리의 추조거습推燥居濕의 부지런함이 있었으나 앞뒤로 상을 내리고 은혜를 베풀어 노고한 것보다 더 많이 보답했습니다. 그럼에도 만족할 줄 모르는 무염지심無厭之心이 마지막 끝인 기극紀極을 모르고 있습니다. 외부와 교통하며 부탁하는 외교촉탁外交屬托과 천하를 소란하게 만드는 요란천하擾亂天下로 인해 맑은 조정을 손욕損辱하게 만들고, 티끌이 해를 더럽히는 진점일월塵點日月을 행하고 있습니다. 무릇 여자와 소인배는 가까이하면 기뻐하고 멀리하면 원망하니 실로 양육하기 어렵습니다. 의당 속히 유모를 내보내 밖에 있는 사택인 외사外舍에 머물게 하고, 그 딸인 왕백영을 단절해 왕래하지 못하도록 해야 합니다. 그런 식으로 은덕이 양쪽에서 융성해지고 상하가 모두 아름다워지는 방안을 강구해야 합니다."

상서가 올라가자 화제가 유모 왕성 등에게 보여주었다. 황제 측근에서

---

141 9덕九德은 『상서』「고요모」에 나오는 군주의 덕성을 말한다. 첫째, 너그러우면서도 위엄이 있는 관이율寬而栗이다. 둘째, 부드러우면서도 꿋꿋한 유리립柔而立이다. 셋째, 성실하면서도 공손한 원이공愿而恭이다. 넷째, 바로잡아 다스리면서도 공경하는 난이경亂而敬이다. 다섯째, 익숙하면서도 굳센 요이의擾而毅이다. 여섯째, 곧으면서도 온화한 직이온直而溫이다. 일곱째, 간략하면서도 세심한 간이렴簡而廉이다. 여덟째, 억세면서도 착실한 강이색剛而塞이다. 아홉째, 용맹하면서도 올바른 강이의彊而義이다.

총애를 받던 사람들이 모두 분에忿恚를 품었다. 왕백영의 교음驕淫은 더욱 심했다. 전 조양후朝陽侯 유호劉護의 사촌형 유괴劉瓌와 통정하자, 유괴는 마침내 그녀를 처로 삼았고, 관직이 시중侍中에 이른 뒤 유호의 작위를 이어받았다. 양진이 상소했다.

"나라를 다스리는 제도에 따르면 부친이 죽으면 자식이 잇고, 형이 사망하면 동생이 이어 찬탈을 방지합니다. 엎드려 조서를 보건대 옛 조양후朝陽侯 유호劉護의 재종형再從兄인 유괴劉瓌가 유호의 작위를 이어 열후에 봉해졌지만 유호의 친동생 유위劉威가 지금도 여전히 살아 있습니다. 신이 듣건대, 천자는 제후를 오로지 책봉할 수 있는 권한인 전봉권專封權을 갖고 있기에 유공자를 책봉하고, 제후는 작위를 오로지 내릴 수 있는 전작권專爵權을 갖고 있기에 유덕자에게 작위를 내리는 것입니다. 지금 유괴는 특별한 공로나 행실이 없는데도 단지 유모의 딸을 배필로 삼아 일시지간一時之間에 이미 시중의 자리에 올라갔고, 또 제후에 봉해졌습니다. 옛 제도를 찾아보지 않아도 경전의 뜻에 맞지 않아 행인들이 수군거리고, 백성이 불안해합니다. 폐하는 의당 기왕의 사례를 거울삼아 제왕의 법도를 따라야 할 것입니다."

상서인 광릉廣陵강소성 양주시 출신 척포翟酺가 상소했다.

"옛날 두씨竇氏와 등씨鄧氏의 총애를 배경으로 사방을 경동傾動시켜 관직과 인수를 겹쳐 보유하는 겸관중불兼官重紱과 금을 채우고 재화를 쌓은 영금적화盈金積貨를 하여 보위인 신기神器를 농롱弄하며 사직을 개경改更했습니다. 어찌 세력이 존귀하고 위엄이 광대한 도존위광勢尊威廣으로 인해 이런 우환에 이른 게 아니겠습니까? 그들이 파괴될 때에 이르러 머리와 이마인 두상頭顙이 땅에 떨어지게 되자 뒤늦게 외로운 돼지인 고돈孤豚이라도 되고자 원했으나 어찌 그게 가능할 수 있었겠습니까? 무릇 귀하게 되는 과정이 점차적으로 이뤄지지 않는 치귀무점致貴無漸은 잃어

버릴 때 반드시 갑작스레 닥치고, 정도가 아닌 방법으로 작위를 받는 수작비도受爵非道는 그 재앙이 반드시 빠르게 닥치는 법입니다. 지금 외척에 대한 총행寵幸과 공로가 천지를 만든 조화造化와 비유될 정도여서 한나라 초기 이래 그 어느 것도 이와 견줄 수가 없습니다. 폐하는 실로 인은仁恩을 두루 흡족하게 할 생각으로 구족九族을 친애하고 있습니다. 그러나 녹봉은 조정의 손을 떠났고, 정사는 사문私門으로 옮겨졌습니다. 예전에 넘어진 수레가 간 길을 다시 밟아가는 복거중심覆車重尋을 하고 있으니 어찌 최절摧折 즉 좌절이 없을 리 있겠습니까? 이는 최고 수준의 국가 안위에 관한 지극한 경계인 극계極戒에 해당하는 것으로 종묘사직을 위해 심계深計를 마련해야 합니다. 옛날 한문제는 노대露臺를 짓는 것보다 백금百金을 아꼈고, 검은 비단주머니인 조낭皁囊으로 유장帷帳을 꾸몄습니다. 혹자가 그런 검약을 기롱하자 한무제가 말하기를, '짐은 천하를 위해 재물을 지킬 뿐이다. 어찌 망용妄用할 수 있겠는가!'라고 했습니다. 지금 처음 정사를 맡은 이래 시간이 오래 지나지 않았습니다. 그런데도 상사賞賜를 위한 비용이 이미 헤아릴 수 없을 정도로 많습니다. 천하의 재물을 거둬들여 공적이 없는 집안에 쌓아 놓은 까닭에 황실의 창고인 탕장帑藏은 이내 탄진單盡[142]되고, 백성의 재물인 민물民物은 쇠하여 손상되는 조상雕傷[143]을 입고 말았습니다. 문득 예기치 못한 불우不虞의 일이 빚어지면 다시 무거운 세금을 부과해야 합니다. 백성의 원성과 배반이 이미 발생했으니 위란危亂은 가히 기다려도 좋을 정도로 빠를 것입니다. 원컨대 폐하는 충정지신忠貞之臣을 힘써 구하고, 아첨하고 험담하는 무리인

---

142 탄진單盡은 다하여 없어졌다는 뜻으로 여기의 탄單은 없어질 탄殫의 가차假借로 사용된 것이다.

143 조상雕傷은 조잔凋殘하여 손상된다는 뜻이다. 조상凋傷과 같다. 여기의 조雕는 통상 새긴다는 뜻으로 사용되나 여기서는 시들 조凋의 의미로 사용된 것이다.

영첨지당佞諂之黨을 멀리하고, 마음으로 바라는 즐거움인 정욕지환情欲之歡을 잘라내고, 사적으로 행하는 연회의 호사인 연사지호宴私之好를 파하고, 마음에 망한 나라가 그리된 이유를 간직하고, 흥한 나라가 그리된 배경을 살펴보도록 하십시오. 그러면 재해는 거의 멈출 것이고, 풍년도 불러올 수 있을 것입니다."

상소문이 올라갔으나 황제가 모두 살피지 않았다.

11) 가을 7월 1일, 연호를 바꾸고 천하에 사면령을 내렸다.

12) 7월 24일, 태위 마영馬英이 훙거했다.

13) 소당燒當의 강족인 인량忍良 등은 마노麻奴 형제가 원래 소당의 적사嫡嗣였음에도 교위 마현馬賢이 무휼撫恤하지 않은 것에 늘 원심怨心을 지니고 있는 것을 알고 마침내 서로 결탁했다. 함께 여러 부족을 협박해 이끌면서 황중湟中청해성 동북쪽을 노략하고, 금성金城의 제현諸縣을 공격했다.

8월, 마현이 선령先零에 사는 부족을 이끌고 공격에 나섰다. 금성의 말 사육용 동산인 금성의 목원牧苑에서 싸웠으나 불리했다. 마노 등이 다시 또 영거令居감숙성 영등현 서쪽에서 무위武威와 장액張掖의 군사를 패퇴시키고, 이어 선령과 심저沈氐의 여러 종족 4,000여 호를 위협해 이끌면서 기련산祁連山의 서쪽을 따라 달아나다 무위에서 노략했다.

마현이 추격해 난조鸞鳥감숙성 무위현 남쪽에 이르러 그들을 초인招引했다. 여러 종족 가운데 항복한 자가 수천 명에 달했다. 마노는 남쪽 황중湟中으로 돌아갔다.

14) 7월 16일, 전 사도 유개劉愷를 태위로 삼았다. 당초 청하淸河하북성 천하현의 재상 숙손광叔孫光이 장물에 연루돼 죄를 받았다. 마침내 부자를 함께 금고형에 처하는 금고이세禁錮二世를 추가했다. 이때에 이르러 거연居延 도위 범반范邠이 다시 죄를 범하자 조정에서 숙손광의 예에 의거해

처리하려 했다. 태위 유개가 홀로 반대했다.

"춘추春秋의 대의에 따르면 선행에 대한 칭송은 길게 해 그 영향이 후손에게까지 미치도록 하고, 악행에 대한 질책은 짧게 해 당사자 본인에 그치게 한다고 했습니다.[144] 이는 사람들을 선으로 나아가도록 하려는 취지입니다. 만일 지금 뇌물죄를 범한 장리臧吏에 대해 그 자손까지 금고에 처하면 경미한 죄로 중한 벌을 받게 하는 것입니다. 두렵게 하는 것이 선인에게까지 미치도록 하는 셈입니다. 이는 선왕이 형벌을 자세히 규정해 놓은 뜻이 아닙니다."

상서 진충陳忠 역시 그같이 생각했다. 조서를 내렸다.

"태위 유개의 건의가 옳다."

15) 선비족인 기지건其至鞬이 거용관居庸關을 침구했다.

9월, 운중雲中 태수 성엄成嚴이 이들을 공격했으나 군사가 패했다. 공조功曹 양목楊穆이 몸으로 성엄을 막아주다가 그와 함께 죽었다. 선비족이 오환교위 서상徐常을 마성馬城하북성 회안현 서쪽에서 포위했다. 도료장군 경기耿夔가 유주幽州 자사 방삼龐參과 함께 광양廣陽하북성 고안현과 어양漁陽북경시 밀운현, 탁군涿郡하북성 탁현의 갑졸甲卒을 동원해 구원했다. 선비족이 군사를 풀고 돌아갔다.

16) 9월 10일, 황제가 위위衛尉 풍석馮石의 관부에 행차해 머물면서 10여 일 동안 술을 마셨다. 상사賞賜가 심히 두터웠다. 풍석의 아들 풍세馮

---

144   원문은 '선선급자손善善及子孫, 악악지기신惡惡止其身'이다. 『춘추공양전』「노소공 20년」조에 나오는 "군자지선선야장君子之善善也長, 악악야단惡惡也短. 악악지기신惡惡止其身, 선선급자손善善及子孫" 구절에서 인용한 것이다. 군자가 선한 일을 칭찬할 때는 최대한 길게 하고, 악한 일을 질책할 때는 최대한 짧게 한다. 악한 일을 질책할 때는 당사자 본인에 그치게 하고, 선한 일을 칭찬할 때는 그 후손에게까지 길게 미치도록 하려는 취지에서 나온 말이다.

世를 황문시랑黃門侍郎, 풍세의 동생 두 명을 모두 낭중郎中으로 삼았다. 풍석은 양읍후陽邑侯 풍방馮魴의 손자이다. 풍방의 아들로 풍석의 부친인 장작대장將作大匠 풍주馮柱는 현종顯宗인 한명제의 딸인 획가공주獲嘉公主를 모시고 살았다. 풍석은 공주의 작위를 이어받아 획가후獲嘉侯가 됐다. 능히 당세當世를 기쁘게 할 줄 알았기에 황제에게 총애를 받았다.

17) 경사와 군국 27곳에서 우수雨水가 있었다.

18) 겨울 11월 12일, 군국 35곳에서 지진이 났다.

19) 선비족이 현도玄菟를 침구했다.

20) 상서령尙書令 대풍수諷 등이 상주했다.

"효문황제孝文皇帝는 상례喪禮를 간략히 하는 예제인 약례지제約禮之制를 정하고, 광무황제光武皇帝는 고녕告寧[145]의 전례典禮를 근절해 물려주며 만세의 본보기로 삼게 했습니다. 실로 이는 바꿀 수 없는 것으로 의당 다시 대신들의 3년상을 근절해야 합니다."

상서 진충陳忠이 상소했다

"한고제가 천명을 받고, 소하蕭何가 제도를 창제創製하면서 대신들에게 3년상에 해당하는 영고寧告의 규정을 이행하도록 한 것은 슬퍼하는 의리에 부합합니다. 건무建武 초에 새로이 대란大亂을 이어받아 무릇 여러 국정이 대부분 간이簡易한 쪽으로 치달려 대신은 이미 고녕告寧을 할 수 없었고, 일반 관청인 군사群司는 봉록을 여위고 사리私利를 생각해 3년상 제도를 좇아 부모의 자식을 돌보는 고복지은顧復之恩[146]에 보답하

---

145   고녕告寧은 관원이 휴가를 내 집으로 돌아갈 때 황제에게 고하는 것을 가리킨다. 길사吉事는 고告, 흉사는 녕寧으로 칭했다.
146   고복지은顧復之恩은 『시경』「소아, 육아蓼莪」에서 인용한 말이다. 여기에 부모님이 나를 돌보며 걱정해주고 오가며 나를 안아주니, 그 은덕 갚으려 해도 하늘이 망극하기만

는 자가 적어졌습니다. 예의의 법도가 조락하고 손상되는 조손雕損이 빚어진 이유입니다. 폐하가 3년상을 끝까지 치르겠다는 대신들의 뜻을 들어주면 성공聖功과 미업美業이 이보다 높을 수 없습니다.『맹자』에 이르기를, '집안의 어른을 공경하는 데서 시작해 다른 어른에게 미치게 하고, 내 아이를 사랑하는 데서 시작해 남의 아이에게 미치게 하면 가히 천하를 손바닥 위에 올려놓고 운용할 수 있다'[147]고 했습니다. 신은 원컨대 폐하가 높은 곳에 올라가 북쪽으로 폐하의 부친인 청하왕 유경劉慶의 능묘인 감릉甘陵을 생각하는 마음으로 신하의 마음을 규탁揆度하면 해내의 백성들 모두 각자 있어야 할 곳을 얻게 될 것입니다."

이때 환관들이 이를 불편하게 여긴 나머지 끝내 진충의 상주를 묻어버렸다.

11월 23일, 다시 2천석 이상의 관원은 3년상을 끊게 했다.

동진의 사가 원굉袁宏은『후한기』에서 이같이 논했다.

"옛날 제왕은 미속美俗을 돈독히 할 생각으로 백성을 이끌며 선을 행했고, 그 자연스러움을 이용해 부모를 향한 백성들의 마음을 빼앗지 않았다. 그럼에도 백성들 심중에는 오히려 미치지 못하는 바가 있었다. 하물며 예의를 훼손하고 애도를 중지하는 훼례지애毀禮止哀를 행했으니 이는 그들의 천성을 없앤 것이다!"

21) 12월, 고구려高句驪 태조왕 고궁高宮이 마한馬韓과 예맥濊貊의 수

하다는 뜻의 '고아복아顧我復我, 출입복아出入腹我, 욕보지덕欲報之德, 호천망극昊天罔極' 구절이 나온다.

147　원문은 '노오로老吾老, 이급인지로以及人之老. 유오유幼吾幼, 이급인지유以及人之幼, 천하가운여장天下可運如掌'이다.『맹자』「양혜왕 상」에 나오는 구절을 인용한 것이다.「양혜왕 상」에는 가운여장可運如掌이 가운어장可運於掌으로 되어 있다. 같은 뜻이다.

천 기군騎軍를 이끌고 현도玄菟를 포위했다. 부여왕夫餘王이 아들 위구태尉
仇台를 보내 2만여 명을 이끌고 주군州郡의 군사와 합세해 이들을 토파討
破했다.

　이 해에 고궁이 사망하고, 동생 고수성高遂이 고구려의 차대왕次大王
으로 즉위했다. 현도 태수 요광姚光이 고궁의 상사喪事를 이용해 군사를
동원하여 공격하는 방안을 상언했다. 논의하는 자들이 모두 허락할 만하
다고 생각했다. 진충陳忠이 말했다.

　"고구려 왕 고궁은 전부터 매우 흉포하고 교활한 걸힐桀黠의 모습을 보
였습니다. 요광이 고궁을 토벌하지 못하다가 그의 죽음을 계기로 공격하
고자 하는 것은 의롭지 못합니다. 의당 사자를 보내 조문한 뒤 이전의 죄
를 책양責讓하고 곧 사면하여 벌을 가하지 않음으로써 그들이 이후 착하
게 굴도록 조치해야 합니다."

　황제가 이를 좇았다.

*孝安皇帝建光元年

春, 護羌校尉馬賢召盧忽, 斬之, 因放兵擊其種人, 獲首虜二千餘,
忍良等皆亡出塞.

幽州刺史巴郡馮煥·玄菟太守姚光·遼東太守蔡諷等將兵擊高句麗,
高句麗王宮遣嗣子遂成詐降, 而襲玄菟·遼東, 殺傷二千餘人.

二月, 皇太后寢疾, 癸亥, 赦天下. 三月, 癸巳, 皇太后鄧氏崩. 未
及大斂, 帝復申前命, 封鄧騭為上蔡侯, 位特進. 丙午, 葬和熹皇后.
太后自臨朝以來, 水旱十載, 四夷外侵, 盜賊內起, 每聞民饑, 或達
旦不寐, 躬自減徹以救災厄, 故天下復平, 歲還豐穰. 上始親政事,
尚書陳忠薦隱逸及直道之士潁川杜根·平原成翊世之徒, 上皆納用
之. 忠, 寵之子也. 初, 鄧太后臨朝, 根為郎中, 與同時郎上書言曰,

"帝年長, 宜親政事." 太后大怒, 皆令盛以縑囊, 於殿上撲殺之, 既
而載出城外, 根得蘇. 太后使人檢視, 根遂詐死, 三日, 目中生蛆, 因
得逃竄, 為宜城山中酒家保, 積十五年. 成翊世以郡吏亦坐諫太后不
歸政抵罪. 帝皆徵詣公車, 拜根侍御史, 翊世尚書郎. 或問根曰, "往
者遇禍, 天下同義, 知故不少, 何至自苦如此?" 根曰, "周旋民間, 非
絕跡之處, 邂逅發露, 禍及親知, 故不為也."

戊申, 追尊清河孝王曰孝德皇, 皇妣左氏曰孝德后, 祖妣宋貴人曰
敬隱后. 初, 長樂太僕蔡倫受竇后諷旨誣陷宋貴人, 帝敕使自致延
尉, 倫飲藥死.

夏, 四月, 高句麗復與鮮卑入寇遼東, 蔡諷追擊於新昌, 戰歿. 功
曹掾龍端·兵馬掾公孫酺以身扞諷, 俱沒於陳.

丁巳, 尊帝嫡母耿姬為甘陵大貴人.

甲子, 樂成王萇坐驕淫不法, 貶為蕪湖侯.

己巳, 令公卿下至郡國守相各舉有道之士一人. 尚書陳忠以詔書
既開諫爭, 慮言事者必多激切, 或致不能容, 乃上疏豫通廣帝意曰,
"臣聞仁君廣山藪之大, 納切直之謀, 忠臣盡謇諤之節, 不畏逆耳之
害, 是以高祖舍周昌桀·紂之譬, 孝文嘉袁盎人豕之譏, 武帝納東方
朔宣室之正, 元帝容薛廣德自刎之切. 今明詔崇高宗之德, 推宋景
之誠, 引咎克躬, 諮訪群吏. 言事者見杜根·成翊世等新蒙表錄, 顯
列二臺, 必承風響應, 爭為切直. 若嘉謀異策, 宜輒納用. 如其管穴,
妄有譏刺, 雖苦口逆耳, 不得事實, 且優遊寬容, 以示聖朝無諱之美.
若有道之士對問高者, 宜垂省覽, 特遷一等, 以廣直言之路." 書御,
有詔, 拜有道高第士沛國施延為侍中.

初, 汝南薛包, 少有至行, 父娶後妻而憎包, 分出之. 包日夜號泣,
不能去, 至被毆撲, 不得已, 廬於舍外, 旦入灑掃. 父怒, 又逐之, 乃

廬於里門, 昏晨不廢. 積歲餘, 父母慚而還之. 及父母亡, 弟子求分財異居. 包不能止, 乃中分其財, 奴婢引其老者, 曰, "與我共事久, 若不能使也." 田廬取其荒頓者, 曰, "吾少時所治, 意所戀也." 器物取朽敗者, 曰, "我素所服食, 身口所安也." 弟子數破其產, 輒復賑給. 帝聞其名, 令公車特徵, 至, 拜侍中. 包以死自乞, 有詔賜告歸, 加禮如毛義.

帝少號聰明, 故鄧太后立之. 及長, 多不德, 稍不可太后意. 帝乳母王聖知之. 太后徵濟北·河間王子詣京師, 河間王子翼美容儀, 太后奇之, 以為平原懷王後, 留京師. 王聖見太后久不歸政, 慮有廢置, 常與中黃門李閏·江京候伺左右, 共毀短太后於帝, 帝每懷忿懼. 及太后崩, 宮人先有受罰者懷怨恚, 因誣告太后兄弟悝·弘·閶先從尚書鄧訪取廢帝故事, 謀立平原王. 帝聞, 追怒, 令有司奏悝等大逆無道, 遂廢西平侯廣宗·葉侯廣德·西華侯忠·陽安侯珍·都鄉侯甫德皆為庶人, 鄧騭以不與謀, 但免特進, 遣就國. 宗族免官歸故郡, 沒入騭等貲財田宅. 徙鄧訪及家屬於遠郡, 郡縣逼迫, 廣宗及忠皆自殺. 又徙封騭為羅侯. 五月, 庚辰, 騭與子鳳幷不食而死. 騭從弟河南尹豹·度遼將軍舞陽侯遵·將作大匠暢皆自殺. 唯廣德兄弟以母與閻后同產, 得留京師. 復以耿夔為度遼將軍, 徵樂安侯鄧康為太僕. 丙申, 貶平原王翼為都鄉侯, 譴歸河間. 翼謝絕賓客, 閉門自守, 由是得免.

初, 鄧后之立也, 太尉張禹·司徒徐防欲與司空陳寵共奏追封后父訓, 寵以先世無奏請故事, 爭之, 連日不能奪. 及訓追加封謚, 禹·防復約寵俱遣子奉禮於虎賁中郎將騭, 寵不從, 故寵子忠不得志於鄧氏. 騭等敗, 忠為尚書, 數上疏陷成其惡. 大司農京兆朱寵痛騭無罪遇禍, 乃肉袒輿櫬上疏曰, "伏惟和熹皇后聖善之德, 為漢文母. 兄弟忠孝, 同心憂國, 宗廟有主, 王室是賴. 功成身退, 讓國遜位, 歷世外戚, 無與為比, 當享積善履謙祐. 而橫為宮人單辭所陷, 利口傾險, 反亂國家, 罪無申證, 獄不訊鞫, 遂令騭等罹此酷濫, 一門七人, 并不以命, 屍骸流離, 冤魂不反, 逆天感人, 率土喪氣. 宜收還塚次, 寵樹遺孤, 奉承血祀, 以謝亡靈." 寵知其言切, 自致廷尉. 陳忠復劾奏寵, 詔免官歸田里. 眾庶多為騭稱枉者, 帝意頗悟, 乃譴讓州郡, 還葬騭等於北芒, 諸從昆弟皆得歸京師.

帝以耿貴人兄牟平侯寶監羽林左軍車騎, 封宋楊四子皆為列侯, 宋氏為卿·校·侍中大夫·謁者·郎吏十餘人. 閻皇后兄弟顯·景·耀, 并為卿·校, 典禁兵. 於是內寵始盛.

帝以江京嘗迎帝於邸, 以為京功, 封都鄉侯, 封李閏為雍鄉侯, 閏·京并遷中常侍, 京兼大長秋, 與中常侍樊豐·黃門令劉安·鉤盾令陳達及王聖·聖女伯榮扇動內外, 競為侈虐. 伯榮出入宮掖, 傳通姦賂. 司徒楊震上疏曰, "臣聞政以得賢為本, 治以去穢為務. 是以唐·虞俊乂在官, 四凶流放, 天下咸服, 以致雍熙. 方今九德未事, 嬖倖充庭. 阿母王聖, 出自賤微, 得遭千載, 奉養聖躬, 雖有推燥居濕之勤, 前後賞惠, 過報勞苦, 而無厭之心不知紀極, 外交屬託, 擾亂天下, 損辱清朝, 塵點日月. 夫女子·小人, 近之喜, 遠之怨, 實為難養. 宜速出阿母, 令居外舍, 斷絕伯榮, 莫使往來. 令恩德兩隆, 上下俱美." 奏御, 帝以示阿母等, 內幸皆懷忿恚. 而伯榮驕淫尤甚, 通於故朝陽侯劉護從兄瓌, 瓌遂以為妻, 官至侍中, 得襲護爵. 震上疏曰, "經制, 父死子繼, 兄亡弟及, 以防篡也. 伏見詔書, 封故朝陽侯劉護再從兄瓌襲護爵為侯. 護同產弟威, 今猶見在. 臣聞天子專封, 封有功. 諸侯專爵, 爵有德. 今瓌無佗功行, 但以配阿母女, 一時之間, 既位侍中, 又至封侯, 不稽舊制, 不合經義, 行人喧嘩, 百姓不安. 陛下宜鑒鏡既往, 順帝之則." 尚書廣陵翟酺上疏曰, "昔竇·鄧之寵, 傾動四方, 兼官重紱, 盈金積貨, 至使議弄神器, 改更社稷, 豈不以勢尊威廣以致斯患乎! 及其破壞, 頭顙墮地, 願為孤豚, 豈可得哉! 夫致貴無漸, 失必暴. 受爵非道, 殃必疾. 今外戚寵幸, 功均造化, 漢元以來未有等比. 陛下誠仁恩周洽, 以親九族, 然祿去公室, 政移私門, 覆車重尋, 寧無摧折! 此最安危之極戒, 社稷之深計也. 昔文帝愛百金於露臺, 飾帷帳於皁囊, 或有譏其儉者, 上曰, ‘朕為天下守財耳, 豈得妄用之哉’ 今自初政已來, 日月未久, 費用賞賜, 已不可算. 斂天下之財, 積無功之家, 帑藏單盡, 民物雕傷, 卒有不虞, 復當重賦, 百姓怨叛既生, 危亂可待也. 願陛下勉求忠貞之臣, 誅遠佞諂之黨, 割情欲之歡, 罷宴私之好, 心存亡國所以失之, 鑒觀興王所以得之, 庶災害可息, 豐年可招矣.” 書奏, 皆不省.

秋, 七月, 己卯, 改元, 赦天下.

壬寅, 太尉馬英薨.

燒當羌忍良等, 以麻奴兄弟本燒當世嫡, 而校尉馬賢撫恤不至, 常有怨心, 遂相結, 共脅將諸種寇湟中, 攻金城諸縣. 八月, 賢將先零種擊之, 戰於牧苑, 不利. 麻奴等又敗武威·張掖郡兵於令居, 因脅將先零·沈氏諸種四千餘戶緣山西走, 寇武威. 賢追到鸞鳥, 招引之, 諸種降者數千, 麻奴南還湟中.

甲子, 以前司徒劉愷為太尉. 初, 清河相叔孫光坐臧抵罪, 遂增禁錮二世. 至是, 居延都尉范邠復犯臧罪, 朝廷欲依光比. 劉愷獨以為曰, “春秋之義, 善善及子孫, 惡惡止其身, 所以進人於善也. 如今使臧吏禁錮子孫, 以輕從重, 懼及善人, 非先王詳刑之意也.” 尚書陳忠亦以為然. 有詔曰, “太尉議是.”

鮮卑其至鞬寇居庸關. 九月, 雲中太守成嚴擊之, 兵敗, 功曹楊穆以身捍嚴, 與之俱歿. 鮮卑於是圍烏桓校尉徐常於馬城. 度遼將軍耿夔與幽州刺史龐參發廣陽·漁陽·涿郡甲卒救之, 鮮卑解去.

戊子, 帝幸衛尉馮石府, 留飲十許日, 賞賜甚厚, 拜其子世為黃門侍郎, 世弟二人皆為郎中. 石, 陽邑侯魴之孫也, 父柱尚顯宗女獲嘉公主, 石襲公主爵, 為獲嘉侯, 能取悅當世, 故為帝所寵. 京師及郡國二十七雨水.

冬, 十一月, 己丑, 郡國三十五地震.

鮮卑寇玄菟.

尚書令祋諷等奏, 以為"孝文皇帝定約禮之制, 光武皇帝絕告寧之典, 貽則萬世, 誠不可改, 宜復斷大臣行三年喪." 尚書陳忠上疏曰, "高祖受命, 蕭何創製, 大臣有寧告之科, 合於致憂之義. 建武之初, 新承大亂, 凡諸國政, 多趣簡易, 大臣既不得告寧而群司營祿念私, 鮮循三年之喪以報顧復之恩者, 禮義之方, 實為雕損. 陛下聽大臣終喪, 聖功美業, 靡以尚茲.『孟子』有言, '老吾老, 以及人之老. 幼吾幼, 以及人之幼, 天下可運如掌' 臣願陛下登高北望, 以甘陵之思揆度臣子之心, 則海內咸得其所." 時宦官不便之, 竟寢忠奏. 庚子, 復斷二千石以上行三年喪.

袁宏論曰, "古之帝王所以篤化美俗, 率民為善, 因其自然而不奪其情, 民猶有不及者, 而況毀禮止哀, 滅其天性乎!"

十二月, 高句驪王宮率馬韓·濊貊數千騎圍玄菟, 夫餘王遣子尉仇台將二萬餘人與州郡幷力討破之. 是歲, 宮死, 子遂成立. 玄菟太守姚光上言, 欲因其喪, 發兵擊之, 議者皆以為可許. 陳忠曰, "宮前桀黠, 光不能討, 死而擊之, 非義也. 宜遣使弔問, 因責讓前罪, 赦不加誅, 取其後善." 帝從之.

한안제 연광延光 원년(AD 122)

1) 봄 3월 2일, 연호를 연광延光으로 바꾸고 천하에 사면령을 내렸다.

2) 호강교위 마현馬賢이 마노麻奴를 추격해 황중湟中에 이르러서 격파했다. 종족의 무리가 흩어져 숨는 산둔散遁을 했다.

3) 여름 4월 9일, 경사와 군국 21곳[148]에서 우박이 내렸다. 하서河西의 우박 가운데 큰 것은 말(두斗) 만한 것도 있었다.

4) 유주 자사 풍환馮煥과 현도 태수 요광姚光이 자주 간악한 무리를 규명하고 적발하자 원한을 품은 자들이 천자의 인장이 찍힌 새서璽書를 가짜로 만들어 풍환과 요광을 견책하고, 형을 집행하는 자의 칼인 구도歐刀를 내렸다. 또 요동 도위 방분龐奮에게 가짜 새서를 보내 속히 형을 집행하도록 했다. 방분이 즉시 요광의 머리를 베고, 풍환을 체포하자 풍환이 자살하려 했다. 그의 아들 풍곤馮緄이 조서에 있는 문장이 이상하다고 의심하며 풍환의 자살을 막았다.

"대인大人은 유주 자사로 있으면서 악을 제거하는 데 뜻을 두었을 뿐, 실제로 다른 뜻은 없었습니다. 반드시 흉인凶人이 망사妄詐로 간독奸毒을 방자하게 꾀하는 것입니다. 원컨대 사건을 직접 올려 보낸 뒤 죄를 달게 받을지라도 늦지 않을 것입니다."

풍환이 그 말을 좇아 상서하여 스스로를 변명하는 자송自訟을 했다. 과연 거짓을 꾸민 자의 소행이었다. 요동 도위 방분을 불러 응분의 처벌을 가하는 저죄抵罪를 받게 했다.

5) 4월 19일, 사공 진포陳褒가 면직됐다.

5월 7일, 종정宗正인 팽성彭城강소성 서주시 출신 유수劉授가 사공이

---

[148] 21곳이 일부 판본에는 41곳으로 되어 있고, 4월 9일을 뜻하는 계미癸未의 간지干支가 빠져 있기도 하다.

됐다.

6) 5월 26일, 하간효왕河間孝王 유개劉開의 아들 유덕劉德을 안평왕安平王으로 삼고 낙성정왕樂成靖王 유당劉黨의 뒤를 잇게 했다.

7) 6월, 군국郡國에 황해蝗害가 있었다.

8) 가을 7월 1일, 경사와 군국 13곳에서 지진이 났다.

9) 고구려 차대왕 고수성高遂成이 한인漢人 가운데 살아 있는 자인 생구生口를 돌려보내고, 현도玄菟에 와서 항복했다. 이후 예맥濊貊이 따라서 항복했다. 동쪽 변경에 사건이 적어진 이유다.

10) 건인虔人의 강족과 상군上郡에 사는 호족이 반기를 들었다. 도료장군 경기耿夔가 이들을 격파했다.

11) 8월, 양릉陽陵의 원침園寢에 화재가 났다.

12) 9월 갑술甲戌, 군국의 27곳에 지진이 났다.

13) 선비족이 이미 여러 차례 군수를 죽인 까닭에 담기膽氣가 더욱 왕성해졌고, 활을 쏘는 병사가 수만 기騎에 달했다.

겨울 10월, 다시 안문雁門산서성 대현과 정양定襄산서성 우옥현을 노략했다.

11월, 태원太原산서성 태원시을 침구했다.

14) 소당燒當의 강족인 마노麻奴가 기곤饑困에 처하자 종족의 무리를 이끌고 한양漢陽 태수 경충耿种을 찾아와 항복했다.

15) 이 해에 경사와 군국 27곳에 우수雨水가 있었다.

16) 황제가 자주 황문상시黃門常侍이자 황제의 밀사인 중사中使 왕백영王伯榮을 보내 감릉甘陵을 오가게 했다. 상서복야尚書僕射 진충陳忠이 상소했다.

"지금 천심을 알지 못해 한재와 수재가 조절되지 않는 격병隔幷이 여러 차례에 이르고 있습니다. 청주靑州와 기주冀州는 장마인 음우淫雨로 인해 황하를 새게 하고, 서주徐州와 대주岱州는 해변에 물이 넘치고, 연주

兗州와 예주豫州는 메뚜기와 누리새끼인 황연蝗蝝이 번창하고, 형주荊州와 양주揚州는 벼 수확이 줄어드는 검박儉薄 현상이 있고, 병주幷州와 양주涼州는 강융羌戎이 반기를 들며 사납게 굴고 있습니다. 게다가 백성들은 쓸 것이 부족한데 관고인 부탕府帑은 텅 빈 허궤虛匱의 상태입니다. 폐하는 친히 생부인 효덕황孝德皇 유경劉慶의 원묘園廟를 받들 수 없어 자주 중사中使를 보내 감릉甘陵에 치경致敬을 하고 있습니다. 황제가 타는 주홍색의 수레와 이를 끄는 두 마리의 말인 주헌병마朱軒駢馬가 길에서 서로 마주보는 상망도로相望道路를 할 정도이니 가히 지극한 효성이라고 할 수 있습니다. 그러나 신이 듣건대, 사자들은 지나는 곳에서 위권威權을 크게 부려 군현을 진동震動시킨다고 합니다. 왕후王侯와 2천석의 관원이 도착해 왕백영王伯榮에게 홀로 절을 하고, 백성을 징발해 도로를 수리하고, 역과 숙소인 정전亭傳을 수리하고, 예비숙소인 저치儲偫를 대거 설치하고, 부역의 징발인 징역徵役이 무도無度해 노약자가 서로 뒤따르고, 움직이면 1만 명을 헤아리고, 뇌물이 뒤따르는 복종僕從에게도 바칠 정도로 1인당 비단 100필匹에 달한다고 합니다. 문득 넘어지며 한탄하는 돈복호차頓踣呼嗟의 모습으로 가슴을 치지 않는 자가 없습니다. 하간왕河間王은 황제의 숙부뻘인 친족이고, 청하淸河에는 황상의 부모를 모신 존귀한 능묘陵廟가 있습니다. 봉할 때 부절을 쪼개 가지는 부부대신剖符大臣인 제후조차 모두 외람되게 왕백영에게 수레 아래서 절개를 굽히는데도 폐하는 이를 묻지 않고 있습니다. 그러나 반드시 폐하는 속으로 그리하려는 마음이 있을 것으로 봅니다. 왕백영의 위세는 폐하보다 무겁고, 폐하가 휘두르는 권력의 칼자루는 신하에게 있습니다. 수재의 발생은 틀림없이 여기서 빚어지는 것입니다. 옛날 한무제 때 한언韓嫣은 부거副車에 올라 말을 달려 순시하라는 사명使命을 받은 바 있습니다. 강도왕江都王 유비劉非가 잘못 알고 그에게 1번 절한 일로 인해 한언은 구도歐刀로 내리치는 주살을 당했습니다. 신은 원컨대 명주明主인 황상이 천원天元의 지존을 엄하게 하고, 건강乾剛의 자리를 바르게 하고, 다시는 여자로 하여금 만기萬機에 간여해 혼란스럽게 만드는 일을 하지 않기 바랍니다. 좌우의 친신親臣을 거듭 살펴 한원제 때 석현石顯처럼 간악하게 기밀을 누설하는 일이 없도록 할 수 있습니까? 상서尚書와 참의관參議官인 납언納言 가운데 한애제 때 조창趙昌이 정숭鄭崇을 훼방毀謗한 간악한 모의를 없도록 할 수 있습니까? 공경대신 가운데 한애제 때 주박朱博이 부희傅喜에게 아부하며 지원해준 것과 같은 일이 없게 할 수 있습니까? 외척과 친족 가운데 한성제 때 왕봉王鳳이 왕상王商을 해친 것과 같은 음모가 없도록 할 수 있습니까? 만일 국정이 하나같이 황상의 명령에서 나오고 왕사王事가 매번 자신으로부터 결정되면 아랫사람이 윗사람을 압박하지 못하고, 신하가 군주에게 간섭할 수 없고, 늘 비가 내리는 홍수인 우대水雨大水도 반드시 개이며 그치고, 사방의 여러 이변도 해가 될 수 없을 것입니다."

글이 올라갔으나 황제가 살피지 않았다.

당시 태위와 사도 및 사공 등 삼부三府의 임무가 가벼워 기밀에 관한 사항은 오직 상서에게 위임됐다. 재해와 허물인 재생災眚으로 변고가 생기면 매번 삼공에게 책임을 지우며 면직시켰다. 진충陳忠이 상소했다.

"한나라가 건립된 이래의 구전舊事에 따르면 승상이 청할 경우 들어주지 않은 적이 없었습니다. 지금의 삼공은 비록 명목상 존재하기는 하나 실속이 없고, 관원을 선발하는 선거選舉와 상벌을 내리는 주상誅賞은 오직 상서尚書를 통해서만 이뤄집니다. 상서가 현재 맡고 있는 권한이 삼공보다 무겁습니다. 쇠미하게 사라지는 능지陵遲의 폐습에 물든지 이미 오래됐습니다. 신 진충은 내심 늘 고독하고 불안합니다. 근래 지진 때문에 사공 진포陳褒에게 책서를 내려 면직시켰습니다. 지금 재이災異가 생기자 다시 삼공을 크게 견책하는 절양切讓을 하고자 합니다. 옛날 효성황제孝

成皇帝는 요성妖星이 심수心宿에 접근하자 승상에게 허물을 돌렸습니다. 그러나 결국 상천上天의 복을 받지 못하고, 다만 춘추시대 때 송경공宋景公이 보여준 성심誠心과 배치되는 모습만 보였을 뿐입니다. 시비是非의 구분은 뚜렷하게 드러나는 법입니다. 또 상서가 사안을 판결하는 것은 대부분 옛 전례에 어긋납니다. 죄를 주는 것이 법에 없는 까닭에 속이는 저기抵欺를 우선으로 삼고 있고, 판결문이 가혹하고 언사가 추한 문참언추文慘言醜로 인해 장헌章憲을 거스르고 있습니다. 의당 원래의 뜻을 찾도록 추궁하고, 당사자의 호소를 듣지 않는 관행을 단절하고, 위로 국전國典의 규정을 따르면서 아래로 군주의 위복威福을 행사하는 것을 방지해야 합니다. 모나고 둥근 방원方員은 규구規矩에 놓아야 잴 수 있고, 경중輕重은 저울인 형석衡石에 놓아야 살필 수 있습니다. 실로 그리해야만 국가의 전장典章과 만세의 법이 될 수 있습니다!"

17) 여남汝南 태수인 산양山陽 출신 왕공王龔은 정사를 펼치면서 온화溫和를 숭상했고, 재사才士를 호애好愛했다. 원랑袁閬을 인사 담당의 공조功曹로 삼아 군중郡中의 황헌黃憲과 진번陳蕃 등을 관계로 진출시키고자 했다. 황헌은 비록 굽히지 않았으나 진번은 마침내 관직으로 진출하는 취리就吏를 했다. 당시 공조 원랑은 특이한 행실을 닦지는 않았으나 커다란 명성을 떨쳤다. 진번은 성품과 기백이 고명高明해 왕공이 모두 예의로 대했다. 군사群士들 가운데 귀심歸心하지 않는 자가 없었던 이유다.

황헌은 대대로 빈천했다. 부친은 소를 고치는 우의牛醫였다. 영천潁川 출신 순숙荀淑이 신양慎陽하남성 정양현에 이르러 길을 가는 역려逆旅 도중에 황헌을 우연히 만났을 때 황헌은 14세였다. 순숙은 놀랄만한 날연辣然의 태도로 황헌의 특이한 모습을 보고는 읍揖을 한 뒤 함께 말을 나눴다. 날이 저무는 이일移日의 시간까지 떠날 줄을 몰랐다. 순숙은 자가 숙도叔度인 황헌에게 이같이 말했다.

"그대는 나의 사표師表요."

그리하고서는 원랑袁閬의 처소로 간 뒤 안부 인사를 하지도 않은 채 도리어 이같이 물었다.

"그대의 나라에 공자의 제자인 안자顔子와 같은 사람이 있소. 그대는 그를 알아보았소?"

원랑이 반문했다.

"우리의 숙도叔度를 본 것이오?"

이때 같은 군郡에 사는 대량戴良이 재주가 높아 거만한 재고거오才高倨傲의 모습을 보였다. 그는 황헌을 보면 미상불未嘗不 용모를 바르게 하지 않은 적이 없었다. 집으로 돌아와서는 망연惘然히 정신을 잃은 듯한 표정이었다. 모친이 물었다.

"너는 또 우의牛醫의 아들을 만나고 온 것인가?"

대량이 대답했다.

"저 대량은 숙도를 보지 않았을 때는 스스로 모르는 게 없다고 생각했습니다. 그러나 그를 만났을 때, 그는 앞에 있는 듯이 보였는데도 홀연히 뒤에 있었습니다. 실로 추측해 헤아리는 게 힘듭니다."

진번이 같은 군의 사람인 주거周擧와 일찍이 서로 말을 나눈 적이 있었다.

"계절과 달인 시월時月 사이에 황생黃生을 보지 못하니 마음에서 비루하고 인색한 비린鄙吝의 싹이 다시 생기고 있소."

태원太原 출신 곽태郭泰는 젊어서 여남汝南 일대를 주유했다. 먼저 자가 봉고奉高인 원랑 집을 들르기만 할 뿐 하룻밤도 묵지 않았다. 이어 다시 나아가서 황헌을 따라다니며 며칠이 지나서야 집으로 돌아왔다. 어떤 사람이 이를 묻자 곽태가 대답했다.

"봉고奉高의 그릇은 예컨대 곁 구멍에서 솟아나는 샘인 궤천氿川과 밑바닥에서 솟아나는 남천濫川에 비유할 수 있소. 비록 맑기는 하나 쉽게 손으로 뜰 수 있소. 그러나 숙도叔度는 넓고 깊은 왕왕汪汪의 모습이어서 마치 1천 경頃 넓이의 연못인 천경피千頃陂와 같소. 징청澄淸하게 만들 수도, 효탁淆濁하게 만들 수도 없으니 실로 그 그릇을 헤아릴 길이 없소."

황헌은 당초 효렴에 천거됐고, 또 공부公府에 의해 벽소辟召됐다. 친구들이 벼슬길인 사환仕宦에 나설 것을 권하자 황헌 역시 거부하지 않고 잠시 경사로 갔다가 곧바로 돌아왔다. 끝내 황헌은 벼슬길에 나서지 않은 채 48세의 나이로 세상을 떠났다.

남북조시대 남조 송나라의 범엽范曄은 『후한서』「황헌전黃憲傳」에서 이 같이 논했다.

"황헌의 언론言論과 풍지風旨 즉 견해는 후대에 전해져 알려진 전문傳聞이 없다. 그러나 사군자士君子의 입장에서 그를 보면 그의 심원深遠한 뜻에 경복하지 않는 사람이 없다. 결점과 인색함인 자린疵吝[149]을 제거하고, 도道를 두루 지닌 채 본성을 온전히 한 게 그렇다. 그러니 어찌 덕이 없다고 말할 수 있겠는가! 나의 증조부인 목후穆侯 범왕范汪은 칭송하기를, '황헌은 다투지 않는 퇴연隤然의 모습으로 자신이 처한 자리에 순응했고, 행보가 도道와 같이 심오해 천심淺深을 헤아릴 길이 없었고, 청탁淸濁 또한 논의할 수조차 없었다. 설령 공문孔門의 제자일지라도 이보다 더하지는 못했을 것이다!'라고 했다."

---

149   자린疵吝의 원문은 빈린玭吝이다. 빈玭은 소리 나는 진주를 가리킨다. 문맥상 옥의 티를 뜻하는 자疵의 오자로 보인다. 자疵는 하자瑕疵의 자疵와 통한다. 번역문은 자린疵吝으로 바꿔 놓았다.

* 孝安皇帝延光元年

春, 三月, 丙午, 改元, 赦天下.

護羌校尉馬賢追擊庶奴, 到湟中, 破之, 種衆散遁.

夏, 四月, 癸未, 京師·郡國二十一雨雹, 河西雹大者如斗.

幽州刺史馮煥·玄菟太守姚光數糾發奸惡, 怨者詐作璽書, 譴責煥·光, 賜以歐刀, 又下遼東都尉龐奮, 使速行刑. 奮即斬光, 收煥. 煥欲自殺, 其子緄疑詔文有異, 止煥曰, "大人在州, 志欲去惡, 實無它故. 必是凶人妄詐, 規肆奸毒. 願以事自上, 甘罪無晩." 煥從其言, 上書自訟, 果詐者所爲, 徵奮, 抵罪.

癸巳, 司空陳褒免. 五月, 庚戌, 宗正彭城劉授爲司空.

己巳, 封河間孝王子德爲安平王, 嗣樂成靖王後.

六月, 郡國蝗.

秋, 七月, 癸卯, 京師及郡國十三地震.

高句驪王遂成還漢生口, 詣玄菟降, 其後濊貊率服, 東垂少事.

虔人羌與上郡胡反, 度遼將軍耿夔擊破之. 八月, 陽陵園寢火.

九月, 甲戌, 郡國二十七地震.

鮮卑既累殺郡守, 膽氣轉盛, 控弦數萬騎, 冬, 十月, 復寇雁門·定襄. 十一月, 寇太原.

燒當羌庶奴饑困, 將種衆詣漢陽太守耿种降.

是歲, 京師及郡國二十七雨水.

帝數遣黃門常侍及中使伯榮往來甘陵, 尚書僕射陳忠上疏曰, "今天心未得, 隔幷屢臻, 靑·冀之域, 淫雨漏河, 徐·岱之濱, 海水盆溢, 兗·豫蝗蜡滋生, 荊·揚稻收儉薄, 幷·涼二州羌戎叛戾, 加以百姓不足, 府帑虛匱. 陛下以不得親奉孝德皇園廟, 比遣中使致敬甘陵, 朱軒駢馬, 相望道路, 可謂孝至矣. 然臣竊聞使者所過, 威權翕赫, 震

動郡縣, 王·侯·二千石至為伯榮獨拜車下, 發民修道, 繕理亭傳, 多設
儲偫, 徵役無度, 老弱相隨, 動有萬計, 賂遺僕從, 人數百四, 頓踣呼
嗟, 莫不叩心. 河間托叔父之屬, 清河有陵廟之尊, 及剖符大臣, 皆
猥為伯榮屈節車下, 陛下不問, 必以為陛下欲其然也. 伯榮之威, 重
於陛下, 陛下之柄, 在於臣妾, 水災之發, 必起於此. 昔韓嫣托副車
之乘, 受馳視之使, 江都誤為一拜, 而嫣受歐刀之誅. 臣願明主嚴天
元之尊, 正乾剛之位, 不宜復令女使幹錯萬機. 重察左右, 得無石顯
洩漏之奸? 尚書納言, 得無趙昌譖崇之詐? 公卿大臣, 得無朱博阿
傅之援? 外屬近戚, 得無王鳳害商之謀? 若國政一由帝命, 王事每
決於己, 則下不得逼上, 臣不得干君, 常雨大水必當霽止, 四方眾異
不能為害."書奏, 不省. 時三府任輕, 機事專委尚書, 而災眚變咎, 輒
切免三公, 陳忠上疏曰, "漢典舊事, 丞相所請, 靡有不聽. 今之三公,
雖當其名而無其實, 選舉誅賞, 一由尚書, 尚書見任, 重於三公, 陵
遲以來, 其漸久矣. 臣忠心常獨不安. 近以地震, 策免司空陳褒, 今
者災異, 復欲切讓三公. 昔孝成皇帝以妖星守心, 移咎丞相, 卒不蒙
上天之福, 徒乖宋景之誠. 故知是非之分, 較然有歸矣. 又尚書決事,
多違故典, 罪法無例, 詆欺為先, 文慘言醜, 有乖章憲. 宜責求其意,
割而勿聽, 上順國典, 下防威福, 置方員於規矩, 審輕重於衡石, 誠
國家之典, 萬世之法也!"

汝南太守山陽王龔, 政崇溫和, 好才愛士. 以袁閬為功曹, 引進郡
人黃憲·陳蕃等. 憲雖不屈, 蕃遂就吏. 閬不修異操而致名當時, 蕃性
氣高明, 龔皆禮之, 由是群士莫不歸心.

憲世貧賤, 父為牛醫. 潁川荀淑至慎陽, 遇憲於逆旅, 時年十四.
淑竦然異之, 揖與語, 移日不能去, 謂憲曰, "子, 吾之師表也." 既而
前至袁閬所, 未及勞問, 逆曰, "子國有顏子, 寧識之乎?" 閬曰, "見吾

叔度邪?"是時同郡戴良, 才高倨傲, 而見憲未嘗不正容, 及歸, 惘然若有失也. 其母問曰, "汝復從牛醫兒來邪?" 對曰, "良不見叔度, 自以為無不及. 既睹其人, 則瞻之在前, 忽焉在後, 固難得而測矣." 陳蕃及同郡周舉嘗相謂曰, "時月之間不見黃生, 則鄙吝之萌復存乎心矣." 太原郭泰, 少游汝南, 先過袁閬, 不宿而退. 進, 往從憲, 累日方還. 或以問泰, 曰, "奉高之器, 譬諸氿濫, 雖清而易挹. 叔度汪汪若千頃陂, 澄之不清, 淆之不濁, 不可量也." 憲初舉孝廉, 又辟公府. 友人勸其仕, 憲亦不拒之, 暫到京師, 即還, 竟無所就, 年四十八終.

范曄論曰, "黃憲言論風旨, 無所傳聞. 然士君子見之者, 靡不服深遠, 去玼吝, 將以道周性全, 無德而稱乎! 余曾祖穆侯以為曰, '憲, 隤然其處順, 淵乎其似道, 淺深莫臻其分, 清濁未議其方, 若及門於孔氏, 其殆庶乎!'"

한안제 연광 2년(AD 123)

1) 봄 정월, 모우旄牛에 사는 이족夷族이 반란을 일으키자 익주 자사 장교張喬가 이들을 격파했다.

2) 여름 4월 20일, 유모 왕성王聖에게 작위를 내려 야왕군野王君으로 삼았다.

3) 북흉노가 차사車師와 연합해 함께 하서河西에 입구入寇했다. 논의하는 자들이 다시 돈황의 서북부에 있는 옥문관玉門關과 서남쪽의 양관陽關을 폐쇄해 우환을 끊고자 했다. 돈황 태수 장당張璫이 상서했다.

"신이 경사에 있을 때는 역시 서역을 반드시 포기해야 한다고 여겼습니다. 지금 직접 그 땅을 밟은 뒤에야 이내 서역을 포기하면 하서河西가 자존自存할 수 없다는 사실을 알았습니다. 삼가 서역을 보전하기 위한 3책三策을 진술하고자 합니다. 첫째, 북흉노의 호연왕呼衍王은 늘 포류蒲類

신강성 파리곤혼와 진해秦海대진국인 로마 일대 사이를 전전하며 오로지 서역을 통제하여 함께 구초寇鈔하곤 합니다. 지금 주천속국酒泉屬國의 이사吏士 2,000여 명을 옥문관 부근의 곤륜새崑崙塞에 모은 뒤 우선 호연왕을 쳐 근본을 자르고, 그 기회를 통해 선선鄯善의 병사 5,000명을 동원해 차사후부車師後部를 위협하도록 하십시오. 이것이 상계上計입니다. 둘째, 만일 출병할 수 없으면 군사마軍司馬를 두고 500명의 병사를 이끌게 하면서 4개 군郡으로 하여금 그들의 이우犁牛 즉 밭가는 소와 곡식穀食을 제공하게 하고, 출새出塞하여 유중柳中신강성 투르판현 동남쪽을 점거하게 하십시오. 이것이 중계中計입니다. 마지막으로 그것이 불가능하면 의당 차사전부의 도성인 교하성交河城을 포기하고 선선의 군사를 거두어 모두 변새 안으로 들어오는 입새入塞를 하게 하십시오. 이것은 하계下計입니다."

조정에서 이를 논의하게 했다. 진충陳忠이 상서했다.

"서역이 중국으로 내부內附한 지 오래된 까닭에 구구區區하게 동쪽을 바라보며 관문을 두드리는 일이 자주 있게 됐습니다. 이는 저들이 흉노를 좋아하지 않고, 한나라를 사모하기 때문입니다. 지금 북흉노가 이미 차사를 깨뜨렸으니, 형세 상 반드시 남쪽 선선을 공격할 것입니다. 이를 버려둔 채 도와주지 않으면 서역 제국諸國이 이를 따르게 됩니다. 만일 그리되면 북로北虜는 재회財賄가 더욱 늘어나고, 담세膽勢 또한 더욱 불어날 것입니다. 위엄이 기련산 남쪽의 강족인 남강南羌에 이르러 서로 교통하게 되면 하서4군河西四郡이 위험해집니다. 하서4군이 위험해지면 불가불 구원해야만 합니다. 이는 100배의 역사役事를 일으키는 것과 같아 한없이 많은 비용을 물게 됩니다. 논의하는 자들은 단지 서역이 절원絶遠하여 진휼하는 데 번거롭고 비용이 드는 점만 생각할 뿐, 한무제가 고심근로苦心勤勞한 뜻을 보지 못하고 있습니다. 바야흐로 지금 돈황이 고립돼 위험한 까닭에 멀리서 급히 달려와 위험을 알리는 고급告急을 하고 있습니다. 다시 보조輔助하지 않으면 안으로 이민吏民을 위로할 길이 없고, 밖으로 여러 이민족인 백만百蠻에게 위엄을 보여줄 길이 없습니다. 이는 나라를 위축시키고 영토를 덜어내는 축국감토蹙國減土의 하책으로 양계良計가 될 수 없습니다. 신이 보건대 돈황에는 의당 교위校尉를 설치해야 하고, 또 옛 제도에 의거해 하서4군의 둔병屯兵을 증원함으로써 서역 제국을 진무해야 할 것입니다."

황제가 이를 받아들였다. 이에 다시 반용班勇을 서역장사西域長史로 삼은 뒤 병사 500명을 이끌고 출새出塞해 유중柳中에 주둔하게 했다.

4) 가을 7월, 단양丹陽안휘성 선성현의 산이 무너졌다.

5) 9월, 군국의 5곳에서 비가 계속 내려 물이 넘치는 우수雨水가 있었다.

6) 겨울 10월 6일, 태위 유개劉愷가 파직됐다.

10월 9일, 사도 양진楊震을 태위로 삼고, 광록훈인 동래東萊 출신 유희劉憙를 사도로 삼았다. 대홍려 경보耿寶가 스스로 태위 양진을 문후問候하면서 중상시 이윤李閏의 형을 양진에게 천거했다.

"중상시 이윤은 국가國家 즉 황상이 소중히 여기는 사람입니다. 공을 통해 그의 형을 벽소辟召하고자 합니다. 저 경보는 오직 윗분의 뜻을 전할 뿐입니다."

양진이 대답했다.

"조정이 삼부三府로 하여금 그를 벽소하도록 하려면 의당 상서尚書의 칙령이 있어야 하오."

경보가 크게 한을 품고 물러났다. 낙양의 경비사령관인 집금오執金吾 염현閻顯 역시 친한 사람을 양진에게 천거했으나 양진이 좇지 않았다. 사공 유수劉授가 이 소식을 듣고는 즉시 두 사람을 벽소했다. 양진이 더욱 원한을 사게 된 이유다.

당시 황제는 조서를 내리는 식으로 사자를 파견해 유모인 왕성王聖을 위해 저택을 크게 수리하도록 했다. 중상시 번풍樊豐과 시중인 주광周廣과 사운謝惲 등이 다시 서로 선동해 조정을 뒤흔드는 경요傾搖를 했다. 태위 양진이 상소했다.

"신이 엎드려 생각건대, 바야흐로 지금 재해가 아주 심해 백성이 공허空虛하고, 동쪽과 서쪽 및 북쪽 변경인 삼변三邊이 진요震擾하고, 탕장帑藏이 궤핍匱乏하여 거의 사직이 안녕치 못한 상황입니다. 조서를 내리는 식으로 사자를 파견해 아모阿母를 위해 제사第舍를 흥기하도록 하고 있습니다. 2개의 구역을 하나로 합치는 합량위일合兩為一과 마을의 리里를 연접시켜 하나의 거리를 만드는 연리경가連里竟街, 조각과 장식을 꾸미는 일에 온갖 기교를 부리는 궁극교기窮極巧伎, 산을 깎아 돌을 캐는 공산채석攻山採石이 그렇습니다. 이를 돌아가면 서로 박촉迫促하니 그 비용이 거억巨億에 달합니다. 주광周廣과 사운謝惲 형제는 황상의 지친인 폐부肺府나 자손인 지엽枝葉에 속한 무리가 아닙니다. 그런데도 황상 주변의 근행近幸과 간녕奸佞한 자들에 의지하며 그들과 더불어 위권威權을 나눠 함께 보유하면서 주군州郡에 청탁해 대신들을 치우치게 움직이고, 관사官司를 재단해 멋대로 벽소辟召하는 식으로 황상의 뜻을 따른다고 합니다. 해내의 탐오貪污한 자들을 불러들여 화뢰貨賂를 받고, 심지어 뇌물을 받아 종신 금고에 처해진 장고기세臧錮棄世의 무리까지 다시 드러나게 임용하는 게 그렇습니다. 흑백이 뒤섞이고 청탁이 같은 곳에서 나오자 천하가 떠들썩한 환화讙嘩의 모습을 보이며 조정이 이들과 결탁했다는 풍자가 나돌고 있습니다. 신은 옛 스승으로부터 듣건대, '윗사람이 재화財貨를 모두 소진하면 백성의 원한을 사고, 민력民力을 모두 소모하면 백성이 배신한다. 원한과 배신을 품은 백성은 다시 부릴 수가 없는 법이다'[150]라고 했습니다. 오직 폐하가 이를 깊이 헤아리도록 하십시오."

황상이 듣지 않았다.

7) 선비족의 기지건其至鞬이 스스로 1만 명의 기병을 이끌고 남흉노를 만백曼柏에서 공격했다. 욱건일축薁鞬日逐 왕이 전사하고 1,000여 명이 죽었다.

8) 12월 4일, 경사와 군국 3곳에서 지진이 났다.

9) 진충陳忠이 여남汝南 출신 주섭周燮과 남양南陽 출신 풍량馮良이 학행學行이 심순深純하고, 은거하며 벼슬에 나아가지 않았고, 세상에서 명망이 두텁다는 이유 등을 들어 천거했다. 황제가 흑색과 분홍색의 비단인 현훈玄纁과 예를 아는 것으로 간주된 어린 양의 폐백인 고폐羔幣를 갖고 가 초빙하게 했다. 주섭의 종족이 다시 그의 출사를 권했다.

"무릇 덕을 닦고 행실을 바로 세우는 수덕입행修德立行은 나라를 다스리기 위한 것이오. 그대는 어찌 홀로 고향인 여남의 안성安城 동쪽 산등성이에 살며 비탈 밭 경작으로 자급하는 삶을 지키려는 것이오?"

주섭이 대답했다.

"무릇 수도자修道者는 때를 헤아려 움직이는 탁시이동度時而動을 하오. 움직이고자 해도 때가 아니면 어찌 복을 누릴 수 있겠소!"

주섭이 풍량과 함께 모두 스스로 수레를 타고 가까운 현에 도착했으나 이내 칭병하고 돌아왔다.

＊孝安皇帝延光二年

春, 正月, 旄牛夷反, 益州刺史張喬擊破之.

150 　원문은 '상지소취上之所取, 재진즉원財盡則怨, 역진즉반力盡則叛, 원반지인怨叛之人, 불가부사不可復使'이다. 『후한서』「양진열전」에서 인용한 것이다. 「양진열전」에는 그 뒤에 백성이 부족해지면 군주는 어떻게 백성을 채울 수 있냐고 묻는 것이라는 취지의 '고왈故曰, 백성부족百姓不足, 군수여족君谁與足' 구절이 덧붙여져 있다.

夏, 四月, 戊子, 爵乳母王聖為野王君.

北匈奴連與車師入寇河西, 議者欲復閉玉門·陽關以絕其患. 敦煌太守張璫上書曰, "臣在京師, 亦以為西域宜棄, 今親踐其土地, 乃知棄西域則河西不能自存. 謹陳西域三策. 北虜呼衍王常展轉蒲類·秦海之間, 專制西域, 共為寇鈔. 今以酒泉屬國吏士二千餘人集崑崙塞, 先擊呼衍王, 絕其根本, 因發鄯善兵五千人脅車師後部, 此上計也. 若不能出兵, 可置軍司馬, 將士五百人, 四郡供其犁牛·穀食, 出據柳中, 此中計也. 如又不能, 則宜棄交河城, 收鄯善等悉使入塞, 此下計也." 朝廷下其議. 陳忠上疏曰, "西域內附日久, 區區東望扣關者數矣, 此其不樂匈奴·慕漢之效也. 今北虜已破車師, 勢必南攻鄯善, 棄而不救, 則諸國從矣. 若然, 則虜財賄益增, 膽勢益殖, 威臨南羌, 與之交通, 如此, 河西四郡危矣. 河西既危, 不可不救, 則百倍之役興, 不訾之費發矣. 議者但念西域絕遠, 恤之煩費, 不見孝武苦心勤勞之意也. 方今敦煌孤危, 遠來告急. 復不輔助, 內無以慰勞吏民, 外無以威示百蠻, 蹙國減土, 非良計也. 臣以為敦煌宜置校尉, 按舊增四郡屯兵, 以西撫諸國." 帝納之, 於是復以班勇為西域長史, 將兵五百人出屯柳中.

秋, 七月, 丹陽山崩.

九月, 郡國五雨水.

冬, 十月, 辛未, 太尉劉愷罷. 甲戌, 以司徒楊震為太尉, 光祿勳東萊劉熹為司徒. 大鴻臚耿寶自候震, 薦中常侍李閏兄於震曰, "李常侍國家所重, 欲令公辟其兄. 寶唯傳上意耳." 震曰, "如朝廷欲令三府辟召, 故宜有尚書敕." 寶大恨而去. 執金吾閻顯亦薦所親於震, 震又不從. 司空劉授聞之, 即辟此二人. 由是震益見怨. 時詔遣使者大為王聖修第. 中常侍樊豐及侍中周廣·謝惲等更相扇動, 傾搖朝廷.

震上疏曰, "臣伏念方今災害滋甚, 百姓空虛, 三邊震擾, 帑藏匱乏, 殆非社稷安寧之時. 詔書為阿母興起第舍, 合兩為一, 連里竟街, 雕修繕飾, 窮極巧伎, 攻山採石, 轉相迫促, 為費巨億. 周廣·謝惲兄弟, 與國無肺府枝葉之屬, 依倚近幸奸佞之人, 與之分威共權, 屬托州郡, 傾動大臣. 宰司辟召, 承望旨意, 招來海內貪污之人, 受其貨賂, 至有臧錮棄世之徒, 復得顯用. 白黑混淆, 清濁同源, 天下讙嘩, 為朝結譏. 臣聞師言, '上之所取, 財盡則怨, 力盡則叛, 怨叛之人, 不可復使', 惟陛下度之!" 上不聽.

鮮卑其至鞬自將萬餘騎攻南匈奴於曼柏, 薁鞬日逐王戰死, 殺千餘人.

十二月, 戊辰, 京師及郡國三地震.

陳忠薦汝南周燮·南陽馮良學行深純, 隱居不仕, 名重於世. 帝以玄纁羔幣聘之. 燮宗族更勸之曰, "夫修德立行, 所以為國, 君獨何為守東岡之陂乎?" 燮曰, "夫修道者度其時而動, 動而不時, 焉得亨乎!" 與良皆自載至近縣, 稱病而還.

한안제 연광 3년(AD 124)

1) 봄 정월, 반용班勇이 누란樓蘭에 이르자 선선鄯善이 귀부歸附했다. 특별히 왕의 인수인 왕수王綬[151]를 더해 주었다. 구자龜茲의 왕 백영白英은 오히려 스스로 의심하며 항복하지 않았다. 반용이 은신恩信으로 마음을 열자 백영이 고묵姑墨신강성 배성현과 온숙溫宿신강성 조십현 백성을 이끌고 스

151　왕수王綬의 원문은 삼수三綬이다. 호삼성은 삼三을 왕王의 오사誤寫로 보았다. '삼수'의 뜻을 알 길이 없는 상황에서 호삼성의 지적이 합리적이다. 번역문은 '왕수'로 바꿔 놓았다.

스로 포박한 뒤 반용에게 왔다. 이어 휘하 병사인 보기步騎 1만여 명을 동원해 차사전부車師前部의 왕정에 이른 뒤 흉노의 이여왕伊蠡王을 이화곡伊和谷에서 공격해 패주시켰다. 차사전부의 병사 5,000명을 거둬들였다. 이에 차사전부로 가는 길이 비로소 다시 개통됐다. 돌아온 뒤 유중柳中에서 둔전했다.

2) 2월13일 거가車駕가 동순東巡했다.

2월 28일, 태산으로 행차했다.

3월 5일, 노로魯 땅으로 행차했다. 돌아온 뒤 동평東平산동성 동평현으로 행차했다. 동군東郡하남성 복양현에 이른 뒤 위군魏郡하남성 임장현과 하내河內하남성 무척현를 거쳐 환궁했다.

3) 당초 번풍樊豐과 주광周廣 및 사운謝惲 등은 양진楊震의 계속된 간언에도 불구하고 황제가 따르지 않는 것을 보고는 돌아보거나 꺼리는 바가 없었다. 마침내 거짓으로 조서를 만들어 재정을 담당하는 사농부司農府의 전곡錢穀과 토목을 담당하는 대장부大匠府 소속의 현장 기술자와 재목을 조발調發해 각각 무덤지기가 거주하는 총사冢舍와 원지園池, 누각인 여관廬觀을 짓는 공사를 일으켰다. 공사비인 역비役費가 헤아릴 수 없이 많았다. 양진이 다시 상소했다.

"신이 삼공과 재상 등의 태보台輔 자리에 앉았으나 음양을 조화시키지 못하자 거년去年 12월 4일 경사에서 지진이 일어났습니다. 그날은 무진일戊辰日이었습니다. 지진의 지地와 간지干支인 무진의 무戊와 진辰 등 3가지 모두 땅을 뜻합니다. 방위로 볼 때 땅은 중궁中宮에 해당하고, 중신中臣과 근관近官이 권력을 잡아 용사用事하는 형상입니다. 신이 엎드려 생각건대, 오직 폐하는 변경이 아직 미녕未寧한 까닭에 몸소 물자가 변변치 않은 비박菲薄의 행보로 궁전의 담과 지붕이 기울어져도 버팀목으로 괴어야만 할 뿐이라고 생각합니다. 그러나 친근히 하는 행신幸臣들은 쇠붙이도 끊을 정도로 굳건한 황제의 뜻인 이른바 단금斷金을 숭상할 생각을 하지 않은 채 교일驕溢하게 법을 뛰어넘고 있습니다. 대부분 죄수를 동원해 성대하게 제사第舍를 수리하고, 위엄과 복을 팔아먹으며 희롱하는 매롱위복賣弄威福을 통해 길거리를 떠들썩하게 만들고 있습니다. 지진의 변고는 거의 여기서 비롯된 것입니다. 또한 겨울에 쌓인 눈인 숙설宿雪이 없고, 봄에 비가 내리지 않아 백료百僚가 마음을 애태우는 초심焦心을 하고 있는데도 이들은 저택을 선수繕修하는 일을 그치지 않고 있습니다. 실로 한재旱災를 초래할 징조입니다. 오직 폐하가 강건한 군주를 상징하는 건강乾剛의 덕을 떨쳐 장차 교사驕奢한 신하를 버리고, 황천皇天의 경계를 이어나가야 할 것입니다!"

양진이 앞뒤로 말하는 바가 더욱 절박해지자 황제는 이미 이를 불평했다. 번풍 등이 모두 양진에게 곁눈질인 측목側目을 하면서 분원憤怨의 모습을 보였다. 그러나 그가 명유名儒인 까닭에 아직은 감히 해를 가하지 못했다. 마침 하간河間하북성 헌현 출신 남자인 조등趙騰이 상서해 득실에 관해 진술했다. 황제가 발노發怒하며 마침내 그를 체포해 조옥詔獄으로 다스리게 했다. 곧 황상을 넘보는 대역부도의 죄를 범했다는 판결이 나왔다. 양진이 상소해 구하려 했다.

"신이 듣건대 은나라와 주나라 때의 철왕哲王은 소인이 원망하고 꾸짖는 원매怨詈를 하면 돌이켜 스스로 삼가며 덕을 닦았습니다. 지금 조등이 연루된 사안은 격한 언사로 비방을 하는 격알방어激訐謗語의 사안으로 칼날을 쥐고 법을 범하는 사안과 차이가 있습니다. 빌건대 죄를 감면하는 휴제虧除를 하여 그의 목숨을 온전하게 해주십시오. 이는 꼴을 베며 나무를 하는 추요芻蕘와 수레를 끄는 여인輿人들이 기탄없이 건의하도록 유인하는 길이기도 합니다."

황제가 듣지 않았다. 결국 조등은 도시都市에서 엎어진 시신인 복시伏

屍가 되고 말았다.

황제가 동순東巡하자 번풍 등은 승여乘輿가 밖에 있는 틈을 타 경쟁적으로 제택第宅을 수리했다. 태위부의 연리掾吏인 고서高舒가 대장영사大匠令史를 불러 이를 자세히 살피고 비교해 번풍 등이 거짓으로 조서를 지어낸 사실을 알아낸 뒤 이를 모두 상주문에 써넣고 황제가 행차에서 돌아오기를 기다렸다. 번풍 등이 황포惶怖했다. 마침 태사太史가 성변星變으로 인해 역행逆行이 빚어졌다고 말하자 마침내 함께 양진을 참소했다.

"양진은 조등 사후 깊이 원망하며 분노하는 원대怨懟의 모습을 보였습니다. 게다가 등씨鄧氏의 고리故吏로서 에한恚恨의 마음까지 지니고 있습니다."

3월 29일, 거가가 경사로 돌아왔다. 태학太學에 머물며 길한 시간이 오기를 기다리는 편시便時를 하다가 입궁했다. 밤에 사자를 보내 책서策書로 양진의 태위 인수를 거뒀다. 이후 양진이 문을 닫아건 채 빈객을 사절하자 번풍 등이 다시 이를 증오하며 대홍려 경보耿寶를 시켜 이같이 상주하게 했다.

"양진은 대신임에도 죄를 내린 것에 불복하며 원망하는 에망恚望을 품고 있습니다."

조서를 내려 본군本郡으로 돌려보내게 했다. 양진은 본군으로 가다가 낙양성의 서쪽에 있는 기양정幾陽亭에 이르러 이내 강개慷慨한 표정으로 여러 아들과 문인門人을 향해 이같이 말했다.

"죽음은 선비에게 일상적인 만남이다. 나는 은총을 입어 상사上司의 자리에 있었다. 간신의 교활狡猾을 미워했으나 주살하지 못했고, 총애를 입는 폐녀嬖女가 나라를 기울이고 어지럽히는 경란傾亂을 미워하면서도 금하지 못했다. 무슨 면목으로 다시 일월을 볼 것인가! 이 몸이 죽는 날 잡목雜木으로 관을 만들고, 포布로 1번 감싸되 재단은 몸을 덮을 정도면

족하다. 관을 조상의 무덤으로 운반하지 말고, 제사도 진설하지 마라!"

그러고는 짐주鴆酒를 마시고 졸卒했다.

홍농弘農 태수 이량移良이 번풍 등의 뜻을 이어받아 관원을 섬현陝縣 하남성 섬현에 파견해 양진의 영구를 세운 뒤 관을 길옆에 드러내놓게 했다. 이어 양진의 여러 아들을 먼 곳으로 좌천시켜 우편물을 전하는 역리驛吏 를 대신해 문서를 나르게 했다. 도로에 있는 사람들이 모두 눈물을 흘 렸다.

태복인 정강후征羌侯 내력來歷이 말했다.

"경귀인耿貴人의 오라비인 경보耿寶는 황상의 처남인 원구元舅로서 영 총榮寵이 지나치게 후했다. 국은國恩에 보답할 생각을 하지 않고 간신에 게 기울어져 충량忠良을 상해傷害했으니 천화天禍가 곧 이를 것이다."

내력은 내흡來歙의 증손이다.

4) 여름 4월 2일, 거가가 입궁入宮했다.

5) 4월 5일, 광록훈 풍석馮石을 태위로 삼았다.

6) 흉노의 33대 선우인 남선우 난제단欒提檀이 죽자 동생 난제발欒提 拔이 즉위해 제34대 오계후시축제烏稽侯屍逐鞮 선우가 됐다. 당시 선비족 이 자주 변경을 침구하자 도료장군 경기耿夔가 온우독왕溫禺犢王 호우휘 呼尤徽와 함께 새로 투항한 자들을 이끌고 매년 출새出塞해 적들을 치고, 돌아와서는 요충지에 열을 지어 주둔하게 했다.

경기가 징발徵發하는 번거로움이 극에 달하자 새로 투항한 자들 모두 원한을 품었다. 대인大人 아족阿族 등이 마침내 반란을 일으켜 호우휘를 위협해 함께 달아나려고 했다. 호우휘가 말했다.

"나는 늙은데다 한나라의 은혜를 입었소. 차라리 죽을지언정 함께 따 라갈 수는 없소!"

무리들이 그를 죽이려고 했으나 구해주는 자가 있어 간신히 죽음을 면했다. 아족 등이 마침내 무리를 이끌고 망거亡去했다. 중랑장 마익馬翼이 호족의 기병과 함께 추격해 격파한 뒤 무리를 참획斬獲해 거의 모두 진멸했다.

7) 일남日南의 변새 밖에 있는 만이蠻夷가 내속했다.

8) 6월, 선비족이 현도를 침구했다.

9) 6월 8일, 낭중閬中사천성 낭중현의 산이 무너졌다.

10) 가을 8월 20일[152], 대홍려 경보耿寶를 대장군으로 삼았다.

11) 황제의 유모 왕성王聖을 비롯해 강경江京과 번풍樊豐 등이 태자의 유모 왕남王男과 주방을 감독하는 주감廚監 병길邴吉 등을 참소해 죽이고, 가속을 비경比景베트남 해동현으로 유배 보냈다. 태자가 왕남과 병길을 생각하며 자주 탄식했다. 강경과 번풍은 후환後害을 두려워해 염후閻后와 함께 허무맹랑한 일을 망령되게 만드는 망조허무妄造虛無의 행보로 태자와 동궁의 관원을 얽어 참소했다. 항제가 노해 공경 이하의 관원을 불러 폐태자廢太子 문제를 논의하게 했다. 경보 등이 승지承旨해 모두 의당 폐태자에 동의해야 한다고 생각했다. 태복太僕 내력來歷이 태상太常 항언桓焉 및 정위廷尉인 건위犍爲사천성 팽위현 출신 장호張皓가 건의했다.

"경전에서 말하기를, 나이가 15세 미만인 경우 허물과 악행은 그 자신에게 있지 않다고 했습니다. 또 왕남과 병길의 모의를 황태자는 혹시라도 알지 못했다고 했습니다. 의당 충량忠良한 스승인 보부保傅를 선정해 예의로써 보필해야 합니다. 태자의 폐치廢置는 매우 중대한 사안인 만큼 실로 성은聖恩으로 의당 깊이 유의하는 숙류宿留를 해야 할 것입니다!"

황제가 좇지 않았다. 환언은 환욱桓郁의 아들이다. 장호가 퇴조退朝한

152　원문은 '8월八月, 신사辛巳'이다. 일부 판본은 '8월'이 '7월'로 되어 있으나 7월에는 '신사일辛巳日'이 없다.

뒤 다시 상서했다.

"옛날 한무제 때 역신賊臣 강충江充은 일을 얽어 모역을 참소하는 조구참역造構讒逆을 함으로써 여태자인 여원戾園을 경복傾覆시켰습니다. 한무제는 오래 지나서야 각오覺寤하며 이전의 실수를 되돌아보았으나 후회한들 어찌 되돌릴 수 있었겠습니까? 현재 황태자가 바야흐로 10세에 지나지 않아 보부의 가르침을 아직 익히지 못했는데 문득 책임을 물을 수 있는 것입니까?"

상서문이 올라갔으나 살피지 않았다.

9월 7일, 황태자 유보劉保를 폐해 제음왕濟陰王으로 삼은 뒤 덕양전德陽殿 서쪽의 종루 아래 살게 했다. 내력來歷이 이내 광록훈 대풍郤諷과 종정 유위劉瑋, 장작대장將作大匠 설호薛皓를 비롯해 시중侍中 여구홍閭丘弘과 진광陳光 및 조대趙代와 시연施延, 태중대부太中大夫인 구강九江 출신 주장朱倀 등 10여 명과 함께 홍도문鴻都門으로 가서 태자에게 잘못이 없음을 증명했다. 황제와 좌우 근신들이 이를 걱정했다. 이내 중상시中常侍에게 조서를 받들어 군신들을 위협하게 했다.

"부자일체父子一體는 천성이 그러한 것이다. 의로써 은정을 베어내는 이의할은以義割恩은 천하를 위한 것이다. 내력과 대풍 등은 큰 법도인 대전大典을 모르고, 군소群小와 함께 떠들썩한 환화歡嘩를 만들고 있다. 겉으로 보기엔 충직하나, 안으로는 훗날의 복록을 바라는 것이다. 사악함을 수식해 의리에 어긋나는 것이 어찌 군주를 섬기는 예절인 사군지례事君之禮일 수 있겠는가! 조정은 널리 언로를 열었으니 잠시 모든 것을 용서할 것이다. 만일 미몽을 품고 반성하지 않는 회미불반懷迷不反을 행하면 의당 형법의 조문인 형서刑書를 분명히 밝힐 것이다."

간하는 자들 가운데 실색失色하지 않는 자가 없었다. 설호薛皓가 먼저 돈수頓首했다.

"실로 의당 성명한 조서처럼 하겠습니다."

내력이 화가 난 불연怫然의 모습으로 조정에서 설호를 힐책했다.

"하나의 무리로 통하는 속통屬通이 되어 간하고 있는데 무엇을 말하려는 것이오? 지금 다시 이를 배신하려는 것이오? 대신이 조거朝車를 타고 국사를 처리하면서 실로 이같이 오락가락하는 전전輾轉을 할 수 있단 말이오!"

그러나 이내 각자 조금씩 몸을 일으켜 밖으로 나갔다. 내력만이 홀로 궁궐을 지킨 채 연일 나가려 하지 않았다. 황제가 대로했다. 상서령 진충陳忠이 여러 상서와 함께 마침내 공동으로 상주해 내력을 탄핵했다. 황제가 이내 내력 형제의 관직을 면직시키고, 봉국의 조세를 삭감한 뒤 내력의 모친으로 한명제의 딸인 무안공주武安公主를 내쫓으며 입궁하여 알현하는 것을 불허했다.

12) 농서군隴西郡의 치소가 비로소 적도狄道감숙성 임도현로 돌아갔다.

13) 소당燒當 강족의 우두머리인 마노麻奴가 죽자 동생인 서고犀苦가 즉위했다.

14) 9월 30일, 일식이 있었다.

15) 겨울 10월, 황상이 장안으로 행차했다.

11월 6일, 낙양으로 환궁했다.

16) 이 해에 경사와 여러 군국의 23곳에서 지진이 났다. 36곳에는 대수大水와 우박雨雹이 있었다.

* 孝安皇帝延光三年

春, 正月, 班勇至樓蘭, 以鄯善歸附, 特加三綬, 而龜玆王白英猶自疑未下. 勇開以恩信, 白英乃率姑墨·溫宿, 自縛詣勇, 因發其兵步騎萬餘人到車師前王庭, 擊走匈奴伊蠡王於伊和谷, 收得前部五千餘人, 於是前部始復開通. 還, 屯田柳中.

二月, 丙子, 車駕東巡. 辛卯, 幸泰山. 三月, 戊戌, 幸魯, 還, 幸東平, 至東郡, 歷魏郡·河內而還.

初, 樊豐·周廣·謝惲等見楊震連諫不從, 無所顧忌, 遂詐作詔書, 調發司農錢穀·大匠見徒材木, 各起冢舍·園池·廬觀, 役費無數. 震復上疏曰, "臣備台輔, 不能調和陰陽, 去年十二月四日, 京師地動, 其日戊辰. 三者皆土, 位在中宮, 此中臣·近官持權用事之象也. 臣伏惟陛下以邊境未寧, 躬身菲薄, 宮殿垣屋傾倚, 枝拄而已. 而親近幸臣, 未崇斷金, 驕溢逾法, 多請徒士, 盛修第舍, 賣弄威福, 道路讙嘩, 地動之變, 殆為此發. 又, 冬無宿雪, 春節未雨, 百僚焦心, 而繕修不止, 誠致旱之徵也. 惟陛下奮乾剛之德, 棄驕奢之臣, 以承皇天之戒!" 震前後所言轉切, 帝既不平之, 而樊豐等皆側目憤怨, 以其名儒, 未敢加害. 會河間男子趙騰上書指陳得失, 帝發怒, 遂收考詔獄, 結以罔上不道. 震上疏救之曰, "臣聞殷·周哲王, 小人怨詈, 則還自敬德. 今趙騰所坐, 激訐謗語, 為罪與手刃犯法有差, 乞為虧除, 全騰之命, 以誘芻蕘輿人之言." 帝不聽, 騰竟伏屍都市. 及帝東巡, 樊豐等因乘輿在外, 競修第宅, 太尉部掾高舒召大匠令史考校之, 得豐等所詐下詔書, 具奏, 須行還上之, 豐等惶怖. 會太史言星變逆行, 遂共譖震云, "自趙騰死後, 深用怨懟. 且鄧氏故吏, 有恚恨之心." 壬戌, 車駕還京師, 便時太學, 夜, 遣使者策收震太尉印綬. 震於是柴門絕賓客. 豐等復惡之, 令大鴻臚耿寶奏曰, "震大臣, 不服罪, 懷恚望." 有詔, 遣歸本郡. 震行至城西幾陽亭, 乃慷慨謂其諸子·門人曰, "死者, 士之常分. 吾蒙恩居上司, 疾奸臣狡猾而不能誅, 惡嬖女傾亂而不能禁, 何面目復見日月! 身死之日, 以雜木為棺, 布單被, 裁足蓋形, 勿歸冢次, 勿設祭祀!" 因飲鴆而卒. 弘農太守移良承樊豐等旨,遣吏於陝縣留停震喪, 露棺道側, 謫震諸子代郵行書. 道路皆為隕涕.

太僕征羌侯來歷曰, "耿寶托元舅之親, 榮寵過厚, 不念報國恩, 而傾側奸臣, 傷害忠良, 其天禍亦將至矣." 歷, 歙之曾孫也.

夏, 四月, 乙丑, 車駕入宮.

戊辰, 以光祿勳馮石為太尉.

南單于檀死, 弟拔立, 為烏稽侯屍逐鞮單于. 時鮮卑數寇邊, 度遼將軍耿夔與溫禺犢王呼尤徽將新降者連年出塞擊之, 還使屯列衝要. 耿夔徵發煩劇, 新降者皆怨恨, 大人阿族等遂反, 脅呼尤徽欲與俱去. 呼尤徽曰, "我老矣, 受漢家恩, 寧死, 不能相隨!" 眾所殺之, 有救者, 得免. 阿族等遂將其眾亡去. 中郎將馬翼與胡騎追擊, 破之, 斬獲殆盡.

日南徼外蠻夷內屬.

六月, 鮮卑寇玄菟.

庚午, 閬中山崩.

秋, 八月, 辛巳, 以大鴻臚耿寶為大將軍.

王聖·江京·樊豐等譖太子乳母王男·廚監邴吉等, 殺之, 家屬徙比景. 太子思男·吉, 數為歎息. 京·豐懼有後害, 乃與閻后妄造虛無, 構譖太子及東宮官屬. 帝怒, 召公卿以下, 議廢太子. 耿寶等承旨, 皆以為當廢. 太僕來歷與太常桓焉·廷尉張皓議曰, "經說, 年未滿十五, 過惡不在其身. 且男·吉之謀, 皇太子容有不知. 宜選忠良保傅, 輔以禮義. 廢置事重, 此誠聖恩所宜宿留!" 帝不從. 焉, 郁之子也. 張皓退, 復上書曰, "昔賊臣江充造構讒逆, 傾覆戾園, 孝武久乃覺寤, 雖追前失, 悔之何及. 今皇太子方十歲, 未習保傅之教, 可遽責乎!" 書奏, 不省. 九月, 丁酉, 廢皇太子保為濟陰王, 居於德陽殿西鐘下. 來歷乃要結光祿勳祋諷·宗正劉瑋·將作大匠薛皓·侍中閭丘弘·陳光·趙代·施延·太中大夫九江朱倀等十餘人, 俱詣鴻都門證太子無過. 帝與左右患之, 乃使中常侍奉詔脅群臣曰, "父子一體, 天性自然. 以義割恩, 為天下也. 歷·諷等不識大典, 而與群小共為歡嘩, 外見忠直而內希後福, 飾邪違義, 豈事君之禮! 朝廷廣開言事之路, 故且一切假貸. 若懷迷不反, 當顯明刑書." 諫者莫不失色. 薛皓先頓首曰, "固宜如明詔." 歷怫然, 廷詰皓曰, "屬通諫何言? 而今復背之? 大臣乘朝車, 處國事, 固得輾轉若此乎!" 乃各稍自引起. 歷獨守闕, 連日不肯去. 帝大怒, 尚書令陳忠與諸尚書遂共劾奏歷等, 帝乃免歷兄弟官, 削國租, 黜歷母武安公主不得會見.

隴西郡始還狄道.

燒當羌豪麻奴死, 弟犀苦立.

庚申晦, 日有食之.

冬, 十月, 上行幸長安. 十一月, 乙丑, 還雒陽.

是歲, 京師及諸郡國二十三地震, 三十六大水·雨雹.

** 권51─한기漢紀 43: 어린 황제가 즉위하다

한안제 연광 4년(AD 125)

1) 봄 2월 12일[153], 하비혜왕下邳惠王 유연劉衍이 훙거했다.

2) 2월 17일, 거가車駕가 남순南巡했다.

3) 3월 1일, 일식이 있었다.

4) 3월 3일, 황제가 완성宛城하남성 남양현에 이르렀다. 몸이 좋지 않은 불예不豫[154]의 모습을 보였다.

3월 8일, 황제가 완성에서 출발해 이달 10일에 섭현葉縣하남성 섭현에 이르렀다. 승여乘輿에서 붕어했다. 나이는 32세였다.

황후와 염현閻顯 형제, 강경江京, 번풍樊豐 등이 모의했다.

"지금 안가晏駕[155]가 길에 있으나 폐세자인 제음왕濟陰王 유보劉保가

---

153 본문은 을해乙亥이다. 2월에 '을해'가 없다. 12일인 기해己亥의 오산일 공산이 크다. 번역문은 12일로 바꿔 놓았다.

154 불예不豫는 군주의 몸이 불편한 것을 가리킨다. 『일주서逸周书』「오권五权」에 대한 주우증朱右曾의 교석校释에 천자가 병에 걸린 것을 '불예不豫'라고 한다는 풀이가 나온다. '불비'가 『맹자』「양혜왕 하」에서는 즐거워하지 않는 불락不樂, 『예기』「중용」에서는 미리 예비하지 않는다는 불비不備의 의미로 사용됐다.

155 안가晏駕는 군주의 죽음을 지칭하는 아어雅語이다. 여기의 안晏은 시간이 늦게 가는 것을 뜻한다. '안가'를 만가晚駕로 표현한 이유다. 『전국책』과 『사기』는 군주의 죽음을 대개 '안가'로 표현해 놓았다.

궐내에 있소. 공경들과 만나 그를 세우게 되면 대해大害가 될 것이오."

이내 거짓으로 '황제의 질환이 심하다'고 말한 뒤 영구를 누워 타는 수레인 와거臥車로 옮겼다. 이르는 곳마다 음식을 올렸고, 이전처럼 문안인사인 문기거問起居를 했다. 말을 내달리는 구치驅馳를 한 지 4일 만인 3월 13일에 환궁할 수 있었다.

3월 14일, 사도 유희徒劉熹를 교외의 사당과 사직社稷으로 보내 하늘에 수명을 돌려달라고 청하는 고천청명天請命을 하도록 했다. 그날 저녁 발상發喪했다. 황후를 높여 황태후로 했다. 태후가 임조臨朝했다. 염현을 거기장군車騎將軍, 의동삼사儀同三司로 삼았다.

염태후는 오래도록 국정을 전횡하고자 유년幼年의 어린아이를 옹립하고자 하는 욕심을 냈다. 염현 등과 금중禁中에서 계책을 마련했다. 제북혜왕濟北惠王 유수劉壽의 아들인 북향후北鄕侯 유의劉懿를 맞이해 후사로 삼았다. 제음왕 유보는 궁에서 폐출廢黜됐다. 상전上殿하여 선군의 영구인 재궁梓宮에 친림할 수 없게 되자 슬피 통곡하며 음식을 먹지 않았다. 안팎의 군료群僚 가운데 애달파하지 않는 자가 없었다.

5) 3월 17일, 제남효왕濟南孝王 유향劉香이 훙거했다. 아들이 없어 나라가 폐지됐다.

6) 3월 28일, 북향후 유의가 소제少帝로 즉위했다.

7) 여름 4월 11일, 태위 풍석馮石을 태부太傅로 삼았다. 사도 유희劉熹를 태위에 제수한 뒤 삼공의 위에 있으면서 상서의 업무에 참여해 관장하는 참록상서사參錄尚書事의 자리를 맡게 했다. 전 사공 이합李郃을 사도로 삼았다.

8) 염현閻顯은 대장군 경보耿寶의 지위가 높고 권세가 막중하며, 이전 조정에서 위엄을 행사한 것을 시기했다. 이내 유사에게 넌지시 일러 이같이 상주하게 했다.

"경보와 그의 당여黨與인 중상시中常侍 번풍樊豊 및 호본중랑장虎賁中郎將 사운謝惲, 시중侍中 주광周廣, 야왕군野王君 왕성王聖, 왕성의 딸인 왕영王永 등 서로 아부하는 무리들이 위복威福을 만들어내고 있으니 모두 크게 부도不道한 짓입니다."

4월 15일[156], 번풍과 사운, 주광 모두 하옥돼 죽었다. 가속들은 비경比景으로 유배를 보냈다. 경보와 조카인 임려후林廬侯 경승耿承을 모두 가장 낮은 직급의 제후인 정후亭侯로 삼은 뒤 봉국으로 가는 취국就國을 하도록 했다. 경보가 도중에 자살했다. 왕성王聖의 모친과 아들은 안문雁門으로 유배를 보냈다.

이에 염경閻景을 궁성을 경비하는 위위衛尉, 염요閻耀를 궁궐의 성문을 담당하는 성문교위城門校尉, 염안閻晏을 금오위執金吾로 삼았다. 형제들이 나란히 권력의 요지인 권요權要를 차지한 뒤 위복威福을 마음대로 했다.

9) 4월 23일, 효안황제孝安皇帝를 공릉恭陵하남성 남양현 동북쪽에 장사지냈다. 묘호廟號는 공종恭宗이었다.

10) 6월 20일, 천하에 사면령을 내렸다.

11) 가을 7월, 서역장사西域長史 반용班勇이 돈황敦煌과 장액張掖, 주천酒泉에 있는 6,000기騎와 선선鄯善과 소륵疏勒 및 차사전부車師前部의 병사를 동원해 차사후부車師後部의 왕 군취軍就를 공격해 대파했다. 이때 참획한 숫자가 8,000여 명에 달했다. 군취와 흉노에서 지절 자격으로 온 사자를 생포했다. 색반索班이 죽은 곳까지 데리고 가 참수한 뒤 수급

---

156 원문은 신묘辛卯이다. 4월 '신묘'는 5일이 된다. 풍석을 태부로 삼은 것이 11일인 까닭에 앞뒤가 맞지 않는다. 15일을 뜻하는 신축辛丑의 오사일 공산이 크다. 번역문은 15일로 바꿔 놓았다.

을 경사로 보냈다.

12) 겨울 10월 22일, 월수越巂사천성 영창현에 있는 산이 무너졌다.

13) 소제少帝인 북향후北郷侯 유의劉懿의 병이 위독했다. 중상시 손정 孫程이 제음왕濟陰王 유보劉保의 알자謁者 장흥거長興渠에게 말했다.

"제음왕은 원래 적통嫡統으로서 원래 아무런 실덕失德이 없는데도 선 제가 참소를 받아들여 마침내 폐출한 것이오. 만일 북향후가 일어나지 못하고, 우리가 서로 함께 강경과 염현을 잘라버리면 일이 이뤄지지 않을 리 없습니다."

장흥거가 동의했다. 또한 중황문中黃門인 남양 출신 왕강王康은 전에 태자부太子府의 문서와 재물을 관리한 부사府史로 있었다. 장락궁의 주 방을 관리하는 태관승太官丞인 경조京兆 출신 왕국王國 등이 중상시 손 정에게 붙어 합세했다. 강경이 염현에게 말했다.

"북향후의 병이 나아지지 않고 있으니 국사國嗣는 의당 때맞춰 정해야 할 것이오. 어찌하여 서둘러 여러 왕자들을 소집해 간택하지 않는 것이 오!"

염현이 그렇다고 여겼다.

10월 27일, 북향후가 훙거했다. 염현이 태후에게 말해 은밀히 발상하 지 않도록 했다. 이어 여러 왕자들을 소집해 궁문을 잠근 뒤 병사를 주둔 시켜 스스로 지켰다.

11월 2일, 손정孫程과 왕강王康, 왕국王國이 중황문中黃門 황룡黃龍, 팽개彭愷, 맹숙孟叔, 이강李建, 왕성王成, 장현張賢, 사범史泛, 마국馬國, 왕 도王道, 이원李元, 양타楊佗, 진여陳予, 조봉趙封, 이강李剛, 위맹魏猛, 묘광 苗光 등을 모아 서쪽 종루 아래서 모의했다. 모두 홑으로 만든 옷인 단의 單衣를 자르며 맹서했다.

11월 4일, 경사와 군국 16곳에서 지진이 났다. 이날 밤 손정 등이 모두 숭덕전崇德殿 위에 모인 뒤 이어 장대문章臺門 안으로 들어갔다. 이때 강경江京과 유발劉安, 이윤李閏, 진달陳達 등이 모두 궁궐의 대문인 성문省門 아래 앉아 있었다. 손정과 왕강이 함께 나아가서 강경과 유안, 진달의 목을 베었다. 이윤은 오랫동안 권세를 쌓아 성내省內에 복종하는 사람이 많았다. 그를 끌어들여 거사의 우두머리로 내세울 생각에 칼을 들어 위협했다.

"지금 당장 제음왕을 세우고, 요동搖動하지 마시오!"

이윤이 대답했다.

"좋소."

이에 이윤을 부축해 일으킨 뒤 서쪽 종루 아래서 모두 제음왕을 맞아들여 즉위하게 했다. 이때 그의 나이 11세였다.

궁중의 비서실 책임자인 상서령尚書令과 직속의 복야僕射 이하 관원을 부른 뒤 연輦을 좇아 남궁南宮으로 가게 했다. 손정 등은 남아서 성문省門을 굳게 지키며 안팎을 차한遮扞했다. 황제가 운대雲臺에 올라 공경과 백료百僚를 소집한 뒤 황제의 친위군인 호본虎賁과 우림羽林의 무사들에게 남궁과 북궁의 여러 궁문에 주둔하게 했다.

염현은 이때 금중禁中인 북궁에 있었다. 우려와 압박으로 인해 어찌할 바를 몰랐다. 소황문小黃門 번등樊登이 염현에게 태후의 조서를 갖고 월기교위越騎校尉 풍시馮詩와 호본중랑장虎賁中郎將 염숭閻崇을 부른 뒤 군사를 이끌고 가 평삭문平朔門에 주둔하며 손정 등을 방어하도록 권했다. 염현이 풍시를 유인해 입성入省하게 한 뒤 이같이 말했다.

"제음왕이 선 것은 황태후의 뜻이 아니고, 새수璽綬는 여기에 있소. 실로 힘을 다해 공을 세우는 진력효공盡力效功을 하면 제후에 봉해질 것이오."

염태후가 그에게 인印을 내주며 말했다.

"능히 제음왕을 잡는 자는 만호후萬戶侯, 이윤을 잡는 자는 오천호후五千戶侯에 봉해질 것이다."

풍시 등이 모두 허락하며 이같이 말했다.

"급히 부름을 받은 까닭에 거느린 무리가 적습니다."

염현이 풍시 등에게 번등과 함께 좌액문左掖門 밖에서 이사吏士를 맞이하게 했다. 풍시가 그 기회에 번등을 격살格殺한 뒤 군영으로 돌아가 굳게 지켰다.

염현의 동생인 위위衛尉 염경閻景은 서둘러 성중省中에서 외부外府인 위위부로 돌아온 뒤 병사를 모아 성덕문盛德門에 이르렀다. 손정은 여러 상서들을 불러 모은 뒤 염경을 잡아들이도록 한 명을 전했다. 상서 곽진郭鎭이 마침 병으로 누워 있었다. 그 소식을 듣고 즉시 숙직하던 우림군을 이끌고 남지거문南止車門으로 나가다가 염경을 만났다. 염경을 따르는 이사吏士들이 번득이는 칼인 백인白刃을 뽑아들고 외쳤다.

"군사에 간섭하지 마라!"

곽진은 바로 수레에서 내려 지절의 자격으로 조서를 보여주었다. 염경이 말했다.

"무슨 조서인가!"

기회를 보아 곽진을 칼로 내리찍었으나 맞지 않았다. 곽진이 칼을 뽑아 염경을 공격해 수레에서 떨어뜨렸다. 좌우에서 창으로 그의 가슴을 겨눠 마침내 포획할 수 있었다. 곧 정위옥廷尉獄으로 압송한 뒤 그날 밤 죽였다.

11월 5일, 사자를 파견해 입성入省한 뒤 새수璽綬를 탈취하게 했다. 황제가 가덕전嘉德殿으로 행차했다. 시어사侍御史를 파견해 지절의 자격으로 염현과 그의 동생인 성문교위 염요閻耀와 집금오 염민閻晏을 체포해 나란히 하옥시킨 뒤 주살하게 했다. 가속은 비경比景으로 유배 보냈다. 염태후는 이궁離宮으로 옮겼다.

11월 6일, 성문을 열고 주둔병을 해산시켰다.

11월 9일, 사례교위에게 조서를 내렸다.

"오직 염현과 강경 같은 근친들만 복주伏誅하고, 나머지는 너그럽게 용서하는 관대寬貸에 힘쓰도록 하라."

손정 등을 책봉해 열후로 삼았다. 식읍이 손정은 1만호, 왕강과 왕국은 9,000호, 황룡은 5,000호, 팽개·맹숙·이건은 4,200호, 왕성·장현·사범·마국·왕도·이원·양타·진여·조봉·이강은 4,000호, 위맹은 2,000호, 묘광은 1,000호였다. 모두 19후侯였다. 이어 거마車馬와 금은金銀, 전백錢帛을 차등 있게 하사했다. 이윤은 사전 모의에 참여하지는 않았기에 열후에 봉하지 않았다. 손정을 발탁해 기도위騎都尉로 삼았다.

당초 손정 등이 장대문章臺門 안으로 들어갈 때 묘광苗光만이 홀로 들어가지 않았다 조서를 내려 공신록功臣錄을 만들 때 왕강에게 명해 이름을 적게 했다. 왕강이 거짓으로 묘광이 장대문 안으로 들어갔다고 기록했다. 묘광은 한무제 때 제후를 봉할 때 내리기 시작한 책서策書인 부책符策을 아직 받지 않았으나 마음이 불안해 환관의 우두머리인 황문령黃門令을 찾아가 고백했다. 유사가 왕강과 주광이 주상을 기만했다고 상주했으나 조서를 내려 불문하게 했다. 장작대장 내력來歷을 위위衛尉로 삼았다. 대풍殺諷과 유위劉瑋, 여구홍閭丘弘 등은 먼저 죽은 까닭에 그 자식들을 모두 낭관으로 삼았다.

전에 내력과 함께 홍도문鴻都門으로 나아가 태자로 있던 황상에게 잘못이 없음을 증명했던 주창朱倀·시연施延·진광陳光·조대趙代 모두 발탁된 뒤 이후 공경의 자리까지 올라갔다. 또 태자로 있던 황상의 유모 왕남王男과 주방을 관할하던 병길邴吉의 가속을 경사로 돌아오게 하여 후한 상사賞賜를 더해 주었다. 황상이 태자의 자리에서 폐위될 당시 태자의 집

을 감독하던 소황문 적건籍建과 태자궁 환관의 총책인 중부中傅 고범高
梵, 태자궁의 총관인 장추장秋長 조희趙熹, 태자궁의 부총관인 승丞 양
하良賀, 태자궁의 의약 담당인 약장藥長 하진夏珍 모두 폐위에 연루돼 삭
방朔方으로 유배를 갔다. 황제가 즉위하면서 모두 발탁해 중상시로 삼
았다.

당초 염현閻顯은 최인崔駰의 아들 최원崔瑗을 불러 관원으로 삼았다.
최원은 북향후를 세운 것은 바르지 못한 까닭에 장차 실패할 것을 알았
다. 소제 유의를 폐위하고 유보를 즉위시키는 폐립廢立에 관해 설득하고
자 했으나 염현이 날마다 침취沉醉해 지내는 바람에 아예 만나지 못했다.
이내 장사長史 진선陳禪에게 말했다.

"중상시 강경 등이 선제를 혹고惑蠱해 정통을 폐출廢黜하고, 적자보다
혈통이 먼 서자인 소얼疏孼[157]을 부립扶立했소. 소제가 즉위해 묘당 안에
서 병이 나자 여후呂后가 한혜제 후궁의 아들을 소제로 삼았을 때 주발周
勃이 이를 폐위했던 징조가 다시 보이기 시작했소. 지금 그대와 더불어
거기장군 염현을 만나 설득한 뒤 태후에게 말해 강경 등을 체포해 소제
를 폐위하고, 제음왕을 이끌어 즉위시키면 반드시 위로는 천심天心에 합
당하고, 아래로는 인망人望에 부합하게 되오. 이윤伊尹과 곽광霍光이 세
운 공보다 낮지 않은 공을 세운 자리에 앉아 장군 형제는 끝없는 복을 전
하게 될 것이오. 만일 천의天意를 어기면 오랫동안 보위인 신기神器를 소
홀히 한 게 되어 장차 죄가 없을지라도 원악元惡을 범한 자와 똑같은 죄
를 범한 게 되오. 이것이 이른바 화복이 갈리는 관건인 화복지회禍福之會
와 분봉의 공을 세울 시점인 분공지시分功之時에 해당하오."

---

157 소얼疏孼은 서얼庶孼과 같다. 얼孼은 수목을 베어낸 뒤 새로 나오는 싹을 말한다.
종법에서는 적자를 간幹, 서자를 얼孼에 비유했다.

진선이 유예猶豫하며 감히 좇지 못했다. 염현이 패하게 되자 최원도 그들과 연루돼 축출됐다. 문생門生인 소지蘇祗가 상서해 상황을 말하려 했으나 최원이 황급히 말렸다. 이때 진선은 사례교위로 있었다 그가 최원을 불러 말했다.

"동생이 소지의 상서 요청을 들어주면 나 진선은 그를 위해 증인이 돼 줄 것이오."

최원이 말했다.

"이는 비유하면 아첩兒妾이 병풍 안에서 귀에 대고 속삭이는 병어屏語에 지나지 않소. 원컨대 사군使君은 다시는 입 밖에 내지 말아 주시오."

마침내 사양하고 돌아간 뒤 주군州郡의 명에 응하지 않았다.

14) 11월 26일, 제왕諸王에 대한 예로 북향후北郷侯를 장사지냈다.

15) 사공 유수劉授가 악한 반역자인 악역惡逆에게 아부했고, 자리에 합당치 않은 자를 벽소한 까닭에 책서로 파면시켰다.

12월 1일, 궁중 물품을 관장하는 소부少府의 하남 출신 도돈陶敦을 사공으로 삼았다.

16) 양진의 문생인 우방虞放과 진익陳翼은 대궐에 이르러 양진에 관한 일을 나중에 호소하는 추송追訟을 했다. 조서를 내려 양진의 두 아들을 낭관으로 삼고, 100만 전을 내렸다. 예로써 다시 화음華陰의 동정潼亭섬서성 동관현 서쪽에 장사지내게 했다. 원근의 사람들이 모두 왔다. 1장丈이 넘는 대조大鳥가 양진의 영구 앞에 모이자 군郡에서 이를 보고했다. 황제가 양진의 충직忠直에 감진感震한 나머지 조서를 내려 다시 중뢰中牢의 예로 제사지내게 했다.

17) 의랑議郎 진선陳禪이 건의했다.

"염태후와 황제는 모자간의 은혜를 베푼 일이 없으니 의당 별관으로 옮겨 조현하는 일을 끊어야 합니다."

군신들 가운데 논의하는 자들 모두 마땅하다고 생각했다. 사도부司徒府 연리掾吏인 여남汝南 출신 주거周擧가 사도 이합李郃에게 말했다.

"옛날 고수瞽瞍는 늘 아들인 순舜을 죽이고자 했으나 순은 더욱 삼가며 부모를 섬겼습니다. 정장공鄭莊公은 모친인 무강武姜이 작은 아들 공숙共叔 단段을 편애해 죽이려고 한 일로 인해 황천에서나 만날 것을 맹서했고, 진시황은 모친의 행실이 잘못된 것을 원망해 오랫동안 격절隔絕한 바 있습니다. 그러나 이후 두 사람은 각각 영고숙穎考叔과 모초茅焦의 말에 감동해 다시 아들로서의 도리를 다했습니다. 책에서는 이를 아름다운 일로 전했습니다. 지금 여러 염씨를 막 주살했고, 염태후는 이궁에 유폐돼 있습니다. 만일 비수悲愁로 인해 병이 나 일단一旦 예측치 못한 불우不虞의 일이 있게 되면 주상은 장차 무엇으로 천하를 호령할 것입니까? 만일 진선의 건의를 좇으면 후대인은 그 허물을 명공明公에게 돌릴 것입니다. 의당 은밀한 표문인 밀표密表를 조정에 올려 태후를 모시게 하고, 군신들을 이끌고 예전처럼 조근朝覲을 하면 천심天心을 만족시키고, 인망人望에 답하는 게 될 것입니다!"

사도 이합이 즉시 상소해 이를 진술했다.

** 起旃蒙赤奮若, 盡昭陽作噩, 凡九年.

孝安皇帝延光四年

春, 二月, 乙亥, 下邳惠王衍薨.

甲辰, 車駕南巡.

三月, 戊午朔, 日有食之.

庚申, 帝至宛, 不豫. 乙丑, 帝發自宛. 丁卯, 至葉, 崩於乘輿. 年三十二.

皇后與閻顯兄弟・江京・樊豊等謀曰, "今晏駕道次, 濟陰王在內, 邂

近公卿立之, 還為大害." 乃偽云"帝疾甚", 徙御臥車, 所在上食·問起
居如故. 驅馳行四日, 庚午, 還宮. 辛未, 遣司徒劉憙詣郊廟·社稷, 告
天請命. 其夕, 發喪. 尊皇后曰皇太后. 太后臨朝. 以顯為車騎將軍·
儀同三司. 太后欲久專國政, 貪立幼年, 與顯等定策禁中, 迎濟北惠
王子北鄉侯懿為嗣. 濟陰王以廢黜, 不得上殿親臨梓宮, 悲號不食.
內外群僚莫不哀之.

甲戌, 濟南孝王香薨, 無子, 國絕. 乙酉, 北鄉侯即皇帝位.

夏, 四月, 丁酉, 太尉馮石為太傅, 司徒劉憙為太尉, 參錄尚書事,
前司空李郃為司徒.

閻顯忌大將軍耿寶位尊權重, 威行前朝, 乃風有司奏"寶及其黨與
中常侍樊豐·虎賁中郎將謝惲·侍中周廣·野王君王聖·聖女永等更相阿
黨, 互作威福, 皆大不道." 辛卯, 豐·惲·廣皆下獄, 死. 家屬徙比景.
貶寶及弟子林慮侯承皆為亭侯, 遣就國. 寶於道自殺. 王聖母子徙雁
門. 於是以閻景為衛尉, 耀為城門校尉, 晏為執金吾, 兄弟幷處權要,
威福自由.

己酉, 葬孝安皇帝於恭陵, 廟曰恭宗.

六月, 乙巳, 赦天下.

秋, 七月, 西域長史班勇發敦煌·張掖·酒泉六千騎及鄯善·疏勒·車
師前部兵擊後部王軍就, 大破之, 獲首虜八千餘人, 生得軍就及匈奴
持節使者, 將至索班沒處斬之, 傳首京師.

冬, 十月, 丙午, 越巂山崩.

北鄉侯病篤, 中常侍孫程謂濟陰王謁者長興渠曰, "王以嫡統, 本
無失德. 先帝用讒, 遂至廢黜. 若北鄉侯不起, 相與共斷江京·閻顯,
事無不成者." 渠然之. 又中黃門南陽王康, 先為太子府史, 及長樂
太官丞京兆王國等幷附同於程. 江京謂閻顯曰, "北鄉侯病不解, 國

嗣宜以時定, 何不早徵諸王子, 簡所置乎!"顯以為然. 辛亥, 北鄉侯薨. 顯白太后, 秘不發喪, 而更徵諸王子, 閉宮門, 屯兵自守.

十一月, 乙卯, 孫程·王康·王國與中黃門黃龍·彭愷·孟叔·李建·王成·張賢·史泛·馬國·王道·李元·楊佗·陳予·趙封·李剛·魏猛·苗光等聚謀於西鐘下, 皆截單衣為誓. 丁巳, 京師及郡國十六地震. 是夜, 程等共會崇德殿上, 因入章臺門. 時江京·劉安及李閏·陳達等俱坐省門下, 程與王康共就斬京·安·達. 以李閏權勢積為省內所服, 欲引為主, 因舉刃脅閏曰, "今當立濟陰王, 無得搖動!"閏曰, "諾." 於是扶閏起, 俱於西鐘下迎濟陰王即皇帝位, 時年十一. 召尚書令·僕射以下從輦幸南宮, 程等留守省門, 遮扞內外. 帝登雲臺, 召公卿·百僚, 使虎賁·羽林士屯南·北宮諸門. 閻顯時在禁中, 憂迫不知所為, 小黃門樊登勸顯以太后詔召越騎校尉馮詩·虎賁中郎將閻崇將兵屯平朔門以御程等. 顯誘詩入省, 謂曰, "濟陰王立, 非皇太后意, 璽綬在此. 苟盡力效功, 封侯可得." 太后使授之印曰, "能得濟陰王者, 封萬戶侯. 得李閏者, 五千戶侯." 詩等皆許諾, 辭以"卒被召, 所將眾少." 顯使與登迎吏士於左掖門外, 詩因格殺登, 歸營屯守. 顯弟衛尉景遽從省中還外府, 收兵至盛德門. 孫程傳召諸尚書使收景. 尚書郭鎮時臥病, 聞之, 即率直宿羽林出南止車門, 逢景從吏士拔白刃呼曰, "無干兵!" 鎮即下車持節詔之, 景曰, "何等詔!" 因斫鎮, 不中. 鎮引劍擊景墮車, 左右以戟叉其胸, 遂禽之, 送廷尉獄, 即夜死.

戊午, 遣使者入省, 奪得璽綬, 帝乃幸嘉德殿, 遣侍御史持節收閻顯及其弟城門校尉耀·執金吾晏, 并下獄, 誅. 家屬皆徙比景. 遷太后於離宮. 己未, 開門, 罷屯兵. 壬戌, 詔司隸校尉曰, "惟閻顯·江京近親, 當伏辜誅, 其餘務崇寬貸." 封孫程等皆為列侯. 程食邑萬戶, 王康·王國食九千戶, 黃龍食五千戶, 彭愷·孟叔·李建食四千二百戶,

王成·張賢·史泛·馬國·王道·李元·楊佗·陳予·趙封·李剛食四千戶, 魏猛
食二千戶, 苗光食千戶. 是為十九侯, 加賜車馬·金銀·錢帛各有差. 李
閏以先不豫謀, 故不封. 擢孫程為騎都尉. 初, 程等入章臺門, 苗光
獨不入. 詔書錄功臣, 令王康疏名, 康詐疏光入章臺門. 光未受符策,
心不自安, 詣黃門令自告. 有司奏康·光欺詐主上. 詔書勿問. 以將作
大匠來歷為衛尉. 祋諷·劉瑋·閭丘弘等先卒, 皆拜其子為郎. 朱倀·施
延·陳光·趙代皆見拔用, 後至公卿. 徵王男·邴吉家屬還京師, 厚加賞
賜. 帝之見廢也, 監太子家小黃門籍建·傅高梵·長秋長趙熹·丞良賀·
藥長夏珍皆坐徙朔方. 帝即位, 幷擢為中常侍.

初, 閻顯辟崔駰之子瑗為吏, 瑗以北鄉侯立不以正, 知顯將敗, 欲
說令廢立, 而顯日沉醉, 不能得見, 乃謂長史陳禪曰, "中常侍江京等
惑蠱先帝, 廢黜正統, 扶立疏孽. 少帝即位, 發病廟中, 周勃之徵, 於
斯復見. 今欲與君共求見說將軍, 白太后, 收京等, 廢少帝, 引立濟
陰王, 必上當天心, 下合人望, 伊·霍之功不下席而立, 則將軍兄弟傳
祚於無窮. 若拒違天意, 久曠神器, 則將以無罪幷辜元惡. 此所謂禍
福之會, 分功之時也." 禪猶豫未敢從. 會顯敗, 瑗坐被斥. 門生蘇祇
欲上書言狀, 瑗遽止之. 時陳禪為司隸校尉, 召瑗謂曰, "弟聽祇上
書, 禪請為之證." 瑗曰, "此譬猶兒妾屛語耳, 願使君勿復出口." 遂辭
歸, 不復應州郡命.

己卯, 以諸王禮葬北鄉侯.

司空劉授以阿附惡逆, 辟召非其人, 策免.

十二月, 甲申, 以少府河南陶敦為司空.

楊震門生虞放·陳翼詣闕追訟震事. 詔除震二子為郎, 贈錢百萬, 以
禮改葬於華陰潼亭, 遠近畢至. 有大鳥高丈餘集震喪前, 郡以狀上.
帝感震忠直, 詔復以中牢具祠之. 議郎陳禪以為曰, "閻太后與帝無

母子恩, 宜徙別館, 絕朝見,"群臣議者咸以為宜. 司徒掾汝南周舉謂李郃曰, "昔瞽瞍常欲殺舜, 舜事之逾謹. 鄭武姜謀殺莊公, 莊公誓之黃泉, 秦始皇怨母失行, 久而隔絕, 後感潁考叔·茅焦之言, 復修子道. 書傳美之. 今諸閻新誅, 太后幽在離宮, 若悲愁生疾, 一旦不虞, 主上將何以令於天下! 如從禪議, 後世歸咎明公. 宜密表朝廷, 令奉太后, 率群臣朝覲如舊, 以厭天心, 以答人望!"郃即上疏陳之.

한안제 영건永建 원년(AD 126)

1) 봄 정월, 황제가 동궁에서 태후를 조현하자 염태후의 마음이 이내 안정됐다.

2) 1월 2일, 천하에 사면령을 내렸다.

3) 1월 19일, 황태후 염씨가 붕어했다.

4) 1월 29일, 태부 풍석馮石과 태위 유희劉熹가 권귀에게 아부하여 무리가 되는 아당阿黨 혐의로 면직됐다. 사도 이합李郃이 파직됐다.

5) 2월 2일, 안사황후安思皇后 염태후를 장사지냈다.

6) 2월 4일, 태상 환언桓焉을 태부로 삼았다. 대홍려인 경조 출신 주총朱寵을 태위로 삼으면서 참록상서사參錄尚書事의 자리를 맡게 했다. 장락궁 소부少府 주창朱倀을 사도로 삼았다.

7) 상서 곽진郭鎮을 정영후定潁侯로 삼았다.

8) 농서隴西의 종강鍾羌이 반기를 들었다. 교위 마현馬賢이 이를 공격해 임도臨洮감숙성 민현에서 싸웠다. 참수한 자가 1,000여 급에 달했다. 강족이 모두 항복했다. 이에 양주涼州가 다시 안정됐다.

9) 6월 19일, 제남간왕濟南簡王 유착劉錯의 아들 유현劉顯을 책봉해 제남왕濟南王으로 삼았다.

10) 가을 7월 21일, 위위衛尉 내력來歷을 거기장군車騎將軍으로 삼

았다.

11) 8월, 선비족이 대군代郡산서성 양고현을 노략했다. 태수 이초李超가 전몰했다.

12) 사례교위司隷校尉 우후虞詡가 관부에 도착해 몇 달이 지나자 풍석馮石과 유희劉熹에 대해 상주문을 올려 면직시켰다. 또 중상시 정황程璜과 진병陳秉, 맹생孟生, 이윤李閏 등을 탄핵하는 상주문을 올리자 백관들이 측목側目을 하며 큰소리로 가혹하다고 말했다. 삼공이 탄핵의 상주문을 올렸다.

"우후가 한여름에 무고한 사람을 대거 구계拘繫해, 이민의 우환이 되고 있습니다."

우후가 상서해 스스로 변명하는 자송自訟을 했다.

"법금法禁은 풍속을 지키는 제방堤防이고, 형벌刑罰은 백성을 지키는 함비銜轡 즉 고삐입니다. 지금 주州에서는 말하기를 군에 맡기는 '임군任郡'을 했다고 하고, 군郡에서는 현에 맡기는 '임현任縣'을 했다고 합니다. 더욱 서로 멀리 있는 사람에게 위임해 백성들의 원망이 극에 달했습니다. 구차하게 포용하는 구용苟容을 현명하다고 하고, 충절을 다하는 진절盡節을 어리석다고 합니다. 신이 찾아낸 바에 따르면 장죄臧罪는 지은 자가 한 사람이 아닙니다. 삼부三府에서는 신이 상주할까 두려워 마침내 무고한 죄를 뒤집어 씌웠습니다. 신은 장차 죽으면서까지 간언을 한 사어史魚[158]를 따라 죽을 생각이니 시간尸諫만이 있을 뿐입니다!"

---

158   사어史魚는 위衛나라 대부로 사추史鰌로도 불린다. 『한시외전韓詩外傳』에 따르면 그는 병사하면서 자식들에게 말하기를, "나는 거백옥蘧伯玉의 현명함을 누차 간하고도 등용되게 하지 못했고, 미자하彌子瑕의 불초를 누차 간하고도 물러나게 하지 못했다. 정당正堂에서 장례를 치르는 게 옳지 못하니 집에서 장례를 치르도록 하라."고 했다. 위나라 군주가 그 이유를 묻자 자식이 사어의 유언을 전했다. 곧 거백옥을 등용하고, 미자하를

황제가 장주章奏를 살펴본 뒤 마침내 우후에게 죄를 주지 않았다.

중상시 장방張防이 권세를 팔며 희롱하는 매롱권세賣弄權勢를 하고, 청탁請托을 수취受取했다. 우후가 이를 안건으로 만들었으나 여러 차례 묵혀 두고 회보하지 않았다. 우후가 분함을 이기지 못해 스스로 정위로 가서 구금된 뒤 이같이 상주했다.

"옛날 효안황제孝安皇帝는 번풍을 임용함으로써 적통을 뒤섞어 난잡하게 만드는 일을 초래했습니다. 거의 사직이 망할 뻔한 이유였습니다. 지금 장방이 다시 권세의 칼자루를 휘두르고 있어 국가의 화란이 장차 거듭 닥칠 듯합니다. 신은 차마 장방과 함께 조정에서 일을 하지 못하겠기에 삼가 스스로 구금되어 보고를 올리는 것입니다. 신에게 양진楊震의 족적을 이어받지 않게 해주십시오!"

상서가 올라가자 장방이 눈물을 흘리며 황제에게 호소했다. 우후가 죄에 연루된 것으로 판결돼 장작대장 휘하 좌교령左校令 밑에서 일하는 공도工徒로 보내졌다. 장방은 반드시 우후를 해칠 생각으로 2일 사이에 4번 죄를 조사하도록 전했다. 옥리가 우후에게 자살할 것을 권하자 우후가 말했다.

"차라리 구도歐刀에 엎어져 원근의 사람에게 내보일 것이다. 자살을 하면 시비를 누가 가릴 것인가!"

부양후浮陽侯 손정孫程과 축아후祝阿侯 장현張賢이 서로 이끌며 알현을 빌었다. 손정이 말했다.

"폐하가 처음에 신들과 더불어 거사를 계획할 때 언제나 간신을 증오

물리쳤다. 여기서 시간尸諫 성어가 나왔다. 『논어』「위령공」에 공자가 사어를 두고 '정직하구나, 사어史魚여! 나라에 도가 있을 때도 화살처럼 곧게 간하고, 나라에 도가 없을 때도 화살처럼 곧게 간했구나!'라고 언급한 '직재直哉, 사어史魚. 방유도여시邦有道如矢, 방무도여시邦無道如矢!' 구절이 나온다.

한 것은 그들이 나라를 기울이게 한다는 것을 알았기 때문입니다. 지금 즉위 후 다시 스스로 그렇게 하니 어떻게 선제인 한안제를 비난할 수 있겠습니까? 사례교위 우후는 폐하를 위해 진충盡忠을 했는데 오히려 구계拘繫되고 말았습니다. 상시常侍 장방의 뇌물죄인 장죄贓罪는 명정明正합니다. 그런데도 오히려 충량한 신하를 얽어맸습니다. 지금 객성客星이 천군天軍을 관장하는 별인 우림羽林을 지키고 있습니다. 이 점괘는 궁 안에 간신이 있는 것을 가리킵니다. 의당 급히 장방을 체포해 감옥에 보냄으로써 천변天變을 막아야 할 것입니다."

마침 장방이 황제 뒤에 서 있었다. 손정이 장방을 꾸짖었다.

"간신 장방아! 어찌하여 전각 아래로 내려가는 하전下殿을 하지 않는 것인가!"

장방이 부득이 종종걸음으로 걸어 동쪽 행랑채인 동상東箱으로 갔다. 손정이 말했다.

"폐하는 급히 장방을 체포해 그 자가 유모에게 가서 도움을 청하지 못하게 하십시오!"

황제가 이를 상서에게 묻자 상서 가랑賈朗이 평소 장방과 사이가 좋아 우후의 죄를 증명했다. 황제가 의심하며 손정에게 말했다.

"잠시 물러나시오. 내가 이 문제를 생각해 보겠소!"

이에 우후의 아들 우이虞顗와 문생 100여 명이 고관의 수레에 접근하기 위해 장례를 가장해 발인할 때 상주가 들고 나가는 깃발인 번후幡候 즉 번기幡旗를 들고 중상시 고범高梵의 수레를 기다렸다. 고범의 수레가 나오자 머리를 조아리며 피를 흘리는 고두유혈叩頭流血의 모습으로 억울한 상황을 호소했다. 고범이 안으로 들어가 이를 보고하자 장방이 마침내 죄에 연루돼 변경으로 유배를 가고, 가랑 등 6명은 죽거나 쫓겨나고, 즉일即日로 우후가 사면돼 나왔다. 손정은 다시 상서해 우후가 대공을 세웠다고 진술했다. 그 언사가 심히 간절하고 격동적인 절격切激의 모습을 보였다. 황제가 감오感悟해 다시 의랑議郎에 제수했고, 며칠 뒤 상서복야尙書僕射로 승진시켰다.

우후가 상소해 의랑인 남양 출신 좌웅左雄을 천거했다.

"신이 바야흐로 지금 공경 이하의 관원을 보면 대개 손을 모은 채 아무 말도 하지 않는 공묵拱默의 자세로 있으면서 은혜를 베푸는 것을 현명하다고 말하는 수은위현樹恩爲賢과 충절을 다하는 것을 어리석다고 말하는 진절위우盡節爲愚의 모습을 보이고 있습니다. 심지어 서로 경계해 말하기를, '청렴을 상징하는 백벽白璧은 될 수 없으니 화기애애한 용용容容을 크게 보이면 훗날 복이 돌아온다'고 합니다. 엎드려 보건대 의랑 좌웅左雄은 왕신王臣으로서 충정어린 절개인 건건지절蹇蹇之節이 있으니 의당 황상의 혀와 목구멍 역할을 하며 황명을 출납하는 이른바 후설지관喉舌之官인 상서尙書에 발탁하면 반드시 나라와 황상을 보필하는 국필國弼의 도움이 있을 것입니다."

이에 좌웅을 상서에 제수했다.

13) 부양후浮陽侯 손정 등이 표문表文을 품고 상전上殿해 쟁공爭功했다. 황제가 노하자 유사가 탄핵을 상주했다.

"손정 등은 난을 일으키고 도리에 어긋난 간란패역干亂悖逆의 모습을 보였고, 왕국王國 등은 모두 손정과 한 무리가 되어 오랫동안 경도京都에 머물며 점점 교자驕恣해지고 있습니다."

황제가 이내 손정 등의 관직을 면직시키고, 모두 옮겨 원현遠縣에 봉했다. 이어 옹립에 공을 세운 19명의 열후를 모두 취국就國하게 했다. 낙양 현령에게 칙령을 내려 기일을 재촉해 내보내는 촉기발견促期發遣을 하도록 했다.

사도부의 연리掾吏인 주거周舉가 사도 주창朱倀에게 말했다.

"조정朝廷 즉 황상이 서쪽 종루 아래에 있을 때 손정 등이 아니었으면 어찌 즉위할 수 있었겠습니까? 지금 그들의 대덕大德은 잊고 작은 잘못인 소과小過만 기록하고 있습니다. 만일 도로에서 요절을 하면 황상은 공신을 죽였다는 비방을 받게 됩니다. 지금까지 아직 떠나지 않았으니 의당 급히 표문을 올려 막아야 할 것입니다!"

사도 주창이 말했다.

"지금 황상은 바야흐로 대로한 상황이오. 나 홀로 이를 표문으로 올리면 반드시 죄를 받아 견책을 당할 것이오."

주거가 말했다.

"명공明公은 나이가 80세를 넘었고, 지위도 삼공인 태보台輔가 됐습니다. 지금 충성을 다해 나라에 보답하는 진충보국竭忠報國을 하지 않고 몸을 아껴 안주하며 무엇을 더 구하고자 하는 것입니까? 녹위祿位가 비록 온전할지라도 반드시 아첨이나 하는 간신의 비방인 영사지기佞邪之譏에 빠질 것입니다. 그러나 간하다가 죄를 얻으면 오히려 충성스럽고 곧다는 명성인 충정지명忠貞之名을 얻을 것입니다. 만일 저 주거의 말을 받아들이기에 부족하다고 생각하면 청컨대 저는 여기서 사직하고자 합시다!"

주창이 이내 표문으로 간하자 황제가 과연 이를 좇았다.

손정을 옮겨 책봉해 의성후宜城侯로 삼았다. 손정은 봉국에 이르렀으나 원한怨恨과 분노인 에대恚懟가 사무쳐 인수와 부책符策을 봉해 돌려보내고, 경사로 도망쳐 돌아온 뒤 산속을 왕래했다. 조서를 내려 추적해 찾게 한 뒤 원래의 작위와 봉토를 회복시켜주고, 거마와 의물衣物을 하사해 봉국으로 돌려보냈다.

14) 겨울 10월 9일, 사공 도돈陶敦이 면직됐다.

15) 삭방朔方 이서의 방어시설인 장새障塞가 크게 파괴됐다. 선비족이 자주 남흉노를 침범한 이유다. 남선우가 우공憂恐한 나머지 상서해 장새

수복修復을 애걸했다.

　10월 12일, 조서를 내렸다.

　"여양영黎陽營의 병사를 내서 중산中山의 북계北界에 주둔시키도록
하라. 변경에 인접해 있는 연변군緣邊郡은 보병을 증치增置하고, 새하塞下
에 줄지어 주둔하고, 싸우고 활 쏘는 전사戰射를 교습하도록 하라."

　16) 정우 장호張皓를 사공으로 삼았다.

　17) 반용班勇이 차사후부車師後部 옛 왕의 아들인 가특노加特奴를 왕
으로 다시 세우는 갱립更立을 했다. 또 별교別校를 시켜 동차미東且彌신강
성 기태현의 왕을 주살한 뒤 그 종족을 왕으로 갱립하게 했다. 이에 차사車
師 6국이 모두 평정됐다.

　반용이 마침내 제국諸國의 병사를 동원해 흉노를 치자 호연왕呼衍王
이 도주하고, 그의 무리 2만여 명이 모두 항복했다. 선우의 종형을 생포한
뒤 반용이 가특노로 하여금 직접 참수하게 했다. 차사와 흉노 사이에 틈
을 만든 것이다.

　북선우가 스스로 1만여 기騎를 이끌고 차사후부로 들어와 금차곡金且
谷에 이르렀다. 반용이 가사마假司馬 조준曹俊을 시켜 이를 구원하게 하
자 선우가 군사를 이끌고 물러났다. 조준이 추격해 그들의 귀인貴人인 골
도후骨都侯를 참수했다. 이에 호연왕이 마침내 고오하枯梧河로 옮겨가 살
았다. 이후 차사에서는 적들의 종적이 다시는 없게 됐다.

＊ 孝安皇帝永建元年

春, 正月, 帝朝太后於東宮, 太后意乃安.

甲寅, 赦天下.

辛未, 皇太后閻氏崩.

辛巳, 太傅馮石·太尉劉熹以阿黨權貴免. 司徒李郃罷.

二月, 甲申, 葬安思皇后.

丙戌, 以太常桓焉為太傅. 大鴻臚京兆朱寵為太尉, 參錄尚書事. 長樂少府朱倀為司徒.

封尚書郭鎮為定潁侯.

隴西鍾羌反, 校尉馬賢擊之, 戰於臨洮, 斬首千餘級, 羌眾皆降. 由是涼州復安.

六月, 己亥, 封濟南簡王錯子顯為濟南王.

秋, 七月, 庚午, 以衛尉來歷為車騎將軍.

八月, 鮮卑寇代郡, 太守李超戰歿.

司隸校尉虞詡到官數月, 奏馮石·劉熹, 免之, 又劾奏中常侍程璜·陳秉·孟生·李閏等, 百官側目, 號為苛刻. 三公劾奏曰, "詡盛夏多拘繫無辜, 為吏民患." 詡上書自訟曰, "法禁者, 俗之堤防. 刑罰者, 民之銜轡. 今州曰任郡, 郡曰任縣, 更相委遠, 百姓怨窮. 以苟容為賢, 盡節為愚. 臣所發舉, 臧罪非一. 三府恐為臣所奏, 遂加誣罪. 臣將從史魚死, 即以尸諫耳!" 帝省其章, 乃不罪詡. 中常侍張防賣弄權勢, 請托受取. 詡案之, 屢寢不報. 詡不勝其憤, 乃自繫廷尉, 奏言曰, "昔孝安皇帝任用樊豐, 交亂嫡統, 幾亡社稷. 今者張防復弄威柄, 國家之禍將重至矣. 臣不忍與防同朝, 謹自繫以聞, 無令臣襲楊震之跡!" 書奏, 防流涕訴帝, 詡坐論輸左校. 防必欲害之, 二日之中, 傳考四獄. 獄吏勸詡自引, 詡曰, "寧伏歐刀以示遠近! 喑嗚自殺, 是非孰辨邪!" 浮陽侯孫程·祝阿侯張賢相率乞見, 程曰, "陛下始與臥等造事之時, 常疾奸臣, 知其傾國. 今者即位而復自為, 何以非先帝乎! 司隸校尉虞詡為陛下盡忠, 而更被拘繫. 常侍張防臧罪明正, 反構忠良. 今客星守羽林, 其占宮中有奸臣. 宜急收防送獄, 以塞天變." 時防立在帝后, 程叱防曰, "奸臣張防, 何不下殿!" 防不得已,

趨就東箱. 程曰, "陛下急收防, 無令從阿母求請!" 帝問諸尚書, 尚書
賈朗素與防善, 證詡之罪. 帝疑焉, 謂程曰, "且出, 吾方思之!" 於是
詡子顗與門生百餘人, 舉幡候中常侍高梵車, 叩頭流血, 訴言枉狀.
梵入言之, 防坐徙邊, 賈朗等六人或死或黜. 即日赦出詡. 程復上書
陳詡有大功, 語甚切激. 帝感悟, 復徵拜議郎. 數日, 遷尚書僕射. 詡
上疏薦議郎南陽左雄曰, "臣見方今公卿以下, 類多拱默, 以樹恩為
賢, 盡節為愚, 至相戒曰, '白璧不可為, 容容多後福' 伏見議郎左雄,
有王臣蹇蹇之節, 宜擢在喉舌之官, 必有國弼之益." 由是拜雄尚書.

　浮陽侯孫程等懷表上殿爭功, 帝怒. 有司劾奏 "程等干亂悖逆, 王
國等皆與程黨, 久留京都, 益其驕恣." 帝乃免程等官, 悉徙封遠縣.
因遣十九侯就國, 敕洛陽令促期發遣. 司徒掾周舉說朱倀曰, "朝廷
在西鐘下時, 非孫程等豈立! 今忘其大德, 錄其小過. 如道路夭折,
帝有殺功臣之譏. 及今未去, 宜急表之! 倀曰, "今詔指方怒, 吾獨表
此, 必致罪譴." 舉曰, "明公年過八十, 位為台輔, 不於今時竭忠報
國, 惜身安, 欲以何求! 祿位雖全, 必陷佞邪之譏. 諫而獲罪, 猶有
忠貞之名. 若舉言不足采, 請從此辭!" 倀乃表諫, 帝果從之. 程徙封
宜城侯, 到國, 怨恨恚懟, 封還印綬·符策, 亡歸京師, 往來山中. 詔
書追求, 復故爵土, 賜車馬·衣物, 遣還國.

　冬, 十月, 丁亥, 司空陶敦免.

　朔方以西, 障塞多壞, 鮮卑因此數侵南匈奴. 單于憂恐, 上書乞修
復障塞. 庚寅, 詔曰, "黎陽營兵出屯中山北界. 令緣邊郡增置步兵,
列屯塞下, 教習戰射."

　以廷尉張皓為司空.

　班勇更立車師後部故王子加特奴為王. 勇又使別校誅斬東且彌王,
亦更立其種人為王. 於是車師六國悉平. 勇遂發諸國兵擊匈奴, 呼

衍王亡走, 其眾二萬餘人皆降. 生得單于從兄, 勇使加特奴手斬之, 以結車師·匈奴之隙. 北單于自將萬餘騎入後部, 至金且谷. 勇使假司馬曹俊救之, 單于引去, 俊追斬其貴人骨都侯. 於是呼衍王遂徙居枯梧河上, 是後車師無復虜跡.

한안제 영건 2년(AD 127)

1) 봄 정월, 중랑장 장국張國이 남선우의 병사를 이끌고 선비족 기지건 其至鞬을 격파했다.

2) 2월, 요동에 사는 선비족이 요동과 현도玄菟를 노략했다. 오환교위 烏桓校尉 경엽耿曄은 변경에 이어져 있는 제군諸郡의 병사와 오환의 병사를 동원한 뒤 출새出塞하여 공격했다. 참획한 숫자가 매우 많았다. 선비족 3만여 명이 요동에 이르러 항복했다.

3) 3월 한재旱災가 있었다.

4) 당초 황제의 모친인 이씨李氏가 염황후에 의해 독살 된 뒤 낙양 북쪽에 묻는 예매瘞埋[159]를 했다. 황체는 당초 이를 몰랐다. 이때에 이르러 좌우의 사람들이 이를 말했다. 황제가 이내 발애發哀한 뒤 친히 매장을 한 예소瘞所로 가서 다시 빈례殯禮를 치렀다.

6월 11일, 시호를 추증해 공민황후恭愍皇后라고 하고, 한안제의 능인 공릉恭陵의 북쪽에 장사지냈다.

5) 서역에서 성곽을 가진 제국諸國이 모두 한나라에 복속했으나 오직 언기焉耆의 왕 원맹元孟만이 아직 항복하지 않았다. 반용班勇이 공격 허락을 주청奏請했다. 이에 돈황 태수 장랑張朗을 보내 하서4군河西四郡의

---

159 예매瘞埋의 예瘞를 두고 『여씨춘추』에 대한 고유高誘의 주는 풀이하기를, "희생물을 땅에 묻는 제토祭土를 예瘞라고 한다."고 했다.

병사 3,000명을 반용에게 배속하게 했다. 이어서 서역 제국諸國의 병사 4만여 명을 동원해 두 갈래 길로 나눠 공격하게 했다. 반용은 남도南道, 장랑은 북도北道를 따라 진격했다. 공격 기일을 정하고 언기에 이르기로 했다.

그러나 장랑은 전에 죄를 지은 게 있어 공을 세워 스스로 속죄하려 했다. 마침내 기일에 앞서 구자龜玆의 북쪽 40리 지역에 있는 관문인 작리관爵離關에 이르러 사마司馬를 파견해 앞으로 나아가 싸우게 했다. 언기의 병사 2,000명을 참획했다. 원맹이 주살을 당할까 두려워한 나머지 오히려 사자를 파견해 걸항乞降했다. 장랑이 지름길로 들어가 항복을 받고 환군했다. 장랑은 죽음을 면했으나 반용은 기일 이후에 정벌에 나섰다는 이유로 하옥된 뒤 면직됐다.

6) 가을 7월 1일, 일식이 있었다.

7) 7월 9일, 태위 주총朱寵과 사도 주창朱倀이 면직됐다.

7월 27일, 태상 유광劉光을 태위 겸 녹상서사錄尚書事로 삼았다. 광록훈인 여남汝南 출신 허경許敬이 사도가 됐다. 유광은 유구劉矩의 동생이다. 허경은 한화제와 한안제 때 벼슬을 했다. 당시 두씨竇氏와 등씨鄧氏, 염씨閻氏 등 외척이 극성했음에도 몸을 굽히는 굴요屈撓를 하지 않았다. 세 집안이 이미 실패하자 사대부들 대부분이 염오染汚의 상태였다고 비판했으나 오직 허경에 대해서는 비방하는 말을 하지 않았다. 당세當世 사람들이 이를 귀하게 여겼다.

8) 당초 남양 출신 번영樊英은 젊었을 때 학행學行이 뛰어나 해내에 이름이 크게 두드러졌다. 호산壺山하남성 당현 서북쪽의 남쪽에 은거했다. 주군州郡이 앞뒤로 예를 갖춰 예청禮請했으나 불응했다. 공경들이 현량賢良과 방정方正, 유도有道로 천거했으나 모두 가지 않았다. 한안제가 책서를 내려 징소했는데도 나아가지 않았다

이 해에 황제가 다시 책서와 현훈玄纁을 내리며 예를 갖춰 다시 징소했다. 번영은 병이 위독하다며 고사固辭했다. 조서를 내려 군현郡縣을 질책하고, 수레에 태워 길을 나서게 했다. 번영이 부득이 경사인 낙양에 이르렀으나 칭질稱疾하여 일어나려 하지 않았다. 강제로 수레에 태워 입전入殿하게 했으나 여전히 굽히게 할 수 없었다.

황제가 그를 궁궐 밖으로 내보낸 뒤 태의太醫를 보내 양질養疾하게 했다. 달마다 양고기와 술을 보냈다. 이후 황제는 번영을 위해 강단을 세운 뒤 공거령公車令에게 명해 인도하게 하고, 상서로 하여금 봉인奉引하게 하고, 궤장几杖을 내리며 사부의 예로 모시고 득실을 물었다. 이어 오관중랑장五官中郎將의 벼슬을 내렸다.

몇 달 후 번영이 병이 위독하다고 말하자 조서를 내려 광록대부光祿大夫로 삼은 뒤 귀향을 허락했다. 이어 그가 사는 곳에 명을 내려 양식을 보내게 하고, 세시歲時마다 우주牛酒를 보내게 했다. 번영은 자리를 고사하며 받지 않았으나 조서를 내려 황제의 뜻을 비유를 통해 알리는 조서인 비지譬旨를 내리고 듣지 않았다.

번영이 처음 조서로 명을 받았을 때 많은 사람들 모두 그가 반드시 뜻을 굽히지 않을 것으로 여겼다. 남군南郡호북성 강릉현 출신 왕일王逸은 평소 번영과 친분이 있었다. 그에게 서신을 보내 고서에 나오는 비유譬諭를 많이 인용하면서 초빙에 나아갈 것을 권했다. 번영이 왕일의 의견을 좇아 나아갔다. 후에 황제의 질문에 대한 그의 응대應對에 기모심책奇謀深策이 없자 얘기를 좋아하는 담자談者들이 실망했다. 하남河南 출신 장해張楷가 번영과 함께 징소되자 번영에게 이같이 말했다.

"천하에는 2가지 길이 있소. 관도로 나아가는 출사出仕와 초야에 머무는 은거隱居가 그것이오. 나는 전에 그대가 출사하면 능히 군주를 보필하고, 백성을 구할 수 있을 것으로 여겼소. 그러나 그대는 당초 헤아릴 수 없을 정도로 커다란 명성을 누린 몸인 부자지신不訾之身으로 만승의 군주를 노하게 만들어 마침내 작록을 향수享受하기에 이르렀소. 또한 그대에게 천하를 바로잡는 광구匡救의 술책이 있다는 얘기를 아직 들은 적이 없소. 그러니 그대의 진퇴進退는 모두 명분이 없는 셈이오."

신 사마광이 논한다.

"옛날 군자는 공자가 『논어』「태백」에서 말했듯이 나라에 도가 있으면 출사하고, 도가 없으면 은거했다. 은거는 군자가 바라는 바가 아니다. 다른 사람이 자신을 알아주지 않고는 도가 행해질 수 없고, 사악한 무리와 함께 있으면 해가 장차 몸에 미치게 된다. 깊숙이 숨는 심장深藏을 통해 피하는 이유다 왕자王者가 일민逸民을 등용할 때 비천한 측루仄陋의 사람을 뽑는 것도 실로 그가 나라를 유익하게 만들 수 있기 때문이지, 세속의 이목을 따르고자 한 게 아니다. 도덕이 족히 존주尊主를 할 수 있고, 지능智能이 족히 백성을 비호하는 비민庇民을 할 수 있는데도 해진 무명옷 속에 옥을 감춘 피갈회옥被褐懷玉과 깊이 감춰 함부로 팔지 않는 심장불시深藏不市를 하면 제왕은 의당 예를 다해 초치해야만 한다. 몸을 굽혀스스로 낮추고, 허심虛心으로 방문하고, 극기克己하여 따라야 하는 이유다. 연후에 능히 천하 사방의 사표四表에 이택利澤을 베풀 수 있고, 공렬功烈이 상하에 이르게 된다. 대개 그 도를 취하려는 것이지 그 사람을 취하려는 게 아니고, 그 실질을 얻는 데 힘쓰려는 것이지 그 명성을 얻는 데힘쓰려는 게 아니다. 혹여 예를 갖춰 초빙했는데도 찾아오지 않고, 뜻을부지런히 전했는데도 몸을 일으켜 좇아오지 않으면 잠시 스스로 내성內省을 해야지 감히 강제로 오도록 해서는 안 된다. 스스로 반성하기를, '어찌 나의 덕은 이토록 박해 흠모하기에 부족한가? 정사가 어지러워 보필할수 없다는 것인가? 소인배인 군소群小가 조정에 있어 감히 나아가려 하지 않는 것인가? 성심誠心이 지극하지 못해 자신의 건의가 쓰이지 않을까 걱정하는 것인가? 어찌하여 현자賢者는 나를 좇으려 하지 않는 것인가?'라고 해야 한다. 만일 실제로 자신의 덕이 이미 두터우면 정사는 이미 청명해진 것이고, 소인배를 멀리하면 성심은 충분히 전달된 것이다. 그러면 저들은 장차 대궐문을 두드리는 구혼扣閽을 하며 스스로를 천거하고자 할 것이다. 어찌 열심히 구현求賢을 하는데도 오지 않을 리 있겠는가! 순자荀子가 말하기를, '밤에 불을 밝혀 매미를 잡는 사람은 힘써 그 불빛을 밝게 하는 데 힘쓴 뒤 그 나무를 흔들기만 하면 된다. 불빛이 밝지 않으면 비록 그 나무를 흔들지라도 아무 소용이 없다. 지금 군주가 능히 그 덕을 밝히기만 하면 천하 사람이 그에게 돌아가는 것은 마치 매미가 밝은 불빛을 좇아가는 것과 같을 것이다'[160]라고 했다. 혹자는 인주人主가 현자의 초치가 이뤄지지 않는 것을 부끄럽게 여긴 나머지 마침내 높은 자리로 현자를 유인하거나 엄형으로 협박한다고 했다. 그러나 진실한 군자를 부리고자 하면 자리는 탐내는 게 아닐 것이고, 형벌은 두려워할 바가 아니어서 결국 오게 할 수 없다. 그런 상황에서 오게 할 수 있는 자는 모두 자리를 탐하고 형벌을 두려워하는 탐위외형貪位畏刑의 사람들뿐이다. 어찌 족히 귀하게 여길 수 있는 계책이겠는가! 만일 이내 효제孝弟가 가정에서 두드러지고, 향곡鄕曲에서 행실의 의로움이 두드러지고, 이익을 보면 구차하게 가지려 하지 않고, 벼슬하면 구차하게 나아가려 하지 않고, 스스로를 깨끗하게 하여 본분을 지키고, 유유자적하는 우요優遊를 하며 생을 마치는 것은 비록 존주尊主와 비민庇民에 부족할지라도 역시 청렴하

---

160   원문은 '요선자耀蟬者, 무재명기화務在明其火, 진기목이이振其木而已. 화불명火不明, 수진기목雖振其木, 무익야無益也. 금인주유능명기덕今人主有能明其德, 즉천하귀지則天下歸之, 약선지귀명화야若蟬之歸明火也'이다. 『순자』「치사致士」의 구절을 그대로 인용한 것이다. 단지 원문의 진기목振其木이「치사」에는 진기수振其樹로 돼 있는 것만이 다를 뿐이다.

고 수양을 하는 청수清修의 길사吉士에 해당한다. 왕자는 의당 편히 수양하는 자를 포상하고 우대하며 그 뜻을 이룰 수 있게 해야 할 것이다. 만일 한소제가 의행義行을 한 한복韓福 등에게 비단을 하사하는 식으로 우대하고, 광무제가 알현하는 과정에서 배견拜見만 할 뿐 자신의 성명을 말하는 주알奏謁을 하지 않은 채 자신이 뜻하는 바를 지키게 해달라고 말한 주당周黨을 용인하며 비단을 내린 것처럼 염치를 장려하고 풍속을 아름답게 하면 이 또한 가한 일이다. 실로 광무제 때 박사 범승范升처럼 예의를 갖추지 않은 주당을 저훼詆毁하는 것도 부당하고, 처사 장해張楷처럼 함께 징소된 번영을 책망하는 것도 옳지 못하다. 수식과 거짓말로 명예를 얻는 식위요예飾僞邀譽와 기이한 행동을 낚아 세상을 놀라게 하는 조기경속釣奇驚俗 모두 군주의 봉록을 받지 않으면서 사사로운 이식을 다퉈 얻으려는 짓이다. 소관小官도 얻지 못할 주제에 경상卿相의 자리를 넘보는 격이다. 명실名實이 서로 반대되고, 마음과 행적인 심적心跡이 서로 어긋난다. 이들은 겉만 화려하고 실속이 없어 강태공에게 주살을 당한 화사華士와 백성을 현혹해 공자에게 주살을 당한 소정묘少正卯 같은 부류에 해당한다. 성왕의 주살을 면한 것으로도 요행인데, 오히려 어찌 빙소聘召를 바랄 수 있단 말인가!"

9) 당시 또 광한廣漢 사천성 수녕현 출신 양후楊厚와 강하江夏 호북성 황강현 출신 황경黃瓊을 징소했다. 황경은 황향黃香의 아들이다. 양후는 낙양에 막 도착하자 한나라 350년의 역사에 있었던 재난을 경계해야 한다고 미리 진술하는 예진豫陳을 하자 의랑議郎에 제수됐다. 황경이 막 도착하자 이고李固가 서신을 보내 환영을 뜻하는 역유逆遺[161]를 했다.

---

161   역유逆遺의 역逆은 맞이할 영迎, 유遺는 교부交付 내지 음식 등을 보내는 궤증饋贈의 뜻이다.

"맹자가 말하기를, '주나라의 건국을 인정치 않은 백이伯夷는 속이 좁고, 노나라의 현자 유하혜柳下惠는 공경스럽지 못했다'[162]고 했소. 공자는 백이와 유하혜를 모두 좇지 않았고, 이들이 보여준 행보의 중간에 머물렀소.[163] 이는 성현聖賢이 처신할 때 매우 진귀하게 여기는 바요. 실로 산을 베개 삼고 골짜기에 사는 침산서곡枕山棲谷을 원한다면 전설 속의 은자인 소부巢父와 허유許由의 행적을 본받는 것도 가하오. 그러나 만일 군주의 정사를 보필하고 백성을 구하는 보정제민輔政濟民을 원한다면 지금이야말로 바로 그런 때에 해당하오. 국가가 성립해 백성이 등장하는 생민生民 이래 선정善政은 적고 혼란한 풍속인 난속亂俗은 많았소. 반드시 요순 같은 군주가 나오길 기다려 선비로서 그 뜻을 실행하고자 하면 끝내 그런 시기時機를 얻을 수가 없을 것이오. 일찍이 내가 듣건대, '산이 크게 높으면 무너지기 쉬운데다 옥이 크게 희면 더럽혀지기 쉽고, 뛰어난 명성 아래서는 실로 그 뒤를 잇기가 어렵다'[164]고 했소. 근래에 노양魯陽하남성 노양

---

162 원문은 '백이애伯夷隘, 유하혜불공柳下惠不恭'이다.『맹자』「공손추 상」구절을 인용한 것이다. 이에 따르면 맹자가 말하기를, "백이는 섬길 만한 군주가 아니면 섬기지 않고, 벗할 만한 사람이 아니면 벗하지 않았다. 유하혜는 더러운 군주를 섬기는 것을 부끄럽게 여기지 않았고, 맡은 관직이 소관小官일지라도 하찮게 여기지 않았다. 백이는 마음이 좁고, 유하혜는 공경스럽지 못했다. 양자 모두 군자가 따르지 않는 것이다."라고 했다.

163 원문은 '불이불혜不夷不惠, 가부지간可否之間'이다. 이는 공자가『논어』「미자」에서 벼슬을 하지 않은 고사高士인 일민逸民을 평한 대목에서 인용한 것이다. 이에 따르면 공자는 평하기를, "뜻을 굽혀 용군庸君의 조정에 들어가지 않아 그 몸을 욕되게 하지 않은 자는 백이와 숙제이다. 유하혜와 소련少連은 용군의 조정에 들어가 뜻을 굽히고 몸을 욕되게 했으나 언사가 윤리에 맞고 행실이 사려思慮에 부합했다. 유하혜와 소련은 오직 이런 모습만 보였을 뿐 다른 모습은 보이지 않았다."고 했다. 유하혜와 함께 거론된 소련少連은 부모의 상례喪禮에 성실한 모습을 보인『예기』「잡기 하」속의 인물을 말한다.

164 원문은 '요요자이결嶢嶢者易缺, 교교자이오皦皦者易污, 성명지하盛名之下, 기실난부其实难副'이다.『후한서』「주황열전周黃列傳」에서 인용한 것이다.「주황열전」에는 '성명지하, 기실난부' 구절 앞에「양춘백설阳春白雪」처럼 뛰어난 고대의 명곡은 화답하는 자가 반드시 적다는 뜻의 '양춘지곡阳春之曲, 화자필과和者必寡' 구절이 덧붙여져 있다.

현 출신 번군樊君이 징소를 받아 처음 낙양에 도착했을 때 조정에서 강단과 자리를 설치하고, 그를 신처럼 밝은 신명神明의 인물로 여겼소. 비록 커다란 재능은 없었으나 언행에서 크게 지적할 만한 것은 없었소. 그러나 이내 비방이 퍼져나가면서 시간을 좇아 명성이 절감折減되고 말았소. 이 어찌 보고 듣는 관청觀聽에 대한 희망이 깊었던 까닭에 성명聲名이 지나치게 과장됐던 탓이 아니겠소! 속론俗論에서 모두 '처사處士는 순전히 헛된 명설만 훔칠 뿐이다'[165]라고 말하는 것은 이 때문이오. 원컨대 선생은 원대한 뜻을 넓힘으로써 많은 사람들로 하여금 탄복하게 만들고, 이런 의론이 일거에 눈 녹듯이 사라지게 해주기를 바랄 뿐이오!"

황경이 낙양에 이르러 의랑에 제수됐다. 조금씩 자리를 옮겨 상서복야尚書僕射로 승진했다. 황경은 전에 한화제 때 상서령을 지낸 부친을 따라 상서인 대각臺閣에 있을 때 고사故事를 습견習見한 바 있다. 이후 관직을 맡으면서 정무인 관조官曹에 매우 익숙했던 탓에 조당朝堂에서 의견을 개진하며 다투면 아무도 논리적으로 대항하거나 이기는 항탈抗奪을 할 수 없었다. 누차 상소문을 올려 국사에 관해 건의할 때마다 황상이 거의 그대로 채용했다.

이고李固는 사도를 지낸 이합李郃의 아들이다. 젊었을 때 호학好學한 탓에 좋아하는 구절 내지 사상을 좇아 늘 성명을 개역改易했다. 배움을 찾아 채찍을 어깨에 메고 나귀를 모는 장책구려杖策驅驢와 등에 책장을 메고 스승을 찾아가는 부급종사負笈從師의 행보로 천리를 마다하지 않는 불원천리不遠千里의 모습을 보였다. 마침내 언덕처럼 쌓인 수많은 전적

165　원문은 '처사순도허성處士純盜虛聲'이다. 여기의 순純은 정도가 과한 심甚의 뜻이고, 도盜는 낚을 조釣 내지 매매할 고沽와 통한다. 명성과 자리를 훔친다는 취지의 도성절위盜聲竊位와 유사한 뜻으로 고명조예沽名釣譽 성어를 사용하는 게 그렇다.

을 모두 독파하는 구람분적究覽墳籍의 경지에 이르러 당대의 대유大儒가 됐다. 매번 태학太學에 도착하면 부친이 재직하는 공부公府로 은밀히 들어가 부모의 잠자리 등을 살피는 정성定省을 다했다. 함께 수업하는 제생諸生들은 그가 이합의 아들이라는 사실을 알지 못하게 한 것이다.

* 孝安皇帝永建二年

春, 正月, 中郞將張國以南單于兵擊鮮卑其至鞬, 破之. 二月, 遼東鮮卑寇遼東玄菟. 烏桓校尉耿曄發緣邊諸郡兵及烏桓出塞擊之, 斬獲甚衆. 鮮卑三萬人詣遼東降.

三月, 旱.

初, 帝母李氏瘞在洛陽北, 帝初不知. 至是, 左右白之, 帝乃發哀, 親到瘞所, 更以禮殯. 六月, 乙酉, 追謚為恭愍皇后, 葬於恭陵之北.

西域城郭諸國皆服於漢, 唯焉耆王元孟未降, 班勇奏請攻之. 於是遣敦煌太守張朗將河西四郡兵三千人配勇, 因發諸國兵四萬餘人分為兩道擊之. 勇從南道, 朗從北道, 約期俱至焉耆. 而朗先有罪, 欲徼功自贖, 遂先期至爵離關, 遣司馬將兵前戰, 獲首虜二千餘人, 元孟懼誅, 逆遣使乞降. 張朗徑入焉耆, 受降而還. 朗得免誅, 勇以後期征, 下獄, 免.

秋, 七月, 甲戌朔, 日有食之.

壬午, 太尉朱寵·司徒朱伥免. 庚子, 以太常劉光為太尉·錄尚書事, 光祿勳汝南許敬為司徒. 光, 矩之弟也. 敬仕於和·安之間, 當竇·鄧·閻氏之盛, 無所屈撓. 三家既敗, 士大夫多染污者, 獨無謗言及於敬, 當世以此貴之.

初, 南陽樊英, 少有學行, 名著海內, 陷於壺山之陽, 州郡前後禮請, 不應. 公卿舉賢良·方正·有道, 皆不行. 安帝賜策書徵之, 不赴.

是歲, 帝復以策書·玄纁, 備禮徵英, 英固辭疾篤. 詔切責郡縣, 駕載
上道. 英不得已, 到京, 稱疾不肯起. 強輿入殿, 猶不能屈. 帝使出
就太醫養疾, 月致羊酒. 其後帝乃為英設壇, 令公車令導, 尚書奉引,
賜几杖, 待以師傅之禮, 延問得失, 拜五官中郎將. 數月, 英稱疾篤.
詔以為光祿大夫, 賜告歸, 令在所送穀, 以歲時致牛酒. 英辭位不受,
有詔譬旨, 勿聽. 英初被詔命, 眾皆以為必不降志. 南郡王逸素與英
善, 因與其書, 多引古譬諭, 勸使就聘. 英順逸議而至. 及後應對無
奇謀深策, 談者以為失望. 河南張楷與英俱徵, 謂英曰, "天下有二
道, 出與處也. 吾前以子之出, 能輔是君也, 濟斯民也. 而子始以不
訾之身, 怒萬乘之主, 及其享受爵祿, 又不聞匡救之術, 進退無所據
矣."

臣光曰, "古之君子, 邦有道則仕, 邦無道則隱. 隱非君子之所欲也.
人莫己知而道不得行, 群邪共處而害將及身, 故深藏以避之. 王者舉
逸民, 揚仄陋, 固為其有益於國家, 非以徇世俗之耳目也. 是故有道
德足以尊主, 智能足以庇民, 被褐懷玉, 深藏不市, 則王者當盡禮以
致之, 屈體以下之, 虛心以訪之, 克己以從之, 然後能利澤施於四表,
功烈格於上下. 蓋取其道不取其人, 務其實不務其名也. 其或禮備而
不至, 意勤而不起, 則姑內自循省而不敢強致其人, 曰, 豈吾德之薄
而不足慕乎? 政之亂而不可輔乎? 群小在朝而不敢進乎? 誠心不
至而憂其言之不用乎? 何賢者之不我從也? 苟其德已厚矣, 政已治
矣, 群小遠矣, 誠心至矣, 彼將扣閽以自售, 又安有勤求而不至者哉
! 荀子曰, '耀蟬者, 務在明其火, 振其木而已. 火不明, 雖振其木, 無
益也. 今人主有能明其德, 則天下歸之, 若蟬之歸明火也.' 或者人主
恥不能致, 乃至誘之以高位, 脅之以嚴刑. 使彼誠君子邪, 則位非所
貪, 刑非所畏, 終不可得而致也. 可致者, 皆貪位畏刑之人也, 烏足

貴哉! 若乃孝弟著於家庭, 行誼隆於鄉曲, 利不苟取, 仕不苟進, 潔己安分, 優遊卒歲, 雖不足以尊主庇民, 是亦清修之吉士也. 王者當褒優安養, 俾遂其志. 若孝昭之待韓福, 光武之遇周黨, 以勵廉恥, 美風俗, 斯亦可矣, 固不當如范升之詆毀, 又不可如張楷之責望也. 至於飾僞以邀譽, 釣奇以驚俗, 不食君祿而爭屠沽之利, 不受小官而規卿相之位, 名與實反, 心與跡違, 斯乃華士·少正卯之流, 其得免於聖王之誅幸矣, 尚何聘召之有哉!"

時又徵廣漢楊厚·江夏黃瓊. 瓊, 香之子也. 厚既至, 豫陳漢有三百五十年之厄以爲戒, 拜議郎. 瓊將至, 李固以書逆遺之曰, "君子謂伯夷隘, 柳下惠不恭. 不夷不惠, 可否之間, 聖賢居身之所珍也. 誠遂欲枕山棲谷, 擬跡巢·由, 斯則可矣. 若當輔政濟民, 今其時也. 自生民以來, 善政少而亂俗多, 必待堯·舜之君, 此爲士行其志終無時矣. 常聞語曰, '嶢嶢者易缺, 皦皦者易汚' 盛名之下, 其實難副. 近魯陽樊君被徵, 初至, 朝廷設壇席, 猶待神明, 雖無大異, 而言行所守, 亦無所缺. 而毀謗布流, 應時折減者, 豈非觀聽望深, 聲名太盛乎! 是故俗論皆言'處士純盜虛聲' 願先生弘此遠謨, 令衆人歎服, 一雪此言耳!" 瓊至, 拜議郎, 稍遷尚書僕射. 瓊昔隨父在臺閣, 習見故事. 及後居職, 達練官曹, 爭議朝堂, 莫能抗奪. 數上疏言事, 上頗採用之.

李固, 郃之子, 少好學, 常改易姓名, 杖策驅驢, 負笈從師, 不遠千里, 遂究覽墳籍, 爲世大儒. 每到太學, 密入公府, 定省父母, 不令同業諸生知其爲郃子也.

한안제 영건 3년(AD 128)

1) 봄 정월 6일, 경사에 지진이 났다.

2) 여름 6월, 한재旱災가 있었다.

3) 가을 7월 29일, 한무제의 능묘인 무릉茂陵의 원침園寢에 화재가 났다.

4) 9월, 선비족이 어양漁陽을 침구했다.

5) 겨울 12월 4일, 태부太傅 환언桓焉이 면직됐다.

6) 거기장군 내력來歷이 파직됐다.

7) 제34대 선우인 남선우 난제발發提拔이 죽고, 동생인 난제휴리欒提休利가 즉위해 제35대 거특약시축취去特若屍逐就 선우가 됐다.

8) 황제가 손정孫程 등을 모두 불러 경사로 돌아오게 했다.

* 孝安皇帝永建三年

春, 正月, 丙子, 京師地震.

夏, 六月, 旱.

秋, 七月, 丁酉, 茂陵園寢災.

九月, 鮮卑寇漁陽.

冬, 十二月, 己亥, 太傅桓焉免. 車騎將軍來歷罷.

南單于拔死, 弟休利立, 為去特若屍逐就單于.

帝悉召孫程等還京師.

한안제 영건 4년(AD 129)

1) 봄 정월 초하루, 천하에 사면령을 내렸다.

2) 1월 11일, 황제 유보劉保가 15세에 이른 까닭에 성년식인 원복元服 의식을 거행했다.

3) 여름 5월 29일 조서를 내렸다.

"해내海內에서 자못 재이災異가 있었다. 조정은 정사를 정비하고, 태관

太官은 감선減膳하며 진귀한 물건인 진완珍玩을 진상하지 말도록 하라. 계양桂陽호남성 침현 태수 문롱文礱이 오직 충성을 다해 조정을 선창宣暢하려 들지 않고 오히려 먼 곳의 대주大珠를 헌상하며 총애를 구하려 했다. 지금 이를 봉인해 돌려보내도록 하라!"

4) 5개 주州에 많은 비가 내려 물이 넘치는 우수雨水가 있었다.

5) 가을 8월 25일, 태위 유광劉光과 사공 장호張晧가 면직됐다.

6) 상서복야尚書僕射 우후虞詡가 상언했다.

"안정安定과 북지北地, 상군上郡의 산천은 험액險厄하나 옥야沃野가 1,000리에 달하고, 토양은 목축에 적합하고, 하천은 관개와 조운이 가능합니다. 최근 영건 원년과 2년의 재해[166]를 만나 여러 강족의 무리가 내부적으로 무너졌고, 군현郡縣 역시 군사충돌로 인한 병폐인 병황兵荒이 빚어진 지 20여 년이 지났습니다. 무릇 비옥한 토양의 풍요를 버리고, 자연의 재물을 잃는 것은 이롭다고 할 수 없습니다. 천연적인 산하의 험조가 있는 곳을 제외하고 그 어떤 험난한 지형이 없는 곳에서 지키고자 하면 굳게 지키기가 어렵습니다. 지금 3개 군郡은 아직 회복되지 않고 있는데다, 선제의 여러 원릉園陵 또한 한 겹 정도로 조성된 허술한 장벽의 내부도 아닌 외부에 있습니다. 공경들은 유약하고 겁이 많은 선나選懦의 자세로 머리를 처박고 비켜서는 용두과신容頭過身의 모습을 보이면서 해설만 늘어놓고 어렵다는 애기만 하고 있습니다. 이들은 단지 소요되는 경비만 계산하며 안정을 취하는 계책을 내지 않고 있습니다. 의당 성청聖聽인 귀를 열어 좋은 쪽으로 움직이는 방안을 고려해야 합니다."

---

166 원문은 원원지재元元之災이다. 백성들의 재해를 뜻한다. 재해를 입은 강족도 일반 백성으로 간주한 표현으로 해석해도 뜻이 통하지 않는 것은 아니나 문맥 상 강족을 지칭한 것으로 보는 게 합리적이다. 실제로 거의 모든 주석서가 영건 원년과 2년을 뜻하는 원이지재元二之災의 오사로 간주해 풀이하고 있다. 번역문도 이를 좇았다.

9월, 다시 조서를 내려 안정安定과 북지北地, 상군上郡의 치소治所를 원래의 장소로 돌아가게 했다.

7) 9월 12일, 대홍려 방삼龐參을 태위太尉 겸 녹상서사錄尚書事에 제수했다. 태상 왕공王龔을 사공으로 삼았다.

8) 겨울 11월 20일, 사도 허경許敬이 면직됐다.

9) 선비족이 삭방朔方을 침구했다.

10) 12월 25일, 종정宗正인 홍농弘農 출신 유기劉崎를 사도로 삼았다.

11) 이 해에 우전왕于寘王신강성 화전현 방전放前이 구미왕拘彌王신강성 우전현 흥興을 죽이고, 스스로 자신의 아들을 구미왕으로 삼았다. 그가 사자를 보내 공물을 바치자 돈황 태수 서유徐由는 상서하여 정토征討의 허락을 요청했다. 황제가 우전의 잘못을 용서한 뒤 그에게 구미국으로 돌아갈 것을 명했다. 방전이 듣지 않았다.

＊ 孝安皇帝永建四年

春, 正月, 丙寅, 赦天下.

丙子, 帝加元服.

夏, 五月, 壬辰, 詔曰, "海內頗有災異, 朝廷修政, 太官減膳, 珍玩不御. 而桂陽太守文礱, 不惟竭忠宣暢本朝, 而遠獻大珠以求幸媚, 今封以還之!"

五州雨水.

秋, 八月, 丁巳, 太尉劉光·司空張皓免.

尚書偵射虞詡上言曰, "安定·北地·上郡, 山川險阨, 沃野千里, 土宜畜牧, 水可漑漕. 頃遭元元之災, 眾羌內潰, 郡縣兵荒, 二十餘年. 夫棄沃壤之饒, 捐自然之財, 不可謂利. 離河山之阻, 守無險之處, 難以為固. 今三郡未復, 園陵單外, 而公卿選愞, 容頭過身, 張解設難, 但計所費, 不圖其安. 宜開聖聽, 考行所長." 九月, 詔復安定·北地·上郡歸舊土.

癸酉, 以大鴻臚龐參為太尉·錄尚書事. 太常王龔為司空.

冬, 十一月, 庚辰, 司徒許敬免.

鮮卑寇朔方.

十二月, 巳卯, 以宗正弘農劉崎為司徒.

是歲, 于寘王放前殺拘彌王興, 自立其子為拘彌王, 而遣使者貢獻, 敦煌太守徐由上求討之. 帝赦于寘罪, 令歸拘彌國. 放前不肯.

한안제 영건 5년(AD 130)

1) 여름 4월, 경사에 한재旱災가 있었다.

2) 경사와 군국 12곳에 황해蝗害가 있었다.

3) 정원후定遠侯 반초班超의 손자 반시班始가 황제의 고모이자 청하효왕의 딸인 음성공주陰城公主를 아내로 모셔 들이는 상주尙主를 했다. 공주가 교음驕淫하고 무도했다. 반시가 오랫동안 쌓인 분노를 참지 못해 공주를 칼로 찔러 죽였다.

겨울 12월 20일, 반시가 요참腰斬됐다. 그의 동산同產 즉 형제 모두 기시棄市됐다.

* 孝安皇帝永建五年

夏, 四月, 京師旱.

京師及郡國十二蝗.

定遠侯班超之孫始尚帝姑陰城公主. 主驕淫無道. 始積忿怒, 伏刃殺主. 冬, 十月, 乙亥, 始坐腰斬, 同產皆棄市.

한안제 영건 6년(AD 131)

1) 봄 2월 17일, 하간효왕河間孝王 유개劉開가 훙거했다. 아들 유정劉政이 뒤를 이었다. 유정이 오만해 법도를 준수하지 않았다. 황제가 시어사侍御史인 오군吳郡 출신 심경沈景이 강능强能하기에 발탁해 하간의 재상으로 삼았다. 심경이 봉국에 도착해 왕을 알현했으나 왕은 의관을 바르게 하지 않고 전각 위에서 두 다리를 벌리고 앉아 있었다. 시랑侍郞이 알현하는 자의 이름을 알리고 절을 올리게 하는 찬배贊拜를 하자 심경이 우두커니 서서 예를 올리지 않고는 왕의 소재를 물었다. 호위 군사인 호본虎賁이 반문했다.

"이분이 왕이 아닙니까?"

심경이 대답했다.

"왕이 의관을 바르게 하지 않으면 상인常人과 어찌 구별이 되겠소! 지금 재상이 왕을 알현하고자 하는데 어찌 무례한 자에게 배알할 수 있겠소!"

왕이 부끄러워 옷을 갈아입는 경복更服을 했다. 심경이 그런 연후에 비로소 절을 했다. 밖으로 나와서는 궁문 밖에 거주하는 왕의 사부를 청해 만난 뒤 이같이 질책했다.

"전에 경사를 떠나기에 앞서 폐하의 면전에서 조서를 받았소. 왕이 공손하지 못하니 재상이 잘 감독하라고 했소. 제군諸君은 공연히 작록만 받을 뿐 아직도 의리를 훈도訓導할 의리조차 없는 것이오!"

이어 그들의 죄를 다스리도록 상주하자 황제가 조서를 내려 유정을 책양責讓하고 왕의 사부를 힐책詰責했다. 심경이 이내 간인奸人들을 체포해 죄를 조사한 뒤 그 가운데 악한 자 수십 명을 살육하고, 무고하게 갇힌 100여 명을 석방하게 해달라는 상주문을 올렸다. 유정이 마침내 절조를 고치는 개절改節을 한 뒤 잘못을 회개하며 스스로 수양하는 회과자수悔

過自修를 했다.

　2) 황제는 이오伊吾의 땅이 비옥하고 서역에 근접해 있어 흉노가 이곳을 배경으로 약탈과 만행을 저지른다고 판단했다.

　3월 29일, 다시 둔전屯田을 개설한 뒤 영원永元 연간과 같이 이오사마伊吾司馬 1명을 두게 했다.

　3) 당초 한안제는 예문藝文에 대해 박하게 대했다. 박사博士는 다시 강습講習을 하지 않았고, 학생들인 붕도朋徒는 서로 게으르고 산만한 모습을 보였다. 학사學舍는 퇴폐頹敝해 결국 채소밭이 되고, 간혹 목동과 나무꾼이 그 아래서 땔나무를 베었다.

　장작대장 척포翟酺가 상소해 다시 수선修繕하여 후학에게 진학을 유인할 것을 청했다. 황제가 이를 좇았다.

　가을 9월, 태학을 수선해 총 240개의 방房에 1,850개의 실室을 조구造構했다.

　4) 호오환교위護烏桓校尉 경엽耿曄이 병사를 파견해 선비족을 격파했다.

　5) 호강교위護羌校尉 한호韓皓가 황중湟中에 있던 둔전을 돌려서 양하兩河 청해성 사지하와 봉류하 사이에 설치한 뒤 강족을 압박했다. 한호가 죄에 연루돼 불려가자 장액 태수 마속馬續을 대신 교위로 삼았다. 양하 사이의 강족은 한나라의 둔전이 가까이 있는 까닭에 반드시 도모를 당할 것으로 생각해 두려운 나머지 이웃한 강족들과 원수관계를 풀고 동맹을 맺어 각각 경계하며 방어했다. 마속이 상소해 둔전을 다시 황중으로 환원시키자 강족이 내심 편안해했다.

　6) 황제가 황후를 세우고자 했다. 귀인貴人 가운데 총애하는 자가 4명이나 있어 누구를 세워야 할지 몰랐다. 의논 끝에 신령 앞에서 추첨인 탐주探籌를 하여 신령이 선정하는 것으로 했다. 상서복야尚書僕射인 남군南

郡 출신 호광胡廣과 상서尙書인 풍익馮翊 출신 곽건郭虔과 사창史敞이 상소해 간했다.

"가만히 조서를 보건대, 황후를 세우는 일은 대사大事인 까닭에 겸허하게 스스로 홀로 정하지 않고, 추첨 방식으로 신령에게 의심스런 것을 결정하게 했습니다. 이는 여러 전적에 기록된 바와 조종의 전례에 비춰 일찍이 없던 일입니다. 신령을 믿어 점괘에 맡긴다고 반드시 현자가 뽑히는 게 아닙니다. 설령 그런 사람을 만났을지라도 이는 덕으로 선정한 게 아닙니다. 무릇 뛰어나고 우뚝 솟은 기억岐嶷[167]은 자연히 드러나는 것입니다. 비유컨대 하늘은 반드시 특별한 표시를 했을 것입니다.[168] 의당 양가良家를 간택에 참여시켜 덕이 있는지 찾아보고, 덕이 같으면 나이를 갖고 비교하고, 나이가 같으면 용모로 가리면 됩니다. 경전의 가르침을 생각한 뒤 성려聖慮로 결단하시길 바랍니다."

황제가 이를 좇았다.

한화제의 생모인 공회황후恭懷皇后 양귀인梁貴人의 동생 아들인 승씨후乘氏侯 양상梁商의 딸이 액정掖庭에 선발돼 귀인이 됐다. 양귀인은 늘 특별히 황제의 부름을 받을 때마다 종용從容히 사양했다.

"무릇 양기陽氣는 널리 베푸는 것을 덕으로 삼고, 음기陰氣는 전횡하지

---

167   기억岐嶷은 『시경』 「대아, 생민生民」에서 인용한 것이다. 「생민」에 아이가 기어 다니게 되자 지각 있고 영민했다는 취지의 '탄실포복誕實匍匐, 극기극억克岐克嶷' 구절이 나온다. 기岐는 지각 내지 의도, 억嶷은 판별할 식識의 뜻이다. 여기서 어린 나이에 매우 총명한 것을 뜻하는 기억岐嶷 성어가 나왔다.

168   원문은 '현천필유이표俔天必有異表'이다. 호삼성은 주문왕이 태사太姒의 현명하고 아름다운 덕행에 관한 얘기를 듣고 대국의 자녀는 비유하면 하늘의 여동생과 같기에 구해서 짝을 이뤘다는 뜻으로 풀이했다. 『시경』 「대아, 대명大明」에서 인용한 것이다. 「대명」에 큰 나라에 딸이 있었으니 마치 하늘의 소녀 같았다는 취지의 '대방유자大邦有子, 현천지매俔天之妹' 구절이 나온다.

않는 것을 의義로 여깁니다.『시경』「주남, 종사螽斯」[169]는 백복百福이 일어나는 원인을 언급한 것입니다. 원컨대 폐하는 운우雲雨의 혜택이 고루 미치는 덕을 생각해 소첩이 죄에서 벗어날 수 있게 해주십시오."

황제가 이로 인해 더욱 현명하게 생각했다.

* 孝安皇帝永建六年

春, 二月, 庚午, 河間孝王開薨. 子政嗣. 政傲很不奉法, 帝以侍御史吳郡沈景有強能, 擢為河間相. 景到國, 謁王, 王不正服, 箕踞殿上. 侍郎贊拜, 景峙不為禮, 問王所在. 虎賁曰, "是非王邪!" 景曰, "王不正服, 常人何別! 今相謁王, 豈謁無禮者邪!" 王慚而更服, 景然後拜. 出, 住宮門外, 請王傅責之曰, "前發京師, 陛見受詔, 以王不恭, 使相檢督. 諸君空受爵祿, 曾無訓導之義!" 因奏治其罪, 詔書讓政而詰責傅. 景因捕諸奸人, 奏案其罪, 殺戮尤惡者數十人, 出冤獄百餘人. 政遂為改節, 悔過自修.

帝以伊吾膏腴之地, 傍近西域, 匈奴資之以為鈔暴. 三月, 辛亥, 復令開設屯田, 如永元時事, 置伊吾司馬一人.

初, 安帝薄於藝文, 博士不復講習, 朋徒相視怠散, 學舍頹敝, 鞠為園蔬, 或牧兒·蕘豎薪刈其下. 將作大匠翟酺上疏請更修繕, 誘進後學, 帝從之. 秋, 九月, 繕起太學, 凡所造構二百四十房, 千八百五十室.

護烏桓校尉耿曄遣兵擊鮮卑, 破之.

---

169   『시경』「주남, 종사螽斯」에 그대 자손 화목해 대대로 번성한다는 취지의 '의이자손宜爾子孫, 진진혜振振兮' 구절이 나온다. 메뚜기를 닮은 여치인 종사螽斯는 한 번에 많은 알을 낳는다.「종사」가 자손을 많이 낳기를 바라는 기원문에 자주 인용되는 이유다.

護羌校尉韓皓轉湟中屯田置兩河間, 以逼群羌. 皓坐事徵, 以張掖太守馬續代為校尉. 兩河間羌以屯田近之, 恐必見圖, 乃解仇詛盟, 各自儆備. 續上移屯田還湟中, 羌意乃安.

帝欲立皇后, 而貴人有寵者四人, 莫知所建, 議欲探籌, 以神定選. 尚書僕射南郡胡廣與尚書馮翊郭虔·史敞上疏諫曰, "竊見詔書, 以立后事大, 謙不自專, 欲假之籌策, 決疑靈神. 篇籍所記, 祖宗典故, 未嘗有也. 恃神任筮, 既不必當賢. 就值其人, 猶非德選. 夫歧嶷形於自然, 倪天必有異表, 宜參良家, 簡求有德, 德同以年, 年鈞以貌. 稽之典經, 斷之聖慮." 帝從之. 恭懷皇后弟子乘氏侯商之女, 選入掖庭為貴人, 常特被引御, 從容辭曰, "夫陽以博施為德, 陰以不專為義. 『螽斯』則百福所由興也. 願陛下思雲雨之均澤, 小妾得免於罪." 帝由是賢之.

한순제漢順帝 양가陽嘉 원년(AD 132)

1) 봄 정월 28일, 귀인 양씨梁氏를 황후로 삼았다.

2) 경사에 한재旱災가 있었다.

3) 3월, 양주揚州의 구강九江과 단양丹陽, 여강廬江, 회계會稽, 오吳, 예장豫章 등 6개 군郡에서 요적妖賊 장하章河 등이 49개 현縣을 공격해 장리長吏를 살상했다.

4) 3월 13일, 천하에 사면령을 내리고 연호를 바꿨다.

5) 여름 4월, 양상梁商에게 특진의 지위를 더해주었다. 얼마 후 집금오執金吾에 제수했다.

6) 겨울, 경엽耿曄은 오환의 우두머리 융말마戎末魔 등을 파견해 선비족을 약탈하며 공격하게 했다. 이들이 크게 노획해 돌아왔다. 선비족이 다시 요동속국遼東屬國의 6개 현을 노략했다. 경엽은 주둔지를 요동의 무

려성無慮城요녕성 북진현으로 옮겨 이들을 막았다.

7) 상서령 좌웅左雄이 상소했다.

"예전 한선제는 관원이 자주 변역되면 아랫사람들이 안심하고 생업에 종사할 수 없다고 했습니다. 맡은 일을 오래 하면 백성은 복종하며 교화 됩니다. 정치政治를 하면서 정사를 잘 펼치는 사람이 있으면 번번이 새서 璽書를 내려 면려勉勵하고, 녹질을 올리면서 상금을 내리고, 공경 가운데 결원이 생기면 차례로 임용한 이유입니다. 관원이 그 직책에 합당한 일을 하고, 백성이 안업安業을 한 덕분에 한나라가 그 시기에 양리良吏들이 크 게 성했습니다. 지금 100리 정도의 성읍을 다스리는 사람도 전동轉動이 무상無常한 까닭에 각자 임시적인 일만 생각할 뿐 장구한 것을 고려하지 않고 있습니다. 죄 없는 자를 죽이거나 해치는 살해불고殺害不辜를 위풍 威風, 재물을 수탈해 혹독하게 처리하는 취렴정판聚斂整辦을 현능賢能, 스스로를 다스리며 백성을 안심시키는 치기안민治己安民을 열약劣弱, 법 을 받들며 순리를 좇는 봉법순리를 불치不治로 여기는 게 그렇습니다. 머 리를 깎고 차꼬를 채워 죽이는 일도 눈을 흘기는 원한인 애자지원睚眥之 怨에서 나오고, 사람을 죽여 시체를 쓰러뜨리는 참화인 복시지화覆屍之 禍도 희로喜怒의 감정에서 비롯되고 있습니다. 백성 보기를 마치 도적이 나 원수인 구구寇仇처럼 여기고, 부세의 징수를 마치 승냥이나 호랑이인 시호豺虎처럼 하고 있습니다. 이들을 감독하는 감사監司도 목과 등이 서 로 보이는 항배상망項背相望일 정도로 자주 파견하고 있으나 이들 역시 지방 관장처럼 크게 병이 든 질진疾疢의 상태인 까닭에 비리를 보고도 검 거하지 않고, 악행에 관한 얘기가 들려도 살피지 않습니다. 공무 차 여행 을 하다가 묵는 관전亭傳에서 호령을 발하지만 기월期月이 지나야 효력 이 생기고, 선정에 관해 얘기하면 덕행에 관한 얘기가 전혀 없고, 논공論 功에 관해 얘기하면 실적에 근거하지 않고 있습니다. 허탄虛誕한 자가 아름다운 칭송을 듣고, 스스로 단속하는 구검拘檢을 행한 자는 비방에 걸리는 이훼離毁에 처합니다. 혹자는 죄로 인해 물러날 상황에서 미리 관직을 버려 고상하다는 얘기를 듣고, 혹자는 사람의 눈치를 살피다가 사직을 하는 식으로 명성을 추구합니다.[170] 주州의 재상을 심사도 하지 않은 채 다퉈 함께 벽소辟召하는 까닭에 이후 뛰어올라 높은 자리에 오르는 용약승등踊躍升騰이 평범함을 초월하고 같은 또래를 뛰어넘는 초등유필超等逾匹의 모습을 보이고 있습니다. 또 혹자는 체포 안건이 상주되는 것을 보고 달아나 죄를 받지 않다가 사면령이 내리면 뇌물을 써서 다시 죄과를 말끔히 세척洗滌하고 있습니다. 이는 붉은 색과 자주색이 같은 색으로 뒤섞이고, 청탁이 구분되지 않는 것입니다. 간활奸猾한 소인배가 넘쳐나 거취를 경홀輕忽히 여기게 만들고, 벼슬을 제수 받거나 제명되는 등의 임면任免이 흐르는 물과 같아 한 번 결원이 생기면 움직이는 자가 100명을 넘게 만드는 이유입니다. 향관鄕官과 부리部吏는 직위도 천하고 녹봉도 박한 직천녹박職賤祿薄인 까닭에 거마의복車馬衣服 모두 백성에게서 나오고 있습니다. 청렴한 자는 만족할 정도만 취하지만 탐욕스런 자는 자신의 집안을 가득 채웁니다. 통상적인 세금 이외의 돈을 거두는 특선特選과 횡조橫調는 분분하여 끊이지 않고 있고, 관원을 송영送迎하는 데 따른 비용이 많이 들어 정사와 백성을 손상시키고 있습니다. 화기和氣가 두루 퍼지지 못하고, 재난와 재앙인 재생災眚이 사라지지 않는 허물이 모두 여기에 있습니다. 신은 어리석으나 수상守相과 장리長吏 가운데 은혜롭고 온

---

170 원문은 색사이구명色斯而求名이다. 『논어』 「향당」에서 인용한 것이다. 「향당」에 새들이 사람의 기색을 보고 곧 날아 올라 빙빙 머리 위를 돈 뒤 다시 산기슭 다리 부근에 모여 앉았다는 취지의 '색사거의色斯擧矣, 상이후집翔而後集' 구절이 나온다. 본문의 '색사이구명' 구절은 윗사람의 안색이 좋지 않으면 물러남으로써 기회를 틈타 명성을 구한다는 취지로 사용된 것이다.

화하며 공적이 두드러져 본받을 자는 곧 녹질을 올려주고, 직책을 바꾸는 이사移徙를 하지 말고, 부모상을 당하지 않는 한 책임을 면탈하기 위해 관직을 떠나는 식의 거관去官은 허용하지 말아야 한다고 생각합니다. 법금法禁을 좇지 않고, 왕명을 준수하지 않는 불식不式을 하면 종신토록 금고禁錮에 처해야 합니다. 설령 사면령을 만날지라도 재차 치열齒列에 놓는 녹용錄用을 해서는 안 됩니다. 만일 탄핵의 상주문에 이름이 올랐는데도 달아나 법의 심판을 받지 않는 자는 그 가족을 변경에 있는 변군邊郡으로 이사시키고, 그 후손들을 징계해야 합니다. 그 향鄕과 부部에서 백성을 가까이 해야 하는 관직은 모두 유생 가운데 청백淸白한 자를 등용해 맡겨야 합니다. 그들이 내지 못하는 세금은 관에서 부담하고, 녹질을 올려주어야 합니다. 임기가 1년을 채우면 증잉조정인 재부宰府나 주군州郡에서 벽소를 하여 등용할 수 있게 합니다. 이같이 하면 간사한 자들이 임의로 위복威福을 행사하는 길이 막히고, 허위의 단서가 끊어지고, 송영送迎에 따른 역무役務가 줄어들고, 가렴주구로 이뤄지는 부렴賦斂의 근원이 그치게 됩니다. 그러면 이치를 좇아 일을 행하는 관원인 순리지리循理之吏도 백성에 대한 교화 작업을 완성할 수 있고, 천하의 모든 백성인 솔토지민率土之民 역시 각자 자신이 일하는 자리에서 편안해할 것입니다."

황제가 그 말에 감동했다. 다시금 무고無故히 거관去官하는 것을 금하고, 또 유사에게 명해 관원이 행한 치적의 진위眞僞를 자세히 살피게 했다. 그러나 환관들이 불편해한 까닭에 끝내 시행할 수 없었다.

좌웅이 다시 상언했다.

"공자는 『논어』「위정」에서 말하기를, '나는 40세가 되어 불혹不惑이 됐다'고 했습니다. 또 『예기』에서 말하기를, '강强의 나이 때 출사出仕한다'[171]

---

171   원문은 '예칭강사禮稱强仕'이다. 『예기』「곡례 상」에서 나이 40세를 강强이라고 하

고 했습니다. 청컨대 지금부터 효렴孝廉은 40세에 이르지 않으면 찰거察
擧할 수 없게 하고, 모두 우선 공부公府로 나아가 보고하도록 하십시오,
제생諸生은 사제 사이에 전해지는 이른바 가법家法[172]을 시험 보게 하고,
문리文吏는 표문表文이나 주문奏文 등의 전주箋奏를 쓰는 것을 부과하십
시오. 이어 그 사본을 황궁의 남문인 단문端門 부근의 상서대로 보내 그
허실을 조사하고 특이한 재능인 이능異能이 있는지 살피게 해 풍속을 아
름답게 만들어야 합니다. 이런 시험 과정을 이행하지 않는 자는 그 죄를
따져 법으로 바르게 해야 합니다. 만일 특이한 재능을 지닌 무재茂材가
있으면 자연히 연치年齒에 구애받지 않아도 될 것입니다."

황제가 이를 좇았다.

호광胡廣과 곽건郭虔, 사창史敞이 상서해 반박했다.

"무릇 사람을 천거해 뽑는 선거選擧 제도는 재능에 의거해야 하고, 정
해진 제도에 얽매여서는 안 됩니다. 옛날 진평陳平이 한고제에게 건의한 6
가지 기이한 계책은 경학經學에서 나온 게 아닙니다. 공자가 높이 평가한
정나라 재상 자산子産이 나라를 부강하게 만들고 제나라 재상 안영晏嬰
이 동아東阿산동성 양곡현 현령으로 있을 때 청렴한 자세로 백성을 교화한
정사는 반드시 장주章奏에서 비롯된 게 아닙니다. 12세 때 조나라 땅을
할양받은 진秦나라의 감라甘羅와 18세 때 제나라의 동아현을 다스린 자
기子奇를 드러나게 발탁하는 현용顯用을 한 것은 모두 『예기』와 『논어』에
서 말하는 40세를 가리키는 강인强仁의 나이와 어긋납니다. 한무제 때
18세의 나이로 남월왕을 설득한 종군終軍과 한문제 때 20세의 나이로

고 출사를 하는 나이를 가리킨다는 취지의 '사십왈강四十曰强, 이사而仕' 구절을 인용한
것이다. 강사强仕는 강사彊仕로 표현기도 한다.

172 가법家法은 유학을 가리킨다. 공자가 사숙私塾을 개설해 제자들을 가르친 이래 일
가一家의 학문처럼 사제師弟 관계로 학문이 전승된 까닭에 '가법'으로 표현한 것이다.

부름을 받은 가의賈誼가 명성을 떨치는 양성揚聲을 한 것 역시 약관弱冠의 나이였을 때입니다. 전세前世 이래 관원을 뽑는 공거貢擧의 제도는 돌이켜 바꾸는 회혁回革을 한 적이 없습니다. 지금 일개 신하의 말을 좇아 옛 장전章典을 깎아내 어긋나게 만드는 잔려구장剗戾舊章은 편리한지 여부가 아직 명확하지 않고, 중심衆心 또한 만족해하지 않을 것입니다. 굽은 것을 교정하고 통상적인 것을 바꾸는 교왕변상矯枉變常은 정사를 펼칠 때 매우 중요한 일입니다. 삼공 등의 태사台司를 찾아 의견도 구하지 않고 경사卿士와 상의하지도 않으면 일이 결정된 후 논의하는 자들과 견해가 다르면 집행이 어렵게 되고, 같으면 왕명은 이미 시행된 것과 같게 됩니다. 신은 어리석으나 이 사안을 널리 백관에게 알려 의견을 수렴한 연후에 실시 여부를 결정하는 데 낫다고 봅니다. 원컨대 폐하는 저의 충정을 자세히 살펴 채택해 주시기 바랍니다.”

황제가 좇지 않았다.

11월 10일[173], 처음으로 명을 내렸다

“군국郡國에서 효렴을 천거할 때 나이는 40세 이상으로 제한한다. 제생諸生은 경전의 장구章句를 통달해야 하고, 문리文吏는 능히 전주箋奏를 지을 줄 알아야 선거 대상이 될 수 있다. 무재茂才 즉 수재秀才의 특이한 재능과 행적인 이행異行을 지니고 있는 안회顔回나 자기子奇[174]와 같은 인

---

173 원문은 신묘辛卯이다. 어느 달의 '신묘'인지 확실하지 않다. 호삼성은 전후 문맥에 비춰 11월 10일로 간주했다. 윤12월로 보는 견해도 있다. 번역문은 호삼성의 주장을 좇았다.

174 자기子奇를 두고 당고종의 제6자인 이현李賢은 전한 말기 유향劉向의 저서 『신서新序』에 대한 주에서 풀이하기를, “자기子奇는 춘추시대 인물로 18세 때 제齊나라 아현阿縣을 다스렸다. 그는 아현에 이른 뒤 무기창고에 있는 무기를 녹여 농기구를 만들고, 곡식창고의 문을 열어 빈궁貧窮한 자들을 구휼하게 했다. 덕분에 아현이 크게 교화됐다.”고 했다. '자기'가 훗날 어린 나이에 뛰어난 재주를 보여주는 인물을 뜻하는 용어로 사용된

재는 연치年齒에 구애받지 않는다."

오랜 시간이 지난 뒤 광릉廣陵강소성 강도현에서 천거한 효렴孝廉 서숙徐
淑의 나이가 40세 미만인 것을 두고 상서대의 낭관인 대랑臺郎 즉 상서랑
이 힐난하자 서숙이 이같이 대답했다.

"조서에 이르기를, '안회나 자기와 같은 인재는 연치에 구애받지 않는
다'고 했습니다. 본군本郡에서 신을 천거한 이유입니다."

대랑은 반박할 길이 없었다. 좌웅이 서숙에게 힐문詰問했다.

"안회는 1개를 들으면 10개를 아는 문일지십聞一知十의 모습을 보였다.
효렴은 1개를 들으면 몇 개를 아는 것인가?"

서숙이 대답하지 못하자 그를 파면해 돌아가게 했다. 서숙을 천거한
광릉의 군수는 이 일에 연루돼 면직됐다.

동진의 사가 원굉袁宏이 『후한기』에서 이같이 논했다.

"무릇 일을 도모하고 제도를 만드는 모사작제謀事作制를 할 때는 세상
을 경륜하고 사물을 해설하는 경세훈물經世訓物의 상황에서 반드시 실
행될 수 있어야 한다. 옛 사람이 40세에 출사할 수 있다고 한 것은 반드시
관원이 되는 시기인 탄관지회彈冠之會[175]는 40세가 되어야만 가능하다는
취지에서 나온 게 아니다. 벼슬하는 시기는 강성强盛한 때 가능하기에 40
세라는 대략적인 한계를 설정해 출사 연령의 기준으로 삼은 것이다. 안연

배경이다. 그러나 현존 『신서』에는 이런 구절이 없다. 『춘추좌전』에도 자기에 대한 일화가
나오지 않고 있다. 후대에 만들어진 가공의 인물로 보는 게 합리적이다.

175 탄관지회彈冠之會에서 원래 탄관은 크게 4가지 뜻이 있다. 첫째, 관冠 위의 먼지
를 털어 바르게 하는 정관整冠을 가리킨다. 둘째, 희경喜慶과 경숙敬肅을 표시할 때 사용
한다. 셋째, 절친한 친구 덕분에 출사하는 경우를 가리킨다. 탄관지망彈冠之望 표현이 나
온 이유다. 넷째, 관원이 되는 경우를 말한다. 흔히 탄사冠仕로 표현된다. 동료가 출사하면
축하하며 자신도 출사하는 희망을 품을 때 사용하는 탄관상경彈冠相庆 성어가 대표적이
다. 여기서는 네 번째 의미로 사용된 것이다.

과 자기와 같은 사람은 당대에 하나밖에 없는 인재이다. 이들을 기준으로 삼아 이 사안을 논의하면 어찌 치우친 게 아니겠는가!"

좌웅은 공정하고 정직하며 정명精明했다. 능히 진위를 판별한 뒤 결심해 실행한 이유다. 얼마 후 좌웅에 반대하던 호광胡廣이 외직으로 나가 제음濟陰산도성 정도현 태수가 됐다. 그는 여러 군수 10여 명과 더불어 모두 천거를 잘못한 일에 연루돼 면직돼 쫓겨나는 면출免黜 대상이 됐다. 오직 천거된 자들 가운데 여남汝南하남성 여남현 출신 진번陳蕃과 영천潁川하남성 우현 출신 이응李膺, 하비下邳강소성 비현 출신 진구陳球 등 30여 명만이 낭중郞中에 제수될 수 있었다. 이후 주목州牧과 태수 등은 두려운 나머지 감히 가벼이 천거를 하지 않았다. 이후 한순제의 아들인 한충제漢沖帝의 영가永嘉 연간에 이르기까지 사람을 찰선察選할 때 청평淸平을 기준으로 삼은 덕분에 많은 인재를 얻을 수 있었다."

8) 윤12월 28일, 효안제의 능묘인 공릉恭陵의 백장무百丈廡에 화재가 났다.

9) 황상이 북해北海산동성 창락현 출신 낭의郎顗가 음양의 학문에 정통하다는 소식을 들었다.

* 孝順皇帝陽嘉元年

春, 正月, 乙巳, 立貴人梁氏爲皇后.

京師旱.

三月, 揚州六郡妖賊章河等寇四十九縣, 殺傷長吏.

庚寅, 赦天下, 改元.

夏, 四月, 梁商加位特進. 頃之, 拜執金吾.

冬, 耿曄遣烏桓戎末魔等鈔擊鮮卑, 大獲而還. 鮮卑復寇遼東屬國, 耿曄移屯遼東無慮城以拒之.

尚書令左雄上疏曰, "昔宣帝以為吏數變易, 則下不安業. 久於其事, 則民服教化. 其有政治者, 輒以璽書勉勵, 增秩賜金, 公卿缺則以次用之. 是以吏稱其職, 民安其業, 漢世良吏, 於茲為盛. 今典城百里, 轉動無常, 各懷一切, 莫慮長久. 謂殺害不辜為威風, 聚斂整辦為賢能. 以治己安民為劣弱, 奉法循理為不治. 髡鉗之戮, 生於睚眥. 覆屍之禍, 成於喜怒. 視民如寇仇, 稅之如豺虎. 監司項背相望, 與同疾疢, 見非不舉, 聞惡不察. 觀政於亭傳, 責成於期月. 言善不稱德, 論功不據實. 虛誕者獲譽, 拘檢者離毀. 或因罪而引高, 或色斯而求名, 州宰不覆, 競共辟召, 踊躍升騰, 超等逾匹. 或考奏捕案, 而亡不受罪, 會赦行賂, 復見洗滌, 朱紫同色, 清濁不分. 故使奸猾枉濫, 輕忽去就, 拜除如流, 缺動百數. 鄉官·部吏, 職賤祿薄, 車馬衣服, 一出於民, 廉者取足, 貪者充家. 特選·橫調, 紛紛不絕, 送迎煩費, 損政傷民. 和氣未洽, 災眚不消, 咎皆在此. 臣愚以為守相·長吏惠和有顯效者, 可就增秩, 勿移徙. 非父母喪, 不得去官. 其不從法禁, 不式王命, 錮之終身, 雖會赦令, 不得齒列. 若被劾奏, 亡不就法者, 徙家邊郡, 以懲其後. 其鄉部親民之吏, 皆用儒生清白任從政者, 寬其負算, 增其秩祿. 吏職滿歲, 宰府州郡乃得辟舉. 如此, 威福之路塞, 虛偽之端絕, 送迎之役損, 賦斂之源息, 循理之吏得成其化, 率土之民各寧其所矣." 帝感其言, 復申無故去官之禁, 又下有司考吏治真偽, 詳所施行. 而宦官不便, 終不能行.

雄又上言曰, "孔子曰, '四十不惑', 『禮』稱强仕. 請自今, 孝廉年不滿四十, 不得察舉, 皆先詣公府, 諸生試家法, 文吏課箋奏, 副之端門, 練其虛實, 以觀異能, 以美風俗. 有不承科令者, 正其罪法. 若有茂材異行, 自可不拘年齒." 帝從之. 胡廣·郭虔·史敞上書駁之曰, "凡選舉因才, 無拘定制. 六奇之策, 不出經學. 鄭·阿之政, 非必章奏.

甘·奇顯用, 年乖強仁. 終·賈揚聲, 亦在弱冠. 前世以來, 貢擧之制, 莫或回革. 今以一臣之言, 剗戾舊章, 便利未明, 衆心不厭. 矯枉變常, 政之所重, 而不訪台司, 不謀卿士, 若事下之後, 議者剟異, 異之則朝失其便, 同之則王言已行. 臣愚以爲可宣下百官, 參其同異, 然後覽擇勝否, 詳采厥衷."帝不從.

辛卯, 初令"郡國擧孝廉, 限年四十以上. 諸生通章句, 文吏能箋奏, 乃得應選. 其有茂才異行, 若顏淵·子奇, 不拘年齒."久之, 廣陵所擧孝廉徐淑, 年未四十. 臺郎詰之, 對曰, "詔書曰, '有如顏回·子奇, 不拘年齒' 是故本郡以臣充選."郎不能屈. 左雄詰之曰, "昔顏回聞一知十, 孝廉聞一知幾邪?"淑無以對, 乃罷卻之. 郡守坐免.

袁宏論曰, "夫謀事作制, 以經世訓物, 必使可爲也. 古者四十而仕, 非謂彈冠之會必將是年也. 以爲可事之時在於強盛, 故擧其大限以爲民衷. 且顏淵·子奇, 曠代一有, 而欲以斯爲格, 豈不偏乎!"

然雄公直精明, 能審核眞僞, 決志行之. 頃之, 胡廣出爲濟陰太守, 與諸郡守十餘人皆坐謬擧免黜. 唯汝南陳蕃·穎川李膺·下邳陳球等三十餘人得拜郎中. 自是牧·守畏栗, 莫敢輕擧. 迄于永嘉, 察選淸平, 多得其人.

閏月, 庚子, 恭陵百丈廡災.

上聞北海郞顗精於陰陽之學.

한순제 양가 2년(AD 133)

1) 봄 정월, 조서를 공거公車에 내려 낭의郞顗를 징소하게 한 뒤 재이에 관해 물었다. 낭의가 주장奏章을 올리는 상장上章을 했다.

"삼공은 위로는 천자와 공경대부 및 백성을 뜻하는 천하의 삼계三階인 태계台階에 상응하고, 아래로는 원수元首와 같습니다. 정사를 펼치면서

도를 잃으면 한기寒氣와 음기陰氣가 절기를 거스르게 됩니다. 지금 관직에 있는 자들은 다퉈 직무를 수행하지 않는 고위직인 고허高虛에 의탁한 채 1종鍾 당 6곡斛인 수종數鍾의 녹봉을 거둬들이며 천하에 대한 근심이 없습니다. 한가롭게 쉬면서 침상에 눕는 서지언앙棲遲偃仰의 자세로 병들었다며 안일하게 지내다가 책명을 받게 되면 하사하는 금전을 얻고자 즉시 다시 일어납니다. 어찌 병이 그리 쉽게 들고, 어찌 그리 속히 일어날 수 있는 것입니까? 이같이 하면서 재생災眚을 소멸시키고, 태평성대인 승평昇平을 일으키고자 하는 게 가능하겠습니까? 지금 주목과 태수를 선발하는 것은 삼부三府에 위임돼 있습니다. 장리長吏가 불량하면 이미 주군州郡을 책망하고 있습니다. 만일 주군에 과실이 있으면 어찌하여 천거한 자에게 책임을 돌리지 않는 것입니까? 폐하가 그들을 존중해 더욱 우대하자 오만해진 모습이 자연스레 더욱 심해졌습니다. 이것이 바로 큰 그물은 성기게 짜고 작은 그물은 조밀하게 짜는 이른바 '대망소大網疏, 소망삭小網數'의 비결입니다. 삼공이 신의 원수는 아닙니다. 이는 신이 광부狂夫의 짓이 아님에도 분노가 치밀어 끼니도 잊은 발분망식發憤忘食으로 인해 간절히 바라마지 않는 것입니다. 실로 조정을 염려하고 흥평興平을 갈망하기 때문입니다. 신은 글을 올리면서 말을 가리지 않는 서불택언書不擇言을 했으니 죽어도 감히 여한을 남길 수 없는 사불감한死不敢恨의 처지입니다!"

이어서 7개 항목에 걸쳐 편리하고 마땅히 해야 할 사안인 편의7사便宜七事를 언급했다.

"첫째, 원릉園陵에 화재가 났으나 의당 백성의 노고를 염려해 수리하는 노역을 중지해야 합니다. 둘째, 입춘 이후 음한陰寒이 절기의 순서를 잃고 있으니 의당 양신良臣을 받아들여 성왕의 교화인 성화聖化를 돕게 하십시오. 셋째, 올해는 소양少陽의 해이므로 봄에는 의당 한재旱災, 여름에는 반드시 수재水災가 있을 것입니다. 마땅히 이전의 전범을 준수해 절제하고, 오로지 검약해야만 합니다. 넷째, 작년 8월에 형혹熒惑 즉 화성이 황제를 상징하는 헌원軒轅의 성좌에 출입했습니다. 의당 궁녀를 간출簡出한 뒤 그들이 혼인하여 출가하고 싶어 하는 바대로 놓아둬야 합니다. 다섯째, 작년 윤10월에 객성客星의 기운인 백기白氣가 서쪽 천원天苑에서 좌족左足을 통과해 옥정玉井으로 들어갔습니다. 대략 입추 이후에는 강족의 배반이라는 우환이 있을 터이니 의당 제군諸郡에 알려 엄히 비어備御해야 할 것입니다. 여섯째, 이번 달 14일 을묘乙卯에 흰 무지개가 해를 뚫는 백홍관일白虹貫日[176] 현상이 빚어졌습니다. 의당 안팎의 관사官司에 명해 모두 입추 때까지 기다린 연후에 일을 살피게 하십시오. 일곱째, 한나라가 일어난 지 339년이 지났습니다. 3기期에 해당합니다. 의당 법령을 크게 정비해 변경하는 바가 있어야 합니다. 왕자王者는 하늘을 따라야 하니 비유하면 봄에서 여름으로 갈 때 푸른 옷을 붉은 옷으로 바꾸는 것과 같습니다. 한문제 이후 형벌을 줄이는 생형省刑을 한 지 300년이 지나면서 경미한 금령이 이미 점차 두텁게 쌓이게 됐습니다. 왕자의 법령은 비유하면 장강과 황하와 같아 의당 피하기는 쉽고 범하기는 어려운 이피난범易避難犯의 대상이 돼야 할 것입니다."

2월, 낭의가 다시 상서해 황경黃瓊과 이고李固를 천거하며 의당 탁용擢用해야 한다고 주장하면서 또 말했다.

"겨울에서 봄에 이르기까지 끝내 단비의 혜택인 가택嘉澤이 없고, 동풍 대신 자주 서풍만 불고 있어 오히려 시절을 거스르고 있습니다. 조정에

176 　백홍관일白虹貫日은 흰 색의 무지개가 해를 뚫고 지나가는 현상을 말한다. 여기의 무지개는 원래 일종의 대기 광학 현상으로 해나 달 주위의 둥근 테 모양의 빛인 훈暈을 가리킨다. 옛 사람들은 세상에 기이한 일이 빚어질 때 이런 천상天象의 변화가 온다고 믿었다. 『사기』「노중련추양열전」에 '백홍관일' 표현이 나온다.

서는 노심勞心하여 널리 도기禱祈를 하며 산천 제사를 올리고 있고, 기우祈雨의 일환으로 용춤을 추며 저자를 옮겨 다니고 있습니다. 신이 듣건대 황천皇天은 천지만물에 감응하는 까닭에 거짓에는 움직이지 않습니다. 재변災變는 사람으로 인한 것이니 스스로 책임을 져야 합니다. 만일 비를 기우제를 통해 내리게 하고, 수재를 제사를 통해 멈출 수 있게만 하면 해를 거르지 않고 매번 태평을 기대할 수 있을 것입니다. 그러나 지금 재해가 그치지 않는 것은 우환이 여기에 있지 않기 때문입니다."

상서가 올라가자 특별히 낭의에게 낭중郎中의 벼슬을 내렸으나 사양하며 나아가지 않았다.

2) 3월, 흉노중랑장 조조趙稠에게 종사從事를 파견해 남흉노의 군사를 이끌고 출새해 선비족을 공격하게 하자 이들을 격파했다.

3) 당초 황제가 즉위할 때 유모 송아宋娥도 그 모의에 참여했다. 황제는 송아를 산양군山陽君, 또 집금오 양상梁商의 아들 양기梁冀를 양읍후襄邑侯로 삼았다. 상서령尚書令 좌웅이 봉사封事를 올렸다.

"고황제高皇帝의 약속에 따르면 유씨劉氏가 아니면 왕으로 삼지 말고, 공적을 세우지 않으면 후侯로 삼지 않기로 했습니다. 선제인 한안제는 강경江京과 왕성王聖 등을 책봉했다가 마침내 지진의 재해를 초치했습니다. 황상은 영건永建 2년 당시 옹립의 모의에 참여한 공신을 책봉했는데 이 또한 일식의 변고를 불렀습니다. 음양오행으로 점을 치는 수술지사數術之士는 모두 작위를 책봉한 것에 허물을 돌리고 있습니다. 지금 청주青州는 기근으로 텅 비었고, 도적은 아직 쉬지 않고 있으니 실로 작은 은혜를 거슬러 올라가 표창하는 것은 마땅치 않습니다. 그리하면 큰 전범인 대전大典을 이지러뜨려 잃는 휴실虧失을 하게 됩니다."

조서를 내려 받아들이지 않았다. 좌웅이 다시 간했다.

"신이 듣건대, 인군人君은 충정忠正한 사람을 좋아하지 않거나 중상하고 아첨하는 참유讒諛를 싫어하지 않거나 하는 경우가 없습니다. 그러나 역대 환난을 보면 충정하여 득죄하지 않거나, 참유하여 총애를 받지 않는 경우가 없습니다. 대개 충성스런 말을 듣는 것은 어려우나 아첨을 따르는 것은 쉬운 이른바 '청충난聽忠難, 종유이從諛易'의 습성으로 인한 것입니다. 무릇 형죄刑罪는 인정상 심히 싫어하고, 귀총貴寵은 심히 바라는 것입니다. 시대의 풍속 상 충언을 하는 자가 적고, 아첨을 하는 자가 많은 이유입니다. 군주로 하여금 자신에 관한 미담을 자주 듣지만 허물에 관해서는 거의 알기 어렵고, 이내 미혹돼 깨닫지 못한 결과 끝내 위망危亡에 이르도록 하는 까닭이 여기에 있습니다. 신이 엎드려 조서를 보건대 유모의 옛 은덕과 오래된 은혜인 두덕숙은舊德宿恩을 감안해 특별히 높은 상인 현상顯賞을 더하게 했습니다. 『상서』의 고사를 상고할 때 유모에게 작읍爵邑을 내린 제도는 없고, 오직 선제 때 유모 왕성을 야왕군野王君으로 삼은 적이 있습니다. 왕성이 참소의 반역으로 폐립의 화란을 만드는 바람에 생전에는 천하 사람이 저주하며 씹는 저작咀嚼을 했고, 사후에는 해내가 모두 기뻐했습니다. 걸桀과 주紂는 존귀하기로는 천자天子였으나, 용복庸僕조차도 이들과 비교되는 것을 수치로 여겼습니다. 의롭지 못했기 때문입니다. 백이와 숙제는 미천하기로는 일개 필부匹夫였으나, 왕후王侯가 다퉈 같은 대오에 서고자 했습니다. 덕을 지녔기 때문입니다. 지금 유모 송아는 친히 검약을 실천하고 몸소 아랫사람들에게 솔선하고 있습니다. 많은 관원인 군료群僚와 일반백성인 증서蒸庶 모두 그 기풍을 본받는 향풍向風을 하지 않는 자가 없습니다. 그러나 왕성과 나란히 같은 작위로 불리게 되는 것은 본래의 절조를 어겨 일상의 원망願望을 잃지나 않을까 우려됩니다. 신은 어리석으나 범인凡人의 마음은 이치에서 서로 차이가 크지 않는 까닭에 불안해하는 것은 고금古今이 같다고 생각합니다. 백성은 왕성이 저지른 경복지화傾覆之禍에 대해 깊은 경계심을 나타내고 있습니다.

이는 백성의 목숨이 계란을 쌓은 누란累卵처럼 위태로운 까닭에 늘 이 세상에 그런 일이 다시 있을까 우려하고, 심중에서 두려운 생각인 출척지념忧惕之念을 떨치지 못하고, 두려워하는 언사인 공구지언恐懼之言이 입에서 끊이지 않기 때문입니다. 빌건대 이전에 논의한 대로 매년 1,000만 전을 지급해 유모를 받들면 안으로는 은혜로 인한 기쁨인 은애지환恩愛之歡을 다하는 것이고, 밖으로는 이민吏民이 괴이하게 여기지 않게 할 수 있습니다. 양기를 책봉하는 것은 급한 일이 아닙니다. 의당 재난의 운세가 지난 뒤 공정하게 가부를 논하도록 하십시오."

이에 양기의 부친인 양상梁商은 양기에 대한 책봉을 사양하며 10여 회에 걸친 상소를 통해 거둬줄 것을 청했다. 황제가 이내 이를 따랐다.

여름 4월 29일, 경사에 지진이 났다.

5월 1일, 군공群公과 경사卿士에게 조서를 내려 각자 황제의 허물을 직언하게 하고, 이어 돈독하고 꾸밈이 없는 돈박敦樸한 선비 1명씩 천거하게 했다. 좌웅이 다시 상소했다.

"선제가 유모 왕성을 야왕군에 봉하자 한양漢陽감숙성 감곡현에 지진이 있었습니다. 이번에 유모 송아를 산양군에 봉하자 경성京城에 다시 지진이 났습니다. 오로지 정사를 음기陰氣인 여인에게 맡긴 탓으로, 그 재해가 더욱 큽니다. 신이 앞뒤로 분별없이 하는 고언瞽言을 올리면, 봉작封爵은 지중至重한 일인 까닭에 왕자王者는 남에게 사적으로 재물을 베푸는 것은 가하나 관직을 하사하는 것은 불가합니다. 의당 유모를 책봉한 것을 환원하여 재이를 막도록 하십시오. 지금 양기가 깊이 사양했으니 산양군 또한 의당 본래의 절조를 존숭해야 할 것입니다."

좌웅의 말이 지극히 간절했다. 송아 역시 두려워 사양했으나 황제는 연연戀戀의 모습을 보이며 그만두지 못하고 마침내 책봉했다.

이때 대사농 유거劉據가 직무상의 일로 견책을 받아 상서대로 불려갔다. 이때 큰 소리로 전달하며 속히 갈 것을 재촉했다. 게다가 몽둥이로 때리는 추박捶撲 사태까지 있었다. 좌웅이 상언했다.

"구경九卿의 지위는 삼사三事 즉 삼공 다음입니다. 반열은 대신의 자리에 있고, 다닐 때는 패옥佩玉의 예절을 갖추고, 거동할 때는 학교에서 행하는 예절인 상서지의庠序之儀가 있습니다. 한명제가 처음 구타하는 벌을 내렸으나 모두 옛 법전인 고전古典에 없는 것입니다."

황제가 이를 받아들였다. 이후 구경을 다시는 '추박'하는 일이 없었다.

4) 5월 19일, 사공 광공王龔이 면직됐다.

6월 8일, 태상太常인 노국魯國 출신 공부孔扶를 사공으로 삼았다.

5) 6월 9일, 낙양의 선덕정宣德亭에서 땅이 갈라졌다. 길이가 85장丈이었다. 황제는 공경이 천거한 후덕하고 질박한 돈박敦樸한 인사를 이끌면서 대비책을 세우게 했다. 특히 당대의 폐단과 정사를 펼칠 때 의당 해야 할 것에 관해 묻는 책문策問을 행했다. 이고李固가 황제의 책문에 대답하는 대책對策에서 이같이 답했다.

"이전의 한안제는 구전舊典을 문란하게 해 유모를 봉작封爵해 요사스런 재해인 요얼妖孽을 일으키고, 적사嫡嗣를 바꾸고 어지럽혔습니다. 성궁聖躬이 낭패狼狽에 빠지고 친히 간난艱難을 만난 이유입니다. 이미 곤태困殆를 벗어나 용이 되어 즉위하자 천하 사람들이 존경하여 호응하며 바라보는 옹옹喁喁의 모습으로 덕화와 선정을 촉망屬望하고 있습니다. 작폐積敝 이후에 쉽게 중흥中興을 이룰 수 있습니다. 실로 의당 성대한 패연沛然의 모습으로 선도善道를 생각해야 하는데도 논의하는 자들은 오히려 말하기를, '바야흐로 지금의 사정이 이전과 같다'고 합니다. 신은 엎드려 초택草澤에 있으나 마음이 아프고 가슴이 찢어지는 통심상억痛心傷臆의 심경입니다! 실로 한나라가 일어난 이래 300여 년 동안 현성賢聖한 18명의 황제가 뒤를 이었는데 어찌 유모가 젖을 먹인 은덕이 없을 수 있고, 어찌 존귀한 작위를 주고자 하는 총애를 잊었을 리 있겠습니까? 그러나 위로는 천위天威를 두려워하고, 아래로는 경전에 의거해 의리 상 불가하다는 것을 알았기에 책봉하지 않은 것입니다. 지금 유모 송아는 비록 대공大功이 있고 근근勤謹의 덕을 지니고 있으나 다만 상사賞賜로 그 노고를 보답하면 족합니다. 땅을 잘라 나라를 여는 열토개국裂土開國의 제후에 봉하는 것은 실로 구전舊典에 어긋나는 일입니다. 듣건대 유모는 본래 성정이 겸허하다고 하니 반드시 손양遜讓할 것입니다. 폐하는 의당 봉국을 사양하고자 하는 고절高節을 허락해 모든 일로 복을 얻는 만안지복成萬安之福을 누리게 하십시오. 무릇 후비后妃의 집에 온전한 사람이 적게 된 것이 어찌 당연히 그런 것이겠습니까? 단지 작위가 존현尊顯하여 권력의 칼자루를 전적으로 장악하는 전총권병顓總權柄으로 인한 것입니다. 천도天道는 가득 차는 것을 싫어합니다. 스스로 덜어내는 이치를 모른 까닭에 거꾸로 넘어지는 전부顚仆를 당한 것입니다. 선제는 염씨閻氏를 옹애해 위호位號를 너무 빠르게 내렸습니다. 재앙을 입는 수화受禍가 발길을 돌리는 삽시간의 선종旋踵이 즉시 빚어진 이유입니다. 『노자』에서 말하기를, '나아가는 것이 빠르면 물러나는 것도 빠르다'[177]고 했습니다. 지금 양상梁尙은 초방椒房인 황후 양납梁妠의 부친인 까닭에 예법 상 신하로 삼을 수 없어 높은 작위로 존중하는 것입니다. 이는 그런대로 가합니다. 그러나 그

---

177 원문은 '기진예자기퇴속야其進銳者其退速也'이다. 『노자』 즉 『도덕경』에 나오는 구절은 아니다. 다만 제41장에 밝은 도인 명도明道를 지닌 자는 마치 흐리멍덩한 것 같고, 나아가는 도인 진도進道를 지닌 자는 마치 물러나는 것 같다는 취지의 '명도약매明道若昧, 진도약퇴進道若退' 구절이 나온다. 또 제9장에서 쥐고 있으면서도 더 채우려고 하는 지영持盈은 그만두느니만 못하고, 담금질을 통해 이미 날카로워졌는데도 더 날카롭게 만들고자 하는 췌예揣銳는 오래 보존할 수 없다는 취지의 '지이영지持而盈之, 불여기이不如其已. 췌이예지揣而銳之, 불가장보不可長保' 구절이 나온다. 모두 원문의 취지에 부합한다.

자제와 시종들마저 아울러 영현榮顯을 겸하게 하니 한명제의 영평永平과 한장제의 건초建初 연간 고사에 비춰볼지라도 이런 일은 거의 없었습니다. 의당 보병교위步兵校尉 양기梁冀와 여러 시중들에게 황문黃門의 관직으로 돌아가게 하고, 권력을 외척의 손에서 떠나게 하고, 정사를 국가國家인 황제에게 돌려주면 이 어찌 아름답지 않겠습니까? 또 조서를 내려 시중侍中과 상서尚書 및 조정에 있는 중신中臣의 자제가 관원이 되어 효렴을 선발하는 자리에 앉지 못하도록 금해야 할 것입니다. 그들이 위권威權을 쥐면 청탁이 용이해지기 때문입니다. 중상시中常侍는 일월日月인 황상의 곁에 있습니다. 그 성세聲勢는 천하를 흔들만해 자제의 녹임祿任에 일찍이 아무런 한극限極이 없었습니다. 비록 겉으로는 겸묵謙默을 보이며 주군州郡의 정사에 간여하지 않을지라도 아첨하며 거짓을 꾸미는 첨위지도諂偽之徒들이 넌지시 이르는 말을 좇아 천거하는 망풍진거望風進擧를 하고 있습니다. 지금 불변의 금령을 마련해 중신中臣들과 마찬가지로 규제해야 할 것입니다. 옛날 한명제의 누이 관도공주館陶公主는 자식을 위해 낭관을 시켜달라고 요구했으나 한명제는 허락지 않고 1,000만 전을 하사하는 것으로 대신했습니다. 후사厚賜를 가벼이 여기고 작은 관직인 박위薄位를 중시한 것은 관직에 있는 자가 인재가 아닐 경우 그 피해가 백성에게 크게 미치기 때문입니다. 가만히 듣건대 장수사마長水司馬 무선武宣과 낙양 개양성開陽城의 문후門候 양적羊迪 등은 별다른 공적도 없는데 처음부터 1년 동안의 임시직인 수직守職 대신 곧바로 진직眞職을 내렸으니 이는 비록 작은 과실이나 점차 구장舊章을 무너뜨린 단초가 됐습니다. 선성先聖의 법도는 의당 견수堅守해야 합니다. 정교政敎는 1번 무너지면 100년이 지나도 회복되지 않습니다. 『시경』에 이르기를, '상제上帝가 버리면 백성들 모두 고생을 하네!'[178]라고 했습니다. 이는 주나라 왕이 선왕의 법도를 바꿔 백성들을 모두 병들게 만든 것을 풍자한 것입니다. 지금 폐하에게 상서尙書가 있는 것은 하늘에 북두北斗가 있는 것과 같습니다. 북두는 하늘의 후설喉舌에 해당하고, 상서 또한 폐하의 후설에 해당합니다. 북두는 원기元氣를 고려하여 결정하는 짐작斟酌 즉 장악을 하여 사시四時를 운행하고 있고, 상서 또한 왕명을 출납하며 정사를 사해에 펼칩니다. 권세가 높고 기세가 막중해 정책에 대한 책임이 돌아오게 되어 있습니다. 만일 공평한 마음을 갖지 않으면 재이가 반드시 이르게 되니, 실로 그 일에 적당한 자를 심사해 선택해야 합니다. 그래야 성정聖政을 보좌할 수 있습니다. 지금 폐하와 더불어 천하를 운영하는 공천하共天下를 하는 자를 보면 밖으로는 공경公卿 및 상서尙書가 있고, 안으로는 상시常侍와 황문黃門이 있습니다. 비유하면 하나의 문안에 있는 한 집안의 일과 같습니다. 평안하면 함께 그 경사를 축복하고, 위태로우면 곧 그 재난과 실패를 함께 하게 됩니다. 외관外官인 자사와 이천석石은 밖으로는 직무를 통괄하고, 안으로는 법의 규제를 받습니다. 무릇 겉으로 굽은 것은 그림자도 반드시 기울어지고, 근원이 맑으면 흐르는 것도 반드시 깨끗합니다. 마치 나무줄기를 두드리면 많은 가지가 흔들리는 것과 같습니다. 이런 점에서 말하면 본 조정의 호령에 어찌 차질蹉跌이 있을 수 있겠습니까? 천하의 기강紀綱은 의당 지금의 급무急務에 해당합니다. 무릇 인군人君의 정사는 물에 제방堤防이 있는 것과 같습니다. 제방이 완전하면 비록 비가 크게 내려 장마가 지고 홍수를 만날지라도 재해로 변하지는 않습니다. 정교政敎 또한 한 번 서면 잠시 흉년을 만날지라도 족히 우려할 만한 일이 아닙니다. 실로 제방에 구멍이 나 새게 되면 1만 명의 인부가 힘을 합쳐도 다

---

178   원문은 '상제판판上帝板板, 하민졸단下民卒癉'이다. 『시경』「대아, 판板」에 나오는 구절을 인용한 것이다. '판판'은 상도常道를 뒤엎는 반反의 의미이다. '하민졸단'의 '하민'은 서민庶民의 뜻이다. '단'은 지치고 병든 로병勞病을 의미한다.

시금 구할 수 없습니다. 정교 또한 일단 무너지면 현지賢智가 아무리 어지럽게 내달리며 노력하는 치목馳鶩을 할지라도 다시금 돌려놓을 수 없습니다. 지금 제방은 비록 견고하기는 하나 점차 공혈孔穴이 만들어지고 있습니다. 비유하면 본 조정은 심복心腹, 주군州郡은 사지四支에 해당합니다. 심복이 아프면 사지 또한 움직이지 못하게 됩니다. 신이 근심하는 바는 심복의 질환에 있지 사지의 병환에 있지 않습니다. 실로 제방을 견고히 하는 것은 곧 정교에 힘을 쓰는 것을 뜻합니다. 먼저 심복을 안정되게 해야만 본 조정을 정리整理할 수 있습니다. 그러면 비록 구적寇賊과 수한水旱의 변고가 있을지라도 족히 개의介意할 게 못됩니다. 실로 제방이 일부 무너져 물이 새게 되는 것은 심복에 질환이 드는 것과 같습니다. 설령 수한의 재난이 없을지라도 천하는 반드시 우려하게 됩니다. 또 의당 환관을 배척해 물리치는 파퇴罷退를 해야 합니다. 그들의 막강한 권세를 제거하고 덜어낸 뒤 상시常侍 2명을 두어 방직方直하고 유덕有德한 자가 곁에서 일을 살피는 성사省事를 하도록 하십시오. 소황문小黃門은 5명이니 재지才智가 있고 한아閑雅한 자에게 궁중의 업무를 맡게 하십시오. 이같이 하면 논의하는 자들도 만족해하며 비평을 진압하는 엽색厭塞을 하게 되고, 승평昇平의 시대도 열 수 있게 됩니다!"

부풍扶風의 공조功曹인 마융馬融이 대책에서 이같이 답했다.

"지금의 법률제도와 관위官位 제도인 과조품제科條品制를 비롯해 사계절의 금령禁令은 하늘을 받들고 백성을 따르는 승천순민承天順民을 위해 갖춰지고 완결된 것입니다. 임의로 덧붙여서는 안 되는 이유입니다. 그러나 지금 하늘은 오히려 불평不平의 징조를 드러내고 있고, 백성은 오히려 한숨을 쉬며 원망하는 자차지원咨嗟之怨을 품고 있습니다. 백성들은 누차 은택恩澤이 있을 것이라는 소식을 들었으나 아직 그 열매를 보지 못하고 있습니다. 예전에 백성을 만족시킨 것은 집안을 먹여 살릴 수 있어 사람들이 만족해한 덕분이 아닙니다. 그들의 재용財用을 헤아려 제도를 만든 덕분입니다. 시집을 가고 장가를 드는 가취嫁娶의 예제가 검소하며 혼인이 제때 이뤄지고, 상례와 제례인 예제가 간약簡約하며 죽은 자가 늘 매장되고, 농사의 시기를 빼앗지 않아 농부에게 늘 유리했던 것은 바로 이 때문이었습니다. 무릇 처자식을 곁에 두고, 산업產業하는 의지를 실현하고자 하면서 이런 것을 버리고 잘못된 것을 좇고자 한 자는 결코 많지 않았을 것입니다!"

태사령太史令인 남양 출신 장형張衡이 대책에서 이같이 답했다.

"당초 한무제 때 효렴 제도를 실시한 이래 지금까지 200여 년이 지났습니다. 모두 먼저 효행孝行을 한 후 여력이 있을 때 문장과 법제인 문법文法을 배우기 시작했습니다. 작년 11월 18일의 조서를 보면 경서의 장구章句와 상주하는 문서인 주안奏案을 잘 쓰는 것으로 제한했습니다. 비록 효행이 지극해도 오히려 천거에 응할 수 없게 됐으니 이는 근본을 버리고 가지를 취하는 기본취말棄本取末에 해당합니다. 공자의 제자 증자曾子는 효행에 뛰어났으나 실제로는 노둔魯鈍해 문학文學에서는 자유子游 및 자하子夏만 못했고, 정사政事에서는 염유冉有 및 계로季路만 못했습니다. 지금 한 사람에게 이를 겸비하도록 하면 실로 밖으로는 보기 좋은 가관可觀을 이룰 수 있으나 안으로는 반드시 결함이 뒤따르게 됩니다. 이는 효렴을 천거토록 한 취지에 어긋나는 것입니다. 또한 군국郡國의 수상守相은 봉작 등의 신표로 길이 6촌의 대나무를 쪼개서 갖고 있는 부부剖符를 소지해 지역을 안정시키고, 이어 나라의 대신이 됐다가 하루아침에 면출免黜된 자가 10여 명이나 됩니다. 이민吏民은 이들을 보내고 새 관원을 맞이하는 송영送迎과 교제交際로 인해 공사公私를 막론하고 비용의 남용을 내버려두는 방람放濫의 모습을 보이고 있습니다. 혹자는 정사에 임해 백성을 편안하게 했는데도 소과小過로 인해 면직되니, 이는 백성의 부모를 빼앗아 탄식하며 울부짖는 차호嗟號를 빚는 것입니다. 『주역』은 '너무 멀리 간 뒤 돌이켜 보지 마라'[179]고 했고, 『논어』는 '고치는 것을 꺼리지 마라'[180]고 했습니다. 붕우와 교접交接할 때도 허물을 오랫동안 묵히지 않는데 하물며 제왕처럼 하늘을 이어받아 만물을 다스리는 승천이물承天理物을 하면서 천하를 공평히 다스려야 하는 경우이겠습니까? 한 해의 중간쯤 지나면서 요상한 별이 위에서 나타나고, 지진으로 땅이 갈라지는 일이 아래서 빚어지고 있습니다. 이는 하늘의 경고가 명확히 드러난 것이니 가히 마음을 서늘하게 하는 한심寒心의 상황입니다. 밝은 사람은 재이의 싹이 보이기 전에 미리 화를 제거합니다. 지금 이미 조짐이 보였으니 정사를 닦으면서 두려움 마음으로 방비하면 화가 복으로 바뀌는 화전위복禍轉為福이 이뤄지게 됩니다."

황상은 여러 사람의 대책을 살펴본 뒤 이고李固의 대책을 1등으로 삼았다. 즉시 유모를 내보내 집으로 돌려보내자 모든 상시常侍들이 고두叩頭하며 사죄했다. 덕분에 조정이 숙연해졌다. 이고를 의랑으로 삼자 아모阿母와 환자宦者들이 모두 질시하며 거짓으로 익명의 주장奏章인 비장飛章을 올려 무함하고 나섰다. 사안의 중요성을 감안해 상서를 거치지 않은 채 금중에서 곧바로 관련자에게 내려보내 사실을 조사하게 했다. 대사농大司農인 남군南郡 출신 황상黃尚 등이 양상梁商에게 구원을 청했고, 복야僕射 황경黃瓊은 상서하여 진상을 밝히고 나섰다. 이고는 한참이 지나 석방된 뒤 낙양 현령이 됐다. 이내 관직을 버리고 한중漢中으로 돌아갔다.

---

179   원문은 '불원복不遠復'이다. 『주역』「복괘復卦」 초구初九의 효사爻辭에서 인용한 것이다. 여기에 머지않아 양기가 회복되어 크게 후회할 일이 없으니 크게 길하다는 취지의 '불원복不遠復, 무지회无祗悔, 원길元吉' 구절이 나온다.
180   원문은 '불탄개不憚改'이다. 『논어』「학이」에서 군자는 허물이 있으면 고치기를 꺼려하지 말아야 한다는 취지의 '과즉물탄개過則勿憚改' 구절을 인용한 것이다.

마음은 경적經籍에 박통博通했고, 문사文辭가 아름다웠다. 대책의 상주문으로 역시 의랑에 제수됐다.

장형은 문장을 짓는 촉문屬文에 뛰어났다. 예禮, 악樂, 사射, 어御, 서書, 수數 등 육예六藝를 두루 꿰었다. 재주가 높았음에도 교만하게 뽐내는 마음인 교상지정驕尚之情이 없었다. 그는 기계에도 능통했다. 천문天文과 음양陰陽, 역산歷算을 깊이 연구해 혼천의渾天儀를 만들고, 천문학 서적인 『영헌靈憲』을 저술한 게 그렇다. 성정이 담담한 염담恬憺의 모습을 보였고, 당세의 명성을 구하지 않았다. 재직하던 관직에서 해가 지나도 옮기지 않은 이유다.

6) 태위 방삼寵參이 삼공 가운데 가장 충직하다는 명성이 있었다. 자주 황제 측근인 좌우左右로부터 헐뜯는 비방인 훼방毁謗을 받은 이유다. 마침 천거한 사람이 황제의 뜻인 제지帝旨를 거역하자 사례교위가 풍문과 연결해 이를 사건으로 삼았다. 당시 마침 조정에서 인재들을 직접 검증하기 위해 무재茂才와 효렴孝廉 등을 경사로 부를 때였다. 방삼을 탄핵하는 상서가 올라오자 방삼은 칭병하여 회합에 나가지 않았다.

1년간의 업적을 보고하기 위해 경사로 온 광한廣漢의 상계연上計掾 단공段恭이 모임을 이용해 상소했다.

"엎드려 보건대 노상의 행인이나 농부, 베를 짜는 직부織婦 모두 말하기를, '태위 방삼은 충절을 다하는 갈충진절竭忠盡節을 하고 있다. 단지 곧은길로 가며 마음을 굽히지 않아 여러 사악한 무리 사이에서 고립된 나머지 중상모략에 빠지게 됐다'고 했습니다. 무릇 참소하며 아첨하는 참녕讒佞의 무리는 충정한 자를 상훼傷毁하게 마련입니다. 이는 천지가 크게 금하는 대금大禁의 사안으로 인주人主가 지계至誡로 삼아야 하는 것입니다! 옛날 전국시대 말기 진秦나라 장수 백기白起는 커다란 공을 세웠음에도 참소로 인해 사사賜死되고 말았습니다. 그러자 열국의 제후들이 술을 마시며 서로 축하하는 작주상하酌酒相賀를 했습니다. 또 춘추시대 중엽 노장공魯莊公의 세 동생 가운데 가장 현명한 계우季友가 진陳나라에서 돌아오자 노나라 백성들은 그가 어려움을 해결하는 서난紓難을 해줄 것이라며 크게 기뻐했습니다. 무릇 나라는 현자에 의해 다스려지고, 군주는 충신에 의해 안정됩니다. 지금 천하사람 모두 폐하가 충현忠賢을 얻은 것을 기뻐하고 있습니다. 원컨대 끝까지 총임寵任하여 사직을 안정시키기 바랍니다."

상소가 올라가자 조서를 내려 소황문을 파견해 방삼의 병환을 살피고, 태의太醫는 양주羊酒를 보내도록 했다. 이후 방삼의 부인이 전처의 자식을 싫어해 우물에 던져 죽이는 일이 있었다. 낙양 현령 축량祝良이 방삼의 죄를 상주했다.

가을 7월 20일, 방삼이 끝내 재이가 빚어진 일로 인해 면직됐다.

7) 8월 1일, 대홍려大鴻臚 시연施延을 태위로 삼았다.

8) 선비족이 마성馬城하북성 양안현을 노략하자 대군代郡 태수가 영격했으나 이기지 못했다. 얼마 후 선비족의 우두머리 기지건其至鞬이 사망했다. 선비족의 노략인 초구抄盗가 점차 줄어들었다.

* 孝順皇帝陽嘉二年

春, 正月, 詔公車徵頡, 問以災異. 頡上章曰, "三公上應台階, 下同元首, 政失其道, 則寒陰反節. 今之在位, 競托高虛, 納累鍾之奉, 亡天下之憂. 棲遲偃仰, 寢疾自逸, 被策文, 得賜錢, 即復起矣, 何疾之易而愈之速! 以此消伏災眚, 興致昇平, 其可得乎! 今選牧·守, 委任三府. 長吏不良, 既咎州·郡, 州·郡有失, 豈得不歸責舉者! 而陛下崇之彌優, 自下慢事愈甚, 所謂'大網疏, 小網數' 三公非臣之仇, 臣非狂夫之作, 所以發憤忘食, 懇懇不已者, 誠念朝廷欲致興平. 臣

書不擇言, 死不敢恨!"因條便宜七事曰, "一, 園陵火災, 宜念百姓
之勞, 罷繕修之役. 二, 立春以後陰寒失節, 宜採納良臣, 以助聖化.
三, 今年少陽之歲, 春當旱, 夏必有水, 宜遵前典, 惟節惟約. 四, 去
年八月, 熒惑出入軒轅, 宜簡出宮女, 恣其姻嫁. 五, 去年閏十月, 有
白氣從西方天苑趨參左足, 入玉井, 恐立秋以後, 將有羌寇畔戾之
患, 宜豫宣告諸郡, 嚴為備御. 六, 今月十四日乙卯, 白虹貫日, 宜令
中外官司, 并須立秋然後考事. 七, 漢興以來三百三十九歲, 於詩三
期, 宜大蠲法令, 有所變更. 王者隨天, 譬猶自春徂夏, 改青服絳也.
自文帝省刑, 適三百年, 而輕微之禁, 漸已殷積. 王者之法, 譬猶江·
河, 當使易避而難犯也."

二月, 顗復上書薦黃瓊·李固, 以為宜加擢用. 又言曰, "自冬涉春,
訖無嘉澤, 數有西風, 反逆時節, 朝廷勞心, 廣為禱祈, 薦祭山川, 暴
龍移市. 臣聞皇天感物, 不為偽動. 災變應人, 要在責己. 若令雨可
請降, 水可攘止, 則歲無隔并, 太平可待. 然而災害不息者, 患不在此
也."書奏, 特拜郎中. 辭病不就.

三月, 使匈奴中郎將趙稠遣從事將南匈奴兵出塞擊鮮卑, 破之.

初, 帝之立也, 乳母宋娥與其謀, 帝封娥為山陽君, 又封執金吾梁
商子冀為襄邑侯. 尚書令左雄上封事曰, "高皇帝約, 非劉氏不王, 非
有功不侯. 孝安皇帝封江京·王聖等, 遂致地震之異. 永建二年封陰
謀之功, 又有日食之變. 數術之士, 咸歸咎於封爵. 今青州饑虛, 盜
賊未息, 誠不宜追尋小恩, 虧失大典."詔不聽. 雄復諫曰, "臣聞人
君莫不好忠正而惡讒諛, 然而歷世之患, 莫不以忠正得罪, 讒諛蒙幸
者, 蓋聽忠難, 從諛易也. 夫刑罪, 人情之所甚惡, 貴寵, 人情之所甚
欲, 是以時俗為忠者少而習諛者多. 故令人主數聞其美, 稀知其過,
迷而不悟, 以至於危亡. 臣伏見詔書, 顧念阿母舊德宿恩, 欲特加顯

賞. 案尚書故事, 無乳母爵邑之制, 唯先帝時阿母王聖為野王君, 聖造生讒賊廢立之禍, 生為天下所咀嚼, 死為海內所歡快. 桀·紂貴為天子, 而庸僕羞與為比者, 以其無義也. 夷·齊賤為匹夫, 而王侯爭與為伍者, 以其有德也. 今阿母躬踖儉約, 以身率下, 群僚蒸庶, 莫不向風. 而與王聖幷同爵號, 懼違本操, 失其常願. 臣愚以為凡人之心, 理不相遠, 其所不安, 古今一也. 百姓深懲王聖傾覆之禍, 民萌之命危於累卵, 常懼時世復有此類, 怵惕之念未離於心, 恐懼之言未絕乎口. 乞如前議, 歲以千萬給奉阿母, 內足以盡恩愛之歡, 外可不為吏民所怪. 梁冀之封, 事非機急, 宜過災顧之運, 然後平議可否." 於是冀父商讓還冀封. 書十餘上, 帝乃從之.

夏, 四月, 己亥, 京師地震. 五月, 庚子, 詔群公·卿士各直言厥咎, 仍各舉敦樸士一人. 左雄復上疏曰, "先帝封野王君, 漢陽地震, 今封山陽君而京城復震, 專政在陰, 其災尤大. 臣前後瞽言, 封爵至重, 王者可私人以財, 不可以官, 宜還阿母之封以塞災異. 今冀已高讓, 山陽君亦宜崇其本節." 雄言切至, 娥亦畏懼辭讓. 而帝戀戀不能已, 卒封之. 是時, 大司農劉據以職事被譴, 召詣尚書, 傳呼促步, 又加以捶撲. 雄上言曰, "九卿位亞三事, 班在大臣, 行有佩玉之節, 動有庠序之儀. 孝明皇帝始有撲罰, 皆非古典." 帝納之, 是後九卿無復捶撲者.

戊午, 司空王龔免. 六月, 辛未, 以太常魯國孔扶為司空.

丁丑, 洛陽宣德亭地坼, 長八十五丈. 帝引公卿所舉敦樸之士, 使之對策, 及特問以當世之敝, 為政所宜. 李固對曰, "前孝安皇帝變亂舊典, 封爵阿母, 因造妖孽, 改亂嫡嗣, 至令聖躬狼狽, 親遇其艱. 既拔自困殆, 龍興即位, 天下喁喁, 屬望風政. 積敝之後, 易致中興, 誠當沛然思惟善道, 而論者猶云'方今之事, 復同於前' 臣伏在草澤, 痛心傷臆! 實以漢興以來三百餘年, 賢聖相繼十有八主, 豈無阿乳之恩, 豈忘貴爵之寵? 然上畏天威, 俯案經典, 知義不可, 故不封也. 今宋阿母雖有大功·勤謹之德, 但加賞賜, 足以酬其勞苦. 至於裂土開國, 實乖舊典. 聞阿母體性謙虛, 必有遜讓, 陛下宜許其辭國之高, 使成萬安之福. 夫妃·后之家所以少完全者, 豈天性當然? 但以爵位尊顯, 顓總權柄, 天道惡盈, 不知自損, 故致顛仆. 先帝寵遇閻氏, 位號太疾, 故其受禍曾不旋時, 『老子』曰, '其進銳者其退速也' 今梁氏戚為椒房, 禮所不臣, 尊以高爵, 尚可然也. 而子弟群從, 榮顯兼加, 永平·建初故事, 殆不如此. 宜令步兵校尉冀及諸侍中還居黃門之官, 使權去外戚, 政歸國家, 豈不休乎! 又, 詔書所以禁侍中·尚書·中臣子弟不得為吏·察孝廉者, 以其秉威權, 容請托故也. 而中常侍在日月之側, 聲勢振天下, 子弟祿任, 曾無限極, 雖外托謙默, 不干州郡, 而諂偽之徒, 望風進舉. 今可為設常禁, 同之中臣. 昔館陶公主為子求郎, 明帝不許, 賜錢千萬, 所以輕厚賜, 重薄位者, 為官人失才, 害及百姓也. 竊聞長水司馬武宣·開陽城門候羊迪等, 無它功德, 初拜便真, 此雖小失而漸壞舊章. 先聖法度, 所宜堅守, 故政教一跌, 百年不復. 『詩』云, '上帝板板, 下民卒癉', 刺周王變祖法度, 故使下民將盡病也. 今陛下之有尚書, 猶天之有北斗也. 斗為天喉舌, 尚書亦為陛下喉舌. 斗斟酌元氣, 運乎四時. 尚書出納王命, 賦政四海, 權尊勢重, 責之所歸, 若不平心, 災眚必至, 誠宜審擇其人, 以毘聖政. 今與陛下共天下者, 外則公·卿·尚書, 內則常侍·黃門, 譬猶一門之內, 一家之事, 安則共其福慶, 危則通其禍敗. 刺史·二千石, 外統職事, 內受法則. 夫表曲者景必邪, 源清者流必潔, 猶叩樹本, 百枝皆動也. 由此言之, 本朝號令, 豈可蹉跌! 天下之紀綱, 當今之急務也. 夫人君之有政, 猶水之有堤防. 堤防完全, 雖遭雨水霖潦,不能為變. 政教一立, 暫遭凶年, 不足為憂. 誠令堤防穿漏, 萬夫同力, 不能復救. 政教一壞, 賢智馳騖, 不能復還. 今堤防雖堅, 漸有孔穴. 譬之一人之身, 本朝者, 心腹也, 州·郡者, 四支也, 心腹痛則四支不舉. 故臣之所憂, 在腹心之疾, 非四支之患也. 苟堅堤防, 務政教, 先安心腹, 整理本朝, 雖有寇賊·水旱之變, 不足介意也. 誠令堤防壞漏, 心腹有疾, 雖無水旱之災, 天下固可以憂矣. 又宜罷退宦官, 去其權重, 裁置常侍二人方直有德者省事左右, 小黃門五人才智閑雅者給事殿中. 如此, 則論者厭塞, 昇平可致也!"

扶風功曹馬融對曰, "今科條品制, 四時禁令, 所以承天順民者, 備矣, 悉矣, 不可加矣. 然而天猶有不平之效, 民猶有呑嗟之怨者, 百姓屢聞恩澤之聲, 而未見惠和之實也. 古之足民者, 非能家贍而人足之, 量其財用, 為之制度. 故嫁娶之禮儉, 則婚者以時矣. 喪制之禮約, 則終者掩藏矣. 不奪其時, 則農夫利矣. 夫妻子以累其心, 產業以重其志, 舍此而為非者, 有必不多矣!"

太史令南陽張衡對曰, "自初舉孝廉, 迄今二百歲矣, 皆先孝行. 行有餘力, 始學文法. 辛卯詔書, 以能章句·奏案為限. 雖有至孝, 猶不應科, 此棄本而取末. 曾子長於孝, 然實魯鈍, 文學不若游·夏, 政事不若冉·季. 今欲使一人兼之, 苟外有可觀, 內必有闕, 則違選舉孝廉之志矣. 且郡國守相, 剖符寧境, 為國大臣, 一旦免黜十有餘人, 吏民罷於送迎之役, 新故交際, 公私放濫, 或臨政為百姓所便而以小過免之, 是為奪民父母使嗟號也. 『易』不遠復, 『論』不憚改, 朋友交接且不宿過, 況於帝王, 承天理物, 以天下為公者乎! 中間以來, 妖星見於上, 震裂著於下, 天誡詳矣, 可為寒心. 明者消禍於未萌. 今既見矣, 修政恐懼, 則禍轉為福矣."

上覽眾對, 以李固為第一, 即時出阿母還舍, 諸常侍悉叩頭謝罪,朝廷肅然. 以固為議郎. 而阿母·宦者皆疾之, 詐為飛章以陷其罪. 事從中下, 大司農南郡黃尚等請之於梁商, 僕射黃瓊復救明其事. 久乃得釋, 出為洛令, 固棄官歸漢中. 融博通經籍, 美文辭. 對奏, 亦拜議郎. 衡善屬文, 通貫『六藝』, 雖才高於世, 而無驕尚之情. 善機巧, 尤致思於天文·陰陽·歷算, 作渾天儀, 著『靈憲』. 性恬憺, 不慕當世. 所居之官輒積年不徙.

太尉寵參, 在三公中最名忠直, 數為左右所毀. 會所舉用忤帝旨, 司隸承風案之. 時當會茂才·孝廉, 參以被奏, 稱疾不會. 廣漢上計掾段恭因會上疏曰, "伏見道路行人·農夫·織婦皆曰, '太尉參竭忠盡節, 徒以直道不能曲心, 孤立群邪之間, 自處中傷之地' 夫以讒佞傷毀忠正, 此天地之大禁, 人主之至誡也! 昔白起賜死, 諸侯酌酒相賀. 季子來歸, 魯人喜其紓難. 夫國以賢治, 君以忠安. 今天下咸欣陛下有此忠賢, 願卒寵任以安社稷." 書奏, 詔即遣小黃門視參疾, 太醫致羊酒. 後參夫人疾前妻子, 投於井而殺之. 雒陽令祝良奏參罪. 秋, 七月, 己未, 參竟以災異免.

八月, 己巳, 以大鴻臚施延為太尉.

鮮卑寇馬城, 代郡太守擊之, 不克. 頃之, 其至鞬死. 鮮卑由是抄盜差稀.

** 권52-한기漢紀 44: 외척 양기가 날뛰다

한순제 양가 3년(AD 134)

1) 여름 4월, 차사후부車師後部의 사마司馬가 왕 가특노加特奴 등을 이끌고 창오륙곡閶吾陸谷에서 북흉노를 습격해 대파한 뒤 북흉노 선우의 모친을 포획했다.

2) 5월 4일, 조서를 내려 봄부터 여름까지 이어지는 한재旱災가 이어진 까닭에 천하에 사면령을 내렸다. 황상이 친히 덕양전德陽殿 동상東廂의 노천에 앉아 청우請雨했다. 상서 주거周舉는 재학才學이 뛰어나고 깊어 특별히 책문策問했다. 주거가 대책對策에서 이같이 답했다.

"신이 듣건대 음양이 폐격閉隔하면 2개의 기가 서로 막히는 비색否塞이 빚어집니다. 폐하가 한문제와 광무제 당시의 법제를 폐기하고, 망한 진秦나라의 사치스런 욕망을 좇자 궐내에는 시집을 못가 원망하는 원녀怨女가 쌓이고, 궐 밖에는 짝이 없는 사내인 광부曠夫가 늘어납니다. 초목이 타는 한재가 시작된 이래 해가 거듭돼도 폐하가 잘못을 고쳤다는 얘기가 들리지 않고 있습니다. 헛되이 수고롭게 지존인 황상이 먼지 속에 몸을 드러내는 폭로풍진暴露風塵을 하는 것은 실로 무익합니다. 폐하는 단지 화려한 것에만 힘을 쓰고, 그 실제를 찾지 않고 있습니다. 이는 마치 나무 위로 올라가 물고기를 바라는 연목희어緣木希魚[181] 내지 뒤로 물러나면서 앞으로 가기를 바라는 각행구전卻行求前과 같습니다. 실로 의당 신의를 갖고 밀고나가 정사를 개혁하는 추신혁정推信革政과 바른 도를 숭상하며 미혹된 것을 바꾸는 숭도변혹崇道變惑을 해야 합니다. 후궁 가운데 가까이하지 않는 여인은 출궁시키고, 태관太官에서 제공하는 과중한 음식의 비용인 중선지비重膳之費는 삭제해야 합니다. 『주역』을 풀이한 『역전易傳』에 이르기를, '양기가 하늘을 감응시키면 하늘의 반응은 매우 빨라 하루를 넘지 않는다'[182]고 했습니다. 오직 폐하는 이를 마음에 담아두고 결단하는 유신재찰留神裁察을 해야 할 것입니다!"

황제가 다시 주거를 불러 얼굴을 마주하고 득실을 묻는 면문득실面問得失을 했다. 주거가 대답했다.

"의당 관인 선발을 신중히 하고, 탐오貪污를 제거하고, 요망하고 사악한 영사佞邪를 멀리해야 합니다."

황제가 물었다

"관원 가운데 탐오와 영사를 행하는 자는 어떤 자들이오?"

주거가 대답했다.

"신은 지방의 하급 단위인 기주冀州의 자사로 있다가 단계를 뛰어넘어 상서로 발탁돼 기밀을 다루는 일에 참여하고 있습니다. 군신群臣을 판별하기에는 자질이 부족한 이유입니다. 그러나 공경대신 가운데 자주 직언하는 자는 충정忠貞합니다. 반대로 아첨하며 비굴하게 남의 비위를 맞추는 아유구용阿諛苟容을 하는 자는 영사佞邪한 인물입니다."

---

181 연목희어緣木希魚는 『맹자』「양혜왕 상」에 나오는 연목구어緣木求魚와 같은 말이다. 구할 구求 대신 바랄 희希를 쓴 것만이 다를 뿐이다.

182 원문은 '양혹천불선일陽惑天不旋日'이다. 『주역』을 해설하기 위해 전국시대 당시에 나온 『역전易傳』「중부전中孚傳」에서 인용한 것이다. 선일旋日은 하루를 넘긴다는 뜻이다. 「중부전」에는 이 구절 뒤에 제후가 계절을 넘기지 않으면 대부는 기일을 어기지 않는다는 취지의 '제후불선시諸侯不旋時, 대부불과기大夫不過期' 구절이 덧붙여져 있다.

태사령太史令 장형張衡 역시 이같이 상소했다.

"지난해에 경사에 지진이 일어나 땅이 갈라졌습니다. 땅이 갈라진 것은 권위가 쪼개진 것이고, 땅이 흔들린 것은 백성이 동요한 것입니다. 가만히 우려되는 것은 성상이 염증을 느껴 권태로워하는 염권厭倦에 몸소 전념하지 않고, 차마 잘라내지 못하고, 여러 사람과 함께 황상의 위권威權을 공유하는 것입니다. 위권은 나눌 수 없고, 시덕施德은 공유할 수 없는 것입니다. 바라건대 폐하는 오직 옛 일을 상고해 이전의 제도를 따르는 계고솔구稽古率舊를 하여 황제가 신민을 부리는 8가지 수단인 이른바 형덕팔병刑德八柄[183]이 천자로부터 나오지 않는 경우가 없게 하십시오. 그런 연후에 신명神明과 위망威望인 신망神望이 가득 채워지는 윤색允塞이 이뤄지고, 재액이 소멸돼 오지 않게 됩니다."

장형은 또 광무제의 중흥中興 이후 많은 학자들이 도참圖讖을 설파한 '도위서圖緯書'를 다퉈 배우자 이같이 상소했다.

"참위서인 『춘추원명포春秋元命包』에 따르면 전설적인 공장工匠인 공수반公輸班과 묵적墨翟에 관한 얘기가 실려 있어 전국시대 상황을 알 수 있습니다. 또 별도로 익주益州에 대해서도 언급한 부분이 있습니다. 익주는 한나라 시대에 설치됐습니다. 또한 전한 말기의 한성제와 한애제 연간에 유향劉向 부자가 궁중 도서관인 비서秘書에서 경전과 제자백가서를 교정하며 제자백가의 9가지 유파인 9류流를 심사하여 결정하는 열정閱定을 한 바 있습니다. 역시 그 가운데 도참圖讖을 다룬 서적인 참록讖錄은 없었습니다. 이로써 도참은 한애제와 한평제 사이에 유행한 것으로 모두

183　형덕팔병刑德八柄은 작위와 녹봉을 내리는 작록爵祿, 상을 내리거나 가두는 여치予置, 죽이거나 살리는 생탈生奪, 폐하거나 주살하는 폐주廢誅 등 8가지 권한을 말한다.

허위虛僞의 무리가 명성을 속여 세상을 훔치는 요세취자要世取資를 행하려 한 것임을 알 수 있습니다. 이들의 기망欺罔 행보가 충분히 드러난만큼 규금糾禁을 하지 않을 수 없습니다. 이에 반해 역법曆法인 율력律歷과 팔괘로 천기를 관찰하는 괘후卦候, 별자리를 점치는 구궁九宮과 사방의 바람을 살펴 점치는 풍각風角 등은 자주 효험이 있는데도 세인들은 배우기를 원치 않으면서 다퉈 점치는 책이 아니라고 칭하고 있습니다. 이는 마치 화공畫工이 견마犬馬를 그리기 싫어하면서도 귀신인 귀매鬼魅를 즐겨 그리는 것에 비유할 수 있습니다. 실로 실재하는 사물의 형상은 그리기 어려워하고, 귀신처럼 허위虛僞로 존재하는 것은 마구 그려대는 꼴입니다! 의당 도참을 수장收藏해 하나같이 금절禁絕해야 합니다. 그래야 붉은 주색朱色과 자줏빛의 자색紫色이 뒤섞여 현혹眩惑되는 일이 없게 되고, 전적典籍 또한 흠집인 하점瑕玷이 없게 될 것입니다!"

3) 가을 7월, 종강鍾羌 부락의 강족 양봉良封 등이 다시 농서隴西와 한양漢陽을 침구했다. 전 교위 마현馬賢에게 조서를 내려 알자謁者로 삼은 뒤 여러 종족을 진무鎮撫하게 했다.

겨울 10월, 호강교위 마속馬續이 병사를 파견해 양봉을 쳐서 깨뜨렸다.

4) 11월 11일, 사도 유기劉崎와 사공 공부孔扶가 면직됐다. 주거의 말을 채택한 결과다.

11월 14일, 대사농 황상黃尚을 사도, 광록훈인 하동河東 출신 왕탁王卓을 사공으로 삼았다.

5) 경耿귀인이 자주 경씨를 위해 청탁을 했다. 황제가 이내 경보耿寶의 아들 경기耿箕를 모평후牟平侯로 삼았다.

** 起闕逢閹茂, 盡旃蒙作噩, 凡十二年.

孝順皇帝陽嘉三年

夏, 四月, 車師後部司馬率後王加特奴等, 掩擊北匈奴於閶吾陸谷,
大破之. 獲單于母.

五月, 戊戌, 詔以春夏連旱, 赦天下. 上親自露坐德陽殿東廂請雨.
以尚書周舉才學優深, 特加策問. 舉對曰, “臣聞陰陽閉隔, 則二氣
否塞. 陛下廢文帝·光武之法, 而循亡秦奢侈之欲, 內積怨女, 外有
曠夫. 自枯旱以來, 彌歷年歲, 未聞陛下改過之效, 徒勞至尊暴露風
塵, 誠無益也. 陛下但務其華, 不尋其實, 猶緣木希魚, 卻行求前. 誠
宜推信革政, 崇道變惑, 出後宮不御之女, 除太官重膳之費. 『易·傳』
曰, ‘陽惑天不旋日’惟陛下留神裁察!” 帝復召舉面問得失, 舉對以
“宜慎官人, 去貪污, 遠佞邪.” 帝曰, “官貪污·佞邪者為誰乎?” 對曰,
“臣從下州超備機密, 不足以別群臣. 然公卿大臣數有直言者, 忠貞
也. 阿諛苟容者, 佞邪也.”

太史令張衡亦上疏言曰, “前年京師地震土裂. 裂者, 威分. 震者,
民擾也. 竊懼聖思厭倦, 制不專己, 恩不忍割, 與眾共威. 威不可分,
德不可共. 願陛下思惟所以稽古率舊, 勿使刑德八柄不由天子, 然後
神望允塞, 災消不至矣.” 衡又以中興之後, 儒者爭學『圖緯』, 上疏言
曰, “『春秋元命包』有公輸班與墨翟, 事見戰國. 又言別有益州, 益州
之置在於漢世. 又劉向父子領校秘書, 閱定九流, 亦無『讖錄』. 則知
『圖讖』成於哀·平之際, 皆虛偽之徒以要世取資, 欺罔較然, 莫之糾
禁. 且律歷·卦候·九宮·風角, 數有徵效, 世莫肯學, 而競稱不占之書,
譬猶畫工惡圖犬馬而好作鬼魅, 誠以實事難形而虛偽不窮也! 宜收
藏『圖讖』, 一禁絕之, 則朱紫無所眩, 典籍無瑕玷矣!”

秋, 七月, 鍾羌良封等復寇隴西·漢陽. 詔拜前校尉馬賢為謁者, 鎮
撫諸種. 冬, 十月, 護羌校尉馬續遣兵擊良封, 破之.

十一月, 壬寅, 司徒劉崎·司空孔扶免, 用國舉之言也. 乙己, 以大司農黃尚為司徒, 光祿勳河東王卓為司空.

耿貴人數為耿氏請, 帝乃紹封耿寶子箕為牟平侯.

한순제 양가 4년(AD 135)

1) 봄, 북흉노의 호연왕呼衍王이 차사후부車師後部를 침공했다. 황제가 돈황 태수에게 병사를 동원해 구원하도록 했으나 승리하지 못하는 불리不利의 모습을 보였다.

2) 2월 16일, 처음으로 중관中官 즉 환관이 양자를 얻어 작위를 세습할 수 있도록 허락했다. 애초 황제가 복위할 수 있었던 데에는 이들 환관의 도움이 컸다. 이후 황제의 총애를 받아 정사에 참여하게 된 것이다. 어사御史 장강張綱이 상서했다.

"가만히 판단하건대 한문제와 한명제 등 두 황제 때는 덕화德化가 매우 성했습니다. 중관상시中官常侍는 불과 2명에 지나지 않았습니다. 가까이 있어 총애하여 상사賞賜를 할 때는 약간의 금인 수금數金을 주는 것으로 끝냈습니다. 비용을 아끼고 백성을 중히 여긴 까닭에 집집마다 사람들이 풍족했습니다. 근래 공로가 없는 소인들이 모두 관직을 갖게 됐으니 이는 백성을 사랑하고 관직을 중히 여기는 애민중기愛民重器와 하늘의 뜻을 이어 도를 따르는 승천순도承天順道의 모습이 아닙니다."

상서가 올라갔으나 살피지 않았다. 장강은 한안제 때 지금의 황상인 태자의 폐위를 반대했던 장호張皓의 아들이다.

3) 한재가 있었다.

4) 알자 마현馬賢이 종강鍾羌을 쳐 대파했다.

5) 여름 4월 5일, 태위 시연施延이 면직됐다.

4월 19일, 집금오 양상梁商을 대장군, 전에 태위를 지낸 방삼龐參을 다시 태위로 삼았다.

양상이 칭병하여 일어나지 않은 지 1년이 됐다. 황제가 태상太常 환언桓焉을 시켜 책서策書를 들고 그의 집으로 가는 취제就第를 하여 대장군직을 수여하게 했다. 양상이 이내 입궐해 수명受命[184]을 했다. 양상은 젊었을 때 경전에 통달했고, 겸공謙恭의 자세로 선비를 좋아했다. 한양漢陽감숙성 감곡현 출신 거람巨覽과 상당上黨산서성 장자현 출신 진구陳龜를 벽소해 연속掾屬으로 삼았다. 이고李固는 종사중랑從事中郎, 양윤楊倫은 장사長史로 삼았다.

이고는 양상이 유화柔和한데다 스스로를 지키는 자수自守의 모습을 보이며 조정의 기강을 바로잡고 정무를 결단하는 정재整裁의 능력이 없자 이내 양상에게 서신을 올려 자신의 의견을 개진하는 주기奏記를 했다.

"수년 전부터 재앙과 괴이한 일이 여러 차례 보였습니다. 공자가 말하기를, '지혜로운 자는 변화하는 것을 보면 어떤 모습이 될지 생각하고, 어리석은 자는 괴이한 것을 보면 이름을 대는 것을 꺼린다'[185]고 했습니다. 하늘은 특별히 누구를 가까이하지 않는 이른바 천도무친天道無親을 행하니 가히 두려워하며 존경할 만합니다. 실로 왕도의 기강을 1번 정리해 도가 실천되고 충의가 세워지게 하고, 명공明公이 백성의 높은 덕행을 이어 썩지 않는 영예인 불후지예不朽之譽를 보전해야 할 것입니다. 어찌 이

---

184 수명受命은 삼공 등의 고관이 조정으로 나아가 책명策命을 받는 것을 말한다. 두우杜佑의 『통전通典』에 따르면 후한 때 삼공 등에게 관직을 제수할 때 백관이 의례에 따라 자리를 잡은 뒤 알자謁者가 광록훈을 앞으로 인도하고, 이어 벼슬을 제수 받는 자를 인도해 전하殿下에 엎드리게 했다. 광록훈이 책서를 낭독하면 벼슬을 받는 자가 신臣을 칭하며 2번 절하고, 상서령으로부터 인새印璽와 인수印綬를 넘겨받은 시어사가 앞으로 다가오면 2번 절하고 1번 고두叩頭한다. 이를 3차례 반복한 뒤 비로소 벼슬을 받았다.
185 원문은 '지자견변사형智者見變思形, 우자도괴휘명愚者睹怪諱名'이다. 호삼성은 주석에서 풀이하기를, '이 두 구절은 위서緯書에서 인용한 것이다'라고 했다.

들 외척인 평범한 무리들이 영화나 자리를 탐내기 위해 하는 일을 같은 태양 아래 논의하는 것입니까?"

양상이 이를 채택할 수 없었다.

6) 가을 윤8월 1일, 일식이 있었다.

7) 겨울 10월, 오환이 운중雲中을 침구했다. 도료장군度遼將軍 경엽耿曄이 추격했으나 실리失利했다.

11월, 오환이 경엽을 난지성蘭池城내몽골 탁극탁현 북쪽에서 포위했다. 군사 수천 명을 동원해 구원하자 오환이 이내 퇴각했다.

8) 12월 30일, 경사에 지진이 났다.

* 孝順皇帝陽嘉四年

春, 北匈奴呼衍王侵車師後部. 帝令敦煌太守發兵救之, 不利.

二月, 丙子, 初聽中官得以養子襲爵. 初, 帝之復位, 宦官之力也, 由是有寵, 參與政事. 御史張綱上書曰, "竊尋文·明二帝, 德化尤盛, 中官常侍, 不過兩人, 近幸賞賜, 裁滿數金, 惜費重民, 故家給人足. 而頃者以來, 無功小人, 皆有官爵, 非愛民重器·承天順道者也." 書奏, 不省. 綱, 皓之子也.

旱.

謁者馬賢擊鍾羌, 大破之.

夏, 四月, 甲子, 太尉施延免. 戊寅, 以執金吾梁商為大將軍, 故太尉寵參為太尉. 商稱疾不起且一年, 帝使太常桓焉奉策就第即拜, 商乃詣闕受命. 商少通經傳, 謙恭好士, 辟漢陽巨覽·上黨陳龜為掾屬, 李固為從事中郎, 楊倫為長史. 李固以商柔和自守, 不能有所整裁, 乃奏記於商曰, "數年以來, 災怪屢見. 孔子曰, '智者見變思形, 愚者睹怪諱名' 天道無親, 可為祗畏. 誠令王綱一整, 道行忠立, 明公踵伯成之高, 全不朽之譽, 豈與此外戚凡輩耽榮好位者同日而論哉!"商不能用.

秋, 閏八月, 丁亥朔, 日有食之.

冬, 十月, 烏桓寇雲中, 度遼將軍耿曄追擊, 不利. 十一月, 烏桓圍曄於蘭池城. 發兵數千人救之, 烏桓乃退.

十二月, 甲寅, 京師地震.

한순제 영화永和 원년(AD 136)

1) 봄 정월 15일, 영화永和로 개원改元한 뒤 천하에 사면령을 내렸다.

2) 겨울 10월 7일, 승복전承福殿에 화재가 났다.

3) 11월 27일, 태위 방삼龐參을 파면했다.

4) 12월 상림象林에 사는 만이蠻夷가 반란을 일으켰다.

5) 12월 26일, 전 사공 왕공王龔을 태위로 삼았다.

왕공은 환관의 전권專權이 싫어 상서하여 그 상황을 극진하게 말하는 극언極言을 했다. 여러 황문黃門에 있는 자들이 빈객을 시켜 왕공의 죄를 무함했다. 황상이 왕공에게 빨리 스스로 말하도록 명했다. 이고가 양상에게 주기奏記를 했다.

"왕공이 굳고 곧은 지조를 지닌 까닭에 제멋대로 참소하는 자들이 옭아맸다는 사실을 여러 사람들이 문지聞知하고는 탄식하며 몸을 떠는 탄률歎栗을 하지 않는 자가 없었습니다. 무릇 삼공은 존중尊重의 대상인데 직접 사법부로 나아가 자신의 억울한 사정을 소원訴冤할 길이 없고, 섬미纖微한 일만 감지돼도 곧바로 소환돼 자살을 강요받고 있습니다. 옛날의 전장인 구전舊典에서 대죄大罪가 아니면 무겁게 심문하지 못하게 한 이유입니다. 왕공에게 갑자기 다른 변고라도 생기면 조정은 현자를 해쳤다는 오명을 얻게 될 것이고, 군신들은 구호救護의 절개를 지니지 못했다는 지적을 받을 것입니다! 옛 속담에 이르기를, '현자가 환난을 당하면 속히 구하기 위해 배가 고파도 식사하지 않는다'고 했습니다. 지금이 바로 그런 시기입니다!"

양상이 즉각 황제에게 말하자 일이 이내 풀렸다.

6) 이 해에 집금오 양기梁冀를 하남윤河南尹으로 삼았다. 양기는 술을 좋아하는 기주嗜酒의 성격을 지닌 까닭에 편히 방탕하게 멋대로 노는 일 유자자逸游自态의 모습을 보였다. 직무를 처리할 때 대부분 임의로 폭압과 비법非法을 일삼았다. 부친 양상과 친하게 노는 빈객인 낙양 현령 여방呂放이 이를 양상에게 고하자 양상이 양기를 꾸짖었다.

양기가 사람을 시켜 길에서 여방을 찌르게 해 살해했다. 양상이 이를 알까 두려워 여방의 원수에게 혐의를 덮어씌운 뒤 여방의 동생 여우呂禹를 낙양 현령으로 보내달라고 청해 여방의 원수를 체포하게 했다. 여우가 혐의를 덮어쓴 자의 종친과 빈객 100여 명을 진멸盡滅했다.

7) 무릉武陵 태수가 상서해 만이가 귀속해오면 한인漢人과 비등하게 하여 부세를 증가시키는 방안을 제시했다. 논의하는 자들이 모두 옳다고 했다. 상서령 우후虞詡가 말했다.

"자고로 성왕은 다른 풍속을 지닌 자를 신하로 삼지 않았습니다. 먼저 선제의 구전舊典에 규정된 공부貢賦의 수량은 그 유래가 오래됐습니다. 지금 문득 부세를 올리면 반드시 원망하며 반란이 일어날 것입니다. 저들의 소득을 감안하여 공물을 바치기 위해 들어간 비용을 보상하지 않으면 반드시 후회할 일이 생길 것입니다."

황제가 좇지 않았다. 풍중澧中호남성 풍현과 누중溇中호남성 이현에 사는 만족들이 각각 다투듯이 공물로 바치는 포포의 수량이 전의 약속과 달리 많아졌다고 지적했다. 마침내 향리를 살해한 뒤 종족을 이끌고 반기를 들었다.

* 孝順皇帝永和元年

春, 正月, 己巳, 改元, 赦天下.

冬, 十月, 丁亥, 承福殿火.

十一月, 丙子, 太尉寵參罷.

十二月, 象林蠻夷反.

乙巳, 以前司空王龔爲太尉.

龔疾宦官專權, 上書極言其狀. 諸黃門使客誣奏龔罪. 上命龔亟自實. 李固奏記於梁商曰, "王公以堅貞之操, 橫爲讒佞所構, 衆人聞知, 莫不歎栗. 夫三公尊重, 無詣理訴冤之義, 纖微感槪, 輒引分決, 是以舊典不有大罪, 不至重問. 王公卒有它變, 則朝廷獲害賢之名, 群臣無救護之節矣! 語曰, '善人在患, 饑不及餐' 斯其時也!" 商即言之於帝, 事乃得釋.

是歲, 以執金吾梁冀爲河南尹. 冀性嗜酒, 逸游自恣, 居職多縱暴非法. 父商所親客雒陽令呂放以告商, 商以讓冀. 冀遣人於道刺殺放, 而恐商知之, 乃推疑放之怨仇, 請以放弟禹爲雒陽令, 使捕之. 盡滅其宗·親·賓客百餘人.

武陵太守上書, 以蠻夷率服, 可比漢人, 增其租賦. 議者皆以爲可. 尚書令虞詡曰, "自古聖王, 不臣異俗. 先帝舊典, 貢稅多少, 所由來久矣. 今猥增之, 必有怨叛. 計其所得, 不償所費, 必有後悔." 帝不從. 澧中·漊中蠻果爭貢布非舊約, 遂殺鄉吏, 舉種反.

한순제 영화 2년(AD 137)

1) 봄, 무릉武陵의 만족 2만 명이 충성充城호남성 상식현을 포위하고, 8,000명이 이도夷道호북성 자성시를 침구했다.

2) 2월, 광한廣漢감숙성 문현 일대의 민병대 사령관인 속국도위屬國都

尉[186]가 백마白馬 부락의 강족을 격파했다.

3) 황제가 무릉 태수 이진李進을 파견해 반란을 일으킨 만족을 공격해 깨뜨리고 평정하는 파평破平을 했다. 이진이 이내 양리良吏를 간선簡選한 뒤 만이들을 다독이며 보살피는 무순撫循을 하자 군경郡境이 마침내 안정됐다.

4) 3월 8일, 사공 왕탁王卓이 훙거했다.

3월 30일, 광록훈 곽건郭虔을 사공으로 삼았다.

5) 여름 4월 19일, 경사에 지진이 났다.

6) 5월 6일, 산양군山陽君 송아宋娥가 간사하게 속인 죄에 연루돼 인수를 몰수당하고 향리로 돌아갔다. 황룡黃龍과 양타楊佗, 맹숙孟叔, 이건李建, 장현張賢, 사범史汎, 왕도王道, 이원李元, 이강李剛 등 9명의 열후가 송아와 서로 오가며 뇌물을 주고받고 높은 관직과 봉읍의 확대를 요구한 일에 연루됐다. 모두 봉국으로 가게 한 뒤 조세로 얻을 수 있는 수입의 4분의 1을 감액시켰다.

7) 상림象林의 만족인 우련區憐 등이 현의 관아인 현시縣寺를 공격해 장리長吏를 살해했다. 교지交趾광동성 광주시 자사 번연樊演이 교지와 구진九真의 병사 1만여 명을 동원해 이들을 구했다. 병사들이 멀리 원정을 가는 원역遠役을 꺼렸다.

가을 7월, 교지와 구진의 병사가 반기를 들어 그들의 군부郡府를 공격했다. 군부가 비록 반기를 든 자들을 격파했으나 만족의 세력은 오히려 더 왕성해졌다.

186　여기의 속국도위屬國都尉는 한안제 때 촉군의 북부도위를 고쳐 광한속국도위廣漢屬國都尉로 만든 데서 나온 것이다. 당시 '광한속국도위'로 하여금 별도로 음평陰平과 전씨甸氏, 강저剛氏 등을 관장하게 하면서 익주에 귀속시켰다.

8) 겨울 10월 10일, 황상이 장안으로 행차했다. 부풍扶風 출신 전약田弱이 동군同郡 출신 법진法真이 내학內學과 외학外學[187]에 두루 통달한 것을 거론하며 적극 천거하고 나섰다. 법진이 계속 은거하며 출사하지 않자 의당 곤직袞職[188]인 삼공의 자리를 내려주어야 가능할 것이라는 애기가 나왔다. 황제가 마음을 비우는 허심虛心의 자세로 그를 앞뒤로 4번에 걸쳐 징소를 했으나 그는 결코 뜻을 굽히지 않았다. 친구 곽정郭正이 그를 칭송했다.

"법진의 명성은 들을 수는 있어도 그 실물을 보기는 실로 어렵다. 명성에서 도망칠수록 명성이 그를 수반隨伴하고, 명성에서 피할수록 명성이 그를 추종追從한다. 가히 백세百世에 1번 나올 만한 스승인 백세지사百世之師로 부를 만하다."

법진은 한안제 때 해적을 물리친 법웅法雄의 아들이다.

9) 10월 23일, 경사에 지진이 났다.

10) 태위 왕공王龔은 중상시 장방張昉 등이 국권을 전농專弄하는 것을 보고는 이내 상주하여 장차 주살하려 했다. 종친 가운데 억울하게 죽은 양진楊震의 사례를 거론하며 간하는 자가 있었다. 왕공이 이내 그만두었다.

11) 12월 2일, 황상이 장안에서 돌아왔다.

187　당시 유생들은 유가 경전에 관한 7가지 위서緯書를 내학內學, 유가의 기본 경전인 6경六經을 외학外學으로 칭했다.

188　곤직袞職은 원래 제왕의 직책을 가르치는 말이다. 곤袞이라는 글자 자체가 입고 있는 옷인 의衣를 공공의 자세로 나눠 갖는다는 취지에서 나온 말이다. 용으로 상징되는 제왕의 겉옷을 곤룡포袞龍袍로 칭하는 이유다. 『시경』「대아, 증민烝民」에 곤직유궐袞職有闕 표현이 나온다. 공영달孔穎達은 "곤직袞職은 곧 제왕의 직책을 가리킨다."고 풀이했다. 이밖에도 삼공三公의 직책 내지 삼공을 가리키는 경우도 있다. 여기서는 후자의 의미로 사용된 것이다.

＊孝順皇帝永和二年

春, 武陵蠻二萬人圍充城, 八千人寇夷道.

二月, 廣漢屬國都尉擊破白馬羌.

帝遣武陵太守李進擊叛蠻, 破平之. 進乃簡選良吏, 撫循蠻夷, 郡境遂安.

三月, 乙卯, 司空王卓薨. 丁丑, 以光祿勳郭虔為司空.

夏, 四月, 丙申, 京師地震.

五月, 癸丑, 山陽君宋娥坐構奸誣罔, 收印綬, 歸里舍. 黃龍·楊佗·孟叔·李建·張賢·史泛·王道·李元·李剛等九侯坐與宋娥更相賂遺, 求高官增邑, 并遣就國, 減租四分之一.

象林蠻區憐等攻縣寺, 殺長吏. 交趾刺史樊演發交趾·九真兵萬餘人救之. 兵士憚遠役, 秋, 七月, 二郡兵反, 攻其府. 府雖擊破反者, 而蠻勢轉盛.

冬, 十月, 甲申, 上行幸長安. 扶風田弱薦同郡法真博通內外學, 隱居不仕, 宜就加袞職. 帝虛心欲致之, 前後四徵, 終不屈. 友人郭正稱之曰, "法真名可得聞, 身難得而見. 逃名而名我隨, 避名而名我追, 可謂百世之師者矣!" 真, 雄之子也.

丁卯, 京師地震.

太尉王龔以中常侍張昉等專弄國權, 欲奏誅之. 宗親有以楊震行事諫之者, 龔乃止.

十二月, 乙亥, 上還自長安.

한순제 영화 3년(AD 138)

1) 봄 2월 2일, 경사를 비롯해 금성金城과 농서隴西 일대에 지진이 났다. 두 군에서는 산이 무너졌다.

2) 여름 윤4월 8일, 경사에 지진이 났다.

3) 5월, 오군吳郡의 군승郡丞 양진羊珍이 반기를 들어 군부郡府를 공격했다. 태수 왕형王衡이 격파한 뒤 목을 베는 파참破斬을 했다.

4) 시어사侍御史 가창賈昌이 주군州郡을 합쳐 우연區憐 등을 토벌했으나 이기지 못하고 오히려 공위攻圍를 당했다. 1년이 넘자 병사와 군량이 계속 이어지지 못했다. 황제가 공경과 백관을 비롯해 대장군부의 연속掾屬 29인과 태위부의 24인, 사도부의 31인, 사공부의 29인 등 총 113명에 달하는 4부四府의 연속을 모두 소집해 방략方略을 물었다. 모두 대장을 파견하고, 형주荊州와 양주揚州, 연주兗州, 예주豫州 등 4개 주에서 4만 명의 군사를 동원해 파견할 것을 건의했다. 이고李固가 7가지 이유를 들어 이를 반박했다.

"만일 형주와 양주에 아무 일이 없다면 병력을 징발해도 가합니다. 그러나 지금 두 주에는 도적이 굳게 자리를 잡은 반결磐結의 모습을 보이며 해산되지 않고 있습니다. 무릉武陵과 남만南郡의 만이는 아직도 평정되지 못했고, 장사長沙와 계양桂陽에서는 자주 병력이 징발된 까닭에 다시 요동擾動을 하면 반드시 환난이 빚어질 것입니다. 이것이 불가한 1번째 이유입니다. 또 연주와 예주의 백성들은 문득 징발되면 1만 리나 떨어진 먼 곳으로 가서 언제 돌아올 줄 모르는 상황에서 조서를 내려 박촉迫促하면 반드시 반기를 들어 달아나는 반망叛亡이 빚어질 것입니다. 이것이 불가한 2번째 이유입니다. 남주南州베트남 광치현는 수토水土가 온서溫暑하고, 풍토병인 장기瘴氣마저 있어 반드시 사망자가 10의 4-5에 이를 것입니다. 이것이 불가한 3번째 이유입니다. 멀리 1만 리를 원섭遠涉하면 사졸이 피로해져 영남嶺南에 이를 때쯤이면 다시는 전투를 감당하기 어렵게 됩니다. 이것이 불가한 4번째 이유입니다. 군사가 행군하는 것은 통상 하루 30리 정도인데 일남日南베트남 광치현까지 9천여 리라 300일이 지나서야 도착하게 됩니다. 1인 당 5승升의 군량을 공급하는 것으로 계산하면 쌀이 총 60만 곡斛에 달하게 됩니다. 이는 장령과 군관인 장리將吏의 식량과 짐을 운반하는 당나귀와 말인 여마驢馬의 먹이는 계산에 넣지 않은 것입니다. 단지 갑옷을 스스로 짊어지고 가도 그 비용이 이와 같습니다. 이것이 불가한 5번째 이유입니다. 군대를 주둔시킨 곳에서는 사망자가 반드시 많게 마련입니다. 적을 방어하기에 부족하면 다시 병사를 징발해야 합니다. 이는 가슴이나 배인 심복心腹을 잘라 사지四支를 보완하는 것과 같습니다. 이것이 불가한 6번째 이유입니다. 구진九真과 일남日南은 서로 1,000리나 떨어져 있어 그곳의 이민吏民을 징발할지라도 오히려 견딜 수 없습니다. 하물며 어찌하여 굳이 형주와 양주, 연주, 예주 등 중원의 4주四州 병사들을 고생시키며 1만 리나 떨어진 곳에 보내려는 것입니까? 이것이 불가한 7번째 이유입니다. 전에 중랑장으로 있던 윤취尹就가 익주益州에서 반기를 든 강족을 토벌한 적이 있습니다. 익주의 백성들 사이에 '차라리 오랑캐가 오면 가하나, 윤취가 오면 나를 죽일 것이다'라는 얘기가 나돌아 민심이 흉흉해졌습니다. 이후 윤취는 소환되고 병사들은 익주 자사인 장교張喬에게 귀속됐습니다. 장교는 익주의 장리將吏였던 까닭에 순월旬月 사이에 강족을 격파해 진멸하는 파진破殄을 했습니다. 이는 장수를 징발하는 게 무익한 까닭에 해당 주군에 맡겨야 한다는 것을 증명한 사례에 해당합니다. 의당 다시 용략勇略과 인례仁惠를 갖춘 장수將帥를 선발해 자사 내지 태수로 임명하고 모두 교지交阯로 가서 살게 하십시오. 지금 일남의 병사는 고립되어 있고 군량이 없어 수비하기에 부족하고, 전투 또한 불가능합니다. 이민吏民을 모두 이주시켜 북쪽 교지에 의지하게 했다가 일이 진정된 후 다시 본래 살던 곳으로 귀환하도록 명하십시오. 또 만이를 모집해 서로 공격하게 하면서, 금백金帛을 운반해 그 자금으로 쓰십시오. 반간反間에 능한 자를 그곳의 우두머리로 보낸 뒤 열후로 책봉하고 땅을 나뉘주는 봉후열토封侯裂土의 상을 내리십시오. 전에 병주 자사로 있던 장사長沙 출신 축량祝良은 용맹하고 결단 있는 용결勇決의 성정을 지니고 있고, 또 남양南陽 출신 장교張喬는 전에 익주에서 강족을 격파한 공이 있으니 모두 임용할 만합니다. 옛날 태종 한문제는 위상魏尚을 운중雲中 태수로 임명해 흉노가 감히 침범하지 못했고, 한애제는 덕망이 높은 공사龔舍를 태산泰山 태수로 즉시 임명한 바 있습니다. 의당 즉시 축량 등에게 벼슬을 내린 뒤 이내 그 길로 관부官府로 가게 하십시오."

4부四府 모두 이고의 건의를 좇아 즉시 축량에게 벼슬을 내려 구진九真 태수, 장교를 교지 자사로 삼았다. 장교가 교지에 도착해 위로하고 회유하는 위유慰誘의 정책을 펼쳐 보이자 모두 항복하거나 해산했다. 축량은 구진에 도착해 홀로 수레를 타고 도적들이 사는 가운데 들어가 방략을 세우고, 위신威信으로 초무招撫했다. 항복하는 자가 수만 명이나 됐다. 모두 축량을 위해 군의 관청인 부시府寺를 수축했다. 이로부터 영외嶺外 광동 및 광서 일대가 다시 평정됐다.

5) 가을 8월 20일, 사도 황상黃尚이 면직됐다.

9월 기유己酉, 광록훈인 장사長沙 출신 유수劉壽를 사도로 삼았다.

6) 9월 17일, 대장군과 삼공에게 명해 단단하고 강한 강의剛毅와 굳세고 용맹한 무맹武猛, 계책을 꾸밀 줄 아는 모모謀謨를 갖춘 장수감을 각각 2명씩 천거하게 했다. 특진特進과 경卿, 교위校尉에게는 각각 1명씩 천거하게 했다.

당초 상서령 좌웅左雄이 기주 자사 주거周舉를 천거해 상서가 되게 했다. 이미 사례교위로 자리를 바꾼 좌웅이 전에 기주 자사를 지낸 풍직馮直을 장수로 천거해 임명하게 했다. 풍직은 일찍이 뇌물을 받은 죄에 연루된 적이 있었다. 주거가 이 문제로 좌웅을 탄핵하자 좌웅이 대답했다.

"조서를 보면 나에게 무맹武猛의 인물을 천거하도록 했지, 청고淸高한 자를 천거하라고 한 게 아니오."

풍거가 말했다.

"조서에서 그대에게 무맹한 자를 천거하라고 했지 탐오貪汚한 자를 천거하라고 한 게 아니오."

좌웅이 말했다.

"나는 당초 그대를 천거할 때 그대가 나를 공격하리라고는 생각지도 못했소."

주거가 말했다.

"옛날 춘추시대 중엽 진晉나라의 권신 조선자趙宣子가 한궐韓厥을 사마로 임용하자 한궐은 군법을 위반한 조선자의 수레를 모는 노복을 처형했소. 조선자가 여러 대부들에게 말하기를, '가히 나는 축하받을 만하오! 내가 한궐을 선발했고, 한궐은 그 직임을 차질 없이 수행했기에 그렇소'라고 했소.[189] 지금 그대는 나 주거에게 재능이 없다는 것을 모르고 잘못 천거해 조정 대신의 반열에 오르게 했소. 내가 감히 그대에게 아부하지 못하고 그대를 수치스럽게 만든 게 그렇소. 나는 당초 그대의 의도가 조선

---

[189] 『국어』「진어晉語」에 이에 관한 일화가 나온다. 이에 따르면 진문공 즉위에 대공을 세운 조최趙衰의 아들 조선자趙宣子 즉 조돈趙盾은 진영공晉靈公에게 한헌자韓獻子 즉 한궐韓厥을 천거하여 행군사마의 자리를 맡게 했다. 하곡河曲이 싸울 때 조돈이 사람을 시켜 자신의 수레를 타고 가다가 군진을 어지럽히게 했다. 한궐이 사람을 보내 조돈의 수레를 몬 자를 체포해 곧바로 사형에 처하려고 했다. 사람들이 모두 말하기를, "한궐은 틀림없이 좋은 결과를 얻지 못할 것이다. 그의 주인이 아침에 그를 발탁했는데 그는 저녁에 주인의 어자를 죽였다. 그러고도 누가 능히 그 자리를 계속 보존할 수 있겠는가?"라고 했다. 조돈이 한궐을 소견할 때 예로써 대접하면서 말하기를, "나는 군주에게 그대를 추천했으나 내심 그대가 이를 맡지 못할까 걱정했소. 제대로 일을 수행하지 못하는 사람을 천거하여 무리를 만들어 사익을 꾀하는 결당영사結黨營私가 있을 수 있겠소? 이에 고의로 사람을 보내 군대행렬을 어지럽게 하고 그대를 살펴본 것이오. 그대가 한 것이 옳소. 이후 계속 노력하여 국사를 근면히 돌보도록 하시오."라고 했다.

자와 같지 않다는 사실을 깨닫지 못했소."

좌웅이 크게 기뻐하며 자가 선광宣光인 풍거에게 사과했다.

"나는 일찍이 풍직의 부친을 섬긴 적이 있고, 또 풍직과 잘 지내 왔소. 지금 선광으로 하여금 이 문제를 갖고 나의 잘못을 상주하게 했으니, 이는 내 잘못이오!"

천하 사람들이 이 사건으로 인해 좌웅을 더욱 현명하다고 생각하게 됐다.

이때 환관들이 경쟁적으로 세력이나 은혜를 팔아먹는 이른바 경매은세競賣恩勢를 행했다. 오직 대장추大長秋 양하良賀만 청검淸儉하고 겸양하며 후덕한 퇴후退厚의 모습을 보였다. 황제가 조서로 무맹武猛의 인물을 천거하라고 하자 양하 홀로 아무도 천거하지 않았다. 황제가 연고를 묻자 이같이 대답했다.

"신은 빈궁한 시골집인 초모草茅에서 태어나 궁액宮掖에서 성장해 사람을 알아보는 안목인 지인지명知人之明이 없고, 또 일찍이 사류士類와 교류한 바가 없습니다. 옛날 전국시대 중엽 변법을 통해 진秦나라를 강국으로 만든 위앙衛鞅은 경감景監의 천거를 통해 진효공을 알현했으나, 식견이 있는 유식자有識者들은 그가 선종善終하지 못할 것을 알았습니다. 지금 신의 천거를 받는 사람은 영예가 아니라 수욕羞辱으로 여길 것입니다. 감히 천거할 수 없는 이유입니다!"

황제가 이에 상을 내렸다.

7) 겨울 10월, 소당燒當의 강족인 나리那離 등이 3,000명의 기병을 이끌고 금성金城을 침구했다. 교위 마현馬賢이 격파했다.

8) 12월 1일, 일식이 있었다.

9) 대장군 양상梁商이 소황문小黃門인 남양 출신 조절曹節 등이 궁중에서 일을 주관하는 용사用事를 하자 아들 양기梁冀와 양불의梁不疑를

보내 교우하도록 했다. 환관들은 조절이 총애를 받는 것을 시기해 무함하려 했다. 중상시 장규張逵와 거정蘧政, 양정楊定 등이 주위 사람과 더불어 모의했다. 함께 양상을 비롯해 중상시 조등曹騰과 맹분孟賁 등을 이같이 참소했다.

"여러 왕자王子들을 불러들여 황제의 폐립廢立을 논의하고자 도모했으니 청컨대 양상 등을 체포해 죄를 심사하시길 바랍니다."

황제가 말했다.

"대장군 부자는 나와 친한 사이고, 조등과 맹분은 내가 아끼는 사람이다. 틀림없이 그럴 리가 없다. 단지 너희들이 그를 투기하여 그리 말하는 것일 뿐이다."

장규 등은 말을 해도 수용되지 않을 것임을 알고 두려운 나머지 황급히 밖으로 나와 조서를 고친 뒤 조등과 맹분 등을 궁중에서 수박收縛했다. 황제가 이 소식을 듣고는 진노해 환관 이흡李歙에게 칙령을 내려 급히 조등과 맹분 등을 불러 석방하고, 장규 등을 하옥하게 했다.

* 孝順皇帝永和三年

春, 二月, 乙亥, 京師及金城·隴西地震, 二郡山崩.

夏, 閏四月, 己酉, 京師地震.

五月, 吳郡丞羊珍反, 攻郡府. 太守王衡破斬之.

侍御史賈昌與州郡幷力討區憐等, 不克, 爲所攻圍. 歲餘, 兵穀不繼. 帝召公卿百官及四府掾屬問以方略. 皆議遣大將, 發荊·揚·兗·豫四萬人赴之. 李固駁曰, "若荊·揚無事, 發之可也. 今二州盜賊磐結不散, 武陵·南郡蠻夷未輯, 長沙·桂陽數被徵發, 如復擾動, 必更生患, 其不可一也. 又, 兗·豫之人卒被徵發, 遠赴萬里, 無有還期, 詔書迫促, 必致叛亡, 其不可二也. 南州水土溫暑, 加有瘴氣, 致死亡

者十必四五, 其不可三也. 遠涉萬里, 士卒疲勞, 比至嶺南, 不復堪
鬪, 其不可四也. 軍行三十里爲程, 而去日南九千餘里, 三百日乃到,
計人稟五升, 用米六十萬斛, 不計將吏驢馬之食, 但負甲自致, 費便
若此, 其不可五也. 設軍所在, 死亡必衆, 旣不足禦敵, 當復更發, 此
爲刻割心腹以補四支, 其不可六也. 九眞·日南相去千里, 發其吏民猶
尚不堪, 何況乃苦四州之卒以赴萬里之艱哉! 其不可七也. 前中郎將
尹就討益州叛羌, 益州諺曰, '虜來尚可, 尹來殺我' 後就徵還, 以兵
付刺史張喬. 喬因其將吏, 旬月之間破殄寇虜. 此發將無益之效, 州
郡可任之驗也. 宜更選有勇略仁惠任將帥者, 以爲刺史·太守, 悉使
共住交趾. 今日南兵單無穀, 守旣不足, 戰又不能, 可一切徙其吏民,
北依交趾, 事靜之後, 乃命歸本. 還募蠻夷使自相攻, 轉輸金帛以爲
其資. 有能反間致頭首者, 許以封侯裂土之賞. 故并州刺史長沙祝
良, 性多勇決, 又南陽張喬, 前在益州有破虜之功, 皆可任用. 昔太
宗就加魏尚爲雲中守, 哀帝卽拜龔舍爲泰山守. 宜卽拜良等, 便道之
官."四府悉從固議, 卽拜祝良爲九眞太守, 張喬爲交趾刺史. 喬至,
開示慰誘, 幷皆降散. 良到九眞, 單車入賊中, 設方略, 招以威信, 降
者數萬人, 皆爲良築起府寺. 由是嶺外復平.

　秋, 八月, 己未, 司徒黃尚免. 九月, 己酉, 以光祿勳長沙劉壽爲司
徒. 丙戌, 令大將軍·三公擧剛毅·武猛·謀謨任將帥者各二人, 特進·
卿·校尉各一人. 初, 尚書令左雄薦冀州刺史周擧爲尚書. 旣而雄爲司
隸校尉, 擧故冀州刺史馮直任將帥. 直嘗坐臧受罪, 擧以此劾奏雄.
雄曰, "詔書使我選武猛, 不使我選淸高."擧曰, "詔書使君選武猛,
不使君選貪污也."雄曰, "進君, 適所以自伐也."擧曰, "昔趙宣子任
韓厥爲司馬, 厥以軍法戮宣子僕, 宣子謂諸大夫曰, '可賀我矣! 吾選
厥也任其事'今君不以擧之不才誤升諸朝, 不敢阿君以爲君羞. 不窺

君之意與宣子殊也."雄悅, 謝曰, "吾嘗事馮直之父, 又與直善. 今宣光以此奏吾, 是吾之過也!" 天下益以此賢之. 是時, 宦官競賣恩勢, 唯大長秋良賀淸儉退厚. 及詔擧武猛, 賀獨無所薦. 帝問其故, 對曰, "臣生自草茅, 長於宮掖, 旣無知人之明, 又未嘗交加士類. 昔衛鞅因景監以見, 有識知其不終. 今得臣擧者, 匪榮伊辱, 是以不敢!" 帝由是賞之.

冬, 十月, 燒當羌那離等三千餘騎寇金城, 校尉馬賢擊破之.

十二月, 戊戌朔, 日有食之.

大將軍商以小黃門南陽曹節等用事於中, 遣子冀·不疑與為交友. 而宦言忌其寵, 反欲陷之. 中常侍張逵·蘧政·楊定等與左右連謀, 共譖商及中常侍曹騰·孟賁, 云, "欲徵諸王子, 圖議廢立, 請收商等案罪." 帝曰, "大將軍父子, 我所親, 騰·賁, 我所愛, 必無是, 但汝曹共妒之耳." 逵等知言不用, 懼迫, 遂出, 矯詔收縛騰·賁於省中. 帝聞, 震怒, 敕宦者李歙急呼騰·賁釋之. 收逵等下獄.

한순제 영화4년(AD 139)

1) 봄 정월 13일, 장규 등이 주살됐다. 홍농 태수 장봉張鳳과 안평安平 재상 양호楊皓 등이 모두 이 사건에 연루되어 죽었다. 사건에 연루되어 물들었다는 소문이 대신 자리에 있는 자에게까지 미쳤다. 양상은 많은 사람이 누명을 써 억울한 일을 당하는 원왕冤枉이 생길 것을 두려워해 이내 상소했다.

"『춘추』의 대의에 따르면 공로는 원수元帥에게 돌리고, 죄는 원흉인 수악首惡을 추궁하는 데 그쳐야 한다고 했습니다. 대옥大獄이 한 번 일어나면 허물이 없는데도 무고無辜한 사람들이 많아집니다. 사죄死罪 혐의를 받는 죄수가 오랫동안 구금되어 있으면 작은 일도 크게 번집니다. 이는 화기和氣를 순영順迎하는 데 어긋나고, 정사를 평화롭게 펼쳐 교화를 이루는 평정성화平政成化의 방안도 아닙니다. 의당 속히 일을 매듭지어 체포하는 번거로움을 그치도록 하십시오."

황제가 이를 받아들여 연루된 자들만 죄를 주는 데 그쳤다.

2월, 황제가 양상의 어린 아들인 호본중랑장虎賁中郎將 양불의梁不疑를 보병교위步兵校尉로 삼았다. 양상이 상서해 사양했다.

"양불의는 어린아이인 동유童孺인데 성인成人의 자리를 맡는 것은 외람된 짓입니다. 옛날 제나라 재상 안평중晏平仲은 패전鄴殿을 사양해 그 부富를 지켰고, 노나라 재상 공의휴公儀休는 선물로 온 생선을 받지 않아 그 자리를 안정시킬 수 있었습니다. 신 역시 비록 재주는 없으나 원컨대 성세聖世에 굳게 복록을 누렸으면 합니다!"

황상이 이내 양불의를 시중侍中 겸 황제의 수레를 감독하는 봉거도위奉車都尉로 삼았다.

2) 3월 9일, 경사에 지진이 났다.

3) 소당燒當의 강족인 나리那離 등이 다시 반기를 들었다.

여름 4월 8일, 호강교위 마현이 이를 토참討斬했다. 참획한 자의 숫자가 1,200여 급級에 달했다.

4) 4월 23일, 천하에 사면령을 내렸다.

5) 5월 3일, 옛 제북혜왕濟北惠王 유수劉壽의 아들 유안劉安을 제북왕濟北王으로 삼았다.

6) 가을 8월, 태원太原에 한재旱災가 있었다.

* 孝順皇帝永和四年

春, 正月, 庚辰, 逵等伏誅. 事連弘農太守張鳳·安平相楊皓, 皆坐死. 辭所連染, 延及在位大臣. 商懼多侵枉, 乃上疏曰, "春秋之義,

功在元帥, 罪止首惡. 大獄一起, 無辜者衆, 死囚久繫, 纖微成大, 非
所以順迎和氣, 平政成化也. 宜早訖章, 以止逮捕之煩." 帝納之, 罪
止坐者. 二月, 帝以商少子虎賁中郎將不疑為步兵校尉. 商上書辭曰,
"不疑童孺, 猥處成人之位. 昔晏平仲辭鄐殿以守其富, 公儀休不受
魚飧以定其位. 臣雖不才, 亦願固福祿於聖世!" 上乃以不疑為侍中·
奉車都尉.

三月, 乙亥, 京師地震.

燒當羌那離等復反. 夏, 四月, 癸卯, 護羌校尉馬賢討斬之, 獲首
虜千二百餘級.

戊午, 赦天下.

五月, 戊胡, 封故濟北惠王壽子安為濟北王.

秋, 八月, 太原旱.

한순제 영화 5년(AD 140)

1) 봄 2월 17일, 경사에 지진이 났다.

2) 남흉노의 구룡왕句龍王 오사吾斯와 차뉴車紐 등이 반기를 들어 서
하西河를 침구했다. 우현왕右賢王을 초유招誘하여 합병合兵하고 미직美稷
내몽골 준가르기을 포위한 뒤 삭방朔方과 대군代郡의 장리長吏를 살해했다.

여름 5월, 도료장군 마속馬續과 중랑장 양병梁幷 등이 변병邊兵을 비
롯해 강족과 호족을 합쳐 2만여 명을 동원한 뒤 이들을 엄격掩擊해 격파
했다. 오사 등이 다시 떼를 지어 주둔지에 모이는 둔취屯聚를 한 뒤 성읍
을 공몰攻沒했다. 천자가 사자를 보내 선우를 책양責讓했다. 선우는 본래
모의에 참여하지 않은 까닭에 이내 관모를 벗고 장막에서 자리를 옮기는
탈모피장脫帽避帳을 한 뒤 양병을 찾아가 사죄했다.

양병이 병이 나자 오원五原 태수 진구陳龜를 대신 중랑장으로 삼았다.

진구는 선우가 아랫사람을 제어하지 못하자 선우와 그의 동생 좌현왕을 압박해 모두 자살하도록 했다. 또 선우의 친척들을 내군內郡으로 이주시키고자 했으나 항복한 자들이 마침내 다시 호의狐疑를 품었다. 진구가 이 일에 연루돼 하옥된 뒤 면직됐다.

대장군 양상이 상표上表했다.

"흉노는 침구하여 배반하는 침반寇畔으로 인해 자신들의 죄가 극에 달했다는 것을 스스로 알고 있습니다. 궁지에 몰린 새와 곤경에 처한 야수인 궁조곤수窮鳥困獸 모두 죽음에서 벗어날 길을 아는데 하물며 번성한 종족의 경우는 일거에 진멸할 수는 없는 일입니다. 지금 곡식을 운반해야 하는 양이 날로 늘어나고, 삼군三軍은 피고疲苦에 처해 있습니다. 내지를 텅 비워 외지에 군량을 공급하는 허내급외虛內給外의 계책은 중국에 이롭지 않습니다. 도료장군度遼將軍 마속馬續은 평소 모모謀謨가 있고, 게다가 변경에서 일을 처리한 날이 오래되어 병요兵要를 깊이 알고 있습니다. 매번 마속의 서신을 받을 때마다 신의 책략과 부합한 이유입니다. 의당 마속에게 명해 성곽에 도랑을 깊게 하고 보루를 높이는 심구고벽深溝高壁을 한 뒤 은신恩信으로 적을 초항招降하게 하십시오. 이어 현상금을 내거는 구상購賞을 선포하고, 명확히 기약하도록 하십시오. 이같이 하면 저들 더러운 무리인 추류醜類 흉노들을 가히 복종시키고, 나라 또한 무사해질 것입니다."

황제가 이를 좇아 마속에게 조서를 내려 배신한 흉노를 초항하게 했다. 양상이 또 마속 등에게 서신을 보냈다.

"중국은 안녕安寧으로 인해 전쟁을 잊은 망전忘戰의 시일이 매우 오래됐소. 좋은 말을 타고 기습을 하는 양기야합良騎野合과 칼날을 부딪치며 화살을 맞는 교봉접시交鋒接矢를 통해 당장 승리를 결정짓는 것은 융적戎狄이 잘하고, 중국은 잘 못하오. 그러나 강한 쇠뇌를 들고 성에 올라가 영루를 굳게 지키며 적들이 쇠약해지기를 기다리는 것은 중국이 잘 하고, 융적은 잘 못하오. 의당 우리가 잘하는 것을 힘써 하면서 시변時變을 살피고, 현상을 내걸거나 상을 주는 방안을 만든 뒤 돌이켜 후회하는 일이 없도록 널리 알리고, 작은 공을 탐하다가 대모大謀를 어지럽히는 일이 없도록 하시오."

이에 우현왕부右賢王部의 억제抑鞮 등 13,000명이 모두 마속에게 와서 항복했다.

3) 5월 30일, 일식이 있었다.

4) 당초 소당燒當의 강족인 나리那離 등이 이미 평정되자 조정에서 내기來機를 병주幷州 자사, 유병劉秉을 양주涼州 자사로 삼았다. 내기 등은 천성이 학각虐刻해 여러 번 소요를 유발했다. 저동且凍과 부난傅難 부락의 강족이 마침내 반기를 들어 금성을 공격했다. 잡종의 강족과 호족과 더불어 삼보三輔 일대를 대대적으로 노략하고 장리를 살해했다. 내기와 유병 모두 이 일에 연루돼 소환됐다.

이에 마속을 정서대장군征西將軍, 기도위騎都尉 경숙耿叔을 부장으로 삼은 뒤 좌우 우림羽林의 오교사五校士와 여러 주군州郡의 병사 등 총 10만 명을 이끌고 한양漢陽감숙성 감곡현에 주둔하게 했다.

5) 9월, 부풍과 한양에 명을 내려 농서로 이어지는 경계도로인 농도隴道 300곳에 작은 성채인 오塢를 쌓게 하고, 둔병을 두었다

6) 9월 14일, 태위 왕공王龔이 노병老病을 이유로 파직됐다.

7) 저동且凍의 강족이 무도武都를 침구해 농산隴山의 관문인 농관隴關을 불태웠다.

8) 9월 25일, 태상 환언桓焉를 태위로 삼았다.

9) 흉노의 구룡왕句龍王 오사吾斯 등이 차뉴車紐를 옹립해 선우로 삼았다. 동쪽으로 오환烏桓을 끌어들이고, 서쪽으로 강족과 호족 등 수만

명을 받아들여 경조京兆의 호아영虎牙營을 공파攻破하고, 상군上郡의 도위와 군사마를 살해했다. 마침내 병주幷州와 양주涼州, 유주幽州, 기주冀州 등 4개 주를 구략寇掠했다. 이에 서하西河의 치소를 이석離石산서성 이석현, 상군의 치소를 하양夏陽섬서성 한성현, 삭방朔方의 치소를 오원五原내몽골 포두시 서쪽으로 옮겼다.

12월, 사자로 흉노중랑장匈奴中郎將 장탐張耽을 파견해 유주와 오환 일대의 여러 군에 있는 군사를 이끌고 차뉴車紐 등을 격파하게 했다. 마읍馬邑산서성 삭주시에서 전투가 벌어졌다. 참수한 숫자가 3,000급에 달했다. 생포한 자도 매우 많았다. 차뉴가 걸항乞降했으나 오사는 오히려 부곡部曲과 오환의 군사를 이끌고 침공해 노략하는 구초寇鈔를 행했다.

10) 당초 황상이 마현에게 명해 서강西羌을 토벌하게 했다. 대장군 양상은 마현이 늙어 태중대부太中大夫 송한宋漢만 못하다고 했으나 황제가 따르지 않았다. 송한은 한장제와 한화제 때 삼공을 지낸 송유宋由의 아들이다. 마현이 군영에 도착해 계류稽留한 채 전진하지 않았다. 무도武都 대수 마융馬融이 상소했다.

"지금 잡종雜種의 여러 강족이 서로 돌아가며 노략을 하고 있기에 의당 저들이 합세하기 전에 속히 병사를 깊숙이 들여보내 그 지당支黨을 깨뜨려야 합니다. 그러나 마현은 곳곳에서 유체留滯하고 있을 뿐입니다. 강족과 호족이 휘저으며 날리는 먼지를 100리 밖에서도 볼 수 있고, 1,000리 밖에서도 그 소리를 들을 수 있을 정도입니다. 지금 달아나 숨고 회피하는 도닉회피逃匿避回의 모습을 보이다가 저들이 후방으로 스며들어오면 반드시 삼보三輔를 침구해 백성에게 대해大害가 될 것입니다. 원컨대 마현이 쓸 수 없는 관동 일대의 병사 5,000명을 잘라서 임시로 부대의 명칭을 저에게 빌려주시길 바랍니다. 그러면 힘을 다해 군사를 다그쳐 이끌면서 뿌리를 파묻는 매근埋根의 자세로 물러서지 않고, 행군을 하는 군대의 선두인 행수行首에서 이사吏士보다 앞장서도록 하겠습니다. 30일 내에 반드시 저들을 이겨서 깨뜨리는 극파克破를 하겠습니다. 신은 또 듣건대 예전에『오자병법』을 쓴 오기吳起는 장수가 되어 더워도 덮개를 치지 않고, 추워도 가죽 옷을 입지 않았다고 합니다. 지금 마현은 들판에 막사를 친 뒤 진귀한 술안주인 진효珍餚를 두루 바치게 하고, 어린 시첩들로 하여금 시중을 들게 하고 있습니다. 이는 오기의 행보와 상반됩니다. 신이 걱정하는 것은 마현 등이 오로지 성 하나만을 수비하면서 서쪽을 친다고 떠벌여 강족이 동쪽으로 빠져나가게 만들고, 또 장령과 병사들이 장차 명령을 감당할 수 없게 만드는 상황입니다. 그 경우 반드시 춘추시대 정나라 장수 고극高克[190]이 융적을 치러 갔다가 머뭇거리며 전진하지 않는 바람에 궤멸하여 귀환한 변란이 뒤따를 것입니다."

안정安定 출신 황보규皇甫規 역시 마현이 군사에 관한 일을 돌보지 않는 것을 보고는 반드시 패할 것으로 생각해 상서하여 상황을 설명했으나 조정은 이를 전혀 따르지 않았다.

＊ 孝順皇帝永和五年

春, 二月, 戊申, 京師地震.

南匈奴句龍王吾斯·車紐等反, 寇西河. 招誘右賢王合兵圍美稷, 殺朔方·代郡長史. 夏, 五月, 度遼將軍馬續與中郎將梁幷等發邊兵及

190　『춘추좌전』「노민공 2년」조에 고극의 일화가 나온다. 이에 따르면 기원전 660년 정문공鄭文公이 대부 고극高克을 미워한 나머지 그에게 명해 군사를 이끌고 가 황하 연안에 주둔하며 적인狄人의 침공을 막게 했다. 정문공이 오랜 시간이 지나도록 불러들이지 않았다. 군사들이 모두 사방으로 흩어지게 되자 고극은 진陳나라로 달아났다. 「노민공 2년」조의 기록은 고극이 머뭇거리며 전진하지 않다가 궤주潰走한 것으로 나오는『자치통감』의 기록과는 뉘앙스가 사뭇 다르다.

羌·胡合二萬餘人掩擊, 破之. 吾斯等復更屯聚, 攻沒城邑. 天子遣使責讓單于. 單于本不預謀, 乃脫帽避帳, 詣幷謝罪. 幷以病徵, 五原太守陳龜代為中郎將. 龜以單于不能制下, 逼迫單于及其弟左賢王皆令自殺. 龜又欲徙單于近親於內郡, 而降者遂更狐疑. 龜坐下獄, 免.

大將軍商上表曰, "匈奴寇畔, 自知罪極. 窮鳥困獸, 皆知救死, 況種類繁熾, 不可單盡. 今轉運日增, 三軍疲苦, 虛內給外, 非中國之利. 度遼將軍馬續, 素有謀謨, 且典邊日久, 深曉兵要. 每得續書, 與臣策合. 宜令續深溝高壁, 以恩信招降, 宣示購賞, 明為期約. 如此, 則醜類可服, 國家無事矣." 帝從之, 乃詔續招降畔虜. 商又移書續等曰, "中國安寧, 忘戰日久. 良騎野合, 交鋒接矢, 決勝當時, 戎狄之所長而中國之所短也. 強弩乘城, 堅營固守, 以待其衰, 中國之所長而戎狄之所短也. 宜務先所長以觀其變, 設購開賞, 宣示反悔, 勿貪小功以亂大謀." 於是右賢王部抑鞬等萬三千口皆詣續降.

己丑晦, 日有食之.

初, 那離等既平, 朝廷以來機為幷州刺史, 劉秉為涼州刺史. 機等天性虐刻, 多所擾發. 且凍·傅難種羌遂反, 攻金城, 與雜種羌·胡大寇三輔, 殺害長吏. 機·秉幷坐徵. 於是拜馬賢為征西將軍, 以騎都尉耿叔為副, 將左右羽林五校士及諸州郡兵十萬人屯漢陽.

九月, 令扶風·漢陽築隴道塢三百所, 置屯兵.

辛未, 太尉王龔以老病罷.

且凍羌寇武都, 燒隴關.

壬午, 以太常桓焉為太尉.

匈奴句龍王吾斯等立車紐為單于, 東引烏桓, 西收羌·胡等數萬人攻破京兆虎牙營, 殺上郡都尉及軍司馬, 遂寇掠幷·涼·幽·冀四州. 乃

徙西河治離石, 上郡治夏陽, 朔方治五原. 十二月, 遣使匈奴中郎將
張耽將幽州·烏桓諸郡營兵擊車紐等, 戰於馬邑, 斬首三千級, 獲生
口甚眾. 車紐乞降, 而吾斯猶率其部曲與烏桓寇鈔.

　初, 上命馬賢討西羌, 大將軍商以為賢老, 不如太中大夫宋漢. 帝
不從. 漢, 由之子也. 賢到軍, 稽留不進. 武都太守馬融上疏曰, "今
雜種諸羌轉相鈔盜, 宜及其未幷, 亟遣深入, 破其支黨. 而馬賢等處
處留滯. 羌·胡百里望塵, 千里聽聲, 今逃匿避回, 漏出其後, 則必侵
寇三輔, 為民大害. 臣願請賢所不可, 用關東兵五千, 裁假部隊之號,
盡力率厲, 埋根·行首以先吏士. 三旬之中, 必克破之. 臣又聞吳起為
將, 暑不張蓋, 寒不披裘. 今賢野次垂幕, 珍饈雜遝, 兒子侍妾, 事
與古反. 臣懼賢等專守一城, 言攻於西而羌出於東, 且其將士將不堪
命, 必有高克潰叛之變也." 安定人皇甫規亦見賢不恤軍事, 審其必
敗, 上書言狀. 朝廷皆不從.

한순제 영화 6년(AD 141)

1) 봄 정월 21일, 정서장군征西將軍 마현馬賢과 저동且凍의 강족이 야
고산射姑山감숙성 경양현 북쪽에서 싸웠다. 마현의 군사가 패했다. 마현과 두
아들이 모두 전사했고, 동부와 서부의 강족이 마침내 대합大合을 이뤘다.

　윤정월, 공당鞏唐에 사는 강족이 농서를 침구했다. 마침내 삼보까지 이
르러 원릉을 불태우고 이민吏民을 살략殺掠했다.

2) 2월 3일, 패성이 천자의 별자리인 영실營室에 출현했다.

3) 3월 9일[191], 대장군 양상이 빈객을 많이 모아 낙수雒水에서 대연회

191　원문은 첫 사일巳日을 뜻하는 상사上巳이다. 개천의 상류에서 몸을 닦아 깨끗이
함으로써 상서롭지 못한 기운을 떨쳐버리는 풍습이 행해진 날이다. 후대에는 3월 3일인 삼

를 열었다. 주흥이 한창 무르익은 주란酒闌[192]의 상황에서 계속하여 죽은 사람을 슬퍼하는 만가挽歌인『해로지가韮露之歌』를 불렀다. 종사중랑從事中郎 주거周擧가 이 소식을 듣고 탄식했다.

"이는 이른바 슬픔과 즐거움인 애락哀樂에서 적절한 시기를 잃는 실시失時한 것이고, 장소도 적당치 않다. 장차 재앙이 다가올 것이다!"

4) 무도武都 태수 조충趙衝이 공당鞏唐 강족을 추격했다. 참수한 자가 400여 급이고, 투항한 자는 2,000여 명이었다. 조충에게 조서를 내려 하서4군河西四郡의 군사를 감독해 통제를 가하는 절도節度를 행하게 했다.

안정安定의 상계上計 업무 보좌 군리郡吏인 상계연上計掾 황보규皇甫規가 상소했다.

"신이 최근 몇 년 이래로 편리하고 마땅히 해야 할 편의便宜 계책을 몇 차례 진술해 올렸습니다. 강족이 아직 움직이지는 않았으나 그들의 반란에 대비한 계책이었습니다. 마현馬賢이 처음 출병할 때 반드시 패하리라는 것을 알았습니다. 불행히도 저의 말이 적중하게 된 사정은 가히 조사해 입증할 수 있습니다. 신은 매번 생각건대, 마현 등이 군사를 지휘한 지 4년이 되지만 아직 공을 세운 바가 없고, 또한 원정을 떠나는 군사인 현사縣師[193]에게 소모되는 비용이 100억 전에 이릅니다. 이 돈은 평민으로부터 나와 간리奸吏에게 들어갑니다. 강호江湖에 사는 사람들이 무리를 지어 도적이 되고, 청주青州와 서주徐州가 기근인 황기荒饑로 인해 어린

<hr />

짙날을 상사일로 정했다.

192   주란酒闌 표현은『사기』「고조본기」에 나온다. 배인裴駰은『사기집해史記集解』에서 문영文穎을 인용해 풀이하기를, "란闌은 드물 희希의 뜻이다. 음주자의 절반은 가고 절반은 남은 상황을 가리킨다."고 했다.

193   현사縣師는 원정군을 지칭한다. 현군縣軍과 같은 말이다. 원정을 떠날 경우 보급로가 길고 멀어 마치 실이 끊어질 듯이 가늘게 매달린 모습을 보이는 까닭에 매달 현懸과 통하는 현縣 자로 표현한 것이다.

아이를 포대기에 안고 노인을 업은 채 이리저리 흩어지는 강부류산襁負流散 상황이 빚어진 이유입니다. 무릇 강족의 궤반潰叛은 평화를 이어받은 승평承平에서 나온 게 아니고, 모두 변장邊將이 다스리고 통제하는 수어綏御의 실패에서 비롯된 것입니다. 평시의 안정된 상황에서 침폭侵暴을 가하고, 구차하게 소리小利를 다투다가 대해大害를 입고, 작은 승리인 미승微勝을 거두면 수급首級을 과장하고, 군대가 패하면 은닉하여 보고하지 않는 식입니다. 병사들이 노원勞怨한 상황에서 활리猾吏로 인해 괴로움을 당하는 까닭에 전진해도 쾌전快戰을 통해 공을 세우는 일이 없고, 후퇴해도 따뜻이 입고 배불리 먹는 온포溫飽를 통해 목숨을 온전히 하지 못합니다. 아사餓死하여 구거溝渠에 떨어지고, 중원中原에 해골이 굴러다니는 폭골暴骨 현상이 빚어지는 이유입니다. 제왕의 군사인 왕사王師가 출정하는 모습을 보았으나 군대를 정돈해 개선을 하는 진려振旅의 목소리를 듣지 못한 것도 이 때문입니다. 추장과 호족인 추호酋豪는 읍혈泣血을 하며 변고가 일어날까 경구驚懼하는 까닭에 안정이 오래갈 수 없고, 반란이 몇 해나 계속되고 있습니다. 신은 손으로 내치며 가슴을 두드리는 박수구심搏手扣心의 모습으로 탄식만 할 뿐입니다! 원컨대 신에게 마현과 조충 등 2개의 군영과 안정과 농서 등 2개 군부郡에 주둔하며 좌식坐食을 하고 있는 병사 5,000명을 빌려주시기 바랍니다. 그러면 출기불의出其不意로 진격해 조충과 더불어 서로 수미首尾를 이루겠습니다. 토지와 산곡山谷은 신이 익히 잘 알고 있습니다. 병세兵勢의 교묘하고 유리한 교편巧便의 전술은 신이 이미 경험한 바 있습니다. 번거롭게 방촌方寸의 인장과 1척 크기의 포백布帛을 하사할 것도 없습니다. 잘 되면 우환을 깨끗이 씻어 내는 척환滌患을 이루고, 안 돼도 가히 적의 항복을 받아낼 수 있습니다. 만일 신이 연소年少하고 관직이 가벼워 임용하기키 어렵다고 말할지 모르겠습니다. 그러나 모든 패장敗將은 관작이 높지 않거나 나이가 많지 않은 것도 아니었습니다. 신은 지성至誠을 이길 도리가 없어 죽음을 무릅쓰고 자진自陳하는 것입니다!"

황제가 등용할 수 없었다.

5) 3월 16일, 사공 곽건郭虔이 면직됐다.

3월 22일, 태복太僕 조계趙戒를 사공으로 삼았다.

6) 여름, 흉노중랑장 장탐張耽과 도료장군 마속馬續이 선비족을 이끌고 곡성谷城으로 가서 오환족을 통천산通天山산서성 석루현에서 공격해 대파했다.

7) 공당鞏唐의 강족이 북지北地영하성 금적진를 침구했다. 북지 태수 가복賈福과 조충趙衝이 이들을 공격했으나 실리失利했다.

8) 가을 8월, 승씨충후乘氏忠侯 양상梁商이 병이 위독해지자 아들 양기梁冀 등을 타이르며 말했다.

"나는 살아서 조정에 보익輔益을 하지 못했다. 죽어서 어찌 나라의 재화인 탕장帑藏을 소비할 수 있겠는가! 의금衣衾과 시신의 입에 넣은 쌀 등의 밤함飯含, 옥으로 된 함인 옥갑玉匣, 주패珠貝 등의 부장품이 후골朽骨에 무슨 도움이 되겠는가! 백료百僚가 수고하고 소란스러운 노요勞擾를 하고, 길을 화려하게 장식하는 분화도로紛華道路는 단지 진구塵垢를 더할 뿐이다. 의당 모두 사양한다."

8월 4일, 양상이 훙거했다. 황제가 친히 임상臨喪했다. 여러 아들이 그의 가르침을 따르고자 했으나 조정에서 듣지 않고, 황제의 붕어 때 사용하는 관목棺木인 동원東園의 비기秘器와 백은으로 만들어 관을 치장하는 꽃문양인 은루銀鏤, 외관外棺에 사용되는 속이 황색인 측백나무인 황장黃腸, 옥갑玉匣 등을 내렸다. 장례 때는 병거兵車인 경거輕車와 무장 병사인 개사介士를 하사하고, 중궁中宮이 친히 영구를 전송했다. 황제가 선양정宣陽亭까지 가서 운구하며 호위하는 거기車騎를 멀리서 바라보는 첨

망첨望을 했다.

8월 10일, 하남윤河南尹으로 있는 승지후乘氏侯 양기를 대장군, 양기의 동생인 시중侍中 양불의梁不疑를 하남윤으로 삼았다.

신 사마광은 평한다.

"한성제는 현준賢俊을 선임하지 못하고 외가인 구가舅家에 정사를 위임했다. 가히 암우暗愚했다고 말할 수 있으나 오히려 왕립王立이 인물이 아님을 알고 버린 채 등용하지 않았다. 한순제는 대병大柄을 후족后族에게 내주었다. 양기가 우매하고 간사하며 흉악하고 잔학한 완은흉포頑闇凶暴의 인물인 것이 평소에도 잘 드러났는데도 그에게 부친의 지위를 이어받게 했다. 끝내 패역悖逆을 저질러 한실漢室을 뒤집는 탕복蕩覆을 하고 말았다. 한성제와 비교해 암우한 점에서 누가 더 심한가!"

9) 당초 양상의 병이 위독할 때 황제가 친히 행사해 유언할 말을 묻자 이같이 대답했다.

"신의 종사중랑從事中郎 주거周擧는 청고淸高하고 충정忠正한 인물이니 가히 중임할 만합니다."

이에 주거를 간의대부諫議大夫에 제수했다.

10) 9월, 여러 강족이 무위武威감숙성 무위현를 침구했다.

11) 9월 30일, 일식이 있었다.

12) 겨울 10월 2일, 강족이 도처에서 횡행하는 충척充斥의 모습을 보이자 양부涼部감숙성 일대가 진공震恐했다. 치소를 안정安定에서 다시 부풍扶風으로 옮기고, 북지北地의 치소 역시 풍익馮翊에 두었다

11월 20일, 집금오 장교張喬를 행거기장군사行車騎將軍事에 임명한 뒤 병사 15,000명을 이끌고 삼보에 주둔하게 했다.

13) 형주荊州에 도적이 일어나 여러 해 동안 불안정했다. 대장군부大將軍府의 종사중랑從事中郎 이고李固를 형주 자사로 삼았다. 이고가 도착한

뒤 관원을 파견해 경내 사람들을 위로하고, 노략을 한 도적들에게는 이전의 죄를 사면하며 바꿔서 새롭게 시작하는 경시更始를 하도록 했다. 도적의 우두머리인 적수賊帥 하밀夏密 등이 우두머리 무리인 괴당魁黨 600여 명을 이끌며 스스로를 묶은 뒤 귀부하는 자박귀수自縛歸首를 했다. 이고가 이들을 모두 용서한 뒤 고향으로 돌려보냈다. 스스로 서로를 초집招集하도록 한 뒤 조정의 권위와 법령을 펼쳐보이자 반년 사이 나머지 무리들이 모두 자수했다. 덕분에 주내州內가 청평清平해졌다.

이고가 상주하여 남양南陽 태수 고사高賜 등이 뇌물을 받는 장예臧穢를 범한 것을 탄핵하자 고사 등이 대장군 양기에게 많은 뇌물을 바쳤다. 양기가 곧 하루에 1,000리에 이르는 공문서인 격문을 보냈다. 그러나 이고가 자신의 입장을 견지하며 더욱 급하게 일을 처리하자 양기가 마침내 이고를 태산泰山 태수로 옮겼다.

당시 태산에는 도적의 둔취屯聚가 여러 해에 걸쳐 지속되고 있었다. 군병郡兵이 늘 1,000여 명 단위로 이들을 추토追討했으나 제압할 길이 없었다. 이고가 도착하자 이를 모두 없앤 뒤 귀농歸農하게 했다. 단지 전투를 담당할 사람 100여 명만 뽑아 남긴 뒤 은신恩信으로 도적을 초유招誘했다. 1년이 채 되지 않아 도적들이 모두 하던 짓을 그친 뒤 흩어지는 미산弭散을 했다.

* 孝順皇帝永和六年

春, 正月, 丙子, 征西將軍馬賢與且凍羌戰於射姑山, 賢軍敗. 賢及二子皆沒, 東·西羌遂大合. 閏月, 鞏唐羌寇隴西, 遂及三輔, 燒園陵, 殺掠吏民.

二月, 丁巳, 有星孛於營室.

三月, 上巳, 大將軍商大會賓客, 宴於雒水. 酒闌, 繼以『韭露之歌』. 從事中郎周舉聞之, 歎曰, "此所謂哀樂失時, 非其所也, 殃將及乎!"

武都太守趙衝追擊鞏唐羌, 斬首四百餘級, 降二千餘人. 詔衝督河西四郡兵為節度.

安定上計掾皇甫規上疏曰, "臣比年以來, 數陳便宜. 羌戎未動, 策其將反. 馬賢始出, 知其必敗. 誤中之言, 在可考校. 臣每惟賢等擁眾四年, 未有成功, 縣師之費, 且百億計, 出於平民, 回入奸吏. 故江湖之人, 群為盜賊, 青·徐荒饑, 襁負流散. 夫羌戎潰叛, 不由承平, 皆因邊將失於綏御, 乘常守安則加侵暴, 苟競小利則致大害, 微勝則虛張首級, 軍敗則隱匿不言. 軍士勞怨, 困於猾吏, 進不得快戰以徼功, 退不得溫飽以全命, 餓死溝渠, 暴骨中原. 徒見王師之出, 不聞振旅之聲. 酋豪泣血, 驚懼生變, 是以安不能久, 叛則經年, 臣所以搏手扣心而增歎者也! 願假臣兩營·二郡屯列坐食之兵五千, 出其不意, 與趙衝共相首尾. 土地山谷, 臣所曉習. 兵勢巧便, 臣已更之. 可不煩方寸之印, 尺帛之賜, 高可以滌患, 下可以納降. 若謂臣年少·官輕, 不足用者, 凡諸敗將, 非官爵之不高, 年齒之不邁. 臣不勝至誠, 沒死自陳!" 帝不能用.

庚子, 司空郭虔免. 丙午, 以太僕趙戒為司空.

夏, 使匈奴中郎將張耽·度遼將軍馬續率鮮卑到谷城, 擊烏桓於通天山, 大破之.

鞏唐羌寇北地. 北地太守賈福與趙衝擊之, 不利.

秋, 八月, 乘氏忠侯梁商病篤, 敕子冀等曰, "吾生無以輔益朝廷, 死何可耗費帑藏! 衣衾·飯含·玉匣·珠貝之屬, 何益朽骨! 百僚勞擾, 紛華道路, 只增塵垢耳. 宜皆辭之." 丙辰, 薨. 帝親臨喪. 諸子欲從其誨, 朝廷不聽, 賜以東園秘器·銀鏤·黃腸·玉匣. 及葬, 賜輕車·介士, 中宮親送. 帝至宣陽亭, 瞻望車騎. 壬戌, 以河南尹·乘氏侯梁冀爲大將軍, 冀弟侍中不疑爲河南伊.

臣光曰, "成帝不能選任賢俊, 委政舅家, 可謂暗矣. 猶知王立之不材, 棄而不用. 順帝援大柄, 授之后族, 梁冀頑嚚凶暴, 著於平昔, 而使之繼父之位, 終於悖逆, 蕩覆漢室. 校於成帝, 暗又甚焉!"

初, 梁商病篤, 帝親臨幸, 問以遺言. 對曰, "臣從事中郎周擧, 淸高忠正, 可重任也." 由是拜擧諫議大夫.

九月, 諸羌寇武威.

辛亥晦, 日有食之.

冬, 十月, 癸丑, 以羌寇充斥, 涼部震恐, 復徙安定居扶風, 北地居馮翊. 十一月, 庚子, 以執金吾張喬行車騎將軍事, 將兵萬五千人屯三輔.

荊州盜賊起, 彌年不定. 以大將軍從事中郎李固爲荊州刺史. 固到, 遣吏勞問境內, 赦寇盜前釁, 與之更始. 於是賊帥夏密等率其魁黨六百餘人自縛歸首, 固皆原之, 遣還, 使自相招集, 開示威法. 半歲間, 餘類悉降, 州內淸平. 奏南陽太守高賜等臧穢. 賜等重賂大將軍梁冀, 冀爲之千里移檄, 而固持之愈急, 冀遂徙固爲泰山太守. 時泰山盜賊屯聚歷年, 郡兵常千人追討, 不能制. 固到, 悉罷遣歸農, 但選留任戰者百餘人, 以恩信招誘之. 未滿歲, 賊皆弭散.

한순제 한안漢安 원년(AD 142)

1) 봄 정월 14일, 천하에 사면령을 내리고 영화永和에서 한안漢安으로 개원했다.

2) 가을 8월, 남흉노의 구룡왕句龍王 오사吾斯와 욱건薁鞬, 대기臺耆 등이 다시 반란을 일으켜 병부幷部를 구략寇掠했다.

3) 8월 21일, 시중侍中인 하내河內 출신 두교杜喬와 주거周擧, 수광록대부守光祿大夫 주후周栩와 풍선馮羨 및 위군魏郡 출신 난파欒巴와 장강張綱과 곽준郭遵과 유반劉班 등을 파견해 각각 주군州郡으로 가게 했다. 현량賢良을 표창하고, 충근忠勤한 관원을 드러내 칭송하게 했다. 또 탐오하여 죄를 지은 자 가운데 자사와 2천석의 관원은 역마驛馬를 이용해 위에 보고하도록 했다. 검은 인수印綬인 묵수墨綬를 차는 현령 이하의 관원은 바로 잡아들이도록 했다. 두교 등이 명을 받아 각 부部로 갔으나 장강張綱만은 홀로 거륜車輪을 낙양의 도정都亭에 파묻고 이같이 말했다.

"승냥이와 이리인 시랑豺狼이 길에 널려 있는데 하필 여우와 너구리인 호리狐狸만 문책할 필요가 있단 말인가!"

마침내 탄핵의 상주문을 올렸다.

"대장군 양기와 하남윤 양불의는 황실의 외척으로서 성상의 은총을 입어 은나라 탕왕을 도운 이윤伊尹의 직책이었던 아형阿衡의 임무를 맡고 있습니다. 그러면서 오로지 탐욕스럽게 나대는 전사탐도專肆貪叨의 자세로 끝없이 멋대로 방자한 종자무극縱恣無極의 모습을 보이고 있습니다. 아첨하는 자들을 대거 심어 놓아 충량한 자를 해치고 있으니, 실로 천위天威로도 사면할 수 없고 의당 대벽大辟의 형을 가해야 합니다. 삼가 군주를 인정하지 않는 그의 15가지 무군지심無君之心 행적을 조목별로 올립니다. 이 모두 신하들이 이빨을 갈며 원통히 여기는 절치切齒의 대상입니다."

상서문이 올라가자 경사京師가 진송震竦했다. 당시 황후에 대한 총애가 왕성했고, 여러 양씨의 인족姻族들이 조정에 가득 찬 만조滿朝의 모습을 보였다. 황제는 비록 장강의 말이 바르다는 것을 알았으나 이를 수용할 수 없었다. 두교杜喬가 연주兗州에 이르러 태산 태수 이고의 치적이 천하제일天下第一이라는 내용의 상주문을 올렸다. 황상이 이고를 징소해 장작대장將作大匠으로 삼았다.

당시 조정에서 파견한 8명의 사자가 탄핵해 상주한 대상은 대부분 양기 및 환관의 친당親黨이었다. 서로 청탁하며 구원에 나서자 이 사건은 모두 뒤로 미뤄 방치하거나 중간에서 막는 침알寢遏로 인해 흐지부지되고 말았다. 시어사侍御史인 하남河南 출신 충고种暠가 이를 싫어해 다시 탄핵안을 거론하고 나섰다. 정위廷尉 오웅吳雄과 장작대장 이고李固 역시 이같이 상언했다.

"8명의 사자가 규탄한 사건에 대해 의당 시급히 주벌誅罰을 가해야 합니다."

황제가 8명의 사자 주장奏章을 다시 아래로 내려보내 거론된 대상의 죄를 심사해 바로잡도록 했다. 양기는 장강張綱에게 원한을 품고 중상中傷하려 했다.

당시 광릉廣陵의 도적 장영張嬰이 양주揚州와 서주徐州 사이에서 침공하여 어지럽히는 구란寇亂을 행한 지 10여 년이나 됐다. 2천석의 관원인 태수가 제압하지 못하자 양기는 장강을 광릉 태수로 내보냈다. 이전의 태수들은 대부분 많은 사람을 이끌면서도 더 많은 병마兵馬를 요구했다. 그러나 장강은 홀로 단거單車를 타고 갔다.

도착한 뒤 지름길로 도적의 수령 장영이 있는 보루의 정문으로 갔다. 장영이 대경大驚해 황급히 달아난 뒤 보루의 문을 닫았다. 장강은 문에서 자신을 수행하던 이병吏兵을 다 보내고 단지 가깝게 지내는 10여 명만 남게 한 뒤 서신을 보내 장영을 타이르며 상견相見을 청했다. 장영은 장강이 성의를 다하고 있는 것을 보고는 진영 밖으로 나와 배알했다. 장강이 장영을 이끌어 상좌上坐에 앉힌 뒤 이같이 비유해 말했다.

"앞뒤로 있었던 2천석의 관원들이 대부분 방자하고 탐포貪暴한 잘못을 저질러 공 같은 사람들이 분을 품고 서로 모이게 된 것이오. 2천석 관원의 신의에 분명 죄가 있으나 이같이 하는 것 역시 의롭지 못하오. 지금 주상이 인성仁聖하여 문덕文德으로 반란을 일으킨 자를 복종시키고자 하오. 이런 이유로 나 같은 자를 태수로 보낸 것이오. 작록爵祿으로 서로 영예롭게 되기를 바라고, 형벌을 가하는 것은 바라지 않소. 지금 실로 전화위복轉禍爲福의 시기時機요. 만일 의롭다는 소문을 듣고도 불복하게 되면 천자는 혁연赫然히 진노할 것이오. 형주荊州와 양주揚州, 연주兗州, 예주豫州의 대병大兵을 구름처럼 모아 몸과 머리를 가로로 나누고, 희생犧牲을 사용해 제사를 지내는 혈사血嗣를 모두 끊고 말 것이오. 공은 이 2가지 이로움과 해로움에 대해 깊이 생각해주기 바라오!"

장영이 듣고 눈물을 흘리며 말했다.

"저는 천박한 사람의 후예로 어리석은 백성인 황예우민荒裔愚民입니다. 스스로 조정과 통하는 말을 할 수 없고, 억울하게 침해를 당하는 일을 견디지 못해 마침내 서로 뭉쳐 가까스로 살아남고자 했습니다. 물고기가 솥 안에서 헤엄을 치는 어유부중魚游釜中과 같았습니다. 그것이 오래가지 못하고, 숨을 쉬는 천식喘息도 극히 짧은 수유須臾의 시간일 뿐이라는 것을 알았습니다! 지금 명부明府의 말을 들으니 이내 저 장영 등에게는 다시 살아나는 시간인 갱생지진更生之辰입니다!"

이내 인사를 하고 진영으로 돌아갔다. 다음날 휘하 부하 1만여 명을 이끌고 처자와 더불어 두 손을 뒤로 묶고 얼굴이 앞을 향하는 면박面縛의 모습으로 귀항歸降했다. 장강이 단거單車로 장영의 보루 안으로 들어간 뒤 대회大會를 열어 치주置酒하며 즐겼다. 이어 부중部衆을 해산시켜 보내면서 뜻하는 바대로 가게 했다. 친히 거택居宅과 농사지을 논밭인 전주田疇를 알아봐 주었다. 자손 가운데 관원이 되고자 하는 자는 모두 이끌어 불러들였다.

사람들이 마음으로 열복悅服하자 남주南州가 안연晏然해졌다. 조정에서 논공論功하여 의당 책봉해야 한다고 말했으나 양기가 이를 막았다. 결국 장강은 광릉군에서 1년 뒤 졸卒했다. 장영 등 500여 명이 그를 위해 상복을 입고 장사를 치렀다. 건위犍為에 이르기까지 영구를 호송하고, 흙을 저다가 봉분을 만들었다. 조서를 내려 그의 아들 장속張續을 낭중郎中으로 삼고, 100만 전錢을 하사했다.

이때 2천석의 장리長吏 가운데 정사를 잘 펼친 자로는 낙양 현령인 발해 출신 임준任峻과 기주冀州 자사인 경조京兆 출신 소장蘇章, 교동국膠東國의 재상인 진류陳留 출신 오우吳祐 등이 있었다.

원래 낙양 현령은 왕환王渙 이후 모두 자신의 직책을 제대로 수행하지 못했다. 임준은 문무의 관리를 잘 선임해 각각 그 재능을 다하도록 했다. 간사한 자를 적발해 유사한 일이 재발하는 선종旋踵이 뒤따르지 못하게 했다. 백성들이 관원을 두려워하지 않게 된 이유다. 그가 보여준 위엄과 금령은 왕환보다 엄격했고, 법조문의 이치인 문리文理와 정교에서는 그만 못했다.

소장은 기주 자사로 취임했을 때 옛 친구가 청하淸河 태수로 있었다. 그는 청하군으로 가서 재물 횡령의 간장奸贓을 심사하려 했다. 이내 태수를 초청해 주효酒餚를 마련한 뒤 평생 지내온 우의를 얘기하며 매우 즐거워했다. 태수는 소장이 자신의 비리를 반드시 덮어줄 것으로 생각해 크게 기뻐하며 이같이 말했다.

"남들은 모두 덕을 볼 수 있는 하늘을 하나뿐인 일천一天만 받들고 있으나, 나만 유독 2개의 하늘인 이천二天을 받들고 있다!"

자가 유문孺文인 소장이 말했다.

"오늘 저녁 나 소유문蘇孺文이 오랜 친구와 술을 마시는 것은 사적인 온정인 사은私恩이고, 내일 기주 자사로서 심문을 하는 것은 공법公法이다."

마침내 그 죄를 올바로 들춰내자 주 전체가 숙연해졌다. 이후 권세 있는 호족을 꺾이고 부러지는 권호최절權豪摧折로 황제의 뜻을 거스른 탓에 이내 처벌을 받아 면직됐다. 당시 천하가 날로 피폐해져 백성들은 많은 수고愁苦를 당했다. 논의하는 자들은 밤낮으로 소장을 칭송했으나 조정에서는 끝내 그를 다시 임용할 수 없었다.

오우는 교동의 재상이 되어 정무를 처리할 때 인의仁義와 간약簡約을 숭상했다. 백성들이 차마 속이지 못한 이유다. 부세 등을 담당한 색부嗇夫 손성孫性은 사사롭게 백성의 돈을 거둬들이고, 옷을 사서 부친에게 보냈다. 부친이 받아보고는 화를 냈다.

"오우처럼 뛰어난 태수가 있는데, 어찌하여 차마 속일 마음을 품은 것이냐!"

속히 돌아가 복죄伏罪할 것을 재촉했다. 손성이 참구慚懼하며 관아로 나아간 뒤 옷을 들고 자수했다. 오우가 좌우를 물리친 뒤 그 연고를 물었다. 손성이 부친이 한 말을 모두 얘기하자 오우가 말했다.

"연리掾吏가 부친을 봉양하기 위해 오명을 받아들였으니 공자가 『논어』에서 말한 이른바 '그 허물을 보면 곧 그가 어진 사람인지 여부를 알 수 있다'[194]는 구절의 취지와 같다."

돌아가서 그 부친에게 사과하도록 하고, 다시 옷을 그에게 넘겨주었다.

4) 겨울 10월 26일, 태위 환언桓焉과 사도 유수劉壽가 면직됐다.

5) 한강罕羌 읍락邑落의 5,000여 호戶가 조충趙衝에게 와서 항복했다. 오로지 소하燒何에 사는 종족만이 참련參綝감숙성 경양현 서북쪽을 점거한 채

---

194 원문은 관과사지인의觀過斯知仁矣이다. 『논어』 「이인」에서 사람의 허물은 각기 그 부류대로 하는 것이니, 그 허물을 보면 곧 그가 어진 사람인지 여부를 알 수 있다는 취지로 언급한 '인지과야人之過也, 각어기당各於其黨. 관과觀過, 사지인의斯知仁矣' 구절에서 인용한 것이다.

귀부하지 않았다.

10월 29일, 장교張喬가 관장하는 군둔軍屯을 정지시켰다.

6) 11월 7일, 사례교위인 하비下邳 출신 조준趙峻을 태위, 대사농 호광
胡廣을 사도로 삼았다.

* 孝順皇帝漢安元年

春, 正月, 癸巳, 赦天下, 改元.

秋, 八月, 南匈奴句龍吾斯與兠輳·臺耆等復反, 寇掠幷部.

丁卯, 遣侍中河內杜喬·周擧·守光祿大夫周栩·馮羨·魏郡欒巴·張
綱·郭遵·劉班分行州郡, 表賢良, 顯忠勤. 其貪污有罪者, 刺史·二千
石驛馬上之, 墨綬以下便輒收擧. 喬等受命之部, 張綱獨埋其車輪
於雒陽都亭, 曰, "豺狼當路, 安問狐狸!" 遂劾奏曰, "大將軍冀·河南
尹不疑, 以外戚蒙恩, 居阿衡之任, 而專肆貪叨, 縱恣無極, 多樹諂
諛以害忠良, 誠天威所不赦, 大辟所宜加也. 謹條其無君之心十五
事, 斯皆臣子所切齒者也." 書御, 京師震竦. 時皇后寵方盛, 諸梁姻
族滿朝, 帝雖知綱言直, 不能用也. 杜喬至兗州, 表奏泰山太守李固
政為天下第一, 上徵固為將作大匠. 八使所劾奏, 多梁冀及宦者親
黨. 互為請救, 事皆寢遏. 侍御史河南种暠疾之, 復行案擧. 廷尉吳
雄·將作大匠李固亦上言曰, "八使所糾, 宜急誅罰." 帝乃更下八使奏
章, 令考正其罪. 梁冀恨張綱, 思有以中傷之. 時廣陵賊張嬰寇亂揚·
徐間積十餘年, 二千石不能制, 冀乃以綱為廣陵太守. 前太守率多求
兵馬, 綱獨請單車之職. 既到, 逕詣嬰壘門. 嬰大驚, 遽走閉壘. 綱於
門外罷遣吏兵, 獨留所親者十餘人, 以書喻嬰, 請與相見. 嬰見綱至
誠, 乃出拜謁. 綱延置上坐, 譬之曰, "前後二千石多肆貪暴, 故致公
等懷憤相聚. 二千石信有罪矣, 然為之者又非義也. 今主上仁聖, 欲

以文德服叛, 故遣太守來, 思以爵祿相榮, 不願以刑罰相加, 今誠轉禍為福之時也. 若聞義不服, 天子赫然震怒, 荊·揚·兗·豫大兵雲合, 身首橫分, 血嗣俱絕. 二者利害, 公其深計之!"嬰聞, 泣下曰, "荒裔愚民, 不能自通朝廷, 不堪侵枉, 遂復相聚偷生, 若魚游釜中, 知其不可久, 且以喘息須臾間耳! 今聞明府之言, 乃嬰等更生之辰也!"乃辭還營. 明日, 將所部萬餘人與妻子面縛歸降. 綱單車入嬰壘, 大會, 置酒為樂, 散遣部眾, 任從所之. 親為卜居宅·相田疇. 子弟欲為吏者, 皆引召之. 人情悅服, 南州晏然. 朝廷論功當封, 梁冀遏之. 在郡一歲, 卒. 張嬰等五百餘人為之制服行喪, 送到犍為, 負土成墳. 詔拜其子續為郎中, 賜錢百萬.

是時, 二千石長吏有能政者, 有雒陽令渤海任峻·冀州刺史京兆蘇章·膠東相陳留吳祐. 雒陽令自王渙之後, 皆不稱職. 峻能選用文武吏, 各盡其用, 發奸不旋踵, 民間不畏吏, 其威禁猛於渙, 而文理政教不如也. 章為冀州刺史, 有故人為清河太守, 章行部, 欲案其奸臧, 乃主太守為設酒餚, 陳平生之好甚歡. 太守喜曰, "人皆有一天, 我獨有二天!"章曰, "今夕蘇孺文與故人飲者, 私恩也. 明日冀州刺史案事者, 公法也."遂舉正其罪, 州境肅然. 後以摧折權豪忤旨, 坐免. 時天下日敝, 民多愁苦, 論者日夜稱章, 朝廷遂不能復用也. 祐為膠東相, 政崇仁簡, 民不忍欺. 嗇夫孫性, 私賦民錢, 市衣以進其父, 父得而怒曰, "有君如是, 何忍欺之!"促歸伏罪. 性慚懼詣閣, 持衣自首. 祐屏左右問其故, 性具談父言. 祐曰, "掾以親故受污穢之名, 所謂'觀過斯知仁矣'"使歸謝其父, 還以衣遺之.

冬, 十月, 辛未, 太尉桓焉·司徒劉壽免.

罕羌邑落五千餘戶詣趙衝降, 唯燒何種據參縷未下. 甲戌, 罷張喬軍屯.

十一月, 壬午, 以司隸校尉下邳趙峻為太尉, 大司農胡廣為司徒.

한순제 한안 2년(AD 143)

1) 여름 4월 8일, 호강교위 조충趙衝과 한양漢陽 태수 장공張貢이 소당擊燒의 강족을 참련參縿에서 깨뜨렸다.

2) 6월 25일, 남흉노의 수의왕守義王 두루저兜樓儲를 세워 흉노의 제36대 호란약시축취為呼蘭若屍逐就 선우로 삼았다. 당시 두루저는 경사에 있었다. 황상이 친히 그의 집에 가서 새수璽綬를 준 뒤 전각 위로 이끌어 올라오게 했다. 거마車馬와 기복器服, 금백金帛 등을 매우 후하게 하사했다.

태상太常과 대홍려大鴻臚에게 조서를 내려 제국諸國에서 인질로 보낸 시자侍子들과 더불어 낙양의 서성西城 남쪽의 첫 번째 문인 광양문廣陽門 밖에 모여 두루저의 귀국을 위한 조도外祖道의 향연을 열게 했다. 음악 연주인 작악作樂과 씨름인 각저角抵, 광대의 여러 기예인 백희百戲 등을 하사했다.

3) 겨울 윤10월, 조충趙衝이 소당 강족을 아양阿陽감숙성 정령현에서 격파했다.

4) 11월, 흉노중랑장인 부풍 출신 마식馬寔을 보내 구룡왕句龍王 오사吾斯를 척살하게 했다.

5) 양주涼州에서 9월 이래 180여 차례의 지진이 났다. 산곡山谷이 터지고 갈라지는 탁렬坼裂이 빚어졌고, 성곽과 관청인 성시城寺가 무너졌다. 백성 가운데 압사壓死한 자가 매우 많았다.

6) 상서령尚書令 황경黃瓊이 상서해 전에 좌웅左雄이 건의한 것처럼 효렴으로 인재를 선출하는 방안을 유학儒學과 공문서의 작성에 능통한 문리文吏에만 전용專用하면 선비를 선발하는 취재取士의 취지에 유루遺漏

가 있다고 지적했다. 이어 효제孝悌와 정사에 능한 능종정能從政의 과목을 유학과 문리에 덧붙여 모두 4과科를 설치하도록 건의했다. 황제가 이를 좇았다.

夏, 四月, 庚戌, 護羌校尉趙衝與漢陽太守張貢擊燒當羌於參戀, 破之.

六月, 丙寅, 立南匈奴守義王兜樓儲為呼蘭若屍逐就單于. 時兜樓儲在京師, 上親臨軒授璽綬, 引上殿, 賜車馬·器服·金帛甚厚. 詔太常·大鴻臚與諸國侍子於廣陽城門外祖會, 饗賜·作樂·角抵·百戲.

冬, 閏十月, 趙衝擊燒當羌於阿陽, 破之.

十一月, 使匈奴中郎將扶風馬寔遣人刺殺句龍吾斯.

涼州自九月以來, 地百八十震, 山谷坼裂, 壞敗城寺, 民壓死者甚眾.

尚書令黃瓊以前左雄所上孝廉之選, 專用儒學·文史, 於取士之義猶有所遺, 乃奏增孝悌及能從政者為四科. 帝從之.

한순제 건강建康 원년(AD 144)

1) 봄, 호강도위부의 종사 마현馬玄이 여러 강족의 유인에 넘어가 강족의 무리를 이끌고 달아나 출새出塞했다. 영호강교위領護羌校尉 위거衛琚가 마현 등을 추격해 참수한 자가 800여 급에 달했다. 조충趙衝이 다시 반란을 일으킨 강족을 추격해 건위建威의 전음하鸇陰河감숙성 정원현까지 갔다. 군사가 물을 다 건넜을 때 거느리고 있던 항복한 호족 600여 명이 배반하고 달아났다.

조충이 수백 명의 군사를 이끌고 그들을 추격하다가 강족의 복병을 만나 싸우다가 죽었다. 조충은 비록 죽었으나 이 일을 전후로 많은 강족을 참획斬獲했다. 강족이 마침내 쇠약해져 사라지는 쇠모衰耗의 운명이 된 이유다. 조서를 내려 조충의 아들을 책봉해 의양정후義陽亭侯로 삼았다.

2) 여름 4월, 흉노중랑장 마식馬寔에게 명해 남흉노의 좌부左部를 공격해 깨뜨리게 했다. 이에 호족과 강족, 오환족이 모두 마식에게 와 항복했다.

3) 4월 15일, 황제의 아들 유병劉炳을 세워 태자로 삼았다. 개원을 하고 천하에 사면령을 내렸다. 태자는 승광궁承光宮에 거처했다. 황제는 시어사 충고种暠를 시켜 태자의 집을 총괄하게 했다. 중상시中常侍 고범高梵이 궁중에서 나와 단가單駕로 태자를 출영出迎했다. 이때 태부太傅 두교杜喬 등은 내심 중상시 고범이 단가로 태자를 맞이하는 것을 의심했다. 그러나 태자를 따라갈지 여부를 놓고 감히 결단하지 못한 채 머뭇거렸다. 이때 충고가 손에 칼을 쥔 채 수레를 만나자 이같이 소리쳤다.

"태자는 나라의 두 번째 가는 사람인 저부儲副인 까닭에 백성들의 인명人命과 직결돼 있다. 지금 상시가 왔으나 조서의 신표도 없다. 어찌 간사한 자가 아닌지 알 수 있겠는가? 오늘 죽음만이 있을 뿐이다!"

고범은 말이 막혀 감히 대답하지 못하고, 급히 말을 달려 돌아가 황제에게 보고했다. 조서를 내려 회보해 태자가 이내 황궁으로 갈 수 있었다. 태부 두교가 물러나와 탄식하면서 충고가 일을 당해서 미혹되지 않는 모습을 보인 것을 보고 부끄러워했다. 황제 역시 그의 지중持重한 모습을 가상히 여겨 오랫동안 그를 칭송했다.

4) 양주揚州와 서주徐州의 도적이 군기群起해 서로 결탁하며 여러 해를 이어갔다.

가을 8월, 구강九江 출신 범용范容과 주생周生 등이 성읍을 구략寇掠하고, 역양歷陽에 주둔하여 점거했다. 장강과 회하 일대의 거환巨患이 된 이유다. 어사중승御史中丞 풍곤馮緄을 파견해 주병州兵을 독솔督率해 이들을 토벌하게 했다.

5) 8월 6일, 황제가 향년 30세의 나이로 옥당전전玉堂前殿에서 붕어했다. 태자가 즉위할 때 나이는 2세였다. 황후를 태후로 높였다. 태후가 조회에 임했다.

8월 13일, 태위 조준趙峻을 태부太傅, 대사농 이고李固를 태위로 삼았다. 두 사람에게 상서성의 업무를 총괄하는 참녹상서사參錄尚書事의 직책을 맡게 했다.

6) 9월 12일, 효순황제孝順皇帝를 헌릉憲陵에 장사지냈다. 묘호를 경종敬宗이라고 했다.

7) 이날 경사와 태원太原 및 안문雁門에 지진이 났다.

8) 9월 16일, 조서를 내려 현량지사賢良之士와 방정지사方正之士를 천거하도록 한 뒤 이들에게 책문策問을 했다. 황보규皇甫規가 대책對策에서 이같이 답했다.

"엎드려 생각건대, 효순황제는 당초 근면히 정사를 펼친 덕분에 사방의 기강紀綱이 바로 세워져 거의 안정을 얻을 수 있었습니다. 후에 간사하고 거짓된 간위奸僞의 사람들을 만나 위엄이 가까이 일하는 근습近習에게 나눠졌습니다. 이로 인해 뇌물을 받고 관직을 파는 수뢰매작受賂賣爵을 하고, 빈객과 교결하고, 천하가 온통 시끄러워 백성들이 분분히 난을 일으키는 것이 마치 집으로 돌아가는 듯이 보였고, 관원과 백성이 나란히 곤핍해지며 상하가 궁허窮虛해진 이유입니다. 폐하陛下는 몸소 황제와 태후의 자리를 겸하면서 총명하게 밝고 순결하게 고상한 총철순무聰哲純茂의 자세로 임하고 있습니다. 섭정攝政 초기에 충정忠貞한 인사를 뽑아 임용하고, 나머지 유강維綱 즉 기강은 대부분 개정한 덕분에 원근遠近이 화목한 흡연翕然의 모습으로 태평시대를 바라보게 됐습니다. 그러나 재이가 끊이지 않고, 도적이 종횡縱橫하니 아마도 간신이 중요한 권력을 차지한 데서 비롯된 것입니다. 특히 그 잘못을 형용하기 어려운 상시常侍는 의당 속히 쫓아내, 흉악한 무리인 흉당凶黨을 쓸어내고, 재뢰財賂를 몰수해 백성의 통원痛怨을 막아 하늘의 경고에 답해야 합니다. 대장군 양기와 하남윤 양불의는 의당 겸양과 절도인 겸절謙節을 더욱 닦아야 합니다. 유술儒術을 익히고, 급하지 않은 유흥과 오락인 유오游娛를 생략해 없애는 생거省去를 하고, 저택인 여제廬第 등에 대한 무익한 장식을 없애거나 줄이는 할감割減을 해야 합니다. 무릇 군주가 배라면 백성은 물입니다.[195] 군신群臣은 배를 탄 승주자乘舟者이고, 장군 형제는 노를 젓는 조즙자操楫者입니다. 만일 지향하는 바가 견고해 전력을 다해 목적지로 일반 백성인 원원元元을 건넬 수 있다면 이른바 '복福'이라고 할 수 있습니다. 만일 나태하고 해이하면 장차 파도에 휩쓸리게 될 것입니다. 그러니 어찌 신중하지 않을 수 있겠습니까? 무릇 사람의 덕성이 작록에 걸맞지 않으면 마치 담 아래 구멍을 뚫으면서 동시에 담의 높이를 더욱 높이려는 것과 같습니다. 어찌 역량에 근거해 공로를 헤아리는 양력심공量力審功이 견고함을 추구하는 대도일 수 있겠습니까? 무릇 원래부터 교활한 여러 숙활宿猾과 술꾼인 주도酒徒, 익살꾼인 희객戱客 등은 모두 의당 폄척貶斥하고, 불법을 저지르는 불궤不軌를 범한 자는 응징해야 합니다. 양기 등에게 현자를 얻는 데 따른 '복'과 인재를 잃는 데 따른 피해인 '루累'를 심사숙고하도록 해야 합니다."

양기가 크게 분해하면서 황보규의 등급을 낮춰 낭중에 제수했다. 이어

---

195   원문은 '군자주야君者舟也, 민자수야民者水也'이다. 『순자』「애공哀公」에서 군주는 배이고 서인은 물이니, 물은 배를 띄우기도 하고 뒤엎기도 한다는 취지로 언급한 '군자주야君者舟也, 서인자수야庶人者水也. 수즉재주水則載舟, 수즉복주水則覆舟' 구절에서 따온 것이다.

황보규가 병이 난 것을 구실로 면직시킨 뒤 귀향 조치했다. 주군州郡의 관인들이 양지의 뜻을 받들어 황보규를 죽음으로 몰아넣은 일이 2-3차례에 달했다. 마침내 집에 머물며 외출을 금하는 침폐沈廢를 한 지 10여 년이 넘게 됐다.

9) 양주揚州 자사 윤요尹耀와 구강九江 태수 등현鄧顯 등이 범용范容 등을 역양歷陽에서 토벌했으나 이내 패배해 죽는 패몰敗歿을 했다.

10) 겨울 10월, 일남日南의 만이蠻夷가 다시 반란을 일으켜 현읍縣邑을 공소攻燒했다. 교지交趾 자사인 구강九江 출신 하방夏方이 이들을 초유招誘해 항복시켰다.

11) 11월, 구강의 도적인 서봉徐鳳과 마면馬勉 등이 성읍을 공격하고 불태웠다. 서봉은 무상장군無上將軍, 마면은 황제皇帝를 칭했다. 당도산當塗山안휘성 회원현 산속에 영루營壘를 지은 뒤 연호를 만들고, 백관을 두었다.

12) 12월, 구강의 도적 황호黃虎 등이 합비合肥안휘성 합비시를 공격했다.

13) 이 해에 군도群盜가 한순제의 능묘인 헌릉憲陵을 파헤쳤다.

* 孝順皇帝建康元年

春, 護羌從事馬玄為諸羌所誘, 將羌眾亡出塞, 領護羌校尉衛琚追擊玄等, 斬首八百餘級. 趙衝復追叛羌到建威鸇陰河. 軍度竟, 所將降胡六百餘人叛走. 衝將數百人追之, 遇羌伏後, 與戰而歿. 衝雖死, 而前後多所斬獲, 羌由是衰耗. 詔封衝子為義陽亭侯.

夏, 四月, 使匈奴中郎將馬寔擊南匈奴左部, 破之. 於是胡·羌·烏桓悉詣寔降.

辛巳, 立皇子炳為太子, 改元, 赦天下. 太子居承光宮, 帝使侍御史种暠監其家. 中常侍高梵從中單駕出迎太子, 時太傅杜喬等疑不欲從而未決, 曇乃手劍當車曰, "太子, 國之儲副, 人命所繫. 今常侍來, 無詔信, 何以知非奸邪? 今日有死而已!" 梵辭屈, 不敢對, 馳還奏之. 詔報, 太子乃得去. 喬退而歎息, 愧曇臨事不惑. 帝亦嘉其持重, 稱善者良久.

揚·徐盜賊群起, 盤互連歲. 秋, 八月, 九江范容·周生等寇掠城邑, 屯據歷陽, 為江·淮巨患. 遣御史中丞馮緄督州兵討之.

庚午, 帝崩於玉堂前殿. 太子即皇帝位, 年二歲. 尊皇后曰皇太后. 太后臨朝.

丁丑, 以太尉趙峻為太傅, 大司農李固為太尉, 參錄尚書事.

九月, 丙午, 葬孝順皇帝於憲陵, 廟曰敬宗.

是日, 京師及太原·雁門地震.

庚戌, 詔舉賢良方正之士, 策問之. 皇甫規對曰, "伏惟孝順皇帝初勤王政, 紀綱四方, 幾以獲安. 後遭奸偽, 威分近習, 受賂賣爵, 賓客交錯, 天下擾擾, 從亂如歸, 官民幷竭, 上下窮虛. 陛下體兼乾坤, 聰哲純茂, 攝政之初, 拔用忠貞, 其餘維綱, 多所改正, 遠近翕然望見太平, 而災異不息, 寇賊縱橫, 殆以奸臣權重之所致也. 其常侍尤無狀者, 宜亟黜遣, 披掃凶黨, 收入財賄, 以塞痛怨, 以答天誠. 大將軍冀·河南尹不疑, 亦宜增修謙節, 輔以儒術, 省去游娛不急之務, 割減廬第無益之飾. 夫君者, 舟也. 民者, 水也. 群臣, 乘舟者也. 將軍兄弟, 操楫者也. 若能平志畢力, 以度元元, 所謂福也. 如其怠弛, 將淪波濤, 可不慎乎! 夫德不稱祿, 猶鑿墉之趾以益其高, 豈量力審功, 安固之道哉! 凡諸宿猾·酒徒·戲客, 皆宜貶斥, 以懲不軌. 令冀等深思得賢之福, 失人之累." 梁冀忿之, 以規為下第, 拜郎中. 托疾, 免歸, 州郡承冀旨, 幾陷死者再三, 遂沉廢於家, 積十餘年.

揚州刺史尹耀·九江太守鄧顯討范容等於歷陽, 敗歿.

冬, 十月, 日南蠻夷復反, 攻燒縣邑. 交趾刺史九江夏方招誘降之.

十一月, 九江盜賊徐鳳·馬勉等攻燒城邑. 鳳稱無上將軍, 勉稱皇帝, 築營於當塗山中, 建年號, 置百官.

十二月, 九江賊黃虎等攻合肥.

是歲, 群盜發憲陵.

漢孝皇帝

한충제漢沖帝 영가永嘉 원년(AD 145)

1) 봄 정월 6일, 즉위 5달 만에 3세의 어린 황제 충제沖帝가 옥당玉堂의 전전前殿에서 붕어했다. 양태후梁太后는 양주揚州와 서주徐州의 도적이 바야흐로 왕성하자 징소한 여러 왕후王侯가 도착하길 기다려 발상發喪하려 했다. 태위太尉 이고李固가 말했다.

"황제가 비록 유소幼少했으나 여전히 천하의 군부君父입니다. 오늘 붕어하니 인신人神이 감동感動했습니다. 어찌 자식된 사람이 오히려 함께 천하 군부의 죽은 시기를 숨기려고 하는 것입니까? 옛날 진시황의 사망 후 사구沙丘에서 음모를 꾸미고, 근일 북향후北鄕侯 유의劉懿를 맞이해 소제少帝로 즉위시킬 때 모두 비밀에 붙이며 발상을 하지 않았습니다. 이는 천하에서 가장 크게 꺼리는 대기大忌로, 결하고 행해서는 안 됩니다!"

양태후가 이를 좇아 이날 저녁 발상했다.

청하왕淸河王 유산劉蒜 및 발해효왕渤海孝王 유홍劉鴻의 아들 유찬劉纘을 징소하자 모두 경사에 이르렀다. 유산의 부친은 청하공왕淸河恭王 유연평劉延平이다. 유연평과 유홍은 모두 낙안이왕樂安夷王 유총劉寵의 아들이고, 천승정왕千乘貞王 유항劉伉의 손자이다.

청하왕은 사람이 엄중嚴重하고 행동거지가 법도에 맞았다. 공경 모두 귀심歸心한 이유다. 이고가 대장군 양기에게 말했다.

"지금 황제를 세우면서 의당 장년長年이고, 고명高明하며 유덕有德하고, 친정親政을 할 수 있는 사람을 택해야 합니다. 원컨대 장군이 대세大計를 자세히 살피는 심상審詳을 해주기 바랍니다. 주발周勃과 곽광霍光이 한문제와 한선제를 옹립하고, 등씨鄧氏와 염씨閻氏가 유약幼弱한 자를 세우는 게 유리하다고 생각한 것을 경계하십시오!"

양기가 좇지 않고, 양태후와 함께 금중禁中에서 계책을 정했다.

1월 24일, 양기가 지절持節의 자격으로 왕이 사용하는 청개蓋車의 수레를 타고 나가 발해효왕 유홍의 아들 유찬을 맞이해 남궁南宮으로 들어왔다.

1월 25일, 유찬을 건평후建平侯에 봉했다. 그날로 황제에 즉위했다. 당시 그의 나이 8세였다. 청하왕 유산劉蒜은 일이 끝나 귀국했다.

2) 장차 황제의 능묘인 산릉山陵을 점치려고 하자 이고가 말했다.

"지금 도처에 구적寇賊이 있어 군사비가 크게 늘고 있습니다. 한순제의 능묘인 헌릉憲陵과 같은 능묘를 새롭게 창건하면 부세를 부과하는 것이 1번에 그치지 않을 것입니다. 붕어한 황제가 아직 연소하니 한순제의 능묘인 헌릉憲陵의 묘역 안인 영내塋內에 조성하는 게 좋을 듯합니다. 제도는 즉위 후 3달 만에 붕어해 선제인 한화제의 능묘인 신릉愼陵의 영내에 조성한 상제殤帝 유륭劉隆의 건릉康陵의 선례를 좇도록 하십시오."

태후가 이를 좇았다.

1월 27일, 효충황제孝沖皇帝를 회릉懷陵에 장사지냈다.

3) 양태후가 정사를 보필하는 재상에게 정사를 맡겼다. 이고가 말하는 바를 태후가 대부분 좇았다. 황문黃門의 환관으로서 악행을 저지른 자를 하나같이 내치자 천하 사람들 모두 태평시대의 치평治平을 바라보게 됐다. 그러나 양기는 이를 심하게 꺼리며 질투하는 기질忌疾의 모습을 보였다.

당초 한순제의 치세 때 관원을 임용하면서 대부분 차서次序를 따르지 않았다. 이고가 국사를 담당하면서 상주하여 100여 명을 면직시켰다. 이들은 이미 크게 원망하고 있던 차에 양기의 뜻에 영합해 마침내 공동으로 이고를 헐뜯는 내용의 상주문인 비장飛章을 만들어 이같이 무함했다.

"태위 이고는 공적인 일을 핑계로 사적인 일을 성취하는 인공가사因公假私, 바른 일에 기대 사악한 일을 행하는 의정행사依正行邪, 황제의 가까운 인척 사이를 헐뜯는 이간근척離間近戚, 스스로 당파를 일으켜 세우는 자륭지당自隆支黨을 행하고 있습니다. 황제의 영구인 대행大行이 아직 빈궁殯宮에 있어 길 위의 사람들도 얼굴을 가리고 우는 엄체掩涕를 하고 있습니다. 그러나 이고는 유독 호족胡族이 사용하는 하얀 분가루인 호분胡粉으로 얼굴을 가다듬고, 비녀를 머리에 꽂으며 자태를 뽐내는 소두농자搔頭弄姿를 하고, 주위를 선회하며 위아래를 쳐다보는 반선언앙槃旋偃仰을 하면서 종용從容히 걸음을 옮기고, 조금도 참담하며 상심해하는 참달상췌慘怛傷悴의 마음이 없습니다. 산릉山陵이 아직 완성되지도 않았는데 옛 정령을 어기고 속여 잘된 일은 자신이 한 것으로 하고, 잘못된 일은 군주에게 돌리고 있습니다. 게다가 황상의 근신近臣을 척축斥逐함으로써 모시고 송별하는 일까지 막았습니다. 화복을 만드는 작위작복作威作福의 권한이 이고처럼 심한 적이 없었습니다! 무릇 자식의 죄 가운데 부친에게 누를 끼치는 누부累父보다 큰 게 없고, 신하의 악행 가운데 군주를 훼손시키는 훼군毁君보다 깊은 게 없습니다. 이고의 과흔過釁 즉 죄과罪過는 주살誅殺의 대벽大辟에 처하는 게 합당합니다."

상서가 올라가자 양기가 태후에게 말해 아래로 내려보내려고 했으나 태후가 듣지 않았다.

4) 광릉廣陵강소성 양주시의 도적인 장영張嬰이 다시 수천 명의 무리를 모아 반기를 든 뒤 광릉을 점거했다.

5) 2월 24일, 천하에 사면령을 내렸다.

6) 서강西羌이 반란을 일으킨 지 여러 해가 됐다. 그 비용이 80여억 전에 달했다. 제장들 대부분이 공급되는 군량을 중간에서 떼어먹는 단도뇌품斷盗牢稟[196]을 통해 사적으로 이익을 챙겼고, 모두 황제의 좌우에 진귀한 보화寶貨를 뇌물로 주었다. 상하가 방종放縱하여 서로 감싸며 군대의 일인 군사軍事를 돌보지 않은 이유다. 사졸士卒은 죽어서는 안 되는데도 이내 죽어 백골白骨이 되어 들판에서 서로 바라보는 지경이 됐다.

좌풍익左馮翊 양병梁幷이 은신恩信으로 반기를 든 강족을 초유招誘했다. 이남離湳과 호노狐奴 등 5만여 호가 양병에게 와 항복했다. 덕분에 농우隴右가 다시 평정됐다.

7) 양태후는 서주徐州와 양주揚州의 도적이 더욱 성해지자 널리 장수를 구했다. 삼공이 탁현涿縣의 현령인 북해北海산동성 창락현 출신 등무滕撫를 문무겸비의 인재로 천거했다. 조서를 내려 등무를 구강도위九江都尉로 임명하고, 중랑장 조서趙序와 더불어 서주와 양주 일대의 평정에 나선 어사중승 풍곤馮緄을 돕게 했다. 주군州郡의 병사 수만 명을 합쳐 공동으로 도적을 토벌하는 방안이었다. 또 널리 상금을 내걸고 모병을 했다. 상으로 내리는 금전과 성읍은 전공에 따라 차등이 있었다. 이어 의논 끝에 이고를 현지에 파견하기로 했으나 이고는 아직 떠나지 않았다.

3월, 등무가 진격해 많은 도적을 쳐서 대파했다. 마면馬勉과 범용范容, 주생周生 등 1,500여 급을 참수했다. 서봉徐鳳이 나머지 무리를 이끌고 가 동성현東城縣안휘성 정원현에 불을 질렀다.

여름 5월, 하비下邳 출신 사안謝安이 응모한 뒤 종친宗親을 이끌고 매

---

196   단도뇌품斷盗牢稟의 단도斷盗는 중간에서 잘라 먹는 것을 의미한다. 뇌牢는 양식糧食, 품稟은 식물食物을 가리킨다. 뇌품은 곧 군량軍糧을 뜻한다.

복했다가 서봉을 공격해 참수했다. 사안을 평향후平鄕侯에 봉하고, 등무를 중랑장에 임명해 양주와 서주의 일을 감독하는 독양서이주사督揚徐二州事의 직책을 맡게 했다.

8) 5월 26일, 조서를 내렸다.

"전에 효상황제孝殤皇帝는 즉위한 해를 넘겼으니 군신 간의 명분이 이미 성립한 것이다. 효안황제孝安皇帝는 효상황제의 대통을 계승한 것이다. 그러나 전에 한안제의 공릉恭陵을 한상제의 강릉康陵의 위쪽에 배치해 선후를 서로 뛰어넘어 차서를 잃게 했다. 지금 이를 바로잡도록 하라!"

9) 6월, 선비족이 대군代郡을 침구했다.

10) 가을 여강廬江안휘성 초현 남쪽 일대의 도적이 심양尋陽호북성 황매현에 이어 우이盱台[197]를 쳤다. 등무滕撫가 사마 왕장王章을 보내 격파했다.

11) 9월 22일, 태부 조준趙峻이 훙거했다.

12) 등무가 진격해 장영을 쳤다.

겨울 11월 19일, 장영을 격파했다. 참획한 숫자가 1,000여 명에 달했다.

11월 20일, 중랑장 조서趙序가 겁이 많고 나약한 외나畏懦와 수급의 수를 속여 늘린 사증수급詐增首級의 혐의로 기시棄市됐다.

13) 역양歷陽의 도적 화맹華孟이 흑제黑帝를 자칭한 뒤 구강九江 태수 양잠楊岑을 공격해 살해했다. 등무가 진격해 격파한 뒤 화맹 등 3,800여 급을 베고, 700여 명을 포로로 잡는 노획虜獲을 했다. 덕분에 동남東南 일대가 평정됐다. 등무가 진려振旅하여 환군하자 좌풍익左馮翊으로 삼았다.

14) 영창永昌운남성 보산현 태수 유군세劉君世가 황금으로 무늬 있는 길

---

197   우이盱台는 지금의 강소성 회안시淮安市 관할 하에 있는 우이현盱眙縣을 가리킨다. 본문의 이台는 이眙의 가차로 사용된 글자인 까닭에 '태'가 아닌 '이'로 읽어야 한다.

상吉祥의 뱀인 문사文蛇를 주조해 대장군 양기에게 바쳤다. 익주益州 자사 충고种暠가 이를 들춰내 체포하고, 역참을 통해 상언上言했다. 양기가 충고에게 한을 품은 이유다.

마침 파군巴郡사천성 중경시 출신 복직服直이 수백 명의 무리를 모아 스스로 천왕天王을 칭했다. 충고와 대수 응승應承이 토포討捕하고자 했으나 이기지 못하고, 많은 이민吏民이 상해를 입었다. 양기가 이를 빌미로 무함해 충고와 응승을 체포해 경사로 데려오게 했다. 이고가 상소했다.

"신이 엎드려 듣건대, 토포討捕의 와중에 상해를 입힌 것은 본래 충고와 응승의 뜻이 아닙니다. 실제로는 현리縣吏가 법을 무서워하고 죄를 두려워하는 구법외죄懼法畏罪로 백성들을 핍박해 지나치게 노고를 끼침으로써 이런 상서롭지 못한 일이 빚어진 것입니다. 근래 도적이 군기群起하여 도처에서 끊이지 않고 있습니다. 충고와 응승이 처음으로 크게 간악한 대간大奸을 검거하고자 했습니다. 그런데도 곧바로 뒤이어 이로 인해 죄를 받으면, 주현州縣에서 도적을 들춰내려는 뜻을 막고 상하게 해 더욱 함께 겉으로만 흉내 내고 속으로 숨기면서 다시는 마음을 다하지 않게 될까 신은 두렵습니다!"

양태후가 상주문을 살펴본 뒤 이내 충고와 응승의 죄를 사면한 뒤 면관免官만 했다. 금사金蛇는 대사농에게 보내졌다. 양기가 대사농 두교杜喬에게 이를 빌려서 보려 했으나 두교가 주려고 하지 않았다. 양기의 어린 딸이 죽자 공경들에게 모여 장례를 치르는 회상會喪을 명했으나 두교는 홀로 가지 않았다. 양기가 이로 인해 두교에게 원한을 품는 함원銜怨을 했다.

* 孝沖皇帝永嘉元年

春, 正月, 戊戌, 帝崩於玉堂前殿. 梁太后以揚·徐盜賊方盛, 欲須所徵諸王侯到乃發喪. 太尉李固曰, "帝雖幼少, 猶天下之父. 今日崩亡, 人神感動, 豈有人子反共掩匿乎! 昔秦皇沙丘之謀及近日北鄉之事, 皆秘不發喪, 此天下大忌, 不可之甚者也!" 太后從之, 即暮發喪. 徵清河王蒜及渤海孝王鴻之子纘皆至京師. 蒜父曰清河恭王延平. 延平及鴻皆樂安夷王寵之子, 千乘貞王伉之孫也. 清河王為人嚴重, 動止有法度, 公卿皆歸心焉. 李固謂大將軍冀曰, "今當立帝, 宜擇長年, 高明有德, 任親政事者, 願將軍審詳大計, 察周·霍之立文·宣, 戒鄧·閻之利幼弱!" 冀不從, 與太后定策禁中. 丙辰, 冀持節以王青蓋車迎纘入南宮. 丁巳, 封為建平侯. 其日, 即皇帝位, 年八歲. 蒜罷歸國.

將卜山陵, 李固曰, "今處處寇賊, 軍興費廣, 新創憲陵, 賦發非一. 帝尚幼小, 可起陵於憲陵塋內, 依康陵制度." 太后從之. 己未, 葬孝沖皇帝於懷陵.

太后委政宰輔, 李固所言, 太后多從之, 黃門宦官為惡者一皆斥遣, 天下咸望治平. 而梁冀深忌疾之. 初, 順帝時所除官多不以次. 及固在事, 奏免百餘人. 此等既怨, 又希望冀旨, 遂共作飛章誣奏固曰, "太尉李固, 因公假私, 依正行邪, 離間近戚, 自隆支黨. 大行在殯, 路人掩涕, 固獨胡粉飾貌, 搔頭弄姿, 槃旋偃仰, 從容冶步, 曾無慘怛傷悴之心. 山陵未成, 違矯舊政, 善則稱己, 過則歸君. 斥逐近臣, 不得侍送. 作威作福, 莫固之甚矣! 夫子罪莫大於累父, 臣惡莫深於毀君, 固之過釁, 事合誅辟." 書奏, 冀以白太后, 使下其書. 太后不聽.

廣陵賊張嬰復聚眾數千人反, 據廣陵.

二月, 乙酉, 赦天下.

西羌叛亂積年, 費用八十餘億. 諸將多斷盜牢稟, 私自潤入, 皆以珍寶貨賂左右. 上下放縱, 不恤軍事, 士卒不得其死者, 白骨相望於野. 左馮翊梁幷以恩信招誘叛羌. 離湳·狐奴等五萬餘戶皆詣幷降, 隴右復平.

太后以徐·揚盜賊益熾, 博求將帥. 三公擧涿令北海滕撫有文武才. 詔拜撫九江都尉, 與中郎將趙序助馮緄, 合州郡兵數萬人共討之. 又廣開賞募, 錢·邑各有差. 又議遣太尉李固, 未及行. 三月, 撫等進擊衆賊, 大破之, 斬馬勉·范容·周生等千五百級. 徐鳳以餘衆燒東城縣. 夏, 五月, 下邳人謝安應募, 率其宗親設伏擊鳳, 斬之. 封安為平鄉侯. 拜滕撫中郎將, 督揚·徐二州事.

丙辰, 詔曰, “孝殤皇帝即位逾年, 君臣禮成. 孝安皇帝承襲統業, 而前世遂令恭陵在康陵之上, 先後相逾, 失其次序. 今其正之!”

六月, 鮮卑寇代郡.

秋, 廬江盜賊攻尋陽, 又攻盱台. 滕撫遣司馬王章擊破之.

九月, 庚戌, 太傅趙峻薨.

滕撫進擊張嬰. 冬, 十一月, 丙午, 破嬰, 斬獲千餘人. 丁未, 中郎將趙序坐畏懦·詐增首級, 棄市.

歷陽賊華孟自稱黑帝, 攻殺九江太守楊岑. 滕撫進擊, 破之, 斬孟等三千八百級, 虜獲七百餘人. 於是東南悉平, 振旅而還. 以撫為左馮翊.

永昌太守劉君世, 鑄黃金為文蛇, 以獻大將軍冀. 益州刺史种暠糾發逮捕, 馳傳上言. 冀由是恨暠. 會巴郡人服直聚黨數百人, 自稱天王, 暠與太守應承討捕, 不克, 吏民多被傷害. 冀因此陷之, 傳逮暠·承. 李固上疏曰, “臣伏聞討捕所傷, 本非暠·承之意, 實由縣吏懼法畏罪, 迫逐深苦, 致此不詳. 比盜賊群起, 處處未絕. 暠·承以首擧大奸而相隨受罪, 臣恐沮傷州縣糾發之意, 更共飾匿, 莫復盡心!”太

后省奏, 乃赦暠·承罪, 免官而已. 金蛇輸司農, 冀從大司農杜喬借觀
之, 喬不肯與. 冀小女死, 令公卿會喪, 喬獨不往, 冀由是銜之.

** 권53-한기漢紀 45: 최식이 『정론』을 쓰다

한질제漢質帝 본초本初 원년(AD 146)

1) 여름 4월 25일, 군국郡國에 명해 경학에 밝은 명경明經을 천거해 태학太學에 보내게 했다. 대장군 이하는 모두 자식을 보내 학업을 받게 했다. 기한이 차면 과시課試해 성적에 따라 차등 있게 관직을 제수하는 배관拜官을 했다.

또 1천석과 600석의 관직을 비롯해 사부四府의 연속掾屬과 삼서랑三署郎, 사성소후四姓小侯[198] 가운데 먼저 경서를 통달한 자는 각각 가법家法을 따르게 했다. 최고 성적으로 급제한 고제자高第者는 명첩名牒에 이름을 올리고 차례에 따라 상을 주고 승진시켰다. 이후 고향을 떠나 다른 곳에서 공부하는 유학遊學 즉 유학留學이 크게 성행해 3만여 명에 이르게 됐다.

2) 5월 6일, 낙안왕樂安王 유홍劉鴻을 발해왕渤海王으로 개봉改封

---

198 사부四府는 전한 때는 승상부와 어사부, 거기장군부, 전장군부를 가리켰다. 후한 때는 대장군부와 태위부, 사도부, 사공부를 지칭했다. 삼서三署는 광록훈에 속해 있는 오관서五官署와 좌서左署 및 우서右署를 가리킨다. 사성소후四姓小侯의 '사성'은 후한 때 대표적인 외척인 번씨와 곽씨, 음씨, 마씨 등을 가리킨다. '소후'는 나이가 어린데도 책봉을 받은 자를 뜻한다. 양태후가 섭정할 당시는 이미 대표적인 사성의 외척이 쇠락하고, 오직 양태후의 양씨만이 권력을 쥐고 있었다.

했다.

3) 해수海水가 넘쳐 백성들의 주택을 덮치는 표몰漂沒을 했다.

4) 6월 3일, 천하에 사면령을 내렸다.

5) 황제가 어렸지만 총명하고 지혜로운 총혜聰慧의 모습을 보였다. 일찍이 조회에서 양기를 쏘아보며 이같이 말했다.

"이 사람이 발호장군跋扈將軍[199]이군!"

양기가 이 말을 듣고는 몹시 싫어했다.

윤6월 1일, 양기가 황제의 좌우를 시켜 끓인 떡인 자병煮餠에 독을 넣어 올리게 했다. 황제가 심한 고통과 답답함으로 인해 태위 이고를 급히 불렀다. 이고가 입궁해 앞으로 나아가 황제에게 병을 얻은 이유를 물었다. 황제가 여전히 말을 할 수 있어 이같이 언급했다.

"내가 '자병'을 먹었소. 지금 뱃속이 아프고 답답해 물을 마시면 오히려 살 수 있을 듯하오."

이때 곁에 있던 양기가 말했다.

"토할까 두려우니 물을 마시면 안 됩니다."

말이 아직 끊어지지도 않았는데 황제가 이미 붕어했다. 이고가 시신 앞에 엎드려 호곡號哭하며 시의侍醫를 추궁하여 조사하는 추거推擧를 하려 했다. 양기가 이 일이 누설될까 염려해 이고를 몹시 증오했다.

장차 후사의 옹립 문제를 논의하게 되자 이고가 사도 호광胡廣 및 사공 조계趙戒와 함께 먼저 양기에게 서신을 보냈다.

"천하가 불행하게도 몇 년 사이에 국조國祚가 3번이나 단절됐소. 지금 의당 황제를 세워야 하오. 황제는 천하의 중기重器이니 실로 태후의 수심

---

199   발호장군跋扈將軍의 '발호'는 원래 높고 낮은 것을 밟거나 뛰어넘는다는 뜻이다. 여기서는 제도를 멋대로 운용하는 것을 가리킨다.

垂心 즉 의중과 장군의 노려勞慮인 수고롭게 생각하는 바를 안 뒤 그런 사람을 신중히 선택한 뒤 그런 황제의 성명聖明을 보존하는 데 힘써야 할 것이오. 그러나 어리석은 우리의 마음에 비춰 뒤돌아보는 권권眷眷의 입장에서 가만히 유독 생각나는 바가 있소. 멀리는 옛날 황제를 폐립廢立한 옛 제도를 살피고 가까스로는 국가國家가 천조踐祚 즉 보위에 오른 일을 살펴보면 일찍이 공경을 찾아 자문을 구하지 않거나 널리 여러 신하의 의견을 구하지 않은 적이 없었소. 위로는 천심天心에 응하고, 아래로는 중망衆望에 부합하고자 한 것이오. 『맹자』에 이르기를 '천하를 남에게 주기는 쉬워도, 천하 사람을 위해 인재를 얻는 것은 어렵다'[200]고 했소. 전에 창읍왕昌邑을 세웠으나 혼란昏亂이 날로 심해지자 곽광霍光은 우괴憂愧로 분노가 치밀어 오른 나머지 그를 옹립한 것을 후회하며 뼈를 깎는 절골折骨을 했소. 박육후博陸侯 곽광의 충용忠勇과 휘하 장수 전연년田延年의 분발奮發이 없었다면 대한大漢의 종묘사직은 거의 오래전에 기울어졌을 것이오. 군주를 세우는 일은 지극히 우려스럽고도 지극히 중요하니 가히 깊이 생각지 않을 수 없소! 수많은 사안인 유유만사悠悠萬事 가운데 오직 이것만이 가장 중대하니, 나라의 흥쇠興衰가 이 한 번의 일에 달려 있소."

양기가 그 서신을 받자 이내 삼공과 중中2천석의 관원, 열후 등을 소집해 후사를 세우는 일을 대대적으로 논의했다. 이고와 호광, 조계와 대홍려 두계杜喬 모두 청하왕 유산劉蒜이 명덕明德으로 소문이 자자하고, 또 요절한 질제質帝의 이복형제로서 가장 가까운 존친尊親에 해당하는 점

---

200   원문은 '이천하여인이以天下與人易, 위천하득인난為天下得人難'이다. 『맹자』「등문공 상」에서 인용한 것이다. 「등문공 상」에 따르면 맹자는 허행許行의 농가農家 사상을 숭상하는 진상陳相을 만나 지적하기를, "요는 순과 같은 사람을 얻지 못하는 것을 자신의 근심으로 삼았고, 순은 우禹와 고요皐陶와 같은 사람을 얻지 못하는 것을 근심으로 삼았소. 천하를 남에게 주기는 쉬워도, 천하 사람을 위해 인재를 얻는 것은 어렵소."라고 했다.

등을 들어 의당 후사로 세워야 한다고 생각했다. 조신朝臣들 역시 청하왕에게 마음을 두지 않은 자들이 없었다. 그러나 중상시中常侍 조등曹騰이 일찍이 유산을 배알했을 때 유산이 예로 대하지 않았다. 한관들이 그를 싫어한 이유다.

당초 하간왕河間王 유개劉開의 아들인 평원왕 유익劉翼은 한안제의 의심을 사 평원왕에서 도향후都鄕侯로 강등된 뒤 하간으로 축출됐다. 그의 부친 유개는 여오현蠡吾縣하북성 박야현을 나눠 그를 열후에 봉해줄 것을 청했다. 한순제가 이를 허락했다. 유익이 세상을 떠나자 그의 아들 유지劉志가 뒤를 이었다. 양태후는 여동생을 유지의 처로 보낼 생각으로 징소해 낙양의 북성北城 밖에 있는 하문정夏門亭으로 오게 했다. 마침 질제가 붕어하자 양기는 유지를 황제로 옹립하려 했다. 그러나 중론衆論이 이미 다른데다, 비록 뜻대로 되지 않아 분하게 생각하는 분분憤憤의 심경이었으나 아직은 억지로 중론을 빼앗을 명분이 없었다. 이때 중상시 조등曹騰 등이 이 얘기를 듣고는 밤에 몰래 가서 양기를 설득했다.

"장군은 누세累世에 걸쳐 초방椒房의 근친으로 천하의 업무인 만기萬機를 병섭秉攝해 왔습니다. 빈객들이 종횡하며 많은 허물인 과차過差 즉 과오가 있었습니다. 청하왕 유산은 엄명嚴明한 까닭에 만일 결과적으로 그를 옹립하면 장군이 화를 입는 것은 그리 멀지 않은 일입니다. 여오후蠡吾侯하북성 여현 유지를 세워 부귀를 오랫동안 보존하느니만 못합니다."

양기가 그 말을 옳게 여겼다. 다음날 다시 공경들을 모았다. 양기가 의기흉흉意氣凶凶한 모습으로 언사言辭를 격절激切하게 표현했다. 호광胡廣과 조계趙戒 이하의 관원 가운데 크게 두려워하며 떠는 섭탄懾憚을 하지 않는 자가 없었다. 모두 입을 모아 말했다.

"오직 대장군이 영을 내려주십시오!"

홀로 이고李固와 두교만이 청하왕 유산을 옹립하기로 한 당초의 건의를 굳게 지켰다. 양기가 성난 목소리인 여성厲聲으로 말했다.

"회의를 끝낸다!"

이고가 여전히 여러 사람이 내심 바라는 청하왕의 옹립을 위해 다시 양기에게 서신을 보내 권고했다. 양기가 더욱 격노했다.

윤6월 4일, 양기가 태후를 설득해 이고를 먼저 면직시켰다.

윤6월 5일, 사도 호광을 태위, 사공 조계를 사도로 삼았다. 대장군 양기와 더불어 상서의 업무에 참여하는 참록상서사參錄尚書事의 직책을 겸했다. 또 태복太僕 원탕袁湯을 사공으로 삼았다. 원탕은 원안袁安의 손자이다.

윤6월 7일, 대장군 양기를 시켜 지절의 자격으로 왕이 사용하는 청개거青蓋車를 타고 가서 여오후蠡吾侯 유지劉志를 맞이한 뒤 남궁南宮으로 들어오게 했다. 그날로 유지가 황제로 즉위했다. 당시 유지의 나이는 15세였다. 양태후가 여전히 임조청정臨朝聽政을 했다.

6) 가을 7월 2일, 효질황제孝質皇帝를 낙양 동남쪽의 정릉靜陵에 장사 지냈다.

7) 대장군부의 연리掾吏인 주목朱穆이 양기에게 삼가도록 권하는 권계勸戒 내용의 사적인 건의 서신인 주기奏記를 올렸다.

"명년은 정해년丁亥年입니다. 형벌과 덕성인 형덕刑德을 행하는 방위가 모두 북궁北宮에 있으니 『주역』「건괘乾卦」의 방위인 건위乾位에 합치합니다. 『주역』은 '용들의 싸움에서 장차 양도陽道가 이기고, 음도陰道가 패한다'[201]고 했습니다. 원컨대 장군은 오로지 조정의 공적인 일에만 전념하

---

201   원문은 '용전지회龍戰之會, 양도장승陽道將勝, 음도장부陰道將負'이다. 『주역』「곤괘坤卦」의 상육上六 효사爻辭에서 용이 들에서 싸우니 그 피가 검고 누렇다는 취지의 '용전우야龍戰于野, 기혈현황其血玄黃' 구절을 인용한 것이다. 여기의 '용전龍戰'은 음기가 미세하게 쌓여 가면 언젠가는 반드시 극정에 달해 다시 양기로 돌아오게 된다는

고, 사욕私欲은 잘라버리고, 널리 현능賢能을 구하고, 아첨하며 악한 자는 멀리 배척하는 척원斥遠을 하십시오. 황제를 위해 사부師傅를 두고, 조심하는 자세로 충성스럽고 독실한 선비를 얻을 수 있으면 장차 장군은 이들과 함께 입궁해 강학에 참여하며, 현인을 스승으로 삼아 옛 것을 본받는 사현법고師賢法古를 권하십시오. 이는 남산南山에 기대 평원平原에 앉는 것과 같습니다. 누가 능히 이를 뒤엎을 수 있겠습니까? 의랑대부議郞大夫는 본래 유술儒術에 통달한 고행지사高行之士를 차례로 등용하는 자리입니다. 지금 대부분 그에 적합하지 않은 자들입니다. 9경 가운데도 임무를 맡기에 괴리乖離된 자가 있으니 오직 장군이 잘 살피기 바랍니다!"

또 충고种暠과 난파欒巴 등을 천거했으나 양기는 등용하지 않았다. 주목은 한장제 때 기도위를 지낸 주휘朱暉의 손자이다.

8) 9월 16일[202], 황제 유지劉志의 조부인 하간효왕河間孝王 유개劉開를 효목황孝穆皇, 부인 조씨趙氏를 효목후孝穆后로 추존했다. 사당의 이름을 청묘清廟, 능의 이름을 낙성릉樂成陵이라고 했다. 황제의 부친인 여오후 유익劉翼을 효숭황孝崇皇, 사당의 이름을 열묘烈廟, 능의 이름을 박릉博陵이라고 했다. 모두 영승과 승丞을 두고, 사도司徒에게 지절의 자격으로 책서策書와 새수璽綬를 받들고 태뢰太牢로 제사를 올리게 했다.

9) 겨울 10월 12일, 황제의 모친인 언씨匽氏를 높여 박원귀인博園貴人으로 삼았다.

10) 등무滕撫는 성정이 방직方直해 권세權勢와 교류하지 않았다. 환관들이 싫어한 이유다. 도적을 토벌한 공을 논하면 의당 봉후封侯해야 했다.

뜻을 내포하고 있다.

202 원문은 무술戊戌이다. 9월에는 '무술'이 없다. 16일인 무진戊辰의 오사일 공산이 크다. 번역문은 바꿔 놓았다.

태위 호광이 황제의 뜻을 받들어 그를 쫓아낼 것을 상주하자 이내 집에서 졸卒했다.

** 起柔兆閹茂, 盡柔兆涒灘, 凡十一年.

孝質皇帝本初元年

夏, 四月, 庚辰, 令郡·國舉明經詣太學, 自大將軍以下皆遣子受業. 歲滿課試, 拜官有差. 又千石·六百石·四府掾屬·三署郎·四姓小侯先能通經者, 各令隨家法, 其高第者上名牒, 當以次賞進. 自是遊學增盛, 至三萬餘生.

五月, 庚寅, 徙樂安王鴻為渤海王.

海水溢, 漂沒民居.

六月, 丁巳, 赦天下.

帝少而聰慧, 嘗因朝會, 目梁冀曰, "此跋扈將軍也!" 冀聞, 深惡之. 閏月, 甲申, 冀使左右置毒於煮餅以進之. 帝若煩甚, 使促召太尉李固. 固入前, 問帝得患所由. 帝尚能言, 曰, "食煮餅. 今腹中悶, 得水尚可活." 時冀亦在側, 曰, "恐吐, 不可飲水." 語未絕而崩. 固伏屍號哭, 推舉侍醫. 冀慮其事洩, 大惡之. 將議立嗣, 固與司徒胡廣·司空趙戒先與冀書曰, "天下不幸, 頻年之間, 國祚三絕. 今當立帝, 天下重器, 誠知太后垂心, 將軍勞慮, 詳擇其人, 務存聖明. 然愚情眷眷, 竊獨有懷. 遠尋先世廢立舊儀, 近見國家踐祚前事, 未嘗不詢訪公卿, 廣求群議, 令上應天心, 下合眾望. 『傳』曰, '以天下與人易, 為天下得人難' 昔昌邑之立, 昏亂日滋. 霍光憂愧發憤, 悔之折骨. 自非博陸忠勇, 延年奮發, 大漢之祀, 幾將傾矣. 至憂至重, 可不熟慮! 悠悠萬事, 唯此為大. 國之興衰, 在此一舉." 冀得書, 乃召三公·中二千石·列侯, 大議所立. 固·廣·戒及大鴻臚杜喬皆以為清河王蒜

明德著聞, 又屬最尊親, 宜立為嗣, 朝臣莫不歸心. 而中常侍曹騰嘗
謁蒜, 蒜不為禮, 宦者由此惡之. 初, 平原王翼既貶歸河間, 其父請
分蠡吾縣以侯之. 順帝許之. 翼卒, 子志嗣. 梁太后欲以女弟妻志,
徵到夏門亭. 會帝崩, 梁冀欲立志. 眾論既異, 憤憤不得意, 而未有以
相奪. 曹騰等聞之, 夜往說冀曰, "將軍累世有椒房之親, 秉攝萬機, 賓
客縱橫, 多有過差. 清河王嚴明, 若果立, 則將軍受禍不久矣! 不如立
蠡吾侯, 富貴可長保也." 冀然其言, 明日, 重會公卿, 冀意氣凶凶, 言
辭激切, 自胡廣·趙戒以下莫不憚憚, 皆曰, "惟大將軍令!" 獨李固·杜
喬堅守本議. 冀厲聲曰, "罷會!" 固猶望眾心可立, 復以書勸冀, 冀
愈激怒. 丁亥, 冀說太后, 先策免固. 戊子, 以司徒胡廣為太尉. 司空
趙戒為司徒, 與大將軍冀參錄尚書事. 太僕袁湯為司空. 湯, 安之孫
也. 庚寅, 使大將軍冀持節以王青蓋車迎蠡吾侯志入南宮. 其日, 即
皇帝位, 時年十五. 太后猶臨朝政.

秋, 七月, 乙卯, 葬孝質皇帝於靜陵.

大將軍掾朱穆奏記勸戒梁冀曰, "明年丁亥之歲, 刑德合於乾位,
『易經』龍戰之會, 陽道將勝, 陰道將負. 願將軍專心公朝, 割除私欲,
廣求賢能, 斥遠佞惡, 為皇帝置師傅, 得小心忠篤敦禮之士, 將軍與
之俱入, 參勸講援, 師賢法古, 此猶倚南山·坐平原也, 誰能傾之! 議
郎大夫之位, 本以式序儒術高行之士, 今多非其人, 九卿之中亦有乖
其任者, 惟將軍察焉!" 又薦种暠·欒巴等, 冀不能用. 穆, 暉之孫也.

九月, 戊戌, 追尊河間孝王為孝穆皇, 夫人趙氏曰孝穆后, 廟曰清
廟, 陵曰樂成陵. 蠡吾先侯曰孝崇皇, 廟曰烈廟, 陵曰博陵. 皆置令·
丞·使司徒持節奉策書璽綬, 祠以太牢.

冬, 十月, 甲午, 尊帝母匽氏為博園貴人.

滕撫性方直, 不交權勢, 為宦官所惡. 論討賊功當封, 太尉胡廣承

旨奏黜之. 卒於家.

한환제漢桓帝 건화建和 원년(AD 147)

1) 봄 정월 초하루, 일식이 있었다.

2) 1월 8일, 천하에 사면령을 내렸다.

3) 3월, 용이 초현譙縣안휘성 박현에 내렸다.

4) 여름 4월 11일, 경사에 지진이 났다.

5) 훙거한 부릉왕阜陵王 유대劉代의 형인 발주정후勃遒亭侯 유편劉便을 부릉왕阜陵王으로 삼았다.

6) 6월, 태위 호광胡廣을 파직하고, 광록훈 두교杜喬를 태위로 삼았다. 이고가 폐출되면서부터 조야는 기氣가 저상沮喪됐다. 군신들이 옆으로 비켜 서 있기만 하는 측족이립側足而立을 한 이유다. 오직 두교만은 정색正色을 하며 뜻을 굽히는 회요回橈를 하지 않았다. 이에 조야가 모두 기대며 우러러보는 의망倚望을 했다.

7) 가을 7월, 발해효왕渤海孝王 유홍劉鴻이 훙거했다. 자식이 없었다. 양태후가 황제의 동생인 여오후蠡吾侯 유회劉悝를 발해왕으로 삼고, 유홍의 제사를 받들게 했다.

8) 조서를 내려 황제 옹립 계책에 대한 공로인 책공策功을 정했다. 양기에게 13,000호를 익봉益封했다. 양기의 동생 양불의梁不疑를 영양후潁陽侯하남성 허탕현 서남쪽, 양몽梁蒙을 서평후西平侯하남성 서평현, 양기의 아들 양윤梁胤을 양읍후襄邑侯하남성 양성현, 호광胡廣을 안락후安樂侯하남성 남소현, 조계趙戒를 주정후廚亭侯, 원탕袁湯을 안국후安國侯에 봉했다. 또 중상시中常侍 유광劉廣과 조등曹騰, 주도州輔 등 7명을 모두 열후인 정후亭侯로 삼았다.

태위 두교杜喬가 간했다.

"옛날의 명군明君은 모두 현인을 등용하고 상벌賞罰을 바로 하는 데 힘썼습니다. 실국失國의 군주라 할지라도 어찌 그 조정에 곧고 중심이 되는 정간지신貞幹之臣과 나라를 다스리는 법령규정인 전고지편典誥之篇이 없겠습니까? 우환은 현인을 얻는 득현得賢을 해도 그 계모를 쓰지 않고, 법령집을 갖추는 도서韜書를 해도 그 가르침을 시행치 않고, 훌륭한 말을 듣는 문선聞善을 해도 그 뜻을 신뢰하지 않고, 참소를 듣는 청참聽讒을 해도 그 이유를 살피지 않는 데 있습니다. 폐하가 번신藩臣으로 있다가 즉위하자 천하 사람들인 천인天人은 한마음으로 귀의하는 속심屬心을 했습니다. 그러나 충현忠賢에 대한 예를 차리지 않고 좌우를 책봉하는 일을 했습니다. 양씨 집안과 환관 가운데 보잘 것 없는 미얼微孽이 공도 없는데 인수를 단 띠인 불紱을 허리에 차고, 수고한 공신인 노신勞臣의 식읍을 나눠서 점거한 이유입니다. 그 어그러지고 참람한 괴람乖濫을 어찌 다 말로 표현할 수 있겠습니까? 무릇 공이 있는데도 상을 받지 못하면 선행을 하면서도 희망을 잃게 됩니다. 또 간사한 짓을 추궁하지 않으면 악인들이 더욱 흉악한 짓을 벌이게 됩니다. 형벌을 가하는 도끼를 진열해도 사람들이 두려워하지 않고, 작위를 나눠준다 해도 사람들이 아무런 반응을 보이지 않는 이유입니다. 실로 마침내 이런 노선으로 계속 가면 어찌 정사를 상하게 하여 어지러운 상정위란傷政為亂만 빚어지겠습니까? 몸을 잃고 나라를 망치는 상신망국喪身亡國으로 이어지니 어찌 신중하지 않을 수 있겠습니까!"

상서가 올라갔으나 살펴보지 않았다.

9) 8월 18일, 황태후 양납梁妠의 동생인 양여영梁女瑩을 황후로 세웠다. 양기는 후례厚禮로 맞이하고자 했으나 두교가 구전舊典을 근거로 들어주지 않았다. 양기가 또 두교에게 부탁해 범궁氾宮을 상서로 삼고자 했으나 두교는 전에 장죄贓罪를 범한 것을 이유로 등용하지 않았다. 이로 인

해 날로 양기의 뜻을 거스르게 됐다.

9월 9일, 경사에 지진이 났다. 두교가 재이災異로 인해 책서策書를 통해 면직됐다.

겨울 10월, 사도 조계趙戒를 태위, 사공 원탕袁湯을 사도, 옛 태위였던 호광胡廣을 사공으로 삼았다.

10) 환관인 당형唐衡과 좌관左悺이 함께 황제에게 두교를 참소했다.

"폐하가 전에 즉위할 때 두교와 이고가 반대하는 의견을 펴는 항의抗議를 했습니다. 한나라 종실의 제사를 받드는 일을 감당할 수 없다고 한 것입니다."

황제 역시 원한을 갖게 됐다.

11월, 청하淸河 출신 유문劉文이 남군南郡의 요적妖賊 유유劉鮪와 교통하며 망언妄言을 했다.

"청하왕이 의당 천하를 통치하는 통천하統天下를 해야 한다."

함께 청하왕 유산劉蒜을 옹립하고자 한 이유다. 일이 발각돼 유문 등은 마침내 청하국淸河國의 재상 사고謝暠를 위협했다.

"의당 청하왕을 천자, 사고를 삼공으로 삼아야 할 것이오."

사고가 꾸짖자 유문이 사고를 척살했다. 이에 유문과 유유를 체포해 주살했다. 유사有司가 유산을 탄핵하는 상주문을 올리자 작위를 깎는 폄작貶爵을 하여 위씨후尉氏侯로 삼은 뒤 계양桂陽호남성 빈현으로 옮기게 했다. 유산이 자살했다.

양기가 이를 기화로 이고李固와 두교杜喬를 무함했다. 유문 및 유유와 서로 교통하며 일을 꾀한 까닭에 체포하여 죄를 물어야 한다는 내용이었다. 양태후는 평소 두교의 충성심을 알고 있어 허락하지 않았다. 양기가 마침내 이고를 체포해 하옥시켰다. 문생門生인 발해渤海 출신 왕조王調가 형구를 짊어지는 관계貫械의 모습으로 상서하며 이고의 억울함을 증명했다. 하내河內 출신 조승趙承 등 수십 명 또한 도끼머리와 모루인 부질鈇鑕의 형구를 허리에 차고 궁궐로 와서 호소했다. 양태후가 조서를 내려 그를 사면했다. 그가 출옥하자 경사의 시리市里에서 모두 '만세'를 불렀다.

양기가 이 소식을 듣고는 대경大驚했다. 이고의 명성과 덕망이 끝내는 자신을 해칠까 두려운 나머지 이전의 유문 및 유유 사건을 다시 들춰내 상주했다. 대장군부의 장사長史 오우吳祐는 양기가 이고를 중상한 것을 이유로 양기와 다퉜다. 양기가 화를 내며 오우의 말을 따르지 않았다. 종사중랑從事中郞 마융馬融은 주로 양기를 위해 장표章表를 지었다. 마융이 마침 그곳에 앉아 있자 오우가 마융에게 말했다.

"이공李公 즉 이고의 죄는 경의 손에 의해 만들어질 것이오. 그가 만일 주살되면 무슨 면목으로 천하 사람들을 볼 것이오!"

양기가 화를 내며 자리에서 일어나 입실했다. 오우도 자리를 떴다. 이고가 마침내 옥중에서 죽었다. 죽음에 임박해 호광胡廣과 조계趙戒에서 서신을 보냈다.

"나 이고는 나라의 후은厚恩을 입었소. 고굉股肱의 역할을 다하며 죽음을 돌아보지 않고, 왕실을 부지扶持하려는 뜻을 지니고, 한문제와 한선제 때보다 더욱 융성하게 만들고자 노력한 이유요. 어찌하여 공 등이 일조一朝에 양씨에게 미류迷謬되어 허리를 굽혀 좇는 곡종曲從을 함으로써 길조를 흉조로 만드는 이길위흉以吉爲凶과 이뤄질 일이 실패로 끝나는 성사위패成事爲敗를 조성한 것이오! 한가漢家의 쇠미衰微는 여기서부터 시작할 것이오. 공 등은 주군으로부터 후록厚祿을 받으면서 넘어져도 부축하지 못하는 전이불부顚而不扶[203]로 인해 국가대사를 경복傾覆하게 만

---

203   전이불부顚而不扶는 『논어』「계씨」에서 '나라가 위태로운데도 붙잡지 못하고, 군주가 넘어지는데도 부축하지 못한다면 정차 그런 사람을 어찌 보필하는 자로 삼을 수 있겠

들었소. 후세의 뛰어난 사가인 양사良史가 이를 두고 어찌 사사롭게 기록할 리 있겠소! 이고는 몸이 이미 끝났으나 의로움에서는 얻은 바가 있소. 무릇 다시 무슨 말을 하겠소!"

호광과 조계는 서신을 다 읽고 슬퍼하며 부끄러워하는 비참悲慚의 모습을 보였다. 모두 장탄식을 하며 눈물만 흘릴 뿐이었다. 양기가 사람을 시켜 두교杜喬를 위협했다.

"서둘러 마땅히 좇아야 할 일인 종의從宜 즉 자진을 하면 처자는 가히 온전할 수 있을 것이오."

두교가 수긍하지 않았다. 다음날 양기가 기병騎兵을 그의 집 문 앞으로 보냈다. 곡하는 소리를 듣지 못하자 마침내 태후에게 고한 뒤 수계收繫했다. 두교 역시 옥중에서 죽었다.

양기는 이고와 두교의 시신을 성북城北의 사거리인 사구四衢에 드러나게 버려둔 뒤 이같이 명했다.

"감히 이곳에 와서 곡하는 자가 있으면 그 죄를 덧붙여 처벌할 것이다."

이고의 제자인 여남汝南 출신 곽량郭亮은 아직 관례冠禮를 올리지 않은 미성년의 미관未冠이었다. 왼손에 주장奏章과 도끼인 월鉞, 오른손에 도끼머리와 모루인 부질鈇鑕을 든 채 궁궐로 가 상서했다. 스승인 이고의 시신 수습에 대한 허락을 간청했으나 회보가 없었다. 남양 출신 동반董班과 함께 가서 곡을 하고 시신을 지키며 떠나지 않았다. 하문정장夏門亭長이 이들을 꾸짖었다.

"그대들은 실로 썩어빠진 유생인 부생腐生일 뿐이오! 공공연히 조서를

는가?'라는 취지로 언급한 '위이부지危而不持, 전이불부顚而不扶, 즉장언용피상의則將焉用彼相矣' 구절에서 인용한 것이다.

범하며 유사有司를 시험하고자 하는 것이오!"

곽량이 대답했다.

"대의로 움직이는데 어찌 성명性命을 돌아보고, 죽는 것을 두려워하겠는가!"

양태후가 이 소식을 듣고는 모두 사면해 죽이지 않았다. 두교 휘하의 옛 연리掾吏인 진류 출신 양광楊匡은 호읍號泣하며 밤새도록 길을 걷는 성행星行을 하여 낙양에 도착했다. 옛날에 쓰던 붉은 두건인 적책赤幘을 쓴 뒤 하문정리夏門亭吏를 가탁하여 시신을 수호守護했다. 12일이 지나 관원의 비리를 적발하는 사례교위 소속의 도관종사都官從事가 그를 잡아간 뒤 정황을 보고했다. 태후가 사면해 주었다.

양광이 이어 궁궐로 가서 서신을 올리고 아울러 이고와 두교의 해골骸骨 수습한 뒤 고향에 돌아가 장사지내는 귀장歸葬에 대한 허락을 청했다. 양태후가 허락했다. 양광이 두교의 영구를 호송해 고향으로 돌아온 뒤 장사지내고 상복의 예를 행했다. 마침내 곽량郭亮 및 동반董班과 함께 모두 은닉隱匿한 채 종신토록 벼슬을 하지 않았다.

양기는 이고를 추종하며 자신의 말을 좇지 않은 대장군부의 장사長史인 오우吳祐를 내쳐 하간국河間國의 재상으로 삼았으나, 오우는 스스로 면직한 뒤 고향으로 돌아가 집에서 졸卒했다. 양기는 유유劉鮪의 난 당시 대장군부의 연리掾吏로 있던 주목朱穆이 건의한 권계勸戒 내용을 상기했다. 이에 충고种暠를 종사중랑從事中郎으로 삼고, 난파欒巴를 천거해 의랑議郎으로 삼았다. 또 주목을 대장군부 내에서 뛰어난 실력을 지닌 고제高第로 천거해 시어사侍御史로 삼았다.

11) 이 해에 흉노의 제35대 선우인 남선우 두루저兜樓儲가 죽고, 난제 차아欒提車兒가 제36대 이릉시축취伊陵屍逐就 선우로 즉위했다.

＊孝桓皇帝建和元年

春, 正月, 辛亥朔, 日有食之.

戊午, 赦天下.

三月, 龍見譙.

夏, 四月, 庚寅, 京師地震.

立阜陵王代兄勃遒亭侯便為阜陵王.

六月, 太尉胡廣罷. 光祿勳杜喬為太尉. 自李固之廢, 內外喪氣, 群臣側足而立, 唯喬正色無所回橈, 由是朝野皆倚望焉.

秋, 七月, 渤海孝王鴻薨, 無子. 太后立帝弟蠡吾侯悝為渤海王, 以奉鴻祀.

詔以定策功, 益封梁冀萬三千戶, 封冀弟不疑為潁陽侯, 蒙為西平侯, 冀子胤為襄邑侯, 胡廣為安樂侯, 趙戒為廚亭侯, 袁湯為安國侯. 又封中常侍劉廣等皆為列侯. 杜喬諫曰, "古之明君, 皆以用賢·賞罰為務. 失國之主, 其朝豈無貞幹之臣, 典誥之篇哉? 患得賢不用其謀, 韜書不施其教, 聞善不信其義, 聽讒不審其理也. 陛下自藩臣即位, 天人屬心, 不急忠賢之禮而先左右之封, 梁氏一門, 宦者微孽, 幷帶無功之紱, 裂勞臣之土, 其為乖濫, 胡可勝言! 夫有功不賞, 為善失其望. 奸回不詰, 為惡肆其凶. 故陳資斧而人靡畏, 班爵位而物無勸. 苟逞斯道, 豈伊傷政為亂而已, 喪身亡國, 可不慎哉!" 書奏, 不省.

八月, 乙未, 立皇后梁氏. 梁冀欲以厚禮迎之, 杜喬據執舊典不聽. 冀屬喬舉氾宮為尚書, 喬以宮為贓罪, 不用. 由是日忤於冀. 九月, 丁卯, 京師地震. 喬以災異策免. 冬, 十月, 以司徒趙戒為太尉, 司空袁湯為司徒, 前太尉胡廣為司空.

宦者唐衡·左悺共譖杜喬於帝曰, "陛下前當即位, 喬與李固抗議,

以爲不堪奉漢宗祀." 帝亦怨之. 十一月, 淸河劉文與南郡妖賊劉鮪
交通, 妄言"淸河王當統天下", 欲共立蒜. 事覺, 文等遂劫淸河相謝
嵩曰, "當立王爲天子, 以嵩爲公." 嵩罵之, 文刺殺嵩. 於是捕文·鮪,
誅之. 有司劾奏蒜. 坐貶爵爲尉氏侯, 徙桂陽, 自殺. 梁冀因誣李固·
杜喬, 云與文·鮪等交通, 請逮按罪. 太后素知喬忠, 不許. 冀遂收固
下獄. 門生渤海王調貫械上書, 證固之枉, 河內趙承等數十人亦要鈇
鑕詣闕通訴. 太后詔赦之. 及出獄, 京師市里皆稱萬歲. 冀聞之, 大
驚, 畏固名德終爲己害, 乃更據奏前事. 大將軍長史吳祐傷固之枉,
與冀爭之. 冀怒, 不從. 從事中郎馬融主爲冀作章表, 融時在坐, 祐
謂融曰, "李公之罪, 成於卿手. 李公若誅, 卿何面目視天下人!" 冀
怒, 起, 入室. 祐亦徑去. 固遂死於獄中. 臨命, 與胡廣·趙戒書曰,
"固受國厚恩, 是以竭其股肱, 不顧死亡, 志欲扶持王室, 比隆文宣. 何圖
一朝梁氏迷謬, 公等曲從, 以吉爲凶, 成事爲敗乎! 漢家衰微, 從此始矣.
公等受主厚祿, 顚而不扶, 傾覆大事, 後之良史豈有所私! 固身已矣,
於義得矣, 夫復何言!" 廣·戒得書悲慚, 皆長歎流涕而已. 冀使人脅
杜喬曰, "早從宜, 妻子可得全." 喬不肯. 明日, 冀遣騎至其門, 不聞
哭者, 遂白太后收繫之. 亦死獄中.

冀暴固·喬屍於城北四衢, 令曰, "有敢臨者加其罪." 固弟子汝南郭
亮尙未冠, 左提章·鉞, 右秉鈇鑕, 詣闕上書, 乞收固屍, 不報. 與南
陽董班俱往臨哭, 守喪不去. 夏門亭長呵之曰, "卿曹何等腐生! 公
犯詔書, 欲干試有司乎!" 亮曰, "義之所動, 豈知性命, 何爲以死相懼
邪!" 太后聞之, 皆赦不誅. 杜喬故掾陳留楊匡, 號泣星行, 到雒陽,
著故赤幘, 托爲夏門亭吏, 守護屍喪, 積十二日. 都官從事執之以聞,
太后赦之. 匡因詣闕上書, 幷乞李·杜二公骸骨, 使得歸葬, 太后許
之. 匡送喬喪還家, 葬訖, 行服, 遂與郭亮·董班皆隱匿, 終身不仕.

梁冀出吳祐為河間相, 祐自免歸, 卒於家. 冀以劉鮪之亂, 思朱穆之言, 於是請种暠為從事中郎, 薦欒巴為議郎, 舉穆高第, 為侍御史.

是歲, 南單于兜樓儲死, 伊陵屍逐就單于車兒立.

한환제 건화 2년(AD 148)

1) 봄 정월 19일, 황제가 17세가 되어 관례冠禮를 뜻하는 원복元服을 입었다.

1월 25일, 천하에 사면령을 내렸다.

2) 3월 24일, 황제가 양태후를 좇아 대장군 양기의 저택에 행차했다.

3) 백마白馬 부락의 강족이 광한속국廣漢屬國감숙성 문현을 침구해 장리長史를 죽였다. 익주 자사가 서남이西南夷인 판순板楯의 만족을 이끌고 토벌에 나서 강족을 격파했다.

4) 여름 4월 3일, 황제의 동생 유고劉顧를 평원왕平原王에 봉하고, 효숭황孝崇皇으로 추존된 황제의 부친 유익劉翼의 제사를 받들게 했다. 효숭황의 부인 마씨馬氏를 효숭원귀인孝崇園貴人으로 높였다.

5) 5월 10일, 북궁北宮의 액정掖廷에 있는 덕양전德陽殿과 좌액문左掖門에 화재가 났다. 황제를 태운 거가車駕가 남궁南宮으로 옮겨갔다.

6) 6월, 양기는 청하왕 유산劉蒜이 자진한 것을 꺼린 나머지 청하清河의 명칭을 감릉甘陵으로 바꿨다. 한평효왕安平孝王 유득劉得의 아들인 경후經侯 유리劉理를 감릉왕甘陵王으로 삼은 뒤 한안제의 생부인 효덕황孝德皇 유경劉慶의 제사를 받들게 했다.

7) 가을 7월, 경사에 대수大水가 있었다.

* 孝桓皇帝建和二年

春, 正月, 甲子, 帝加元服. 庚午, 赦天下.

三月, 戊辰, 帝從皇太后幸大將軍冀府.

白馬羌寇廣漢屬國, 殺長吏. 益州刺史率板楯蠻討破之.

夏, 四月, 丙子, 封帝弟顧為平原王, 奉孝崇皇祀. 尊孝崇皇夫人馬氏為孝崇園貴人.

五月, 癸丑, 北宮掖廷中德陽殿及左掖門火, 車駕移幸南宮.

六月, 改清河為甘陵. 立安平孝王得子經侯理為甘陵王. 奉孝德皇祀.

秋, 七月, 京師大水.

한환제 건화 3년(AD 149)

1) 여름 4월 30일, 일식이 있었다.

2) 가을 8월 30일, 패성이 백성의 거주지를 상징하는 천시원天市垣에 나타났다.

3) 경사에 대수大水가 있었다.

4) 9월 14일, 지진이 났다.

9월 25일, 또 지진이 났다.

5) 군국郡國에 있는 5곳의 산이 무너졌다.

6) 겨울 10월, 태위 조계趙戒가 면직됐다. 사도 원탕袁湯을 태위로 삼았다. 대사농인 하내河內 출신 장흠張歆을 사도로 삼았다.

7) 이 해에 예전 낭릉후국朗陵侯國의 재상인 순숙荀淑이 졸卒했다. 순숙은 어려서부터 널리 학문을 익히고, 높은 수행을 했다. 당세當世의 명현名賢 이고李固와 이응李膺이 모두 스승의 으뜸인 사종師宗으로 여겼다. 순숙은 낭릉朗陵하남성 확산현에 있을 때 정사를 보면서 일을 밝게 처리하는 명치明治로 인해 신군神君이라는 칭호를 얻었고, 생전에 8명의 자식을 두었다. 순검荀儉과 순곤荀緄, 순정荀靖, 순도荀燾, 순왕荀汪, 순상荀爽, 순

숙荀肅, 순전荀專 등이 그들이다. 이들 모두 명성과 칭송이 자자했다. 당시 사람들은 이들을 8룡八龍으로 불렀다. 이들이 거주하는 마을은 옛 이름이 서호西豪였다. 영음穎陰 하남성 허창시 현령인 발해 출신 원강苑康이 전설적인 오제五帝의 일원인 고양씨高陽氏에게 재주가 뛰어난 8명의 아들[204]이 있는 것을 생각해 마을의 이름을 '고양리高陽里'로 바꿨다.

이응은 성정이 간약하고 소박한 간항簡亢의 모습을 보였다. 사람과 교류하는 교접交接이 없었던 이유다. 오직 순숙만을 스승으로 삼고, 동군同郡의 진식陳寔만을 친구로 사귀었을 뿐이다. 순숙의 아들 순상荀爽이 일찍이 이응을 찾아가 뵙는 취알就謁을 하여 그 기회에 수레로 모신 뒤 돌아와서는 크게 기뻐하며 이같이 말했다.

"오늘 이내 이군李君의 수레를 몰았다!"

이응을 만나 사모하는 것이 이와 같았다.

진식陳寔은 외롭고 한미한 집안인 단미單微 출신으로, 군郡의 서문정장西門亭長이 됐다. 같은 군에 사는 종호鍾皓가 독행篤行으로 칭송을 받아 앞뒤로 모두 9차례에 걸쳐 공부公府로부터 벽소辟召를 받았다. 연배가 진식보다 훨씬 많았지만 진식을 끌어들여 친구로 삼았다. 종호가 군의 공

---

204 원문은 재자8인才子八人이다. 『춘추좌전』「노문공 18년」조에 이들에 관한 일화가 나온다. "옛날에 고양씨高陽氏 전욱顓頊에게 8명의 훌륭한 아들이 있었다. 창서蒼舒와 퇴애隤敳, 도연檮戭, 대림大臨, 방강尨降, 정견庭堅, 중용仲容, 숙달叔達 등이 그들이다. 이들은 중용을 지키고 매사에 통달하며 도량이 넓고 생각이 깊은 제성광연齊聖廣淵과 밝고 믿음이 있으며 두텁고 성실한 명윤독성明允篤誠의 모습을 보였다. 천하의 백성들이 이들을 두고 8명의 온화한 인물이라는 뜻의 8개八愷로 불렀다. 고신씨高辛氏 제곡帝嚳에게도 8명의 훌륭한 아들이 있었다. 백분伯奮과 중감仲堪, 숙헌叔獻, 계중季仲, 백호伯虎, 중웅仲熊, 숙표叔豹, 계리季貍가 그들이다. 이들은 충실하고 공경스러우며 장중하고 순수하게 아름다운 충숙공의忠肅共懿와 주밀하고 자애로우며 어질고 너그러운 선자혜화宣慈惠和의 모습을 보였다. 천하의 백성들이 이들을 두고 8명의 선량한 인물이라는 뜻의 8원八元으로 불렀다."는 구절이 그것이다.

조공조曹가 됐을 때 사도부司徒府에 벽소됐다. 떠날 때 태수가 물었다.

"누가 가히 경을 대신할 만하오?"

종호가 대답했다.

"명부明府가 반드시 그런 사람을 기용하고자 하면 서문정장 진식이 가할 것입니다."

진식이 이를 듣고 말했다.

"종군鍾君이 사람을 주의 깊게 살피지 않는 듯하다. 어찌하여 나만을 안다고 말한 것인지 모르겠다!"

태수가 마침내 진식을 공조로 삼았다.

당시 중상시인 산양山陽 출신 후람侯覽이 태수 고륜高倫에게 지인을 관원으로 기용해 줄 것을 부탁했다. 고륜은 자신이 서명한 교서敎署를 통해 그를 문학연文學掾으로 삼았다. 진식은 그가 적당한 인물이 아닌 것을 알고는 은밀히 임명서를 갖고 와 청견請見한 뒤 이같이 말했다.

"이 사람은 의당 기용해서는 안 되나 중상시 후람의 부탁을 어길 수도 없을 것입니다. 청컨대 저 진식이 밖에서 임용을 요청한 것에 서명한 것으로 하십시오. 그러면 족히 명덕明德을 더럽히지는 않을 것입니다."

고륜이 이를 좇았다. 사람들은 진식의 용인이 부당하다고 책망하며 괴이하게 여겼다. 그러나 진식은 끝내 이에 관해 아무 말도 하지 않았다. 고륜은 이후 징소돼 상서가 됐다. 군郡의 사대부士大夫들이 환송을 위해 윤씨현綸氏縣하남성 등봉현까지 가게 되자 고륜이 여러 사람들에게 말했다.

"나는 전에 중상시 후람으로부터 인사 청탁을 받았소. 그때 진군陳君이 은밀히 내가 내린 임명서를 돌려주면서 대외적으로 자신이 인사 청탁을 한 것처럼 해달라고 했소. 근자에 듣건대 논의하는 자들은 이로 인해 그를 경시한다고 하오. 이는 전에 태수로 있던 내가 후람의 힘을 두려워한 데서 비롯된 일이오. 진군은 가히 '선행은 주군이 했다고 하고, 과오는 내가 했다'고 말할 사람이오."

진식이 스스로 허물을 뒤집어쓴 소식을 들은 사람들은 바야흐로 크게 탄식했다. 천하 사람들은 그의 덕에 감복했다. 진식은 나중에 태구太丘하남성 영성현 현장이 됐다. 덕을 닦아 청정清静한 모습을 보이자 백성들이 편안해 했다. 이웃 현에 사는 백성들 가운데 귀부하려는 자가 있으면 진식이 번번이 훈도訓導하여 각각 본향으로 돌아가게 했다.

상급 부서 관원인 사관司官이 순행에 나서면 현리縣吏들은 혹여 백성들 가운데 소송을 하는 자가 있지나 않을까 염려했다. 이를 금지시키겠다고 말하자 진식이 반대했다.

"소송은 정직正直을 찾으려는 생각에서 나온 것이오. 이를 금지시키면 옳은 이치가 어찌 펼쳐질 수 있겠소! 저지하는 일이 없도록 하시오."

상급 부서 관원들이 이 얘기를 듣고 탄식했다.

"진군陳君의 말이 이와 같은데 어찌 억울한 일을 당하는 일이 있을 수 있겠는가!"

역시 끝내 소송을 하는 자가 없었다. 패국沛國안휘성 수계현의 재상이 세금을 거두는 부렴賦斂에서 법을 어기자 인수를 풀어 놓고 떠나버렸다. 이민吏民이 그를 초모하며 생각하는 추사追思를 했다. 종호는 평소 순숙과 비슷한 명성을 지니고 있었다. 이응이 늘 감탄했다.

"순군荀君의 밝은 식견은 따라가기가 어렵고, 종군鍾君의 지극한 덕은 가히 본받을 만하다."

종호의 조카인 종근鍾瑾의 모친은 이응의 고모이다. 종근은 호학好學하며 옛 것을 사모하는 모고慕古의 모습으로 퇴양退讓하는 기풍이 있었다. 이응과 동년同年으로, 모두 성명聲名이 있었다. 이응의 조부였던 태위 이수李修는 늘 이같이 말하곤 했다.

"종근은 우리 집안사람들 성격과 비슷하다. 공자는 『논어』에서 '나라에 도가 있으면 버려지지 않을 것이고, 나라에 도가 없을지라도 형륙刑戮을 면할 것이다'[205]라고 한 것과 같다."

그러고는 다시 이응의 누이동생을 종근에게 시집을 보냈다. 이응이 고종사촌이자 매제인 종근에게 말했다.

"맹자가 말하기를, '사람이 되어 시비지심是非之心이 없으면 사람이 아니다'라고 했소. 매제는 흑백에 대해 구분이 이처럼 분명치 못한 것이오!"

종근이 일찍이 이응이 한 말을 숙부인 종호에게 고하자 종호가 말했다.

"자가 원례元禮인 이응의 조부인 태위 이수李修와 부친인 조나라 재상 이익李益은 관직에 있을 때 모든 종친들이 나란히 번성했다. 그런 까닭에 그리 할 수 있는 것이다! 옛날 춘추시대 당시 제나라 대부 국무자國武子 즉 국좌國佐는 남의 허물을 들춰내는 것을 좋아해 사람들의 원망과 미움인 원오怨惡를 샀다.[206] 지금이 어떤 시기인가! 반드시 몸을 보전하고 집안을 온전히 하는 보신전가保身全家를 하고자 하면 네가 지금 취하는 방도는 나름 귀한 것이다."

---

205 원문은 '방유도불폐邦有道不廢, 방무도면어형륙邦無道免於刑戮'이다. 『논어』「공야장」에 따르면 하루는 공자가 제자 공야장公冶長을 두고 평하기를, "사위로 삼을 만하다. 비록 수감을 당한 처지에 있었으나 이는 그의 죄로 인한 것이 아니었다."고 했다. 그리고는 자신의 딸을 처로 삼게 했다. 이어 제자인 남용南容을 두고 평하기를, "나라에 도가 있으면 버려지지 않을 것이고, 나라에 도가 없을지라도 형륙刑戮을 면할 것이다."라고 했다.

206 『춘추좌전』「노성공 18년」조에 제영공齊靈公이 형벌담당 관원인 화면華免을 시켜 자신이 쉬는 내궁內宮의 전당前堂에서 국좌國佐를 찔러 죽이게 한 내용이 나온다. 「노성공 18년」조는 국좌가 정나라를 치라는 군명君命을 어기고 멋대로 돌아가 대부 경극慶克을 죽이고 곡穀 땅을 근거로 반기를 들었기 때문이라고 기록해 놓았다.

＊孝桓皇帝建和三年

夏, 四月, 丁卯晦, 日有食之.

秋, 八月, 乙丑, 有星孛於天市.

京師大水.

九月, 己卯, 地震. 庚寅, 地又震.

郡·國五山崩. 冬, 十月, 太尉趙戒免. 以司徒袁湯為太尉, 大司農河內張歆為司徒.

是歲, 前朗陵侯相荀淑卒. 淑少博學有高行, 當世名賢李固·李膺皆師宗之. 在朗陵, 蒞事明治, 稱為神君. 有子八人. 儉·緄·靖·燾·汪·爽·肅·專, 幷有名稱, 時人謂之八龍. 所居里舊名西豪, 潁陰令渤海苑康以為昔高陽氏有才子八人, 更命其里曰高陽里. 膺性簡亢, 無所交接, 唯以淑為師, 以同郡陳寔為友. 荀爽嘗就謁膺, 因為其御. 既還, 喜曰, "今日乃得御李君矣!" 其見慕如此. 陳寔出於單微, 為郡西門亭長. 同郡鍾皓以篤行稱, 前後九辟公府, 年輩遠在寔前, 引與為友. 皓為郡功曹, 辟司徒府. 臨辭, 太守問曰, "誰可代卿者?" 皓曰, "明府欲必得其人, 西門亭長陳寔可." 寔聞之曰, "鍾君似不察人, 不知何獨識我!" 太守遂以寔為功曹. 時中常侍山陽侯覽托太守高倫用吏, 倫教署為文學掾, 寔知非其人, 懷檄請見, 言曰, "此人不宜用, 而侯常侍不可違, 寔乞從外署, 不足以塵明德." 倫從之. 於是鄉論怪其非舉, 寔終無所言. 倫後被徵為尚書, 郡中士大夫送至綸氏, 倫謂眾人曰, "吾前為侯常侍用吏, 陳君密持教還而於外白署, 比聞議者以此少之, 此咎由故人畏憚強禦, 陳君可謂'善則稱君, 過則稱己'者也." 寔固自引愆, 聞者方歎息, 由是天下服其德. 後為太丘長, 修德清靜, 百姓以安. 鄰縣民歸附者, 寔輒訓導譬解發遣, 各令還本. 司官行部, 吏慮民有訟者, 白欲禁之. 寔曰, "訟以求直, 禁之, 理將何

申! 其勿有所拘." 司官聞而歎息曰, "陳君所言若是, 豈有冤於人乎!" 亦
竟無訟者. 以沛相賦斂違法, 解印綬去. 吏民追思之. 鐘皓素與荀淑
齊名, 李膺常歎曰, "荀君清識難尚, 鍾君至德可師." 皓兄子瑾母, 膺
之姑也. 瑾好學慕古, 有退讓風, 與膺同年, 俱有聲名. 膺祖太尉修
常言曰, "瑾似我家性, '邦有道, 不廢. 邦無道, 免於刑戮'" 復以膺
妹妻之. 膺謂瑾曰, "孟子以為'人無是非之心, 非人也', 弟於是何太
無皁白邪!" 瑾嘗以膺言白皓. 皓曰, "元禮祖·父在位, 諸宗并盛, 故
得然乎! 昔國武子好招人過, 以致怨惡, 今豈其時邪! 必欲保身全
家, 爾道為貴."

한환제 화평和平 원년(AD 150)

1) 봄 정월 초하루, 천하에 사면령을 내리고 화평和平으로 개원했다.

2) 1월 2일, 양태후가 조서를 내려 황제에게 대정大政을 돌려주는 귀정
歸政을 하고, 비로소 황제를 대신해 천하대사를 처리하는 칭제稱制를 폐
지했다.

2월 22일, 양태후가 붕어했다.

3) 3월, 황제가 화재 후 복원이 된 북궁北宮으로 이사 차 행차했다.

4) 4월 3일[207], 순열황후順烈皇后인 양태후를 장사지냈다. 대장군 양기
에게 1만 호를 증봉增封하자 이전의 봉지와 합쳐 총 3만 호가 됐다. 양기
의 처 소수孫壽를 양성군襄城君으로 책봉한 뒤 아울러 양적현陽翟縣의
조세도 먹게 했다. 연간 수입이 5,000만 전에 달했다. 붉은 인수인 적불赤
紱을 하사했다. 황제의 딸과 누이 및 고모 등의 장공주長公主와 비슷했다.

---

207   원문은 갑오甲午이다. 3월에는 '갑오'가 없다. 앞에 '4월'이 누락됐을 공산이 크다.
'갑오'는 4월 3일에 해당한다. 번역문은 '4월 3일'로 바꿔 놓았다.

손수는 요사스런 자태인 요태妖態로 양기를 고혹蠱惑시키는 데 능했다. 양기가 심히 총애하면서도 꺼린 이유다. 양기의 총애를 받는 감노監奴 진궁秦宮은 관직이 대사농 휘하의 곡식 창고 담당인 태창령太倉令에 이르렀다. 손수의 처소를 출입하자 위권威權을 크게 떨쳤다. 자사와 2천석의 관원 모두 임지 출발 전에 그를 배견拜見하고 작별인사를 하는 알사謁辭를 하려 했다.

양기는 손수와 더불어 길을 사이에 두고 마주 보고 집을 짓는 대가위택對街爲宅과 토목공사를 끝까지 크게 일으키는 탄극토목殫極土木을 서로 다투듯 경쟁했다. 금옥金玉과 진괴珍怪를 장실藏室에 가득 채우고, 또 원포園圃를 넓게 만들고, 흙을 파서 산을 쌓고, 10리에 걸쳐 9개의 산등성이를 만들고, 심림深林의 계곡 사이로 떨어지는 시내인 절간絕澗을 조성해 마치 자연적으로 만들었다. 그 안에 기이한 날짐승인 기수奇禽와 길들인 들짐승인 순수馴獸가 날고뛰는 비주飛走를 하도록 했다. 양기와 손수가 함께 연거輦車를 타고 집안을 유관遊觀할 때면 많은 창기倡伎가 수종했고, 술을 마시고 노래하는 자들이 길을 가득 메우는 감구경로酣謳竟路를 했다. 어떤 때는 며칠을 계속해 밤까지 이어졌고, 큰 말을 타고 내달리며 멋대로 노닐었다. 빈객이 문에 이르러도 집안으로 들어갈 수 없게 되어 모두 문지기에게 사례하겠다고 청하자 문지기도 천금千金을 축적하게 됐다.

또 많은 임원林苑을 개척해 근현近縣까지 두루 미쳤다. 토끼를 풀어 놓은 동산인 토원兔苑이 하남河南의 성 서쪽에서 수십 리에 달했다. 토끼가 있는 곳에 격서檄書를 보내 살아 있는 토끼를 조발調發하게 하고, 그 털을 깎아 표시한 뒤 사람들 가운데 이를 잡는 자가 있으면 사형에 처했다. 일찍이 서역西域의 상인인 호모胡某가 금기禁忌 사항을 모른 채 토끼 한 마리를 오살誤殺했다. 서로 돌아가며 고발하는 바람에 연루돼 죽은 자만 10

여 명이나 됐다. 또 별도로 성의 서쪽에 집을 지어 간민奸民이나 도망자를 받아들이기도 하고 혹은 양민을 붙잡아 모두 노비로 삼았다. 그 수가 수천 명에 달했다. 이들을 일컬어 스스로 몸을 판 '자매인自賣人'이라고 했다.

양기는 손수의 말을 좇아 여러 양씨들 가운데 관직에 있는 자들의 자리를 대부분 척탈斥奪하고, 밖으로는 겸양謙讓을 드러냈다. 그러나 실제로는 손씨 가문의 지위를 높이기 위한 조치였다. 손씨 종친 가운데 그의 이름을 내세워 시중侍中과 경卿, 교校, 군수郡守, 장리長吏가 된 자가 10여 명이나 됐다. 모두 탐욕스럽고 음흉한 탐도흉음貪饕凶淫의 인물이었다. 각자 사사로이 빈객을 시켜 속현屬縣에 사는 부자들을 조사해 기록해 놓았다가 다른 죄를 뒤집어씌워 하옥시킨 뒤 매질 등의 고문인 약고掠拷를 가해 돈을 내고 스스로 대속代贖하게 했다. 자물貨物이 적은 자는 죽거나 유배에 처해지거나 했다.

부풍扶風 출신 사손분士孫奮은 부자로 살았으나 성격이 인색했다. 양기가 말과 수레를 보내 5,000만 전을 빌려줄 것을 요구했으나 사손분은 3,000만 전만 내주었다. 양기가 대로한 나머지 군현郡縣에 알려 사손분의 어미를 고을 태수의 창고지기 노비인 장비藏婢로 삼게 한 뒤 '백주白珠 10곡斛과 자금紫金 1,000근斤을 훔쳐 달아났다'고 무함했다. 마침내 사손분을 체포해 고문으로 그 형제들을 옥사하게 만든 뒤 그의 모든 재산 1억 7천만 전을 몰수했다.

양기는 또한 빈객들을 사방에 두루 파견했다. 멀리는 변경 밖인 새외塞外에 이르렀다. 기인한 물건을 널리 구했다. 그들이 다시 권력에 편승해 횡포를 부리고, 부녀를 강탈해 처로 삼고, 이졸吏卒을 구격驅擊했다. 그들이 있는 곳에 원독怨毒이 뒤따른 이유다.

시어사侍御史 주목朱穆은 전에 양기의 휘하에 있었던 까닭에 이내 건의 서신인 주기奏記로 이같이 간했다.

"명장군明將軍의 지반은 주평왕周平王의 외숙인 신백申伯과 같이 존귀합니다. 그 지위는 삼공의 우두머리이고, 하루만 선행을 해도 천하 사람들이 그 어짊에 귀의하는 천하귀인天下歸仁이 일어납니다. 그러나 아침을 끝낼 때까지 악행을 하면 천하가 기울어지고 무너지는 사해경복四海傾覆이 빚어집니다. 요즘에는 관민官民이 함께 궤멸됐고, 게다가 수해와 충해蟲害의 피해가 겹쳤고, 경사의 모든 관청의 필요한 경비도 증다增多했고, 조서를 내려 발조發調하는 것이 혹 10배에 달하는데도 각 관청에서는 재물을 찾아볼 수 없다고 말합니다. 이는 모두 의당 백성들에게서 나오는 것으로, 매질을 가해 재물을 강제로 빼앗는 식으로 관고를 채우는 상황입니다. 공부公賦가 이미 무거운데 개인적으로 거둬들이는 것 또한 심하게 됐습니다. 주목과 태수인 목수牧守와 장리長吏는 대부분 덕으로 선발한 게 아닌 까닭에 탐욕스럽게 그러모으는 탐취貪聚를 하며 만족할 줄 모르고, 백성을 만나면 포로처럼 대합니다. 혹자는 모진 채찍인 추초箠楚아래 절명하고, 혹자는 급박한 박절迫切의 요구를 견디지 못해 자진을 합니다. 또 이들은 백성의 것을 약탈하기도 하는데 모두 존부尊府인 대장군부에서 시킨 일이라고 가탁假托하고 있습니다. 마침내 천하 사람들이 대장군에게 원망을 품고, 이민吏民이 산독酸毒을 견디지 못해 길에서 탄차嘆嗟를 하는 이유입니다. 전에 한순제의 영화永和 연간 말기에 조정의 기강이 조금 해이해지자 자못 백성들이 희망을 잃었습니다. 불과 4–5년 만에 국고는 텅 비고 백성들이 흩어지자 아래로부터 민심이 이반하기 시작했습니다. 마면馬勉의 무리가 피폐를 틈타 반기를 일으켜 형주荊州와 양주揚州 사이에 거의 대환大患에 가까운 사태가 빚어졌습니다. 다행히 순열황후順烈皇后가 초기에 정사를 청정하게 한 덕분에 안팎에서 힘을 모아 간신히 적을 토벌해 평정을 찾을 수 있었습니다. 지금 백성들은 근심에 쌓인 척척戚戚의 모습을 한 채 영화永和 연간보다 더 큰 곤경에 처해 있습니다. 만일 안으로 인애지심仁愛之心으로 용인容忍하려 하지 않고, 밖으로 나라를 지키는 계책인 수국지계守國之計가 없으면 장구한 안정을 꾀할 수 없게 됩니다. 무릇 장상대신將相大臣과 원수元首[208]는 한 몸인 균체均體인 까닭에 함께 수레를 타고 내달리는 공여이치共輿而馳와 함께 배에 올라 강을 건너는 동주이제同舟而濟의 관계입니다. 수레가 넘어지거나 배가 전복되는 여경주복輿傾舟覆에서는 실로 우환을 함께 하게 됩니다. 어찌 밝은 곳을 버리고 어두운 곳으로 나아가는 거명즉매去明即昧와 위험한 길을 밟으면서 스스로 평안해하는 이위자안履危自安을 행하고, 주군이 외롭고 시국이 곤란한 주고시곤主孤時困의 상황에서 이를 슬퍼하지 않을 수 있겠습니까? 의당 때맞춰 재신宰臣과 태수 가운데 적당치 않은 자를 교체하고, 제택第宅과 원지園池에 대한 비용을 줄이고, 군국郡國에 봉송奉送되는 모든 것을 거절함으로써 안으로는 스스로를 밝히고, 밖으로는 사람들의 의혹을 풀어줘야 합니다. 그래야 간사한 생각을 품은 관원이 의탁할 곳이 없고, 사찰司察을 담당한 관원이 이목耳目을 모두 동원해 직책을 다할 수 있게 됩니다. 헌법과 제도인 헌도憲度를 이미 펼쳐놓고 멀고 가까운 곳을 하나같이 깨끗이 하면 장군은 몸이 존귀해지며 사적이 빛나는 신존사현身尊事顯과 덕망이 영원히 빛나는 덕요무궁德燿無窮을 누릴 것입니다!"

양기가 받아들이지 않았다. 양기는 조정의 권한을 멋대로 휘두르는 종횡縱橫을 하면서 황제 좌우의 환관과 교결交結하고, 그 자제와 빈객으로 주군州郡의 요직을 채우는 식으로 자신이 행사하는 은총을 굳건히 하려

---

208 원수元首는 통상 황제를 뜻하나 여기서는 우두머리를 지칭한 것으로 양기를 가리킨다.

했다. 시어사 주목이 다시 주기奏記를 올려 극간極諫했으나 양기는 좋내 깨닫지 못하고 회답 서신인 보서報書에서 이같이 말했다.

"만일 이와 같다면 나 역시 하나도 옳은 게 없단 말인가!"

그러나 평소 주목을 중시한 까닭에 심한 죄를 주지는 않았다.

양기가 서신을 보내 낙안樂安 태수 진번陳蕃에게 청탁한 일이 있으나 통하지 않았다. 사자가 다른 빈객을 사칭詐稱해 알현을 청하자 진번이 크게 노해 태장을 때려죽이는 태살笞殺을 했다. 이 일에 연루돼 수무修武하 _{남성 획가현의} 현령으로 좌천됐다.

당시 황자皇子에게 질환이 있었다. 군현郡縣에 명해 진약珍藥을 사들이도록 했다. 양기가 빈객을 파견하면서 서신을 들고 경조윤京兆尹을 찾아가 우황牛黃을 사오게 했다. 경조윤인 남양 출신 연독延篤이 서신을 꺼내보고는 빈객을 체포하며 말했다.

"대장군은 초방椒房의 외가이다. 황제의 아들에게 병이 있으면 반드시 의원의 처방을 올릴 것이다. 어찌 빈객에게 명해 1,000리 밖에서 이익을 구하도록 하겠는가!"

마침내 그 빈객을 죽였다. 양기는 부끄러워 말도 하지 못했다. 유사가 양기의 뜻을 받들어 그 일을 조사한 뒤 연독에게 병이 있다는 핑계로 면직시켰다.

5) 여름 5월 19일, 황제 유지의 모친인 박원언博園匽 귀인貴人을 높여 효숭후孝崇后, 궁宮을 영락궁永樂宮이라고 했다. 태복太僕과 소부少府, 그 이하의 관서를 두었다. 모두 황태후가 머무는 장락궁의 고사故事와 같게 했다. 거록군鉅鹿郡의 9개 현縣을 나눠 효숭후의 탕목읍湯沐邑으로 삼았다.

6) 가을 7월, 재동梓潼_{사천성 재동현의} 산이 무너졌다.

* 孝桓皇帝和平元年

春, 正月, 甲子, 赦天下. 改元.

乙丑, 太后詔歸政於帝, 始罷稱制. 二月, 甲寅, 太后梁氏崩.

三月, 車駕徙幸北宮.

甲午, 葬順烈皇后. 增封大將軍冀萬戶, 并前合三萬戶. 封冀妻孫壽為襄城君, 兼食陽翟租, 歲入五千萬, 加賜赤紱, 比長公主. 壽善為妖態以蠱惑冀, 冀甚寵憚之. 冀愛監奴秦宮, 官至太倉令, 得出入壽所, 威權大震, 刺史·二千石皆謁辭之. 冀與壽對街為宅, 彌極土木, 互相誇競, 金玉珍怪, 充積藏室. 又廣開園圃, 采土築山, 十里九阪, 深林絶澗, 有若自然, 奇禽馴獸飛走其間. 冀·壽共乘輦車, 遊觀第內, 多從倡伎, 酣謳竟路. 或連日繼夜以騁娛恣. 客到門不得通, 皆請謝門者, 門者累千金. 又多拓林苑, 周遍近縣, 起兔苑於河南城西, 經亙數十里, 移檄所在調發生兔, 刻其毛以為識, 人有犯者, 罪至死刑. 嘗有西域賈胡不知禁忌, 誤殺一兔, 轉相告言, 坐死者十餘人. 又起別第於城西, 以納奸亡. 或取良人悉為奴婢, 至數千口, 名曰自賣人. 冀用壽言, 多斥奪諸梁在位者, 外以示謙讓, 而實崇孫氏. 孫氏宗親冒名為侍中·卿·校·郡守·長吏者十餘人, 皆貪饕凶淫, 各遣私客籍屬縣富人, 被以它罪, 閉獄掠拷, 使出錢自贖, 貲物少者至於死·徙. 扶風人士孫奮, 居富而性吝, 冀以馬乘遺之, 從貸錢五千萬, 奮以三千萬與之. 冀大怒, 乃告郡縣, 認奮母為其守藏婢, 云盜白珠十斛·紫金千斤以叛, 遂收考奮兄弟死於獄中, 悉沒貲財億七千餘萬. 冀又遣客周流四方, 遠至塞外, 廣求異物, 而使人復乘勢橫暴, 妻略婦女, 驅擊吏卒, 所在怨毒.

侍御史朱穆自以冀故吏, 奏記諫曰, "明將軍地有申伯之尊, 位為群公之首, 一日行善, 天下歸仁. 終朝為惡, 四海傾覆. 頃者官民俱匱,加以水蟲為害, 京師諸官費用增多, 詔書發調, 或至十倍, 各言官無見財, 皆當出民, 手旁掠割剝, 強令充足. 公賦既重, 私斂又深, 牧守長吏多非德選, 貪聚無厭, 遇民如虜, 或絕命於箠楚之下, 或自賊於迫切之求. 又掠奪百姓, 皆托之尊府, 遂令將軍結怨天下, 吏民酸毒, 道路嘆嗟. 昔永和之末, 綱紀少弛, 頗失人望, 四五歲耳, 而財空戶散, 下有離心, 馬勉之徒乘敝而起, 荊·揚之間幾成大患. 幸賴順烈皇后初政清靜, 內外同力, 僅乃討定. 今百姓戚戚, 困于永和, 內非仁愛之心可得容忍, 外非守國之計所宜久安也. 夫將相大臣, 均體元首, 共輿而馳, 同舟而濟, 輿傾舟覆, 患實共之. 豈可以去明即昧, 履危自安, 主孤時困而莫之恤乎! 宜時易宰守非其人者, 減省第宅園池之費, 拒絕郡國諸所奉送, 內以自明, 外解人惑. 使挾奸之吏無所依托, 司察之臣得盡耳目. 憲度既張, 遠邇清壹, 則將軍身尊事顯, 德燿無窮矣!" 冀不納. 冀雖專朝縱橫, 而猶交結左右宦官, 任其子弟·賓客以為州郡要職, 欲以自固恩寵. 穆又奏記極諫, 冀終不悟, 報書云, "如此, 僕亦無一可邪!" 然素重穆, 亦不甚罪也.

冀遣書詣樂安太守陳蕃, 有所請托, 不得通. 使者詐稱它客求謁蕃. 蕃怒, 笞殺之. 坐左轉脩武令. 時皇子有疾, 下郡縣市珍藥, 而冀遣客繼書詣京兆, 并貨牛黃. 京兆尹南陽延篤發書收客, 曰, "大將軍椒房外家, 而皇子有疾, 必應陳進醫方, 豈當使客千里求利乎!" 遂殺之. 冀慚而不得言. 有司承旨求其事, 篤以病免. 夏, 五月, 庚辰, 尊博園匽貴人曰孝崇后, 宮曰永樂. 置太僕·少府以下, 皆如長樂宮故事. 分鉅鹿九縣為后湯沐邑.

秋, 七月, 梓潼山崩.

한환제 원가元嘉 원년(AD 151)

1) 봄 정월 초하루, 군신群臣들이 조하朝賀했다. 대장군 양기가 칼을 찬 채 궁궐로 들어오는 대검입성帶劍入省을 했다. 상서인 촉군蜀郡 출신 장릉張陵이 큰소리로 꾸짖으며 나가도록 명하는 가질령출呵叱令出을 한 뒤 우림羽林과 호본虎賁의 무사를 시켜 칼을 빼앗게 했다. 양기가 무릎을 꿇고 사죄하는 궤사跪謝를 했으나 장릉이 불응한 뒤 곧바로 탄핵의 상주문을 올려 정위에게 논죄論罪를 청했다. 조서를 내려 1년의 녹봉으로 대속代贖하게 했다. 모든 신료들이 숙연해했다. 하남윤 양불의梁不疑가 일찍이 장릉을 효렴으로 천거한 적이 있었다. 이내 장릉에게 말했다.

"옛날에 내가 그대를 천거했소. 공교롭게도 이게 나 자신을 벌하는 자벌自罰의 원인이 됐소!"

장릉이 대답했다.

"명부明府는 저 장릉이 불초한데도 잘못 보고 발탁한 것은 아닙니다. 지금 공적인 법도인 공헌公憲을 펴서 사은私恩을 갚으려고 하는 것입니다!"

양불의가 부끄러운 기색인 괴색愧色을 했다.

2) 1월 16일, 천하에 사면령을 내렸다. 연호를 원가元嘉로 바꿨다.

3) 하남윤인 양불의는 경서經書를 좋아하고 선비를 접대하는 것을 기뻐했다. 양기가 이를 질시한 나머지 양불의를 옮겨 광록훈光祿勳으로 삼고, 자신의 아들 양윤梁胤을 하남윤에 임명했다. 양윤은 나이가 16세로, 용모가 심히 누추했다. 관대冠帶를 이기지 못해 도로에서 보는 이들 가운데 비웃는 치소蚩笑를 하지 않는 자가 없었다.

양불의는 형제간에 사이가 벌어진 것을 스스로 부끄럽게 생각해 마침내 관직을 버리고 귀제歸第한 뒤 동생 양몽梁蒙과 함께 문을 굳게 닫고 스스로 분수를 지키는 폐문자수閉門自守를 했다. 양기는 양불의가 사람들과 교통하지 못하도록 몰래 사람을 시켜 변복을 한 뒤 그 문 앞에 가서 왕래하는 자들을 기록하게 했다. 남군南郡 태수 마융馬融과 강하江夏 태수 전명田明 등이 처음으로 관직을 받아 양불의의 문 앞을 지나다가 찾아가 보았다. 양기가 넌지시 유사에게 말해 마융이 군郡에 탐탁貪濁한 모습을 보였다고 상주하게 하고, 또 전명도 다른 일로 엮어 함정에 빠뜨렸다. 마융과 전명 모두 곤형髡刑과 태형笞刑을 당한 뒤 삭방朔方으로 유배를 떠나야 했다. 마융은 자살을 꾀했으나 죽지 않았고, 전명은 마침내 유배 도중 길에서 죽었다.

4) 여름 4월 3일, 황상이 미행微行하다가 하남윤 양윤梁胤의 부사府舍에 행차했다. 이날 대풍大風이 불어 나무가 뽑히고, 대낮인데도 어두웠다. 상서 양병楊秉이 상소했다.

"신이 듣건대, 하늘의 언어言語는 재이災異로 견고譴告한다고 합니다. 왕자王者는 지존至尊인 까닭에 출입出入에 법도가 있습니다. 미리 길에서 잡인이 다니지 못하게 한 뒤 가는 경필이행警蹕而行과 미리 방을 깨끗이 한 뒤 머무는 정실이지靜室而止가 그것입니다. 자신이 교묘郊廟의 의식에 참여하는 일이 아니면 고삐에 방울이 달린 말과 깃발이 있는 천자용 수레인 난기거鑾旗車를 타고 출궁하지 않는 법입니다. 이런 까닭에 제후가 여러 신하의 집으로 행차하는 것에 대해『춘추』는 경계해야 할 일로 열거해 놓았습니다.[209] 하물며 제왕의 의복인 법복法服을 한 채 사사로이 외출하여 유락遊樂하는 반유槃游를 함으로써 존비尊卑를 뒤섞고, 등급이 있는 위의威儀의 질서를 없애고, 시위侍衛가 공궁空宮을 지키게 하고, 새불

209　『춘추좌전』「노선공 10년」조에 따르면 기원전 599년에 진영공陳靈公이 하희夏姬와 통간하기 위해 하희의 아들인 하징서夏徵舒의 집에 행차했다가 피살됐다. 또 「노양공 25년」조에 따르면 기원전 548년에 제장공齊莊公이 당강棠姜과 통간하기 위해 대부 최저崔杼의 집에 행차했다가 피살된 바 있다. 이후 군주가 경계의 근거로 삼았다.

璽紱을 여첩女妾에게 맡기는 경우이겠습니까? 가령 비상한 변고와 임장任章의 모반[210]과 같은 일이 있으면 위로는 선제의 뜻을 저버리고, 아래로는 후회해도 소용없는 일이 빚어지게 됩니다!"

황제가 받아들이지 않았다. 양병은 양진楊震의 아들이다.

5) 경사에 한재旱災가 있었다. 임성任城과 양국梁國에 기근이 들어 백성들이 서로 잡아먹는 민상식民相食의 참사가 빚어졌다.

6) 사도 장흠張歆이 파직됐다. 광록훈 오웅吳雄을 사도로 삼았다.

7) 북흉노의 호연왕呼衍王이 이오伊吾신강성 하미현를 침구했다. 이오의 사마司馬 모개毛愷를 패배시키고, 이오의 둔성屯城을 공격했다. 돈황 태수 마달馬達에게 조서를 내려 군사를 이끌고 가 구하게 했다. 포류해蒲類海신강성 파리곤호 일대에 이르렀을 때 호연왕이 군사를 이끌고 떠났다.

8) 가을 7월 무릉武陵의 만이가 반란을 일으켰다.

9) 겨울 10월, 사공 호광胡廣이 나이가 들어 사직하는 치사致仕를 했다.

10) 11월 28일, 경사에 지진이 났다. 백관에게 조서를 내려 뛰어난 행보를 보이는 독행지사獨行之士를 천거하게 했다. 탁군涿郡에서 최식崔寔을 천거해 낙양의 궁문관리처인 공거서公車署에 이르게 했다. 최식이 칭병稱病하며 대책對策에 응하지 않다가 고향으로 돌아와 세사世事를 논한 저서를 펴냈다. 서명이 『정론政論』이었다. 그는 『정론』에서 이같이 설파했다.

"무릇 천하가 다스려지지 않는 것은 늘 인주人主가 태평성대의 지속으

210　원문은 임장지모任章之謀이다. 『후한서』「양진열전楊震列傳」에 따르면 '임장지모'는 한선제 때 임의任宜가 반역을 꾀하다 죽자 그의 아들 임장任章이 위성渭城으로 달아나 밤에 몰래 황가의 제묘祭廟에 섞여 들어가 위사衛士로 가장하여 한선제를 살해하려다가 실패한 사건을 가리킨다.

로 풍속이 피폐해져도 깨닫지 못하고, 정치가 침쇠浸衰해도 고치지 않고, 혼란에 익숙해져 위험을 안전으로 여기는 습란안위習亂安危로 인해 깜박 잊은 채 스스로 살피지 못한 돌부자도怢不自睹에서 비롯된 것이다. 혹자는 황음하고 사치한 황탐기욕荒耽耆欲으로 인해 만기萬機를 돌보지 않고, 혹자는 귀로 경계와 교훈의 간언을 가리는 이폐잠회耳蔽箴誨와 거짓을 좋게 여기고 진실을 소홀히 하는 염위홀진厭僞忽真을 행하고, 혹자는 중요한 기로岐路에서 유예猶豫하며 결단치 못해 갈 곳을 찾지 못하고, 혹자는 친신親信의 근신인데도 입을 꽉 다문 채 봉록만 지키려는 괄낭수록括囊守祿을 하고, 혹자는 소원疏遠한데다 지위도 낮아 중요한 건의인데도 채택하지 않는다. 위로는 제왕의 기강이 해이해지고, 아래로는 지사智士가 뜻을 얻지 못하는 울이鬱伊의 모습을 보이는 이유다. 실로 슬픈 일이다! 한나라가 일어난 이래 350여 년이 지났다. 정령政令은 타락하고, 상하는 태해怠懈하고, 백성은 떠들썩한 효연囂然의 모습이다. 모두 다시 나라를 중흥中興시켜 구해주는 방안을 생각하게 된 이유다! 또한 시세時世를 구제할 방안은 터진 둑을 보수하는 보탄결괴補綻決壞[211]와 경사진 곳을 지탱하는 지주사경扶拄邪傾, 실제 정황에 근거해 재단하는 수형재할隨形裁割을 통해 세상을 안녕한 곳으로 이끄는 방안밖에 없다. 성인聖人은 집권執權하면 때에 맞춰 법을 제정하고, 단계별 차이에 따라 각각의 방안을 만들고, 사람이 할 수 없는 일을 억지로 요구하거나 급절急切의 사안을 뒤로 미루며 소문에 마음을 두거나 하지 않는다. 대개 공자는『논어』에서 정치의 요체를 두고 초나라의 섭공葉公에게는 먼 곳에 사는 사람을 찾아오게 하는 '내원來遠', 노애공魯哀公에게는 현자를 선발하는 '임인臨人',

---

211 보탄결괴補綻決壞의 탄綻은 옷이 터졌다는 뜻의 탄綻과 같다. '결괴'는 둑이 무너지는 것을 의미한다.

제경공齊景公에게는 군신君臣과 부자父子의 의리를 지키는 '절례節禮'에 있다고 언급한 바 있다.[212] 이는 서로 다른 것을 언급한 게 아니라 급하고 서로 다른 상황에 따른 업무를 지적한 것이다. 속인은 문자에 얽매이고 옛 것에 붙들리는 구문견고拘文牽古로 인해 권의權宜에 따라 제도를 만드는 권제權制의 수준에 이르지 못하고, 들은 바의 내용인 소문所聞을 커다란 일인 기위奇偉로 여기고, 보는 바의 내용인 소견所見을 소홀히 여기는 간홀簡忽을 행한다. 어찌 가히 국가대사를 함께 논할 수 있겠는가! 상서하는 자가 비록 성덕聖德에 부합하는 내용을 건의할지라도 간녕한 자들에 의해 번번이 뒷다리를 잡아채는 기탈掎奪을 당하는 이유다. 왜 그러한가? 완고한 선비인 완사頑士는 임기응변의 시권時權에 어둡고, 소견所見에 안전하게 익숙한 나머지 즐거이 성취하는 낙성樂成을 알지 못한다. 하

212　본문의 내원來遠과 임인臨人, 절례節禮는 『한비자』 「난삼難三」의 일화에서 취한 것이다. 「난삼」에 따르면 공자는 섭공과 노애공 및 제경공에게 정치의 요체를 각각 다르게 언급한 이유를 묻는 제자 자공의 질문에 대해 이같이 대답했다. "섭공의 백성에게 모반심이 있는 까닭에 '정치는 가까이 있는 사람을 기쁘게 하고, 멀리 있는 사람을 다가오게 하는 것이다'라고 했다. 노애공에게는 맹손과 숙손, 계손 등 3대 권신이 밖으로는 현자가 들어오는 것을 막고, 안으로는 서로 어울려 붕당을 만들고 군주의 총명을 가리고 있기에 '정치는 현자를 가려 쓰는 것이다'라고 했다. 제경공은 화려한 고대高臺를 지으며 하루에 봉지를 잇달아 세 차례에 걸쳐 하사했기에 '치국의 방략은 재화를 절약하는 데 있다'고 말했다." 『논어』에 이 일화를 뒷받침하는 구절이 나온다. '내원來遠'은 「자로」의 '근자열近者說, 원자래遠者來' 구절에서 취한 것이다. '임인臨人'은 「위정」에서 정직한 사람을 선발해 굽은 사람 위에 두면 백성이 복종한다는 취지로 언급한 '거직저왕즉민복擧直諸枉則民服' 구절과 취지를 같이한다. 주목할 것은 '절례節禮'이다. 진식이 『정론』에서 언급한 것은 예절을 바로 하는 '절례'로, 『한비자』 「난삼」에서 재화를 절약해야 한다는 취지로 언급한 '절재節財'가 아니다. 진식은 왜 「난삼」을 인용하면서 '절재'가 아닌 '절례'를 언급한 것일까? 『논어』 「안연」에 답이 있다. 「안연」에 군주는 군주답고, 신하는 신하답고, 아비는 아비답고, 자식은 자식다워야 한다는 취지의 '군군신신君君臣臣, 부부자자父父子子' 구절이 나온다. '절례'의 대표적인 명구이다. 진식은 『정론』에서 『한비자』와 『논어』를 공히 인용하면서 「난삼」의 '절재'는 「안연」의 '절례'를 잘못 인용한 것임을 지적한 셈이다.

물며 새롭게 만드는 창신創新을 생각할 경우 이들은 구차하게 안일함에 젖는 투안偸安의 자세로 구장舊章을 언급할 뿐이다. 나름 통달한 자라 할지라도 명성을 자랑하며 능력 있는 자를 시기하는 긍명투능矜名妒能으로 인해 정책이 자신에게서 나온 게 아닌 것을 수치로 여겨 붓을 들어 춤추듯이 분격奮激한 언사인 무필분사舞筆奮辭로 그 기본 취지를 깨뜨려버린다. 적은 사람으로는 많은 사람을 이길 수 없는 법이다. 좋은 건의가 마침내 채택되기는커녕 미리 내다버리는 빈기擯棄의 대상이 되는 이유다. 비록 주나라의 선조인 후직后稷과 은나라의 선조인 설契과 같은 성인이 다시 살아날지라도 오히려 곤욕을 치르고 말 것이다. 현지賢智의 인물이 거론한 정책이 늘 분울憤鬱의 대상이 되어 펼쳐지지 않는 이유다. 무릇 천하를 다스리는 위천하자爲天下者는 스스로 상덕上德을 지닌 자가 아닌 까닭에 엄격한 엄정嚴政을 구사하면 나라가 잘 다스려지고, 너그러운 관정寬政을 구사하면 나라가 어지러워진다. 어찌 그것을 밝힐 수 있을까? 가깝게는 한선제가 군인君人의 도에 밝았고, 정치의 이치를 잘 살폈다. 형벌을 엄하게 하고 법을 준엄하게 적용하는 엄형준법嚴刑峻法으로 간궤奸軌 무리의 간담을 서늘하게 하고, 해내를 청숙淸肅하게 하고, 천하를 고요하게 할 수 있었다. 효력이 나타난 것을 헤아리면 한문제 때보다 나았다. 한원제가 즉위한 후 관정寬政을 많이 베풀다가 문득 나라의 정사가 땅에 떨어지는 타손墮損을 하고, 위권威權이 빼앗기기 시작했다. 마침내 한실漢室의 근본적인 재앙을 불러일으키는 군주인 기화지주基禍之主가 됐다. 정도政道의 득실得失을 찾고자 하면 이를 하나의 거울로 삼을 수 있다. 옛날 공자는 『춘추』를 지으면서 첫 번째 패업을 이룬 제환공齊桓公을 표창하고, 두 번째 패업을 이룬 진문공晉文公을 칭찬하고, 제환공을 도와 패업을 완성한 제나라 재상 관중管仲의 공업에 감탄했다. 무릇 어찌하여 주문왕과 주무왕의 왕도王道를 아름답다고 생각지 않아 그러했겠는가? 실로 임기응변의 권도權道에 통달하여 폐정弊政을 구하는 이치를 알았기 때문이다. 성인聖人은 능히 세상과 더불어 미루어 이동하는 추이推移를 하나, 속사俗士는 고통스럽게 그 변통을 알지 못한다. 새끼를 꼬아 문자로 쓰던 결승結繩 시대의 약속을 갖고 어지러운 진秦나라 말기의 정사를 잘 다스리게 하는 실마리로 삼고, 옛날 주무왕의 무공을 찬미하기 위해 방패와 도끼를 들고 추는 춤인 간척지무干戚之舞로 한고제가 흉노에게 갇힌 평성平城의 포위를 풀 수 있다고 생각한 게 그렇다. 무릇 불노장생을 위해 곰처럼 직립하거나 새처럼 목을 펴는 웅경조신熊經鳥伸[213]의 수련은 비록 목숨을 늘리는 연력지술延歷之術이라 할지라고 해도 중병이 드는 상한병傷寒病을 치료할 수 있는 것은 아니다. 날숨과 들숨을 조절하는 호흡토납呼吸吐納의 수련 역시 비록 수명을 늘리는 도기지도度紀之道[214]라 할지라도 뼈를 잇는 기름인 속골지고續骨之膏는 아니다. 대개 나라를 다스리는 법도 몸을 다스리는 것과 같아 평소에 잘 보양하고, 병이 들면 약을 써야 한다. 무릇 형벌刑罰은 난세를 다스리는 치란治亂의 약과 침술인 약석藥石이고, 덕교德教는 태평천하를 일으키는 흥평興平의 곡식과 고기인 양육粱肉이다. 덕교를 베풀어 잔악한 자를 제거하는 것은 맛있는 고기를 갖고 병을 치료하려는 것과 같다. 형벌로 치평을 이루고자 하는 것은 약석을 갖고 영양을 취하고자 하는 것과 같다. 바야흐로 지금 백왕百王의 정치 폐습을 이어받아 액운의 시기에 처해 있는데도 몇 세대에 걸쳐 정치적으로 은혜를 베푸는 은대恩貸만 많이 있다. 이는 말을 몰면서 고삐

---

213   웅경조신熊經鳥伸 구절은 『장자』 「각의刻意」에 곰처럼 직립하거나 새처럼 목을 펴는 보건체조를 통해 장수하는 일에 몰두할 뿐이라는 취지로 언급한 '웅경조신熊經鳥申, 위수이이의爲壽而已矣' 구절에서 따온 것이다.
214   도기지도度紀之道를 두고 『후한서』 「최식전崔寔傳」에 대한 이현李賢의 주는 '도기度紀는 연년延年과 같다'고 풀이했다.

를 버리는 어위기비馭委其轡, 말의 재갈이 벗겨지는 마태기함馬駘其銜으로 인해 4마리 말이 제멋대로 내달리는 사모횡분四牡橫奔과 같다. 국운인 황로皇路가 위험하고 기울어진 험경험경險傾의 상황이니 바야흐로 고삐를 잡아 수레를 멈추는 겸륵건주拑勒鞬輈로 구해야만 한다. 그러나 어느 겨를에 말 방울소리가 이에 화답해 절도 있게 울리게 만들 수 있겠는가! 옛날 한문제는 비록 육형肉刑을 없앴다고는 하나 오른쪽 발을 잘라야 할 죄인을 기시棄市에 처하고, 태형笞刑에 처해야 하는 자를 왕왕 죽음에 이르게 했다. 한문제는 엄정嚴政으로 태평천하를 이룬 것이지, 결코 관정寬政으로 이룬 게 아니다."

최식은 한안제 때 청리淸吏로 활약한 최원崔瑗의 아들이다.

산양山陽 출신 중장통仲長統은 일찍이 『정론』을 보고 감탄해 이같이 말했다.

"무릇 군주가 된 자는 의당 1통通씩 베껴 옆에다 두고 매일 보아야 할 것이다."

신 사마광은 평한다.

"한가漢家의 법령은 이미 엄격한데 최식은 오히려 그것이 관대해 병통이 됐다고 보았다. 이는 어찌된 일인가? 대개 쇠퇴한 세상인 쇠세衰世의 군주는 대부분 나약하고, 무릇 어리석게 보좌하는 신하들은 오직 구차하고 고식적인 것만 안다. 권력을 지닌 총신인 권행지신權幸之臣은 죄를 지어도 연루되지 않고, 세력 있고 교활한 호활지민豪猾之民은 범법을 해도 주벌誅罰을 당하지 않는다. 인은仁恩을 베풀어도 눈앞에서 그치고, 간사한 도적인 간귀奸宄가 뜻을 얻고, 나라의 기강紀綱이 서지 않는 이유다. 최식의 논의는 한 시대의 구부러진 것을 바로잡고자 한 것으로, 백세百世에 걸쳐 일관되게 통하는 이치인 통의通義는 아니다. 공자가 말하기를, '정사가 너그러우면 백성이 태만해지고, 백성이 태만해지면 맹정猛政으로 다스린다. 정사가 사나우면 백성들이 다치고, 백성이 다치면 관정寬政으로 다스린다. 정치는 관대함으로 백성들이 상처 입는 것을 막는 관이제맹寬以濟猛과 엄정함으로 백성들의 태만함을 고치는 맹이제관猛以濟寬을 섞어 조화를 이루는 게 관건이다'[215]라고 했다. 이것이 변치 않는 상도常道이다."

11) 윤12월 18일, 임성절왕任城節王 유숭劉崇이 훙거했다. 아들이 없어 봉국이 단절됐다.

12) 태상 황경黃瓊을 사공으로 삼았다.

13) 황제가 양기梁冀에게 상을 주어 높일 생각으로 중조中朝[216] 즉 조정의 2천석 이상 관원에게 그에 대한 예우에 관해 논의하게 했다. 특진인 호광胡廣과 태상 양부羊溥, 사례교위 축념祝恬, 태중대부太中大夫 변소邊詔 등이 모두 양기의 훈덕勳德을 칭송하며 의당 주나라 건국공신인 주공周公의 전례에 비춰 산천山川과 토전土田, 부용附庸 등을 하사해야 한다고 주장했다. 사공 황경黃瓊이 홀로 반박했다.

"양기는 전에 황상을 친히 맞아들이는 친영親迎의 공으로 13,000호의 증읍增邑을 받았습니다. 또 그의 아들 양윤梁胤 역시 봉상封賞을 받았습니다. 지금 제후들은 호읍戶邑으로 규정하는 까닭에 이里의 수로 제한하

215 　관이제맹寬以濟猛과 맹이제관猛以濟寬에 관한 원문은 『춘추좌전』 「노소공 20년」 조에서 그대로 인용한 것이다.

216 　중조中朝는 역사적으로 볼 때 크게 3가지 뜻이 있다. 첫째, 군왕君王의 임조臨朝를 가리킨다. 『사기』 「범수채택열전」에 중조이우中朝而憂 표현이 나온다. 둘째, 한무제가 외조外朝와 대비되는 개념으로 언급한 중조中朝가 있다. 『한서』 「유보전劉輔傳」에 대한 안사고의 주는 맹강孟康을 인용해 풀이하기를, "중조中朝는 곧 내조內朝를 말한다. 대사마大司馬와 좌우전후장군左右前後將軍, 시중侍中, 상시常侍, 산기제리散騎諸吏가 중조이다. 승상 이하 600석의 관원은 외조外朝이다."라고 했다. 셋째, 조정朝廷 즉 조중朝中을 가리킨다. 후한 때는 중조와 외조의 구별이 없었다. 여기서는 세 번째 의미로 사용된 것이다.

지는 않고 있습니다. 양기는 광무제 때 대공을 세운 등우鄧禹의 예에 비춰 4개 현縣을 식읍으로 내리는 게 합당합니다."

조정이 이를 좇았다. 유사有司가 상주했다.

"양기는 입조할 때 총총걸음으로 걷지 않는 입조불추入朝不趨, 검을 찬 채 목리木履를 신고 어전으로 들어오는 검리상전劍履上殿, 알현 때 이름을 밝히지 않는 알찬불명謁贊不名 등의 특권을 받고 있습니다. 예의가 거의 건국공신인 소하蕭何와 견줄 만합니다.[217] 정도定陶산동성 정도현와 성양成陽산동성 하택시에 있는 나머지 호구를 증봉增封하면 모두 4개 현縣[218]이 되어 등우와 견줄 수 있습니다. 상으로 내려주는 금전金錢과 노비奴婢, 채백彩帛, 거마車馬, 의복衣服, 1급 주택인 갑제甲第 모두 곽광霍光과 견줘 볼 수 있습니다. 특별히 대우하는 게 여타 원훈元勳과 같지 않습니다. 매번 조회 때마다 상공과 별도의 자리에 앉는 절석絶席을 하고, 10일에 1번 입조해 상서에서 상주하는 문건을 처리하는 게 그렇습니다. 이를 천하에 선포해 만세萬世의 법도로 삼도록 하십시오."

그러나 양기는 상주한 예우의 내용이 자신이 생각하는 것보다 박하다고 생각해 내심 기뻐하지 않았다.

* 孝桓皇帝元嘉元年

春, 正月朔, 群臣朝賀, 大將軍冀帶劍入省. 尚書蜀郡張陵呵叱令

---

217 한고제 유방은 건국공신 소하에게 입조불추入朝不趨와 검리상전劍履上殿의 특권을 하사했으나 알현 때 이름을 밝히지 않는 알찬불명謁贊不名의 특권은 내리지 않았다. 양기에게 '알찬불명'의 특권까지 하사한 것은 소하보다 훨씬 더 예우한 것이다.

218 4개 현은 기왕의 양읍襄邑과 승대乘代를 포함해 이때 증읍된 정도定陶와 성양成陽 등을 포함해 모두 4개 현을 가리킨다. '성양'이 본문에는 양성陽成으로 되어 있으나 이는 '성양'의 잘못이다. 정도와 성양 모두 양읍 및 승대와 더불어 제음군濟陰郡에 속해 있기 때문이다. 번역문은 '성양'으로 바꿔 놓았다.

出, 敕羽林·虎賁奪劍. 冀跪謝, 陵不應, 即劾奏冀, 請廷尉論罪. 有
詔, 以一歲俸贖. 百僚肅然. 河南尹不疑嘗舉陵孝廉, 乃謂陵曰, "昔
舉君, 適所以自罰也!"陵曰, "明府不以陵不肖, 誤見擢序, 今申公憲
以報私恩!"不疑有愧色.

癸酉, 赦天下, 改元.

梁不疑好經書, 喜待士, 梁冀疾之, 轉不疑為光祿勳. 以其子胤為
河南尹. 胤年十六, 容貌甚陋, 不勝冠帶, 道路見者莫不蚩笑. 不疑
自恥兄弟有隙, 遂讓位歸第, 與弟蒙閉門自守. 冀不欲令與賓客交
通, 陰使人變服至門, 記往來者. 南郡太守馬融·江夏太守田明初除,
守謁不疑. 冀諷有司奏融在郡貪濁, 及以它事陷明, 皆髡笞徙朔方.
融自刺不殊, 明遂死於路.

夏, 四月, 己丑, 上微行, 幸河南尹梁胤府舍. 是日, 大風拔樹, 晝
昏. 尚書楊秉上疏曰, "臣聞天下言語, 以災異譴告. 王者至尊, 出入
有常, 警蹕而行, 靜室而止, 自非郊廟之事, 則鑾旗不駕. 故諸侯入
諸臣之家, 『春秋』尚列其誡. 況於以先王法服而私出槃游, 降亂尊卑,
等威無序, 侍衛守空宮, 璽綬委女妾! 設有非常之變, 任章之謀, 上
負先帝, 下悔靡及!"帝不納. 秉, 震之子也.

京師旱, 任城·梁國饑, 民相食.

司徒張歆罷, 以光祿勳吳雄為司徒.

北匈奴呼衍王寇伊吾, 敗伊吾司馬毛愷, 攻伊吾屯城. 詔敦煌太守
馬達將兵救之. 至蒲類海, 呼衍王引去.

秋, 七月, 武陵蠻反.

冬, 十月, 司空胡廣致仕.

十一月, 辛巳, 京師地震. 詔百官舉獨行之士. 涿郡舉崔寔, 詣公
車, 稱病, 不對策. 退而論世事, 名曰『政論』. 其辭曰, "凡天下所以

不治者, 常由人主承平日久, 俗漸敝而不悟, 政浸衰而不改, 習亂安危, 忕不自睹. 或荒耽耆欲, 不恤萬機. 或耳蔽箴誨, 厭偽忽眞. 或猶豫歧路, 莫適所以. 或見信之佐, 括囊守祿. 或疏遠之臣, 言以賤廢. 是以王綱縱弛於上, 智士鬱伊于下. 悲夫! 自漢興以來, 三百五十餘歲矣, 政令垢玩, 上下怠懈, 百姓囂然, 咸復思中興之救矣! 且濟時拯世之術, 在於補綻決壞, 枝拄邪傾, 隨形裁割, 要措斯世於安寧之域而已. 故聖人執權, 遭時定制, 步驟之差, 各有雲設, 不強人以不能, 背急切而慕所聞也. 蓋孔子對葉公以來遠, 哀公以臨人, 景公以節禮, 非其不同, 所急異務也. 俗人拘文牽古, 不達權制, 奇偉所聞, 簡忽所見, 烏可與論國家之大事哉! 故言事者雖合聖德, 輒見掎奪. 何者? 其頑士暗於時權, 安習所見, 不知樂成, 況可慮始, 苟云率由舊章而已. 其達者或矜名妒能, 恥策非己, 舞筆奮辭以破其義. 寡不勝衆, 遂見擯棄, 雖稷·契復存, 猶將困焉. 斯賢智之論所以常憤鬱而不伸者也. 凡爲天下者, 自非上德, 嚴之則治, 寬之則亂. 何以明其然也? 近孝宣皇帝明於君人之道, 審於爲政之理, 故嚴刑峻法, 破奸軌之膽, 海內淸肅, 天下密如, 算計見效, 優於孝文. 及元帝卽位, 多行寬政, 卒以墮損, 威權始奪, 遂爲漢室基禍之主. 政道得失, 於斯可鑒. 昔孔子作『春秋』, 襃齊桓, 懿晉文, 歎管仲之功, 夫豈不美文·武之道哉? 誠達權救敝之理也. 故聖人能與世推移, 而俗士苦不知變, 以爲結繩之約, 可復治亂秦之緒. 干戚之舞, 足以解平城之圍. 夫熊經鳥伸, 雖延歷之術, 非傷寒之理. 呼吸吐納, 雖度紀之道, 非續骨之膏. 蓋爲國之法, 有似治身, 平則致養, 疾則攻焉. 夫刑罰者, 治亂之藥石也. 德敎者, 興平之粱肉也. 夫以德敎除殘, 是以粱肉治疾也. 以刑罰治平, 是以藥石供養也. 方今承百王之敝, 值厄運之會, 自數世以來, 政多恩貸, 馭委其轡, 馬駘其銜, 四牡橫奔, 皇路險傾, 方將拑勒鞭靮以救之, 豈暇鳴和鸞, 請節奏哉! 昔文帝雖除肉刑, 當斬右趾者棄市, 笞者往往至死. 是文帝以嚴致平, 非以寬致平也." 寔, 瑗之子也. 山陽仲長統嘗見其書, 歎曰, "凡為人主, 宜寫一通, 置之坐側."

臣光曰, "漢家之法已嚴矣, 而崔寔猶病其寬, 何哉? 蓋衰世之君, 率多柔懦, 凡愚之佐, 唯知姑息, 是以權幸之臣有罪不坐, 豪猾之民犯法不誅. 仁恩所施, 止於目前. 奸宄得志, 紀綱不立. 故崔寔之論, 以矯一時之枉, 非百世之通義也. 孔子曰, '政寬則民慢, 慢則糾之以猛. 猛則民殘, 殘則施之以寬. 寬以濟猛, 猛以濟寬, 政是以和.' 斯不易之常道矣."

閏月, 庚午, 任城節王崇薨. 無子, 國絕.

以太常黃瓊為司空.

帝欲襃崇梁冀, 使中朝二千石以上會議其禮. 特進胡廣·太常羊溥·司隷校尉祝恬·太中大夫邊韶等咸稱冀之勳德宜比周公, 錫之山川·土田·附庸. 黃瓊獨曰, "冀前以親迎之勞, 增邑萬三千戶. 又其子胤亦加封賞. 今諸侯以戶邑為制, 不以里數為限, 冀可比鄧禹, 合食四縣." 朝廷從之. 於是有司奏曰, "冀入朝不趨, 劍履上殿, 謁贊不名, 禮儀比蕭何. 悉以定陶·陽成餘戶增封為四縣, 比鄧禹. 賞賜金錢·奴婢·彩帛·車馬·衣服·甲第, 比霍光. 以殊元勳. 每朝會, 與三會絕席. 十日一入, 平尚書事. 宣佈天下, 為萬世法." 冀猶以所奏禮薄, 意不悅.

한환제 원가 2년(AD 152)

1) 봄 정월, 서역장사西域長史 왕경王敬이 우전于寘에서 살해됐다. 당초 서역장사 조평趙評이 우전에서 등창인 옹병癰病으로 죽었다.[219] 조평의 아들이 영구를 맞이하는 영상迎喪을 하러 가서 도중에 구미拘彌신강성 화전현

를 지나게 됐다. 구미의 왕 성국成國이 우전의 왕 건建과 평소 틈이 있었다. 그가 조평의 아들에게 말했다.

"우전왕이 호의胡醫를 시켜 독약을 갖고 상처 속에 넣게 해 치사致死한 것일 뿐이다!"

조평의 아들이 이를 믿었다. 돌아온 뒤 돈황 태수 마달馬達[220]에게 고했다. 마침 서역장사 왕경이 대신 장사가 되자, 마달이 왕경에게 우전의 독살 사안을 은밀히 조사하게 했다. 왕경이 우선 구미국을 지나게 되자 구미왕 성국이 다시 이같이 유세했다.

"우전국 사람들은 나를 왕으로 삼고 싶어 하오. 지금 이런 죄목으로 우전왕 건을 주살하면 우전이 반드시 복종할 것이오."

왕경이 공명을 세울 욕심에 먼저 우전으로 간 뒤 연회를 베풀어 건을 초청하고 은밀히 제거하려 했다. 어떤 자가 왕경의 음모를 건에게 알리자 건이 믿지 않았다.

"나는 아무 죄가 없다. 왕장사王長史가 무슨 이유로 나를 죽이려 하겠는가?"

다음날 우전왕 건이 관속官屬 수십 명을 이끌고 왕경이 베푼 연회에 참석해 좌정坐定했다. 건이 몸을 일으켜 잔을 돌리는 행주行酒를 하려고 할 때 왕경이 좌우에게 소리쳐 그를 붙잡게 했다. 관원과 병사인 이사吏士 모두 건을 살해할 뜻이 없었고, 관속들은 문득 달아나는 돌주突走를 했다. 당시 구미의 왕 성국의 주부主簿 지목秦牧이 왕경을 따라 연회 자리에

---

219   서역장사 조평趙評의 죽은 시점과 관련해 『후한서』「서역전」은 원가 원년인 151년으로 기록해 놓았다. 『자치통감』이 이듬해인 원가 2년 정월에 죽은 것으로 기록한 배경은 자세히 알 길이 없다. 번역문은 일단 『자치통감』의 내용을 좇았다.

220   마달馬達의 이름과 관련해 『후한서』「차사전」은 사마달司馬達로 기록해 놓았으나, 『한서』「우전전」에는 '마달'로 나온다. 『자치통감』은 『한서』의 기록을 택한 셈이다.

있었다. 그가 칼을 빼어들고 나와 이같이 말했다.

"대사大事는 이미 정해졌소. 무엇을 다시 의심하겠소!"

즉시 앞으로 나가 건의 목을 베었다. 우전국의 후侯이자 장수인 수북輸僰 등이 마침내 병사를 소집해 왕경을 쳤다. 왕경이 건의 머리를 들고 누각 위로 올라가 이같이 선고宣告했다.

"천자가 나에게 명해 건을 주살하게 한 것일 뿐이다!"

수북이 듣지 않고, 누각 위로 올라가 왕경의 목을 벤 뒤 저잣거리에 매달았다. 수북이 스스로 우전의 왕이 됐으나 국인國人들이 그를 죽인 뒤 건의 아들 안국安國을 새 왕으로 세웠다. 돈황 태수 마달은 왕경이 죽었다는 소식을 듣고는 제군諸郡의 군사를 이끌고 출새해 우전을 치고자 했다. 황제가 들어주지 않은 채 마달을 불러 돌아오게 한 뒤 송량宋亮을 대신 돈황 태수로 삼았다.

송량이 돈황에 도착한 뒤 우전의 사람들을 공개적으로 초모招募하는 개모開募를 하면서 그들에게 수북의 목을 베게 했다. 당시 수북은 이미 죽어 1달이 지난 상황이었다. 공개적으로 초모된 사람들은 수북의 시체에서 목을 끊어 돈황으로 보내면서 자세한 내막을 말하지 않았다. 송량은 이후 그들이 속인 것을 알았으나 끝내 추궁할 길이 없었다.

2) 1월 병진丙辰, 경사에 지진이 났다.

3) 여름 4월 갑진甲辰[221], 효숭황후孝崇皇后 언씨匽氏가 붕어했다. 황제의 동생인 평원왕平原王 유석劉石을 상주喪主로 삼았다. 시신을 염습해 장지까지 호송하는 염송斂送 절차는 한화제의 생모인 공회황후恭懷皇后의 전례를 좇았다.

5월 12일, 황제의 부친인 효숭황제 유익劉翼의 박릉博陵에 장사지냈다.

---

221   4월에는 '갑진'이 없다. 다만 『후한서』는 4월 4일인 갑인甲寅으로 기록해 놓았다.

4) 가을 7월 2일, 일식이 있었다.

5) 겨울 10월 28일, 경사에 지진이 났다.

6) 11월, 사공 황경黃瓊이 면직됐다.

12월, 특진 조계趙戒를 사공으로 삼았다.

* 孝桓皇帝元嘉二年

春, 正月, 西域長史王敬為于寘所殺. 初, 西域長史趙評在于寘, 病癉死. 評子迎喪, 道經拘彌. 拘彌王成國與于寘王建素有隙, 謂評子曰, "于寘王令胡醫持毒藥著創中, 故致死耳!" 評子信之, 還, 以告敦煌太守馬達. 會敬代為長史, 馬達令敬隱核于寘事. 敬先過拘彌, 成國復說云. "于寘國人欲以我為王. 今可因此罪誅建, 于寘必服矣." 敬貪立功名, 前到于寘, 設供具, 請建而陰圖之. 或以敬謀告建, 建不信, 曰, "我無罪, 王長史何為欲殺我?" 旦日, 建從官屬數十人詣敬, 坐定, 建起行酒, 敬叱左右執之. 吏士并無殺建意, 官屬悉得突走. 時成國主簿秦牧隨敬在會, 持刀出, 曰, "大事已定, 何為復疑!" 即前斬建. 于寘侯·將輸僰等遂會兵攻敬, 敬持建頭上樓宣告曰, "天子使我誅建耳!" 輸僰不聽, 上樓斬敬, 懸首於市. 輸僰自立為王. 國人殺之, 而立建子安國. 馬達聞王敬死, 欲將諸郡兵出塞擊于寘. 帝不聽, 徵達還, 而以宋亮代為敦煌太守. 亮到, 開募于寘, 令自斬輸僰. 時輸僰死已經月, 乃斷死人頭送敦煌而不言其狀, 亮後知其詐, 而竟不能討也.

丙辰, 京師地震.

夏, 四月, 甲辰, 孝崇皇后匽氏崩. 以帝弟平原王石為喪主, 斂送制度比恭懷皇后. 五月, 辛卯, 葬於博陵.

秋, 七月, 庚辰, 日有食之.

冬, 十月, 乙亥, 京師地震.

十一月, 司空黄瓊免. 十二月, 以特進趙戒為司空.

한환제 영흥永興 원년(AD 153)

1) 봄 3월 12일, 황제가 낙양 동쪽의 홍제鴻池에 행차했다.

2) 여름 5월 22일,[222] 천하에 사면령을 내리고 영흥永興으로 개원했다.

3) 5월 23일, 제남도왕濟南悼王 유광劉廣이 훙거했다. 아들이 없어 봉
국을 없앴다.

4) 가을 7월, 군국郡國의 32곳이 황해蝗害를 입었다. 황하의 물이 범람
했다. 백성들 가운데 기궁饑窮으로 인해 유리流離하며 갈 곳을 잃은 유용
流冗에 처한 자가 수십만 호에 달했다. 기주冀州는 특히 심했다.

조서를 내려 시어사 주목朱穆을 기주 자사로 삼았다. 기부冀部의 현령
과 현장인 영장令長 가운데 주목이 황하를 건넜다는 소식을 듣고는 인수
印綬를 풀어 놓고 달아난 자가 40여 명에 달했다. 주목은 도착한 뒤 여러
군의 탐오貪污한 자를 탄핵하는 주장奏章을 올렸다. 혹자는 죄를 받을까
자살했고, 혹자는 옥중에서 죽었다.

환관 조충趙忠은 부친이 죽자 안평安平하북성 안평현으로 장사지내러 갔
다. 이때 참람僭濫하게도 제왕 용 옥갑玉匣을 사용했다. 주목이 군郡에 명
해 안험案驗하게 했다. 관원들이 그의 엄명이 두려운 나머지 마침내 묘를
발굴하고 관을 쪼개는 발묘부관發墓剖棺을 하여 시체를 밖으로 꺼냈다.
황제가 이 소식을 듣고는 대로하여 주목을 불러 정위廷尉로 가게 한 뒤

---

222 원문은 '4월四月, 병신丙申'이다. 4월에는 '병신'이 없다. 일부 판본에 '4월'이 '5
월'로 나와 있다. 그 경우 '병신'은 5월 22일이 된다. 번역문은 이를 좇았다. 다음에 나오는
기사도 원문에는 정유丁酉로 되어 있으나 4월에는 '정유'가 없는 까닭에 '병신'에 뒤이은 5
월 23일로 보는 게 합리적이다.

장작대장 소속의 공도工徒 감독관인 좌교左校에게 보내 노역을 하도록 했다. 태학太學의 서생書生인 영천穎川 출신 유도劉陶 등 수천 명이 궁궐에 이르러 상서하여 주목을 변호했다.

"엎드려 살피건대, 형도刑徒인 주목은 일을 공정하게 처리하며 나라를 걱정하는 처공우국處公憂國을 했습니다. 자사로 제수 받은 날에 뜻을 세워 간악을 깨끗이 제거하고자 한 이유입니다. 실로 상시常侍들이 귀총貴寵을 배경으로 부형자제父兄子弟가 각 주군州郡에 널리 분포하고, 호랑虎狼처럼 다퉈가며 소민小民을 씹어 먹는 서식噬食을 하고 있습니다. 주목이 천강天綱인 법령을 펼쳐 정리하고, 그물의 새는 틈을 기워 막는 보철누목補綴漏目으로 잔화殘禍를 모두 잡아들여 천의天意를 이루고자 한 배경입니다. 이에 내관內官인 환관 모두 원한을 품고 미워하는 에질恚疾을 하며 비방을 번거롭게 하는 방독번흥謗讟煩興과 참소하여 틈을 벌리는 짓을 벌여 결국 형벌을 받아 좌교로 가서 노역을 하게 됐습니다. 천하의 유식자有識者 모두 주목을 우禹와 후직后稷처럼 근면했음에도 공공씨共工氏와 곤鯀의 참소로 인한 죄를 받은 것처럼 여기고 있습니다. 만일 죽은 자가 지각이 있다면 당제唐帝인 요임금은 숭산崇山의 묘에서 노할 것이고, 중화重華인 순임금 역시 창오蒼梧의 묘에서 분노할 것입니다! 지금 환관인 중관中官과 근신인 근습近習 모두 은밀히 국병國柄을 갖고 손 안에 왕을 봉하는 권한을 쥐고 입으로는 천헌天憲인 왕법을 말하고, 상을 주는 운상運賞을 농단해 아귀 같은 노비조차 노나라의 권신인 계손씨季孫氏보다 더욱 부유하게 만들고 있습니다. 숨을 1번 쉬는 호흡呼吸으로 은나라 건국공신인 이윤伊尹과 공자의 수제자 안연顏淵 같은 사람조차 폭군인 하나라 걸桀이나 천하의 도적인 도척盜跖으로 만들고 있습니다. 주목만이 홀로 이에 맞서는 항연亢然의 모습으로 몸에 해가 미치는 것을 돌보지 않았습니다. 이는 영화를 싫어하고 욕을 먹는 것을 좋아하는 오영호

욕오영욕辱榮好辱과 삶을 싫어하고 죽음을 좋아하는 오생호사惡生好死 때문이 아닙니다. 다만 제왕의 법령이 제대로 펼쳐지지 않는 왕강불섭王綱不攝으로 천망天網이 오랫동안 상실될까 두려워한 나머지 마음을 다해 근심을 품는 갈심회우竭心懷憂의 자세로 황상을 위해 심계深計를 세운 결과입니다. 신들은 원컨대 이마에 먹을 뜨고 쇠로 발을 뚫는 형벌인 경수계지黥首繫趾를 받아 주목을 대신해 그런 어려운 일을 계속 행할 수 있게 해주십시오."

황제가 상주문을 보고는 이내 주목을 사면했다.

5) 겨울 10월, 태위 원탕袁湯이 면직됐다. 태상 호광胡廣을 태위로 삼았다. 사도 오웅吳雄과 사공 조계趙戒가 면직됐다. 태복太僕 황경黃瓊을 사도, 광록훈 방식房植을 사공으로 삼았다.

6) 무릉武陵의 만족인 첨산詹山 등이 반란을 일으켰다. 무릉 태수인 여남 출신 응봉應奉이 이들을 불러들여 항복시키는 초항招降을 했다.

7) 차사후부車師後部의 왕 아라다阿羅多가 무부후戊部候 엄호嚴皓와 서로 용납지 못해 화를 내며 다투고 반목했다. 마침내 둔전을 공격해 포위하고, 이사吏士를 살상했다. 차사후부後部의 후侯인 탄차炭遮가 남은 백성을 이끌고 아라다를 배반한 뒤 한나라 관원을 찾아와 투항했다. 아라다가 박급迫急에 처하자 100여 기騎를 이끌고 북흉노로 들어갔다. 돈황 태수 송량宋亮이 상주해 차사후부의 옛 왕이었던 군취軍就가 낙양에 인질로 보낸 그의 아들 비군卑君을 왕으로 세울 것을 청했다.

이후 아라다가 다시 흉노에서 돌아와 비군과 보위를 다투며 자못 국인國人들을 거둬들였다. 무교위戊校尉 염상閻詳은 아라다가 북흉노를 초인招引해 장차 서역을 어지럽힐까 우려했다. 이내 분명한 약속을 고시告示한 뒤 다시 왕이 되는 것을 허락했다. 아라다가 염상을 찾아가 투항한 배경이다. 이에 다시 아라다를 왕으로 세운 뒤 비군을 돈황으로 돌려보내고, 차사후부 사람에게 300개의 유목용 천막인 장帳을 내주었다.

春, 三月, 丁亥, 帝幸鴻池.

夏, 四月, 丙申, 赦天下, 改元.

丁酉, 濟南悼王廣薨. 無子, 國除.

秋, 七月, 郡·國三十二蝗, 河水溢. 百姓饑窮流冗者數十萬戶, 冀州尤甚. 詔以侍御史朱穆為冀州刺史. 冀部令長聞穆濟河, 解印綬去者四十餘人. 及到, 奏劾諸郡貪污者, 有至自殺, 或死獄中. 宦者趙忠喪父, 歸葬安平, 僭為玉匣. 穆下郡案驗, 吏畏其嚴, 遂發墓剖棺, 陳屍出之. 帝聞, 大怒, 徵穆詣廷尉, 輸作左校. 太學書生潁川劉陶等數千人詣闕上書訟穆曰, "伏見弛刑徒朱穆, 處公憂國, 拜州之日, 志清奸惡. 誠以常侍貴寵, 父兄子弟布在州郡, 競為虎狼, 噬食小民, 故穆張理天綱, 補綴漏目, 羅取殘禍, 以塞天意. 由是內官咸共恚疾, 謗讟煩興, 讒隙仍作, 極其刑謫, 輸作左校. 天下有識, 皆以穆同勤禹·稷而被共·鯀之戾, 若死者有知, 則唐帝怒於崇山, 重華忿於蒼墓矣! 當今中官近習, 竊持國柄, 手握王爵, 口銜天憲, 運賞則使餓隸富於季孫, 呼吸則令伊·顏化為桀·跖. 而穆獨亢然不顧身害, 非惡榮而好辱, 惡生而好死也, 徒感王綱之不攝, 懼天網之久失, 故竭心懷憂, 為上深計. 臣願黥首繫趾, 代穆校作." 帝覽其奏, 乃赦之.

冬, 十月, 太尉袁湯免, 以太常胡廣為太尉. 司徒吳雄·司空趙戒免. 以太僕黃瓊為司徒, 光祿勳房植為司空.

武陵蠻詹山等反, 武陵太守汝南應奉招降之.

車師後部王阿羅多與戊部候嚴皓不相得, 忿戾而反, 攻圍屯田, 殺傷吏士. 後部侯炭遮領餘民畔阿羅多, 詣漢吏降. 阿羅多迫急, 從百餘騎亡入北匈奴. 敦煌太守宋亮上立後部故王軍就質子卑君爲王.
後阿羅多復從匈奴中還, 與卑君爭國, 頗收其國人. 戊校尉閻詳慮
其招引北虜, 將亂西域, 乃開信告示, 許復爲王. 阿羅多及詣詳降.
於是更立阿羅多爲王, 將卑君還敦煌, 以後部人三百帳與之.

한환제 영흥 2년(AD 154)

1) 봄 정월 24일, 천하에 사면령을 내렸다.

2) 2월 2일, 다시금 자사와 2천석 관원들이 3년상을 시행하도록 하는
주청을 들어주었다.

3) 2월 4일, 경사에 지진이 났다.

4) 여름, 황해蝗害가 있었다.

5) 동해東海의 구산朐山강소성 동해현 경계이 무너졌다.

6) 2월 16일, 황제의 유모 마혜馬惠의 아들 마초馬初를 열후로 삼았다.

7) 가을 9월 1일, 일식이 있었다.

8) 태위 호광胡廣이 면직됐다. 사도 황경黃瓊을 태위로 삼았다.

윤9월, 광록훈 윤송尹頌을 사도로 삼았다.

9) 겨울 11월 9일, 황제가 상림원上林苑에서 울타리를 치고 수렵하는
교렵校獵을 하다가 마침내 함곡관函谷關에 이르렀다.

10) 태산泰山산동성 태산현과 낭야琅邪산동성 제성현의 도적인 공손거公孫擧
와 동곽두東郭竇 등이 반기를 들어 장리長吏를 살해했다.

＊ 孝桓皇帝永興二年

春, 正月, 甲午, 赦天下.

二月, 辛丑, 復聽刺史·二千石行三年喪.

癸卯, 京師地震.

夏, 蝗.

東海朐山崩.

乙卯, 封乳母馬惠子初為列候.

秋, 九月, 丁卯朔, 日有食之.

太尉胡廣免. 以司徒黃瓊為太尉. 閏月, 以光祿勳尹頌為司徒.

冬, 十一月, 甲辰, 帝校獵上林苑, 遂至函谷關.

泰山·琅邪賊公孫舉·東郭竇等反, 殺長吏.

한환제 영수永壽 원년(AD 155)

1) 봄 정월 14일, 천하에 사면령을 내리고 영수永壽로 개원했다.

2) 2월, 경기京畿 일대인 사례司隸와 기주冀州에 기근이 들어 사람들이 서로 잡아먹는 인상식人相食의 참상이 빚어졌다.

3) 태학생太學生 유도劉陶가 상소해 진술했다.

"무릇 하늘이 황제와 함께 하고 황제가 백성과 함께 하는 것은 마치 머리가 발과 함께 하는 것과 같아, 서로 기다려주며 가야 합니다. 폐하는 눈으로는 은나라 탕왕이 하나라 걸桀을 포로로 잡은 명조鳴條 사건을 보지 못하고, 귀로는 주무왕이 은나라 주紂를 멸망시킨 단거檀車 즉 병거兵車의 소리를 듣지 못하고 있습니다. 천재天災가 있어도 기부肌膚에 통증을 주는 게 아니고, 지진과 일식이 있어도 성체에 손상을 가하는 게 아닙니다. 해와 달과 별의 삼광三光이 보여주는 이변을 멸시하고, 하늘의 진노를 경시하는 이유입니다. 엎드려 생각건대, 한고제의 기병은 포의布衣에서 시작해 흩어진 백성을 규합하고 상처입은 병사를 부축하는 합산부상合散扶傷을 거쳐 마침내 항우에 대한 승리를 통해 제왕의 자리에 오르는 극성제업克成帝業을 달성하게 됐습니다. 근면한 모습 역시 지극해 후대로 복조福祚가 그대로 흘러내려와 마침내 폐하에까지 이르게 된 것입니다.

폐하는 이미 명렬明烈한 선조의 자취를 더 이상 늘릴 수 없었습니다. 게다가 한고제가 보여준 근면함을 소홀히 하고, 망령되게 이기利器인 대권을 남에게 넘겨주고, 국권인 국병國柄을 어지럽게 만들고, 환관 등의 추악한 무리인 군추群醜로 하여금 멋대로 소민小民을 살상하게 만들었습니다. 이는 호표虎豹가 아기 사슴이 노니는 예장麑場에 굴을 파고, 시랑豺狼이 봄 동산인 춘유春囿에서 젖을 먹이는 것과 같습니다. 상업으로 돈을 버는 화식자貨殖者는 궁곤한 원혼冤魂이 되고, 가난해 굶어죽는 빈뇌자貧餒者는 기한饑寒에 떠는 귀신이 되고, 사자死者는 무덤 속인 둔석窀穸에서 슬퍼하고, 생자生者는 조야朝野에서 근심에 쌓입니다. 이는 우신愚臣이 한숨을 쉬는 자차咨嗟를 하며 길게 탄식하는 이유입니다! 또 진秦나라가 장차 망할 즈음에 정간正諫을 하는 자가 주살을 당하고, 아첨을 하는 자가 상을 받았습니다. 나라를 위해 간하는 아름다운 가언嘉言은 도중에 가로막히고, 나라의 운명인 국명國命이 시기하고 헐뜯는 참구讒口에서 나온 이유입니다. 결국 조고趙高의 사위인 염락閻樂에게 함양咸陽을 멋대로 휘두르게 하고, 조고에게 궁문을 총괄하는 중거부령中車府令의 벼슬을 내려줌으로써 권력이 자신에게서 떨어져 나가도 알지 못하고, 권위도 자신의 몸을 떠났지만 돌아보지 못하게 됐습니다. 예나 지금이나 도는 한결같은 고금일규古今一揆, 성공과 패배는 모두 같은 형세인 성패동세成敗同勢의 모습을 보입니다. 원컨대 폐하는 멀리는 강력했던 진秦나라가 패망한 배경을 바라보고, 가깝게는 한애제와 한평제 때 빚어진 변란을 살피도록 하십시오. 그러면 득실이 소연昭然해지고, 화복禍福이 눈에 보일 것입니다. 신이 또 듣건대, 나라의 위기는 인정仁政이 아니면 부지扶持할 수 없고, 난정亂政은 현지賢智가 아니면 구제할 수 없다고 했습니다. 가만히 보건대 옛날 기주 자사로 있던 남양 출신 주목朱穆과 전에 오환교위로 재직했고 신과 동군同郡 출신인 이응李膺 모두 정직하며 맑고 공평한데다 지조가 높으며 세속적인 것을 끊어버린 정고절속貞高絶俗의 모습을 보였습니다. 이들은 실질적으로 중흥을 이룰 수 있는 좋은 보필인 양좌良佐이고, 나라를 떠받들 주신柱臣에 해당합니다. 의당 본 조정으로 돌아오게 하여 황실을 보좌하도록 해야 할 것입니다. 신이 기휘忌諱하는 바가 많은 조정에 대해 감히 때에 합당하지 않는 말을 토하는 것은 지금의 상황이 마치 얼음과 서리가 해를 보면 반드시 녹는 빙상견일冰霜見日과 같기에 그런 것입니다. 신은 비로소 천하의 백성들이 슬퍼할 만한 것을 슬퍼하고 있으나, 지금 천하의 백성들 역시 신의 어리석고 미혹된 우혹愚惑을 슬퍼하고 있습니다."

상소문이 올라갔으나 살피지 않았다.

4) 여름, 남양에 대수大水가 있었다.

5) 사공 방식房植이 면직됐다. 태상 한연韓縯을 사공으로 삼았다.

6) 파군巴郡사천성 중경시과 익주군益州郡운남성 진영현 동쪽의 산이 무너졌다.

7) 가을, 남흉노의 좌욱건左薁鞬과 대기臺耆 및 저거백덕且渠伯德 등이 반란을 일으켜 미직美稷내몽골 준가르기을 침구했다. 동강東羌이 다시 거족적으로 일어나 이에 호응했다. 안정속국도위安定屬國都尉인 돈황 출신 장환張奐이 처음으로 부임했을 때 군영에는 200명 정도밖에 없었다. 소식을 듣자마자 곧바로 군사를 정비해 출병했다. 군리軍吏들이 역부족力不敵이라고 판단해 고두叩頭하며 다퉈 싸움을 그치게 하려고 했다. 장환이 듣지 않고 마침내 장성으로 진군해 주둔한 뒤 병사들을 모아들이고, 장수인 왕위王衛를 파견해 동강東羌을 초유招誘했다.

이때 구자국 사람들이 귀부해 거처하는 구자현龜茲縣을 점거한 뒤 남흉노로 하여금 반란군과 교통하지 못하게 했다. 동강의 제호諸豪들이 마침내 서로 군사를 이끌고 장환과 함께 좌욱건 등을 공격해 깨뜨렸다. 반란을 일으킨 저거백덕 등이 황공惶恐해하며 군사를 이끌고 와 항복했다. 덕분에 군계郡界가 평안해졌다.

강족의 호족들이 장환에게 말 20필, 금제 식기食器인 금거金鐻 8매枚를 주었다. 장환이 여러 강족의 호족들이 보는 앞에서 술을 땅에 붓고 맹서하는 뇌지酹地를 했다.

"설령 말이 양처럼 많을지라도 모두 마구간에 넣을 수는 없고, 황금이 곡식처럼 많을지라도 모두 허리에 찰 수는 없는 일이다."

그러고는 모든 것을 돌려보냈다. 전에 있던 8명의 도위는 재화를 좋아한 까닭에 강족의 근심과 고통인 환고患苦가 되곤 했다. 장환이 부임한 뒤 몸을 바르게 하며 청렴하게 행보하는 정신결기正身潔己의 모습을 보이자 강족 가운데 기쁜 마음으로 복종하지 않는 자가 없었다. 위엄과 교화가 크게 행해지는 위화대행威化大行이 이뤄진 배경이다.

＊孝桓皇帝永壽元年

春, 正月, 戊申, 赦天下, 改元.

二月, 司隷·冀州饑, 人相食.

太學生劉陶上疏陳事曰, "夫天之與帝, 帝之與民, 猶頭之與足, 相須而行也. 陛下目不視鳴條之事, 耳不聞檀車之聲, 天災不有痛於肌膚, 震食不即損於聖體, 故蔑三光之謬, 輕上天之怒. 伏念高祖之起, 始自布衣, 合散扶傷, 克成帝業, 勤亦至矣. 流福遺祚, 至於陛下. 陛下既不能增明烈考之軌, 而忽高祖之勤, 妄假利器, 委授國柄, 使群醜刑隷, 芟刈小民, 虎豹窟於麑場, 豺狼乳於春囿, 貨殖者為窮冤之魂, 貧餒者作饑寒之鬼, 死者悲於窀穸, 生者戚於朝野, 是愚臣所為咨嗟長懷歎息者也! 且秦之將亡, 正諫者誅, 諛進者賞, 嘉言結於忠舌, 國命出於讒口, 擅閻樂於咸陽, 授趙高以車府, 權去己而不知, 威離身而不顧. 古今一揆, 成敗同勢, 願陛下遠覽強秦之傾, 近察哀·平之變, 得失昭然, 禍福可見. 臣又聞危非仁不扶, 亂非智不救. 竊見故冀州刺史南陽朱穆·前烏桓校尉臣同郡李膺, 皆履正清平, 貞高絕俗, 斯實中興之良佐, 國家之柱臣也, 宜還本朝, 挾輔王室. 臣敢吐不時之義於諱言之朝, 猶冰霜見日, 必至消滅. 臣始悲天下之可悲, 今天下亦悲臣之愚惑也." 書奏, 不省.

夏, 南陽大水.

司空房植免. 以太常韓縯為司空.

巴郡·益州郡山崩.

秋, 南匈奴左薁鞬臺耆·且渠伯德等反, 寇美稷. 東羌復舉種應之. 安定屬國都尉敦煌張奐初到職, 壁中唯有二百許人, 聞之, 即勒兵而出. 軍吏以為力不敵, 叩頭爭止之. 奐不聽, 遂進屯長城, 收集兵士, 遣將王衛招誘東羌, 因據龜茲縣, 使南匈奴不得交通. 東羌諸豪遂相率與奐共擊薁鞬等, 破之. 伯德惶恐, 將其眾降, 郡界以寧. 羌豪遺奐馬二十匹, 金鐻八枚. 奐於諸羌前以酒酹地曰, "使馬如羊, 不以入廄. 使金如粟, 不以入懷." 悉以還之. 前此八都尉率好財貨, 為羌所患苦. 及奐正身潔己, 無不悅服, 威化大行.

한환제 영수 2년(AD 156)

1) 봄 3월, 촉군속국蜀郡屬國의 이족이 반란을 일으켰다.

2) 당초 선비족인 단석괴檀石槐는 용건勇健하고 지략智略이 있어 부락민 모두 외복畏服했다. 이내 법금法禁을 시행하고, 옳고 그른 것을 공평하게 처리하는 평곡직平曲直을 하자 감히 범하려는 자가 없었다. 마침내 선비족이 그를 추대해 대인大人으로 삼았다.

단석괴는 탄오산彈汙山산서성 양고현 서북쪽과 철구수歠仇水산서성과 내몽골 경계 사이에 왕정을 건립했다. 고류高柳산서성 양고현 북쪽으로 300여 리 떨어진 곳이었다. 병마兵馬가 매우 왕성해 동부와 서부에 있던 대인들이 모두 그에게 귀부했다.

남쪽으로는 이어진 한나라 변경을 침략하고, 북쪽으로는 정령丁零에 대항하고, 동쪽으로는 부여夫餘를 물리치고, 서쪽으로는 오손烏孫신강성 이녕시을 격퇴했다. 흉노의 옛 지역을 모두 점거해 동서의 길이가 1,4000여 리에 달했다.

가을 7월, 단석괴가 운중雲中내몽골 탁극탁현을 침구했다. 옛 오환교위 이응李膺을 도료장군度遼將軍으로 삼았다. 이응이 변경에 도착하자 강족과 호족 모두 소문만 듣고도 두려워하며 굴복했다. 이전에 약취한 남녀를 모두 새하塞下로 데리고 가 송환했다.

3) 공손거公孫擧와 동곽두東郭竇 등이 무리를 모으자 3만 명에 달했다. 청주靑州와 연주兗州, 서주徐州 등 3개 주를 침구해 군현을 파괴했다. 해마다 이들에 대한 토벌에 나섰으나 이길 수 없었다.

상서에서 이들을 잘 처리하는 치극治劇을 할 수 있는 자를 뽑았다. 사도부의 연리掾吏인 영천 출신 한소韓韶를 영현嬴縣산동성 채무현 현장에 임명했다. 도적들은 그가 현명하다는 소문을 듣고 서로 경계하며 영현의 경계 안으로 들어가지 않았다. 나머지 현의 유민流民 1만여 호戶가 현의 경계로 이주해 왔다. 한소가 창고를 열어 이들을 구제했다. 일을 주관하는 자들이 다퉈 불가하다고 반대하자 한소가 말했다.

"현장은 구덩이인 구학溝壑에 빠진 백성을 살리는 사람이다. 이 때문에 엎어져 죄를 얻는 복죄伏罪를 한다면 웃음을 머금고 땅 속으로 들어가는 함소입지含笑入地를 할 것이다."

태수는 평소 한소의 명덕名德을 알고 있어 끝내 이 일에 연루시키지 않았다.

한소의 동군同郡 출신인 순숙荀淑과 종호鍾皓, 진식陳寔 모두 일찍이 현장縣長을 지냈다. 가는 곳마다 덕정德政을 베풀어 칭송을 받았다. 당시 사람들이 이들을 두고 영천 출신인 4명의 뛰어난 현장이라는 뜻의 '영천4장潁川四長'으로 칭송했다.

4) 당초 선비족이 요동遼東을 침구하자 속국도위屬國都尉인 무위武威 출신 단경段熲이 휘하의 군사를 이끌고 말을 달려 나아갔다. 도적들이 놀라 떠나자 이내 역참의 기사騎士인 역기驛騎를 시켜 거짓으로 새서璽書를 갖고 가 '단경을 소환한다'고 떠벌이게 했다. 단경이 짐짓 길에서 물러나 있다가 몰래 길을 돌아와 매복했다. 도적들이 이를 진실로 믿고 마침내 돌아와 단경을 추격했다. 단경이 이에 병사를 크게 풀어 도적들을 모두 참획斬獲했다. 새서를 사칭한 것에 연루돼 의당 중형에 처해져야 했으나 세운 공이 있어 2년의 징역형인 사구司寇로 판결이 났다. 형기를 끝내자 의랑議郞에 제수됐다.

이때에 이르러 동방에 도적이 창궐하는 까닭에 공경에게 조서를 내려 문무를 겸비한 장수를 선발하게 했다. 사도 윤송尹頌이 단경을 천거했다. 간경을 중랑장中郞將에 제수해 공손거와 동곽두 등을 공격하게 했다. 단경이 이들을 대파하고 목을 베었다. 참획한 숫자가 1만여 급을 헤아렸다. 나머지 무리인 여당餘黨은 모두 항복한 뒤 해산하는 항산降散을 했다. 단경을 열후에 봉했다.

5) 겨울 12월, 경사에 지진이 났다.

6) 양불의梁不疑의 아들 양마梁馬를 영음후潁陰侯하남성 허창시, 양윤梁胤의 아들 양도梁桃를 성보후城父侯안휘성 박주시로 삼았다.

* 孝桓皇帝永壽二年

春, 三月, 蜀郡屬國夷反.

初, 鮮卑檀石槐, 勇健有智略, 部落畏服, 乃施法禁, 平曲直, 無敢犯者, 遂推以為大人. 檀石槐立庭於彈汙山·歠仇水上, 去高柳北三百餘里, 兵馬甚盛. 東·西部大人皆歸焉. 因南抄緣邊, 北拒丁零, 東卻夫餘, 西擊烏孫, 盡據匈奴故地, 東西萬四千餘里. 秋, 七月, 檀石槐寇雲中. 以故烏桓校尉李膺為度遼將軍. 膺到邊, 羌·胡皆望風畏服, 先所掠男女, 悉詣塞下送還之.

公孫舉·東郭竇等聚眾至三萬人, 寇青·兗·徐三州, 破壞郡縣. 連年討之, 不能克. 尚書選能治劇者, 以司徒掾潁川韓韶為嬴長. 賊聞其賢, 相戒不入嬴境. 餘縣流民萬餘戶入縣界, 韶開倉賑之, 主者爭謂不可. 韶曰, "長活溝壑之人, 而以此伏罪, 含笑入地矣." 太守素知韶名德, 竟無所坐. 韶與同郡荀淑·鍾皓·陳寔皆嘗為縣長, 所至以德政稱, 時人謂之"潁川四長."

初, 鮮卑寇遼東, 屬國都尉武威段熲率所領馳赴之. 既而恐賊驚去, 乃使驛騎詐繼璽書召熲, 熲於道偽退, 潛於還路設伏. 虜以為信然, 乃入追熲, 熲因大縱兵, 悉斬獲之. 坐詐為璽書, 當伏重刑. 以有功, 論司寇. 刑竟, 拜議郎. 至是, 詔以東方盜賊昌熾, 令公卿選將帥有文武材者. 司徒尹頌薦熲, 拜中郎將, 擊舉·竇等, 大破斬之, 獲首萬餘級, 餘黨降散. 封熲為列侯.

冬, 十二月, 京師地震.

封梁不疑子馬為潁陰侯, 梁胤子桃為城父侯.

** 권54−한기漢紀 46: 환관이 권력을 쥐다

한환제 영수 3년(AD 157)

1) 봄 정월 기미己未, 천하에 사면령을 내렸다.

2) 거풍居風베트남 탄호아 서북쪽 현령이 탐포무도貪暴無度했다. 그 현縣 출신 주달朱達 등이 만이와 함께 반란을 일으켜 현령을 죽이고, 무리를 모으자 4,000−5,000명에 달했다.

여름 4월, 구진九真베트남 탄호아시을 치자 구진 태수 아식兒式이 전사했다. 구진의 도위 위랑魏朗에게 조서를 내려 주달 등을 토파討破하게 했다.

3) 윤5월 30일, 일식이 있었다.

4) 경사에 황해蝗害가 있었다.

5) 혹자가 이같이 상언上言했다.

"백성이 빈곤하게 된 것은 화전貨錢이 가볍고 얇기 때문입니다. 의당 대전大錢으로 개주改鑄해야 합니다."

이 사안을 사부四府에 내려보내 군료群僚 및 태학의 말 잘하는 능언지사能言之士들로 하여금 논의하게 했다. 태학생 유도劉陶가 건의했다.

"오늘날의 근심은 화폐에 있는 게 아니라 백성들이 굶주리는 민기民饑에 있습니다. 가만히 보건대, 최근 몇 년 동안 좋은 싹인 양묘良苗는 모두 메뚜기와 누리인 황명蝗螟의 입으로 들어갔고, 베틀인 저축杼軸은 공사公私의 요구로 텅 비어 있습니다. 백성의 근심이 어찌 전화錢貨의 후박厚

薄과 중량인 주량銖兩의 경중에 있을 리 있겠습니까? 설령 지금 당장 모래와 자갈인 사력沙礫을 남쪽 형주와 양주揚州에서 나는 질 좋은 황금인 남금南金으로 만들고, 와석瓦石을 초나라 변화卞和가 얻었다는 보옥인 화옥和玉으로 바꿀 수 있을지라도 백성은 목이 말라 마실 게 없고, 배가 고파 먹을 게 없습니다. 비록 전설상의 천황天皇과 복희伏羲 시대의 순덕 純德과 요순인 당요唐堯와 우순虞舜의 문명文明 시대일지라도 오히려 문과 병풍 안의 소장지내蕭牆之內를 지키지 못해 내란이 빚어질 수밖에 없습니다. 대략 백성은 100년 동안 화폐가 없어도 괜찮지만, 일조一朝라도 굶주려서는 안 됩니다. 먹는 것이 가장 급한 이유입니다. 논의하는 자들은 농식農殖의 근본에 통달하지 못해 대부분 전폐를 주조하는 것이 편리하다고 말합니다. 대개 1만 명이 이를 주조해도 한 사람이 이를 빼앗으면 공급할 수 없는데 하물며 지금처럼 한 사람이 주조하고 1만 명이 빼앗는 경우이겠습니까? 비록 음양으로 석탄을 만들고 만물로 구리를 만들지라도 밥도 먹지 못하는 백성을 부리는 일을 굶주리지 않는 선비에게 시키면 오히려 권귀의 만족할 줄 모르는 요구인 무염지구無厭之求를 충족시킬 수 없게 됩니다. 무릇 백성이 넉넉해지고 재부가 쌓이는 민은재부民殷財阜를 이루고자 하면 부역을 그치고 수탈을 금하는 지역금탈止役禁奪에 요체가 있습니다. 그러면 백성들은 힘들이지 않고도 풍족하게 만들 수 있습니다. 폐하가 해내의 근심을 가엾게 여겨 전폐를 주조하고 재물을 고르게 하는 주전제화鑄錢齊貨의 방식으로 그 폐해를 구하고자 하면, 이는 마치 끓는 솥인 비정지중沸鼎之中에서 고기를 기르는 양어養魚를 하고, 치솟는 불 위인 열화지상烈火之上에서 새를 기르는 서조棲鳥를 하는 것과 같습니다. 수목水木은 본래 물고기와 새가 생활하는 곳이나 이를 적절히 사용하지 못하면 반드시 새를 태우고 물고기를 익히는 초란焦爛에 이르게 됩니다. 원컨대 폐하는 각박한 금법인 계박지금鍥薄之禁을 관대히 늦추고,

야금과 주조의 논의를 뒤로 미루고, 민서民庶의 노래인 요음謠吟을 듣고, 길을 오가는 노인인 노수路叟의 근심을 묻고, 삼광三光이 빛나는 데 따른 변이變異를 주시하고, 산하山河가 무너지고 마르는 흉조를 살피십시오. 그러면 민심의 향배와 국가대사의 흐름이 모두 찬연粲然히 드러나 의혹을 남기는 유혹遺惑이 없을 것입니다. 엎드려 생각건대, 지금은 땅이 넓어도 경작할 수 없고, 백성이 많아도 먹을 게 없습니다. 여러 소인배들이 다퉈 앞으로 나가 나라를 죄고 흔드는 자리를 차지하고 있습니다. 매 같은 자들이 천하 사람들 위를 나는 응양천하鷹揚天下를 하면서 마치 새가 먹이를 쪼아 배를 불리는 조초구포鳥鈔求飽를 하듯이 수탈을 하고 있습니다. 이들은 가죽과 뼈를 삼키고 살을 씹어 먹으면서도 만족하지 못하는 모습을 보이고 있습니다. 실로 문득 역부役夫와 궁색한 장인인 궁장窮匠들이 성을 쌓은 판축板築의 와중에 들고 일어나 도끼를 집어던지고 팔을 걷어붙이는 투근양비投斤攘臂로 높은 곳에 올라가 멀리 외침으로써 근심하고 원망하는 백성들로 하여금 이에 향응響應하여 구름처럼 합치는 운합雲合을 조성할까 두렵습니다. 비록 사방 1자나 되는 전폐인 방척지전方尺之錢이 있을지라도 어찌 그런 위란의 상황을 구제할 수 있겠습니까?"

마침내 개전改錢을 하지 않았다.

6) 겨울 11월 사도 윤송尹頌이 훙거했다.

7) 장사長沙의 만족이 반란을 일으켜 익양益陽호남성 한수현을 침구했다.

8) 사공 한인韓縯을 사도, 태상인 북해北海산동성 창락현 출신 손랑孫朗을 사공으로 삼았다.

** 起強圉作噩, 盡昭陽單闕, 凡七年.

孝桓皇帝永壽三年

春, 正月, 己未, 赦天下.

居風令貪暴無度, 縣人朱達等與蠻夷同反, 攻殺令, 聚眾至四五千人. 夏, 四月, 進攻九真, 九真太守兒式戰死. 詔九真都尉魏朗討破之.

閏月, 庚辰晦, 日有食之.

京師蝗.

或上言曰, "民之貧困以貨輕錢薄, 宜改鑄大錢." 事下四府群僚及太學能言之士議之. 太學生劉陶上議曰, "當今之憂, 不在於貨, 在乎民饑. 竊見比年已來, 良苗盡於蝗螟之口, 杼軸空於公私之求. 民所患者, 豈謂錢貨之厚薄, 銖兩之輕重哉! 就使當今沙礫化為南金, 瓦石變為和玉, 使百姓渴無所飲, 饑無所食, 雖皇·羲之純德, 唐·虞之文明, 猶不能以保蕭牆之內也. 蓋民可百年無貨, 不可一朝有饑, 故食為至急也. 議者不達農殖之本, 多言鑄冶之便. 蓋萬人鑄之, 一人奪之, 猶不能給. 況今一人鑄之, 則萬人奪之乎! 雖以陰陽為炭, 萬物為銅, 役不食之民, 使不饑之士, 猶不能足無厭之求也. 夫欲民殷財阜, 要在止役禁奪, 則百姓不勞而足. 陛下愍海內之憂戚, 欲鑄錢齊貨以救其弊, 猶養魚沸鼎之中. 棲鳥烈火之上. 水·木, 本魚鳥之所生也, 用之不時, 必至焦爛. 願陛下寬鍥薄之禁, 後冶鑄之議, 聽民庶之謠吟, 問路叟之所憂, 瞰三光之文耀, 視山河之分流, 天下之心, 國家大事, 粲然皆見, 無有遺惑者矣. 伏念當今地廣而不得耕, 民眾而無所食, 群小競進, 秉國之位, 鷹揚天下, 鳥鈔求飽, 吞肌及骨, 并噬無厭. 誠恐卒有役夫·窮匠起於板築之間, 投斤攘臂, 登高遠呼, 使怨之民響應雲合. 雖方尺之錢, 何有能救其危也!" 遂不改錢.

冬, 十一月, 司徒尹頌薨.

長沙蠻反, 寇益陽.

以司空韓縯為司徒, 以太常北海孫朗為司空.

한환제 연희延熹 원년(AD 158)

1) 여름 5월 29일, 일식이 있었다. 태사령太史令 진수陳授가 소황문小黃門 서황徐璜을 통해 이같이 진술했다.

"일식의 변고는 그 허물이 대장군 양기에게 있습니다."

양기가 그 소식을 듣고는 낙양 현령에게 넌지시 말해 진수를 잡아다가 고문하게 했다. 진수가 옥사했다. 황제가 이 일로 인해 양기에게 화를 냈다.

2) 경사에 황해蝗害가 있었다.

3) 6월 4일, 천하에 사면령을 내리고, 연희延熹로 개원했다.

4) 대규모 기우제인 대우제大雩祭를 지냈다.

5) 가을 7월 20일, 태위 황경黃瓊이 면직됐다. 태상 호광胡廣을 태위로 삼았다.

6) 겨울 10월, 황제가 광성廣成하남성 신안현에서 교렵校獵을 했다. 마침내 낙양 서쪽의 상림원上林苑으로 행차했다.

7) 12월, 남흉노의 여러 부락이 나란히 반란을 일으키고, 오환 및 선비와 더불어 변경에 있는 9개 군郡을 침구했다. 황제가 경조윤京兆尹 진구陳龜를 도료장군度遼將軍으로 삼았다. 진구가 부임 전에 상소했다.

"신이 듣건대, 해와 달과 별의 삼신三辰 즉 삼광三光은 궤도를 따라 움직이지 않는 불궤不軌의 모습을 보이면 선비를 발탁해 재상으로 삼고, 만이가 공손하지 않으면 졸병을 발탁해 장군으로 삼는다고 했습니다. 신은 문무지재文武之才가 없는데도 외람되게 장군의 중임인 응양지임鷹揚之任을 맡게 됐습니다. 비록 온 몸을 다 바치는 몰구체歿軀體를 할지라도 보탬이 됐다고 말할 게 없습니다. 지금 서주西州 변비邊鄙는 토지가 극히 척박하고 메마른 척각埪埆의 모습을 보이고 있습니다. 게다가 백성들이 자주 노략을 당해 실가室家가 잔파殘破돼 있습니다. 비록 살아서 숨을 쉬고 있다고는 하나 실은 말라서 썩은 고후枯朽와 같습니다. 지난해에 병주并州에서는 수우水雨와 명충螟蟲의 재해가 번갈아 발생해 작물이 시들고 조세와 병역 대가인 조경租更[223]이 텅 비었습니다. 폐하가 백성을 자식으로 여기니 어찌 어루만지는 은혜인 무순지은撫循之恩을 내지 않겠습니까? 주나라의 조상인 고공단보古公亶父와 서백西伯 즉 주문왕이 다스릴 때는 천하의 백성 모두 귀인歸仁했습니다. 어찌 다시 금은보화를 실은 수레를 끌면서 백성들에게 은혜를 베풀었겠습니까? 폐하가 중흥의 대통을 잇고, 광무제의 대업을 계승한 뒤 조정에 나아가 정사를 돌보는 임조청정臨朝聽政을 하지만 아직 여러 경우 제대로 유의留意치 못하고 있습니다. 게다가 불량한 목수牧守 중에는 환관이 천거한 경우도 있습니다. 이들은 황상의 뜻을 어길까 두려워하며 과도하게 목전目前의 이해만 살핍니다. 한탄의 소리인 호차지성呼嗟之聲이 재앙을 초치招致하고, 호족의 흉한凶悍이 변경의 쇠퇴한 틈을 이용하고 있는데 창고의 곡식은 시랑豺狼의 입으로 들어가 다 없어지고, 공로와 업적인 공업功業은 동전 한 닢의 효과인 수량지효銖兩之效도 없습니다. 모두 장수가 불충해 간사한 무리를 모아들인 탓입니다. 전에 양주涼州 자사 축량祝良은 처음 관직을 제수받아 양주에 도착하자마자 많은 것을 규명하고 처벌하는 규벌糾罰을 했습니다. 태수와 현령 및 현장 가운데 쫓겨난 자가 거의 절반에 달했습니다. 임기를 마치지 않았는데도 공효功效가 탁연卓然했습니다. 실로 남다르게 상을 내려 공

---

223 조경租更은 조세와 요역의 대가를 가리킨다. 경경更은 요역徭役의 뜻이다. 당시 성년은 일정기간 요역을 해야 했고, 원치 않으면 돈을 납부했다. 관은 이것으로 다른 사람을 고용해 시세에 맞게 대금을 지급했다. 당나라 때 장수절張守節의 『사기정의史記正義』에 따르면 한나라 때의 요역은 크게 졸경卒更과 천경踐更, 과경過更 등 3종이 있었다. 병사로 차출되는 것은 '졸경', 가난한 사람이 월 2,000전을 받고 대신 요역에 나서는 것은 '천경', 3달 동안의 변경 수자리에 월 3,000전을 내면 관이 알아서 사람을 고용해 이를 대신하도록 하는 것은 '과경'이라고 했다.

능공能功을 권해야 할 것입니다. 목수牧守를 개임改任하고, 간잔奸殘을 거척去斥해야 합니다. 또 의당 흉노와 오환 및 호강중랑장과 교위校尉를 다시 선발하되 문무의 재주를 보고 선발해 훈련시키고, 그들에게 법령을 내려 주도록 하십시오. 병주幷州와 양주涼州의 올해 조경租更을 없애고, 너그러이 죄수들을 사면하고 이전의 죄를 소제掃除하여 다시 시작하도록 해줘야 합니다. 선한 관원은 봉공奉公이 도움이 되는 것을 알게 되고, 악한 자는 사리를 취하는 영사營私가 화를 부른다는 것을 알게 됩니다. 그러면 호마胡馬는 장성을 넘보지 못하고, 새하塞下에서 척후하는 근심도 없어질 것입니다."

황제가 이에 유주幽州와 병주 자사를 다시 선발하고, 영營과 군 태수 및 도위都尉 이하의 관원을 대부분 바꿨다. 조서를 내려 진구 장군의 건의를 좇아 병주와 양주의 조세를 1년 동안 면제하고, 이민吏民에게 상사賞賜했다. 진구가 직책에 임하자 주군州郡의 사람들이 긴장한 나머지 발을 포갠 채 두려워하는 중족진률重足震慄의 모습을 보였다. 경비를 줄인 것이 해마다 1억 전을 헤아렸다.

조서를 내려 안정속국도위安定屬國都尉인 장환張奐을 북중랑장北中郎將으로 삼고, 흉노와 오환 등을 토벌하게 했다. 흉노와 오환이 도료장군의 군문軍門을 불사른 뒤 무리를 이끌고 적갱赤阬에 주둔했다. 연기와 불을 서로 바라보는 연화상망煙火相望의 상황이 되자 병사들이 크게 두려워하며 각기 달아나려 했다. 그러나 장환이 편히 장막 안에 앉아 제자와 함께 태연자약하게 강송講誦을 하자 군사들이 조금씩 안정을 되찾았다. 이에 은밀히 오환을 유인해 몰래 화친함으로써 흉노와 도각屠各 거수渠帥의 목을 베게 했다. 이어 그 무리를 습격해 깨뜨리자 여러 호족들이 모두 항복했다.

장환은 남선우 차아車兒가 국사國事를 통리統理하지 못한 것을 이유로 구금한 뒤 상주하여 좌곡려왕左谷蠡王을 선우로 세우는 방안을 세시했다. 황제가 조서를 내렸다.

"『춘추』에 정도를 지키는 것을 크게 여긴다는 취지의 대거정大居正[224] 표현이 있다. 차아車兒가 일심으로 향화向化했는데 무슨 죄로 쫓아내려 하는 것인가! 그를 그의 왕정王庭으로 돌려보내도록 하라!"

8) 대장군 양기는 평소 도료장군 진구와 틈이 있었다. 이내 진구가 국위國威를 훼손하고 공예功譽를 홀로 차지하는 바람에 호로胡虜들이 두려워하지 않는다고 헐뜯었다. 이 일에 연루돼 소환됐다. 대신 충고种暠를 도료장군으로 삼았다. 진구가 마침내 걸해골乞骸骨을 한 뒤 전리田里로 돌아가고자 했다. 그러나 다시 징소해 상서尚書로 삼았다.

양기의 포학暴虐한 행보가 날로 심해졌다. 진구가 상소해 그의 죄상을 언급하며 주살할 것을 청했다. 황제가 살펴보지 않았다. 진구는 양기가 반드시 자신을 해칠 것을 알고는 7일 동안 곡기를 끊고 죽었다.

충고는 군영에 이른 뒤 먼저 은신恩信을 베풀어 여러 호족을 유인해 항복시키는 유항誘降에 성공했다. 항복하지 않는 자가 있으면 그 다음에 토벌했다. 강족들 가운데 전에 포로가 되어 군현에 인질로 보내진 자가 있었다. 이들 모두 돌려보내면서 성심으로 품어주며 어루만지는 회무懷撫를 하고, 상을 반드시 내리는 것을 분명히 하는 신상분명信賞分明의 모습을 보였다. 이로 인해 강족과 호족 모두 제 발로 찾아와 순복順服했다. 충고가 이내 봉수烽燧와 척후 망루인 후망候望을 없앴다. 변방이 안연晏然해져 경계할 일이 없어졌다. 조정으로 들어와 대사농大司農이 됐다.

---

224 대거정大居正은 『춘추공양전』「노은공 3년」조에서 군자 즉 공자는 적자의 왕위계승과 종법제도의 준수를 극히 중요시했다는 취지의 '군자대거정君子大居正' 구절에서 취한 것이다. 삼국시대 위나라의 하휴何休는 주에서 풀이키를, "밝게 법을 닦아 정도를 지키는 수법수정修法守正을 말한다."고 했다.

夏, 五月, 甲戌晦, 日有食之. 太史令陳授因小黃門徐璜陳"日食之變咎在大將軍冀." 冀聞之, 諷雒陽收考授, 死於獄. 帝由是怒冀.

京師蝗.

六月, 戊寅, 赦天下, 改元.

大雩.

秋, 七月, 甲子, 太尉黃瓊免. 以太常胡廣為太尉.

冬, 十月, 帝校獵廣成, 遂幸上林苑.

十二月, 南匈奴諸部并叛, 與烏桓·鮮卑寇緣邊九郡. 帝以京兆尹陳龜為度遼將軍. 龜臨行, 上疏曰, "臣聞三辰不軌, 擢士為相. 蠻夷不恭, 拔卒為將. 臣無文武之才, 而忝鷹揚之任, 雖殞軀體, 無所云補. 今西州邊鄙, 土地埆塉, 民數更寇虜, 室家殘破, 雖含生氣, 實同枯朽. 往歲并州水雨, 災螟互生, 稼穡荒耗, 租更空闕. 陛下以百姓為子, 焉可不垂撫循之恩哉! 古公·西伯天下歸仁, 豈復興金輦寶以為民惠乎! 陛下繼中興之統, 承光武之業, 臨朝聽政而未留聖意. 且牧守不良, 或出中官, 懼逆上旨, 取過目前. 呼嗟之聲, 招致災害, 胡虜凶悍, 因衰緣隙. 而令倉庫單于豺狼之口, 功業無銖兩之效, 皆由將帥不忠, 聚奸所致. 前涼州刺史祝良, 初除到州, 多所糾罰, 太守令長, 貶黜將半, 政未逾時, 功效卓然, 實應賞異, 以勸功能. 改任牧守, 去斥奸殘. 又宜更選匈奴·烏桓護羌中郎將·校尉, 簡練文武, 授之法令. 除并·涼二州今年租·更, 寬赦罪隸, 掃除更始. 則善吏知奉公之祐, 惡者覺營私之禍, 胡馬可不窺長城, 塞下無候望之患矣." 帝乃更選幽·并刺史, 自營·郡太守·都尉以下, 多所革易. 下詔為陳將軍除并·涼一年租賦, 以賜吏民. 龜到職, 州郡重足震慄, 省息經用, 歲以億計. 詔拜安定屬國都尉張奐為北中郎將, 以討匈奴·烏桓等. 匈奴·烏桓燒度遼將軍門, 引屯赤阬, 煙火相望. 兵眾大恐, 各欲亡去. 奐安坐帷中, 與弟子講誦自若, 軍士稍安. 乃潛誘烏桓, 陰與和通, 遂使斬匈奴·屠各渠帥, 襲破其眾, 諸胡悉降. 奐以南單于車兒不能統理國事, 乃拘之, 奏立左谷蠡王為單于. 詔曰, "『春秋』大居正. 車兒一心向化, 何罪而黜! 其遣還庭!"

大將軍冀與陳龜素有隙, 譖其沮毀國威, 挑取功譽, 不為胡虜所畏, 坐徵還, 以种暠為度遼將軍. 龜遂乞骸骨歸田里, 復徵為尚書. 冀暴虐日甚, 龜上疏言其罪狀, 請誅之, 帝不省. 龜自知必為冀所害, 不食七日而死. 种暠到營所, 先宣恩信, 誘降諸胡, 其有不服, 然後加討. 羌虜先時有生見獲質於郡縣者, 悉遣還之. 誠心懷撫, 信賞分明, 由是羌·胡皆來順服. 暠乃去烽燧, 除候望, 邊方晏然無警. 入為大司農.

한환제 연희 2년(AD 159)

1) 봄 2월, 선비가 안문雁門산서성 우옥현을 침구했다.

2) 촉군蜀郡의 이족夷族이 잠릉鱉陵사천성 송반현을 침구했다.

3) 3월, 자사와 2천석 관원의 3년상 시행을 다시 중단시켰다.

4) 여름, 경사에 대수大水가 있었다.

5) 6월, 선비가 요동을 노략했다.

6) 양황후가 붕어한 언니 순열황후 양태후와 현직에 있는 오라비 대장군 양기의 비호하는 세력인 음세蔭勢를 믿고 방자와 사치를 일삼았다. 그 도가 날로 심해져 이전 시대보다 갑절이나 됐다. 총애를 독차지하며 투기를 심하게 해 육궁六宮에 사는 후비后妃들은 황제를 알현할 수 없었다. 그러나 양태후가 붕어하자 황후에 대한 은혜와 총애가 문득 쇠했다. 양황후에게는 후사가 없었다. 궁인宮人들이 아이를 낳아 길렀지만 온전한 자를

찾기가 힘들었다. 황제가 비록 양기梁冀를 매우 두려워해 감히 꾸짖거나 화를 내는 견노譴怒를 하지는 못했으나, 후궁의 침실을 찾는 진어進御는 가고 싶은 대로 옮겨 다닌 까닭에 양황후는 더욱 우려하며 화를 내는 우에憂恚를 했다.

가을 7월 8일, 황후 양씨가 붕어했다.

7월 27일, 의헌황후懿獻皇后 양씨를 의릉懿陵에 장사지냈다. 양기梁冀의 한 집안에서는 앞뒤로 모두 7명의 열후, 3명의 황후, 6명의 귀인貴人, 2명의 대장군이 배출됐다. 또 부인夫人과 딸로서 식읍食邑을 받고 군君으로 불린 사람이 7명, 공주를 모시고 사는 이른바 상공주尙公主를 한 부마가 3명이나 됐다. 나머지 9경九卿의 경卿을 비롯해 중랑장 등의 장將, 하남윤과 경조윤 등의 윤尹, 교위校尉 등의 교校 벼슬을 한 자가 모두 57명에 달했다.

양기는 위엄 있는 칼자루인 위병威柄을 멋대로 휘두르는 전천專擅을 했다. 흉자凶恣가 날로 심해진 이유다. 황제를 가까이서 모시는 수위와 시종인 궁위宮衛와 근시近侍 모두 친한 자들을 심어 놓아 궐 안의 움직임은 아무리 섬미纖微한 것이라도 반드시 알아냈다. 사방에서 조발調發한 것과 세시歲時로 공헌貢獻한 것 모두 우선 양기의 저택으로 보내졌다. 승여乘輿 즉 황제에게는 그 다음이었다.

관원과 백성인 이민吏民 가운데 재물을 싸가지고 와서 관직을 구하는 재화구관賣貨求官을 하는 자와 죄를 면하고자 하는 청죄자請罪者는 길에서 서로 바라볼 정도였다. 백관들은 승진하거나 부름을 받으면 모두 먼저 양기의 집을 찾아가 종이와 나무에 쓴 글인 전격箋檄을 올리고 사은謝恩했다. 연후에 감히 상서대尙書臺로 갈 수 있었다.

하비下邳 출신 오수吳樹가 완성宛城의 현령이 되자 청사로 가 양기에게 인사를 했다. 양기의 빈객들이 그 현계縣界에 다수 포진한 까닭에 오수에게 다정스럽게 부탁했다. 오수가 말했다.

"소인은 간사하고 해를 끼치는 간두奸蠹의 존재인 까닭에 줄줄이 주살해도 되는 비옥가주比屋可誅의 대상일 뿐입니다. 밝으신 장군이 상장上將의 자리에 있으니 의당 현선賢善을 숭상하며 조정의 부족한 부분을 도와야 할 것입니다. 그러나 곁에서 모신 이후 1번이라도 장자長者다운 말을 들은 적이 없고, 대부분 그릇된 자들을 부탁하니 실로 감히 더 이상 들을 수가 없습니다!"

양기가 묵연黙然히 기뻐하지 않는 표정을 지었다. 오수가 현에 이른 뒤 마침내 양기의 빈객으로 있으면서 사람들에게 해를 끼치는 자 수십 명을 주살했다. 오수가 이후 형주荆州 자사가 되어 양기에게 인사를 하러 갔을 때 양기가 그에게 짐독鴆毒을 먹였다. 오수는 밖으로 나와 수레 위에서 죽었다.

요동 태수 후맹侯猛은 처음으로 관직을 제수 받고 양기를 찾아가지 않았다. 양기가 다른 일로 꼬투리를 잡아 그에게 요참腰斬을 가했다. 낭중郎中인 여남汝南 출신 원저袁著는 나이가 19세였다. 궁궐로 가 이같이 상서했다.

"무릇 사시四時의 운행에 비춰볼 때 공을 세우면 이내 쇠퇴하게 되는 공성즉퇴功成則退가 빚어집니다. 높은 자리에 올라 총애를 받는 고작후총高爵厚寵의 경우 재난으로 이어지지 않은 적이 거의 없습니다. 지금 대장군의 지위가 최고에 이르렀고, 업적도 이뤄져 지극히 경계할 만합니다. 의당 70세에 사임하는 현거지례縣車之禮[225]의 고사를 좇아 베개를 높게

---

225   현거지례縣車之禮는 70세에 사임하는 것을 가리킨다. 『한서』「설광덕전薛廣德傳」에 따르면 한원제 때 어사대부를 역임한 설광덕이 재이災異에 대한 책임을 지고 사직했다. 이때 한원제가 하사한 수레를 집의 천장에 매달아 놓고 영예로 삼았다. 이후 수레를 천장에 매다는 예절인 '현거지례'는 70세에 벼슬을 그만두는 치사致仕를 의미하게 됐다.

하여 정신을 수양하는 고침이신高枕頤神을 하십시오. 『전국책』에 이르기를, '나무의 열매가 무성하면 가지를 찢어 나무의 중심을 해친다'[226]고 했습니다. 만일 강성한 세력을 억누르고 줄이지 않으면 장차 그 몸을 온전히 할 수 없습니다."

양기가 이 말을 듣고 몰래 사람을 보내 잡으려고 했으나 원저가 이내 성명을 바꾸고 병을 핑계로 짐짓 죽었다고 소문을 냈다. 버들을 꼬아 인형을 만든 뒤 관을 사서 장사를 치른 게 그렇다. 얼마 후 양기는 그가 속인 것을 알고는 잡아다가 태장을 쳐 죽이는 태살笞殺을 했다.

태원太原 출신 학혈郝絜과 호무胡武는 정직하고 비상한 위언고론危言高論을 좋아했고, 원저와 가까이 지냈다. 이들은 일찍이 연명으로 삼부三府에 상주문을 올려 나라 안에서 덕망이 높은 선비인 고사高士를 천거하면서 양기에게는 보내지 않았다. 양기가 나중에 이 얘기를 듣고는 뒤늦게 화를 내는 추노追怒를 했다. 곧 중도관中都官에게 명해 격문을 보내 체포한 뒤 호무의 집안사람을 주살하게 했다. 죽은 자가 모두 60여 명에 달했다. 학혈은 처음에 달아났다가 모면할 수 없다는 사실을 알고는 관재棺材를 들고 가는 여재與梓의 모습으로 양기의 문 앞까지 가서 서신을 올렸다. 서신이 안으로 들어가자 이내 약을 마시고 죽었다. 덕분에 그의 가족은 안전할 수 있었다.

한안제의 적모嫡母는 경귀인耿貴人이 훙거하자 양기는 경귀인의 조카

---

226   원문은 '목실번자피지해심木實繁者披枝害心'이다. 전국시대 말기 종횡가로 활약하다가 진秦나라의 정승이 된 범수范雎가 진소양왕에게 한 말이다. 『전국책』「진책秦策」에 범수가 처음으로 진소양왕을 만난 뒤 나무에 열매가 지나치게 많으면 가지가 버티지 못해 부러지고, 가지가 부러지면 나무의 정기인 수심樹心을 상하게 하는 것처럼 봉토를 받은 자가 너무 커지면 나라가 위험해지고, 신하를 너무 높이면 군왕이 낮아진다는 취지의 '목식번자피기지木殖繁者披其枝, 피기지자상기심披其枝者傷其心. 대기도자위기국大其都者危其國, 존기신자비기주尊其臣者卑其主' 구절이 나온다.

인 임려후林慮侯 경승敬承으로부터 귀인이 쓰던 진기한 노리개를 구하려 했다. 구할 수 없게 되자 화가 난 나머지 그의 가족 10여 명을 족멸族滅했다.

탁군涿郡 출신 최기崔琦는 문장文章 덕분에 양기로부터 우대를 받았다. 그가 「외척잠外戚箴」과 「백혹부白鵠賦」를 지어 양씨 일가를 풍자하자 양기가 화를 냈다. 최기가 말했다.

"옛날 춘추시대 중엽 관중管仲은 제나라의 재상으로 있을 때 자신을 나무라며 간하는 말인 기간지언譏諫之言을 즐겨 들었습니다. 한나라 건국공신인 소하蕭何는 한나라를 보필하면서 허물을 기록하는 관원인 서과지리書過之吏를 두었습니다. 지금 장군은 누세累世에 걸쳐 재상인 태보台輔를 지낸 까닭에 그 책임이 이윤伊尹 및 주공周公과 나란히 하고 있습니다. 그러나 덕정德政을 펼쳤다는 말은 들리지 않습니다. 오히려 일반 백성인 여원黎元이 도탄塗炭에 빠졌는데도 곧고 어진 정량貞良의 인사를 받아들여 화를 당하고 실패하는 화패禍敗를 구하기는커녕, 선비의 입을 틀어막는 겸색鉗塞을 하며 군주의 귀를 막고, 장차 흑색과 황색을 뒤바꾸는 현황개색玄黃改色과 말과 사슴의 모습을 바꾸는 마록역형馬鹿易形을 하려는 것입니까?"

양기가 대답할 길이 없어 이내 최기를 돌아가게 했다. 최기는 두려운 나머지 도망가 숨었으나 양기가 곧 잡아다가 죽였다.

양기가 병정秉政을 한 지 거의 20년이 다 되자 안팎으로 위세를 크게 떨치게 됐다. 천자는 팔짱을 끼는 공수拱手의 모습만 보인 채 정사에 직접 참여할 수가 없었다. 황제가 내심 이를 불평했다. 이어 태사령 진수陳授가 양기로 인해 일식의 변고가 빚어졌다고 간했다가 옥사하자 더욱 화를 냈다.

당시 한화제의 황후인 화희황후和熹皇后의 종형의 아들인 낭중郎中 등향鄧香의 아내 선宣은 딸 등맹鄧猛을 낳았다. 등향이 죽자 선이 다시 양기梁紀에게 시집을 갔다. 그는 권신인 양기梁冀의 부인 손수孫壽의 외숙이었다. 손수는 등맹의 자색이 뛰어난 것을 보고는 곧 궁중으로 데리고 들어가 귀인으로 만들었다. 소수의 남편 양기는 등맹을 자신의 딸로 인식시키기 위해 등맹의 성씨를 등씨에서 양씨로 바꿔버렸다. 이어 등맹의 형부인 의랑議郞 병존邴尊이 이런 음모를 깨뜨려 선宣의 뜻을 돌려놓을까 우려한 나머지 자객을 보내 척살했다.

이어 완벽한 음모를 꾸미기 위해 선까지 죽이려고 했다. 선의 집은 중상시 원사袁赦의 집과 나란히 있었다. 양기의 자객이 원사의 집 지붕에 올라가 선의 집으로 향하다가 원사에게 발각됐다. 원사가 북을 울리고 사람들을 모아 선에게 이를 알려주었다. 선이 말을 달려 황제에게 이를 알리자 황제가 대로했다. 곧 측간廁間으로 간 뒤 소황문사小黃門史 당형唐衡만을 불러 조용히 물었다.

"좌우의 사람 가운데 외척 집안인 외사外舍와 통하지 않는 자로 누가 있는가?"

당형이 대답했다.

"중상시 선초單超와 소황문사小黃門史 좌관左悺은 양불의梁不疑와 틈이 벌어져 있습니다. 중상시 서황徐璜과 황문령黃門令 구원具瑗은 늘 개인적으로 외척의 전횡에 분질忿疾하면서도 입으로는 감히 말하지 않고 있습니다."

황제가 선초와 좌관을 불러 입실하게 한 뒤 말했다.

"양장군의 형제가 조정에서 전횡을 하고, 안팎을 박협迫脅하고 있소. 공경 이하의 관원 모두 그가 넌지시 이르는 뜻인 풍지風旨를 좇고 있소. 지금 그들을 주살하고자 하는데 상시들의 뜻은 어떻소?"

선초 등이 대답했다.

"실로 나라의 간적奸賊이니 의당 오래 전에 주살에 처했어야 했습니다. 신 등이 약열弱劣하여 아직까지 성의聖意가 어떠한지 몰랐을 뿐입니다."

황제가 말했다.

"자세히 살피기 위해 그런 것이니 상시는 이를 은밀히 도모하는 밀도密圖를 행하라."

서초 등이 대답했다.

"도모하는 것은 어렵지 않으나 다만 폐하가 복중腹中 즉 심중心中으로 머뭇거리며 거듭 의심하는 호의狐疑를 할까 우려됩니다."

황제가 말했다.

"간신의 협국脅國은 의당 그 죄를 받는 복죄伏罪를 해야 하는데, 어찌 의심하는 것이오!"

이에 당형을 비롯해 선초와 좌관, 서황, 구원 등 5명의 중상시를 불러 함께 양기 제거에 관한 대책을 논의한 뒤 황제가 선초의 팔을 깨물어 피를 내고 맹서했다. 선초 등이 말했다.

"폐하는 이제 계책을 이미 결정했으니 두 번 다시 말하지 마십시오. 다른 사람들에게 의심을 받을까 두렵습니다."

당시 양기는 내심 선초 등을 의심하고 있었다.

8월 10일, 양기가 중황문中黃門 장운張惲에게 명해 궁성宮省으로 들어가 숙직하면서 변란에 대비하게 했다. 구원具瑗이 관원에게 명해 장운을 잡아가두게 한 뒤 이같이 말했다.

"문득 밖에서 입궁한 것은 불궤不軌를 꾀하려고 그런 것이다."

황제는 전전前殿으로 나아가 성서들을 불러들인 뒤 그 일에 대해 발설했다. 이어 상서령 윤훈尹勳에게 명해 지절의 자격으로 승丞과 낭郞 이하의 관원을 모두 정비한 뒤 무기를 소지하고 성각省閣을 지키게 했다. 이어 여러 부절符節를 거둬 성중省中으로 보내게 한 뒤 구원에게 명해 황제의 좌우에 있는 기사騎士 및 마부인 구추廐騶를 비롯해 천자 호위군인 호본虎賁과 궁궐 숙위군인 우림羽林, 야간 순찰대인 도후都候 등에 소속돼 검극劍戟을 소지한 병사 총 1,000여 명을 이끌고 가 사례교위 장표張彪와 함께 양기의 집을 에워싸게 했다. 또 광록훈 원우袁盱로 하여금 지절의 자격으로 양기의 대장군 인수를 거두게 한 뒤 비경도향후比景都鄕侯로 옮겨 봉하는 사봉徙封을 시행했다.

양기와 그의 처 손수는 즉일卽日 모두 자살했다. 동생인 양불의梁不疑와 양몽梁蒙은 그에 앞서 죽었다. 양씨와 손씨 가운데 안팎의 종친을 모두 잡아다가 조옥詔獄으로 보냈다. 나이의 장소長少를 막론하고 모두 기시棄市했다. 그밖에 연루된 공경과 열교列校. 자사, 2천석 관원으로 죽은 자가 수십 명에 달했다.

태위 호광胡廣과 사도 한인韓縯, 사공 손랑孫朗은 모두 양기에게 아부하고 궁궐을 호위하지 않고, 장수정長壽亭에 머문 까닭에 사형에서 1등급이 감해져 면직된 뒤 서인庶人이 됐다. 옛 관원인 고리故吏와 빈객 가운데 면직돼 쫓겨나는 면출免黜된 자가 300여 명에 달해 조정이 텅 비게 됐다.

이때 모든 일이 졸지猝地에 궁중으로부터 일어난 까닭에 사자가 이리저리 말을 몰아 달리는 교치交馳를 했고, 공경들은 절도를 잃는 실도失度, 관부官府와 시리市里는 물 끓듯 시끄러운 정비鼎沸의 모습을 보였다. 며칠 지난 뒤 비로소 안정됐다. 백성들 가운데 칭찬하고 경하하는 칭경稱慶을 하지 않는 자가 없었다. 양기의 재화財貨를 모두 거둬 현관縣官 즉 정부에서 싼 값에 파는 척매斥賣를 했다. 모두 30여 억 전에 달했다. 모두 왕부王府의 용도로 충당하면서 천하에서 거두는 조세의 절반을 감했다. 그의 원유苑囿를 궁민窮民의 경작지로 나눠주었다.

7) 8월 15일, 양기의 딸로 알려진 양귀인梁貴人 즉 등맹鄧猛을 황후로 삼고, 양기의 여동생인 의헌황후懿獻皇后의 의릉懿陵을 사후에 폐지하는

추폐追廢를 하여 귀인총貴人塚으로 만들었다. 황제가 양씨를 싫어한 나머지 황후의 성씨를 박씨薄氏로 바꿨다. 오래 있다가 양황후가 등향鄧香의 딸이라는 사실이 알려지자 이내 등씨鄧氏의 성씨를 회복했다.

8) 조서를 내려 양기를 주살한 공을 세운 자들에 대한 행상行賞을 했다. 선초單超와 서황徐璜, 구원具瑗, 좌관左悺, 당형唐衡 등 5명의 중상시 모두 현후縣侯가 됐다. 선초는 2만 호, 서황 등은 각각 1만 호의 식읍을 받았다. 세상에서는 이들을 '5후五侯'[227]로 불렀다. 좌관과 당형은 여전히 중상시中常侍로 삼았다. 또 상서령 윤훈尹勳 등 7명을 정후亭侯[228]에 봉했다.

9) 대사농 황경黃瓊을 태위, 광록대부光祿大夫 중산中山 출신 축념祝恬을 사도, 대홍려大鴻臚 양국梁國 출신 성윤盛允을 사공으로 삼았다.

이때 막 양기를 주살한 까닭에 천하사람 모두 색다른 정사인 이정異政을 기대했다. 황경은 가장 높은 태위의 자리에 있으면서 이내 주군州郡에 명해 평소 탐오貪汚한 행보를 한 자들을 거론해 상주하게 했다. 죽거나 유배를 간 자가 10여 명이나 됐다. 해내가 흡연翕然히 칭송했다.

황경이 여남汝南 출신 범방范滂을 벽소했다. 범방은 청절淸節해 주리州里의 사람들이 복종했다. 일찍이 지방관의 탐오를 감찰하는 3공의 부서인 삼부三府의 청조사淸詔使로 있을 때 기주冀州를 안찰案察한 바 있었다.

227 　선초는 신풍후新豊侯, 서황은 무양후武原侯, 구원은 동무양후東武陽侯, 좌관은 상채후上蔡侯, 당형은 여양후汝陽侯에 봉해졌다.

228 　이현李賢은 『후한서』「효환제기」의 주에서 풀이하기를, "윤훈尹勳은 의양宜陽의 도향후都鄕侯, 곽서霍諝는 업도정후鄴都亭侯, 장경張敬은 산양山陽의 곡향후曲鄕侯, 구양삼歐陽參은 수무脩武의 인정후仁亭侯, 이위李瑋는 의양宜陽의 의문후宜門侯, 우방虞放은 원구冤句의 여도정후呂都亭侯, 주영周永은 하비下邳의 고천향후高遷鄕侯에 봉해졌다."고 했다. 정후亭侯는 열후 가운데 가장 낮은 등급이고, 향후鄕侯는 '정후'보다 약간 높은 2급 후작에 해당한다.

직접 수레에 올라 고삐를 잡는 등거람비登車攬轡의 모습으로 개연慨然히 천하를 깨끗이 하겠다는 뜻을 보였다. 수령 가운에 장오贓汚의 죄를 범한 자들 모두 멀리서 소문만 듣고도 인수를 풀어 놓은 채 달아났다. 그가 드러내 상주한 내용 가운데 뭇 사람들의 의견인 중의衆議를 압도적으로 충족시키는 염색厭塞을 하지 않은 게 없었다.

마침 삼부三府의 연속掾屬에게 항간에 나도는 요언謠言을 적어 올리라는 조서가 내려졌다. 범방은 자사와 2천석 관원 가운데 권세 있고 힘 있는 권호權豪의 무리 20여 명을 거론해 상주했다. 상서대가 범방에게 탄핵한 자가 외람되게 많다고 질책하며 사사로운 이유가 있는지 의심했다. 범방이 대답했다.

"신이 열거한 자는 탐람하고 비루하며 간사하고 포학한 도예간포叨穢奸暴의 행보를 한 자가 아니면 심히 민해民害를 끼친 자들입니다. 어찌 그렇지 않은 이로 간찰簡札을 더럽힐 리 있겠습니까? 근래 조당에서 회합해 논의할 날이 박촉迫促한 까닭에 먼저 급한 것부터 열거한 것입니다. 아직 제대로 살피지 못한 것은 바야흐로 다시금 실상을 헤아리도록 하겠습니다. 신이 듣건대, '농부가 잡초를 제거하면 곡식이 무성하고, 충신이 간신을 제거하면 왕도王道가 맑아진다'[229]고 했습니다. 만일 신의 말에 2가지 뜻이 있으면 죽여서 사람들에게 내보이는 현륙顯戮을 할지라도 감수甘受하겠습니다!"

상서가 나무랄 수 없었다.

---

[229]　원문은 '농부거초農夫去草, 가곡필무嘉穀必茂. 충신제간忠臣除奸, 왕도이청王道以淸'이다. 『후한서』「당고열전黨錮列傳」의 구절을 그대로 인용한 것이다. 『춘추좌전』「노은공 6년」조에 위정자는 악을 보면 마치 농부가 열심히 잡초를 뽑아내듯이 해야 한다는 취지로 언급한 '위국가자爲國家者, 견악見惡, 여농부지무거초언如農夫之務去草焉' 구절이 나온다.

10) 상서령尚書令 진번陳蕃이 상소해 5명의 처사處士를 천거했다. 예장豫章 출신 서치徐稚, 팽성彭城 출신 강굉姜肱, 여남汝南 출신 원굉袁閎, 경조京兆 출신 위저韋著, 영천穎川 출신 이담李曇 등이 그들이다. 황제가 모두 안거安車와 현훈玄纁의 예를 갖춰 이들을 징소徵召했으나 모두 오지 않았다.

서치는 집이 가난해 늘 스스로 농사를 지어먹었다. 그는 힘을 들이지 않고는 밥을 먹지 않았고, 공손하고 검소하며 의롭고 양보하는 공검의양恭儉義讓의 모습을 보였다. 그가 사는 곳의 사람들이 그의 덕에 감복한 이유다. 누차 공부公府에서 벽소辟召했으나 나오지 않았다 진번이 예장 태수가 된 뒤 예를 갖춰 공조功曹를 맡아 줄 것을 청하자, 서치는 이를 거절하지 못해 가서 만나보기만 하고 물러갔다. 진번은 모가 나고 준엄한 방준方峻의 성정으로 빈객을 만나지 않았다. 유독 서치가 오면 특별히 목탑木榻 즉 나무의자를 마련해 앉혔다가 그가 가면 매달아 두곤 했다.

서치는 후에 나라에 도가 행해질 때 비로소 출사出仕한다는 이치를 내세워 집에서 태원 태수의 벼슬을 제수 받는 등의 부름을 받았음에도 모두 나아가지 않았다. 비록 여러 공경들의 벽소에 응하지는 않았으나 진번이 죽어서 상을 치른다는 소식을 듣고는 곧바로 책 상자를 등에 지고 조문에 나서는 부급부조負笈赴弔를 했다. 늘 집에는 구운 닭인 자계炙雞 1마리를 준비해 두고 1냥兩의 솜인 면서綿絮를 술에 담갔다가 햇볕에 말려 닭을 싼 뒤 지름길로 무덤까지 달려가 물로 솜을 적셔 술기운이 돌게 하고, 쌀 1말로 밥을 지으며 흰 띠 풀인 백모白茅로 자리를 깔았다. 이어 닭을 앞에 놓고 술을 부어 제전祭奠을 차리는 철주醊酒로 제사를 마친 뒤 명함을 놓고 즉시 사라졌다. 상주는 만나지 않았다.

강굉은 두 동생인 강중姜仲海 및 강계강姜季江과 함께 모두 효우孝友로 소문이 자자했다. 늘 이불을 같이 덮고 잤고, 징빙徵聘에 응하지 않았다. 강굉은 일찍이 동생 강계강과 함께 군郡으로 오는 밤길에 도적을 만났다. 도적이 겁박하며 죽이려고 하자 강굉이 말했다.

"동생은 나이가 어리고, 부모가 가련하게 생각하고 있고, 아직 장가를 가는 빙취聘娶도 하지 않았소. 원컨대 나를 죽이고 동생을 살려주시오."

강계강이 말했다.

"형은 나이와 덕성에서 나보다 앞서 있고, 집안의 진보珍寶이자 나라의 영준英俊이오. 빌건대 내 스스로 죽음을 당해 형의 목숨을 대신하고자 하오."

도적들이 마침내 두 사람을 모두 석방한 뒤 의복과 재물만을 약탈掠奪했다. 군郡으로 돌아온 뒤 군의 사람들이 강굉에게 의복이 없는 것을 보고 괴이하게 여겨 까닭을 물었으나 강굉은 다른 말로 핑계를 대고 끝내 도적맞았다는 말을 하지 않았다. 도적이 이 말을 듣고는 후회하고는 수련하는 곳인 정려精廬 즉 정사精舍를 찾아가 황제에게 징소를 받은 사람인 이른바 징군徵君에 대한 면회를 청한 뒤 머리를 숙이며 사죄하고 빼앗은 물건인 약물略物을 돌려주었다. 강굉이 받지 않고 주식酒食으로 위로하고 돌려보냈다.

황제는 이미 강굉을 징소했으나 오지 않자 마침내 팽성彭城에 명해 화공을 시켜 그의 형상을 그리게 했다. 강굉이 어두운 움집인 유암幽暗에 누워 얼굴을 감춘 뒤 말하기를, '현기증인 현질眩疾로 밖으로 나가 바람을 맞지 않으려고 한다'고 했다. 화공이 끝내 그를 볼 수 없었다.

원굉은 한명제와 한장제 및 한화제를 잇달아 섬긴 원안袁安의 현손玄孫이다. 각고의 노력으로 절개를 닦는 고신수절苦身修節을 하며 벽소에 응하지 않았다.

위저는 은거隱居하며 학문을 가르쳤고, 세상일인 세무世務에는 힘을 쓰지 않았다.

이담은 계모가 심하게 괴롭히는 혹렬酷烈의 모습을 보였으나 오히려 더욱 공근恭謹히 받들었다. 계절마다 진기한 물건인 진완珍玩을 얻으면 일찍이 먼저 절한 뒤에 물건을 내놓는 선배후진先拜後進을 행하지 않은 적이 없었다. 향리에서 그를 본보기로 삼았다.

황제가 또 안양安陽 출신 위환魏桓을 징소하자 마을 사람들인 향인鄕人이 응할 것을 권했다. 위환이 말했다.

"무릇 봉록을 받고 나아가고자 하는 간록구진干祿求進은 그 뜻을 실행하고자 하는 것이오. 지금 후궁이 1,000여 명인데 이를 덜어낼 수 있겠는가? 마구간의 말이 수만 필인데 이를 줄일 수 있겠는가? 좌우의 사람들은 권세 있는 호족인 권호權豪인데 이를 제거할 수 있겠는가?"

모두 대답했다.

"불가할 것이오."

위환이 이내 개연慨然히 탄식했다.

"나 위환에게 살아서 갔다가 간언 등으로 권호의 뜻을 거슬러 마침내 죽어서 돌아오는 생행사귀生行死歸를 권하고 있으니, 제자諸子 즉 그대들에게 무슨 이익이 되겠소!"

마침내 은신隱身한 뒤 세상 밖으로 나오지 않았다.

11) 황제가 양기를 주살한 이후 옛날에 알던 사람인 고구故舊와 사사롭게 은혜를 베푼 사람인 은사恩私 대부분이 봉작封爵을 받았다. 황후의 부친인 등향鄧香을 거기장군車騎將軍으로 추증追贈하고, 안양후安陽侯에 추봉追封했다. 다시 황후의 모친인 선宣을 곤양군昆陽君으로 삼고, 오라비의 아들인 등강鄧康과 등병鄧秉을 모두 열후에 봉했다. 종족이 모두 북군에 소속된 5명의 교위校尉인 열교列校 내지 오관서五官署와 좌서左署 및 우서右署 등 삼서三署의 중랑장인 낭장郞將이 됐고, 상사賞賜 또한 거만巨萬에 달했다.

중상시中常侍 후람侯覽이 비단 5,000필을 올리자 황제가 작위를 내려 관내후關內侯로 삼았다. 이어 함께 양기의 주살을 논의했다는 이유로 고향후高鄕侯로 올려 책봉하는 진봉進封을 했다. 또 소황문小黃門 유보劉普와 조충趙忠 등 8인을 책봉해 향후鄕侯로 삼았다. 권세가 오로지 환관에게 돌아간 이유다. 거사를 모의한 '5후五侯'는 더욱 탐종貪縱해 안팎을 경동傾動시켰다.

당시 재변이 자주 나타났다. 백마白馬하남성 활현 현령인 감릉甘陵 출신 이운李雲이 봉함하지 않은 서신인 노포露布로 상서한 뒤 부본副本을 삼부三府로 보냈다.

"양기가 비록 권력을 쥐고 농단하는 지권전천持權專擅으로 천하에 학정을 일삼다가 그 죄로 주살된 것은 마치 가신을 불러다가 목을 졸라 죽이는 액살扼殺을 한 것에 불과합니다. 그런데도 모의에 참여한 신하인 '5후'에게 1만 호 이상의 남상濫賞을 내렸습니다. 한고제가 이를 들으면 잘못이라고 보지 않겠습니까? 또 서북의 변경을 지키는 열장列將들이 이 얘기를 듣고 사방으로 해체해 버리지 않겠습니까? 공자는 말하기를, '제帝는 자세히 살필 체諦의 뜻이다'[230]라고 했습니다. 지금 관위官位의 착란錯亂이 빚어진 것은 소인배가 아첨으로 진급하는 소인첨진小人諂進과 뇌물이 공공연히 오가는 재화공행財貨公行으로 인해 정치와 교화가 날로 훼손되고 있기 때문입니다. 1척1촌 크기의 조책詔策인 척일尺一은 벼슬을 내릴 때 사용되는데도 황제가 직접 살피는 어성御省을 거치지 않고 있습니다. 이는 황제가 만물을 자세히 살피려 하지 않기에 그런 것입니까?"

---

230   위서緯書인 『춘추운두구春秋運斗樞』에 나오는 말이다. 여기에 "오제五帝는 명성을 닦고 공을 세우고, 덕을 닦으며 교화를 이뤄 제帝로 칭한 것이다."라는 표현이 나온다. 제帝의 뜻이 자세하고 명료하게 알게 됐다는 의미의 체諦와 통한다.

황제가 상주문을 보고 진노震怒했다. 유사에게 명해 이운을 체포하게 했다. 이어 상서에게 조서를 내려 검극劍戟을 지닌 병사들로 하여금 황문黃門 소속의 북시北寺 감옥의 호송을 책임지게 했다. 또 중상시 관패管霸와 어사御史, 정위廷尉가 함께 다양한 방법으로 그를 고문하게 했다.

당시 홍농弘農의 오관연五官掾으로 있는 두중杜眾은 이운이 충간忠諫을 하다가 죄를 얻은 사실에 상심한 나머지 이내 상서했다.

"원컨대 저는 이운과 더불어 같은 날 죽도록 하겠습니다."

황제가 더욱 노해 마침내 정위에게 함께 처리하도록 했다. 대홍려 진번이 상소했다.

"이운이 말한 바는 비록 금기를 몰라 윗분의 뜻에 거슬리는 간상역지干上逆旨를 범하기는 했으나 취지는 충국忠國에서 나온 것일 뿐입니다. 옛날 한고제는 주창周昌의 거리낌 없이 하는 간언인 불휘지간不諱之諫을 참았고, 한성제는 주운朱雲이 허리와 목을 베는 죄인 요령지주腰領之誅를 사면해 주었습니다. 오늘 이운을 죽이면 신은 은나라 주紂가 충간을 한 비간比干의 가슴을 쪼개 죽인 데 따른 비난인 부심지기剖心之譏가 재차 세상에 나돌까 두렵습니다!"

태상 양병楊秉과 낙양의 저자 책임자인 시장市長 목무沐茂, 낭중郎中 상관자上官資 등도 나란히 상소해 이운에 대한 용서를 청했다. 황제의 분노가 심해지자 유사가 대불경大不敬에 해당한다고 상주했다. 조서를 내려 진번과 양병을 크게 꾸짖는 절책切責을 한 뒤 면직시켜 전리田里로 돌려보냈다. 목무와 상관자는 녹봉 2등급을 깎는 폄질貶秩에 처했다.

당시 황제는 북궁 인근의 탁용지濯龍池에 있었다. 중상시 관패管霸가 이운 등의 일을 상주하면서 무릎을 꿇고 말했다.

"이운은 초야인 야택野澤의 어리석은 선비인 우유愚儒에 불과합니다. 홍농의 오관연五官掾 두중杜眾은 군郡에 있는 소리小吏로 미치고 어리석은 광당狂戇에서 그런 말을 한 것입니다. 족히 죄를 줄만한 대상이 못됩니다."

황제가 관패에게 말했다.

"황제가 만물을 자세히 살피려고 하지 않는다는 뜻의 '제욕불체'가 무슨 뜻인지나 알고 상시는 그들을 용서하려는 것이오!"

고개를 돌려 소황문에게 상주문의 비판을 인정한다고 말했다. 이운과 두중 모두 옥중에서 죽은 이유다. 이에 황제 곁에서 총애를 받는 폐총嬖寵의 전횡이 더욱 심해졌다. 태위 황경黃瓊은 자신의 힘으로는 어찌할 수 없다고 여겨 이내 칭병하여 일어나지 않은 채 이같이 상소했다.

"폐하가 즉위한 이래 정치가 보다 나아진 적이 없고, 여러 양씨들이 권력을 잡고 환관이 조정을 가득 채웠습니다. 이고李固와 두교杜喬가 충언을 하다가 이미 잔멸殘滅을 당했고, 이운李雲과 두중杜眾이 다시 곧은 말을 하다가 뒤이어 주살을 당했습니다. 해내가 마음이 상하고 두려워하며 더욱 원한을 맺게 되고, 조야朝野의 인사가 충성을 꺼리게 된 이유입니다. 상서 주영周永은 본래 양기를 섬기고 그 위세를 빌렸는데 양기가 장차 쇠하리라는 것을 알고는 이내 겉으로는 양기를 헐뜯으며 충성을 내보이다가 마침내 간계로 역시 봉후됐습니다. 또 황문黃門은 내심 사악함을 품고 무리들이 서로 당을 만들었습니다. 양기가 흥성할 때는 앞쪽의 배와 뒤쪽의 등이 서로 친하게 지내는 복배상친腹背相親처럼 한 몸이 되어 조석으로 도모圖謀하며 함께 간궤奸軌를 꾸몄습니다. 이후 양기가 주살을 당해 교사巧詐를 꾸밀 길이 없게 되자 다시 양기의 악행에 대한 공격을 구실로 작상爵賞을 요구했습니다. 폐하가 맑게 조사해 진위를 심사하지 않은 채 다시 충신과 더불어 나란히 높은 작위에 책봉함으로써 적색과 자주색이 같은 색으로 통용되는 주자공색朱紫共色과 분粉과 묵墨이 뒤섞이는 분묵잡유粉墨雜糅 상황이 빚어졌습니다. 이는 모래와 자갈 속에 금옥을 내던지는 이른바 '저금옥어사력抵金玉於沙礫'과 진흙 속에서 규벽珪璧을 가루로 만드는 '쇄규벽어니도碎珪璧於泥塗'와 같은 것입니다. 사방에서 이 소식을 듣고는 분개하고 한탄하지 않는 자가 없습니다. 신은 여러 세대에 걸쳐 국은國恩을 입어 몸은 가볍지만 자리는 중한 까닭에 감히 죽기 직전에 거리낌 없는 말인 불휘지언不諱之言을 진술하는 것입니다."

상소문이 올라갔으나 받아들여지지 않았다.

12) 겨울 10월 5일, 황상이 장안으로 행차했다.

13) 중상시 선초單超가 병이 들었다.

11월 5일[231], 아직 살아 있는 환관 선초에게 사상 최초로 거기장군車騎將軍의 직책을 내렸다.

14) 12월 3일, 황상이 장안에서 낙양으로 돌아왔다.

15) 소당燒當과 소하燒何, 당전當煎, 늑저勒姐 등에 사는 8종種의 강족이 농서隴西 금성金城의 변새를 침구했다. 호강교위護羌校尉 단경段熲이 이를 격파한 뒤 나정羅亭 청해성 동덕현까지 추격해 추호酋豪 이하 2,000급을 베고, 1만여 명을 포로로 잡았다.

16) 조서를 내려 다시 진번陳蕃을 광록훈光祿勳, 양병楊秉을 하남윤河南尹으로 삼았다. 선초單超의 형의 아들인 선광單匡이 제음濟陰 태수가 됐다. 세력을 믿고 탐욕스럽고 방자한 탐방貪放의 모습을 보였다. 연주兗州 자사 제오종第五種이 종사從事 위우衛羽에게 이를 조사하게 했다. 장물 5~6천만 전을 손에 넣자마자 제오종이 곧바로 선광에 대해 고하고, 아울러 선초를 탄핵했다.

선광이 군박窘迫해지자 빈객 임방任方에게 뇌물을 주어 위우를 척살

하게 했다. 위우는 그의 간사함을 깨닫고 임방을 체포해 낙양의 옥에 가뒀다. 선광은 양병이 그 일을 끝까지 추궁할까 염려해 몰래 임방 등에게 명해 감옥을 탈출해 달아나는 돌옥망주突獄亡走를 하게 했다. 상서 양병을 불러 힐책하자 양병이 대답했다.

"임방 등은 그 상황과 무관하고, 문제의 발단은 선광으로부터 시작된 것이었소. 빌건대 함거를 보내 선광을 부른 뒤 그 일을 자세히 추궁하는 고핵考核을 하도록 하시오. 그러면 간특한 발자취인 종서蹤緒를 반드시 찾아낼 수 있을 것이오."

양병이 이에 연루돼 장작대장 소속의 공도工徒 감독관인 좌교左校 밑에서 노역을 하라는 판결이 내려졌다. 당시 태산泰山에 있는 도적 숙손무기叔孫無忌가 서주徐州와 연주兗州를 노략했다. 주군州郡이 토벌하지 못하자 선초는 이를 구실로 제오종을 무함해 삭방朔方으로 유배 보냈다.

당시 선초의 외손자 동원董援은 삭방 태수로 있으면서 분노를 품은 모습으로 그를 기다렸다. 제오종의 옛 부하인 고리故吏 손빈孫斌은 제오종이 반드시 죽을 것을 알고 빈객을 모아 제오종을 쫓아갔다. 태원에 이르러 제오종을 겁탈해 돌아왔다. 망명생활을 한 지 수년 만에 사면령을 만나 화를 모면했다. 제오종은 광무제와 한명제를 섬긴 제오륜第五倫의 증손이다.

이때 봉상封賞이 정상적인 제도의 범위를 뛰어넘고, 내총內寵을 입는 여인이 지나치게 많아졌다. 진번이 상소했다.

"무릇 제후는 하늘의 4와 7 곧 28수宿를 상징하고, 상국上國의 울타리인 번병藩屛 역할을 합니다. 한고제는 공신들과 약조하면서 공신이 아니면 열후에 봉하지 않기로 했습니다. 그러나 듣건대 황상은 하남윤 등만세鄧萬世의 부친 등준鄧遵의 미공微功을 공신록에 추가로 등록하는 추록追錄을 하도록 하고, 또 상서령 황준黃儁에게는 그의 선조의 단절된 봉작을 잇도록 했다고 합니다. 가까이 있어 낯이 익은 근습近習의 인물은 의롭지 않은 방법으로도 식읍을 얻고, 좌우에 있는 사람은 공이 없어도 상을 받은 까닭에 심지어 일문一門 내에서도 후侯가 된 자가 여러 명에 달합니다. 하늘을 가로지르는 별자리인 위상緯象이 실도失度를 하고 음양陰陽이 순서를 그르친 원인입니다. 신이 알기에 봉작하는 일은 이미 시행한 까닭에 말할지라도 미치지 못하겠으나 실로 폐하가 지금부터라도 중지하기를 바랍니다. 또 민가에서 채납한 궁녀인 채녀采女가 수천 명에 달하고 있습니다. 고기를 먹고 비단 옷을 입는 식육의기食肉衣綺와 연지와 분을 바르고 눈썹을 그리는 지유분대脂油粉黛는 이루 헤아릴 수도 없습니다. 속담인 비언鄙諺에 이르기를, '도적도 딸이 5명인 집의 문인 5녀문五女門은 넘지 않는다'고 했습니다. 이는 여인으로 인해 집안이 가난해지기 때문입니다. 지금 후궁에 있는 여인들이 어찌 나라를 가난하게 만들지 않겠습니까?"

황제가 자못 그 말을 채택해 궁녀 500여 명을 내보내고, 단지 황준에게 관내후, 등만세鄧萬世에게 남향후南鄉侯의 작위만 내렸을 뿐이다.

황제가 종용從容히 시중인 진류 출신 원연爰延에게 물었다.

"짐은 어떤 군주요?"

원연이 대답했다.

"폐하는 한나라의 중간 정도 군주입니다."

황제가 물었다.

"왜 그렇다는 것이오?"

원연이 대답했다.

"상서령 진번이 일을 맡아 잘 다스리고 있으나 중상시와 황문이 정사에 간여해 어지러워졌습니다. 이로써 폐하는 더불어 선행을 할 수도, 더불어 비행非行을 할 수도 있다는 것을 알 수 있습니다."

황제가 대답했다.

"옛날 한성제 때 주운朱雲은 간언을 하다가 조정에서 난간欄檻을 부러 뜨린 적이 있소. 지금은 시중이 면전에서 짐의 잘못을 지적하니 공경히 잘 듣도록 하겠소."

그러고는 오관중랑장五官中郞將의 벼슬을 내렸다. 누차 승진해 대홍려 大鴻臚가 됐다. 마침 객성客星이 황제의 별자리를 지나갔다. 황제가 은밀 히 원연에게 물었다. 원연이 봉사封事를 올렸다.

"폐하는 하남윤 등만세와 등극하기 이전의 시기인 요잠龍潛 때 옛 정 이 있어 책봉하여 통후通侯로 삼았으니 베푼 은덕이 공경公卿보다 중하 고, 하사한 혜택이 종실보다 풍성합니다. 게다가 지난번에는 인견引見하 여 함께 내기 놀이인 박희博戲까지 했습니다. 상하가 너무 가까이 방탕하 게 노는 설독媟黷으로 인해 존엄이 일그러진 이유입니다. 신이 듣건대 황 제의 좌우는 정치와 덕을 자문하기 위한 것입니다. 선인과 함께 하면 날 마다 좋은 가르침인 가훈嘉訓을 듣고, 악인을 좇아 노닐면 날마다 사정邪 情이 생깁니다. 오직 폐하가 참유讒諛하는 자를 멀리하고, 굳건하고 정직 한 선비인 건건지사謇謇之士를 받아들이면 재변災變은 곧 사라질 것입니 다."

황제가 이를 채택하지 못하자 원연은 칭병稱病한 뒤 사직하고 고향으 로 돌아가는 면귀免歸를 했다.

* 孝桓皇帝延熹二年

春, 二月, 鮮卑寇雁門.

蜀郡夷寇蠶陵.

三月, 復斷刺史·二千石行三年喪.

夏, 京師大水.

六月, 鮮卑寇遼東.

梁皇后恃姊·兄蔭勢, 恣極奢靡, 兼倍前世, 專寵妒忌, 六宮莫得進見. 及太后崩, 恩寵頓衰. 后既無嗣, 每宮人孕育, 鮮得全者. 帝雖迫畏梁冀, 不敢譴怒, 然進御轉希, 后益憂恚. 秋, 七月, 丙午, 皇后梁氏崩. 乙丑, 葬懿獻皇后於懿陵. 梁冀一門, 前後七侯, 三皇后, 六貴人, 二大將軍, 夫人·女食邑稱君者七人, 尚公主者三人, 其餘卿·將·尹·校五十七人. 冀專擅威柄, 凶恣日積, 宮衛近侍, 并樹所親, 禁省起居, 纖微必知. 其四方調發, 歲時貢獻, 皆先輸上第於冀, 乘輿乃其次焉. 吏民賣貨求官·請罪者, 道路相望. 百官遷召, 皆先到冀門箋檄謝恩, 然後敢詣尚書. 下邳吳樹為宛令, 之官辭冀, 冀賓客布在縣界, 以情托樹, 樹曰, "小人奸蠹, 比屋可誅. 明將軍處上將之位, 宜崇賢善以補朝闕. 自侍坐以來, 未聞稱一長者, 而多托非人, 誠非敢聞!" 冀嘿然不悅. 樹到縣, 遂誅殺冀客為人害者數十人. 樹後為荊州刺史, 辭冀, 冀鴆之, 出, 死車上. 遼東太守侯猛初拜, 不謁冀, 冀托以它事腰斬之. 郎中汝南袁著, 年十九, 詣闕上書曰, "夫四時之運, 功成則退, 高爵厚寵, 鮮不致災. 今大將軍位極功成, 可為至戒, 宜遵縣車之禮, 高枕頤神. 傳曰, '木實繁者披枝害心' 若不抑損盛權, 將無以全其身矣!" 冀聞而密遣掩捕, 著乃變易姓名, 托病偽死, 結蒲為人, 市棺殯送. 冀知其詐, 求得, 笞殺之. 太原郝絜·胡武, 好危言高論, 與著友善, 絜·武嘗連名奏記三府, 薦海內高士, 而不詣冀. 冀追怒之, 敕中都官稱檄禽捕, 遂誅下家, 死者六十餘人. 絜初逃亡, 知不得免, 因輿梓奏書冀門, 書入, 仰藥而死, 家乃得全. 安帝嫡母耿貴人薨, 冀從貴人從子林慮侯承求貴人珍玩, 不能得, 冀怒, 并族其家十餘人. 涿郡崔琦以文章為冀所善, 琦作『外戚箴』『白鵠賦』以風, 冀怒. 琦曰, "昔管仲相齊, 樂聞譏諫之言. 蕭何佐漢, 乃設書過之吏. 今將軍屢世台輔, 任齊伊·周, 而德政未聞, 黎元塗炭, 不能結納貞良以救禍敗,反欲鉗塞士口, 杜蔽主聽, 將使玄黃改色·馬鹿易形乎!"冀無以對, 因遣琦歸. 琦懼而亡匿, 冀捕得, 殺之.

冀秉政幾二十年, 威行內外, 天子拱手, 不得有所親與, 帝既不平之. 及陳授死, 帝愈怒. 和熹皇后從兄子郎中鄧香妻宣, 生女猛, 香卒, 宣更適梁紀. 紀, 孫壽之舅也. 壽以猛色美, 引入掖庭, 為貴人, 冀欲認猛為其女, 易猛姓為梁. 冀恐猛姊婿議郎邴尊沮敗宣意, 遣客刺殺之. 又欲殺宣, 宣家與中常侍袁赦相比, 冀客登赦屋, 欲入宣家, 赦覺之, 鳴鼓會眾以告宣. 宣馳入白帝, 帝大怒, 因如廁, 獨呼小黃門史唐衡, 問曰, "左右與外舍不相得者, 誰乎?"衡對曰, "中常侍單超·小黃門史左悺與梁不疑有隙. 中常侍徐璜·黃門令具瑗常私忿疾外舍放橫, 口不敢道." 於是帝呼超·悺入室, 謂曰, "梁將軍兄弟專朝, 迫脅內外, 公卿以下, 從其風旨, 今欲誅之, 於常侍意如何?"超等對曰, "誠國奸賊, 當誅日久. 臣等弱劣, 未知聖意如何耳." 帝曰, "審然者, 常侍密圖之." 對曰, "圖之不難, 但恐陛下腹中狐疑." 帝曰, "奸臣脅國, 當伏其罪, 何疑乎!" 於是更召璜·瑗等, 五人共定其議, 帝齧超臂出血為盟. 超等曰, "陛下今計已決, 勿復更言, 恐為人所疑."

冀心疑超等, 八月, 丁丑, 使中黃門張惲入省宿, 以防其變. 具瑗敕吏收惲, 以"輒從外入, 欲圖不軌." 帝御前殿, 召諸尚書入, 發其事, 使尚書令尹勳持節勒丞·郎以下皆操兵守省閣, 斂諸符節送省中, 使具瑗將左右廏驂·虎賁·羽林·都候劍戟士合千餘人, 與司隸校尉張彪共圍冀第, 使光祿勳袁盱持節收冀大將軍印綬, 徙封比景都鄉侯. 冀及妻壽即日皆自殺. 不疑·蒙先卒. 悉收梁氏·孫氏中外宗親送詔獄, 無長少皆棄市. 它所連及公卿·列校·刺史·二千石, 死者數十人. 太尉胡廣·司徒韓縯·司空孫朗皆坐阿附梁冀, 不衛宮, 止長壽亭, 減死一等, 免為庶人. 故吏·賓客免黜者三百餘人, 朝廷為空. 是時, 事猝從中發, 使者交馳, 公卿失其度, 官府市里鼎沸, 數日乃定. 百姓莫不稱慶. 收冀財貨, 縣官斥賣, 合三十餘萬萬, 以充王府用, 減天下稅租之半, 散其苑囿, 以業窮民.

壬午, 立梁貴人為皇后, 追廢懿陵為貴人塚. 帝惡梁氏, 改皇后姓為薄氏, 久之, 知為鄧香女, 乃復姓鄧氏.

詔賞誅梁冀之功, 封單超·徐璜·具瑗·左悺·唐衡皆為縣侯, 超食二萬戶, 璜等各萬餘戶, 世謂之五侯. 仍以悺·衡為中常侍. 又封尚書令尹勳等七人皆為亭侯.

以大司農黃瓊為太尉, 光祿大夫中山祝恬為司徒, 大鴻臚梁國盛允為司空. 是時, 新誅梁冀, 天下想望異政, 黃瓊首居公位, 乃舉奏州郡素行貪污, 至死徙者十餘人, 海內翕然稱之.

瓊辟汝南范滂. 滂少厲清節, 為州里所服. 嘗為清詔使, 案察冀州, 滂登車攬轡, 慨然有澄清天下之志. 守令臧污者, 皆望風解印綬去. 其所舉奏, 莫不厭塞眾議. 會詔三府掾屬舉謠言, 滂奏刺史·二千石權豪之黨二十餘人. 尚書責滂所劾猥多, 疑有私故. 滂對曰, "臣之所舉, 自非叨穢奸暴, 深為民害, 豈以污簡札哉! 間以會日迫促, 故先舉所急, 其未審者, 方更參實. 臣聞農夫去草, 嘉穀必茂. 忠臣除奸, 王道以清. 若臣言有貳, 甘受顯戮!" 尚書不能詰.

尚書令陳蕃上疏薦五處士, 豫章徐稚·彭城姜肱·汝南袁閎·京兆韋著, 潁川李曇. 帝悉以安車·玄纁備禮徵之, 皆不至. 稚家貧, 常自耕稼, 非其力不食, 恭儉義讓, 所居服其德. 屢辟公府, 不起. 陳蕃為豫章太守, 以禮請署功曹. 稚不之免, 既謁而退. 蕃性方峻, 不接賓客, 唯稚來, 特設一榻, 去則縣之. 後舉有道, 家拜太原太守, 皆不就. 稚雖不應諸公之辟, 然聞其死喪, 輒負笈赴弔. 常於家豫炙雞一隻,

以一兩綿絮漬酒中暴干, 以裹雞, 迳到所赴塚隧外, 以水漬綿, 使有
酒氣, 斗米飯, 白茅為藉. 以雞置前, 醊酒畢, 留謁則去, 不見喪主.

肱與二弟仲海·季江俱以孝友著聞, 常同被而寢, 不應徵聘. 肱嘗與
弟季江俱詣郡, 夜於道為盜所劫, 欲殺之, 肱曰, "弟年幼, 父母所憐,
又未聘娶, 願殺身濟弟." 季江曰, "兄年德在前, 家之珍寶, 國之英
俊, 乞自受戮, 以代兄命." 盜遂兩釋焉, 但掠奪衣資而已. 既至, 郡
中見肱無衣服, 怪問其故, 肱託以它辭, 終不言盜. 盜聞而感悔, 就
精廬求見徵君, 叩頭謝罪, 還所略物. 肱不受, 勞以酒食而遣之. 帝
既徵肱不至, 乃下彭城, 使畫工圖其形狀. 肱臥於幽暗, 以被韜面,
言患眩疾, 不欲出風, 工竟不得見之.

閎, 安之玄孫也, 苦身修節, 不應辟召. 著隱居講授, 不修世務. 曇
繼母酷烈, 曇奉之逾謹, 得四時珍玩, 未嘗不先拜而後進, 鄉里以為
法.

帝又徵安陽魏桓, 其鄉人勸之行, 桓曰, "夫干祿求進, 所以行其志
也. 今後宮千數, 其可損乎? 廄馬萬匹, 其可減乎? 左右權豪, 其可
去乎?" 皆對曰, "不可." 桓乃慨然歎曰, "使桓生行死歸, 於諸子何有
哉!" 遂隱身不出.

帝既誅梁冀, 故舊恩私, 多受封爵. 追贈皇后父鄧香為車騎將軍,
封安陽侯. 更封後母宣為昆陽君, 兄子康·秉皆為列侯, 宗族皆列校·
郎將, 賞賜以巨萬計. 中常侍侯覽上縑五千四, 帝賜爵關內侯, 又託
以與議誅冀, 進封高鄉侯. 又封小黃門劉普·趙忠等八人為鄉侯. 自
是權勢專歸宦官矣. 五侯尤貪縱, 傾動內外. 時災異數見, 白馬令甘
陵李雲露布上書, 移副三府曰, "梁冀雖持權專擅, 虐流天下, 今以罪
行誅, 猶召家臣扼殺之耳, 而猥封謀臣萬戶以上. 高祖聞之, 得無見
非! 西北列將, 得無解體! 孔子曰, '帝者, 諦也' 今官位錯亂, 小人諂

進, 財貨公行, 政化日損. 尺一拜用, 不經御省, 是帝欲不謗乎!”帝
得奏震怒, 下有司逮雲, 詔尚書都護劍戟送黃門北寺獄, 使中常侍
管霸與御史·廷尉雜考之. 時弘農五官掾杜眾傷雲以忠諫獲罪, 上書
“願與雲同日死”, 帝愈怒, 遂并下廷尉. 大鴻臚陳蕃上疏曰, “李雲所
言, 雖不識禁忌, 干上逆旨, 其意歸於忠國而已. 昔高祖忍周昌不諱
之諫, 成帝赦朱雲腰領之誅, 今日殺雲, 臣恐剖心之譏, 復議於世
矣!”太常楊秉·雒陽市長沐茂·郎中上官資并上疏請云. 帝恚甚, 有司
奏以為大不敬. 詔切責蕃·秉, 免歸田里, 茂·資貶秩二等. 時帝在濯
龍池, 管霸奏雲等事, 霸跪言曰, “李雲野澤愚儒, 杜眾郡中小吏, 出
於狂戇, 不足加罪.”帝謂霸曰, “‘帝欲不諦’, 是何等語, 而常侍欲原
之邪!”顧使小黃門可其奏, 雲·眾皆死獄中, 於是嬖寵益橫. 太尉瓊
自度力不能制, 乃稱疾不起, 上疏曰, “陛下即位以來, 未有勝政, 諸
梁秉權, 豎宦充朝, 李固·杜喬既以忠言橫見殘滅, 而李雲·杜眾復以
直道繼踵受誅, 海內傷懼, 益以怨結, 朝野之人, 以忠為諱. 尚書周
永, 素事梁冀, 假其威勢, 見冀將衰, 乃陽毀示忠, 遂因奸計, 亦取封
侯. 又, 黃門挾邪, 群輩相黨, 自冀興盛, 腹背相親, 朝夕圖謀, 共構
奸軌. 臨冀當誅, 無可設巧, 復記其惡以要爵賞. 陛下不加清征, 審
別真偽, 復與忠臣并時顯封, 使朱紫共色, 粉墨雜糅, 所謂抵金玉於
沙礫, 碎珪璧於泥塗, 四方聞之, 莫不憤歎. 臣世荷國恩, 身輕位重,
敢以垂絕之日, 陳不諱之言.”書奏, 不納.

冬, 十月, 壬申, 上行幸長安.

中常侍單超疾病. 壬寅, 以超為車騎將軍.

十二月, 己巳, 上還自長安. 燒當·燒何·當煎·勒姐等八種羌寇隴西
金城塞, 護羌校尉段熲擊破之, 追至羅亭, 斬其酋豪以下二千級, 獲
生口萬餘人.

詔復以陳蕃為光祿勳, 楊秉為河南尹. 單超兄子匡為濟陰太守, 負勢貪放. 兗州刺史第五種使從事衛羽案之, 得臧五六千萬, 種即奏匡, 并以劾超. 匡窘迫, 賂客任方刺羽. 羽覺其奸, 捕方, 囚繫雒陽. 匡慮楊秉窮竟其事, 密令方等突獄亡走. 尚書召秉詰責, 秉對曰, "方等無狀, 釁由單匡, 乞檻車徵匡, 考核其事, 則奸慝蹤緒, 必可立得." 秉竟坐論作左校. 時泰山賊叔孫無忌寇暴徐·兗, 州郡不能討, 單超以是陷第五種, 坐徙朔方. 超外孫董援為朔方太守, 蓄怒以待之. 種故吏孫斌知種必死, 結客追種, 及於太原, 劫之以歸, 亡命數年, 會赦得免. 種, 倫之曾孫也.

是時, 封賞逾制, 內寵猥盛. 陳蕃上疏曰, "夫諸侯上象四七, 藩屏上國. 高祖之約, 非功臣不侯. 而聞追錄河南尹鄧萬世父遵之微功, 更爵尚書令黃雋先人之絕封. 近習以非義授邑, 左右以無功傳賞, 至乃一門之內, 侯者數人, 故緯象失度, 陰陽謬序. 臣知封事已行, 言之無及, 誠欲陛下從是而止. 又, 采女數千, 食肉衣綺, 脂油粉黛, 不可貲計. 鄙諺言'盜不過五女門', 以女貧家也. 今後宮之女, 豈不貧國乎!" 帝頗采其言, 為出宮女五百餘人, 但賜雋爵關內侯, 而封萬世南鄉侯.

帝從容問侍中陳留爰延曰, "朕何如主也?" 對曰, "陛下為漢中主." 帝曰, "何以言之?" 對曰, "尚書令陳蕃任事則治, 中常侍黃門與政則亂. 是以知陛下可與為善, 可與為非." 帝曰, "昔朱雲廷折欄檻, 今侍中面稱朕違, 敬聞闕矣." 拜五官中郎將, 累遷大鴻臚. 會客星經帝坐, 帝密以問延, 延上封事曰, "陛下以河南尹鄧萬世有龍潛之舊, 封為通侯, 恩重公卿, 惠豐宗室. 加頃引見, 與之對博, 上下媟黷, 有虧尊嚴. 臣聞之, 帝左右者, 所以咨政德也. 善人同處, 則日聞嘉訓. 惡人從游, 則日生邪情. 惟陛下遠讒諛之人, 納謇謇之士, 則災變可除.”帝不能用. 延稱病, 免歸.

한환제 연희 3년(AD 160)

1) 봄 정월 초하루, 천하에 사면령을 내렸다. 조서를 내려 이고李固의 후사後嗣를 찾아보게 했다.

당초 이고가 책서策書로 파직된 뒤 화를 면하지 못할 것을 알고, 이기李基와 이자李玆 및 이섭李燮 등 3명의 아들에게 향리로 돌아가게 했다. 이때 이섭은 나이가 13세였고, 누나인 이문희李文姬는 동군同郡의 조백영趙伯英의 처였다. 두 오라비가 돌아온 것을 보고는 사태의 근본 배경을 알았다. 묵묵히 홀로 슬퍼했다.

“이씨는 멸족이다! 태공太公인 조부 이합李郃 이래 적덕누인積德累仁을 해 왔건만 어찌하여 이런 일을 만난 것인가!”

은밀히 두 오라비와 모의해 미리 막내 동생인 이섭을 숨긴 뒤 거짓으로 경사로 돌아갔다고 말하자 사람들이 모두 이를 믿었다. 얼마 후 재난이 빚어지자 주군州郡에서 이기와 이자를 체포했다. 모두 옥중에서 죽었다. 이문희가 부친 이고의 문생인 왕성王成에게 말했다.

“그대는 의리에 입각해 공적인 일을 앞세우는 집의선공君執義先公을 하며 고인古人의 절조를 지니고 있소. 지금 그대에게 6척의 고아를 맡기니 이씨의 존멸存滅은 그대에게 달려 있소!”

왕성이 이내 이섭을 데리고 장강에서 배를 타고 동쪽으로 내려간 뒤 서주徐州의 경계로 들어갔다. 이섭에게 변성명變姓名을 하여 주가酒家의 일꾼으로 일하도록 한 뒤 자신은 시장에서 점을 봐 주었다. 각기 다른 사람처럼 굴면서 몰래 서로 왕래했다. 10여 년 뒤 양기가 이미 주살되자 이섭이 자초지종을 주가에게 말했다. 주가가 수레를 마련해 융숭히 대접해 보내고자 했으나 이섭이 모두 받지 않았다. 마침내 향리로 돌아와 뒤늦게 상복을 입고 누이와 동생이 상견했다. 주위 사람을 모두 비감悲感하게 만들었다. 누이 이문희가 동생인 이섭에게 말했다.

"우리 집안의 제사지내는 혈식血食이 장차 끊어지려고 했으나 동생이 다행히 구제 됐으니 어찌 하늘의 뜻이 아니겠는가! 의당 중인衆人과 두절한 채 헛되이 왕래하지 말고, 한마디라도 양씨에게 책임을 덧붙이지 않도록 신중을 기하도록 해라. 양씨에게 책임을 돌리면 곧 주상에게 견련牽連돼 화가 다시 닥칠 것이다. 이는 오직 허물을 끌어당길 뿐이다."

이섭이 삼가 그 가르침을 따랐다. 이후 왕성이 죽자 이섭은 예로써 장사지내고 절기마다 상빈上賓의 자리를 마련해 제사를 지냈다.

2) 1월 11일, 신풍후新豐侯 선초單超가 졸했다. 황제의 부장품인 동원東園의 비기秘器와 관 속에 넣을 옥구玉具를 하사했다. 매장 때 장수長水와 보병步兵, 사성射聲, 둔기屯騎, 월기越騎 등 오영五營의 5교위에 속한 기사騎士와 장작대장將作大匠을 징발해 무덤을 만들게 했다. 이후 양기를 제거한 '5후' 가운데 선초를 제외한 '4후'가 전횡을 하자 천하 사람들이 이같이 말했다.

"좌관左悺은 천자인 하늘의 뜻을 돌려놓을 정도로 전횡하는 회천回天, 구원具瑗은 교만하여 홀로 앉아 있는 독좌獨坐, 서황徐璜은 포학해 호랑이처럼 누워 있는 와호臥虎, 당형唐衡은 비를 퍼붓듯이 해악을 천하에 퍼뜨리는 우타雨墮의 모습을 하고 있다."

모두 다퉈 제택第宅을 꾸몄다. 화치華侈를 서로 자랑하고, 노복들 모두 우거牛車를 타면서 기병들로 하여금 수종隨從하게 했다. 형제와 인척姻戚이 주州를 주재하며 군군郡을 다스리는 재주림군宰州臨郡의 모습으로 백성을 못살게 구는 고교辜較를 했다. 도적들과 아무런 차이가 없었다. 이들의 포학한 정사가 천하에 두루 미쳤다. 백성들이 명을 견디지 못하고 대부분 도적이 됐다.

중상시 후람侯覽과 소황문 단규段珪 모두 농토가 제북濟北산동성 장청현 경계 가까이 있었다. 종복과 빈객이 나그네인 행려行旅를 겁략했다. 제북의 재상 등연滕延이 이들을 모두 잡아들이고 수십 명을 죽여 노구路衢에 시체를 늘어놓았다. 후람과 단규가 이 일을 황제에게 호소하자 등연이 정위로 불려갔다가 이내 면직됐다.

좌관左悺의 형 좌승左勝은 하동 태수가 되자 피씨皮氏산서성 하진현 현장인 경조京兆 출신 조기趙岐가 이를 부끄럽게 여겨 즉일로 관직을 버리고 고향인 서쪽 경조로 돌아갔다. 당형唐衡의 형 당현唐玹은 경조윤京兆尹으로 있으면서 평소 조기와 틈이 있었다. 곧 조기의 가속과 종친을 가둔 뒤 무거운 법으로 무함해 진살盡殺했다.

조기는 난을 피해 사방으로 도주하며 지나지 않은 곳이 없었다. 성명을 숨긴 채 북해北海산동성 창락현의 시장에서 떡을 파는 매병賣餅을 했다. 안구安丘산동성 유현 출신 손숭孫嵩이 이를 보고는 이상하게 생각한 나머지 수레에 태우고 함께 돌아온 뒤 이중 벽 사이에 숨겼다. 여러 당씨들이 죽은 뒤 비로소 사면을 받아 감히 밖으로 나올 수 있었다.

3) 윤정월, 서강西羌의 남은 무리가 다시 소하燒何에 사는 대호大豪와 함께 장액張掖을 노략하고, 새벽에 교위 단경段熲의 군사를 압박해 들어갔다. 단경이 하마下馬하여 대전大戰을 벌였다. 한낮인 일중日中에 이르도록 칼이 부러지고 화살이 다 떨어지는 도절시진刀折矢盡을 할 즈음 서강역시 힘이 다해 군사를 이끌고 퇴각하는 인퇴引退를 했다. 단경이 추격하며 일면 싸우고, 일면 행군했다. 주야로 서로 공격하는 와중에 생고기를 잘라먹고 눈을 녹여 마시는 할육식설割肉食雪을 40여 일 동안 했다. 마침내 적석산積石山청해성 동남부에 이르러 출새出塞한 뒤 2,000여 리를 나아가 소하燒何 강족의 우두머리인 대수大帥의 목을 베고, 나머지 무리의 항복을 받은 뒤 환군했다.

4) 여름 5월 11일, 한중漢中의 산이 무너졌다.

5) 6월 9일, 사도 축념祝恬이 홍거했다.

6) 가을 7월, 사공 성윤盛允을 사도, 태상 우방虞放을 사공으로 삼았다.

7) 장사長沙에 사는 만이가 반란을 일으키고 익양益陽호남성 익양시에 주둔했다. 영릉零陵호남성 영릉현의 만이가 장사에서 노략했다.

8) 구진九真의 남은 도적이 일남日南에 주둔하며 점거하자 무리가 점점 강성해졌다. 조서를 내려 다시 계양桂陽 태수 하방夏方을 교지交趾 자사로 삼았다. 하방은 평소 위혜威惠가 현저했다.

겨울 11월, 일남의 도적 2만여 명이 서로를 이끌면서 하방을 찾아와 항복했다.

9) 늑저勒姐와 영오零吾 부락의 강족이 윤가允街감숙성 영등현 동남쪽를 포위하자 단경이 격파했다.

10) 태산泰山의 도적 숙손무기叔孫無忌가 도위 후장侯章을 공살攻殺했다. 중랑장 종자宗資를 파견해 토파討破하게 했다. 조서를 내려 황보규皇甫規를 징소한 뒤 태산 태수에 제수했다. 황보규가 관부에 도착한 뒤 광범한 방략方略을 구사해 도적의 노략을 평정시켰다.

* 孝桓皇帝延熹三年

春, 正月, 丙申, 赦天下, 詔求李固後嗣. 初, 固既策罷, 知不免禍, 乃遣三子基·茲·燮皆歸鄉里, 時燮年十三, 姊文姬為同郡趙伯英妻, 見二兄歸, 具知事本, 默然獨悲曰, "李氏滅矣! 自太公已來, 積德累仁, 何以遇此!" 密與二兄謀, 豫藏匿燮, 託言還京師, 人咸信之. 有頃, 難作, 州郡收基·茲, 皆死獄中. 文姬乃告父門生王成曰, "君執義先公, 有古人之節. 今委君以六尺之孤, 李氏存滅, 其在君矣!" 成乃將燮乘江東下, 入徐州界, 變姓名為酒家傭, 而成賣卜於市, 各為異人, 陰相往來. 積十餘年, 梁冀既誅, 燮乃以本末告酒家, 酒傢具車重厚遣之, 燮皆不受, 遂還鄉里, 追行喪服, 姊弟相見, 悲感傍人. 姊戒燮曰, "吾家血食將絕, 弟幸而得濟, 豈非天邪! 宜杜絕眾人, 勿妄往來, 慎無一言加於梁氏! 加梁氏則連主上, 禍重至矣, 唯引咎而已." 燮謹從其誨. 後王成卒, 燮以禮葬之, 每四節為設上賓之位而祠焉.

丙午, 新豐侯單超卒, 賜東園祕器, 棺中玉具. 及葬, 發五營騎士·將作大匠起塚塋. 其後四侯轉橫, 天下為之語曰, "左回天, 具獨坐, 徐臥虎, 唐雨墮." 皆競起第宅, 以華侈相尚, 其僕從皆乘牛車而從列騎, 兄弟姻戚, 宰州臨郡, 辜較百姓, 與盜無異, 虐遍天下. 民不堪命, 故多為盜賊焉.

中常侍侯覽, 小黃門段珪, 皆有田業近濟北界, 僕從賓客, 劫掠行旅. 濟北相滕延, 一切收捕, 殺數十人, 陳屍路衢. 覽·珪以事訴帝, 延坐徵詣廷尉, 免.

左悺兄勝為河東太守, 皮氏長京兆趙岐恥之, 即日棄官西歸. 唐衡兄玹為京兆尹, 素與岐有隙, 收岐家屬宗親, 陷以重法, 盡殺之. 岐逃難四方, 靡所不歷, 自匿姓名, 賣餅北海市中. 安丘孫嵩見而異之, 載與俱歸, 藏於複壁中. 及諸唐死, 遇赦, 乃敢出.

閏月, 西羌餘眾復與燒何大豪寇張掖, 晨, 薄校尉段熲軍. 熲下馬大戰, 至日中, 刀折矢盡, 虜亦引退. 熲追之, 且鬭且行, 晝夜相攻, 割肉食雪, 四十餘日, 遂至積石山, 出塞二千餘里, 斬燒何大帥, 降其餘眾而還.

夏, 五月, 甲戌, 漢中山崩.

六月, 辛丑, 司徒祝恬薨.

秋, 七月, 以司空盛允為司徒, 太常虞放為司空.

長沙蠻反, 屯益陽, 零陵蠻寇長沙.

九真餘賊屯據日南, 眾轉強盛. 詔復拜桂陽太守夏方為交趾刺史.
方威惠素著, 冬, 十一月, 日南賊二萬餘人相率詣方降.

勒姐·零吾種羌圍允街. 段熲擊破之.

泰山賊叔孫無忌攻殺都尉侯章. 遣中郎將宗資討破之. 詔徵皇甫
規, 拜泰山太守. 規到官, 廣設方略, 寇虜悉平.

한환제 연희 4년(AD 161)

1) 봄 정월 2일, 남궁南宮 가덕전嘉德殿에 화재가 났다.

1월 29일, 중궁中宮의 별관을 관할하는 병서丙署에 화재가 났다.

2) 큰 역병인 대역大疫이 있었다.

3) 2월 3일, 무고武庫에 화재가 났다.

4) 사도 윤성盛允을 면직시킨 뒤 대사농 충고种暠를 사도로 삼았다.

5) 3월 태위 황경黃瓊이 면직됐다.

여름 4월, 태상인 패국沛國 출신 유구劉矩를 태위로 삼았다.

당초 유구는 옹구雍丘·하남성 기현 현령으로 있을 때 예양禮讓으로 백성
들을 교화시켰다. 송사하는 자가 있으면 늘 그를 앞으로 데려오게 한 뒤
귀를 잡아 훈계하면서 분을 참을 만하면 관아인 현관縣官에 들어가지 않
아도 되니 돌아가 다시 생각하게 했다. 송사하는 자가 아예 감동해 번번
이 각자 송사를 그만 두고 집으로 돌아갔다.

6) 4월 24일, 하간효왕河間孝王 유개劉開의 아들인 참호정후參戶亭侯
유박劉博을 임성왕任城王으로 삼아 하간효왕의 뒤를 잇게 했다.

7) 5월 4일, 혜성인 패성孛星이 28수의 하나인 심성心星 자리에 나타
났다.

8) 5월 10일, 광무제의 능묘인 원릉原陵의 장수문長壽門에 화재가 났다.

9) 5월 22일, 경사에 우박雨雹이 내렸다.

10) 6월, 경조京兆와 부풍扶風, 양주涼州에 지진이 났다.

11) 6월 13일, 대산岱山 즉 태산泰山과 박현博縣산동성 태안현 동남쪽의 우래산尤來山이 나란히 무너지고 갈라지는 퇴열頹裂이 있었다.

12) 6월 22일, 천하에 사면령을 내렸다.

13) 사공 우방虞放을 면직하고, 전 태위 황경을 사공으로 삼았다.

14) 건위속국犍為屬國사천성 의빈현 이족夷族이 백성을 노략하는 구초寇鈔를 했다. 익주 자사 산욱山昱이 이를 격파했다.

15) 영오零吾의 강족과 선령先零 등 여러 종족이 반란을 일으켜 삼보三輔를 노략했다.

16) 가을 7월, 경사에서 단을 쌓고 비 오기를 비는 제사인 우제雩祭를 지냈다.

17) 공경 이하 관원의 봉록을 줄인 뒤 왕후王侯들로부터 반년 치 조세에 해당하는 금액을 빌리는 특대貸 즉 차대借貸를 했다. 또 관내후關內侯와 호본虎賁, 우림제기羽林緹騎, 5교영의 군사인 영사營士, 유공자에게 내린 작위인 오대부五大夫 등의 자리를 팔았다. 값은 자리에 따라 차등이 있었다.

18) 9월, 사공 황경을 면직하고, 대홍려인 동래 출신 유총劉寵을 사공으로 삼았다.

유총은 일찍이 회계 태수로 있을 때 번거롭고 가혹한 것을 간략히 하거나 없애는 간제번하簡除煩苛와 불법적인 것을 금하거나 살피는 금찰비법禁察非法으로 군 전체를 대치大治했다. 황제가 징소해 장작대장으로 삼은 이유다. 산음현山陰縣절강성 소흥시에 사는 5-6명의 노수老叟가 있었다.

약야若邪절강성 소흥시 남쪽에 있는 산곡山谷에서 나와 100전씩 들고 유총을 전송했다.

"산곡山谷의 촌뜨기인 비생鄙生이 일찍이 군조郡朝의 일을 알지 못했습니다. 다른 태수 때는 관원이 민간에서 징발하고 요구하는 일이 밤이 되도록 끊이지 않았습니다. 어떤 개는 밤새도록 짖어대 백성이 편안할 수 없었습니다. 명부明府가 수레에서 내리는 하거下車 즉 부임 이후 개는 밤에도 짖지 않고, 주민들은 관원을 보지 못했습니다. 나이가 든 이후 성명聖明한 분을 만났는데 지금 떠나게 됐다는 소식을 듣게 됐습니다. 스스로 부축해 나와 봉송奉送하게 된 이유입니다."

유총이 말했다.

"내가 펼친 정사가 어찌 공들의 언급에 미칠 수 있겠습니까? 부로父老들을 수고롭게 고생시켰을 뿐입니다!"

그러고는 전별금으로 1개의 대전大錢을 받았다.

19) 겨울, 선령先零과 침저沈氐의 강족이 여러 종족의 강족과 함께 병주와 양주涼州를 노략했다. 교위 단경段熲이 황중湟中 출신의 의의義를 좇는 의용군을 이끌고 토벌했다. 양주 자사 곽굉郭閎이 공적을 함께 할 욕심으로 단경의 군사를 묶어두는 계고稽固로 전진을 못하게 하려고 했다. 의용군들은 전역戰役이 오래 끌자 이내 고향과 친구를 그리워하며 모두 배반하고 돌아갔다.

곽굉이 그 죄를 단경에게 씌웠다. 단경은 이 일로 불려와 하옥됐다가 좌교左校 밑에서 가벼운 노역을 하게 됐다. 제남濟南의 재상 호굉胡閎을 대신 교위로 삼았다. 호굉은 위엄과 지략인 위략威略이 없었다. 강족이 마침내 멋대로 날뛰며 군영과 보루를 뒤엎은 뒤 이리저리 돌아다니며 서로 부르고 결합하는 전상초결轉相招結을 했다. 이어 제군諸郡에 문득 침입하는 당돌唐突을 하자 노략을 당하는 백성의 근심은 더욱 커졌다. 태산 태수 황보규皇甫規가 상소했다.

"지금 교활한 도적이 궤멸된 덕에 태산 일대가 대략 평온해진 상황에서 다시 듣건대 여러 강족이 나란히 반역을 했다고 합니다. 신은 빈산邠山섬서성 빈현과 기산岐山섬서성 기산현 일대에서 자랐고, 나이는 59세입니다. 옛날 군리郡吏로 있을 때 여러 번 반기를 든 강족을 보았습니다. 그 문제를 해결하는 일에 참여해 보니 이른바 잘못해 정곡을 찌르지 못하는 언사인 오중지언誤中之言 즉 쓸모없는 관직이 있었습니다. 신은 평소 고질痼疾이 있어 견마犬馬처럼 나이가 다할 때까지 대은大恩에 보답하는 일을 하지 못할까 두렵습니다. 원컨대 용관冗官을 내친 뒤 1대의 수레인 단거單車와 1명의 사자인 일개지사一介之使로 삼보三輔 사람들을 위로하고, 국위國威와 은택을 널리 선양하고, 익히 알고 있던 지형地形과 병세兵勢로 제군諸軍을 돕게 해주십시오. 신은 외롭고 위험한 고위孤危의 상황에서 곤궁히 살면서 태수의 일을 맡아온 지 이미 수십 년이 됐습니다. 조서鳥鼠섬서성 농서현에서 동쪽의 태산인 동대東岱에 이르기까지 그 병病은 오직 백성을 제대로 돌보지 못한 죄 하나뿐입니다. 애써 사나운 적인 맹적猛敵을 찾아내는 것은 청평淸平한 것만 못하고, 『손자병법』과 『오자병법』을 부지런히 밝히는 것 역시 법령을 받드는 봉법奉法만 못합니다. 전에 일어났던 변고가 얼마 되지 않은 까닭에 신은 실로 이를 슬프게 생각합니다. 이로써 직책을 넘어 여러 구구한 말을 다하게 됐습니다."

이에 조서를 내려 황보규를 중랑장으로 삼은 뒤 지절의 자격으로 관서關西의 병사들을 감독하며 영오零吾에 사는 강족을 토벌하게 했다.

11월, 황보규가 강족을 공격해 깨뜨리고 참수한 숫자가 800급이었다. 선령先零 등 여러 부락의 강족들이 황보규의 위신威信을 사모하며 서로 권해 항복했다. 그 숫자가 10여만 명에 달했다.

* 孝桓皇帝延熹四年

春, 正月, 辛酉, 南宮嘉德殿火. 戊子, 丙署火.

大疫.

二月, 壬辰, 武庫火.

司徒盛允免, 以大司農种暠為司徒.

三月, 太尉黃瓊免. 夏, 四月, 以太常沛國劉矩為太尉. 初, 矩為雍
丘令, 以禮讓化民. 有訟者, 常引之於前, 提耳訓告, 以為忿恚可忍,
縣官不可入, 使歸更思. 訟者感之, 輒各罷去.

甲寅, 封河間孝王子參戶亭侯博為任城王, 奉孝王後.

五月, 辛酉, 有星孛於心.

丁卯, 原陵長壽門火.

己卯, 京師雨雹.

六月, 京兆·扶風及涼州地震.

庚子, 岱山及博尤來山幷頹裂.

己酉, 赦天下.

司空虞放免, 以前太尉黃瓊為司空.

犍為屬國夷寇鈔百姓. 益州刺史山昱擊破之.

零吾羌與先零諸種反, 寇三輔.

秋, 七月, 京師雩.

減公卿已下奉, 貸王侯半租, 占賣關內侯·虎賁·羽林緹騎·營士·五
大夫錢各有差.

九月, 司空黃瓊免, 以大鴻臚東萊劉寵為司空.

寵嘗為會稽太守, 簡除煩苛, 禁察非法, 郡中大治. 徵為將作大匠.
山陰縣有五六老叟, 自若邪山谷間出, 人繼百錢以送寵曰, "山谷鄙
生, 未嘗識郡朝, 它守時, 吏發求民間, 至夜不絕, 或狗吠竟夕, 民不

得安. 自明府下車以來, 狗不夜吠, 民不見吏. 年老遭値聖明, 今聞當見棄去, 故自扶奉送."寵曰,"吾政何能及公言邪! 勤苦父老!"為人選一大錢受之.

冬, 先零·沈氐羌與諸種羌寇幷·涼二州, 校尉段熲將湟中義從討之. 涼州刺史郭閎貪共其功, 稽固熲軍, 使不得進. 義從役久戀鄉舊, 皆悉叛歸. 郭閎歸罪於熲, 熲坐徵下獄, 輸作左校, 以濟南相胡閎代為校尉. 胡閎無威略, 羌遂陸梁, 覆沒營塢, 轉相招結, 唐突諸郡, 寇患轉盛. 泰山太守皇甫規上疏曰,"今猾賊就滅, 泰山略平, 復聞群羌幷皆反逆. 臣生長邠岐, 年五十有九, 昔為郡吏, 再更叛羌, 豫籌其事, 有誤中之言. 臣素有痼疾, 恐犬馬齒窮, 不報大恩, 願乞冗官, 備單車一介之使, 勞來三輔, 宣國威澤, 以所習地形兵勢佐助諸軍. 臣窮居孤危之中, 坐觀郡將已數十年, 自鳥鼠至於東岱, 其病一也. 力求猛敵, 不如淸平. 勤明孫·吳, 未若奉法. 前變未遠, 臣誠戚之, 是以越職盡其區區."詔以規為中郎將, 持節監關西兵討零吾等. 十一月, 規擊羌, 破之, 斬首八百級. 先零諸種羌慕規威信, 相勸降者十餘萬.

한환제 연희 5년(AD 162)

1) 봄 정월 29일, 남궁南宮의 병서丙署에 지난해에 이어 또 화재가 났다.

2) 3월, 침저沈氐의 강족이 장액張掖과 주천酒泉을 노략했다. 황보규가 선령의 여러 가족을 동원해 함께 농우隴右감숙성 난주 일대를 토벌했다. 도로가 격절隔絶한 상황에서 대역大疫이 나돌았다. 죽은 자가 10의 3-4에 달했다. 황보규가 친히 들판의 막사인 암려庵廬로 들어가 장사將士들을 순시하자 삼군三軍이 감열感悅했다. 동강東羌이 마침내 사자를 보내 걸항

乞降했다. 양주涼州가 다시 통하게 된 이유다.

이에 앞서 안정安定 태수 손준孫俊이 재물을 받아 챙기는 게 수습할 수 없을 정도로 심한 수취낭자受取狼藉의 모습을 보였다. 속국도위屬國都尉 이흡李翕과 독군어사督軍御史 장름張稟이 항복한 강족을 대거 살해했다. 양주涼州 자수 곽굉郭閎과 한양漢陽 태수 조희趙熹가 나란히 노약老弱해 임직任職하기 어려웠다. 모두 권귀權貴를 의지하고 믿으며 법도를 준수하지 않았다.

황보규가 임지에 이른 뒤 그 죄를 모두 조목별로 상주하자 혹자는 면직되고, 혹자는 죽임을 당했다. 강족이 이 소식을 듣고는 흡연翕然의 모습으로 도리어 선하게 되고, 침저沈氐의 강족 우두머리인 대호大豪 진창滇昌과 기념饑恬 등 10여만 명도 다시 황보규에게 와서 항복했다.

3) 여름 4월, 장사長沙의 도적이 일어나 계양桂陽과 창오蒼梧 광서성 오주시를 침구했다.

4) 4월 22일, 한안제의 능묘인 공릉恭陵의 동궐東闕에 화재가 났다.

4월 26일, 호본虎賁의 액문掖門에 화재가 났다.

5월, 한상제의 능묘인 강릉康陵의 원묘園寢에 화재가 났다.

5) 장사長沙와 영릉零陵의 도적이 계양桂陽과 창오蒼梧, 남해南海 광동성 광주시로 들어가자 교지交趾 자사와 창오 태수는 풍문만 듣고도 달아나는 망풍도분望風逃奔을 했다. 어사중승御史中丞 성수盛修를 보내 주군州郡을 독려하고 군사를 모아 그들을 토벌하게 했다. 이길 수 없었다.

6) 5월 23일, 경사에 지진이 났다.

7) 6월 3일, 궁궐의 전폐錢幣 창고인 중장부中藏府의 승록서丞祿署에 화재가 났다.

가을 7월 8일, 남궁南宮의 승선달承善闥에 화재가 났다.

8) 조오鳥吾의 강족이 한양漢陽 감숙성 감곡현을 노략하자 농서隴西와 금

성金城의 여러 군병郡兵이 이를 토파討破했다.

9) 애현艾縣강서성 영수현의 도적이 장사長沙의 군현郡縣을 공격해 익양益陽의 현령을 죽였다. 무리가 1만여 명에 이르렀다. 알자謁者인 마목馬睦이 형주荊州 자사 유도劉度를 독려해 이를 공격했으나 군사가 패했다. 마목과 유도가 분주奔走했다. 영릉零陵의 만족 역시 반란을 일으켰다.

겨울 10월, 무릉武陵의 만족이 반란을 일으켜 강릉江陵을 침구했다. 남군南郡 태수 이숙李肅이 달아나려고 하자 주부主簿 호상胡爽이 말머리를 움켜쥐고 간했다.

"만이蠻夷가 군군에서 대비하는 게 없는 것을 보고 감히 틈을 타고 진격한 것입니다. 명부明府는 나라의 대신이고, 연이은 성인 연성連城이 1,000리에 이르고, 깃발을 들고 북을 울리는 거기명고擧旗鳴鼓에 응하는 목소리가 10만 명에 이릅니다. 어찌하여 부절符節을 내주며 지키도록 한 중임을 버리고 도망자인 포도지인逋逃之人이 되려는 것입니까?"

태수 이숙이 칼을 빼어 호상을 향해 말했다.

"연리掾吏는 빨리 비켜라! 나 태수는 지금 한시가 급하다. 어느 겨를에 그런 계책을 쓰겠는가!"

호상이 말을 끌어안고 고집스럽게 간하는 포마고간抱馬固諫을 했다. 이숙이 마침내 호상을 죽이고 달아났다. 황제가 이 소식을 듣고는 이숙을 불러 참수한 뒤 시체를 거리에 내거는 기시棄市를 했다. 유도와 마목은 사형에서 1등급 감해 주었다. 호상의 집안에는 부역을 면제해주고, 가족 가운데 1인을 낭관으로 삼았다.

상서 주목朱穆이 장작대장 휘하의 우교령右校令인 산양山陽 출신 도상度尚을 천거하자 형주 자사로 삼았다.

10월 22일, 태상 풍곤馮緄을 거기장군車騎將軍으로 임명한 뒤 병사 10여 만 명을 이끌고 가 무릉의 만이를 토벌하게 했다. 이에 앞서 파견된 장수 가운데 감독 차 내려온 환관에 의해 군자를 낭비했다는 무함으로 왕왕 죄에 걸리는 저죄抵罪가 많았던 까닭에 풍곤은 중상시 1인이 군자를 감독하는 감군監軍으로 보내 줄 것을 청했다. 상서 주목이 상주했다.

"풍곤이 재물 문제로 인한 혐의를 받지 않으려고 하니 대신으로서의 절도를 잃었습니다."

조서를 내려 탄핵하지 못하게 했다. 풍곤이 전 무릉 태수 응봉應奉과 함께 가기를 청하자, 응봉을 종사중랑從事中郞에 임명했다.

11월, 풍곤의 군사가 장사에 이르자 도적들이 소문을 듣고 모두 군영으로 와서 걸항乞降했다. 이내 전진해 무릉 만이를 공격해 참수한 자가 4,000여 급에 달했고, 항복을 받은 자는 10여만 명이나 됐다. 형주荊州가 평정된 이유다.

조서를 내려 1억 전을 하사했으나 굳이 사양하며 받지 않고, 군사를 정비하는 진려振旅를 한 뒤 경사로 환군했다. 또 무릉 태수인 응봉에게 공적을 돌리며 천거해 사례교위에 제수하게 했다. 이어 상서해 걸해골乞骸骨을 했으나 조정이 불허했다.

10) 진나滇邪의 강족이 무위武威와 장액張掖, 주천酒泉을 노략했다.

11) 태위 유구劉矩를 면직하고, 태상 양병楊秉을 태위로 삼았다.

12) 황보규가 지절의 자격으로 장수가 된 뒤 향리로 돌아와 감독했다. 달리 사혜私惠를 베푸는 일이 없이 사실을 열거해 상주하는 일이 많았다. 또 환관을 미워하며 왕래하지 않는 오절惡絕을 했다. 이에 안팎에 있는 자들이 나란히 원망하다가 마침내 함께 황보규가 여러 강족들로부터 뇌물을 받은 뒤 허위문서로 항복의 시늉만 하는 문양文降을 받았다고 무함했다. 황제가 새서璽書로 꾸짖는 초양誚讓을 잇달아 행하는 상촉相屬을 했다.

황보규가 상서해 스스로 변호했다.

"1년 전인 연희 4년 가을에 오랑캐인 융추戎醜가 준동하는 준려蠢戾를 하여 구도舊都인 장안의 백성들이 두려워하며 놀라는 구해懼駭를 했습니다. 조정이 서쪽 장안에서 벌어진 일을 우려한 이유입니다. 신이 나라의 위령威靈을 떨치자 강족이 머리를 조아렸고, 줄인 군자가 1억 전 이상에 달했습니다. 충신의 의리는 감히 수고한 것을 알리지 않는 데 있기에 작은 공적을 드러내는 것을 부끄럽게 생각합니다. 그러나 이전의 일과 비교할 때 거의 죄를 면할 수 있을 듯합니다. 전에 주계州界를 밟을 때는 먼저 손준孫俊과 이흡李翕 및 장름張稟에 대해 고하고, 군사를 돌려 남정南征을 할 때는 다시 곽굉郭閎과 조희趙熹 등에 대해 고할 때 그들의 과실과 악행을 진술하며 대벽大辟에 처할 것을 주장했습니다. 무릇 이들 5명의 신하를 지지하는 무리가 나라의 반을 차지하고, 나머지 가운데 1,000석의 녹봉인 검은 인수의 묵수墨綬를 차는 관원으로부터 소리小吏에 이르기까지 연결되는 자가 또 100여 명이나 있습니다. 관원은 자신의 상관의 원수를 보복한다는 말에 의탁하고, 자식은 아비의 수치를 회복시킨다는 생각에 폐백을 실은 채 수레를 몰고, 양식을 소지한 채 걷거나 달려가 호문豪門과 결탁하고, 다퉈 원망과 비방인 방독謗讟을 흘렸습니다. 신이 사사로이 전화錢貨를 뇌물로 활용해 여러 강족과 결탁하고 있다는 식으로 무함한 게 그렇습니다. 만일 신이 사사롭게 재물을 모았다면 집안에 곡식이 단 1석石도 쌓인 게 없는 것을 보면 됩니다. 또 재물이 관에서 나온 것이라면 장부를 통해 쉽게 조사할 수 있을 것입니다. 설령 신이 우혹愚惑하여 무함하는 말이 맞는다 할지라도, 한무제 때는 오히려 흉노에게 궁희宮姬 왕소군을 보냈고, 오손烏孫에게는 유세군을 보내 달랜 적이 있습니다. 지금 신이 단지 1,000만 전을 들여 뇌물로 강족을 회유했다면 오히려 양신良臣의 재략才略에 해당하는 것으로 병가兵家에서는 이를 귀하게 여깁니다. 장차 의리를 저버리고 이치를 어긴 부의위리負義違理의 죄를 주려는 것입니까? 한안제의 영초永初 이래 장수의 출정이 적지 않았으나 군사가 복몰覆沒하는 이른바 복군覆軍의 패배를 당한 것이 5번이고, 동원된 군자는 거억巨億에 달했습니다. 그런데도 재화를 잘 봉해 권문權門의 집안으로 보내면 이내 명성과 공이 성립돼 두터운 봉작이 덧붙여졌습니다. 지금 신은 환군한 뒤 여러 군郡을 규거糾擧하면서 교제를 끊고 친척을 멀리하는 절교이친絶交離親과 옛 친구에게 수치를 안기는 육욕구고戮辱舊故의 자세로 임하고 있습니다. 그런 상황에서 많은 사람이 비방하고 음해하는 중방음해衆謗陰害가 실로 타당한 일입니까?"

황제가 이내 황보규를 불러 의랑議郎에 제수하고, 마땅히 논공論功하여 봉작했다. 그러나 중상시 서황徐璜과 좌관左悺 등이 재물을 얻을 요량으로 자꾸 빈객을 보내 공적功籍의 상황을 묻게 했다. 황보규가 답하지 않았다. 서황 등이 분노한 나머지 이전의 일을 무함한 뒤 사안을 형리에게 내려보냈다.

황보규 휘하의 관속들이 재화를 거두는 부렴賦斂을 통해 사례하는 방안을 청했으나 황보규는 하늘에 맹서하면서 이를 들어주지 않았다. 마침내 남은 도적이 끊어지지 않았다는 사실에 연루돼 정위에게 잡혀 갔다가 좌교左校 휘하에서 노역하는 벌을 받게 됐다. 공경과 태학생 장봉張鳳 등 300여 명이 대궐에 이르러 억울함을 호소하는 소원訴冤을 하자 마침내 사면을 받아 귀가하게 됐다.

* 孝桓皇帝延熹五年

春, 正月, 壬午, 南宮丙署火.

三月, 沈氐羌寇張掖·酒泉. 皇甫規發先零諸種羌, 共討隴右, 而道路隔絶, 軍中大疫, 死者十三四. 規親入庵廬, 巡視將士, 三軍感悅. 東羌遂遣使乞降, 涼州復通. 先是安定太守孫俊受取狼藉, 屬國都

尉李翕·督軍御史張稟多殺降羌, 涼州刺史郭閎·漢陽太守趙熹幷老
弱不任職, 而皆倚恃權貴, 不遵法度. 規到, 悉條奏其罪, 或免或誅.
羌人聞之, 翕然反善, 沈氏大豪滇昌·饑恬等十餘萬口復詣規降.

　夏, 四月, 長沙賊起, 寇桂陽·蒼梧.

　乙丑, 恭陵東闕火. 戊辰, 虎賁掖門火. 五月, 康陵園寢火.

　長沙·零陵賊入桂陽·蒼梧·南海, 交趾刺史及蒼梧太守望風逃奔,
遣御史中丞盛修督州郡募兵討之, 不能克.

　乙亥, 京師地震.

　甲申, 中藏府丞祿署火. 秋, 七月, 己未, 南宮承善闥火.

　鳥吾羌寇漢陽, 隴西·金城諸郡兵討破之.

　艾縣賊攻長沙郡縣, 殺益陽令, 眾至萬餘人. 謁者馬睦督荊州刺史
劉度擊之, 軍敗, 睦·度奔走. 零陵蠻亦反. 冬, 十月, 武陵蠻反, 寇江
陵, 南郡太守李肅奔走, 主簿胡爽扣馬首諫曰, "蠻夷見郡無儆備, 故
敢乘間而進. 明府為國大臣, 連城千里, 舉旗鳴鼓, 應聲十萬, 奈何
委符守之重, 而為逋逃之人乎!"肅拔刃向爽曰, "掾促去! 太守今急,
何暇此計!"爽抱馬固諫, 肅遂殺爽而走. 帝聞之, 徵肅, 棄市. 度·睦
減死一等. 復爽門閭, 拜家一人為郎.

　尚書朱穆舉右校令山陽度尚為荊州刺史. 辛丑, 以太常馮緄為車
騎將軍, 將兵十餘萬討武陵蠻. 先是, 所遣將帥, 宦官多陷以折耗軍
資, 往往抵罪, 緄願請中常侍一人監軍財費. 尚書朱穆奏"緄以財自
嫌, 失大臣之節."有詔勿劾. 緄請前武陵太守應奉與俱, 拜從事中
郎. 十一月, 緄軍至長沙, 賊聞之, 悉詣營乞降. 進擊武陵蠻夷, 斬首
四千餘級, 受降十餘萬人, 荊州平定. 詔書賜錢一億, 固讓不受, 振
旅還京師, 推功於應奉, 薦以為司隸校尉. 而上書乞骸骨, 朝廷不許.

　滇那羌寇武威·張掖·酒泉.

太尉劉矩免, 以太常楊秉為太尉.

皇甫規持節為將, 還督鄉里, 既無它私惠, 而多所擧奏, 又惡絶宦官, 不與交通. 於是中外幷怨, 遂共誣規貨賂群羌, 令其文降, 帝璽書誚讓相屬.

規上書自訟曰, "四年之秋, 戎醜蠢戾, 舊都懼駭, 朝廷西顧. 臣振國威靈, 羌戎稽首, 所省之費一億以上. 以為忠臣之義不敢告勞, 故恥以片言自及微效, 然比方先事, 庶免罪悔. 前踐州界, 先奏孫俊·李翕·張稟. 旋師南征, 又上郭閎·趙熹, 陳其過惡, 執據大辟. 凡此五臣, 支黨半國, 其餘墨綬下至小吏, 所連及者復有百餘. 吏托報將之怨, 子思復父之恥, 載贄馳車, 懷糧步走, 交構豪門, 競流謗讟, 云臣私報諸羌, 讎以錢貨. 若臣以私財, 則家無擔石. 如物出於官, 則文簿易考. 就臣愚惑, 信如言者, 前世尚遺匈奴以宮姬, 鎮烏孫以公主. 今臣但費千萬以懷叛羌, 則良臣之才略, 兵家之所貴, 將有何罪負義違理乎! 自永初以來, 將出不少, 覆軍有五, 動資巨億, 有旋車完封, 寫之權門, 而名成功立, 厚加爵封. 今臣還督本土, 糾擧諸郡, 絶交離親, 戮辱舊故, 眾謗陰害, 固其宜也!"

帝乃徵規還, 拜議郎, 論功當封. 而中常侍徐璜·左悺欲從求貨, 數遣賓客就問功狀, 規終不答. 璜等忿怒, 陷以前事, 下之於吏. 官屬欲賦斂請謝, 規誓而不聽, 遂以餘寇不絶, 坐繫廷尉, 論輸左校. 諸公及太學生張鳳等三百餘人詣闕訟之, 會赦, 歸家.

한환제 연희 6년(AD 163)

1) 봄 2월 11일, 사도 충고种暠가 훙거했다.

2) 3월 22일, 천하에 사면령을 내렸다.

3) 위위衛尉인 영천穎川 출신 허허許栩를 사도로 삼았다.

4) 여름 4월 5일, 강릉康陵의 동서東署에서 화재가 났다.

5) 5월, 선비족이 요동속국遼東屬國요녕성 의현을 노략했다.

6) 가을 7월 10일, 한소제 유불릉의 능묘인 평릉平陵의 원침園寢에 화재가 났다.

7) 계양桂陽의 도적 이연李研 등이 군계郡界를 노략하고, 무릉武陵의 만이가 다시 반란을 일으켰다. 태수 진거陳奉가 이를 토평討平했다. 환관들이 평소 풍곤馮緄을 미워했다.

8월, 풍곤이 군사를 돌려 도적이 다시 일어났다는 죄목에 연루돼 면직됐다.

8) 겨울 10월 13일, 황상이 광성廣成하남성 신안현에서 교렵校獵을 하다가 마침내 함곡관函谷關과 상림원上林苑으로 행차했다. 광록훈 진번陳蕃이 상소해 간했다.

"안평安平의 시기에도 사냥을 하는 유전游畋에 절도가 있어야 합니다. 하물며 지금처럼 3가지가 텅 빈 액운이 있는 삼공지액三空之厄의 경우이겠습니까? 전야田野가 비어 있고, 조정朝廷이 비어 있고, 창고倉庫가 비어 있는 게 그렇습니다. 게다가 전쟁인 병융兵戎이 아직 끝나지 않은 미집未戢의 상황입니다. 사방에서 사람들이 이산離散하고 있습니다. 이는 그야말로 폐하가 애태우며 안색을 훼손하는 초심훼안焦心毀顏의 모습으로 앉아서 새벽을 가다리는 좌이대단坐以待旦의 시기입니다. 어찌 의당 깃발을 휘날리고 무위를 뽐내는 양기요무揚旗曜武의 모습으로 마음껏 말에 올라 관람하며 사냥할 수 있는 때이겠습니까? 또 지난 가을에 비가 많이 내려 백성들이 처음 보리를 심기 시작할 때인데 이제 그 씨앗을 뿌리도록 권할 시기를 잃고, 오히려 짐승을 몰아 길을 닦는 구금제로驅禽除路의 노역을 시키고 있습니다. 이는 현성賢聖이 백성을 구휼하는 취지에 맞지 않습니다."

상소문이 올라갔으나 받아들이지 않았다.

9) 11월, 사공 유총劉寵이 면직됐다.

12월, 위위衛尉 주경周景을 사도로 삼았다. 주경은 주영周榮의 손자이다.

이때 환관이 한창 강성했다. 주경이 태위 양병楊秉에게 상언했다.

"안팎의 관원 대부분이 그 자리에 맞은 사람이 아닙니다. 구전舊典에 따르면 환관인 중신中臣의 자제는 높은 자리에서 권세를 잡는 거위병세居位秉勢를 할 수 없습니다. 그러나 지금은 그들의 친척인 지엽枝葉과 빈객이 여러 관서의 관직에 포열布列하고 있습니다. 혹어 연소하고 용렬한 자가 태수와 봉국 재상인 수재守宰를 맡아 상하가 화를 내며 근심하는 분환忿患을 하고, 사방의 백성들이 슬퍼하며 괴로워하는 수독愁毒을 하고 있습니다. 가히 옛 법인 구장舊章을 좇아 탐잔貪殘을 물리치고 재해와 비방인 재방災謗을 막아야 합니다. 청컨대 사례교위와 중中2천석, 성문城門, 오영교위五營校尉, 북군北軍의 중후中候 등에게 하달해 각자 휘하 사람들을 조사하도록 하십시오. 응당 척파斥罷해야 할 자는 자진하여 정황을 삼부三府에 고하게 하고, 살펴서 누락된 유루遺漏의 사항이 있으면 계속 올리게 하십시오."

황제가 이를 좇았다. 이에 태위 양병이 상주하여 주목과 태수 가운데 청주 자사 양량羊亮 등 50여 명의 죄목을 조목별로 거론했다. 혹자는 죽고, 혹자는 면직됐다. 천하에 숙연해하지 않는 자가 없었다.

10) 조서를 내려 황보규를 징소해 도료장군度遼將軍으로 삼았다.

당초 장환張奐이 양기梁冀의 고리故吏로 있던 일로 인해 면관된 뒤 금고禁錮에 처해졌으나 무릇 그의 여러 옛 친구들은 감히 말을 하지 못했다. 오직 황보규만이 그를 앞뒤로 7번 천거했다. 덕분에 장환이 무위 태수에 제수될 수 있었다. 황보규가 도료장군이 되어 군영에 온 지 몇 달이 지나 서신을 올려 장환을 천거했다.

"장환은 재략才略이 모두 우수한 까닭에 의당 도료장군인 원수元帥의 자리를 맡겨 중망衆望에 부응해야 합니다. 만일 여전히 우신愚臣이 군사의 직책을 맡는 게 타당하다고 여긴다면 원컨대 저를 쓸모없는 관직인 용관冗官으로 만들어 장환의 부관으로 일하게 해주십시오."

조정이 이를 좇았다. 장환을 황보규를 대신해 도료장군으로 삼은 뒤 황보규로 하여금 흉노중랑장匈奴中郎將 직책을 맡게 했다.

11) 서주西州감숙성 동부 일대의 이민吏民 가운데 궁궐 앞으로 와서 이전의 호강교위護羌校尉 단경段潁을 위해 원통함을 호소하는 자가 매우 많았다. 마침 전나滇那 등 여러 부락의 강족이 더욱 강성해져 양주涼州가 거의 망할 지경에 이른 까닭에 이내 단경을 다시 호강교위로 삼았다.

12) 상서 주목朱穆이 환관의 자횡恣橫을 싫어해 이같이 상소했다.

"한나라의 고사를 살펴보면 중상시는 원래 사인士人 중에서 선발했습니다. 광무제의 건무建武 연간 이후 이내 모두 환관으로 기용하게 됐습니다. 이들은 한상제의 연평延平 이래 점점 귀성貴盛해져 담비와 황금 구슬로 장식된 초장貂璫의 관식冠飾을 하고, 시중侍中인 상백常伯의 임무를 맡게 됐습니다. 황제의 조정인 천조天朝의 정사가 하나같이 이들의 손을 거치게 된 배경입니다. 이로 인해 권세는 나라를 기울게 하고, 총귀寵貴는 무극無極이 되고, 자제와 친척은 나란히 영예로운 자리를 맡게 됐습니다. 방탕과 교만이 넘치는 방람교일放濫驕溢이 빚어져 금어禁御할 수 없는 지경에 이르러 마침내 천하를 파괴하는 궁파窮破와 소민小民의 재화를 텅 비게 만드는 공갈空竭의 상황을 초래했습니다. 우신愚臣은 이들을 모두 파직시켜 이전의 제도를 회복한 뒤 다시 해내의 청순지사淸淳之士 가운데 국체國體를 밝게 통달한 자를 선발해 보임해야 할 것입니다. 그러면 천하의 모든 백성인 조서여맹兆庶黎萌이 성스러운 교화인 성화聖化를 입게 될 것입니다!"

황제가 받아들이지 않았다. 이후 주목이 이로 인해 진현進見을 할 때 다시 입으로 자신의 뜻을 개진했다.

"신이 듣건대 한가漢家의 구전舊典에는 시중侍中과 중상시中常侍를 각각 1명씩 두어 상서의 일을 살피게 했습니다. 황문시랑黃門侍郎 1인은 편지나 상주문을 전해주는 일을 했고, 모두 명망 있는 집안인 성족姓族 출신을 등용했습니다. 한화제의 황후인 화희태후和熹太后가 여주女主로서 칭제稱制하며 섭정할 때 공경을 접촉하지 않은 까닭에 이내 환관인 엄인閹人을 상시로 삼고, 소황문小黃門으로 하여금 황제와 황후인 양궁兩宮 사이에서 분주히 명을 전하게 했습니다. 그 이래로 이들의 권세가 인주人主를 기울게 하고, 천하를 궁곤窮困하게 만들었습니다. 의당 모두 파직시켜 내보내고, 나이가 많은 유자인 기유耆儒와 덕을 많이 쌓은 숙덕宿德을 널리 선발해 정사에 참여시켜야 할 것입니다."

황제가 노해 응답하지 않았다. 주목이 엎드린 채 일어나려고 하지 않자 좌우에서 명을 전했다.

"나가도록 하라!"

한참 후에 종종걸음으로 나갔다. 이후 중관中官들이 자주 일을 핑계로 조서가 내려졌다며 주목을 헐뜯는 저훼詆毁를 했다. 주목은 원래 강직剛直한 인물로, 뜻을 얻지 못하는 부득이不得意의 상황에 처하자 얼마 안 돼 분만憤懣으로 등창이 나 졸卒했다.

* 孝桓皇帝延熹六年

春, 二月, 戊午, 司徒种暠薨.

三月, 戊戌, 赦天下.

以衛尉潁川許栩為司徒.

夏, 四月, 辛亥, 康陵東署火.

五月, 鮮卑寇遼東屬國.

秋, 七月, 甲申, 平陵園寢火.

桂陽賊李研等寇郡界, 武陵蠻復反. 太守陳奉討平之. 宦官素惡馮緄, 八月, 緄坐軍還盜賊復發, 免.

冬, 十月, 丙辰, 上校獵廣成, 遂幸函谷關·上林苑. 光祿勳陳蕃上疏諫曰, "安平之時, 游畋宜有節, 況今有三空之厄哉! 田野空, 朝廷空, 倉庫空. 加之兵戎未戢, 四方離散, 是陛下焦心毀顏, 坐以待旦之時也, 豈宜揚旗曜武, 騁心輿馬之觀乎! 又前秋多雨, 民始種麥, 今失其勸種之時, 而令給驅禽除路之役, 非賢聖恤民之意也." 書奏, 不納.

十一月, 司空劉寵免. 十二月, 以衛尉周景為司空. 景, 榮之孫也. 時宦官方熾, 景與太尉楊秉上言曰, "內外吏職, 多非其人. 舊典, 中臣子弟, 不得居位秉勢. 而今枝葉賓客, 布列職署, 或年少庸人, 典據守宰. 上下忿患, 四方愁毒. 可遵用舊章, 退貪殘, 塞災謗. 請下司隸校尉·中二千石·城門·五營校尉·北軍中候, 各實核所部. 應當斥罷, 自以狀言三府, 兼察有遺漏, 續上." 帝從之. 於是秉條奏牧·守·青州刺史羊亮等五十餘人, 或死或免, 天下莫不肅然.

詔徵皇甫規為度遼將軍. 初, 張奐坐梁冀故吏, 免官禁錮, 凡諸交舊, 莫敢為言. 唯規薦舉, 前後七上, 由是拜武威太守. 及規為度遼, 到營數月, 上書薦奐曰, "才略兼優, 宜正元帥, 以從眾望. 若猶謂愚臣宜充舉事者, 願乞冗官, 以為奐副." 朝廷從之. 以奐代規為度遼將軍, 以規為使匈奴中郎將.

西州吏民守闕為前護羌校尉段熲訟冤者甚眾, 會滇那等諸種羌益熾, 涼州幾亡, 乃復以熲為護羌校尉.

尚書朱穆疾宦官恣横, 上疏曰, "按漢故事, 中常侍參選士人, 建武以後, 乃悉用宦者. 自延平以來, 浸益貴盛, 假貂璫之飾, 處常伯之任, 天朝政事, 一更其手. 權傾海內, 寵貴無極, 子弟親戚, 幷荷榮任. 放濫驕溢, 莫能禁御, 窮破天下, 空竭小民. 愚臣以為可悉罷省, 遵復往初, 更選海內清淳之士明達國體者, 以補其處, 即兆庶黎萌, 蒙被聖化矣!" 帝不納. 後穆因進見, 復口陳曰, "臣聞漢家舊典, 置侍中·中常侍各一人, 省尚書事. 黃門侍郎一人, 傳發書奏. 皆用姓族. 自和熹太后以女主稱制, 不接公卿, 乃以閹人為常侍, 小黃門通命兩宮. 自此以來, 權傾人主, 窮困天下, 宜皆罷遣, 博選耆儒宿德, 與參政事." 帝怒, 不應. 穆伏不肯起, 左右傳"出!" 良久, 乃趨而去. 自此中官數因事稱詔詆毀之. 穆素剛, 不得意, 居無幾, 憤懣發疽卒.

자치통감 4

발행일 1쇄 2022년 10월 20일

지은이 사마광

역 주 신동준

펴낸이 여국동

펴낸곳 도서출판 인간사랑

출판등록 1983. 1. 26. 제일 - 3호

주소 경기도 고양시 일산동구 백석로 108번길 60 - 5 2층

물류센타 경기도 고양시 일산동구 문원길 13 - 34(문봉동)

전화 031)901 - 8144(대표) | 031)907 - 2003(영업부)

팩스 031)905 - 5815 　**전자우편** igsr@naver.com

페이스북 http://www.facebook.com/igsrpub

블로그 http://blog.naver.com/igsr

인쇄 하정인쇄 **출력** 현대미디어 **종이** 세원지업사

ISBN 978 - 89 - 7418 - 845 - 0 04910
　　　　978 - 89 - 7418 - 841 - 2 (세트)

『관자』 상·하

『당시삼백수』 수정증보판

중국의 역사문화는 모두 춘추전국시대의 제자백가 사상에서 비롯되었다. 제자백가의 효시가 바로 사상 최초의 정치경제 학자인 관중이다. 지피지기 차원에서라도 위정자와 기업CEO는 물론 일반인 모두 『관자』가 역설한 경세제민과 부국강병 이치를 통찰할 필요가 있다. 그래야 난세에 살아남을 수 있다. 민족의 염원인 한반도통일을 조속히 실현해 명실상부한 '동북아 허브시대'를 조기에 개막할 수 있는 비결도 여기에 있다.

청조 건륭제 때 활약한 손수가 53세 때 직접 편찬한 당시선집이다. 당시 손수는 53세였다. 굳이 책의 제목에 '삼백수'를 단 것은 『시경』을 흉내 낸 것이다. 건륭 28년인 1763년에 부인 서난영과 함께 『당시삼백수』를 편찬했다. 그는 이 책을 편찬할 때 심덕잠의 『당시별재』 및 왕사정의 『고시선』을 참고해 310수를 정선했다.

『고전으로 분석한 춘추전국의 제자백가』 상·하

『고전으로 분석한 춘추전국의 제자백가』 하권. 제4부 '무위자연의 자유를 즐겨라 ― 도가道家', 제5부 '엄법으로 천하를 평정하라 ― 법가法家', 제6부 '지피지기로 승리를 취하라 ― 병가兵家', 제7부 '상대의 속마음을 공략하라 ― 세가說家'로 구성되었다.

『시경』 수정증보판

『시경』은 황하를 중심으로 한 중원 일대 여러 나라의 노래가사를 모아 놓은 것이다. 노래가사의 주종이 서정시의 형식을 띠고 있기에 시집일 뿐이지 엄밀히 말하면 악보가 빠진 가요 및 가곡 선집에 해당한다. 그럼에도 『시경』은 '경經' 표현이 암시하듯이 수천 년 동안 『역경』 및 『서경』 등과 더불어 유가경전의 상징인 3경 내지 5경의 하나로 취급돼 왔다. 말할 것도 없이 공자가 『시경』을 편수編修했다는 믿음 때문이었다.

『한비자』 상·하

21세기의 관점에서 볼 때 『한비자』는 동서고금을 통틀어 난세 리더십의 압권에 해당한다. 실제로 진시황은 『한비자』를 읽고 500여 년에 달하는 춘추전국시대의 난세상황을 일거에 종식시켰다. 삼국시대 당시 천하의 재사 제갈량도 죽기 직전 후주 유선에게 올린 글에서 반드시 『한비자』를 숙독할 것을 권한 바 있다.

『십팔사략』 상·하

『십팔사략』에는 춘추전국시대에 활약한 수많은 영웅호걸은 물론 사상 최초로 천하를 통일한 진시황을 비롯해 초한지제의 주인공인 항우와 유방, 삼국지 영웅인 조조와 유비 및 손권, 『정관정요』의 당사자인 당태종과 유일무이한 여제인 측천무후, 사상 최대의 대제국을 건설한 칭기즈칸 등이 쉼 없이 등장한다.

『정관정요』을 통해 역사무대에 등장한 무수한 영웅호걸과 재자가인들의 지략과 대응, 행보 등을 자연스럽게 알 수 있다. 무엇보다도 치세와 난세의 차이에 따른 임기응변의 리더십을 터득할 수 있다.

『묵자』 수정증보판

묵자는 대략 공자가 세상을 떠난 지 10여 년 뒤 태어나, 맹자가 태어나기 10여 년 전 세상을 떠난 것으로 추정되고 있다. 예수보다 약 4백여 년 가량 앞서 인류가 서로 평화롭게 사는 비결을 전수한 셈이다. 그가 말한 '겸애'는 관념적인 사랑이 아니다. 타인을 이롭게 하는 것이 곧 자신을 이롭게 하는 길이라고 설파한 게 그렇다.

원래 『묵자』는 71편이었으나 현존하는 것은 53편이다. 진시황의 천하통일을 계기로 묵가가 감쪽같이 사라지면서 『묵자』 또한 훼손을 면치 못한 결과다. 현존 53편으로도 나름 묵가사상의 요체를 파악할 수 있다.

『춘추좌전』 상·하

동아시아 역사문화를 이해하는 열쇠 『춘추좌전』. 이번 전면개정판은 두예와 공영달의 주소를 기본으로 하면서 『춘추공양전』과 『춘추곡량전』은 물론 역대 제가의 학설을 모두 참조한 『춘추좌전』의 결정판이라고 할 수 있으며, 『춘추좌전』의 편제에 관한 한 가장 체계적인 책이라고 할 수 있다.

사상사적으로 볼 때 『춘추좌전』의 위대한 면모는 국가의 흥체 이치를 있는 그대로 기술한 사서라는 사실에서 찾을 수 있다. 또한 치세와 난세의 관점에서 볼 때 『춘추좌전』은 난세의 전형인 춘추전국시대의 핵심인 춘추시대 역사를 가장 체계적으로 정리해 놓았다. 『춘추좌전』에 대한 이해가 없으면 결국 춘추전국시대를 제대로 파악할 길이 없고, 춘추전국시대를 모르면 동아시아의 역사문화를 이해할 길이 없게 된다.

『국어』 전면개정판

춘추시대를 알려면 반드시 읽어야 할 필독서. 『국어』가 주로 춘추시대를 주도한 '춘추5패'와 이들을 뒷받침한 군신君臣들의 활약을 기술하고 있으며 당시의 상황을 생생히 그리고 있다.

『서경』

『서경』은 사서인 동시에 문학서적의 성격을 띠고 있다. 『시경』과 더불어 고대문학의 양대 기념비로 간주되고 있는 게 그렇다. 『서경』은 『시경』이 운문韻文 문학의 시원이라는 평가를 받고 있는 것처럼 산문散文의 효시라는 평가를 받고 있다. 현존 『서경』은 총 58편으로 구성되어 있으며, 크게 2가지 점에서 오늘날에도 고전의 역할을 충분히 수행하고 있다.

첫째, 이상향인 왕도王道 리더십 모델을 제시하고 있다. 비록 성사된 적도 없고, 앞으로 성사될 가능성이 거의 희박하지만 전 인류가 서로 협심해 추구해야 할 평화공동체의 이상향이 그것이다. 둘째, 정치의 존재이유인 위민爲民 리더십 모델을 제시하고 있다. 모든 방향으로 눈과 귀를 활짝 열어 민심의 향배를 파악하고, 통치의 기본목표를 신민 앞에 제시하며 장기적인 안목의 국가정책 비전을 제시코자 한 이유다.

『장자』

21세기는 풍부한 상상력을 바탕으로 한 소프트웨어의 콘텐츠가 국력을 좌우하는 시대이다. 『장자』는 그 보고에 해당한다. 『장자』의 보물창고는 그 종류가 매우 다양한데도 대부분 문예와 철학의 창고만 뒤지고 있다. 본서는 리더십 분야 창고의 문을 여는 첫 시도에 해당한다. 위정자와 기업 CEO 등의 리더십은 문예와 자연과학 분야 못지않게 창조적인 상상력이 절실히 요구되는 분야이다. 본서가 척박한 한국의 리더십 풍토에 천공을 자유로이 넘나드는 장자의 상상력이 적극 유입되는 계기로 작용했으면 하는 바람이다.

『전국책』

중국 전국 시대에 활약한 책사와 모사들의 문장을 모은 『전국책』의 완역본. 『전국책』은 전한 시대의 유향이 서주, 동주, 진, 제, 초, 조, 위, 한, 연, 송, 위, 중산의 12개 나라 역사를 33권으로 정리한 것이다. 『춘추』가 엄밀하고 정확한 역사서인 데 반하여 『전국책』은 그 시대 인물의 말과 행동을 좋은 표현으로 적은 일종의 일화집으로, 단순히 외교지략을 얻는 데 그치는 것이 아니라 이야기를 통해 치국의 병략을 터득할 수 있도록 도와준다. 『전국책』에는 주나라 원왕에서부터 진나라 시황이 여섯 나라를 멸하였던 시기까지 240여 년 간의 역사가 실려 있으며, 전국 시대를 주름잡은 세객들의 활약상을 함께 만나볼 수 있다.

풍몽룡의 동주열국지 1-5권

난세의 전형인 춘추전국시대를 수많은 일화를 곁들여 흥미진진하게 파헤친 고전 『열국지』. 『열국지』는 겉으로만 역사소설일 뿐 사실상 사서에 해당한다. 실제로 『열국지』의 내용은 거의 모두 『사기』와 『춘추좌전』, 『전국책』, 『자치통감』 등의 정통 사서에서 취한 것이다.

나머지 내용도 『오월춘추』 등에서 취한 것으로, 풍몽룡 자신이 문학적 상상력을 발휘해 쓴 내용은 거의 없다고 해도 과언이 아니다. 선인의 언행만 기술할 뿐 창작하지는 않겠다고 언명한 공자의 술이부작 원칙을 철저히 지킨 셈이다.

하지만 『열국지』는 여타 사서처럼 마냥 딱딱하지 않고 이야기 구성이 탄탄하며 내용도 흥미진진하다. 그 이유는 역사소설 형식을 빌린 덕분이다. 따라서 『열국지』 독자들은 『춘추좌전』과 『사기』, 『자치통감』 등의 정통 사서의 내용을 박진감 넘치는 이야기체 형식으로 읽는 것이나 다름없다.

『열자』

『열자』는 기본적으로 노장철학의 기초 위에 서 있으면서도 제자백가의 관점을 흡수해 자신만의 독특한 우주관을 완성해 놓았다. 저자로 알려진 열자의 실존 자체가 불분명하다는 견해가 있지만 본명이 열어구(列禦寇)인 열자는 춘추시대 말기에서 전국시대 초기에 걸쳐 활약한 실존인물이었다. 『열자』의 내용을 보면 도가의 입장에서 우주 만물과 치국평천하 문제를 일이관지(一以貫之)하여 해석하고 있다.

이 책은 열자사상을 통치사상의 차원에서 분석한 최초의 저서에 해당한다. 또한 열자는 물론 노자와 장자를 완전히 새롭게 인식할 수 있을 것이다. 사실 이것이 노자사상 및 열자사상의 본령이자 『열자』의 실체이다. 이 책이 도가사상에 대한 전면적인 재해석의 계기로 작용하기를 기대해 본다.

『순자』

유가의 정통이 맹자가 아닌 순자로 이어졌다면 중국을 비롯한 한국과 일본 등 동양이 얼마나 달라졌을지 상상하기 힘들다. 순자는 제자백가사상을 집대성해 유가사상을 비약적으로 발전시켰을 뿐만 아니라 법가나 명가와 같은 다른 학파의 사상 발전에도 큰 영향을 미쳤다. 특히 그는 유가경전의 연구와 전승에 다른 학자들보다 큰 역할을 수행했다. 중국사상은 물론 한국사상과 일본사상 등 동양사상을 제대로 이해하기 위해서는 반드시 『순자』를 읽어야만 하는 이유가 바로 여기에 있다.

21세기 동북아시대는 공자사상에 대한 정확한 이해가 필요하다. 이는 순자사상에 대한 정확한 이해를 전제로 한다. 순자사상에 대한 재해석이 절실히 요구되는 시점이 아닐 수 없다.